Argentinien

Rolf Seeler, Juan Garff

unter Mitarbeit von Susanne Asal und Hans-Joachim Aubert

DUMONT RICHTIG REISEN

Inhalt

Wissenswertes über Argentinien

Wissenswertes für die Reise

Unterwegs in Argentinien

Kapitel 1   Buenos Aires und Umgebung

Inhalt

Kapitel 2 Die Pampa und ihr Hinterland

Kapitel 3 Patagonische Küste, Tierra del
            Fuego und Falkland Islands

Kapitel 4 Die patagonischen Anden

Inhalt

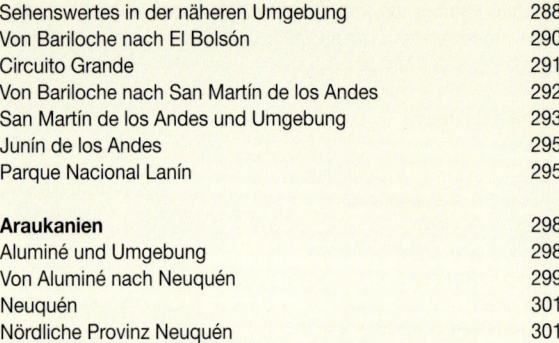

Kapitel 5 Cuyo

Kapitel 6   Der Nordwesten

Kapitel 7   Mesopotamien und die Chaco-Wälder

Inhalt

Themen

Alle Karten auf einen Blick

Der Tango ist Argentiniens ›Fingerabdruck‹ und wird gelebt, nicht nur getanzt

Wissenswertes über Argentinien

Das Land der sechs Kontinente

Das Glücksversprechen liegt in seinem Namen: Argentinien, das ›Silberland‹, Río de la Plata, der ›Silberfluss‹. Diese Begriffe spiegeln wider, welche Bedeutung das Land einst hatte – zunächst für die Konquistadoren, die den südamerikanischen Subkontinent nach Edelmetallen durchwühlten, später für Millionen von europäischen Einwanderern, die ab dem 19. Jh. auf der Suche nach einer besseren Zukunft ins Land strömten.

Der Don Quijote der Meere erblickt ›Silberland‹

Als Christoph Kolumbus am 12. Oktober 1492 auf eine der vermeintlich 7458 Inseln stieß, die Marco Polo als goldstrotzendes Reich des legendären Groß-Khans beschrieben hatte, zwang er seine Mannschaft, die entdeckten Gestade für Japan zu halten. Die Küste, die Amerigo Vespucci dann zehn Jahre später im Süden des Kontinents ausmachte – die des heutigen Argentinien –, erschien noch im Atlas des Diego Homen von 1558 als *terra incognita*.

Entdeckungsgeschichtlich müsste Amerika eigentlich ›Kolumbien‹ und Argentinien ›Amerika‹ heißen. So aber erhielt Argentinien nicht den Namen seines Erspähers, sondern wurde Silberland (von *argentum* = Silber) getauft. In der Mündung des Río de la Plata belud man die Galeonen der spanischen Silberflotte mit den schimmernden Barren, die mit Pferden aus den Gruben von Potosí in Oberperu (im heutigen Bolivien) herbeitransportiert wurden.

Hätte der ›Don Quijote der Meere‹, wie Kolumbus von dem deutschen Schriftsteller Jakob Wassermann einmal betitelt wurde, schon die Anden gekannt, dann wäre ihm nicht nur die mineralische Fülle der Neuen Welt, sondern auch die ›erdhafte‹ Poesie ihrer Naturvölker als Verheißung erschienen. *Anta* – woraus ›Anden‹ wurde – bezeichnet in Quechua, der Sprache der Inka, ebenso das Kupfer als Metall wie auch den rotgoldenen Schmelz, den die untergehende Sonne über die Kordillere gießt.

Überfremdung, Kriege und Anpassung

Tausend Sonnenwenden später, zum 500. Jubiläum der Entdeckung Amerikas durch die Europäer, tat man sich schwer, das historische Ereignis der Eroberung zu feiern, und wählte die versöhnende Formel von der ›Begegnung zwischen zwei Kulturen‹. Ein ziemlich schnittiges Wortmodell für eine so bewegte und grausame Geschichte.

Kolumbus, den Wegbereiter eines Jahrhunderte währenden Missions- (und Kolonisierungs-)auftrags der spanischen Krone, hatte Papst Pius IX. heilig sprechen wollen, ehe der erste in der ›Neuen Welt‹ ordinierte Priester, Bischof Bartolomé de las Casas, die Ausbeutungsmethoden vor Ort voller Abscheu geißelte. Von der kriegerischen Konquista bis zum utopisch-sozialistischen Jesuitenstaat, von den Ausrottungsfeldzügen gegen die indianische Urbevölkerung bis zu den ›Indianerschutzgesetzen‹ ihrer katholischen Majestäten Fernando de Aragón und Isabella de Castilla y León, Gönnerin von Kolumbus – dieser Subkontinent hat alle Spielarten der Überfremdung, der Kriege und der Anpassung erlebt.

Die Einwanderer kommen

Aber die – erzwungene – kulturelle Verschmelzung hat auch einen außerordentlich fruchtbaren Nährboden entstehen lassen, denn die Begegnung zweier Kulturen war in Wirklichkeit eine Verschränkung vieler Werte und Traditionen. Die Spanier waren ja ausgiebig phönizisch, griechisch, römisch infiltriert und arabisch (beinahe 800 Jahre lang) ›durchgeknetet‹ worden, ehe sie, selbst schon ein Mischvolk, Argentinien betraten. Aus den unterschiedlichsten Ecken Europas stammten auch die Einwanderer, die im 19. Jh. von Argentinien umworben wurden – aus Dalmatien, Kroatien, Rumänien, aus Spanien, Portugal, aus der jungen Sowjetrepublik, aus Wales, aus Deutschland, und allen voran aus den verarmten italienischen Provinzen. Genueser und Neapolitaner stülpten ihre unverwechselbaren Sprachmelodien über das argentinische Spanisch und verzierten es mit ihrem Hang zur Theatralik. Ihre Teller voller *ñoquis* (Gnocchi) glänzten auf den mit Zeitungspapier gedeckten Tischen der *cantinas,* der Arbeiter-Speisesäle. Auch heute noch schaufelt man in Argentinien hingebungsvoll Spaghetti in sich hinein und sie schmecken nicht schlechter als die in Italien.

Schön und ein bisschen schäbig: Buenos Aires

Die Immigranten strandeten in Buenos Aires, das sie fortan mit ihren schönsten Erinnerungen an die Heimat ausstatteten. In den vergangenen Jahren ist die Stadt jedoch nicht das gleißende Abbild Europas gewesen, dem sie architektonisch immer nachzueifern suchte, sondern ein chaotischer Ort der geschlossenen Banken mit demonstrativ heruntergelassenen Rollläden, vor denen sich verzweifelte Bürger versammelten. Nicht von Tango-Seligkeit und einsamer Patagonien-Romantik las man in den Zeitungen, sondern von einer schurkischen Wirtschaftspolitik unter der Regierung von Saúl Menem, der das Land in eine seiner größten Krisen stürzte. Sein Nachfolger Fernando de la Rúa wusste die wirtschaftlichen und sozialen Probleme, die ihm Menem hinterlassen hatte, nicht zu

lösen. Als Symbol fehlgeleiteter Macht irrlichtete die Casa Rosada, der durch Evita Peróns Ansprachen an das Volk berühmt gewordene Regierungssitz, 2001 durch die Weltpresse. Erst seit dem Amtsantritt Néstor Kirchners 2003 wandelt Argentinien auf Konsolidierungskurs.

Und heute? Buenos Aires ist so attraktiv wie eh und je – manche sagen: richtig sexy. Ein klein wenig schäbiger als früher zwar, aber kulturell noch erfinderischer, mit Verlagen, die ihre Bücher auf dem Altpapier der *cartoneros* (›Papiersammler‹) drucken, einem in der Wirtschaftskrise entstandenen veritablen Beruf. Solidarität und kreative Improvisation waren den Argentiniern noch nie Fremdwörter und sie haben ihre Kräfte in den Krisenzeiten noch verdoppelt.

Landschaften voller Strahlkraft

Man mag gerne darüber spekulieren, wie viele verschiedene Bevölkerungsgruppen in Argentinien versammelt sind, aber ein ›Land der sechs Kontinente‹ zu sein, das kann dieser ›Riesenkegel‹ auch aufgrund seiner geografischen Bandbreite bezeugen: Von den Tropen bis zum ewigen Eis ist alles vertreten.

Argentinien bietet unzählige Landschaften, so weit das Auge blicken kann, und viele davon sind von fast mythischer Strahlkraft: das endlose Schichtstufenland Patagoniens, die majestätische Gletscherwand des Perito Moreno, die riesigen, von schnurgeraden Pappelalleen durchzogenen Ländereien der *estancias* (›Viehfarmen‹), die wilden Granitzacken des Fitz-Roy-Massivs. Wir erleben Seerobben- und Flamingoparadiese auf der Península Valdés, werden mit ein bisschen Glück Zeugen der Wasserspiele von Blauwalen, besuchen die Heimat von Abertausenden Pinguinen in Punta Tombo, genießen besten Rotwein in Mendoza und bestaunen die unvergleichlichen Iguazú-Wasserfälle, in denen sich die mächtigsten Ströme des tropischen Nordens vereinigen. Und in den bunt gestreiften Bergen des indianischen Nordwestens, die 5000 m Höhe erreichen, da lagern uralte metalle Schätze aus der Erdgeschichte – Silber übrigens, ja, das ist auch darunter.

Steckbrief Argentinien

Daten und Fakten

Name: República Argentina
Fläche: 2,78 Mio. km²
Hauptstadt: Buenos Aires
Amtssprache: Spanisch
Einwohner: 38,97 Mio.
Bevölkerungswachstum: 0,97 %
Lebenserwartung: 75 Jahre
Analphabetenrate: 2,6 %

Währung: Argentinischer Peso ($ bzw. ARS)
1 $ = 0,22 € = 0,37 CHF
1 € = 4,47 $; 1 CHF = 2,68 $
Zeit: MEZ −4 Std., MESZ −5 Std.
Landesvorwahl: 00 54

Landesflagge: Das Blau symbolisiert den Himmel, das Weiß die Wolken und die Sonne Inti, den Sonnengott der Inka. Blau und Weiß sind allerdings auch die Farben des spanischen Königshauses der Bourbonen.

Geografie

Als zweitgrößter Staat Lateinamerikas nimmt Argentinien den breitesten Raum der Südspitze des Kontinents ein. Vom tropischen Norden, wo es an Bolivien, Paraguay und Brasilien grenzt, läuft es nach Feuerland hinunter, welches die Drake-See von der nur 1000 km entfernten antarktischen Scholle trennt. Im Westen bilden die Anden eine natürliche Grenze zu Chile; den Osten säumt die 4000 km lange Atlantikküste. Die extreme Ausdehnung über 34 Breitengrade sorgt für starke Kontraste. Die Hochkordillere beschert Argentinien über 30 Sechstausender und mit dem Aconcagua die höchste Erhebung der westlichen Hemisphäre. Im Osten teilt sich das Land mit Uruguay die La-Plata-Senke, das nach dem Amazonasbecken zweitgrößte Gewässersystem der Erde. Zwischen Gletschern und Regenwäldern im Nordosten breiten sich fast menschenleere Trockenzonen wie die Puna, die Chaco-Steppe und die patagonische Meseta aus.

Geschichte

Vor der Konquista war Argentinien von rund einem Dutzend halbnomadischer indianischer Ethnien bewohnt. Erst die gegen Ende des 15. Jh. nach Süden vordringenden Inka überzogen das nördliche Vorandengebiet mit einem Netz fester Siedlungen und organisierten Ackerbau und Lamazucht. Für sie ebenso wie für die bald darauf eintreffenden Europäer blieb die Region jedoch vergleichsweise uninteressant, solange die Silberausbeute in Oberperu (dem heutigen Bolivien) fabulöse Gewinne versprach.

Wie überall in Lateinamerika gingen Landnahme und Missionierung der unterjochten Urbevölkerung Hand in Hand. Aber nur langsam entwickelte sich eine auf die Estanzien gestützte großflächige Agrarstruktur. Während die spanische Krone ihre Interessen auf Mexiko und Peru gerichtet hielt, wurde Buenos Aires zum illegalen ›Freihandelszentrum‹ von Portugiesen, Holländern, Franzosen und Engländern. Die Loslösung vom spanischen

›Mutterland‹ begann 1810, die Unabhängigkeit wurde 1816 erfochten. Mitte des 19. Jh. festigte sich die junge Nation unter einem Grundgesetz. Heute gehört Argentinien mit Brasilien und Chile zu den am weitesten entwickelten Nationen Lateinamerikas.

Staat und Politik

Argentinien ist eine föderalistische, aus 23 Provinzen und der autonomen Stadt Buenos Aires bestehende Präsidialdemokratie mit einem nach dem Muster der Vereinigten Staaten geschaffenen Zweikammersystem in der Legislative. Die Deputiertenkammer und der Senat bilden den Nationalkongress, dessen Zustimmung in beiden Häusern jeder Gesetzentwurf zur Verabschiedung bedarf. Seit 2003 regiert – mit zunehmender Beliebtheit – Néstor Kirchner von den Peronisten

Die Provinzen (die größte ist Buenos Aires mit 308 000 km², die kleinste Feuerland mit 21 000 km²) werden von Gouverneuren verwaltet. Den bundesstaatlichen Zusammenhalt symbolisiert im Staatswappen ein von zwei Händen brüderlich hochgehaltener Stab, auf dem die rote – an die Jakobinermütze der Französischen Revolution erinnernde – Zipfelmütze als Zeichen der mit der Unabhängigkeit gewonnenen Freiheit thront.

Wirtschaft und Tourismus

Wie kaum ein anderes Land Amerikas ist Argentinien mit natürlichen Ressourcen (Petroleum, Erdgas, Kohle, Edelmetalle, Salze) gesegnet. Ausgedehnte Flusssysteme erlauben die Gewinnung von Hydroenergie und die Bewässerung weiter Kulturflächen zur Erzeugung von Tafelobst, Wein und Zitrusfrüchten. In den nördlichen Feuchtgebieten gedeihen Reis, Zuckerrohr und Bananen, im trockenen Chaco Baumwolle und tanninreiches Holz. Die Pampa ist eine der großen Getreidekammern der Welt. Auf den Weiden stehen rund 50 Mio. Rinder, die Schafherden Patagoniens liefern Wolle und Fleisch, die Wälder im Norden Zellulose für die Papierindustrie. Bedeutend ist auch der Fischfang. Vor allem die Automobilindustrie profitiert vom Mercosur (*Mercado Común del Sur* – ›Gemeinsamer Markt des Südens‹), dem außer Argentinien Brasilien, Paraguay und Uruguay angehören.

Die nach der schlimmen Krise 2001/02 schnell wachsende Wirtschaft begünstigt das Tourismussegment enorm. Bestes Beispiel ist Buenos Aires, das v. a. im Bereich des Kongress- und Geschäftstourismus boomt. Sein Hafen ist als Ziel für Kreuzfahrtschiffe begehrt, desgleichen Ushuaia auf Feuerland. Weitere klassische Tourismusziele sind die Iguazú-Fälle im Nordosten, das Hochland im Nordwesten sowie die patagonischen Anden. 2006 notierte das staatliche Tourismussekretariat ein Plus von 8 %. Die meisten Gäste kommen aus den Nachbarländern Chile und Brasilien sowie aus den USA und Europa.

Bevölkerung und Religion

Argentinien ist die europäischste Nation des Subkontinents. Kein anderes südamerikanisches Land hat einen solchen Immigrantenstrom (rund 6 Mio. Menschen bis zum Ersten Weltkrieg) erlebt. Soziostrukturell herrscht eine starke Polarisierung: Im Ballungsraum Buenos Aires lebt mehr als ein Drittel der Gesamtbevölkerung; in Teilen Patagoniens, Catamarcas und La Riojas kommen weniger als drei Bewohner auf den Quadratkilometer. Die indianischen Gruppen (insgesamt ca. 1 Mio. Menschen) sind in Randgebiete versprengt oder im Stadtproletariat untergegangen.

90 % der Argentinier bekennen sich zum katholischen Glauben. Darüber hinaus gibt es protestantische, jüdische und muslimische Minderheiten.

Natur und Umwelt

Seine Fläche entspricht der sechsfachen Größe Deutschlands, Österreichs und der Schweiz zusammen, doch solch abgezirkelte Dimensionen vermögen nicht die Weite der argentinischen Großlandschaften wiederzugeben. Das Auge sieht nur bis zum Horizont. Das Gefühl für Distanzen aber stellt sich im Kopf ein. Reisend erlebt, ist Argentinien viel imposanter, als es die Landkarte ahnen lässt.

Die untere, konisch zulaufende Spitze des Kontinents, den sogenannten Cono Sur, füllen das schlanke Chile auf der Pazifik- und das keilförmige Argentinien auf der Atlantikseite aus. Den natürlichen Grenzwall – ihr Rückgrat, wie beide Nationen gerne sagen – bildet eine mit 35 Sechstausendern gespickte Andenkette, die im Zentralbereich, auf der Höhe von Mendoza, ihren Zenit erreicht. Hier zerren 200 Stundenkilometer starke Winde am Gipfel des Aconcagua, der von den Inka Felszitadelle genannten höchsten Erhebung (6962 m) der westlichen Hemisphäre. Das topologische Gegengewicht an der 4000 km langen Atlantikküste bildet die 40 m unter dem Meeresspiegel liegende Salzpfanne der Salinas Grandes auf der Península Valdés – auch dies ein Rekord: die tiefste Stelle Südamerikas.

Wo sich der (in Brasilien entspringende) 3700 km lange Río Paraná durch den riesigen Mündungstrichter des La Plata (›Das Silber‹) – von den Spaniern Mar Dulce (›Süßes Meer‹) genannt – in den Ozean ergießt, geht die Seeküste in Flussufer über. Von hier an bildet der Río Uruguay eine ca. 500 km lange Ostgrenze zum gleichnamigen Nachbarstaat, bevor zunächst er, dann seine Nebenflüsse und schließlich der Río Iguazú, der mit den Cataratas del Iguazú eines der weltweit größten Naturschauspiele bietet, eine über 1000 km lange ›nasse Grenze‹ zu Brasilien ziehen. Den 2,7 km breiten Kranz der tosenden Wasser-

fälle kommentierte die Besucherin Eleanor Roosevelt im Gästebuch einst nur so: »Poor Niagara!«

Und noch mehr Flüsse – die Ríos Paraná, Paraguay und Pilcomayo – verknoten sich zu einem Uferband, das auf 1700 km Länge den Nachbarstaat Paraguay zum nördlichen Anrainer hat. Mit Bolivien teilt sich Argentinien rund 700 km Grenzlinie, dann schließt sich der Kreis: Der Limes der Anden und der durch (das mit Chile geteilte) Feuerland gehende lotrechte Schnitt sind 5300 km lang. Allein diese Messzahl illustriert die Längsstreckung (über 34 Breitengrade) der – neben Brasilien – beiden Goliaths des südamerikanischen Kontinents. Bildhaft dargestellt: Argentinien ist dreimal so ›hoch‹ wie der italienische Stiefel. Doch aufgrund seiner starken Ost-West-Ausdehnung (1500 km an der breitesten Stelle) fängt es noch mehr Klimazonen ein als sein westlicher Nachbar Chile, dem die Yungas, die subtropischen Urwälder, und großen Flusssysteme fehlen.

Klimamosaik

Der Cono Sur lässt sich nicht in Klimagürtel teilen. Das liegt zunächst an den ausgeprägten Reliefformen des Landes, aber auch an einigen anderen Faktoren, die hier zusammentreffen: an der Argentinien in den Regenschatten stellenden Andenkette im Westen;

an dem im Norden vom warmen Äquatorialstrom, im Süden vom kalten Falklandstrom genährten Atlantik; vor allem aber am Fehlen quer streichender Gebirgszüge, die die eisigen antarktischen Winde im Süden des Landes oder die von Norden eindringenden tropischen Luftströme aufhalten könnten.

Fällt der (von Südwesten anbrausende) Pampero ins ansonsten gemäßigte La-Plata-Becken ein (ca. 30-mal im Jahr), dann bewirken die mit bis zu 90 km/h daherkommenden Polarluftmassen plötzliche Temperaturstürze von mitunter 20 °C und heftige Wolkenbrüche. Gefürchteter noch ist der aus den Tiefen des Südatlantiks heranwehende Sudestada mit seinen Kaltregenböen, die im La-Plata-Mündungstrichter den Strom stauen und häufig im Norden die Flüsse über die Ufer treten lassen. In den mittleren Andenprovinzen (Cuyo) sorgt der föhnartige Fallwind Zonda im Winter für Schocktemperaturen (bis 40 °C), indem er sich pro 100 m Höhenunterschied um einen Wärmegrad auflädt.

Mehr noch als durch die lokalen Windsysteme aber wird Argentiniens differenziertes Klimageschehen durch die sehr unterschiedlichen, von weither beeinflussten Niederschläge bestimmt. Die Regen- und Trockenzonen kann man sich wie ein riesiges Andreaskreuz vorstellen: Eine Feuchtdiagonale läuft von Nordosten (Mesopotamien und Formosa) durch die feuchte Pampa zur ostpatagonischen Waldkordillere; sie durchkreuzt eine Trockenachse, die vom Nordwesten (Puna, Vorpuna, westlicher Chaco) durch die trockene Pampa in die patagonische Zentral- und Küstensteppe führt. Kontrastverstärkend wirkt in Trockengebieten die Konzentration der jährlichen Niederschlagsmenge auf einige wenige Regenstürze: Die hohe Verdunstungsintensität leckt die Feuchtigkeit gleichsam vom Boden. Was die Temperaturen anbelangt, so sind in der nordwestlichen Puna die Tag-Nacht-Amplituden größer als die Jahresschwankungen.

Nur wenige wasserreiche Flüsse (Chubut, Negro, Colorado und Salado) schaffen es, die Trockengebiete in ihrer ganzen Breite von den Anden bis zum Meer zu durcheilen, ohne unterwegs zu versiegen.

In Patagonien malen die Wolkenformationen Gemälde an den Himmel

Flora und Fauna

Als Alexander von Humboldt und Aimé Bonpland um 1800 ihre botanischen Sammlungen in der Neuen Welt begannen, sprach man schwärmerisch von einer ›Wiederentdeckung‹ Amerikas. Die reisenden Forscher registrierten 3000 bis dahin unbekannte Arten, und der Franzose resümierte, wenn die Wunder nicht bald aufhörten, verlöre er den Verstand. Heute registriert man rund 1500 in Argentinien heimische Gattungen höherer Pflanzen. Weite Gebiete der Landschaft, aber immer noch der kleinere Teil, wurden in Nutzflächen verwandelt. Flora und Fauna passen sich an, mutieren – oder nehmen Reißaus. Argentiniens Fleisch fressende rote Feuerameise, 1930 mit einer Schiffsfracht nach Alabama gelangt, ›kolonisiert‹, wie man dort sagt, die US-amerikanischen Südstaaten und ist – ihr wissenschaftlicher Name *Solenopsis invicta* verrät es – bisher noch unbesiegt.

Amazonischer Beckenrand und Mesopotamien

Die aggressive Ameise (eine von weltweit 8800 Spezies ihrer Gattung) stammt aus dem subtropischen Misiones. In diesem feuchtesten Teil des Landes (75 bis 90 % Luftfeuchtigkeit) ist der – noch inselhaft erhaltene – **immergrüne Regenwald** das Habitat unzähliger Pflanzen und Tiere, die um einen ›Platz an der Sonne‹ ringen. Vertreter von 200 Baumarten, deren erhabenste als sogenannte Überständer *(emergentes)* mit 30 bis 40 m Höhe den dampfenden Blätterdom überragen, recken sich von den roten Lehmböden durch den Dschungel des Unterwuchses dem Licht entgegen. Moose, Flechten, Epiphyten, Geweihfarne, Lianen, Schling- und Kletterpflanzen haben die fantastischsten Wuchsformen ausgebildet.

Die Zeiten des Blauen Aras, des *guacamayo azul*, sind vorbei: Dieser prächtigste aller Papageien starb in den Käfigen seiner Liebhaber. Aber mit etwas Glück sieht man noch den gelben Schnabel eines Tukans aus einer Baumkrone schnellen. Ansonsten gehören die Regenbogenboa, diverse Baum-

schlangenarten, Riesenfrösche, Halsbandpekaris, Affen, Tapire, herrliche Schmetterlinge, Kolibris, Skarabäen und immer noch einige Jaguare zu den Schaustellern der amazonischen Fauna von Misiones.

In den sich im Süden anschließenden **Feuchtgebieten** Corrientes und Entre Ríos begleiten Galeriewälder die Flussläufe, dazwischen breiten sich Savannen und Sümpfe aus. Lapacho, Ñandubay, Urunday und Timbó heißen die Naturbaumarten, die das Landschaftsbild prägen. Ein 85 km² großer Wald von Yatay-Palmen ist geschütztes Reservat (s. S. 438). Das Paraná-Delta entfaltet eine dichte Weiden- und Pappelvegetation. Nutrias, Reiher, Störche, Wildenten und -tauben haben im Gewässernetz des ›Zweistromlandes‹ ihr Dorado gefunden. In den Lagunen von Iberá leben Alligatoren, Wasserschweine und Sumpfhirsche.

Im Westen macht das Paraná-Becken, das nach der Amazonassenke zweitgrößte Flusssystem Südamerikas, stufenweise dem auf-

gelockerten Trockenwald des **Chaco** Platz. Finden sich in der Provinz Formosa noch ausgedehnte Waldsümpfe und Caranday-Palmenfluren, so geht die Pflanzendecke des Chaco westwärts von Laub abwerfenden Hartholzwäldern in *espinales* (Dornbuschfluren) und Salzsteppen über. Im Chaco leben Reptilien, vor allem Leguane, Tapire, Ameisenbären und Riesengürteltiere.

Weiter im Nordwesten nimmt die Landschaft noch einmal das abgewandelte Vegetationsmuster des amazonischen Regenwaldes in Form der **Yungas** auf. Diese vorwiegend aus Lorbeergewächsen bestehenden, von Farnen, Flechten, Lianen und Bromelien durchwirkten Wolken- oder Nebelwälder überziehen die Grenzgebirge zu Bolivien wie ein grüner Filzteppich. Als südlichster Ausläufer dieses Klimagürtels präsentiert sich der tucumanische Regenwald. Die Yungas lassen sich in drei Zonen unterscheiden: Die unterste Zone, die der *selvas basales* (300 bis 500 m), ist zur Gewinnung von Kulturflächen (Zuckerrohr, Tabak, Baumwolle, Zitrusfrüchte, Pfeffer, Wein) fast völlig entforstet worden; im mittleren Gürtel (bis 1800 m) hat die Edelholzgewinnung ihre Breschen in den Nebelwäldern hinterlassen; am besten erhalten ist der Kronenraum der Waldregionen (bis etwa 2500 m). In den Gras- und Polsterfluren darüber behauptet sich als einzige Baumgattung die knorrige Queñoa mit ihrem sonderbar gedrechselten Stamm. Exemplarisch studieren lässt sich das Vegetationsmuster der Wolkenwälder in den Nationalparks des Nordwestens. In diesen wenig besuchten Bergenklaven verstecken sich Ameisenbären, Stachelschweine, Faultiere, Vampire und Jaguare. In den Baumkronen leben u. a. Tukane, Papageien und Kolibris.

Puna und Monte-Region

Mit Chile und Bolivien teilt sich der Nordwesten Argentiniens jenen von abflusslosen Becken *(bolsones)* gebildeten Hochgebirgssockel, der im Westen Atacamawüste, im

Im Nordwesten zu Hause: die bis zu 8 m hohen Kandelaberkakteen

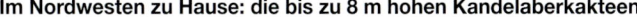

Mit siebzig Sachen durchs Espartogras – der Pampastrauß

Der ›Vogel Strauß‹ – Leittier aller Zweibeiner, deren Politik es ist, den Kopf in den Sand zu stecken, wie der Volksmund weiß – rennt in der Pampa, wenn es um Kopf und Kragen geht, in Wirklichkeit mit bis zu 70 km/h Geschwindigkeit davon. Solche Eile ist verhängnisvoll, wenn sich die von einem Gaucho geworfenen *boleadoras* (Schleuderkugeln) dem Laufvogel um die Beine schlingen. Dann kommt das Tier mit einem dumpfen Laut zu Fall – und hat ziemliches Glück, wenn es nur Federn lassen muss.

In den ersten Dekaden des 20. Jh. waren, neben Rindfleisch, Weizen und Wolle, Straußenfedern ein Posten in der Exportstatistik der Provinz La Pampa: pro Jahr rund 10 t. Die Technik der Straußenjagd mit den lederumhüllten Wurfkugeln, die wie ein Lasso geschleudert werden und am Ende langer Stricke befestigt sind, lernten die Viehtreiber von den Indianern. Die Ureinwohner sammelten nicht nur die hochgeschätzten Eier (zwölf Mal so groß wie Hühnereier), sondern liebten vor allem auch das puterähnliche Fleisch des Pampavogels, das sie auf köstliche Weise als *chaskin* zubereiteten, indem sie das ausgenommene Tier mit heißen Steinen füllten. Die Haut (mitsamt den graubraunen Federn) lieferte ihnen einen flaumweichen Teppich, beliebter Tauschartikel auch beim Handel mit den Weißen. Die spitzen, harten Vogelknochen wurden als Nadeln für buchstäblich alles verwandt, bis hin zum Perforieren von Mädchenohren.

Der flugunfähige Pampastrauß *(Rhea americana)*, hier nach seiner indianischen Bezeichnung Ñandú genannt, ist nicht nur ein hervorragender Sprinter, der seine Schwung- und Schwanzfedern als Triebwerke benutzt, mit seinen unerwarteten Kreuzsprüngen macht er es auch seinen Verfolgern schwer, ihm auf den Fersen zu bleiben. Die von Dornen gewetzten Füße sind hart wie Stahl. Wird der Strauß zu Fall gebracht, dann ist es eine Frage der Geschicklichkeit, die abwurfbereiten Federn – keine Blutfedern, das war immer verboten – aus dem Kleid zu ziehen, ohne selbst verletzt zu werden. Mit einem einzigen Hieb der von drei messerscharfen Krallen besetzten Klaue sind schon Jäger getötet worden. Hat man die Vögel wieder von den Beinschlingen befreit, trotten sie davon, wie sie sich überhaupt, nähert man sich ihnen zu Fuß, zunächst eher zögernd und, so will es uns scheinen, leicht pikiert in Marsch setzen, ehe sie in Galopp fallen.

Der Anflug von Hochmut oder Koketterie, den man zu erkennen glaubt, hat wohl eher etwas mit dem langen Hals zu tun (aus dem man früher Tabaksbeutel machte). Bei nur 1,70 m Scheitelhöhe erlaubt er es dem Tier, das oft über 2 m hohe Gras der Trockenpampa zu überragen und bis zum Horizont zu spähen. Der Ñandú sieht sehr scharf und ist außerordentlich wachsam. Das kommt vor allem dem Männchen zugute, das – ein seltener Fall von Ritterlichkeit in der zweibeinigen Welt – nicht nur den Nistplatz aussucht und das Nest baut, sondern auch 40 Tage lang (zwischen Oktober und Dezember) die jeweils 30 bis 40 Eier ausbrütet. Unterdessen geht die Henne erneut auf Männerfang und legt

Thema

Eier. Das wiederholt sich mehrere Male: ein ›intensivwirtschaftlicher‹ Reproduktionsprozess, der die Art erhält. Denn nicht nur in den Reservaten lebende Indianer und auf einen saftigen Braten erpichte *estancieros* sind sporadisch hinter dem Großvogel her – der schlimmste Dauerfeind ist der Puma.

Die ungefähr 30 000 Straußenhäute, die Argentinien heute jährlich exportiert, sind nach den Maßstäben der überwachenden Behörde eine verträgliche, die Bestanderhaltung nicht gefährdende Quote. Das ist auch wichtig, denn was wäre die Pampa ohne den Pampastrauß, »diesen archaischen Überlebenden aus der Zeit, als es auch unter den Vögeln noch Giganten gab«, wie Argentiniens berühmtester Ornithologe Guillermo Hudson meinte.

»Ñan-dú, Ñan-dú«, so klingen die Rufe des männliches Straußes während der Balz – daher auch sein indianischer Name

Von wegen trostlose Steppe: Im Herbst beginnt Patagoniens Landschaft zu leuchten

Norden Altiplano heißt und der an Höhe nur von den Plateaus in Tibet übertroffen wird. In dieser extremen Trockenzone (mindestens elf Monate im Jahr ohne einen Tropfen Regen) sorgen starke Sonneneinstrahlung und abrupte nächtliche Abkühlung für Klimasprünge von 20 bis 50 °C. Kultivierte Grünflächen findet man hier nur entlang der Flussläufe.

In der **Hochpuna** haben nur zwergwüchsige Kakteen, fast blattlose Harzgehölze, einige Horstgräser und Polsterpflanzen wie die *llareta* (oder Yareta) eine Chance. Charakteristische Puna-Tiere sind das seit 7000 Jahren (fast so lange wie die Kuh) domestizierte Lama und das Alpaka. Etwa 50 000 dieser Cameliden werden im Nordwesten gehalten. Stark zurückgegangen ist der Bestand der nicht zähmbaren Vikunjas, die zwar geschützt

sind, ihres enorm feinen Haarkleides (100 Härchen pro mm^2) wegen jedoch von Wilderern weiter verfolgt werden. Füllen sich die Salare der Puna mit Regenwasser, dann sind Andenflamingos saisonale Gäste. Den König der Kordilleren, den Kondor, findet man bereits hier; doch bewohnt er vorzugsweise die Bergregionen weiter im Süden (s. S. 322).

Nur Dornsträuchern und Kakteen gelingt der Aufstieg in die bis zu 5000 m hohe **Präpuna**. Die für die gesamte Längstälerzone von Humahuaca (Jujuy) bis Catamarca typischen Kandelaberkakteen *(cardones)* sind in Bezug auf ihren Wasserbedarf ein kleines Naturwunder. Die bis zu 8 m hohen Stachelsäulen – von dem schwedischen Naturforscher Carl von Linné schon im 18. Jh. als *Trichocereus* (›haarige Wachskerze‹) klassifiziert – ha-

es auch einigen knorrigen Baumarten, mit tief reichenden Wurzeln – *algarrobo*, *chañar*, *brea* – Fuß zu fassen. Die Fauna des Monte beschränkt sich auf Gürteltiere, Schlangen, kleine Nager, Graufüchse und Pumas, sieht man von den allgegenwärtigen Ziegenherden ab.

Patagonische Waldkordillere

Vor allem an den Hängen und auf den Sohlen der quer laufenden Durchbruchtäler, wo regenreiche Westwinde die Anden durchstoßen, gedeihen herrliche **Mischwälder,** deren Herbstlaub (im April) ein buntes Feuerwerk entfacht. Daneben gibt es regionale **Hochwälder,** die aus jeweils nur einer Baumart wie Zypresse, Myrte oder Alerce, weiter im Norden Araukarie, im Süden Lenga oder Ñire bestehen. Alercen können bis zu 3000 Jahre alt werden und der Verlauf ihrer Jahresringe offenbart uns das Klimageschehen von drei Millennien.

Reich ist auch die Bodenflora, unter der die *Fuchsia magellanica,* die Stammmutter unserer gleichnamigen Zierpflanzengattung, mit ihren zinnoberroten Blütenampeln hervorleuchtet. Colihue-Bambus bildet stellenweise einen undurchdringlichen Dschungel, in dessen Dämmerlicht viele Erdorchideen gedeihen. Am Fuß der Andenabdachung gehen die Gehölzfluren in die gelbbraune patagonische Steppe über, deren Charakterpflanzen Doldenblütler mit dornigen Kugelpolstern sind. Zur mythischen Pflanze Südpatagoniens wurde der Sauerdornstrauch Calafate *(Berberis buxifolia),* eine Berberitzenart, deren dunkle Früchte die Indianer medizinisch nutzten.

Die höchsten Regionen des südandinen Regenwaldes, über die Kondore und Adler wachen, durchziehen – selten gewordene – *huemules* (Andenhirsche) und *pudúes* (Zwerghirsche). Als ›kleinste Hirsche der Welt‹ sind sie leider zu einer Zooattraktion geworden. Die Steppe bevölkern Beutelratten, Stinktiere, *maras* (Pampahasen), Schlangen, Wildkatzen, Steppeneulen, Schwarzhalsschwäne, Grau- und Rotfüchse, Guanakos, Pumas und der *choique,* der patagonische Strauß mit seinem aschgrauen Federkleid.

ben ihre Oberfläche extrem reduziert und ihre Atemöffnungen (für Gasaustausch und Wasserverdunstung) tief in die Epidermis verlegt. Zum Vergleich: An einem heißen Sommertag verliert durch die Spaltöffnungen ein 4 m hoher Kaktus 0,02 l Wasser, ein Apfelbaum etwa 20 l und eine ausgewachsene Maispflanze 2 l. Nur der durch die Nutzung als Brennholz in seinem Bestand stark dezimierte Charqui-Baum vollbringt Ähnliches.

Den Präpunaketten vorgelagert ist die sich als Längsband bis in den Cuyo (San Juan, Mendoza) hinziehende Trockenzone des **Monte.** Er wird von endlosen, nicht einmal artenarmen, aber halb verdursteten Strauchsteppen gebildet, deren hartlaubige Hülsenfrüchtler aromatische Düfte verströmen. In der Nähe von (Trocken-)Flussbetten gelingt

Natur und Umwelt

Feuerlands Farbenzauber

Das eintönige Pflanzenkleid der **patagonischen Steppe** zieht sich über die Magellanstraße bis in die ariden Norden der Isla Grande, das Kerngebiet von Tierra del Fuego. Hier ist plattes Schafweideterritorium. Erst von Zentralfeuerland an nach Süden richtet sich die Natur auf und schmückt sich mit Farben und Formen, die wie ein Protest gegen den niederdrückenden Wind und die langen weißen Winter wirken. In den **Südbuchenwäldern** leuchten rote und gelbe kugelförmige Geflechte aus dem Geäst hervor. Diese ›Chinesischen Laternen‹ sind Halbparasiten und zapfen mit ihren Saugorganen die Wasserleitungsbahn der Bäume an, regeln ihren Chlorophyllhaushalt aber selbst. Noch farbenprächtiger wirken die Teppiche, die die **Hochmoore** in den Trogtälern, Gletscherbahnen der letzten Eiszeit, ausbreiten. Ihre pigmentreichen Torfmoose *(turbales),* in denen sich auch Sonnentau, Myrten und andere Heidekräuter eingenistet haben, entfalten eine breite Palette von Rot- und Gelbtönen.

Am Beagle-Kanal und auf sturmgepeitschten Höhen einzeln stehende Bäume sieht man häufig zu ›Windfahnen‹ verformt. Was die feuerländischen Gehölze so archaisch erscheinen lässt, sind vor allem die toten, von dicken Moospolstern und Pilzkolonien überzogenen Baumstämme, die in dem kalten Klima nur sehr langsam verrotten. An vielen Stellen haben auch Biber für Holzeinschläge gesorgt und wahrhaft imposante Stauwerke errichtet. Sie sind die wohl interessantesten Bewohner unter der lokalen Tierwelt, zu der auch die Magellangans, Strauße und Guanakos gehören. In den Bergregionen der Darwin-Kordillere ist der Kondor zu Hause, und weit draußen auf dem Südatlantik vollbringt der im Aufwind segelnde Albatros seine akrobatischen Kunststücke.

Lebensader der vom Schiff aus zu beobachtenden Meeresfauna – Robben, Pinguine, Kormorane – ist der Beagle-Kanal. Seinen eisigen Gewässern entstammt die *centolla* (Königskrabbe), für die sich vor allem die einheimische Küche interessiert. Die Feuer, an denen die Yahgan-Indianer einst ihre Muscheln

garten, sind erloschen, nur der die roten Fackeln seiner blühenden Zweige (am Nektar laben sich Kolibris) emporreckende Feuerbusch *(Embothrium coccineum)* erinnert noch an die Namengebung von Tierra del Fuego.

Patagonische Küste

Von den Anden bis zum Atlantik reicht die patagonische Steppe. Kein Baum, kein Strauch. An den Abrasionskanten der Steilküste aber und auf den vorgelagerten Strandterrassen scheint sich die Meeresfauna der ganzen Welt einzufinden: Wale, Seeelefanten, Seehunde, Pelzrobben, Pinguine, Kormorane, Möwen und unzählige Arten anderer Seevögel, die sich am dichtesten auf der Isla de los Pájaros, der ›Vogelinsel‹ bei Puerto Pirámides, konzentrieren (s. S. 210). Als wahrlich größte Attraktion finden sich an den Gestaden der Península Valdés alljährlich etwa 700 der 4500 weltweit vermuteten Glattwale ein.

700 000 Magellanpinguine bevölkern die patagonische Küste (mit Schwerpunkt Punta Tombo), doch ging der Umfang dieser größten Kolonie der Erde seit 1988 um ein Drittel zurück. Grund dafür ist das verminderte Nahrungsangebot, denn in den Küstengewässern wird die Fangkonkurrenz zwischen Fischdampfern und Pinguinen immer härter. Durch Satellitenbeobachtung weiß man, dass die Tauchvögel jetzt mitunter einen ganzen Monat lang unterwegs sind, um sich mit Futter (vor allem Tintenfisch) einzudecken. Normalerweise sorgen die Tiergruppen untereinander für ein arterhaltendes ökologisches Gleichgewicht: Raubmöwen fressen Pinguin-Nestlinge, Dominikanermöwen stibitzen Kormoraneier, Schwertwale jagen Delphine …

Pampa

Das dem Quechua entstammende Urwort *bamba,* das der Pampa seinen Namen lieh, bedeutet einfach: Ebene, Flachland, Weite ohne Hindernis. Und tatsächlich bildet die Pampa eine Großlandschaft, die sich nördlich des Río Colorado von der Atlantikküste bis zum Cuyo und weiter nach Córdoba und Santa Fe, nach Entre Ríos, ja bis nach Uruguay hinein erstreckt. Geomorphologisch weist die Pampa drei Formationen auf: die flache Pampa *(pampa deprimida)*, die hügelig gewellte Pampa *(pampa ondulada)* sowie die pampinen Sierren *(sierras pampeanas)*, eingestreute Gebirgszüge, deren südlichster die Sierra de la Ventana ist und zu denen man im Norden noch die Sierra de Famatina (La Rioja) und den Aconquija-Komplex (Tucumán) zählt; dazwischen erheben sich die Sierren von San Luis und Córdoba.

Üblicher aber ist die dem Vegetationsmuster entsprechende Unterscheidung in feuchte Pampa *(pampa húmeda)* und trockene Pampa *(pampa seca)*. Die in der atlantischen Regenzone, also im Osten, liegende **feuchte Pampa** empfängt zwar durchschnittlich nur 750 mm Niederschlag pro Jahr (Oktober bis Dezember), ist aber von einem engmaschigen Gewässernetz durchzogen, dessen Hauptstrang der Río Salado mit einem ganzen Geflecht von Seen, Tümpeln und unterirdischen Speichern *(napas)* bildet. Die Lagunenpampa *(pampa de las lagunas)*, die das Zentrum der Provinz Buenos Aires beherrscht, besteht aus schilfgesäumten Süßwasserteichen, die Ährenfischen *(pejer-*

reyes), Nutrias, Reihern, Schwarzhals- und Wildschwänen, Fröschen und Kröten, Ibissen, Störchen, Schnepfen, Regenpfeifern, Kappen-, Bahama- und Schwarzkopfruderenten eine Heimat bieten. Auf Zäunen und Telegrafenmasten baut der *hornero* (Töpfervogel) seine Lehmkugelnester, im Gras nisten Perl- und Blesshühner, Gesundheitspolizei spielen Aas fressende Geiervögel und *chimangos*, eine Falkenart. Der Pampavogel schlechthin ist der *teru-teru*, dem sein gleich klingender Ruf den Namen gab. Die zuflussärmeren, weiter landeinwärts verstreuten Salzlagunen haben als Saisongäste vorwiegend Flamingos.

Nach Westen werden die Gewässer weniger und der aus Pfeil- *(flechilla)* und Pampasgras (jene 2–3 m hohen ›Fuchsschwänze‹, die – manchmal eingefärbt – als Trockensträuße große Vasen zieren) bestehende Unterwuchs geht in Weidegräser über, um schließlich riesigen Feldern Platz zu machen. Das ›Herzland‹ Argentiniens mit den größten zusammenhängenden Kulturflächen des Landes ist zwangsläufig zur artenärmsten Region geworden.

Ständige Begleiter auf einer Reise entlang der Südküste: Robben

Natur und Umwelt

Wo die fast nur von Eukalyptusbaumgruppen unterbrochene Kulturlandschaft im Westen und Südwesten in die **trockene Pampa,** im Nordwesten in den Monte-Gürtel übergeht, breiten sich wogende Teppiche von Hartgräsern aus, die von Dornstrauchsteppen *(espinales)* und weiter im Norden von Trockenwald abgelöst werden. Hier belebt sich auch der Boden mit mobilen Bewohnern: Vizcachas, Stinktiere, Iltisse, Gürteltiere, Graufüchse, Pampahasen und *ñandúes* (Pampastrauße).

Schattenspender – und daher auch *bellasombra* genannt – ist in der Pampa von Buenos Aires der einzeln stehende mächtige *ombú,* dessen korkartiges Holz sich gleichwohl als unverwertbar erweist. Ein anderer Charakterbaum mit prächtiger Krone, der *caldén* (eine hartholzige Leguminose), bildet im Südwesten der Pampa hingegen ganze Wälder aus, in denen aus Europa eingeführte Rothirsche und Wildschweine leben, wie ehedem gezielte Beute organisierter Jagdpartien.

Das Feuchtgebiet der östlichen Pampa bildet eine Art Knautschzone zwischen Überschwemmungen und Dürreperioden, gleichzeitig einen Riesenfuttertrog für Zugvögel, die aus bis zu 15 000 km Entfernung heranfliegen. Der unstete Puls dieses organischen Wasserwerks verlangt von seinen Nutznießern allerdings äußerste Flexibilität – Pflanzen und Tiere haben bewundernswerte Mechanismen und Verhaltensweisen entwickelt. So umgeben sich die Samen des Caldén-Baumes mit einer Schutzschale, die so hart ist, dass ein Auskeimen nicht möglich wäre, würden die samentragenden Schoten nicht von Tieren gefressen, deren Magensäfte die

Herzstück der Argentinischen Schweiz: der Parque Nacional Nahuel Huapi

Hüllen anlösen, sodass sie nach dem Ausscheiden von den Keimen gesprengt werden können. Eine in der feuchten Pampa lebende Riesenkröte (die sogar Nagetiere und junge Vögel frisst), gräbt sich bei drohender Trockenheit ein und umgibt sich mit einer ›Regenhaut‹. Kaulquappen, die andernorts für ihre Umwandlung in Landtiere gewöhnlich Monate benötigen, haben es gelernt, in nur 18 Tagen ihre Metamorphose zum Frosch zu bewältigen, was bedeutet, ihre Kiemenatmung auf die lebensrettende Lungenatmung umzustellen. Fischen bleibt beim Eintrocknen einer Teichpfütze nur der Tod, aber der männliche *pavita* provoziert das Weibchen mit einem aufregenden Tanz zum vorzeitigen Laichen, beide buddeln die Eier in den Schlammgrund, wo sie, während die Eltern sterben, bis zur nächsten Regenperiode

überdauern. So bleibt die Art dieses hübschen Pampafisches – das Weibchen goldgelb, das Männchen von irisierendem Blau – auf wunderbare Weise erhalten.

Naturparks

Der erste Nationalpark Lateinamerikas – und einer der ersten der Welt – entstand 1903, als der argentinische Geologe Francisco Pascasio Moreno 75 km^2 Waldland am Lago Nahuel Huapi (bei Bariloche) dem Staat als Stiftung vermachte. Heute gibt es, von der Hochpuna bis zum Beagle-Kanal, 28 Nationalparks in Argentinien, zu denen sich noch mehr *parques provinciales* und *parques municipales,* Naturschutzgebiete und private Reservate, addieren. Einige dieser Areale wurden von der Unesco zu Biosphärezonen erklärt. Rund 2 % der Landesfläche sind so geschützt.

Die Naturreservate sind die Arche Noah unserer Zeit und Argentiniens Refugien befinden sich in einem noch geradezu pionierhaften Stadium. Der Versuchung, gleichzeitig biologische Schatzkammer, Wilderness Resort und Freilichtzoo, Autowanderplatz und Freizeitpark mit Schnickschnack zu sein, werden sie jedenfalls noch lange widerstehen können. Im dschungelhaften Parque Nacional Baritú (s. S. 402) beispielsweise ist der einzige Besucher meist der Ranger selbst.

Wichtige Pufferzonen für die argentinischen Nationalparks bilden die provinzialen und privaten Reservate, die etwa von Estancieros – meist Mitglieder der Naturschutzorganisation Fundación Vida Silvestre – auf eigenem Gelände eingerichtet wurden. Sie dienen vor allem migrierenden Tierarten als Brückenköpfe und Korridore. So gibt es allein in der feuchten Pampa 18, an der patagonischen Küste 27 Schutzgebiete aller Art.

Die argentinischen Nationalparks stehen unter der Obhut von Parkhütern (*guardaparques*). Sie werden von der Administración de Parques Nacionales (APN) in Zusammenarbeit mit der Universität Buenos Aires am Stausee Embalse Río Tercero (Córdoba) ausgebildet, wo auch Kollegen anderer latein-

amerikanischer Länder an Fortbildungskursen teilnehmen. Ihre Losung: ›Die Natur der Natur zurückgeben.‹

Umweltprobleme

Ein gefährdetes Erbe

Argentiniens Umweltprobleme sind so kapriziös wie seine Geografie: Vom Chaco (der heißesten Region ganz Südamerikas), wo der ungehemmte Holzeinschlag die Desertifikation vorantreibt, bis zum Upsala-Gletscher, den der Treibhauseffekt in nur einem Jahr um 1 km abschmelzen ließ, von der Raubfischerei an der Atlantikküste bis zu den Waldbränden in der Kordillere erstreckt sich der kaum zu überblickende Katastrophenschauplatz. Die großartige Weite des Landes und die enorme Bevölkerungskonzentration auf Buenos Aires haben eine umfassende Politik des *medio ambiente* (›Umwelt‹) eher verhindert, obwohl das Wort heute in aller Munde ist.

Im Gegensatz zu den Smogglocken über Mexico City, São Paulo und Santiago de Chile werden die meisten Abgase der 1,6 Mio. Autos, die täglich durch die Hauptstadt pendeln, vom Winde verweht: Die Straßen fungieren als Ventilationsbahnen zwischen Pampa und Meer. Ihr Geräuschpegel allerdings liegt permanent über dem von der Weltgesundheitsorganisation fixierten Höchstwert.

Umwelt- oder Vogel-Strauß-Politik?

Probleme ›aus der Welt zu schaffen‹ bedeutet immer nur: sie sich selbst vom Leib zu halten. Täglich wird die Stadt von rund 5000 t Müll (im Großraum Buenos Aires insgesamt ca. 13 000 t) befreit, aber die 500 Mio. Dollar, die man dafür jährlich an vier Privatunternehmer zahlt, sind wie ein Ablass auf Zeit. Die (zu begründenden) Gruben füllen sich bis zu dem Punkt, wo ein Abtransport per Eisenbahn unausweichlich wird. Das aber verbietet das Gesetz. Ende 2007 will die Stadtverwaltung nun endlich mit der Müllsortierung starten, um die Abfallmenge bis 2010 um 30 % und bis 2017 um 75 % zu verringern.

Diesem Verdrängungswettbewerb im Umweltgewissen entspricht der relative Gleichmut, mit dem seit 20 Jahren auf das Baden im La Plata (Abwassereinleitung: 5 m³ pro Sekunde) verzichtet wird. Denn weiter südlich locken 4000 km Atlantikküste und jenseits der Mündung winken die Strände von Uruguay. Im Industriekessel der Kloakenflüsse Riachuelo, Reconquista und Matanza spucken viele der 32 000 Betriebe seit Jahrzehnten Kohlenwasserstoffe, Schwermetalle und Nitrate in die Brühe. Sanierungspläne treten erst langsam in Kraft – es mangelt an Geld und vor allem an politischem Willen und an Durchsetzungskraft.

Setzt Umdenken ein?

Gleichzeitig bezieht Argentinien einen Großteil seiner Energie aus erneuerbaren Quellen. Die Wasserkraft deckt 34 % der Stromerzeugung, 56 % wird von Wärmekraftwerken geliefert. Die patagonische Provinz Chubut wurde unlängst als Standort für Windräder ausersehen – Argentinien gilt als eines der Länder mit dem höchsten Windkraftpotenzial der Erde: In Chubut fegen die Böen schon mal mit 180 Stundenkilometern über die Steppe.

Auch im Konflikt um den Bau von Zellulosewerken am Río de la Plata beschreitet Argentinien neue Wege. Finnische und spanische Firmen errichten am Río Uruguay sowie am nördlichen Ufer des Río de la Plata beim uruguayischen Fray Bentos zwei große Zellulosefabriken. Von den Umweltschäden, die damit verbunden sind, wäre auch Argentinien betroffen. Umweltschützer protestierten, die Regierung leitete politische Schritte ein, aber Uruguay, eigentlich ein enger Verbündeter Argentiniens, lässt sich nicht erweichen. Mit dem Bau der Betriebe sind nämlich mindestens 4000 neue Arbeitsplätze verknüpft. Hier aktualisiert sich ein klassischer Konflikt, bei dem Arbeitsplätze gegen Umweltschutz ausgespielt werden – eine Sichtweise, die aber nicht mehr lange Bestand haben dürfte.

Ebenfalls große Bedenken äußern Argentiniens Umweltaktivisten gegenüber der Absicht, im chilenisch-argentinischen Grenzgebiet in den Anden (Pascua Lama) eine Gold-mine zu bauen. Die kanadische Firma Barrick Gold will 2,4 Mrd. Dollar investieren, um das hier vermutete riesige Gold-, Silber- und Kupferreservoir zu erschließen. Allerdings müsste dafür buchstäblich ein Berg versetzt, nämlich drei Gletscher bewegt werden – mit unabsehbaren ökologischen Schäden. Im Gegensatz zu Chile, dem Umweltschützer stets vorwerfen, seine wirtschaftliche Hausse mit dem Ausverkauf der Natur zu finanzieren, regt sich in Argentinien scharfer Protest selbst innerhalb der Regierung.

Welche Rolle dabei entschlossener Bürgerprotest einnehmen kann, verdeutlicht das pittoreske Esquel am Fuß der Anden. 80 % der Bevölkerung sprachen sich gegen die Ansiedlung einer kanadischen Goldmine aus, andere Gemeinden zogen nach und erreichten ein Richterurteil, das einer ausländischen Bergbaugesellschaft die Verwendung hochgiftiger Schwermetalle untersagte.

Der Wald ›stirbt‹

Die dringlichste Herausforderung besteht jedoch darin, die Waldbestände zu schützen und zu erhalten, denn das Menetekel des argentinischen Naturschutzes heißt vor allem:

fortschreitende Wüstenbildung. 30 % der Landesbevölkerung lebt in Trocken- und Halbtrockenregionen (Jujuy, Salta, Catamarca, La Rioja und Teile von Patagonien), die 75 % der Landesfläche ausmachen. Hier ist es eine Überlebensfrage, der weiteren Auslaugung der Böden Einhalt zu gebieten.

Die Rodungsgeschwindigkeit in Argentinien verläuft laut Greenpeace dreimal so schnell als anderswo auf der Welt. Jährlich werden 250 000 ha Wald vernichtet, das bedeutet alle zwei Minuten 1 ha. Die Waldfläche Argentiniens hat sich in den letzten 80 Jahren auf weniger als ein Drittel verringert. Ungefähr 28 % der agrarischen Nutzfläche leidet (infolge Abholzung und Überweidung) unter Wind- und Wassererosion; ca. 100 000 ha Wald gehen jährlich in Flammen auf, nicht selten infolge von Brandstiftung seitens Spekulanten, die Grund und Boden für andere Nutzungen ›aufwerten‹ wollen. Viele ökologische Initiativen kämpfen für die Verabschiedung eines ›Waldgesetzes‹ (Ley del Bosque), das im Senat jedoch immer wieder von den Vertretern der Provinzen blockiert wird, die von der Waldrodung – zwecks neuer Anbauflächen für Soja und andere Exporthits – kurzfristig profitieren.

Die Schiffsriesen im La-Plata-Delta sind nur ein Teil des Umweltproblems

Wirtschaft, Soziales und aktuelle Politik

Neuer Präsident, neue Richtlinien, neue Bündnisse: In den vergangenen zwei Jahren ging es mit Argentinien wieder bergauf. Der aktuelle Staatschef Néstor Kirchner engagiert sich in einer selbstbewussten Südamerika-Politik, die sich unabhängig von den USA definiert. Zwei Pfeiler stützen diese Linie: Exporterfolge und die Tilgung der Auslandsschulden.

Politischer Neuanfang

›Pinguin‹ schlägt Ex-Präsident

Die Regierungsübernahme 2003 durch Néstor Kirchner fiel nicht gerade glänzend aus: Sein aus den Vorwahlen ermittelter Gegenkandidat, der Ex-Präsident Carlos Saúl Menem, zog seine Kandidatur zurück, sodass Kirchner der Triumph, tatsächlich gesiegt zu haben, versagt blieb. Doch der Gouverneur der südlichsten und nahezu menschenleeren patagonischen Provinz Santa Cruz fand in den darauf folgenden Jahren die Mittel, das Land politisch und wirtschaftlich zu stabilisieren. Die Popularitätswerte des ›Pinguins‹ (so genannt wegen seiner Herkunft aus einer südargentinischen Provinz) stiegen beständig an und bei der nächsten Wahl im Oktober 2007 werden seiner Frau, der Senatorin Cristina Fernández de Kirchner, gute Chancen eingeräumt – aus taktischen Gründen ließ Néstor Kirchner seiner Ehefrau den Vortritt und am 19. Juli 2007 wurde sie von der Partei offiziell als neue Präsidentschaftskandidatin erkoren.

Néstor Kirchner verkörpert den linken Flügel der peronistischen Partei. Menem nannte sich ebenfalls Peronist, was als Beweis dafür genommen werden kann, wie elastisch der Begriff des Peronismus eigentlich ist. Denn gegensätzlicher könnten die politischen Konzepte gar nicht ausfallen, die Menem und Kirchner repräsentieren. Menem suchte die politische, ideologische und kulturelle Nähe zu den USA. Kirchner vermeidet genau dies, zumindest öffentlich. Das internationale Feedback auf Kirchners Wahlerfolg klang daher auch wesentlich kleinmütiger, abwartender und skeptischer, als es 1989 bei Menem der Fall war, der sich selbst in der Rolle des Jesus und Argentinien als Lazarus sah, den es wiederzuerwecken galt. Menem versilberte unter lautem Beifall der Weltöffentlichkeit alles, was es an Staatseigentum zu versilbern gab. Kirchners Politik läuft diesem zuwider, er vertritt eine stärkere staatliche Lenkung.

Politik des Selbstbewusstseins

Interessant, aber ebenso opportun ist der Zeitpunkt von Kirchners Erfolg. Wie Dominosteine fielen in den letzten Jahren in ganz Südamerika die Regierungen an linke Präsidentschaftskandidaten: in Venezuela, Brasilien, Ecuador, Peru, Bolivien, Chile, Argentinien und Uruguay. Die Auffassungen, was genau unter ›links‹ zu verstehen ist, gehen in den Regierungen weit auseinander, doch bei allen Differenzen versteht sich Argentinien unter Kirchner als treuer Repräsentant eines wieder erstarkten Südamerikas, das sehr wohl in der Lage ist, mit eigener Stimme zu sprechen.

Mit ungeahnter Verve stellten sich der deutschstämmige Kirchner und sein gewandter Wirtschaftsminister Roberto Lavagna den Problemen. Steuerhinterziehungen – und in geringerem Maße auch Korruption – wurden aktiv bekämpft; Polizei, Justizwesen und das marode Sozialwerk der Rentner (PAMI) personell umbesetzt. Außenpolitisch lockerte die Regierung das Verhältnis zu den USA und intensivierte die Beziehungen zu den Nachbarländern.

Weg mit der Vergangenheit

Die politischen Strategien stießen dabei nicht auf ungeteilte Gegenliebe, z. B. als die Regierung 2005 die Verschuldung bei privaten Gläubigern einfach um ein Drittel zurückfuhr. Die meisten der 700 000 Privatschuldner gaben sich damit zufrieden, aus Furcht, bei ausbleibender Zustimmung überhaupt nichts zu erhalten. Gleichzeitig begab sich ein selbstbewusster Kirchner auf Werbereise für private Investoren und für seine Haltung gegenüber dem IWF (Internationaler Währungsfonds). Kirchners ›Neopopulismus‹ honorierten die Bürger mit einer Zustimmung von 88 %.

Ein weiterer wichtiger Schritt bestand in der Aufhebung des Amnestiegesetzes, das 1987 unter Menem verabschiedet worden war. Während der Diktatur von 1976 bis 1983 verschwanden über 30 000 Menschen in den Verhörzellen. Bis heute ist unklar, wo sich die Leichen befinden. Menem hatte auf Druck des Militärs ein Amnestiegesetz erlassen, das kollektiv alle unteren militärischen Ränge freisprach, nachdem ein Jahr zuvor die Aufhebung bereits verhängter Strafen und die Verhinderung neuer Urteile beschlossen worden war (übrigens mit Zustimmung der Oppositionspartei Unión Cívica Radical). Unter dem sinnfälligen Begriff *punto final,* ›Schlusspunkt‹, sollte die juristische Aufarbeitung der Verbrechen der Militärs beendet werden, die unter der Diktatur verübt worden waren.

Doch Schlussstriche zieht man nicht so leicht. Argentinien krankte an dieser Wunde. Die eigenen Verstrickungen in diesen Prozess verlangten das Licht der Öffentlichkeit ebenso wie eine öffentliche Verurteilung. Chile hatte diesen Weg mit der Anklage und Inhaftierung – nicht nur – Augusto Pinochets beschritten, der nahezu zeitidentisch ebenfalls eine diktatorische Schreckensherrschaft geführt hatte. Das politische Klima für einen solchen

Er brachte die Wirtschaft wieder in Schwung: Präsident Néstor Kirchner

Aufklärungsprozess war also bereitet und man hätte es nur starrsinnig oder anachronistisch nennen können, wäre Argentinien diesem Beispiel nicht gefolgt.

Internationale Anerkennung erreichte die Regierung 2005 mit der Tilgung seiner Auslandsschulden beim IWF. Die einmalige Zahlung von fast 10 Mrd. Dollar fand drei Jahre vor Ablauf der Frist statt und ersparte Argentinien knapp 1 Mrd. an zusätzlichen Zinsen.

Wirtschaft im Aufschwung

Gentechnik und Bioanbau

Um eine Weltbevölkerung zu ernähren, die von heute 6 Mrd. auf 9 Mrd. Menschen im Jahr 2030 anwachsen wird, müsste die Nahrungsmittelproduktion – so hat die FAO (Food and Agriculture Organization) errechnet – während der nächsten drei Jahrzehnte um 75 % gesteigert werden. Argentinien, das alle Klimazonen der Erde umfasst, wäre dann einer der Hauptlieferanten. Auf den reichen Lössböden des Landes gedeihen Weizen und Wein, Bananen und Tee, Reis und Zuckerrohr. Auf den Weiden und Steppen stehen über 50 Mio. Rinder, 14 Mio. Schafe und 4 Mio. Ziegen. Es gibt im Land keinen Rinderwahnsinn, die Maul- und Klauenseuche ist gebannt. Die Kernprodukte sind Ölsaaten, Getreide, Fleisch, Schafwolle, Leder, Honig und Tafelobst, immer mehr auch Wein.

Weltweit rangiert Argentinien (nach der EU, den USA, Brasilien, Kanada, China und Australien) auf dem siebten Platz als Agrarexporteur. Die Ausfuhrwerte seiner Landwirtschaftsprodukte erreichten in den vergangenen Jahren ›chinesische‹ Rekordmarken und Argentiniens Agrarsektor speist 20 % der Wirtschaftsleistung. An der Produktivitätserhöhung haben genetisch veränderte Sorten (deren Einfuhr in Europa auf Widerstand stößt) einen erheblichen Anteil. Gleichzeitig wartet Argentinien mit der (nach Australien) zweitgrößten Bio-Anbaufläche (ca. 3 Mio. ha) der Welt auf. Die chemiefreie Nutzung von Kulturböden durch Öko-Bauern nimmt deutlich zu. Langfristig heißt die Devise: Diversifi-

kation. Dabei kommt dem Land auch das im Verhältnis zur Nordhalbkugel antizyklische Klimageschehen zugute.

Reich an Bodenschätzen

Im Industriesektor entfallen rund 27 % der Wertschöpfung auf Petroleum, Erdgas und petrochemische Erzeugnisse, 25 % auf den Sektor Nahrungsmittel, Getränke und Tabak, 22 % auf Maschinen-, Geräte- und Fahrzeugbau sowie 12 % auf die Textilverarbeitung. Inzwischen übertrifft die Gasausbeute wertmäßig schon die Erdölförderung. Der Binnenmarkt verbraucht 120 Mio. m³ Erdgas pro Tag, im Winter steigt der Spitzenbedarf auf 130 Mio. m³. Über Fernleitungen werden auch die Nachbarländer Chile, Brasilien und Uruguay versorgt – zumindest solange es das Wirtschaftswachstum zulässt, denn trotz Importen aus Bolivien kam es während der letzten Jahre im Winter zu Gas- und Stromrationierungen. Die Energiegesellschaft Capex ließ in Neuquén das erste vertikal integrierte – auf einem Erdgasfeld sitzende – Kraftwerk der Welt entstehen. Hier wird das Erdgas vor Ort in Strom (656 MW) umgewandelt und unmittelbar ins Netz eingespeist.

In der Industrie führte die drastische Peso-Abwertung auf breiter Front zur Importsubstitution. Kirchners Strategie hält den Peso mittlerweile einigermaßen stabil auf einem Niveau von 3,15–3,20 Pesos für 1 US-Dollar. Die Industrie erreichte eine Steigerung von 7,8 %, was hauptsächlich auf einen erhöhten Binnenkonsum zurückzuführen ist. Pharmazeutische, chemische, die Nahrungsmittelherstellungs- und die Autoindustrie speisen dabei zwei Drittel dieses Wachstums.

Neue Investitionsimpulse erhielt der Bergbau. In den Minen der Provinzen San Juan und Catamarca werden Gold, Silber, Kupfer, Blei und Lithium gewonnen. Allein Argentiniens größtes Bergwerk, La Alumbrera, exportiert jährlich Edelmetalle im Wert von fast 800 Mio. US-Dollar. In Patagonien rückverstaatlichte die Kirchner-Regierung die darniederliegenden Kohlengruben von El Turbio und schuf dadurch wieder Arbeitsplätze. Ohne die gesunde Weltwirtschaftslage hätte Argentiniens Regierung die verschiedenen Maßnahmen zur Förderung der eigenen Ökonomie jedoch nicht ergreifen können.

Soziale Situation

Piqueteros

Günstige Wirtschaftsprognosen und gesunkene Arbeitslosigkeit verschleiern allerdings nicht, dass die Schere zwischen Arm und Reich weiter auseinanderklafft. Die Lücke, die traditionell die Mittelschicht auffüllte, hat sich noch nicht wieder schließen können. Das ist die ungeliebte Wirklichkeit in einem Land, das aufgrund seiner Einwanderer eher europäische als lateinamerikanische Standards in puncto Bildung, Beschäftigung und kulturellem Leben für sich beansprucht. (Die lateinamerikanischen Nachbarn reagieren regelmäßig entnervt auf diese Arroganz.)

Eine soziale Bewegung gab der Mittelschicht neuen Aufschwung: die Firmenübernahmen durch die Beleg-/Arbeiterschaft. Um die 100 Fabriken wechselten auf diese Weise bereits ihre Besitzer, mehr als 10 000 Arbeitsplätze konnten dadurch gerettet werden. Während diese Entwicklung allerorten auf Zustimmung stößt, haben die sogenannten *piqueteros* beileibe nicht nur Freunde. Mit diesem Begriff bezeichnet man Teilnehmer an spontanen Besetzungen und Straßenblockaden, mit denen auf Missstände (vor allem Arbeitslosigkeit) aufmerksam gemacht wird. Die stolzen Argentinier sind geradezu dazu erzogen worden – so möchte man meinen –, ihre Meinung offen zum Ausdruck zu bringen, zumindest wenn sie nicht durch eine Diktatur, massive Verbote oder Einschüchterungen daran gehindert werden. Allerdings dienen die häufig lebhaften Protestaktionen nicht immer dem Wohle der Allgemeinheit.

Norden und Süden, arm und reich

Die sozial schlechte Situation ist für ein traditionell reiches Land schwer hinzunehmen. Während die Manager südamerikanische Spitzengehälter erzielen, reicht in ›normalen‹ Familien ein einziges Gehalt nicht aus, um jeden Monat über die Runden zu kommen. Die Not, nicht die Konsumverliebtheit macht es notwendig, dass mehrere Familienmitglieder einer Arbeit nachgehen müssen. Offiziell gelang es der Regierung, die Arbeitslosenquote auf gut 10 % zu drücken – und das darf als großer Erfolg gewertet werden.

Das soziale Gefälle lässt sich nicht ohne Weiteres als Konflikt zwischen Stadt und Land identifizieren. Die massive Landflucht der vergangenen Jahrzehnte hat zwar die urbane Struktur extrem verändert (zum einen wuchsen die Slumgebiete, zum anderen siedelten die Wohlhabenden in sichere Vororte um), aber auch von Norden nach Süden verläuft ein solcher Riss. Vor allem die nördlichen Provinzen haben mit der Armut zu kämpfen: In Formosa und im Chaco beispielsweise leben über 50 % der Menschen unterhalb der Armutsgrenze und auch den Provinzen mit höherem indigenem Bevölkerungsanteil wie Salta, Jujuy oder Tucumán geht es nicht besonders gut. Der äußerste Süden dagegen gilt zusammen mit Buenos Aires und den Provinzen Córdoba, Mendoza, Santa Fe und San Luis als relativ wohlhabend.

Bildung

Argentinier begriffen und begreifen Bildung und Ausbildung wie die Europäer als Investition in die Zukunft. Es ist ihnen geradezu ein Bedürfnis, gut informiert und intellektuell auf einem hohen Standard zu sein. Lange Zeit bedienten ihre Regierungen diese Einstellung erfreulicherweise mit für lateinamerikanische Verhältnisse extrem hohen Bildungsausgaben. Unter Präsident Carlos Menem jedoch schrumpfte der Etat auf das Niveau seiner armen Nachbarn Bolivien, Paraguay und Peru, nämlich auf 4,3 % des Bruttosozialproduktes. Die darauf folgenden Regierungen haben die Mittel erneut aufgestockt, aber noch ist der alte Status quo nicht erreicht. Mädchen und Jungen haben übrigens weitgehend die gleichen Bildungschancen – in einem Land, in dem Eva Perón als einem der ersten der Welt das Wahlrecht für Frauen einführte, gilt das als selbstverständlich.

Geschichte

Aus dem europäischen Blickwinkel betrachtet ist Argentinien eine noch junge Nation: Erst 1816 errang es seine Unabhängigkeit von Spanien. Die indianischen Wurzeln wurden lange Zeit verleugnet. Die Wildnis, die Indianer, die Gauchos passten nicht zur Vorstellung von der ›Zivilisation‹. Doch es sind genau diese Kontraste und seine Geschichte, die das Land so spannend machen.

Präkolumbische Kulturen

Die präkolumbische Epoche hatte lange Zeit in der Selbstfindung der Argentinier nichts zu suchen – man war kein indio. Was historisch großenteils auch zutrifft, denn viele Argentinier sind aus Europa eingewandert. Dennoch, der unterschwellige Rassismus, der bis heute mitunter hervorbricht, gründet darauf, dass es bis ins 19. Jh. hinein richtiggehende Vernichtungsfeldzüge gegen die indigene Bevölkerung gab – eine militärische Strategie, die in ihrer ideologischen Ausrichtung und ihrem Ergebnis nur mit den grausamen Indianer-Feldzügen der USA zu vergleichen ist. Als ›Wüstenfeldzug‹ wird diese pacificación (›Befriedung‹) bezeichnet, dabei verbergen sich hinter diesem verharmlosenden Schlagwort klassische Ausrottungskriege.

Es ist schließlich kein Niemandsland, das die Konquistadoren betreten, sondern der Lebensraum von zahlreichen unterschiedlichen Ethnien. Zum einen Völker, die über längere Perioden sesshaft sind und Handwerk betreiben, zum anderen umherziehende Jäger und Sammler. Die ersten Stadtgründungen der Spanier erfolgen fast ausschließlich in Gebieten mit einer sesshaften indigenen Bevölkerung.

Indigene Gruppen im Norden

Die größte Ethnie bilden die **Diaguita** (s. S. 359). Ihr Siedlungsgebiet liegt im Nordwesten im Bereich des heutigen Córdoba, Mendoza, Catamarca, La Rioja und Jujuy. Sie gehören wie die **Pular** im Tal von Salta und die **Calchaquí** derselben Sprachgruppe an (cacana) und leben überwiegend vom Maisanbau. Erst das Eindringen der Inka gegen Ende des 15. Jh. führt zu einer stärkeren Zentralisierung der verstreuten Gemeinschaften und zum Ausbau von Handelsbeziehungen und Verkehrswegen, derer sich während der Kolonialzeit auch die Spanier bedienen sollten. Die oft als Camino de los Españoles (›Weg der Spanier‹) oder Camino Real (›Königsweg‹) bezeichneten Transportwege sind nichts anderes als indianische Handelwege, und auch die Inka benutzten das Wegenetz, das vor ihnen andere Völker angelegt hatten.

Wenn auch nicht auf dem hohen Niveau der Diaguita, so hat sich auch bei anderen Ethnien im argentinischen Nordwesten der Ackerbau durchgesetzt, etwa bei den **Comechigon**, den **Sanaviron**, den **Tonocote**, den **Lule**, den **Huarpe** und den **Omaguaca**. Reine Jäger und Sammler hingegen sind die Völker, die im undurchdringlichen Gestrüpp des Chaco, in der Pampa, in Patagonien und auf Feuerland leben.

Indianer im Süden

Die Pampa ist das Jagdgebiet der **Querandí**, die dem jungen Buenos Aires später erhebliche Sorgen bereiten. Sie wohnen in Zelten aus Tierhäuten und ernähren sich vom Fleisch der Guanakos und Strauße. In Patagonien leben die **Tehuelche** und **Puelche**, später dann auch in friedlicher Nachbarschaft zu den zugezogenen Walisern, was jene in Dokumenten und Briefen schildern. Doch als in der jungen Nation die großen Viehfarmen *(estancias)* entstehen und die Jagdgebiete der Ureinwohner als Weideland für Schafe gebraucht werden, gibt es keinen Platz mehr für sie. Das Land nimmt man ihnen weg, sie werden in Reservaten zusammengefasst, viele sterben am Alkohol oder an eingeschleppten Krankheiten.

Im tiefen Süden auf Feuerland trotzen die **Ona** und **Haush** als Jäger und Fischer der rauen Natur ihre kärgliche Lebensgrundlage ab. Sie jagen Guanakos, essen deren Fleisch und kleiden sich in deren Felle, während die **Yamana** und **Alacaluf** in Baumrindenkanus auf Nahrungssuche gehen und sich von Muscheln, Robben und Pinguinen ernähren. Sie fallen den planmäßigen Vernichtungskriegen zum Opfer, aber auch den Goldsuchern und Walfischjägern.

Kolonialherrschaft

Am 2. Februar 1516 landet der Spanier Juan Díaz de Solís als erster Europäer in der Paraná-Mündung. Er hält sie für einen Meeresarm, der den ganzen Kontinent teilt. Später nennt man das Gewässer wegen seines geringen Salzgehalts Mar Dulce (›Süßes Meer‹), immer noch in der irrigen Annahme, Meer vor sich zu haben – und nicht einen Fluss.

Bei dem Versuch, Eingeborene gefangen zu nehmen, geraten Juan Díaz de Solís und seine Truppen in einen Hinterhalt der Charrúa. Die überlebenden Spanier finden bei den Indianern Silber und taufen das Gebiet flugs in La Plata (›Das Silber‹) um.

Erkundung des Subkontinents

Fernão de Magalhães (Magellan), angetreten, für die spanische Krone eine Handelspassage in den Osten zu entdecken, erforscht den riesigen Fluss 1520 und findet bald heraus, dass es sich dabei nicht um die ersehnte Ost-West-Durchfahrt handelt. Er setzt seine Fahrt nach Süden fort, durchstreift alle Mündungen, Buchten und Golfe und erreicht schließlich jene Meerenge an der äußersten Südspitze des Subkontinents, die heute seinen Namen trägt: Estrecho de Magallanes (Magellanstraße). 20 stürmische Tage lang dauert die Odyssee durch ihre finsteren und eiskalten Wasser.

Die ersten Europäer, die sich in das Landesinnere des Flussgebietes vorwagen, sind fünf Schiffbrüchige der Solís-Expedition, darunter ein Portugiese namens Alejo García. Guaraní-Indianer hatten García von legendären Gold- und Silberschätzen im entlegenen Westen des Kontinents erzählt und damit den Mythos von einem sagenhaften Reich und einem Gottkönig geschaffen, der die Fantasien der Seefahrer und natürlich auch deren Auftraggeber – Könige, Handelshäuser – anheizt. Mehrere Expeditionen arbeiten sich daraufhin durch die unbekannten Landstriche, doch keiner einzigen gelingt es, dem Rätsel auf die Spur zu kommen. Der Venezianer Sebastian Caboto schließlich, der die Region im spanischen Auftrag zwischen 1526 und 1530 erkundet, tauft den bis dahin nach seinem Entdecker Solís benannten Fluss in Río de la Plata um.

Erste Besiedlung

Fünf Jahre später entsteht die erste spanische Niederlassung an seinem Ufer: Pedro de Mendoza gründet 1536 im Auftrag Kaiser Karls V. Buenos Aires inmitten des Herrschaftsgebietes der Querandí, die es schnell in Schutt und Asche legen, was die Spanier veranlasst, ihr Glück weiter flussaufwärts zu suchen. 1537 wird La Asunción gegründet, die heutige Hauptstadt von Paraguay.

Fast ein halbes Jahrhundert geht ins Land, bis 1580 von La Asunción aus operierende spanische Streitkräfte unter der Regie von Juan de Garay erneut Buenos Aires anlegen. Den ersten Stadtplan zeichnet der spanische Oberbefehlshaber der Legende nach auf eine Kuhhaut. Unterdessen haben von Peru kommende spanische Expeditionen im Westen bereits den Grundstein für die Städte San-

Die Natur nimmt sich zurück, was die Jesuiten einst schufen

tiago del Estero (1553), Mendoza (1561), Tucumán (1565) und Santa Fe (1573) gelegt.

Im gesamten Raum des heutigen Argentinien leben um 1600 rund 5000 Spanier. Ihre Hauptaufgabe besteht in der militärischen Sicherung der weit auseinander liegenden Forts und Siedlungen. Während sie sich im Paraná-Paraguay-Raum bald mit den Eingeborenen vermischen, bleiben sie in der Pamparegion isoliert. Dort lassen die *malones* (›Überfälle‹) der Indianer nur schmale Korridore als Verkehrsachsen zu.

Kolonialpolitik und Zwangsarbeit

Nachdem sich der Traum vom Silberschatz in Bolivien und nicht im Gebiet des Río de la Plata erfüllt hat, nimmt die Kolonisierung eine ganz andere Richtung: Man will die Region besiedeln, festigen und erschließen. Auf Be-

treiben des ersten kreolischen (in Asunción geborenen) Gouverneurs der gesamtamerikanischen Geschichte, Hernando Arias de Saavedra, wird das Verwaltungsgebiet geteilt. Die Provinz Río de la Plata entsteht, Hauptstadt ist Buenos Aires. Limas Vormachtstellung jedoch bleibt erhalten und der Vizekönig in Peru oberste Instanz. Der gesamte Cono Sur ist ihm unterstellt.

Die koloniale Herrschaft der Spanier beruht auf Gewalt – Land und Indianer werden unter den Konquistadoren aufgeteilt *(repartimiento)*. Die Eingeborenen müssen unentgeltliche Zwangsarbeit *(encomienda)* leisten, und da eigener Besitz verboten ist, verfügen sie über keinerlei Mittel zur Bestreitung ihres eigenen Lebensunterhalts. Einzelne, die Konquista begleitende Missionare berichten an die Herrschenden in Spanien von dieser unmenschlichen Behandlung, woraufhin ein Re-

den (s. S. 445ff.), sollen 1631 allein 50 000 Guaraní gelebt haben. Man hat die Städte der Jesuiten oft mit einer frühsozialistischen Gesellschaftsform in Verbindung gebracht, weil kein Privatbesitz angehäuft wurde und die Verwaltung gemeinschaftlich organisiert war – eine Art verwirklichte Sozialutopie, die aber selbstständig und erfolgreich wirtschaftete. Als die Jesuiten wegen angeblich verschwörerischer Umtriebe 1767 aus Südamerika vertrieben werden, zerfallen auch die Missionen.

Von der Schmugglerhochburg zum Vizekönigreich

Derweil entwickelt sich die am direkten Güteraustausch mit Spanien gehinderte La-Plata-Besitzung zum größten Schmugglerzentrum Südamerikas. Die am Handelsmonopol festhaltende spanische Krone erlaubt als einzigen Verkehrsweg den Warenfluss über den Isthmus von Panama, entlang der Pazifikküste bis Callao (Peru) und von da auf dem Landweg in das ärmliche Buenos Aires. Auch Handel mit den anderen spanischen Kolonien ist nicht geduldet. Hauptnutznießer des Umschlags von Konterbande sind die Engländer.

1776 erhebt eine verwaltungstechnische Änderung die La-Plata-Provinz in den Rang eines Vizekönigreichs, was die Loslösung von Lima bedeutet. In das neue Vizekönigtum Río de la Plata werden die Provinzen Tucumán und Paraguay, Teile des heutigen Bolivien (darunter die Silberstadt Potosí) sowie die bis dahin zum Generalkapitanat Chile gehörende Provinz Cuyo (Mendoza und San Juan) eingegliedert. Aus der damit einhergehenden größeren politischen und wirtschaftlichen Eigenständigkeit zieht vor allem Buenos Aires seinen Nutzen. Die Stadt ist seit Beginn des 18. Jh. zu einem Umschlagplatz für schwarzafrikanische Sklaven herangewachsen und bezieht daraus erhebliche Einkünfte. Einmal von der starren Kontrolle befreit, entwickelt sich Buenos Aires rasant. 1726 zählt es 2200 Einwohner, 1778 bereits 32 000.

Einem Paukenschlag gleicht um die Jahreswende 1806/07 der Überfall britischer Schiffe auf den Hafen des Río de la Plata. Die weithin ungeschützte Kolonie kann die Ein-

gelwerk zum Umgang mit der Urbevölkerung erstellt wird, die Leyes de las Indias, das jedoch so fern der Heimat ungehört verhallt.

Die Missionen der Jesuiten

Die Jesuiten sind die Ersten, die Konsequenzen ergreifen. Um 1620 richten sie am Oberlauf des Río Paraná Missionen zum Schutz der Guaraní-Indianer vor Sklavenjägern und Zwangsarbeit ein. Unter Padre Diego de Torres, der 1606 nach Córdoba kam, entstehen indianische Republiken. Die Einheimischen sollen schließlich den katholischen Glauben annehmen und dem spanischen König Abgaben zahlen, nicht vernichtet werden. Chroniken zufolge überzieht im Laufe des 17. Jh. ein Netz von 70 Städten mit insgesamt rund 150 000 Einwohnern das Herzstück des Cono Sur; in Loreto und San Ignacio, deren Ruinen noch von einstiger Größe und Schönheit kün-

dringlinge besiegen, nachdem sich der spanische Vizekönig Sobremonte nach Córdoba abgesetzt hat – damit ist das Fanal für die Unabhängigkeit gesetzt.

Unabhängigkeit

Wegbereiter Napoleon

Ein Datum eint alle lateinamerikanischen Kolonien in ihren nationalstaatlichen Bestrebungen zur Unabhängigkeit: Der Einmarsch von Napoleon 1808 in Madrid und der durch ihn erzwungene Rücktritt König Fernandos. Unter dem Eindruck des Zusammenbruchs der spanischen Regierungsgewalt im Mutterland berufen am 25. Mai 1810 kreolische Bürger und Milizangehörige in Buenos Aires einen Kongress ein, der den spanischen Vizekönig absetzt. Der koloniale *cabildo* (›Stadtrat‹) wird von einer provisorischen Regierungsjunta abgelöst. Fortan wird dieses Datum als Tag der argentinischen Befreiung gefeiert.

Nach ersten chaotischen Jahren mit einem Machtvakuum, in denen sich Paraguay und Alto Peru vom Río-de-la-Plata-Reich lossagen, verschafft die Wahl von Juan Martín Pueyrredón zum Director Supremo der jungen Nation eine Ruhepause. Ein nach San Miguel de Tucumán einberufener Kongress erklärt am 9. Juli 1816 formell die Unabhängigkeit.

Argentiniens Nationalheld

Zu diesem Zeitpunkt befindet sich Chile noch unter spanischer Herrschaft und der Gouverneur der Provinz Cuyo, General José de San Martín, sieht die Flanke des neuen Staates bedroht. 1817 zieht er mit einem Expeditionsheer über die Anden, besiegt die Royalisten bei Chacabuco, befreit Chile und – mit chilenischer Hilfe – 1821 auch Peru. Der *libertador* (›Befreier‹) San Martín gilt seitdem als Nationalheld Argentiniens, viele bedeutende Plätze des Landes tragen seinen Namen. Doch bei einem Treffen 1822 mit dem Befreier des nördlichen Südamerikas, Simón Bolívar in Guayaquil, kann er seine politischen Visionen von einem zukünftigen Südamerika nicht durchsetzen. San Martín emigriert nach Frankreich und stirbt 1850 in Boulogne-sur-Mer.

Unitarier und Föderalisten

Die Machtverhältnisse im neuen Staat polarisieren sich: Die sich vor allem aus der wohlhabenden Kaufmannschaft von Buenos Aires rekrutierenden Unitarier, deren erster politischer Repräsentant der Präsident Juan Martín Pueyrreddón war, wollen eine Zentralgewalt mit der Hegemonie des Überseehafens über die Provinzen errichten, während die von Großgrundbesitzern angeführten Föderalisten eine den USA nachempfundene dezentrale Staatsform anstreben. Bald werden die Konflikte nicht mehr politisch, sondern kriegerisch ausgetragen. Als Sieger gehen die Föderalisten hervor.

Erste Diktatur

Damit beginnt einer der düstersten Abschnitte in der Landesgeschichte. 1829 offeriert man General Juan Manuel de Rosas den Rang des Gouverneurs von Buenos Aires. 1835 ernennt er sich selbst zum Diktator und gründet die Geheimpolizei Mazorca, mit der er sein Regime zementiert. Unitarier werden in Kerker gebracht, Folter und Willkür zählen zu seinen Regierungsmethoden.

Dieses stahlharte politische Konzept wird später an innerparteilichen Widerständen zerrieben. Die Föderalisten haben ihn auf den Thron gesetzt, den Föderalisten ist er im Laufe seiner Gewaltherrschaft eindeutig zu zentralistisch gesinnt. Der Unmut in den Provinzen steigert sich zum offenen Kampf und in der Schlacht von Monte Caseros unterliegt Rosas seinem eigenen Verbündeten, dem föderalistischen Caudillo-General Justo José de Urquiza, Gouverneur von Entre Ríos. Rosas flüchtet nach Großbritannien, wo er 1877 in Southampton stirbt. 1989 veranlasst Carlos Saúl Menem die Rückführung der sterblichen Überreste dieses äußerst umstrittenen Diktators nach Buenos Aires, wo er im Herbst desselben Jahres beigesetzt wird.

Der Konflikt zwischen Unitariern und Föderalisten spaltet Argentinien in zwei Teile. Unter Urquiza wird 1853 die erste föderale

Verfassung ausgearbeitet, der die Unitarier in Buenos Aires aber nicht zustimmen. Es kommt zum Bruch und zu zwei Kriegen.

Konsolidierung zum modernen Staat

Der ›lehrende Staat‹

Nach jahrelangen Kämpfen gewinnen die Unitarier 1862 die Oberhand und rufen zu gesamtargentinischen Wahlen auf. Der bisherige Gouverneur von Buenos Aires, Bartolomé Mitre, wird zum ersten verfassungsmäßigen Präsidenten (1862–68) der nun vereinigten Republik gewählt.

Der innenpolitischen Konsolidierung folgt wirtschaftliches Wachstum. Die Infrastruktur wird weiter ausgebaut, die europäische Einwanderung gefördert. 1865 sorgt der Dreibund-Krieg, den Argentinien, Brasilien und Uruguay gegen Paraguay (das Brasilien den Krieg erklärt hatte) führen, für eine Unterbrechung des Wirtschaftsbooms, doch am Ende hat Argentinien als Siegermacht bedeutende Landgewinne (Misiones, Formosa, Chaco) zu verzeichnen.

Mitres Nachfolger Domingo Sarmiento holt das Land aus seiner ›gauchesken Barbarei‹. Unter seiner Führung (1868–74) wird das Schlagwort vom *estado docente,* vom ›lehrenden Staat‹ geprägt und eine umfangreiche Bildungspolitik (80 % der Einwohner sind noch Analphabeten) eingeleitet. Die beginnende industrielle Verwertung der Rinder lässt die Estanzien wachsen und aus den Gauchos werden fest angestellte *peones,* Landarbeiter. Einwanderer strömen ins Land: zwischen 1871 und 1914 rund 6 Mio.

Die Wüstenfeldzüge

»*Gobernar es poblar*« – ›Regieren heißt bevölkern‹ lautet die politische Parole von Präsident Nicolás Avellaneda (1874–80), doch bevor die große Immigrantenbewegung einsetzt, werden weite Landstriche regelrecht entvölkert. Die Campañas del Desierto, die ›Wüstenfeldzüge‹ (1877/79), richten sich gegen die indianischen Ethnien des Südens. Sie werden getötet, die Überlebenden in Reservate gesperrt. In der Folge entwickelt sich diese Region zum landwirtschaftlichen Zentrum des Landes. Die Wirtschaft boomt, riesige Schlacht- und Kühlhäuser werden errichtet und Argentinien avanciert zum größten Fleisch-, Wolle- und Getreideexporteur der Welt – den Preis dafür bezahlen die ursprünglichen Landesherren.

Das neue Jahrtausend bringt einen rasanten gesellschaftspolitischen Wechsel. 1912 gewinnt die vom bürgerlichen, zunehmend wachsenden Mittelstand getragene Partei Unión Cívica Radical (UCR) die Präsidentschaftswahlen und setzt damit einen Kontrapunkt zur korrupten Oligarchie des Landadels und der Provinz-Caudillos. Eine Sozialgesetzgebung wird verabschiedet, aber gleichzeitig kommt es 1919 zur *semana trágica* (›tragische Woche‹), als das Militär einen Streik der Metallarbeiter in Buenos Aires niederschlägt, bei dem rund 1500 Arbeiter erschossen werden.

Zeit der Weltkriege

Durch seine Position als Weltmarktlieferant für Fleisch und Leder prosperiert Argentinien während des Ersten Weltkrieges. Politisch verfolgt es eine strikte Neutralität. Doch die Weltwirtschaftskrise verschont auch Argentinien nicht. Politische Nervosität führt zur Radikalisierung. Unter José Uriburu putscht 1930 das Militär, das erstmalig in der Geschichte des Landes in die politischen Geschicke eingreift und gegen das sich 60 lange Jahre keine Regierung mehr behaupten kann.

Auch während des Zweiten Weltkrieges bleibt Argentinien strikt neutral, sympathisiert aber aufgrund des hohen spanischen, italienischen und deutschen Bevölkerungsanteils überwiegend mit den Achsenmächten. Als die konservative, von der Oberschicht getragene Regierung 1943 anglophile Tendenzen zeigt, putscht eine junge Offiziersliga, der auch der damalige Oberst Juan Domingo Perón angehört. Auf nordamerikanischen Druck hin erklärt Argentinien Ende März 1945 als

Geschichte

letztes Land der Welt Deutschland und Japan den Krieg.

Das sich traditionell als Zufluchtsland für politisch Verfolgte verstehende Argentinien wird zum Asyl vieler den Nationalsozialisten entkommener Juden, aber in der Nachkriegszeit auch (z. T. mit Hilfe des Vatikans) zum Brückenkopf für Funktionsträger des Dritten Reiches und zum Versteck für Kriegsverbrecher. Die Regierung von Perón ist weltweit die einzige, die keinen Entnazifizierungsnachweis verlangt, wenn sich ein Deutscher in Argentinien niederlassen will.

Peronismus

Politik der sozialen Gerechtigkeit

Der auf Betreiben der Alliierten im Oktober 1945 auf die Insel Martín García verbannte Perón wird, unter dem Eindruck der bis dahin größten Arbeiterdemonstrationen Argentiniens, bereits eine Woche später zurückgeholt. Er gewinnt überlegen die Wahlen vom Februar 1946 und leitet ein umfangreiches Programm sozialer Reformen ein (die auch kommunistischen Umtrieben in der Arbeiterschaft entgegenwirken sollen). Innerhalb weniger Jahre schließen sich 5 Mio. *descamisados* (›Hemdlose‹) seiner Gewerkschaftsbewegung an. Peróns zweite Stütze ist die Armee. Ideologisch und außenpolitisch weist er Argentinien – unabhängig von den großen Blöcken – eine ›Dritte Position‹ zu. Er und seine sozialpolitisch engagierte Frau Eva Duarte de Perón (›Evita‹, s. S. 42) werden zu den charismatischen Leitfiguren des *Justicialismo* (›Politik der sozialen Gerechtigkeit‹).

Seine Sozialgesetzgebung sucht auf dem Kontinent ihresgleichen. Er führt das 13. Monatsgehalt ein, legt Höchstpreise für Nahrungs- und Genussmittel fest und ordnet eine Mietpreisbindung an. Unterstützung erhält das System ab 1948 durch die mit Zwangsabgaben finanzierte Stiftung Fundación Eva Perón, die zwischen 1950 und 1952 über ein Budget von 100 Mio. US-Dollar jährlich verfügt. Dieses Geld fließt zum großen Teil direkt an die Argentinier zurück. Wohnungen und Hospitäler werden erbaut, Schulen unterstützt, Heime für junge Mütter eingerichtet.

Spaltung der Peronisten

Nach dem Tod Evas 1952 schrumpft Peróns Popularität. Missernten, sinkende Exporte und leere Kassen zwingen ihn zu einer unternehmerfreundlicheren Politik. Perón verliert an Glaubwürdigkeit. 1955 putscht das Militär gegen ihn und Perón flüchtet erst nach Paraguay, später über Panama nach Madrid.

Die neue rechtsgerichtete Regierung von General Eugenio Aramburu lässt zunächst die peronistische Partei verbieten und macht sich an die ›Säuberung‹ des Staatsapparates, der Gewerkschaften und der Streitkräfte. Orientierungslosigkeit kennzeichnet die folgenden Militär- und Zivilregierungen. Streiks (und deren massive Unterdrückung), unerträgliche wirtschaftliche Zustände und wachsende Guerilla-Aktivitäten sind die Folge.

Die Peronisten spalten sich in einen rechten und linken Flügel, dessen Rand die kommunistisch ausgerichtete ›Revolutionäre peronistische Jugend‹ bildet. Ausufernde Arbeitslosigkeit und Inflation führen im Mai 1969 in der Industriestadt Córdoba zu einem Massenaufstand, dem *cordobazo,* der blutig niedergeschlagen wird.

Ende der Ära Perón

Von seinem Exil in Madrid aus beginnt Perón die Partei wieder zu strukturieren. Mit Erfolg: Im März 1973 gewinnt der linke peronistische Präsidentschaftskandidat Hector J. Cámpora die Wahlen, im Juni kehrt Perón nach Buenos Aires zurück und löst kurz darauf über Neuwahlen den Interimspräsidenten Cámpora ab. Eine Flut von neuen Gesetzen soll die Voraussetzungen für eine Aussöhnung zwischen Arbeiterschaft und Unternehmertum schaffen. Doch im Zuge einer immer radikaleren Unterdrückung aller Linkstendenzen verschärft sich die Klassenspaltung noch. Als Exponent des Rechtsperonismus tritt der Wohlfahrtsminister José López Rega hervor, der die später berüchtigte AAA (Alianza Anticomunista Argentina) ins Leben ruft.

Sie wurde zum (verfilmten) Mythos: Evita Perón

Juan Domingo Perón stirbt im Juli 1974. Seine Vizepräsidentin und dritte Frau Isabel versucht als Nachfolgerin der wachsenden wirtschaftlichen Probleme – Absatzschwierigkeiten auf dem Weltmarkt, hohe Auslandsverschuldung – Herr zu werden. Während sie unter dem Einfluss von López Rega einen immer härteren Rechtskurs steuert, formieren sich im Untergrund die Widerstandsorganisationen, von den linksperonistischen Montoneros bis zum trotzkistischen Ejército Revolucionario del Pueblo (ERP). Korruptions- und Finanzskandale (López Rega flieht mit Geld der Nationalbank), eine galoppierende Inflation und chaotische Marktverhältnisse führen 1976 zu Isabel Peróns Amtsenthebung.

Militärregierung und ›Schmutziger Krieg‹

Grausamer Staatsterror

1976 ergreift eine dreiköpfige Militärjunta unter General Jorge Rafael Videla die Macht. Nach der unwürdigen Vorstellung der letzten Zivilregierung wird diese Entwicklung von Teilen der Bevölkerung erleichtert aufgenommen. Das Militär gilt als die ›moralische Reserve der Nation‹. Internationale Ereignisse wie die 1978 in Argentinien ausgetragene Fußballweltmeisterschaft lenken von der starken innenpolitischen Repression ab.

Unterdessen kommt unter der ›ideologischen Säuberung‹ das gesamte Kulturleben zum Erliegen. Viele Schriftsteller und Künstler verlassen das Land. Die Repressalien nehmen unvorstellbare Formen an: Schüler und Studenten beispielsweise, die gegen eine Erhöhung der Fahrpreise demonstrieren, werden ins Gefängnis geworfen und zu Tode gefoltert, die Mädchen vergewaltigt. Werden bewaffnete Widerständler (deren Operationsbasis Tucumán ist) offen bekämpft, so verschwinden alle der Subversion Verdächtigen über Nacht. Erst spät begreift die durch die Zensur abgeschirmte Öffentlichkeit das Ausmaß des Staatsterrors. Mehr als 30 000 Menschen fallen ihm zum Opfer.

41

Argentiniens Unsterbliche – Perón & Perón

Anfang der 1950er-Jahre konnte man in der Bonaerenser Zeitung »Democracia« regelmäßig Beiträge eines Kolumnisten lesen, der unter dem Pseudonym Descartes Kerngedanken des Justizialismus postulierte. Erst viel später klärte der Schreiber – Juan Domingo Perón – auf, warum er sich des Namens des Philosophen bedient hatte: Dieser habe als Adliger den ähnlich klingenden Titel ›du Perron‹ getragen; doch vor allem habe ihm an der cartesianischen Denkweise die Skepsis gegenüber der Zwangsläufigkeit historischer Gegebenheiten imponiert.

Solche Folgerungen formulierte Eva Perón Zeit ihres Lebens auf die einfachste Art: »Bis zu meinem 11. Lebensjahr«, sagte sie, »gab es für mich Arme, so wie es Gras, und Reiche, so wie es Bäume gibt. Aber eines Tages hörte ich einen Arbeiter sagen, es gäbe deshalb so viele Arme, weil die Reichen zu reich seien.« In ihrem sowohl gegen den Kapitalismus als auch den Kommunismus gerichteten Diskurs des politischen Selbstbekenntnisses »Der Sinn meines Lebens« schrieb sie: »Wir wollen keine proletarische Einheitsklasse, sondern eine ganze Klasse von entproletarisierten Menschen, die in Würde arbeiten und leben können.«

Eva Duarte, außereheliche Tochter eines *estancieros,* kam als 15-jähriges ›Mädchen vom Land‹ nach Buenos Aires, tingelte durch Vorstadttheater, wurde Radiosprecherin und hörte 1944 bei einer Wohltätigkeitsveranstaltung zugunsten der Erdbebenopfer von San Juan den Oberst Perón vom Podium herunter gegen die argentinische Oligarchie ins Feld ziehen. Später setzte sich die 23-jährige Eva neben den fast 50-jährigen Redner, überzeugte ihn von ihrer Nützlichkeit und wurde noch im gleichen Jahr seine Frau. (Peróns erste Ehefrau war an Krebs gestorben.) Ob er sich damals in die junge Schauspielerin verliebt habe, wurde der Staatspräsident später

gefragt. »Ich weiß es nicht«, sagte er, »aber wenn eine Frau so liebt, wie Eva mich liebte, dann streckt man ohnehin die Waffen.«

Die affektiv-politische Allianz währte nur acht Jahre (›Evita‹ starb 1952 an Krebs), aber sie veränderte die sozialpolitische Landschaft Argentiniens mehr als alle Ereignisse der vorherigen eineinhalb Jahrhunderte. Nach der ›Infamen Dekade‹ der Korruption und des Ausverkaufs der Ressourcen an das Ausland setzte eine Epoche der Rückbesinnung ein, die, wie Argentiniens angesehener Historiker Felix Luna (geb. 1925) dem peronistischen Regime attestiert, den Menschen eine neue Würde verlieh. Die Revolution kam von oben: Berufsschulen, Arbeitsgerichte, Gesundheitsschutz, bezahlter Urlaub, Unfallversicherung, ja sogar das verfassungsmäßig verbürgte Recht auf einen Arbeitsplatz wurden eingeführt. In dem »bisher wie eine Estanzia vom Ausland verwalteten Land« erhöhte sich die Anzahl der – vorwiegend kleinen und mittelständischen – Industriebetriebe in acht Jahren von 85 000 auf 145 000. Die Realeinkommen der Industriearbeiter stiegen zwischen 1945 und 1948 um 50 %, die der Staatsbediensteten um 35 %. Im Zuge der ›Repatriierung‹ wurde von den Nordamerikanern das Telefon-, von Franzosen und Engländern das Eisenbahnsystem zurückgekauft. Evita Perón, die ›Schutzpatronin der Hemdlosen‹, speiste die untersten Klassen reich mit Geldern aus der nach ihr benannten Stiftung.

»In diesem Augenblick«, hatte ihr Mann am 16. Dezember 1946 dem Volk eröffnet, »ruhen in den Tresoren der Nationalbank 1500 t Gold. Da gibt es Leute, die sagen, wir dürfen da nicht drangehen. Nun frage ich euch: Wenn eine Hungerperiode käme, sollen wir dann vielleicht das Gold aufessen?« Das war die Sprache der beiden Peróns: provokativ, direkt, einfach, griffig. Man hat dem charismatischen Paar später faschistoide Züge angedichtet, weil Juan Domingo Perón, als jugendlicher Attaché in Italien weilend, sich von der rednerischen Begabung Mussolinis hatte beeindrucken lassen. Tatsächlich aber haben Chronisten, die ihn persönlich kannten, den jovialen Staatsmann als eine Mischung aus dem Gaucho Martín Fierro, dem Tangostar Carlos Gardel und General Charles de Gaulle bezeichnet. Perón amüsierte seine Tischgenossen mit Scherzen über sein künstliches Gebiss, verulkte mit aufgeblähtem Wanst den US-Botschafter Braden und erschreckte Besucher mit einem aus dem Geigenkasten gezogenen hölzernen Maschinengewehr. Soweit Statistiken und Anekdoten. Dass in Peróns Regierungszeit auch die Malaria ausgerottet und die Heuschreckenplage beseitigt wurden, wissen wir nur von Felix Luna. Und dann war Perón auch der erste Argentinier, der das Wort Ökologie in den Mund nahm.

Die spendablen Gesten des volksnahen *líder* (der insgeheim darauf setzte, ein Dritter Weltkrieg werde Argentinien neue Reichtümer bescheren!) ließen sich jedoch nicht durchhalten. Bereits Ende 1947 hatte er ein Drittel der Devisenvorräte aufgebraucht, der hochgepuschten Leichtindustrie fehlten die Vorprodukte, die Agrarexporte schrumpften und

1949 schon – zum ersten Mal seit 60 Jahren – wurde Argentinien dem Ausland gegenüber zahlungsunfähig. Den daraufhin bei der staatlichen US-amerikanischen Eximbank in Anspruch genommenen Überbrückungskredit hielt man streng geheim, denn dieser Blamage wollte sich der General nicht aussetzen: Er hatte in besseren Zeiten verkündet, eher ließe er sich die Hand abschlagen, als einen Auslandskreditvertrag zu unterschreiben.

Auf makabre Weise wurde die Prophezeiung von der Amputation posthum wahr. 1987 brachen Unbekannte die Panzerglasplatte des Grabmals in der Perónschen Familiengruft und trennten dem Toten mit einer Elektrosäge die Hände ab. Eine politisch motivierte Profanisierung? Ein Ritual von Freimaurern? Das Werk von Verbrechern, die der Fingerabdrücke bedurften, um Zugang zu einem geheimen Bankfach im Ausland zu erlangen? Motiv und Urheberschaft der Grabschändung sind bis heute so ungeklärt wie der Verlauf der 16 Jahre währenden Odyssee der (in Spanien einbalsamierten und in Italien unter falschem Namen beigesetzten) Eva Duarte de Perón (sie ruht heute auf dem Friedhof Recoleta in Buenos Aires). Ein größerer Mythos als um diese beiden Gestalten hat sich in Argentinien nie gebildet.

Allein über Eva Perón wurden 55 Bücher geschrieben. Ihr Leben haben die Autoren der Rock-Oper Jesus Christ Superstar, Tim Rice und Andrew Lloyd Webber, zum Musical »Evita« verkitscht. Auf dieses Drehbuch stützte sich auch der gleichnamige Film mit dem Pop-Star Madonna. Eva Peróns populistische Prophezeiung, sie werde »Millionen sein«, erfüllte die argentinische Staatsbank Ende 1997 auf ›einprägsame‹ Weise: Sie brachte Millionen von 1-Peso-Münzen mit Evitas Konterfei in Umlauf.

Geschichte

Falklandkrieg

Es folgt ein unseliger Krieg, dessen einzig begrüßenswerter Effekt es ist, das Militärregime zu beenden: Unter Videlas Nachfolger General Leopoldo Galtieri erfolgt 1982 die Invasion der Islas Malvinas (Falklandinseln), die nach drei Monaten mit der Zurückeroberung durch die Engländer endet (s. S. 252).

Die gescheiterte Falkland-Aktion, das Versagen ultra-liberaler Wirtschaftsrezepte, vor allem aber der zunehmende Verdruss über die Allmacht der Generäle erzwingt 1983 die Rückkehr zur Demokratie. Bei den Wahlen im Oktober gewinnt die Unión Cívica Radical (UCR). Raúl Alfonsín wird Staatspräsident. Allmählich gelangen auch die Gräuel des Militärregimes ans Tageslicht. Die Öffentlichkeit verlangt Gerechtigkeit und so kommt es 1985 zur Verurteilung der verantwortlichen Generäle Videla, Viola und Massera zu langen Freiheitsstrafen. (1999 wird der Heereschef Martín Balza eine Reform des Militärstrafgesetzes zur Abschaffung des kontroversen ›Befehlsnotstandes‹ einleiten.)

Neue Demokratie

Regierungszeit Carlos Menem

Trotz viel guten Willens bleibt es der Regierung unter Alfonsín versagt, die bankrotte Wirtschaft zu sanieren. Eine nicht zu kontrollierende Hyperinflation bricht über Argentinien herein. In vorgezogenen Neuwahlen wird Alfonsín 1989 vom Gouverneur der Provinz La Rioja, Carlos Saúl Menem, besiegt. Der justizialistische Neoperonist (er selbst war Gefangener der Militärs) verkörpert Siegesgewissheit und anpackenden Mut, Argentiniens Krise in den Griff zu bekommen.

Menem liegt vor allem an innenpolitischer Stabilität. Er begnadigt die inhaftierten Generäle (eine angesichts der begangenen Verbrechen kontroverse Aussöhnungsgeste, die der spätere Präsident Kirchner wieder rückgängig machen wird) und schafft es tatsächlich, den Einfluss der Militärs einzudämmen. Außenpolitisch lehnt sich Menem stark an die USA an und bringt die wettbewerbsschwa-

che Wirtschaft auf einen anstrengenden, verlustreichen neoliberalen Kurs. Die *convertibilidad* (die Kopplung des argentinischen Pesos an den US-Dollar im Verhältnis 1:1) schafft eine neue, wenngleich trügerische Vertrauensbasis. Die einseitige Priorität der Währungsstabilität vor der Beschäftigungspolitik sowie die auf breiter Front eingeleitete Privatisierung von Staatsbetrieben mit den daraus resultierenden Massenentlassungen fördern rasant die Arbeitslosigkeit.

1995 stellt sich Menem zur Wiederwahl und gewinnt erneut, obwohl sein selbstherrlicher Caudillo-Stil Günstlingswirtschaft und Korruption fördert – die von früheren horrenden Inflationen traumatisierte Bevölkerung gibt Kontinuität und Stabilität den Vorrang vor allen anderen Erwägungen. Die Privatisierungswelle spült weiterhin Geld in die Staatskasse, doch die allmähliche Verarmung der unteren Bevölkerungsschichten sowie der Einbruch der Mittelschicht schreiten unaufhaltsam voran.

Wende zum Schlimmeren …

1999 tritt der als Kandidat der ›Allianz‹ (gebildet von der Bürgerpartei Unión Cívica Radical und dem Mitte-Links-Block Frepaso) zum neuen Staatspräsidenten gewählte Rechtsanwalt Fernando de la Rúa sein Amt an. Leitziele der die Konvertibilität (Peso = US-Dollar) wahrenden Regierung sind Drosselung der Staatsausgaben, Verminderung der Arbeitslosigkeit (14,5 %) und Eindämmung der Korruption. Doch die Allianz-Regierung erfüllt die in sie gesetzten Erwartungen nicht. 73 % der Bevölkerung sind unzufrieden mit De la Rúas unentschiedenem Regierungsstil. Gerade die Mittelschicht als gesellschaftliche Basis der ›Allianz‹ fühlt sich durch den *impuestazo* – eine Steuererhöhungswelle inmitten der Rezession – betrogen. Die Bindung des Peso an den Dollar ist zur Farce geworden. Den Banken werden Staatsschuldverschreibungen aufgezwungen, sie überschulden sich. Als die Regierung 2001 alle Guthaben sperren lässt, entlädt sich die Wut und Ohnmacht der Bevölkerung in *cacerolazos* (›Kochtopfschlagen‹) genannten Straßenprotesten. Es kommt zu Gewaltaktionen. Die Regierung erklärt den Ausnahmezustand und geht blindwütig gegen Radikale vor. Die Bilanz: 34 Tote und Hunderte von Verletzten. De la Rúa muss zurücktreten, ein Heer von Armenviertelbewohnern plündert die Supermärkte von Buenos Aires.

... und Ausblick in eine bessere Zukunft

Eine Übergangsregierung unter dem peronistischen Ex-Gouverneur der Provinz Buenos Aires, Eduardo Duhalde, schaukelt das Land bis zu den Neuwahlen 2002 durch die Krise. Der Peso wird um rund 70 % abgewertet, alle Dollarguthaben in die Landeswährung zwangsumgetauscht.

Bei den Wahlen Ende 2002 ergibt sich ein Patt zwischen Altpräsident Menem und dem Gouverneur der Provinz Santa Cruz, Néstor Kirchner – beide erhalten kaum mehr als 20 % der Stimmen. Aus taktischen Gründen – er will schließlich nicht als Verlierer dastehen – verzichtet Menem auf die Stichwahl und der Mitte-Links-Peronist Kirchner wird neuer Staatspräsident.

Überdurchschnittliche Wach..., durch den Export von Agrar- und ... produkten (BIP-Steigerung: 8 %), sin... Arbeitslosigkeit und zunehmende soziale... cherheit bei gezügelter Inflation sorgen fü... nachhaltigen Optimismus. Der Internationale Währungsfonds und die Weltbank gewähren Anschlusskredite und noch ein weiterer Geldgeber steht auf der Landesschwelle: der streitbare venezolanische Präsident Hugo Chávez. Passend zu seiner politischen Strategie, den Subkontinent stärker zusammenzuführen und als Gegenpol zu den Vereinigten Staaten zu positionieren, stellt auch er finanzielle Mittel zur Verfügung. Sein Projekt, eine Erdölpipeline von Venezuela bis hinunter nach Patagonien zu bauen, tut ein Übriges, den Zusammenhalt zu stärken. Bei diesem ehrgeizigen Vorhaben kommt ihm entgegen, dass die lateinamerikanischen Staaten seit geraumer Zeit politisch eine Linkswende vollziehen – eine überfällige Entwicklung, meinen viele, denn die neoliberalen Konzepte haben diese Länder (und ganz gravierend Argentinien) bloß in wirtschaftliche Katastrophen gestürzt.

Der wirtschaftliche Zusammenbruch 2001 entlädt sich in Demonstrationen

Zeittafel

ab 10 000 v. Chr.	Erste Besiedlung durch indianische Ethnien.
1516	Juan Díaz de Solis entdeckt die Mündung des Río de la Plata.
1536	Gründung von Buenos Aires durch Pedro de Mendoza.
1621	Córdoba erhält als erste Stadt der La-Plata-Provinz eine Universität.
1767	Die verschwörerischer Umtriebe bezichtigten Jesuiten werden aus Südamerika vertrieben. Die Missionen lösen sich auf.
1776	Buenos Aires wird Generalintendantur für das Vizekönigtum Río de la Plata.
1810	Eine kreolische Junta setzt den spanischen Vizekönig ab.
1816	Die Provinzen des Río de la Plata erklären ihre Unabhängigkeit.
1826–28	Argentinisch-brasilianischer Konflikt um die Banda Oriental, der mit der Entstehung von Uruguay als Pufferstaat endet.
1833	Großbritannien besetzt die von Argentinien – nach der Loslösung von Spanien – verwalteten Malwinen (Falklandinseln).
1853	Unter Urquiza kommt das erste Grundgesetz zustande. Buenos Aires schert aus der Föderation aus, erklärt sich zum selbstständigen Staat und gibt sich 1854 eine eigene Verfassung.
1862	Unter der Präsidentschaft von Bartolomé Mitre gliedert sich Buenos Aires in dominierender Position wieder in den nationalen Staat ein.
1865–70	Im Krieg der Triple-Allianz (Argentinien/Brasilien/Uruguay) gegen Paraguay verliert Letzteres Misiones und Formosa an Argentinien.
1877/78	Während der Wüstenfeldzüge werden die Pampaindianer größtenteils ausgerottet. In der Folge entwickelt sich die Pamparegion zur agrarischen Kernzone Argentiniens.
1892	Gründung der liberalen Partei Unión Cívica Radical; unter Führung von Hipólito Irigoyen entsteht eine neue, die korrupte Oligarchie des Landadels und der Provinz-Caudillos herausfordernde Kraft.

Endgültige Grenzziehung zwischen Argentinien und Chile.	**1902**
Soziale Unruhen aufgrund der Weltwirtschaftskrise. Militärputsch von General José Uriburu.	**1930**
Juan Domingo Perón gewinnt die Wahlen und leitet ein Programm sozialer Reformen ein.	**1945/46**
Missernten, sinkende Exporte und leere Kassen zwingen Perón zu einer unternehmerfreundlicheren Politik. Er wird zur Abdankung gezwungen und geht nach Madrid ins Exil.	**1955**
Argentinien leidet unter der sozialpolitischen und wirtschaftlichen Orientierungslosigkeit von drei Militär- und zwei Zivilregierungen.	**1955–73**
Der aus dem Exil zurückgekehrte Perón löst den Interimspräsidenten Cámpora mit dem Versprechen einer nationalen Befriedung ab.	**1973**
Blutige Militärdiktatur, während der 30 000 Menschen verschwinden. Der verlorene Falklandkrieg leitet das Ende der Diktatur ein.	**1976–83**
Der neue Wahlsieger Raúl Alfonsín von der Unión Cívica Radical (UCR) kann die wirtschaftliche Notlage nicht mildern.	**1983–89**
Der Peronist Carlos Menem gewinnt die Wahlen und schnürt das Land in ein enges neoliberales Korsett.	**1989**
Wiederwahl Menems, obwohl die wirtschaftlichen Maßnahmen zur Verarmung der Bevölkerung geführt haben.	**1995**
Unter Präsident Fernando de la Rúa kommt es zu einem wirtschaftlichen und politischen Chaos; alle Guthaben werden eingefroren.	**1999–2002**
Der Peronist Néstor Kirchner gewinnt die Wahlen. Eine Politik der Stabilisierung und Aussöhnung gewinnt an Konturen.	**2002**
Präsident Kirchner verwandelt das ehemalige Verhör- und Folterzentrum ESMA in eine Gedächtnisstätte.	**2004**
Wirtschaftlicher Höhenflug, gesunkene Arbeitslosenziffern: Argentinien geht es besser.	**2007**

Gesellschaft und Alltagskultur

Während sich die Fußballfans von Boca Juniors als Schwarze bezeichnen, stellen die reichen Argentinier klar, dass sie keineswegs etwas mit den Indianern zu tun haben, die in Patagonien einst in Guanako-Fellen herumliefen. Die Wirklichkeit sieht so aus: Im südamerikanischen Schmelztiegel Argentinien haben Menschen unterschiedlichster Herkunft eine Heimat gefunden.

Bevölkerung und Lebensweise

Jorge Luis Borges, der bedeutendste Dichter des Landes, formulierte einmal, die Argentinier stammten von den Schiffen ab. Der historische Hintergrund – die Vernichtung der Indianer – ist alles andere als schmeichelhaft für Argentinien, aber Borges These trifft zu: Das europäischste Land Südamerikas wird heute von fast 39 Mio. Menschen bewohnt, aber nur ca. 1 Mio. größtenteils bereits mestizisierte Einwohner können noch als Indianer angesprochen werden. Verschiedenen Ethnien angehörend, bewohnen sie Regionen in den patagonischen Voranden, der Puna, im Chaco und in Misiones. Die größte Gruppe bilden die Mapuche (Araukaner) in den Provinzen Río Negro und Neuquén. Im Zuge eines wiedererwachenden *indigenismo* und angeregt von der Schutzgemeinschaft Defensa de la Cultura Indígena wählten Mapuche-Stämme 1995 – zum ersten Mal seit 100 Jahren – wieder *caciques* (›Häuptlinge‹).

Ländliche Feudalstruktur

Die *desindianización* des argentinischen Lebensraums, sprich die Vernichtung der indianischen Gemeinschaften, schuf Platz für eine von den frühen Spaniern auf Südamerika übertragene ländliche Feudalstruktur, deren Ausdruck bis heute die riesigen Estanzien geblieben sind. Nur in wenigen agrarisch begünstigten Räumen erhielten Einwanderer Gelegenheit, aus Siedlungskolonien Städte zu entwickeln. Keimzellen der Stadtgründungen im Hinterland waren gegen das Indianerterritorium vorgeschobene Forts oder jesuitische Gutshöfe wie die Zuckerrohr-Estanzien von Tucumán. Allerdings bildeten sich auf dem Land bald auch eigene Formen des Zusammenlebens heraus. Unter den kleinen Viehbetrieben blühten Solidarität und Gemeinschaftssinn, früher sogar mit den zunächst noch indianischen Nachbarn, wie Zeugnisse aus den ersten Waliser Kolonien belegen. Doch selbst paternalistische Verhältnisse auf den großen Ländereien Patagoniens und Feuerlands mussten und müssen nicht unbedingt von Nachteil sein: Hier gibt es Schulen, Kirchen und Krankenversorgung.

Leben in der Stadt

Den Immigrantenstrom (in der Reihenfolge ihres prozentualen Anteils: Italiener, Spanier, Franzosen, Deutsche, Engländer, Polen, Griechen, Syrer, Libanesen) schluckte vorwiegend die Anfang des 20. Jh. aufblühende Hauptstadt Buenos Aires. An dem Industriestandort bildete sich – neben Arbeiterheeren – ein breiter, von Handwerkern, Technikern und Kaufleuten getragener Mittelstand.

Die mittelständisch geprägte Bevölkerungsstruktur Argentiniens hebt das Land soziokulturell aus dem Gros des übrigen Lateinamerikas heraus. Zwar haben die wirtschaftlich oft chaotischen letzten zwei Jahrzehnte an der Substanz der Mittelschicht gezehrt, doch mit einem Anteil von immer noch rund 30 % der Bevölkerung (freilich auch in sich selbst wieder gestaffelt) hat sie den Schwund relativ gut überstanden. Das liegt nicht zuletzt am Improvisationstalent der Argentinier und ihrer Fähigkeit, sich rasch neue Nischen zu suchen – und sei es in der Schattenwirtschaft. Der *cuentapropismo,* das ›Auf-Eigene-Rechnung-Wirtschaften‹, wurde zum Ventil der Arbeitsplatzverlierer. Dennoch sind Hunderttausende als ›Neuarme‹ in die Tiefe gerutscht. Statistisch macht die Arbeiterklasse 38,5 % der Landesbevölkerung aus; unterhalb dieser Schicht aber ist der Bodensatz der verarmten städtischen Bevölkerung von ehemals 12 % auf das Doppelte gestiegen.

El Sur – der Süden

Und doch ist auch das Ländliche stets gegenwärtig in der städtischen Kultur – das kann nicht anders sein in Argentinien, wo der Reichtum größtenteils auf dem Land verdient wird. Am offensichtlichsten stellt sich das bei einem Besuch der Viehmessen im Bonaerenser Stadtteil Palermo dar: Die einflussreiche Sociedad Rural Argentina lädt dort zwischen den Botschaftervillen zu einer Schau mit Viehversteigerungen, Musikdarbietungen und Rodeos. Zu diesem Anlass legen die männlichen Besucher ihre Gauchotracht an und schlingen sich den traditionellen schwarzroten Poncho des legendären Reitergenerals Martín Güemes um die Schultern, der mit seinen Gaucho-Armeen den Unabhängigkeitskrieg gegen die Spanier gewinnen half.

Auch in anderen Stadtteilen von Buenos Aires, dort, wo sich die flache Stadt in das flache Land hinein erstreckt, werden Viehmärkte veranstaltet, verspeist man einen fachgerecht zubereiteten Asado, tanzt man den typischen Reigentanz.

El Sur, ›der Süden‹, entwickelte sich im 20. Jh. keineswegs zu einer Metapher des bäurischen Rückständigen, sondern zu einem Sehnsuchtsort der Intellektuellen. Jorge Luis Borges gründete in den 1940er-Jahren zusammen mit Victoria Ocampo und Adolfo Bioy Casares die literarische Zeitschrift »Sur«. Die unendlichen Weiten Patagoniens inspirierten in jüngster Zeit international populär gewordene Spielfilme wie »Bonbón« und »Historias Minimas« von Pablo Sorín. El Sur heißt eine traditionelle Tangobar in San Telmo in Buenos Aires. Und auch der Filmemacher Fernando (›Pino‹) Solanas nutzte den Namen für eine poetische Filmparabel in den 1990er-Jahren.

Solidaridad!

Argentinier wären nicht Argentinier, wenn sie sich in Notlagen nicht zu helfen wüssten. Je nach Notstand wechseln sie die Berufe, und zur Wirtschaftskrise 2001 haben sie den *trueque* erfunden, den wie ein kleines Fest organisierten Tauschhandel, bei dem jeder, der etwas übrig hat oder nicht mehr braucht, es auf einem nachbarschaftlichen Straßenmarkt anbietet. Keiner käme auf die Idee, dies sei etwas Ehrenrühriges oder man dürfe seine Bedürftigkeit nicht öffentlich zeigen.

Ein anderes Zeichen für Zusammenhalt setzt der Verlag Ediciones Eloísa Cartonera. Er produziert seine Bücher ausschließlich mit dem Material der *cartoneros,* der Papiermüllsammler, die die Werke anschließend auch bemalen, falzen und dafür einen festen Lohn erhalten. Wenn sie nach harter Arbeit mit ihren voll beladenen Papierkarren vom Zentrum Buenos Aires in die Vororte fahren, gewährt die regionale Transportgesellschaft der Stadt kostenlose Bahnfahrten auf den sogenannten *trenes blancos* (›weiße Züge‹).

Während der Militärdiktatur waren Zeichen von Solidarität besonders gefragt, besonders nötig, aber auch besonders gefährlich – nicht davon beirren ließen sich die Madres de la Plaza de Mayo, die Mütter von Verschwundenen, die sich jeden Donnerstag auf der Plaza de Mayo vor dem Regierungssitz Casa Rosada versammelten und auf das Schicksal ihrer verschwundenen Kinder, Väter, Gatten aufmerksam machten. Bis heute ziehen die Damen, das emblematische weiße Kopftuch umgeschlungen, zum Platz. Sie haben sich zu einer einflussreichen politischen Institution entwickelt.

Gauchos und Gauchadas

Kein anderer Prototyp Südamerikas ist zu einer solch mythischen Gestalt hochstilisiert worden wie der Gaucho. Freiheit und Abenteuer, Ehre und Tapferkeit, Pampa und Lagerfeuer – das sind die Assoziationen, die bei den verwegenen Reitern mit im Sattel sitzen.

Der Gaucho, Mittler zwischen Mensch und Natur, ging in vielerlei Verkleidungen und Verklärungen in den Sagenschatz und in die Literatur Argentiniens ein. Als Ideal verkörpert er – und zwar für alle Gesellschaftsschichten – das Wunschbild des kameradschaftlichen Weggefährten. Noch immer sagen Argentinier, wenn sie um eine kleine Hilfeleistung bitten: *»¿Me hacés una gauchada?«* – »Tust du mir einen Gefallen?«

Tatsächlich aber hat dieser Held zu Pferd in seiner mehrhundertjährigen Geschichte viele Verwandlungen durchgemacht. Als die Weiten der Pampa noch keinen Stacheldraht kannten, von Indianern bewohnt und von Wildrindern bevölkert waren, entstand – meist aus der Verbindung eines Spaniers mit einer Indianerin hervorgegangen – der Typ des umherschweifenden kreolischen Jägers, der, durch die Landnahme für immer mehr Estanzien in seinem Freiraum eingeengt, schließlich zum Viehdieb wurde. Wandte man zu jener Zeit das Quechua-Wort *guacho* (›streunendes Kalb‹) auf die berittenen Vagabunden an? Die Etymologen rätseln noch. Dieser Landstreicher jedenfalls, artistischer Reiter und Messerheld zugleich, spielte, trank und raufte auch, entführte gelegentlich ein Mädchen und hielt sich im Übrigen fern von Siedlungen und Polizeistationen, wenn er sich nicht gerade in einer ländlichen Ladenschänke mit Wein, Tabak und Mate versorgte – meist ohne zu bezahlen. So konnte denn auch die Bezeichnung eines Mannes als Gaucho damals eine Beleidigung sein (was

sie heute noch ist, wenn Nachbarn die Argentinier so nennen).

Domingo Faustino Sarmiento, Staatspräsident (1868–74) und Meistererzähler, hat diesem ›bösen Gaucho‹, den er uns in seinem »Facundo« dennoch als nicht unsympathischen Gauner vorstellt, den ›guten Gaucho‹ in Gestalt des ebenso geschickten, aber sesshaften und arbeitsamen *paisano* (›Landmann‹) gegenübergestellt. Eine derart klare Unterscheidung zwischen Gesetzlosen und Pflichtgetreuen dürfte jedoch kaum der Wirklichkeit entsprochen haben. Dazu war das Leben auf dem Kamp zu hart, zu unbeständig und zu sehr nach Normen ausgerichtet, die sich unter Raubeinen aller Art als Gewohnheitsrecht herausbildeten. Kein Wunder daher, wenn die beiden stilisierten Gegenfiguren bald miteinander verschmolzen, wobei eine – vor allem literarisch geförderte – Idealisierung des Helden erfolgte: Als eine Art argentinischen Robin Hood stellte man sich hinfort den Gaucho gerne vor. Europäische Chronisten jener Zeit haben uns die Gauchos als ebenso stolze und eitle wie gastfreundliche und bescheidene Menschen geschildert, Menschen mit knochigen Gesichtern, dunkler Hautfarbe und mongolisch geschnittenen Augen. Und wirklich standen die Gauchos den Indianern lange näher als den Weißen (das gilt für den extremen Süden und den Nordwesten des Landes immer noch). Von jenen lernten sie, das Lasso zu werfen und mit *boleadoras* (Schleuderkugeln) Tiere zu Fall zu bringen. Das waren zunächst Guanakos,

Thema

Strauße und Wildrinder und später, als die Gauchos als *peones* (›Landarbeiter‹) in die Estanzien einzogen, die jungen Stiere, die mit dem Brandzeichen des Eigentümers markiert wurden. Mit der zunehmenden Sesshaftigkeit einher ging eine Verfeinerung der Ausrüstung und des Habitus. Von Mal zu Mal schmuckere Formen von ledernem und silbernem Reitgeschirr entstanden, man sang *payadas,* tanzte den *cielito* und den *gato* und ein neuer, eigenständiger Gaucho-Kult wurde geboren.

Zweimal in der Geschichte Argentiniens hat man die Gauchos, ihrer kämpferischen Eigenschaften wegen, zu militärischen Aktionen herangezogen. Zunächst rief man sie in den Revolutionskriegen zur Befreiung Argentiniens vom spanischen Mutterland zu den Fahnen, dann zwang man sie in den ›Wüstenfeldzügen‹ zum Kampf gegen die Indianer.

Die Wüstenkampagne war noch nicht zu Ende, als der Dichter José Hernández 1872 sein – den Gaucho zur argentinischen Leitfigur erhebendes – Versepos »Martín Fierro« veröffentlichte. In wenigen Jahren waren, damals eine Sensation, elf Auflagen vergriffen. Jorge Luis Borges hat dieses Werk mit dem »Don Quijote« auf eine Stufe gestellt. Heute leben auf dem Land immer noch Zehntausende von Gauchos, auch wenn sie *peones* heißen, sich in Zeitungsannoncen (»mit Pferd und Hund«) bewerben und nicht unbedingt nach dem Bilderbuch gekleidet sein mögen. Die *doma,* die Bändigung junger Pferde, die Wettkämpfe und Reiterspiele haben nichts von ihrer Faszination verloren. Und natürlich kommt, von Salta bis zum Río Negro, keine Folkloreveranstaltung ohne den festlichen Aufzug der gauchesken Traditionsvereine aus.

Der Gaucho – Garant für Legenden und für ein wichtiges Exportgut: Fleisch

Von Trauernden zur politischen Institution: die Madres de la Plaza de Mayo

Armut und Che

Zwar scheint sich alle Welt an die Vorstellung zu gewöhnen, dass die Hälfte der 380 Mio. Einwohner Lateinamerikas im Zustand der Armut lebt, doch in Argentinien schockt noch immer der Gedanke, dass 3 Mio. Familien in ›unbewohnbaren‹ Behausungen untergebracht sind. Hier die Sozialbilanz von sechs *villas miserias* (›Elendssiedlungen‹) am Rand der Millionenstadt Rosario nordwestlich von Buenos Aires: 22 % der Bewohner sind Analphabeten, die Hälfte der Kinder beendet die Grundschule nicht, ein Viertel von ihnen beginnt bereits vor dem zehnten Lebensjahr zu arbeiten, 57 % der Mädchen bekommen ihr erstes Kind im Alter zwischen 13 und 17 Jahren. Das Problem ist, dass die Armen nicht nur immer ärmer werden, sondern dass es auch stets mehr von ihnen gibt.

Tatsächlich hatte Carlos Menem in seiner Regierungszeit einen – angesichts der Bummelei in ehemaligen Staatsbetrieben unvermeidlichen – Sozialabbau betrieben, andererseits aber auch Formen eines gemeinnüt-zigen Wohlstands in Gestalt neuer Straßenzüge, Naturschutzparks, umgenutzter Altbauten (wie den Hafenspeichern von Puerto Madero, die mit ihren Glitzerrestaurants zum Treffpunkt der Schickeria wurden) und eines modernen Telefonsystems geschaffen. Nach extrem schwierigen Zeiten verzeichnet die Wirtschaft Argentiniens (bedingt durch günstige Exportzahlen für Agrar- und Bergbauprodukte, gestiegene Tourismuszahlen und eine stärkere Nachfrage nach Konsumgütern) seit 2004 wieder einen kräftigen Aufschwung und Argentinien hat sich erneut die Position erobert, das Land mit dem höchsten Pro-Kopf-Einkommen von ganz Lateinamerika zu sein. Dennoch erfreut sich der argentinische Arzt und Revolutionär Ernesto ›Che‹ Guevara großer, ja steigender Beliebtheit. Der soziale Gehalt seiner politischen Aktionen scheint nach dem so bereitwillig eingegangenen, doch schlussendlich verhängnisvollen Experiment mit neoliberalen Wirtschaftsprogrammen eine besonders balsamische Wirkung zu haben.

Kirche im Aufbruch

Argentiniens Nationalheiliger

Rund 90 % der Argentinier sind getaufte, aber weniger als 15 % praktizierende Katholiken. Der institutionelle Charakter der ›Staatsreligion‹ ist das Erbe der katholischen Pioniervölker des Landes: Spanier, Italiener und, in geringerem Ausmaß, Franzosen. Von Neapel her immigrierte auch Argentiniens Nationalheiliger San Cayetano zum La Plata (Neapolitaner brachten zu Beginn des 20. Jh. die erste Heiligenfigur mit). Der 1480 als Gaetano (hispanisiert: Cayetano) de Thiene im italienischen Vicenza geborene und 1671 heilig gesprochene Adlige, der sein Leben der Armen- und Krankenpflege und dem Kampf gegen die Korruption (damals schon!) widmete, leitet seinen Vornamen von dem nördlich von Neapel gelegenen Hafenstädtchen Gaeta ab. Nach der Pestwelle von 1656, die in Neapel 35 000 Menschen dahinraffte, wurde der ›Sozialarbeiter‹ und Ankläger Gaetano (neben San Gennaro) zum Stadtpatron erhoben.

In Argentinien zum Santo de la Providencia (›Heiliger der Vorsorge‹) erkoren, waren seine himmlischen Fürsprachen in Krisenzeiten mehr denn je gefragt: San Cayetano wurde zum Beschützer der Hungrigen, Arbeitslosen und Verschuldeten. Tatsächlich war Don Gaetano der Gründer eines Pfandleihhauses gewesen, aus dem die Banca di Napoli hervorging. Lebte er in unseren Tagen, sagt die Kirche, dann wäre er Pfleger der 150 000 Aids-Kranken. Sehr zeitgemäß werden an seinem Tempel im Bonaerenser Vorort Liniers zum Todes- und Feiertag am 7. August nicht mehr Blumen und Kerzen geopfert, sondern Kleider, Speisen und Getränke für Bedürftige gespendet.

Rückbesinnung auf den sozialen Auftrag

Leitfiguren für die ›Hemdlosen‹ von heute benötigt die Kirche mehr denn je. Rund 3 Mio. Katholiken jährlich scheren in Lateinamerika aus den Reihen ihrer Konfession aus, weniger aus Glaubenszweifeln als aus Überzeugungsmängeln seitens der Verkünder (ver)tröstender Botschaften: Zu lange hat sich die Kirche mit den jeweiligen militärischen, politischen und oligarchischen Machtstrukturen identifiziert. Der einstige Vorsitzende der argentinischen Bischofskonferenz, Adolfo Tortolo, interpretierte das Eingreifen des Militärs gar als das Werk Gottes. »Wir haben uns«, sagt ein hoher klerikaler Würdenträger heute, »unsere Mission von den Kommunisten aus der Hand nehmen lassen«.

Die Rückbesinnung auf den sozialen Auftrag der Urkirche ist im Gange. Immer mehr Arbeiterpriester leisten Basisarbeit. Die Routine katholischer Sonntagsmessen brechen Spontanfeiern ›charismatischer Pfarreien‹ auf – eine zeitgemäße Antwort auf das Vordringen der Sekten, die Rom im Übrigen verdächtigt, von den Vereinigten Staaten aus gelenkt zu werden: Ein katholisches – sprich sozial eingestimmtes – Lateinamerika kann nicht im Sinne kapitalistischer Marktbeherrschung sein. Am lautesten melden sich derzeit die katholischen Bischöfe Argentiniens zu Wort. Mit einer neuen Direktheit nennen sie Missstände wie wirtschaftliche Ausbeutung, Arbeitslosigkeit, Korruption und den *capitalismo salvaje* (›kapitalistischer Wildwuchs‹) beim Namen. Der Erzbischof von Buenos Aires, Jorge Bergoglio, geißelte den albernen Hochmut und die unerträgliche Selbstgefälligkeit der Schönen und der Reichen. Um sich auch von dem geringsten Verdacht regierungsgefälligen Wohlverhaltens freizumachen, hatte die argentinische Katholische Kirche schon Anfang 1996 ihren Verzicht auf alle in der Verfassung festgeschriebenen staatlichen Zuwendungen angemeldet. (In Argentinien gibt es keine Kirchensteuer, aber die katholischen und die meisten privaten Schulen bekommen staatliche Subventionen.)

Bei so viel frischem Mut bleibt das Echo in der Bevölkerung nicht aus. In Meinungsumfragen erringt das katholische Episkopat die – nach dem Berufsstand der Journalisten und der Landwirte – höchste Punktewertung. In der Achtungsskala von Einzelpersönlichkeiten rangieren die Kirchenväter sogar vor den unsterblichen TV-Lieblingen Susana Giménez und Mirtha Legrand.

Fútbol – la Mano de Dios

Wen wundert es, dass der Allzeitstar des argentinischen Fußballs, Diego Armando Maradona, während der Weltmeisterschaft 1986 von höchster Stelle Unterstützung im Viertelfinalspiel gegen England bekam? Gott höchstpersönlich griff ein, um die Partie zu entscheiden, und er selbst war nur das ausführende Organ, so lautete die schlitzohrige Botschaft des begnadeten Chaotikers, als das Spiel mit seinem Handtor besiegelt wurde.

Auch heute noch verkörpert Maradona den Traum vieler argentinischer Knirpse, besonders jener aus ärmeren Schichten: den Ball kickend zu Weltruhm zu gelangen. Viele argentinische Weltklassespieler kommen aus der Unterschicht. Javier Zanetti, Kapitän bei Inter Mailand, dient als Vorzeigemodell. Er hat seine bescheidene Herkunft nie vergessen und engagiert sich in sozialen Projekten, die unter dem Namen ›Für eine integrierte Kindheit‹ in Buenos Aires firmieren.

Fußball kann als Nationalsport Argentiniens gelten, weil er alle Schichten erreicht.

Offizielle Feiertage
1. Jan. – Neujahr (Año Nuevo)
24. März – Tag der Wahrheit und Justiz (Día de la Memoria por la Verdad y la Justicia)
2. April – Tag der Kriegsveteranen und der Gefallenen im Falklandkrieg (Día del Veterano y de los Caídos de la Guerra de Malvinas)
Karfreitag (Viernes Santo)
Ostersonntag (Pascua)
1. Mai – Tag der Arbeit (Día del Trabajador)
25. Mai – Nationalfeiertag
Mo um den 3. Juni – Tag der Flagge (Día de la Bandera)
9. Juli – Tag der Staatsgründung (Día de la Independencia)
Mo um den 3. Aug. – Feier zu Ehren von José de San Martín
um 12. Okt. – Tag der Rasse (Día de la Raza)
8. Dez. – Tag der Unbefleckten Empfängnis (Inmaculada Concepción)
25. Dez. – Weihnachten (Navidad)

Auch im Polo, Cricket und Tennis weisen die Argentinier weltweit beachtete Talente und Leistungen auf, doch sind dies eher Sportarten für Wohlhabende und vermögen lange nicht solche Emotionen wie ein Fußballspiel zu entlocken. Ein Klassiker unter den Partien spiegelt die Buenos-Aires-Paarung Boca Juniors und River Plate wider: die Mannschaft des armen Ex-Genueser Hafenviertels gegen die Mannschaft aus dem reichen britischen Villenvorort. Oft genug gewann Boca, dessen legendärster Spieler Maradona hieß und dessen legendärster Trainer César Luis Ménotti war. Ménotti, der alles andere als proletarisch wirkte, erfand den ›Fußball von unten‹, den leidenschaftlichen Fußball, wie ihn nur Jungen auf der Straße spielen können. Mit dieser Philosophie wurde er mit dem argentinischen Team Weltmeister, zur Zeit der Militärdiktatur, die der linke Trainer stets angegriffen hatte.

Tango

Er war, er ist, er wird immer sein: der Tango. Er ist Musik gewordenes Argentinien oder Musik gewordenes Buenos Aires. Keine andere Stadt der Welt wird so stark mit einer Musik identifiziert.

Die Musik und der Tanz durchleben in jüngster Zeit größte Erfolge, nachdem sich die argentinischen Jugendlichen lange Zeit davon abgewendet und den Tango ihren Großeltern überlassen hatten. Nicht nur auf den von Touristen frequentierten Plätzen wie der Plaza Dorrego in San Telmo oder in den superteuren Dinnershows, sondern in speckigen Clubs beweist der Tango, welchen Volkes Kind er ist – der stolzen, traurigen, sehnsüchtigen Einwanderer, die sich nur sonntags einen sauberen Kragen leisten konnten. In diesen Clubs erblüht der gebrochene Macho-Charme der älteren señores und so manche abuela hat sich wie ein junges Mädchen herausgeputzt. Die Jüngeren strömen wieder, vielleicht um zu zeigen: Dies ist – so unverwechselbar wie ein Fingerabdruck – unsere eigene Kultur, die es sonst nirgendwo auf der Welt gibt (s. S. 58 u. 126).

Kunst und Kultur

»Kultur ist die Kunst zu überleben, ständig zu entdecken und zu erfinden«, sagt die argentinische Dichterin María Elena Walsh – »und zwar mit jener skeptischen Intelligenz«, meinte der Romancier Adolfo Bioy Casares, »die pessimistischem Denken optimistisches Temperament entgegensetzt«. An Erfindungsgeist hat es dem extrovertierten, gebildeten und kulturell anspruchsvollen Argentinien nie gefehlt.

Kultur ist für alle da

»Morels Erfindung« wird, 50 Jahre nach dem Erscheinen von Adolfo Bioy Casares Roman, im Centro Cultural Borges als Marionettenspiel aufgeführt. Im Kulturzentrum Recoleta haben 42 Maler die Romanwelt von Jorge Luis Borges in ihre Bildsprache übersetzt. Borges Witwe, die aus Japan stammende María Kodama, erhielt bei einem Haiku-Wettbewerb 6500 Schülergedichte. Ernesto Sábato – Physiker, Cervantes-Literaturpreisträger und heute Maler – las zur Gitarre aus seinen Werken vor. Allerorten sprießen Tango-Tanzschulen aus dem Boden. Dieser Tango-Renaissance huldigte sogar der in Buenos Aires geborene Daniel Barenboim mit auch in Europa dirigierten Tango-Konzerten.

Wenn die jährlichen 560 Studienplätze am Konservatorium ausgeschrieben werden, stehen die Bewerber um mehrere Häuserblocks Schlange. 800 000 jugendliche Zuschauer drängen sich Jahr für Jahr im experimentierfreudigen Teatro San Martín. Es gibt 10 000 Schauspielschüler in Buenos Aires. Die Tänzerin Paloma Herrera wurde Primaballerina des American Ballet Theatre in New York; neben ihr errangen die Tänzer Julio Bocca und Maximiliano Guerra nicht nur Weltruf, sie popularisierten auch das klassische Ballett. Im Bonaerenser Kulturzentrum Ricardo Rojas kann man zwischen 274 Workshops wählen. Sogar der Nationalsport Fußball wurde in die Kunst einbezogen: Im Jahr 1996 gestaltete der Maler Pérez Celis das Stadion von Boca Juniors, die ›Pralinenschachtel‹, mit Wandgemälden aus.

Kultur wird in Argentinien auf breiter Front gelebt, nicht als elitäres Happening bei Festspielen und Vernissagen verstanden, sondern in den Alltag integriert: Gabriel García Márquez im Supermarkt und, an einem U-Bahn-Kiosk, neben 100 Magazinen auch mal Kants »Kritik der reinen Vernunft«. Die zahlreichen Galerien dürfen sich als Publikumsmagneten fühlen, die Bühnen haben sich sogar unter der Militärdiktatur nicht den Mund verbieten lassen – ihre klandestinen Aufführungen waren so aufrüttelnd, dass ihnen nicht wenige bescheinigen, den Sturz der Militärs intellektuell begleitet zu haben. 41 % der Argentinier lesen durchschnittlich ein Buch pro Monat. Vom allgemeinen Bildungseifer zeugt die Tatsache, dass der Buchhandel selbst in den Krisenjahren jährlich 15 000 neue Titel auf die Ladentische brachte. Und als man die Bücher während der Wirtschaftskrise aus Geldmangel nicht selbst erwerben konnte, wurden sie eben in den Buchhandlungen gelesen – keiner hat sich je daran gestört. Ohnehin gehört das stundenlange Stöbern in Buchläden zu den Lieblingsbeschäftigungen der Porteños. Die Buchgeschäfte haben teilweise bis spät in die Nacht geöffnet und praktischerweise ist ihnen häufig ein Café angeschlossen.

Musik

Argentiniens multikulturelle Vergangenheit ist auch in der Musik gegenwärtig. Von den schamanischen Gesängen der Indianer über die Barockmusik der Missionen reicht die Tradition bis zu den Stegreifliedern der Gauchos, begleitet von der Gitarre, dem Leitinstrument der argentinischen Folklore.

War das Musikleben in Buenos Aires zunächst von der spanischen Zarzuela und im 19. Jh. von Wiener Walzer und italienischen Opern bestimmt, so schufen Komponisten wie **Carlos López Buchardo** (1881–1948) und **Felipe Boero** (1884–1959) die erste nationalfolkloristische Kunstmusik. Noch weiter spannte der Leiter des Konservatoriums La Plata, **Alberto Evaristo Ginastera** (1916–83), den Bogen der Klangbilder, indem er Folklore mit Zwölftonmusik verband. Aus seinem Grupo Renovación gingen der radikale Komponist **Carlos Paz** (1901–72) und der über einen langen Zeitraum in Köln und Essen als Direktor der Musikhochschulen tätige **Mauricio Kagel** (geb. 1931), Schöpfer des ›Instrumentalen Theaters‹, hervor.

Daneben erhielt sich das von der Gitarre begleitete Liedgut der gauchesken *payadores* (Balladensänger), deren satirische Vortragsart sich in den Großstädten zu sozialkritischem Protest wandelte. In der Tradition der *payadores* stehende Künstler wie die Sänger **Eduardo Falú** und **Atahualpa Yupanqui** errangen Weltruf. Die Interpretationsbreite argentinischer Folklore reicht heute von den populären Weisen einer **Soledad Pastorutti** (›La Sole‹) über die traditionellen correntinischen Lieder von **Teresa Parodis** bis zur vokalen Virtuosität der tucumanischen Negra, der ›Schwarzen‹, **Mercedes Sosa.**

Aus einer Verbindung von Folklore und Rock haben vor allem **Charly García** und **Fito Páez** eine neue Kunstform entstehen lassen. Der in den 1960er-Jahren über ganz Lateinamerika ausstrahlende argentinische *rock nacional* leitete in den 70er- und 80er-Jahren zur *música de fusión* über, in der die verschiedensten Gattungen wie Blues, Jazz, Country und Tango miteinander verschmel-

zen. Der Bandoneonist **Astor Piazzolla** ließ sich von den (in Paris gehörten) Arrangements Gerry Mulligans inspirieren. Piazzollas »Le Grand Tango« interpretierte der russische Cellist Mstislaw Rostropowitsch 1994 im Teatro Colón. Im gleichen Jahr feierte Argentiniens größtes folkloristisches Werk, die 1964 von dem Pianisten **Ariel Ramírez** komponierte »Misa Criolla« (›Kreolische Messe‹), sein 30-jähriges Bestehen: mit einem Verkaufserfolg von 6 Mio. Schallplatten und CDs.

In der Tradition des *nuevo canción* der Mercedes Sosa und des politischen Rocks von Charly García haben sich auch viele neue Bands zusammengefunden, die kein Mainstream-Blabla abliefern, sondern Musikstile aus den *barrios* (›Vorstädten‹) in ihre Produk-

Argentiniens Aushängeschild Nr. 1 in puncto Literatur: Jorge Luis Borges

tionen aufnehmen und die politische Wirklichkeit aufgreifen. **Los Fabulosos Cadillacs** und **Los Redonditos de Ricota** zählen dazu und auch **Karamelo Santo,** die eng mit dem Weltmusiker Manu Chao befreundet sind und mit ihm gemeinsam auftreten.

Literatur

Jedes Volk habe sich – gleichsam als geistiges Gegengewicht –, so meinte Jorge Luis Borges einmal, eine literarische Leitfigur erkoren: Für Argentinien mit seiner von Bürgerkriegen und Wüstenfeldzügen geprägten Geschichte ist dies die Romanfigur des desertierten Gauchos Martín Fierro.

Gaucho-Dichtung

Tatsächlich hat der Gaucho, kulturgeschichtlich gesehen, mehrmals ›das Pferd gewechselt‹. Zunächst wird er von Argentiniens großem Reformer und Staatsmann **Domingo Faustino Sarmiento** (1811–88) unter dem Eindruck der Caudillo-Raubzüge als gesetzloser mestizischer Strolch aufs Korn genommen (»Zivilisation und Barbarei: Das Leben des Juan Facundo Quiroga«, 1845). 40 Jahre später wird ein ebensolch halbwilder Mischling im Erzählgedicht »Tabaré« des Uruguayers **Juan Zorrilla de San Martín** (1885–1931) zum Geliebten einer Weißen und zur Symbolfigur der von Ausrottungskampagnen bedrohten Pampaindianer. Die Identitätsdebatte hatte um diese Zeit schon der Argentinier

Träne in der Kehle –
der argentinische Tango

»Keine sittlichen Bedenken«, entschied Papst Pius X. vor 80 Jahren, nachdem er die von einem eigens aus Buenos Aires in den Vatikan bestellten Paar vorgeführten Schritte des neuen Tanzes begutachtet und dabei den, wie er fand, orgelhaften Klängen ihres ziehharmonikaähnlichen Begleitinstruments gelauscht hatte: des Bandoneons.

Che Bandoneón (›He Bandoneon‹) nannte Aníbal Troilo, einer der großen Instrumentalisten und Komponisten, einen Tango, den er seinem ›Blasebalg‹ widmete. Dessen erste Version hatte 100 Jahre zuvor (1846) der Krefelder Musiklehrer Heinrich Band aus der Konzertina entwickelt. Shanties singende Seeleute brachten dann das Bandoneon nach Argentinien, wo die nostalgische Klangwirkung seiner 100 Metallzungen die Herzen der Zuhörer wie im Sturm eroberte.

Aber wo und wann fing er an, dieser Tango, der damals in den Kaschemmen des Bonaerenser Hafenviertels La Boca geschwoft und in den Vorzimmern der Bordelle auf Gitarren und Mandolinen gezupft wurde? Er entstand keineswegs nur hier, wo die italienischen Dockarbeiter ihre Wellblechhäuser mit Schiffsfarbenresten anstrichen. Auch in Montevideo mit seinem ganz ähnlichen Bevölkerungsmix aus Spaniern, Italienern, Schwarzen und Mestizen und sogar weiter im Süden unter dem Einfluss andalusischer und gauchesker Vortragsweisen bildeten sich frühe Musikformen des Tangos heraus. Bis heute schöpft der Tangosänger unbewusst aus dem mimischen Repertoire des Flamenco und der *payada* (s. S. 56).

Verschieden tief reichen die vielfältigen Wurzeln des Tango-Stammbaums in die Vergangenheit hinein, wobei dem ältesten – dem afrikanischen – Zweig der entscheidende Part zuzurechnen ist. Die kubanische Habanera, der von der Habanera abgeleitete, in Südspanien entstandene Tango andaluz, die ›obszöne‹ Milonga und die Candombé genannte Tanzpantomime der Schwarzen sind in den Tango eingeflossen. Dazu haben die Possen der Kneipiers, das Palaver der Kutscher, die Apachentänze der Stutzer und die lasziven Verhüllungen der Bordellwirtinnen noch ihren eigenen plebejischen Kanon beigetragen.

Für den Aufstieg des Tangos aus der Gosse in die Salons mag der Lebenslauf des uruguayischen *tanguista* Francisco Canaro symptomatisch gewesen sein. Als Anstreicher, mit einem Musikfloh im Ohr, kam ihm etwa zu Beginn des 20. Jh. in Buenos Aires die Idee, aus einem leeren Farbtopf eine Blechdosenfidel herzustellen. Ein Mandolinenspieler begleitete sein Gewimmer. Jahre später war Don Francisco, jetzt im schwarzen Smoking, Großunternehmer der Unterhaltungsbranche. Er glänzte als Schallplattenproduzent, besaß vier Tangoorchester und hatte inzwischen über 200 Musikstücke selbst komponiert.

Zwei Grundformen des Tangos bildeten sich heraus. Der reine Instrumentaltango präsentiert sich mit betont kontrapunktischen Effekten, schleppendem und dann wieder nachholendem Tempo und einer Melodik, bei der drei- bis viertönige, eng gesetzte Bassakkorde eine quälende Klangdichte erzeugen, die ständig zur Entspannung und Auflösung drängt. Der suggestiven Wirkung dieser Musik, die in den 40er- und 50er-Jahren Triumphe feierte, kann man sich kaum entziehen. »Ich habe«, sagte dazu der 1992 gestorbene

Alfredo de Angelis einmal, »die Harmonie der Töne stets ebenso bewertet wie die Pausen.«

Die zweite Grundform, das Tangolied, bewegt sich an einem gefälligeren Kontinuum entlang, und weil hier die leichter verständliche Melodie den Transport der Stimme übernimmt, kann es sich diese sogar leisten, bis zum Sprechgesang abzufallen. Carlos Gardels Stimmumfang ging kaum über zwei Oktaven hinaus, doch seine Interpretationskunst kannte 1000 Register. ›Carlitos‹ zählt, als Mann ›mit der Träne in der Kehle‹, zu den Unsterblichen der Tangogeschichte.

Hörte man den 1995 verstorbenen Roberto Goyeneche im Café Homero etwa »Esta noche me emborracho« (›Heut abend besauf ich mich‹) singen, dann glaubte man ihm jedes Wort dieser von Enrique Santos Discépolo 1927 komponierten Abstiegselegie. Der aus einer neapolitanischen Familie stammende ›Discepolín‹ hatte in den wirren 30er-Jahren, Einzelschicksale aus seinem Freundeskreis thematisierend, noch einmal die sozialkritische Substanz der ersten Tangogeneration beschworen. »¿Que vachaché?« überschrieb er seine Debüt-Partitur im gleichen Lunfardo, das die Sprache seiner Jugend gewesen war – ›Wie komm ich aus dem Schlamassel raus?‹ Denn der Tango war, bevor er zum Synonym für Seelenschmerz, Sehnsucht, Liebe und zu einem »traurigen Gedanken, den man tanzen kann« (Discépolo), wurde, eine musikalische und gestische Form für Enttäuschung, Empörung und Anklage. In seiner heutigen Pluralität freilich hat er diese Uressenz eingebüßt, aber er konnte sich auch, wie die artistisch ausgearbeiteten Arrangements des (1992 gestorbenen) Bandoneonisten Astor Piazzolla zeigen, so weit von Formalzwängen frei machen wie nie zuvor.

Heute gibt es über 2000 Tangos mit dokumentierten Namen. Und wie heißt die den argentinischen Staatspräsidenten befördernde argentinische Version der Airforce One? – Tango 01 natürlich.

Entgegen dem Uhrzeigersinn drehen sich die Tänzer beim Tango

Kunst und Kultur

Estanislao del Campo (1834–80) in seiner hochrangigen, von gaucheskem Esprit sprühenden Dichtung zugunsten des ›Naturburschen‹ verschoben. Zum romantischen Helden par excellence aber gestaltete **José Hernández** (1834–86) den Gaucho Martín Fierro in seinem gleichnamigen Werk von 1872, das zu Argentiniens Nationalepos werden sollte. Exemplarisch ist Hernández Auseinandersetzung mit der erneut ausbrechenden Rivalität zwischen ›Zivilisation‹ und ›Barbarei‹: Zunächst flüchtet der an den Rand der Gesellschaft gedrängte Martín Fierro in das freiheitliche Leben eines Indianerstammes, dann kehrt er – im zweiten, sieben Jahre später veröffentlichten Band »La vuelta de Martín Fierro« (›Martín Fierros Rückkehr‹) –, des Vagabundendaseins müde, in die ungeliebte Zivilisation zurück. Die Gaucho-Dichtung hat der als ›Kostumbrismus‹ in die Literaturgeschichte eingegangenen, die Sitten schildernden Regionalliteratur den Weg bereitet.

Vorläufer moderner Literatur

Erst mit dem über ganz Lateinamerika ausstrahlenden Modernismus, zu dessen Prophet der viele Jahre in Argentinien lebende Nicaraguaner **Rubén Darío** (1867–1906) wurde, setzte das Literaturgeschehen zu einer neuen Stilform an. Argentinischer Exponent der Modernisten ist der in kühnen Metaphern und pittoresken Kontrasten dichtende **Leopoldo Lugones** (1874–1938), dessen sprachliche Virtuosität im »Lunario Sentimental« (›Empfindsames Lunarium‹) von 1909 gipfelt. Lugones, in seinen jungen Jahren ideologisch als ›sozialistischer Humanist‹ ausgewiesen, später Unterstützer des ersten Militärputsches in Argentinien, entwickelte sich mit seinem Werk nicht nur zum Vorläufer der argentinischen Literatur, er belebte auch die gaucheske Schelmenromantik aufs Neue. 1926 wurde der Landaristokrat **Ricardo Güiraldes** (1886–1927) mit dem parabelhaften Roman »Don Segundo Sombra« berühmt, in dessen Mittelpunkt ein reifer der Wirklichkeit abgeschauter Gaucho aus San Antonio de Areco steht.

Als städtischer Gegenpol zur Gaucho-Literatur entstand in der ersten Hälfte des 20. Jh. eine Vorstadt-Prosa, deren Protagonisten die *compadritos* – Stenze, Flaneure, Messerhelden – von Buenos Aires waren. Diese Randexistenzen, die durch **Roberto Arlts** (1900–42) Romane »Los siete Locos« (›Die sieben Irren‹) und »Los Lanzallamas« (›Die Flammenwerfer‹) geistern, thematisieren die Entwurzelung des Großstadtmenschen. Mit humoristischem Abstand als barocke Zeitsatire skizziert **Leopoldo Marechal** (1900–70) dieses Milieu in seinem »Adán Buenosayres« (›Adam Buenosaires‹), das auch den Hintergrund zu Jorge Luis Borges Erzählung »El Hombre de la Esquina Rosada« (›Der Mann von der rosa Ecke‹) bildet.

›Literatura fantástica‹

Jorge Luis Borges (1899–1986), der seine Jugend in Genf und auf Mallorca verbracht hatte, entflammte nach seiner Rückkehr 1921 für seine Heimatstadt Buenos Aires und widmete ihr – sein erstes Werk – die in 300 Exemplaren gedruckte Gedichtsammlung »Fervor de Buenos Aires« (›Begeisterte Hingabe an Buenos Aires‹). Den Vertrieb besorgte der literarische Hoffnungsträger selbst, allerdings mit unkonventionellen Methoden, z. B. indem er die Bände in Garderoben in die Manteltaschen von Unbekannten schmuggelte.

Schon früh als ›Vater des argentinischen Ultraismus‹ etikettiert, macht Borges sich gleichwohl frei von den überladenen Versexerzitien dieser lyrischen Welle und sucht die reine ›essenzielle Poesie‹. Zusammen mit anderen avantgardistischen Autoren wird Borges zum Fackelträger der bis heute lebendigen *Literatura fantástica* Argentiniens. Der außerordentlich belesene Borges (er übersetzte Kafka, las Schopenhauer auf Deutsch und erlernte alte nordische Sprachen) erlangte mit seinen komödiantischen, Realität und Irrealität überblendenden Erzählungen – gesammelt in den Bänden »Ficciones« (›Fiktionen‹, 1944) und »El Aleph« (›Labyrinthe‹, 1949) – Weltruhm. Er gilt bis heute als der schöpferischste Schriftsteller spanischer Sprache des 20. Jh. Neben Borges gehört der Uruguayer **Horacio Quiroga** (1879–1937), der sich in den Urwald von Misiones zurückgezogen hatte, zu den naturnahen Vertretern dieser Literaturrichtung.

Borges Zeitgenosse und Freund **Adolfo Bioy Casares** (1914–99) hat mit seinen 1940 erschienenen Werken »Antología de la literatura fantástica« (›Anthologie der fantastischen Literatur‹) und »La invención de Morel« (›Morels Erfindung‹) die metaphysische Gedankenwelt mitgeprägt. Mit der Erstveröffentlichung der Kurzgeschichte »La casa tomada« (›Das besetzte Haus‹) wurde Borges 1951 – damals Chefredakteur der Zeitschrift »Los Anales de Buenos Aires« – zum Wegbereiter für einen anderen großen Schriftsteller der fantastischen Literatur: **Julio Cortázar** (1914–84), dessen anstrengender, in Beckettscher Verfremdungsmanier angelegter Antiroman »La Rayuela« (›Das Hüpfspiel‹) von 1963 im Mittelpunkt seines Werkes steht.

Der Technik des Narrativ-Fantastischen nicht weniger ergeben, versucht **Ernesto Sábato** (geb. 1911), wie er sagt, aus dem von korrumpierten Idealen, Naturzerstörung und menschlicher Verarmung gezeichneten Gegenwartsgeschehen ›metahistorische Werte‹ zu sublimieren. Mit seinen beiden Hauptwerken »Sobre héroes y tumbas« (›Über Helden und Gräber‹) von 1961 und dem apokalyptischen »Abaddón, el exterminador« (›Abaddón, der Engel des Verderbens‹) von 1974 sowie seinem politischen Engagement (auch für die unter dem Militärregime ›Verschwundenen‹) wurde der vom Atomforscher im Pariser Curie-Laboratorium zum Dichter konvertierte Sábato zum moralischen Gewissen der Nation. Er sammelte und edierte die erschütternden Zeugnisse der überlebenden Gefangenen der Militärdiktatur, die auch auf Deutsch erschienen sind: »¡Nunca más!« (›Nie wieder!‹). Mit der im Jahr 2000 erschienenen Autobiografie »Antes del fin« (›Vor dem Ende‹) schloss der Dichter sein literarisches Werk ab. Sein Gesundheitszustand erlaubt ihm seither weder Lesen noch Schreiben.

»El beso de la mujer araña« (›Der Kuss der Spinnenfrau‹, 1976) katapultierte **Manuel Puig** (1931–90) in die internationalen Bestseller-Charts und die kongeniale Verfilmung mit Raúl Juliá und William Hurt berührt bis auf den heutigen Tag; auch dieser Roman beschäftigt sich mit Gräueltaten der Militärdiktatur. Manuel Puig liebte das Kino und folgte beim Aufbau seiner Romane kunstvollen Montageregeln. Sie lesen sich wie eine Mischung aus rätselhaften Dialogbüchern und Traumsequenzen. »La traición de Rita Hayworth« (›Verraten von Rita Hayworth‹, 1968), »Boquitas pintadas: Folletín« (›Der schönste Tango der Welt: Ein Fortsetzungsroman‹, 1969) und »Sangre de amor correspondido« (›Herzblut erwiderter Liebe‹, 1982) gehören zweifellos zur ganz großen Literatur.

Ebenfalls gefeiert – und ins Deutsche übersetzt – sind bislang vier Bände von **Tómas Floy Martínez** (* 1934), der unter anderem »Santa Evita«, ein schart-satirisches, traurigböses Doppelporträt von Juan Domingo und Eva Perón schrieb. Der Schriftsteller lehrt in New Jersey – und Néstor Kirchner, so wird kolportiert, hätte ihn gerne als Botschafter in den USA. Die Autoren **César Aira** (* 1949) und **Ricardo Piglia** (* 1941) genießen Kultstatus in ihrem eigenen Land, sind international aber eher unbekannt. Als ersten Schriftsteller spanischer Sprache im 20. Jh. nahm die Académie Française 1996 den Argentinier **Héctor Bianciotti** – den ›neuen Borges‹, wie »La Quinzaine Littéraire« den Geehrten pries – in den Kreis der ›Unsterblichen‹ auf.

Malerei

Erst spät machten sich die Bildenden Künste von den europäischen Vorbildern frei. Die argentinische Malerei des 19. Jh. mit ihren in üppigem Kolorit gestalteten Repräsentationsbildern (als anschauliches Beispiel: das »Porträt der Manuelita Rosas« von Prilidiano Paz Pueyrredón im Museo Nacional de Bellas Artes, s. S. 124) war noch ganz dem Wohlgefallen ihrer noblen Auftraggeber verpflichtet, ehe die Künstler die Ateliers verließen, um sich dem Milieu schildernden ›Sittengemälden‹ und der Landschaftsmalerei zu widmen. Unter dem Einfluss des visuellen *criollismo* hielten Maler wie **Fernando Fader** (1882–1935), **Eduardo Sívori** (1847–1918) und **Martín Mal-**

Kunst und Kultur

harro (1865–1911) impressionistisch eingestimmte Pampaszenen fest.

Ihren stärksten Ausdruck fand die argentinische Malerei in den 20er- und 30er-Jahren des 20. Jh. Der bis 1930 in Paris lebende **Antonio Berni** (1905–81), im Umfeld Louis Aragons und Giorgio de Chiricos dem Surrealismus und der Metaphysik ergeben, begegnete in Buenos Aires dem mexikanischen Muralisten David Álfaro Siqueiros und ließ Bilder von monumentaler Eindruckskraft entstehen. Seine Tempera-Dokumentation »Desocupación, Desocupados« (›Arbeitslosigkeit, Arbeitslose‹) von 1934 ist mit 800 000 US$ das bislang höchstbezahlte Werk eines Argentiniers. Der ebenfalls in Paris geschulte **Alfredo Guttero** (1882–1932) schuf, ans Quattrocento und die romanische Kunst Spaniens anknüpfend, großflächige Bilder in erdfarbenen Tonwerten (Material: pigmentierter Gips). Auf die mythologische Semantik des präkolumbischen Argentinien griff der Paul Klee verpflichtete, ›nachdenkliche Humanist‹ **Xul Solar** (1887–1963) zurück. In seinen komplexen, von Sonnen, Schlangen, Kreuzen, Pfeilen, Gesichtern, Zeichen und Zahlen besetzten Aquarellen beschwört er archaische Traumbilder.

Die moderne Malerei der jüngsten Generation ist überwiegend zeitkritisch, karikierend, provokativ, plakativ. Zeitgenössisches zeigt u. a. das Museum für Lateinamerikanische Kunst (MALBA) in Buenos Aires (s. S. 125). Dort war zuletzt eine Werkschau des Malers **Guillermo Kuitca** (* 1961) zu sehen. In den Retrospektiven von 2004 lebte vor allem das Werk der Surrealisten und des Argentiniers **Victor Grippo** (1936–2002) wieder auf.

Film

Kulturprägend war auch immer der argentinische Film, der, einmal von den Hollywood-Klischees losgelöst, vor allem die eigene Geschichte kritisch ausleuchtete. Streifen wie »La Patagonia Rebelde« von **Héctor Olivera** (auf Osvaldo Bayers gleichnamiger Schilderung vom Aufstand der patagonischen Estanzia-Arbeiter in den 1920er-Jahren fußend;

1974) oder **Luis Puenzos** 1986 mit einem Oscar ausgezeichneter Film »La Historia Oficial« (›Die offizielle Geschichte‹, ein paradigmatisches Verschwundenenschicksal aus der Zeit der Militärdiktatur) sind zu historiografischen Werken geworden. Ein Kassenerfolg war 1993 der die Geschichte des Bonaerenser Stadtrebellen Tanguito nacherzählende Film »Tango feróz« (›Wilder Tango‹) von **Marcelo Piñeyro.** Der auf dem Roman »Una sombra pronto serás« (›Bald wirst du ein Schatten sein‹) des 1997 verstorbenen Bestseller-Autors Osvaldo Soriano beruhende Patagonienfilm gleichen Titels von Olivera wurde 1994 auf dem Filmfestival in Venedig gezeigt. 1996 ehrte man die Cineasten **Eugenio Zanetti** (in den USA lebend) und **Luis Enrique Bacalov** (Rom) mit je einem Oscar; 2005 und 2006 wurde der in Kalifornien beheimatete **Gustavo Santaolalla** – einer der Mitbegründer des *rock nacional* – für seine Filmmusik in »Brokeback Mountain« und »Babel« mit dem Oscar ausgezeichnet.

Auf der Berlinale 2004 erhielt **Pino Solanas** (sein letzter Streifen »Memoria del Saqueo« dokumentiert das argentinische Chaos von Ende 2001) einen Goldenen Bären für sein Lebenswerk, darunter so wunderbare Parabeln wie »El exilio de Gardel« und »Sur«. Mit einem Silbernen Löwen ausgezeichnet wurde der im Bonaerenser Immigrantenmilieu spielende Film »El abrazo cortado« (›Die unterbrochene Umarmung‹) des jungen Cineasten **Daniel Burman.** Auch **Ariel Rotter** gehört zu den vielversprechenden neuen Namen; der Hauptakteur seines Films »El otro« (›Der Andere‹) gewann auf der Berlinale 2007 den Silbernen Bären als bester Schauspieler.

Generell besteht im Land eine große Akzeptanz für heimische Produktionen. Die Zahl der Filmstudenten liegt fünfmal so hoch wie in Deutschland. Die jüngsten Erfolge der intellektuell kreativen Filme wie »Solo para hoy« und »El Custodio« vervollständigen die Melancholie des Erzählkinos von **Pablo Sorín,** das er in »Historias Mínimas« und »Bonbón« so wirkungsvoll ausbreitete. Hier wurde eine Fundgrube geöffnet, die sich nach weiteren Schätzen zu durchstöbern lohnt.

Essen und Trinken

Argentinien, besonders Buenos Aires, ist ein Dorado für den genüsslichen Esser. Auf dem Speisezettel stehen so gegensätzliche Gerichte wie die antarktische Königskrabbe und die würzigen Teigtaschen *(empanadas)* von Salta. Klassiker der kreolischen Tafelfreuden sind jedoch das am offenen Holzfeuer gebratene Fleisch *(asado)* und die Pastas und Pizzas der italienischen Küche.

Essen wie die Gauchos

2006 kursierte eine schlimme Nachricht in den Medien: In Argentinien verzehre man im Durchschnitt mehr Nudelgerichte als Fleisch. In Italien würde eine gleichlautende Zeitungsnotiz keinerlei Aufregung hervorrufen, aber für die Argentinier kam diese Meldung einer Demütigung gleich. Sich den *asado* nicht mehr leisten zu können, den schönen Braten, die Fleischstapel zum Grillen, war schlichtweg eine Katastrophe.

Seit Menschengedenken – so dürfen es die Argentinier ruhig formulieren – gehört ein *asado* zum guten Ton, zum Leben, zum Wohlfühlen, zum Treffen mit Freunden und der Familie, zum gelungenen Sonntag. Ein *asado* ist ein gesellschaftliches Ereignis. Es wird gemeinschaftlich zelebriert, wobei den Frauen die Aufgabe zukommt, *empanadas* und Salate als Vorspeisen vorzubereiten, während die Männer sich um das Grillgerüst versammeln, über das geeignete Brennholz fachsimpeln (Kiefer oder Eukalyptus) und Würste, Innereien, Huhn, Rindfleisch und Lamm braten – in dieser Reihenfolge. Das ist nicht optional gemeint, sondern additiv. Pro Person wandert gerne ein Pfund Fleisch auf den Grill. Eine solche Einladung beginnt am Nachmittag und endet gegen Mitternacht.

Diese Gaucho-Ernährungsweise ist nicht nur den Reichen in Fleisch und Blut übergegangen, sondern auch den weniger Wohlhabenden: Fleisch war über Jahrzehnte billiger zu haben als frischer Salat oder Gemüse. Nicht alle treilich konnten sich die besten Stücke leisten, aber ein knuspriger *asado de tira* (Rippenstück mit Knochen) war immer drin.

Die argentinischen Metzger ›schneiden‹ anders als in Mitteleuropa, deswegen lassen sich die landesüblichen Bezeichnungen nicht immer 1:1 übersetzen. Erst beim Blick auf die Preistabelle beispielsweise wird einem klar, dass es sich bei einem *Baby bife* keineswegs um ein besonders kleines Stück handelt – im Gegenteil, es ist das größte, wiegt mindestens ein Pfund und wird normalerweise von einer einzigen Person verzehrt.

In den Restaurants findet man die opulenten Grillteller unter der Rubrik *parrillada*. Eine *parrillada completa* schließt Innereien wie Dünndarm, Nieren und Bries mit ein, auf einer normalen gibt es Fleisch, auch vom Huhn. Die *parrillada* wird als Tischgrill serviert, von dem man sich nach Gusto selbst bedient. Überall in Argentinien gibt es auch spezielle Parrilla-Restaurants, in denen riesige Fleischstücke auf fast 1 m langen Spießen über einem offenen Holzfeuer gegrillt werden.

Im ›Fleischland‹ Argentinien sind erstaunlicherweise auch **Vegetarier** gut bedient. Die meisten Restaurants haben sich inzwischen darauf eingestellt und servieren eine mehr oder weniger große Auswahl an Gemüse- und Nudelgerichten.

Multikulturelle Einflüsse

Nicht gaucheske, sondern indianische Wurzeln haben die dampfenden Gemüseeintöpfe aus den – indianischen – Zutaten Mais, Kartoffeln, Maniok und Karotten, die in den Anden serviert werden. Das darin schwimmende Schafs- oder Ziegenfleisch spielt dabei eine untergeordnete Rolle, es dient hauptsächlich als Brühelieferant.

Selbstverständlich haben auch die Ernährungsgewohnheiten der italienischen Einwanderer ihre Spuren im Speisezettel der Argentinier hinterlassen. Die besten Nudelgerichte außerhalb der Grenzen Italiens verzehre man in Argentinien, wird gerne behauptet, und die größten Pizzen auch. *Ñoquis* (Gnocchi), *tallarines* (Spaghetti), Polenta, *sopa de fideo* (Nudelsuppe) und Risotti gehören zu den Grundnahrungsmitteln, damit wird jeder Argentinier groß. Die *Torta Pas-*cualina, eine Art Spinat-Eier-Quiche, gehört zu den Standardangeboten in Cafés und Imbissrestaurants, und auch die Art des Frühstücks kommt einem italienisch vor: ein kleiner Kaffee mit einer *medialuna* (Hörnchen).

Auf die Spanier gehen die deftigen, öligen Eintöpfe der Landesmitte und die Zubereitung von Fisch und Meeresfrüchten an der Küste zurück. Angelehnt daran hat man als Vorspeise den *salpicón de mariscos* erfunden, einen mit viel Zitrone angemachten Salat aus Meeresfrüchten.

Essgewohnheiten

Ebenfalls von den Spaniern haben die Argentinier die späten Essenszeiten übernommen, die für einen Mitteleuropäer kaum nachvollziehbar sind. In Spanien lassen sie sich als natürliche Reaktion auf sommerliche Hit-

Fleisch, egal in welcher Form – bei den Argentiniern eine Art Grundnahrungsmittel

zeperioden verstehen, wo auf eine ausgedehnte Siesta eine zweite Arbeitsphase folgt und man sich im Sommer erst gegen 22 Uhr zu Tisch setzt. In Buenos Aires kommt man mühelos noch eine Stunde später zum Essen zusammen, besonders am Wochenende. Eine Familie mit Großeltern und Enkelkindern vereint gegen Mitternacht am Restauranttisch versammelt zu sehen, ist keine Seltenheit. Nur auf dem Land und unter der Woche gelten moderatere Essenszeiten.

Auch beim Mittagessen kopieren die Argentinier in etwa die spanischen Zeitregeln, das *almuerzo* gibt es ab 13 Uhr. Berufstätige nehmen diese Mahlzeit häufig nicht zu Hause ein, sondern suchen eines der preiswerten Mittagsrestaurants auf, in denen solides Essen serviert wird – und billig ist es auch. Ein Tipp für Reisende mit kleinem Geldbeutel.

In argentinischen Restaurants sucht man sich für gewöhnlich nicht selbst einen Platz, sondern wartet, bis ein freier Tisch zugewiesen wird. Freitag- und samstagabends sowie sonntagmittags ist in den beliebten Lokalen eine Reservierung empfehlenswert. Das Trinkgeld (ca. 10 % des Rechnungsbetrages) wird zumeist auf dem Tisch liegen gelassen.

Ein argentinisches ›Muss‹: die Confitería

Seit gut einem Jahrhundert blüht in Buenos Aires die aus Europa importierte Kaffeehauskultur, wobei eine argentinische Confitería genau genommen kein Kaffeehaus ist, sondern ein bisschen mehr. Eine Confitería ist der Treffpunkt schlechthin – von morgens bis um Mitternacht. Serviert werden Kaffee, Tee, Kuchen, Wein, Sandwiches, Cocktails und Aperitifs mit den stets dazugehörigen salzigen Kleinigkeiten. In einer Confitería kann man frühstücken, Zeitung lesen, ein Buch oder Postkarten schreiben, seinen High Tea stilgerecht einnehmen, sich mit Freunden zum Wein treffen. Meist sind die Confiterías gemütlich eingerichtet, in manchen gibt es Tango-Konzerte, anderen wiederum sind Billardsalons angeschlossen.

Restaurant-Typen
Comida rápida – Fastfood
Marisquería – Meeresfrüchte-Restaurant
Parrilla – Rustikales Grillrestaurant, zumeist preiswert und selbst in seiner bescheidensten Variante selten enttäuschend
Tenedor (Parrilla) libre – *all you can eat* zu einem festen Preis
Restaurante vegetariano/naturista – vegetarisches Lokal

Die im Führer angegebenen Preise umfassen eine für das jeweilige Restaurant repräsentative Mahlzeit mit Hauptgang, Dessert, Vorspeise oder Kaffee sowie 0,5 l Wein.

Getränke

Im Weinland Argentinien findet man auf fast allen Getränkekarten eine wechselnde Auswahl von Weinen, die zumeist von einer der über 50 großen Kellereien des Landes stammen (s. S. 66). Die verschiedenen Provenienzen, Rebsorten, Cuvées und Jahrgänge decken eine breite Geschmacksskala ab. Zu den gleichbleibend guten, allgegenwärtigen (und preiswerten) Tropfen gehören u. a. die Weißweine Lagarde Chardonnnay, Alamos Sauvignon Blanc, Etchart Torrontés, Trumpeter Chardonnay und Trapiche Chenin sowie die Rotweine Finca La Linda, Norton, Séptima, Trapiche, Alta Vista und Cuesta del Madero.

Biertrinker können zwischen den einheimischen Marken Quilmes, Schneider und Brahma sowie zahlreichen Exportbieren wählen. Daneben gibt es die üblichen Erfrischungsgetränke *(bebidas refrescantes)*. Vor allem aber ist Argentinien das Land des Mate-Tees, der zu jeder Tages- und Nachtzeit, von allen Altersgruppen und von allen Bevölkerungsschichten gleichermaßen getrunken wird – typische Begleitutensilien eines ›waschechten‹ Argentiniers sind eine Thermoskanne mit heißem Wasser, ein Päckchen der grünen Yerba-Mate-Blätter, eine Kalebasse und eine *bombilla,* das Röhrchen zum Trinken (s. S. 446).

Rebstöcke mit Weltrekord – argentinische Weine

Rund 320 Tage Sonne im Jahr, trockenes Halbwüstenklima, nahrhafte Böden und dazu die schon von den Indianern trassierten Bewässerungskanäle, gespeist vom Schmelzwasser der Anden – das waren Bedingungen, unter denen bereits vor 400 Jahren kein Jesuitenpater der Versuchung widerstehen konnte, seinen eigenen Messwein zu erzeugen.

Von den Kanarischen Inseln über Cuzco (Peru) gelangten die ersten Reben der *Vitis vinifera* ins heutige Argentinien. Die frühesten Berichte von Rebpflanzungen bei Santiago del Estero finden sich in Chroniken Mitte des 16. Jh. Damals trat man die Trauben in Lederbälgen mit den Füßen aus; so entstand die Bezeichnung *vino patero* (von *pata* = ›Fuß‹) und bis heute findet, wer in diesen gesegneten Regionen über Land fährt, einen hausgemachten Wein als *patero* an allen Straßenrändern angeboten, auch wenn der Saft inzwischen aus der Handpresse kommt.

Die Veredelung der Gewächse und ihrer Ausbaumethoden ließ allerdings bis Mitte des 19. Jh. auf sich warten. Damals brachte der Winzer Miguel Pouget die ersten französischen Rebsorten nach Argentinien und ab 1885 schaukelten auf der soeben fertiggestellten, 1000 km langen Eisenbahnlinie durch die Pampa 50 000 l fassende burgundische Eichenfässer von Buenos Aires nach Mendoza und San Juan. In den Bodegas von Escorihuela beispielsweise kann man solche *barriles* oder *toneles* (›Tonnen‹) noch heute in Gebrauch sehen. Mit den Einwanderungswellen zu Beginn des 20. Jh. gelangten italienische und spanische, dann auch deutsche Gewächse wie der Riesling nach Argentinien. Heute sind hier Varietäten heimisch, die die ganze europäische Weinpalette abdecken und Sorten wie der Torrontés fanden weit bessere Anbaubedingungen als im mediterranen Ursprungsraum.

Unter der windgeschützten Ostabdachung der Anden zieht sich in 500 bis 1500 m Höhe die argentinische Weinstraße von Río Negro bis nach Salta entlang. Kerngebiet ist die Gegend um Mendoza, die 73 % der Trauben erzeugt und wo 1700 Brunnen der natürlichen Furchenberieselung zu Hilfe kommen. Lange Zeit galt ein Rebstock der Estancia Los Amigos, dessen Blätterdach 144 m² bedeckte und der bis zu 3 t Trauben pro Ernte hervorbrachte, als der fruchtbarste der Welt. Die hohen Sommertemperaturen haben hier tunnelartige, Schatten spendende Laubdächer zur typischen Formation der Rebpflanzungen gemacht. Fast 1000 Mendociner Kellereien mit einem Speichervolumen von 40 Mio. Hektolitern bauen ihre Weine nach bewährten europäischen Methoden aus.

Auch die zweitgrößte Erzeugerprovinz San Juan schützt ihre von Licht übergossenen Pflanzungen (bei nur 200 mm Niederschlag im Jahr) durch das Parral- oder Trellissystem vor der Austrocknung der Fruchtstände in Bodennähe infolge der Reflexion des Sonnenlichts. San Juan erzeugt vor allem Tafeltrauben, Weißweine und Rosinen.

Die drittgrößte Anbauregion, die Provinzen Río Negro und Neuquén, eine Oase im wüstenhaften Patagonien, hat immerhin noch 150 Bodegas vorzuweisen. In diesen frostgefährdeten Breiten allerdings recken sich die (meist dunklen) Trauben bei kürzeren Reifezeiten vorzugsweise am Hochspalier der Sonne entgegen. Blumige, alkoholreiche

Thema

Argentiniens Paradies für Weinliebhaber ist insbesondere die Region um Mendoza

Weißweine bringen die tiefen, lehmigen Schwemmsandböden von La Rioja hervor, auf denen man viele Weinstöcke auch ›wild‹ (*parrón*-System) wachsen lässt. Schließlich tragen die Nordwestprovinzen Catamarca, Salta und Jujuy mit knapp 6000 ha Anbaufläche und einigen der besten hellen Gewächse zum Ruf der argentinischen Weinkultur bei. Hier entfalten besonders die elfenbeinfarbenen Weine von Cafayate – man koste den würzigen Ayres de Cafayate (Bodegas Etchart) – ihr reiches, von quellwassergespeisten Böden und einer göttlichen Sonne kommendes Bouquet.

Unter den Weinerzeugern der Welt liegt Argentinien heute mengenmäßig an fünfter Stelle. Hier, wie überall, ist der Pro-Kopf-Verbrauch jedoch unter dem Marktdruck der allgegenwärtigen nordamerikanischen Massengetränkehersteller sowie dem steigenden Hang zum Bierkonsum zurückgegangen.

Die bedeutendsten roten Rebsorten sind: Cabernet Sauvignon (v. a. in der Provinz Mendoza), Malbec (Valle de Uco und Oberlauf des Río Mendoza), Merlot (vorwiegend in San Rafael und Luján de Cuyo/Mendoza), Syrah (erfreut sich in Argentinien zurzeit des stärksten Zuwachses an Anbaufläche) und Pinot Noir (Mendoza). Zu den wichtigsten weißen Rebsorten gehören: Torrontés (Valles Calchaquíes zwischen Cafayate und Angastaco), Chardonnay (weit verbreitet), Sauvignon (besonders Oberlauf des Río Mendoza), Chenin (v. a. San Rafael) und Semillón (Valle de Uco).

Kulinarisches Lexikon

Im Restaurant

Ich möchte einen Tisch reservieren.	Quisiera reservar una mesa.
Die Speisekarte, bitte.	El menú, por favor.
Die Rechnung, bitte.	La cuenta, por favor.
Vorspeise	entrada/primer plato
Hauptgericht	plato principal
Nachspeise	postre
Beilage	guarnición
Tagesgericht	plato del día
Gedeck	cubierto
Flasche	botella
Salz/Pfeffer	sal/pimienta
Essig/Öl	vinagre/aceite
Zucker/Süßstoff	azúcar/sacarina
Kellner/Kellnerin	camarero, camarera

Zubereitung

ahumado/-a	geräuchert
al ajillo	in Knoblauchsoße
a la plancha	gegrillt
al horno	im Ofen zubereitet
a punto	medium
asado/-a	gebraten/gegrillt
bien hecho	gut durchgebraten
brochette	am Spieß
crudo/-a	roh
empanado/-a	paniert
frito/-a	frittiert
guisado/-a	geschmort
hervido/-a	gekocht
jugoso	saftig/blutig

Snacks, Suppen, Vorspeisen

aceitunas	Oliven
caldo	(Fleisch-)Brühe
cazuela	Eintopf
empanadas	Teigpasteten mit Füllung (pikant oder süß)
fiambre (surtido)	(gem.) Aufschnitt
huevos fritos/revueltos	Spiegel-/Rührei
jamón crudo/cocido	roher/gekochter Schinken
matambre (von mata hambre – ›tötet den Hunger‹)	mit Ei, Spinat, Petersilie und Knoblauch gefüllte Rinderroulade
morrón	rote, gegrillte Paprika
palmito con salsa golf	Palmherzen mit Tomatenmayonnaise
pan (tostado)	(getoastetes) Brot
sopa	Suppe
tortilla	Omelette

Fisch und Meeresfrüchte

atún	Thunfisch
besugo	Seebrasse
centolla	Königskrabbe
corvina	Adlerfisch
langostinos	Krevetten
lenguado	Seezunge
mariscos	Meeresfrüchte
mejillones	Miesmuscheln
merluza	Seehecht
ostras	Austern
pejerrey	Ährenfisch
pescado	Fisch
pulpo	großer Tintenfisch
salmón	Lachs
trucha	Forelle

Fleisch und Geflügel

achuras	Innereien
albóndigas	Fleischbällchen
asado de tira	gegrilltes Rippenstück (mit Knochen)
aves	Geflügel
bife de chorizo	Rumpsteak
bife de costilla	Beefsteak mit Rippenknochen
bife de lomo	Lendensteak
carne	Fleisch
carne picada	Hackfleisch
cerdo, chancho	Schwein
chinchulines	gegrillter Dünndarm
chivito	Zicklein
chorizo	grobe Grillwurst
chuleta	Schweinekotelett
conejo	Kaninchen

cordero	Lamm
criadillas	Kalbshoden
cuadril	Hüftsteak
escalope	Schnitzel
estofado	Schmorfleisch
higado	Leber
jabalí	Wildschwein
lechón	Spanferkel
locro	Eintopf mit Fleisch, Maiskörnern etc.
lomo	Filet
milanesa	paniertes Schnitzel
mollejas	Bries
morcilla	Blutwurst
pato	Ente
pavo	Truthahn
pierna de cerdo	Schweinshaxe
pollo	Huhn
puchero	Eintopf mit Fleisch, (Süß-)Kartoffeln und Gemüse
res	Rind
riñones	Nieren
salchicha	Würstchen
ternera	Kalb
vacío	Bauchfleisch

Gemüse und Beilagen

arroz blanco	weißer Reis
berenjena	Aubergine
chauchas	Bohnen
cebolla	Zwiebel
ensalada	Salat
espinaca	Spinat
fideos	Nudeln
guisante	Erbse
lechuga	grüner Blattsalat
lenteja	Linse
palta	Avocado
panaché de legumbres	gemischte Gemüse-platte
papa	Kartoffel
pepino	Gurke
pimiento, ají	Paprikaschote
remolacha	rote Bete
tallarines	Spaghetti
verdura	Gemüse
zanahoria	Möhre

Nachspeisen und Obst

almendrado	Vanilleeis mit Mandeln
almíbar	Sirup
batatitas	Süßkartoffeln
bombón	Eiscreme mit Schokoladenüberzug
cereza	Kirsche
damasco	Aprikose
Don Pedro	Eiscreme mit Walnüssen und Whisky
dulce de batata	Süßkartoffelgelee
dulce de leche	Karamellcreme
dulce de mebrillo	Quittenpaste
durazno	Pfirsich
flan	Karamellpudding
galletita	Keks
helado	Eiscreme
mamón	Papaya
manzana (asada)	(Brat-)Apfel
medialuna	Croissant
melón	(Honig-)Melone
naranja	Apfelsine
natillas	Cremespeise
panqueque	Pfannkuchen
pera	Birne
pomelo	Grapefruit
sandía	Wassermelone
torta, pastel	Kuchen
uva	Weintraube
zapallo en almíbar	Kürbisstücke in Sirup

Getränke

agua mineral con/sin gas	Mineralwasser mit/ohne Kohlensäure
aguardiente	Schnaps
café (con leche)	(Milch-)Kaffee
cerveza	Bier
gaseosa	Limonade
jugo	Saft
vino blanco/tinto	Weiß-/Rotwein

›Zwischen den Strömen‹ – Entre Ríos – heißt eine der Regionen, wo Reisende auf Rinderherden und stolze Cowboys, die Gauchos, treffen

Wissenswertes für die Reise

Informationsquellen

Infos im Internet

www.argentinien.com: Deutschsprachiges Portal zu Argentinien mit vielen weiterführenden Links.

www.argentina-argentinien.com: Grundlegende Infos und ein Forum für Fragen (dt.).

www.argentinaturistica.com: Sehr ausführliche Website zu den wichtigsten Sehenswürdigkeiten, nach Regionen untergliedert (span., engl.).

www.enjoy-patagonia.org: Sehr ausführliches Web-Portal zu Patagonien mit detaillierten Infos zu den einzelnen Orten und Sehenswürdigkeiten (engl.).

Touristenbüros

... in Europa

Derzeit unterhält Argentinien keine Touristenbüros im deutschsprachigen Raum, doch bekommt man viele hilfreiche Infos direkt aus dem Internet.

... in Argentinien

Secretaría de Turismo
Av. Santa Fe 883, Buenos Aires
Tel. 011-43 12 22 32, Fax 43 13 68 34
www.turismo.gov.ar, Mo–Fr 9–17 Uhr

Infos über die einzelnen Provinzen erteilen in Buenos Aires die **Casas de Provincia** (Öffnungszeiten meist Mo–Fr 9/10–16/17 Uhr):

Buenos Aires: Callao 237, Tel./Fax 011-43 71 70 45/46/47, int. 2, www.casaprov.gba. gov.ar, www.turismoydeporte.gba.gov.ar

Catamarca: Córdoba 2080, Tel./Fax 011-43 74 68 91/95, int. 30, www.turismocatamarca. gov.ar

Chaco: Callao 322, Tel. 011-43 72 30 45 u. 43 72 09 61, Fax 43 75 16 40, www.chaco. gov.ar/turismo

Chubut: Sarmiento 1172, Tel. 011-43 82 20 09, www.chubut.gov.ar/turismo

Córdoba: Callao 332, Tel. 011-43 73 42 77, Fax 43 72 65 66, www.cordobaturismo.gov.ar

Corrientes: San Martín 333, 4. Stock, Tel./ Fax 011-43 94 28 08/35, www.corrientes.gov. ar/turismo

Entre Ríos: Suipacha 844, Tel. 011-43 26 25 73, Fax 43 93 37 32, www.turismo.entrerios. gov.ar

Formosa: H. Yrigoyen 1429, Tel. 011-43 84 84 43, Fax 43 81 70 48, www.casadeformosa. gov.ar, www.formosa.gov.ar

Jujuy: Santa Fe 967, Tel. 011-43 93 12 95 u. 43 93 60 96, www.turismo.jujuy.gov.ar

La Pampa: Suipacha 346, Tel. 011-43 26 05 11 u. 43 26 17 69, www.turismolapampa. gov.ar

La Rioja: Callao 755, Tel./Fax 011-48 15 19 29 u. 48 13 34 17, www.larioja.gov.ar/turismo

Mendoza: Callao 445, Tel. 011-43 73 25 80, Fax 43 74 11 05, www.turismo.mendoza. gov.ar

Misiones: Santa Fe 989, Tel. 011-43 22 10 97, Fax 43 93 16 15, www.turismomisiones. gov.ar

Neuquén: Maipú 48, Tel./Fax 011-43 43 23 24, www.neuquentur.org

Río Negro: Tucumán 1916, Tel. 011-43 71 70 78, Fax 43 75 54 89, www.rionegro.gov.ar

Salta: Roque Sáenz Peña 933, Tel. 011-43 26 24 56, Fax 43 26 01 10, www.turismosalta. gov.ar

San Juan: Sarmiento 1251, Tel. 011-43 82 55 80 u. 43 82 92 41, Fax 43 82 94 65, www.tu rismo.sanjuan.gov.ar

San Luis: Azcuénaga 1083, Tel./Fax 011-57 78 16 21 u. 57 78 16 65, www.sanluis.gov.ar

Santa Cruz: Suipacha 1120, Tel./Fax 011-43 25 30 98, www.casadesantacruz.gov.ar

Santa Fe: 25 de Mayo 168, Tel./Fax 011-43 42 04 25/54, www.santafe.gov.ar

Santiago del Estero: Florida 274, Tel./Fax 011-43 22 13 89, www.turismosantiago.gov. ar, www.mercotour.com/santiagodelestero

Tierra del Fuego: Esmeralda 783, Tel./Fax 011-43 28 70 40, www.tierradelfuego.org.ar

Tucumán: Suipacha 140, Tel. 011-43 22 00 10, int. 124, www.tucumanturismo.gov.ar

Innerhalb Argentiniens können von jedem Ort aus unter der Telefonnummer 0800 555 00 16 kostenlos Auskünfte – auch auf Deutsch – eingeholt werden (8–20 Uhr). In fast allen Städten Argentiniens gibt es darüber hinaus Informationsbüros, die Reisende mit einem Stadtplan und Hinweisen zu den wichtigsten Sehenswürdigkeiten versorgen.

Diplomatische Vertretungen

... in Deutschland
Botschaft der Republik Argentinien
Kleiststraße 23–26, 10787 Berlin
Tel. 030-26 68 90, Fax 229 14 00
www.argentinische-botschaft.de
Generalkonsulate der Republik Argentinien
Eschersheimer Landstraße 19–21
60322 Frankfurt
Tel. 069-972 00 30, Fax 17 54 19
Mittelweg 141, 20148 Hamburg
Tel. 040-441 84 60, Fax 410 51 03
chamb@mrecic.gov.ar
Robert-Koch-Str. 104, 53127 Bonn
Tel. 0228-249 62 88, Fax 249 62 87
consuladoargbonn@t-online.de

... in Österreich
Botschaft der Republik Argentinien
Goldschmiedgasse 2/1, 1010 Wien
Tel. 01-533 85 77-0
Fax 533 87 97 u. 533 56 51
etria@mrecic.gov.ar

... in der Schweiz
Botschaft der Republik Argentinien
Jungfraustr. 1, 3005 Bern
Tel. 031-356 43 43, Fax 356 43 40
seconbern@swissonline.ch
esuiz@mrecic.gov.ar

... in Argentinien
Deutsche Botschaft und Konsulate
Villanueva 1055, Stadtteil Belgrano
1426 Buenos Aires
Tel. 011-47 78 25 00, Fax 47 78 25 50
administracion@embajada-alemana.org.ar
www.buenos-aires.diplo.de
Botschaft: Mo–Fr 8.30–11.30 Uhr
Konsulat: Mo–Fr 8.30–11 Uhr
Weitere Honorarkonsulate der Bundesrepublik Deutschland gibt es in San Carlos de Bariloche, Córdoba, El Dorado/Misiones, Posadas/Misiones, Santa Fe, Salta, San Miguel de Tucumán, Mendoza und Mar del Plata.

Österreichische Botschaft
French 3671, 1425 Buenos Aires
Tel. 011-48 07 91 85/86, Fax 48 05 40 16
www.austria.org.ar
Mo–Do 9–12 Uhr

Schweizerische Botschaft
Av. Santa Fe 846, 10. Stock
1059 Buenos Aires
Tel. 011-43 11 64 91/95, Fax 43 13 29 98
www.eda.admin.ch/buenosaires
Mo–Fr 9–12 Uhr

Karten

Kleine Stadtpläne erhält man in den örtlichen Touristenbüros sowie meist auch an der Hotelrezeption. Detaillierte Stadtkarten von Buenos Aires und YPF-Straßenkarten (YPF = Yacimientos Petrolíferos Fiscales, ehem. staatliche Petroleumgesellschaft) gibt es an den Zeitungskiosken der Innenstadt von Buenos Aires zu kaufen. Von YPF wird auch ein guter Straßenatlas herausgegeben, dem eine CD und ein Führer zu den Weingütern Argentiniens beigefügt ist.

Gute Provinzstraßenkarten verkauft der argentinische Automobilclub (ACA), Av. del Libertador 1850, 3. Stock, Buenos Aires, Tel.

011-48 08 44 60, Fax 48 08 46 01, www.aca. org.ar. Touristen, die sich als Mitglieder eines ausländischen Automobilclubs ausweisen, bekommen das Material bis zu 50 % günstiger. Außerhalb der Hauptstadt halten über 100 ACA-Tankstellen und -Servicestationen (in größeren Städten und an Fernstraßen) Kartenmaterial bereit. Sehr empfehlenswert ist auch der Straßenatlas, den die Reifenfirma Firestone jährlich neu auf den Markt bringt. Er enthält außerdem Karten aller wichtigen Städte, Übersichtskarten der Nachbarländer sowie eine Unterkunfts- und Campingplatzliste. Zu kaufen in größeren Buchläden.

Lesetipps

Jorge Luis Borges: Sämtliche Erzählungen, München 1970; Einhorn, Sphinx und Salamander. Handbuch der phantastischen Zoologie, Frankfurt/M. 1993; Kabbala und Tango, Essays, Frankfurt/M. 1991; Niedertracht und Ewigkeit, Erzählungen, Frankfurt/M. 1991; Rose und Münze, Gedichte, Frankfurt/M. 1994.
Jorge Louis Borges/Adolfo Bioy Casares: Mord nach Modell, Erzählungen, Frankfurt/M. 1993; Zwielicht und Pomp, Erzählungen, Frankfurt/M. 1994. Der große Señor der argentinischen Literatur und sein Kollege und Freund präsentieren ihre wunderbar verrätselten, philosophischen Geschichten.
Adolfo Bioy Casares: Der Tod des Helden, Frankfurt/M. 1977; Morels Erfindung, Frankfurt/M. 2001.
Bruce Chatwin: In Patagonien, Reinbek 2006.
Bruce Chatwin/Paul Theroux: Wiedersehen mit Patagonien, München/Wien 1992. Diese beiden Reiseerzählungen haben beträchtlich dazu beigetragen, den Ruf Patagoniens als Sehnsuchtsland zu etablieren, und ganz nebenbei die Reisereportage wiederbelebt.
Julio Cortázar: Der Verfolger, Frankfurt/M. 1990; Geschichte der Cronopien und Famen, Frankfurt/M. 1992. Dieser Autor ist ein Klassiker, sein wichtigstes Werk »Rayuela« brachte es zum Kultbuch der 1968er-Jahre. Lyrik und Erzählungen haben dem 1984 verstorbenen Schriftsteller noch mehr internationalen Ruhm eingebracht. Politisch war er ein Unterstützer von Salvador Allende und den Sandinisten in Nicaragua.
Juan Filloy: Op Oloop, Frankfurt/M. 2001. Der Roman erschien bereits 1934, wurde aber erst spät bekannt. Er steht in der Erzähltradition eines Borges und James Joyce, auch Spuren Kafkas sind darin zu finden.
Ricardo Güiraldes: Das Buch vom Gaucho Sombra, Berlin 1999. Ein Klassiker.
Tomas Eloy Martínez: Der Tangosänger, Frankfurt/M. 2005; Der Flug der Königin, Frankfurt/M. 2001; Der General findet keine Ruhe, Frankfurt/M. 1999; Santa Evita, Frankfurt/M. 1996. Anspruchsvoll, anstrengend und sehr originell sind diese skurrilen Romane. Das fiktive Doppelporträt von Juan Domingo und Eva Perón hat den Autor auch hierzulande sehr bekannt gemacht.
Santa Montefiore: Der Geisterbaum, München 2001. Argentinische Familiensaga.
Elsa Osorio: Mein Name ist Luz, Frankfurt/M. 2000. Mit diesem Roman über die Kinder der Verschwundenen während der Militärdiktatur gewann die Autorin den Amnesty-International-Literaturpreis.
Ricardo Piglia: Brennender Zaster, Berlin 2001. Spannender, sozialkritischer Krimi mit quasi-dokumentarischem Charakter über eine junge Verbrechergang.
Manuel Puig: Der schönste Tango der Welt, Frankfurt/M. 1978; Der Kuss der Spinnenfrau, Frankfurt/M. 2003; Die Engel von Hollywood, Frankfurt/M. 1998; Herzblut erwiderter Liebe, Frankfurt/M. 1998. Stark sozialkritisch geprägte Romane.
Ernesto Sábato: Maria. Oder die Geschichte eines Verbrechens, Berlin 1988. Einer der wichtigsten und einflussreichsten Autoren Argentiniens. »Maria« erschien 1945 unter dem Titel »El Túnel« und war sein erster Erfolg.

Argentinien als Reiseziel

Argentinien ist zu beneiden. Kolibris durchschwirren die Dschungel an den tosenden Wasserfällen von Iguazú, während 3000 km weiter südlich haushohe Eistürme vom Perito-Moreno-Gletscher in den Lago Argentino stürzen und Orkane um die Spitzen des Fitz-Roy-Massivs fegen. Dazwischen wogende Pampa, nur durchzogen von den schwarzen Asphaltbändern der Straßen oder staubigen Pisten. Am Horizont das Band der Anden mit den schneebedeckten Vulkanen, den himmelstürmenden Bergstraßen und den in Wäldern eingebetteten Seen. An der Atlantikküste bei Río Gallegos wippen die Ölpumpen, nicht weit entfernt brüten Pinguine in Erdhöhlen, ziehen Wale vorbei und sonnen sich Seeelefanten am Kiesstrand der Península Valdés. Welcher Kontrast dazu die brodelnde Metropole Buenos Aires mit ihren Tango-Kneipen, den Asado-Restaurants und Einkaufsgalerien – für viele nicht ohne Grund die schönste Hauptstadt Südamerikas. Eine Reise reicht bei Weitem nicht, die Vielfalt und Schönheit des Landes zu erforschen.

Vorschläge für Rundreisen

Die gewaltige Nord-Süd-Ausdehnung des Landes und die unterschiedlichen klimatischen Verhältnisse von den Tropen bis zur subarktischen Klimazone machen es sinnvoll, sich für eine bestimmte Reiseregion innerhalb Argentiniens zu entscheiden. Während man den Süden mit Patagonien und Feuerland bevorzugt in den Sommermonaten Oktober bis März besucht, ist die beste Reisezeit für den Nordosten der argentinische Winter (April–Sept.) – insbesondere die Provinzen Misiones, Entre Ríos und Chaco stöhnen im Sommer unter Temperaturen jenseits der 40-°C-Marke. Für den Nordwesten empfehlen sich Frühjahr oder Herbst (Okt.–Dez., April/Mai).

Vier Wochen durch Patagonien

Von Buenos Aires führt der Weg entlang der Atlantikküste nach Süden, vorbei am mondänen Badeort **Mar del Plata**. Erster Höhepunkt ist die zum Unesco-Welterbe zählende **Península Valdés**, wo man Wale (Juni, Okt.), Seeelefanten und Pinguine beobachten kann. Immer wieder ergeben sich danach von der weiter Richtung Süden verlaufenden Hauptstraße (RN 3) lohnende Abstecher zur Küste, etwa zur Pinguinkolonie von **Punta Tombo** oder zu kleinen Fischerorten wie **Camarones** und **Puerto Deseado**.

In Río Gallegos nahe der Magellanstraße hat man die Wahl, ob man nach **Ushuaia** auf Feuerland reisen möchte, der südlichsten Stadt der Welt, oder nach Westen in die Anden. Entscheidet man sich für Feuerland, muss man ein kleines Stück durch Chile fahren, wo sich **Punta Arenas** mit seiner schönen Umgebung für einen Abstecher anbietet.

Ausgangspunkt für die Sehenswürdigkeiten der südlichen argentinischen Anden ist **Calafate**. Von hier aus lassen sich sowohl der **Glaciar Perito Moreno** als auch das **Fitz-Roy-Massiv** leicht erreichen.

Dann geht es auf der berühmt-berüchtigten **Ruta 40** – einer einsamen Piste, deren Asphaltierung jedoch mächtig vorangetrieben wird – entlang der Anden wieder nordwärts. Ein Abstecher führt zu den prähistorischen Felszeichnungen von **Las Manos**, ehe man das Seengebiet um den Ort **San Carlos de Bariloche** erreicht, eine der landschaftlich schönsten Regionen des Landes, die einen längeren Aufenthalt lohnt (s. auch S. 76). Sofern Wetter und Zeit es erlauben, sollte man noch die Gegend um **Mendoza** erkunden, das wichtigste Weinanbaugebiet des Landes, bevor man sich wieder auf den Rückweg nach Buenos Aires macht.

Bis auf Punta Tombo und Las Manos sind alle diese Ziele auch mit öffentlichen Verkehrsmitteln erreichbar, die meisten sogar mit dem Flugzeug.

Zwei Wochen im Seengebiet

Nicht von ungefähr zählt die am Fuße der Anden gelegene Region, auch ›Argentinische Schweiz‹ genannt, zu den beliebtesten Reisezielen der Einheimischen. Ein See reiht sich an den nächsten, eingebettet in dichte Waldlandschaft und überragt von schneebedeckten Vulkanen. Die schönsten Landstriche stehen unter Naturschutz. Zentraler Ausgangspunkt ist **San Carlos de Bariloche** am Lago Nahuel Huapi. Hier empfiehlt es sich, einen Wagen zu mieten, denn mit öffentlichen Verkehrsmitteln sind viele Ziele nicht erreichbar.

In der näheren Umgebung lockt die am Südufer des Sees entlangführende RP 77 zu einem Tagesausflug. Etwa 40 km südlich von Bariloche zweigt bei Villa Mascardi von der Ruta 40 eine schmale Piste zum Fuß des **Volcán Tronador** ab. Weiter geht es auf der Ruta 40 gen Süden, wo nach ca. 25 km der **Lago Steffen** lockt. Endziel des südlichen Ausflugs ist **El Bolsón**, ein schmuckes Städtchen mit stark europäischem Einfluss inmitten einer an die Voralpen erinnernden Landschaft.

Von Bariloche führt die RP 231 in nordwestlicher Richtung am Nordufer des **Lago Nahuel Huapi** entlang durch das gleichnamige Naturschutzgebiet zunächst in den beliebten Ferienort **La Angostura** und weiter über die Anden nach Chile (Richtung Osorno und Puerto Montt). Kurz hinter Angostura zweigt die RP 234 nach Norden ab und führt vorbei an zahlreichen kleineren Seen und spektakulären Felsformationen in einem Bogen zurück nach Bariloche oder aber ins weiter nördlich gelegene **San Martín de los Andes**, einer weiteren Touristenhochburg im Seengebiet.

Zwei Wochen im Nordosten

Diese Rundreise führt in das Zweistromland zwischen Uruguay, Brasilien und Paraguay. Von Buenos Aires geht es zunächst zum **Río de la Plata**, wo man hübsche Bootsausflüge unternehmen kann, und dann auf der RN 14 entlang dem Río Uruguay nach Norden. Einen kurzen Aufenthalt lohnen die Grenzstadt **Colón** mit ihrer hübschen Promenade und der **Parque Nacional El Palmar.**

Atemberaubend ist die Landschaft nicht – eingezäuntes Weideland, so weit das Auge reicht –, dafür bekommt man immer wieder berittene Gauchos zu Gesicht. Bei trockener Witterung kann man auf der Höhe von Paso de los Libres einen Abstecher nach Nordwesten zu den **Esteros del Iberá** machen, einer einzigartigen amphibischen Welt mit unzähligen Tierarten. Höhe- und nördlichster Punkt dieser Rundtour sind dann aber die **Cataratas del Iguazú.** Ohne größere Formalitäten kann man auch die brasilianische Seite der Wasserfälle besuchen.

Die Rückreise nach Süden erfolgt entlang dem Río Paraná über die RN 12, wo sich immer wieder Gelegenheit zu Abstechern an den urtümlichen Strom ergeben. Im ersten Abschnitt bis Posadas lohnen die ehemaligen **Jesuitenmissionen** einen Besuch.

Zwei bis drei Wochen durch den Nordwesten

Als Ausgangspunkt dieser Rundreise eignet sich die schöne Stadt **Córdoba**, in deren Umgebung einige zum Unesco-Welterbe zählende ehemalige Jesuitenklöster wie **Alta Gracia** und **Jesús María** liegen. Über **Santiago del Estero** geht es ins nördliche **San Miguel de Tucumán** und weiter nach **San Salvador de Jujuy,** Sprungbrett für den Besuch der **Quebrada de Humahuaca**, einer der faszinierendsten Landschaften Argentiniens. Besonders sehenswert sind hier das inmitten farbiger Gebirgsformationen liegende Örtchen **Purmamarca** sowie **Humahuaca**, ein Kolonialort andiner Prägung.

Auf der Rückfahrt gen Süden passiert man zunächst die lebendige Stadt **Salta**, Startpunkt auch für Ausflüge in die Andenregion, z. B. mit dem weltbekannten **Tren a los Nubes** nach **San Antonio de los Cobres.**

Argentinier zelten leidenschaftlich gern – hier in den Anden am Aconcagua

Als nächste Station empfiehlt sich der Weinort **Cafayate** in den landschaftlich bezaubernden **Valles Calchaquíes,** einer Reihe von Tälern, denen man bis zu den Indianerruinen von **Quilmes** folgen kann. Von hier fährt man – je nach Zeitbudget – entweder direkt zurück nach Córdoba oder besucht zuvor noch einige der touristisch interessanten, aber sehr abgelegenen Ziele in den Provinzen **Catamarca, La Rioja** und **San Juan.**

Natur und Abenteuer

Argentinien besitzt 28 vom Staat verwaltete Nationalparks und zahlreiche weitere Schutzgebiete, die den einzelnen Provinzen unterstehen. Einige davon wurden von der Unesco zum Welterbe erklärt (u. a. Quebrada de Humahuaca, Talampaya, Iguazú, Península Valdés, Los Glaciares). Einen Überblick über die staatlichen Parks findet man unter www.par quesnacionales.gov.ar.

Beliebte Trekkingziele liegen v. a. im Seengebiet um San Carlos de Bariloche sowie bei El Chaltén in Südpatagonien. Die Andengipfel sind ein Dorado der Bergsteiger, die sich am Aconcagua und im Fitz-Roy-Massiv höchsten Anforderungen stellen. Aber auch an Angeboten für Ausritte, Mountainbike- und Raftrips, Angeltouren etc. fehlt es nicht.

Tipps für die Reiseorganisation

Reisen auf eigene Faust

Argentinien mit öffentlichen Transportmitteln zu bereisen, ist problemlos möglich, sofern man nicht gerade abgelegene Regionen aufsuchen möchte. Wichtigstes Verkehrsmittel ist der Bus. Während der Ferienzeit im Januar und Februar sollte man – vor allem zu Zielen wie den Badeorten an der Atlantikküste und dem Seengebiet um San Carlos de Bariloche – rechtzeitig einen Sitzplatz reservieren.

77

Organisierte Touren

Argentinienreisen haben viele Veranstalter im Programm. Eine kleine Auswahl:

Zu den ausgefalleneren, auf Südamerika spezialisierten Unternehmen gehört **Kondor Tours,** die mit Spezialbussen (max. 12 Pers.) auf abgelegenen Strecken unterwegs sind und teils auch anspruchsvollere Wanderungen in ihr Programm integrieren. Übernachtet wird im Zelt oder in stilvollen Unterkünften. Für Argentinien kann man zwischen vier verschiedenen Routen wählen (Im Runs 3, 72589 Westerheim, Tel. 073 33-95 44 32, Fax 95 44 34, www.kondor-tours.de).

Auch **Papayatours** hat sich auf Reisen durch Lateinamerika spezialisiert und bietet u. a. eine Argentinienreise speziell für Fotoamateure, die unterwegs genügend Zeit haben, ihrem Hobby nachzugehen (Melatengürtel 111, 50825 Köln, Tel. 02 21-356 10 75, Fax 356 10 73, www.papayatours.de).

Travel to Nature hat speziell die Naturwunder Argentiniens zum Ziel seiner Rundreisen gemacht (Franz-Hess-Str. 4, 79282 Ballrechten, Tel. 076 34-505 50, Fax 50 55 29, www.traveltonature.de).

Wer die Vorzüge eines eigenen Fahrzeugs zu schätzen weiß, der findet bei **Miller-Reisen,** Millerhof 2, 88281 Schlier, Tel. 075 29-97 13-0, Mietwagenangebote vor allem in Patagonien (s. auch S. 82). Gute Kondition ist Voraussetzung für organisierte Fahrradtouren, die über das Portal **www.rad-reise-service.de** zugänglich sind. Mehr für Genießer ist die Wein- und Tango-Reise von **Esperanza Tours,** Rohrbach 9, 71570 Oppenweiler, Tel. 071 93-93 12 74, www.esperanza-tours.de.

Seit einigen Jahren ist die Antarktis begehrtes Ziel von gut betuchten Kreuzfahrttouristen. Während der Saison legen etliche Schiffe von Punta Arenas (Chile) oder Ushuaia (Feuerland) zum Trip ins ewige Eis ab. Eine Übersicht der Angebote findet man unter **www.adventure-life.com.**

Reisen mit Kindern

Argentinien ist (ein italienisch-spanisches Erbe) ein sehr kinderfreundliches Land. Das bekunden schon die hohen Kinderstühle, die jedes Restaurant für seine kleinen Gäste bereithält. Ein Kinderparadies im Disney-Stil ist der Freizeitpark Parque de la Costa, www.parquedelacosta.com.ar, bei Buenos Aires im Tigre-Delta, wo auch Bootsfahrten auf Nostalgie-Schiffen durch das Flusslabyrinth locken. An den Wochenenden zeigen Clowns, Gaukler und Jongleure auf den Wiesen vor dem Kulturzentrum Recoleta ihre Künste. Über Kindertheater und Tanzgruppen (auch Tango) informieren die Touristenbüros (s. S. 72f.).

Reisen mit Behinderung

Behindertenhilfe ist in Argentinien mehr eine Sache der Menschen als eine von Geräten und Installationen. Das erkennt man schon, wenn man an einer Straßenkreuzung einen mit dem Stock tastenden Blinden sieht – die anderen Fußgänger nehmen sich dann mit Sicherheit an. In einem öffentlichen Verkehrsmittel käme es einem gehbehinderten Fahrgast seltsam vor, wenn er erst einen Ausweis zeigen müsste, um einen Sitzplatz zu erhalten. Hingegen ist die Technik noch weit von behindertengerechten Modellen entfernt: Es gibt kaum Spezialtoiletten, viele Stadtbusse müssen über steile Stufen erklommen werden (da sind die allgegenwärtigen, preisgünstigen Taxis die Rettung); nur die vom Bonaerenser Stadtbahnhof Retiro zum Tigre verkehrenden Züge erlauben ebenerdiges Ein- und Aussteigen. Zwei rollstuhlgerechte Einrichtungen stammen aus einer Zeit, als es dieses Wort noch gar nicht gab: die schrägen Fahrrampen an den Straßenübergängen und die (z. T. historischen) Aufzüge, die auch noch in den ältesten Häusern das Treppensteigen überflüssig machen.

Einreise und Zoll

Deutsche, Schweizer und Österreicher benötigen für die Einreise nach Argentinien kein Visum, sofern die Aufenthaltsdauer 90 Tage nicht überschreitet (Verlängerungen werden problemlos erteilt, z. B. von Migraciones, Av. Antártida 1335, Buenos Aires). Bei der Einreise, teilweise bereits im Flugzeug, ist meist eine Touristenkarte auszufüllen, deren vom Zollbeamten zurückgegebenes Duplikat bis zur Ausreise aufbewahrt werden muss.

Abgesehen von persönlichen Gegenständen dürfen Waren (Zigaretten, Spirituosen, Geschenke etc.) im Wert bis zu 300 US$ eingeführt werden.

Anreise

... mit dem Flugzeug

Die überwiegende Mehrheit der europäischen Touristen kommt in Buenos Aires am internationalen Flughafen Ezeiza an. Im Empfangsgebäude befindet sich eine Touristeninformation. Geldwechsel ist hier noch nicht unbedingt nötig, sofern man – was empfohlen wird – Dollarscheine verschiedener Stückelung zur Hand hat (günstige Kurse am Flughafen nur im Banco de la Nación).

In die Innenstadt von Buenos Aires (35 km) gelangt man am bequemsten mit den Zubringerdiensten von Manuel Tienda León, www.tiendaleon.com.ar, und Transfer Express (auch Zubringerdienst zum Stadtflughafen Aeroparque Jorge Newbery für Inlandsflüge), die alle 30 Minuten verkehren. Wesentlich billiger ist die Verbindung mit dem Stadtbus (colectivo) Nr. 86. Ziel der erstgenannten Busse sind Hotels im Zentrum oder, als Zwischenstation, das neue Terminal von Manuel Tienda León (Av. Madero, Ecke San Martín). Die Linie 86 berührt die Avenida de Mayo unweit der Casa Rosada. Ein Taxi in die Innenstadt kostet zwischen 68 $ (am Taxistand in der Ankunftshalle) und 80 $ (bei VIP Cars, Transfer Express oder Tienda León) und sollte aus Sicherheitsgründen nur über die offiziellen Taxivermittlungsstellen bestellt werden.

Die meisten von Europa kommenden Maschinen treffen frühmorgens ein. Es ist daher nicht unklug, mit einem Bus von Manuel Tienda León ins Zentrum zu fahren, im dortigen Terminal sein Gepäck zu deponieren und sich zwei oder drei Hotels persönlich anzuschauen, bevor man eincheckt (und dann sein Gepäck mit dem Taxi abholt).

Buenos Aires wird von allen großen europäischen Fluggesellschaften angesteuert. Die Preise für Linienflüge liegen bei 1000 bis 1250 Euro, doch sind Flüge zu Sonderkonditionen auch schon ab 750 Euro erhältlich. Wer mehrere Strecken innerhalb Argentiniens mit dem Flugzeug zurücklegen will, sollte den – nur im Ausland erhältlichen – Airpass ›Visite Argentina‹ erwerben, mit dem man die einzelnen Tickets um einiges günstiger bekommt (problematisch können Reservierungen für Flüge nach Patagonien und Feuerland werden).

... mit dem Auto/Bus

Zwischen Argentinien und seinen Nachbarländern herrscht ein reger Grenzverkehr. So verkehren Langstreckenbusse von Buenos Aires nach Montevideo (Uruguay), Asunción (Paraguay), São Paulo (Brasilien), Potosí (Bolivien) und Santiago de Chile (Chile). In jedes Nachbarland gibt es mehrere Grenzübergänge: drei nach Uruguay (derjenige bei Fray Bentos ist derzeit geschlossen), mehrere nach Brasilien, zwei nach Paraguay, drei nach Bolivien und etliche nach Chile, von denen einige jedoch nur im Sommer geöffnet sind. Der Grenzübertritt gestaltet sich in der Regel problemlos. Wer mit einem Mietwagen unterwegs ist, braucht eine Sondergenehmigung des Autoverleihers, wer mit dem eigenen Fahrzeug reist, muss nur ein Formular ausfüllen. Nach Chile ist der Import von Obst, Gemüse und Fleisch streng verboten.

... mit dem Schiff

Sehr beliebt bei Touristen mit eigenem Fahrzeug ist die Anreise mit der italienischen Grimaldi Line, www.grimaldi-freightercruises.com, die mit Autofrachtern *(roll-on, roll-off)* etwa alle zehn Tage von Hamburg nach Buenos Aires fährt. Man kann als Passagier mitfahren und so eine vierwöchige Seereise entlang der westafrikanischen und südamerikanischen Küste genießen. Die Ausschiffung des eigenen Fahrzeugs in Buenos Aires ist völlig problemlos. Allerdings wird für die Passagiere eine Gelbfieberimpfung verlangt.

Zwischen Buenos Aires und Colonia sowie Montevideo in Uruguay verkehren mehrmals täglich schnelle Katamaran-Fähren der Gesellschaft Buquebus (www.buquebus.com). Einfache Schiffe queren von Tigre den Río de la Plata nach Carmelo in Uruguay (www.cacciolaviajes.com).

Unterwegs im Land

Das argentinische Verkehrswesen weist eine – Europäern meist wenig bekannte – weitverzweigte Infrastruktur von vergleichsweise hoher Beförderungsdichte auf. Dabei hat sich der Personenverkehr von den (fast nur noch dem Güterverkehr dienenden) Eisenbahnlinien auf das Luft- und Straßennetz verlagert.

... mit dem Flugzeug

Vier Fluggesellschaften steuern von Buenos Aires aus 36 inländische Flughäfen an, ein halbes Dutzend kleinerer Linien bedient das Hinterland. Eine Stadt wie Mendoza wird von Buenos Aires aus täglich rund 12-mal angeflogen und selbst in kleinen Provinzmetropolen kommen täglich mindestens ein oder zwei Flugzeuge aus Buenos Aires an. Nur selten entstehen ernsthafte Engpässe (u. U. bei den

Fast jedes noch so abgelegene Dorf wird von öffentlichen Bussen angesteuert

Flügen nach Ushuaia im Südhochsommer, wo rechtzeitige Reservierungen zu empfehlen sind). Die jeweils gültigen Flugpläne werden oft einmal pro Woche in den Provinzzeitungen veröffentlicht.

Ein großes Manko im argentinischen Flugnetz sind die fehlenden Querverbindungen zwischen den Provinzstädten, d. h. in der Regel muss man über das Drehkreuz Buenos Aires fliegen. Die Situation dürfte sich Anfang 2008 bessern, wenn die neue Fluglinie Leal Líneas Aéreas ihren Betrieb aufnimmt; geplant sind Flüge von Salta nach Puerto Iguazú, Córdoba, Mendoza und ins angrenzende Ausland nach Cuzco/Perú sowie Calama und Iquique in Chile.

Wichtigste Fluglinien: Aerolíneas Argentinas/Austral (www.aerolineas.com.ar), Andes Líneas Aéreas (www.andesonline.com), LAN (www.lan.com), LADE (www.lade.com.ar).

... mit dem Bus

Busse sind neben dem Flugzeug das wichtigste Verkehrsmittel auf Langstrecken. Dabei sorgt das deregulierte Verkehrswesen für eine lückenlose Konkurrenz. 120 Buslinien starten allein von Buenos Aires aus und bedienen ein ca. 220 000 km langes Straßennetz. Teilweise machen die Fernbusse (z. T. mit Liegesitzen, *coche cama* genannt) der Business Class im Flieger alle Ehre.

Die Hierarchie der Zielorte reicht von den Provinzmetropolen über Mittel- und Kleinstädte bis zum entlegensten Dorf, das, solange eine Erdstraße oder ein Fahrweg existiert, wenigstens noch durch einen Omnibus älterer Bauart mit der Außenwelt verbunden ist. Als Start und Ziel fungieren Busterminals, wo die (privaten) Unternehmen ihre Fahrkartenschalter haben. Möchte man unterwegs an einem Punkt aussteigen, der keine planmäßige Haltestelle darstellt (etwa an einer Estanzia oder der Zufahrt zu einem Nationalpark), dann genügt zumeist ein entsprechender Hinweis an den Fahrer. Es gibt keine starren Sommer- und Winterfahrpläne, sondern das Wetter und die Saison (Schneeschmelze, Regenzeit, Schulferien) bestimmen die Verkehrsfrequenz. Maßgebend ist daher die aktuelle Auskunft vor Ort.

... mit der Bahn

Der Bahnverkehr spielt in Argentinien nur eine untergeordnete Rolle. Bedeutend sind die Verbindungen mit dem Tren de la Costa (www.trendelacosta.com.ar) von Buenos Aires ins Tigre-Delta sowie mit Ferrobaires (www.ferrobaires.gba.gov.ar) in den südlich der Metropole gelegenen Badeort Mar del Plata. Auf der Langstrecke gibt es einen Zug von Buenos Aires über Rosario, Córdoba und Santiago del Estero nach San Miguel de Tucumán (Ferrocentral, Tel. 011-43 12 29 89), einen sehr langsamen Zug von Buenos Aires nach Posadas (www.trenesdellitoral.com.ar) sowie eine ziemlich komfortable Verbindung quer durch Patagonien von Viedma am Atlantik nach San Carlos de Bariloche (www.trenpatagonico.com.ar). Viedma gegenüber, am anderen Ufer des Río Negro, liegt Carmen de Patagones, von wo Ferrobaires (s. o.) eine Verbindung nach Buenos Aires anbietet. Nostalgiker locken natürlich der ›Alte Patagonien-Express‹ La Trochita (www.latrochita.org.ar), ein Dampfzug, der das ganze Jahr hindurch zwischen Esquel und Ingeniero Jacobacci verkehrt, und der Tren del Fin del Mundo (www.trendelfindelmundo.com.ar) von Ushuaia in den Nationalpark Tierra del Fuego. Noch atemberaubender ist die Fahrt mit dem Tren a las Nubes (www.trenalasnubes.com.ar), der sich von Salta hinauf nach San Antonio de los Cobres windet.

... mit der Fähre

In den Sommermonaten bestehen einige Fährverbindungen über die Seen in Patagonien, z. B. über den Lago Nahuel Huapi bei Bariloche nach Chile. Zu den Falklandinseln – politisch zu England gehörend, aber von Argentinien beansprucht – gibt es keine direkten Fährverbindungen. Das Gleiche gilt für die unbewohnten Inselgruppen von Südgeorgien und Sandwich.

... mit dem Mietwagen

In allen größeren Städten gibt es international bekannte Verleihfirmen wie Avis, Hertz oder Rent a Car. Generell gelten folgende Regeln: Bezahlung nur mit Kreditkarte; Mindestalter 21 Jahre; Vorlage des nationalen Führerscheins, dessen Ausstelldatum wenigstens zwei Jahre zurückliegen sollte. Der kleinste Wagentyp kostet inklusive Versicherung ca. 40 US$ pro Tag (tgl. 200 Freikilometer) bzw. 250 US$ pro Woche (2000 Freikilometer). Sind die Automieten generell höher als in Europa, so verhält es sich bei den Treibstoffkosten umgekehrt; in Patagonien und Feuerland ist Benzin sogar nur halb so teuer wie im übrigen Land.

Wer noch unabhängiger sein möchte, kann sich bei **Ruta Sur** ein Wohnmobil oder ein Allradfahrzeug mit Campingausrüstung mieten (Lavalle 482, Piso 5 H, Contrafrente, Buenos Aires; Ulmenstr. 5, 32105 Bad Salzuflen, www.rutasur.com). Auch der deutsche Anbieter **Aventura Tours,** Kaiserstr. 30, 47441 Moers, Tel./Fax 00 49 (0) 28 41-336 91, www.aventura-tours.de, mit Standort in Necochea vermietet Allrad-Pickups mit Kabine.

Achtung: Für Fahrten mit einem Mietwagen ins angrenzende Ausland oder nach Feuerland, das nur über Chile erreichbar ist, benötigt man eine Sondergenehmigung, die nicht von allen Vermietern ausgestellt wird und deren Bearbeitung mindestens vier Tage dauert. Man sollte sich daher rechtzeitig nach der Sachlage erkundigen.

... mit dem eigenen Fahrzeug

Immer mehr Langzeitreisende verschiffen ihr Campingfahrzeug nach Argentinien, von wo aus ihnen der gesamte Kontinent offensteht. Man benötigt lediglich den Kfz-Schein, einen internationalen Führerschein und eine Versicherung. Am problemlosesten ist die Verschiffung mit der Grimaldi Line (s. S. 80), zumindest sofern man persönlich mitfährt, da man den Wagen dann selbst abschließen kann und die Zollabfertigung im Hafen von Buenos Aires schnell und kostenlos ist. Detaillierte Infos hierzu findet man u. a. auf den Webseiten http://forum.postbus.de und www.weltreiseforum.info.

Man darf das Fahrzeug in Argentinien bis zu acht Monaten, in Uruguay sogar bis zu einem Jahr stehen lassen. Nach jedem Grenzübertritt erneuert sich die Aufenthaltsdauer. Beliebtester Ort für das zeitweilige Unterstellen des Fahrzeugs ist der deutsche Campingplatz La Florida, Ruta 5, in Villa General Belgrano bei Córdoba (Tel. 035 46-46 12 98, laflorida@calamuchitanet.com.ar).

Wer in Argentinien ein Fahrzeug kaufen möchte, sollte wissen, dass man mit dem Wagen das Land nicht verlassen darf. Ein Trip nach Feuerland ist also nicht möglich.

... per Anhalter

Nur auf abgelegenen Strecken ohne regelmäßige Verkehrsverbindungen ist es möglich und auch üblich, per Anhalter zu reisen. Vor allem die Jugend macht von dieser Möglichkeit dann gerne Gebrauch.

Verkehrsregeln

Prinzipiell gelten in Argentinien die allgemein üblichen Verkehrsregeln und -zeichen, nur werden diese – insbesondere was das Überholen anbetrifft – nicht so ernst genommen. Während der Verkehr in den Städten recht hektisch ist, sind die Überlandstraßen (etliche davon mautpflichtig) angenehm leer bis einsam. Die asphaltierten Straßen sind in einem überwiegend sehr guten Zustand, die Pisten je nach Witterung gut befahrbar bis katastrophal. Auf der legendären Ruta 40 entlang der Anden muss man mit langen wellblechartigen Abschnitten rechnen.

Unangenehm für ausländische Fahrer sind die schikanösen Polizeikontrollen in den Provinzen des Zweistromlandes, besonders entlang der RN 12 und RN 14. Vorgezeigt werden müssen u. a. Feuerlöscher, Abschleppstange und weißes Leichentuch! Die als Strafe fällige ›Grundgebühr‹ von 100 US$ ist verhandelbar – die Beamten geben sich meist auch mit 50 Pesos zufrieden, ohne Quittung natürlich.

Benzin kostet etwa die Hälfte des bei uns Üblichen, in Patagonien sogar noch weniger. Wer mit einem Dieselfahrzeug mit fremdem Kennzeichen nach Brasilien ausreist, sollte bereits rund 100 km vor der Grenze volltanken, denn in Grenznähe kostet der Treibstoff wegen des Preisgefälles das Doppelte. Dies gilt auch für Bariloche auf dem Weg nach Chile. In den dichter besiedelten Regionen und entlang der Hauptstraßen ist das Tankstellennetz dicht, in abgelegenen Gegenden sollte man hingegen jede Gelegenheit zum Volltanken nutzen.

Öffentlicher Nahverkehr

Jede Stadt ist von einem dichten Busnetz überzogen, das bis in die Vororte reicht. Die Fahrzeuge sind teils modern, teils recht betagt. Wegen des günstigen Preises sind Taxis und Remises meist vorzuziehen, von denen es in allen Städten wimmelt. Offizielle Taxis sind in Buenos Aires schwarz-gelb und haben ein beleuchtetes Taxi-Schild auf dem Dach. Sicherer sind sogenannte Remisen, ›normal‹ aussehende Funktaxis, die vor allem nachts von Hotels und Restaurants telefonisch angefordert werden können.

Taxis kann man überall anhalten. Die Fahrer schalten korrekt die Uhr ein, die in Buenos Aires bei einer Grundgebühr von 3,10 $ zu zählen beginnt und alle 200 m bzw. pro Minute Wartezeit 0,31 $ addiert. Der Fahrpreis ist nicht halb so teuer wie in Europa und sollte mit einem kleinen Trinkgeld stets aufgerundet werden.

Achtung, Lama! – in der Andenregion ein alltägliches Schild

Stil und Tradition, das bieten die meisten Estanzien, die Gäste aufnehmen

Argentinien bietet ein breites Spektrum an Unterkünften – von einfachen Hospedajes, wo man bereits ab 10 US$ ein Doppelzimmer bekommt, bis zu luxuriösen Estanzien mit Preisen ab ca. 120 US$ reicht die Palette. Allgemein gilt, dass man in etwas einfacheren Etablissements oft besser unterkommt, mehr Kontakt mit den Menschen hat – und die Reisekasse merklich entlastet. Argentinische Hotels der guten Mittelklasse sind deutlich billiger als vergleichbare Häuser in Deutschland.

Die Klassifizierung von Hotels nach Sternen unterliegt regional unterschiedlichen Bewertungen und folgt formalen Kriterien (z. B. Lift, Fernseher etc.). Andere Faktoren wie Ruhe, lichte Zimmer oder freundliche Gastgeber bleiben unberücksichtigt. Aus diesem Grund werden die in diesem Band vorgestellten Hotels sowohl nach Preisstufen gestaffelt als auch, was ihre Eigenheiten angeht, in Stichworten charakterisiert. Die in diesem Reiseführer angegebenen Preise beziehen sich – sofern nicht anders erklärt – auf Standard-Doppelzimmer in der Hochsaison inklusive Frühstück und MwSt. (IVA, 21 %).

Hotels

Sie gibt es landesweit, wobei Luxusherbergen sich auf die großen Städte und beliebten Ferienorte beschränken. Einige von ihnen verlangen von Ausländern höhere Preise als von Einheimischen. Fernseher und eigene Bäder gehören auch in Mittelklassehotels zur Grundausstattung. Vor allem in der Ferienzeit (Jan./Feb., Ostern, Juli) sollte man rechtzeitig im Voraus buchen und mit erhöhten Preisen rechnen.

Hostales und Hosterías

In der Ausstattung ähneln die Hostales und Hosterías (eine Art ›Landgasthöfe‹) den Hotels, doch verfügen sie in aller Regel nur über wenige Zimmer und haben deshalb oft eine persönlichere Note. Ob man sich hier wohlfühlt, hängt im Wesentlichen vom Besitzer ab. Ein eigenes Restaurant ist zumeist nicht vorhanden, aber fast überall wird ein kleines Frühstück serviert (zumeist Kaffee oder Tee,

Brot oder *medialunas* (Croissants), Honig und Marmelade.

Hospedajes, Residenciales

Dies sind einfache, zuweilen nur mit Gemeinschaftsbädern ausgestattete Pensionen oder Privatunterkünfte für einen kürzeren Aufenthalt. Der Übergang zwischen ihnen ist fließend, wobei manche Residenciales ihre Zimmer auch stundenweise vermieten … Der Zimmerpreis beinhaltet für gewöhnlich kein Frühstück.

Hostels

Die nicht mit den Hostales zu verwechselnden Unterkünfte entsprechen mehr oder weniger unseren Jugendherbergen und sind teilweise auch diesem Verband angeschlossen. Ein internationaler Jugendherbergsausweis (erhältlich z. B. beim Deutschen Jugendherbergswerk unter www.jugendherberge.de) kann pro Nacht bis zu 2 US$ sparen. Hostels gibt es mittlerweile in zahlreichen Städten Argentiniens (Infos: www.hostels.org.ar, www.freeridersa.com).

Cabañas

Die blockhüttenartigen Unterkünfte sind die urtümlichste Form der Übernachtung und vor allem in ländlichen Regionen anzutreffen – zuweilen romantisch abgelegen, zuweilen aber auch integriert in Campingplätze, deren Sanitäreinrichtungen dann genutzt werden.

Refugios

Man findet die unseren Berghütten vergleichbaren Unterkünfte vor allem in den Anden, z. B. das Otto Meiling Refugio am Tronador oder das Refugio San Bernardo am Aconcagua. Kochgelegenheit und Massenlager, viel mehr bieten sie nicht, dafür aber echte Bergatmosphäre. Ein Verzeichnis der Hütten findet man unter www.clubandino.org.

Camping

Die Argentinier sind begeisterte Camper und so gibt es kaum eine touristisch interessante Stadt ohne die entsprechenden Plätze. In vielen Gemeinden stehen sie kostenlos zur Verfügung *(camping municipal),* lassen dann aber meist bezüglich ihrer Sanitäreinrichtungen zu wünschen übrig und liegen während der Saison nachts unter der Lärmglocke aufgedrehter Musikanlagen. Auf den privaten, besser ausgestatteten Plätzen zahlt man ab 5 $ pro Fahrzeug/Zelt. Unter www.voyde camping.com.ar findet man Adressen von Zeltplätzen in ganz Argentinien.

Estanzien

Der Besuch einer oder mehrerer *estancias* (möglichst nicht als organisierter Tagesausflug in einer Gruppe, sondern auf eigene Faust und mit Übernachtung) ist ein ›Muss‹ für jeden, der mit Argentinien auf Tuchfühlung gehen will. Gäste aufnehmende Estanzien gibt es von Feuerland bis zu den Subtropen, ihre Variationsbreite reicht von der einfachen Schaffarm bis zum Landschloss, vom Gestüt bis zur Plantagenvilla im Zuckerrohrfeld. In jedem Fall ist eine rechtzeitige Reservierung empfohlen. Zahlreiche wertvolle Hinweise und Adressen findet man im Internet unter anderem unter www.estanciasargentinas. com, www.hresa.com, www.estanciastravel. com, www.estanciasrurales.com.ar, www.es tanciasdebsas.com.ar, www.estanciasdesan tacruz.com.

Sport und Aktivurlaub

Die schier unermessliche Skala von Möglichkeiten reicht vom Skilanglauf in Feuerland bis zur Aconcagua-Besteigung, vom Baden oder Tauchen im Südatlantik bis zum Ritt über die Anden. Eine gute Auskunftsquelle in Argentinien selbst sind die Monatsmagazine »Aire Libre« und »Weekend«, in deren Anzeigenteil provinzweise aktuelle Angebote erscheinen.

Angeln

Schwerpunkte sind der Dorado-(Goldbrassen-)Fang im gesamten Paraná-Revier, der Lachs-Fang in den patagonischen Andengewässern (Angellizenzen sind an Ort und Stelle problemlos zu erwerben), der Fang von Meerforellen im Gebiet von Río Grande auf Feuerland sowie das Hochseefischen an der Atlantikküste (*corvinas negras,* ›Schattenfische‹ im Norden; Zitronenfische, Seebarsche und Hechte im Mittelabschnitt; kleine Haie und Thunfische im Süden).

Baden

Die Atlantikküste ist zwar lang, das Wasser zum Baden aber meist zu kalt. Allein der etwa 460 km lange Abschnitt zwischen Buenos Aires und Mar del Plata eignet sich für ungetrübten Badespaß, dem sich dann auch viele Tausend Großstädter hingeben.

Gleitschirmfliegen

Wen wundert es, dass die Anden mit ihren Aufwinden auch zum Wallfahrtsort der Gleitschirmflieger geworden sind? Etliche Schulen haben sich entlang der Anden angesiedelt und bieten auch Möglichkeiten zum Tandemflug. Das internationale Portal der Paraglider, www.paragliding.net, weist den Weg zu zahlreichen Anbietern. Die Zentren des Gleitschirmfliegens liegen vornehmlich im nördlichen Andenbereich bei Mendoza sowie in den Sierras Pampeanas nahe Córdoba.

Golf

Golf ist bei der Mittel- und Oberschicht sehr populär und die Zahl der Golfplätze fast unüberschaubar. Auf den meisten Plätzen kann man gegen eine Greenfee seinem Hobby nachgehen. Golfreisen bietet z. B. Argentinian Explorer, www.argentinianexplorer.com.

Jagen

Argentinien ist ein beliebtes Ziel für Jäger. Klassisches Gebiet für Hochwild sind die Provinzen La Pampa und Neuquén; die Niederwildjagd wird bereits im Umkreis von 150 km um Buenos Aires ausgeübt. Mehrere Estanzien haben ein einschlägiges Angebot, z. B. zu finden unter www.excitingoutdoors.com.

Kanufahren und Rafting

Die von den Anden kommenden Flüsse bieten Kanuten Reviere unterschiedlicher Schwierigkeitsgrade. Beliebt sind der Río Mendoza bei Mendoza, der Río Limay bei Bariloche und der Río Meliquina bei San Martín de los Andes (Buchtipp für Individualisten: »Faltbootfahrten in Patagonien«, Stuttgart 2006). Raftingtrips werden u. a. angeboten auf dem Río Iguazú in Misiones, dem Río Juramento bei Salta, dem Río Santa Cruz bei Calafate und dem Río Limay bei Bariloche.

Klettern

Möglichkeiten zum Freeclimbing bieten sich vielerorts. Besonderer Beliebtheit erfreuen sich die Wände von Macizo Los Gigantes bei Córdoba, die Cascadas in Puente del Inca bei Mendoza und natürlich die Felsnadeln des Fitz-Roy-Massivs in Südpatagonien.

Radfahren

Für Fernradler ist Argentinien längst ein beliebtes Ziel geworden und auch Einheimische sieht man immer häufiger auf Rädern. Zum Radfahren eignen sich v. a. das Seengebiet um Bariloche und die Gegend um Mendoza. Wertvolle Infos findet man unter www.rad-fo rum.de.

Reiten

Exkursionen auf dem Pferderücken gehören im Land der Gauchos zum Standardangebot. Die Palette reicht vom 2-stündigen Ausflug bis zu abenteuerlichen 10-tägigen Andenüberquerungen. Organisierte Reiterferien in Argentinien bietet u. a. der deutsche Veranstalter Das Urlaubspferd, Wiesenstr. 25, 64331 Weiterstadt, Tel. 00 49 (0) 61 51-89 56 38, Fax 89 38 91, www.urlaubspferd.de.

Segeln und Surfen

Der Atlantik vor der argentinischen Küste ist kein optimales Revier für Freizeitkapitäne. Abenteuer pur ist die Umseglung des Kap Hoorn oder die Fahrt in die Antarktis mit der Segeljacht Don Vito ab Ushuaia (www.don vito.8k.com). Windsurfer finden auf den Seen um Bariloche hervorragende Bedingungen.

Tauchen

Korallenriffe hat Argentinien zwar nicht zu bieten, aber glasklares, wenngleich kaltes Wasser entlang der Atlantikküste. Die wichtigsten Tauchreviere liegen vor dem Ferienort Las Grutas und vor der Küstenstadt Puerto Madryn unweit der Península Valdés.

Trekking und Bergsteigen

Wandertouren in den Anden gehören zu den beliebtesten Freizeitaktivitäten. Die schönsten Routen führen durch die Nationalparks des Seengebiets, die Gegend um das Fitz-Roy-Massiv und die Urwälder Feuerlands. Aufgrund der extremen Wetterbedingungen ist eine gute Ausrüstung erforderlich. Hilfreiche Tipps für Touren findet man im Portal www.trekkingforum.com.

Natürlich ist Argentinien auch ein Bergsteigerparadies mit teils sehr anspruchsvollen Touren wie der Besteigung des 6962 m hohen Aconcagua. Technisch extrem schwierig sind die senkrechten, sturmumtosten Felsnadeln des Fitz-Roy-Massivs im patagonischen Süden. Aber auch Vulkane wie der Tronador und der Lanín locken Bergsteiger aus aller Welt. Detaillierte Infos und organisierte Touren bietet der Club Andino (www.cluban-dino.org) mit Niederlassungen in vielen Städten Argentiniens. Geführte Touren haben auch der zum Deutschen Alpenverein gehörende Summit Club (www.dav-summit-club.de) sowie Diar (www.diamir.de) im Programm.

Wintersport

Mit den Wintersportorten der Alpen kann sich Argentinien nicht messen, dafür sind die Hänge noch nicht überall durch Liftanlagen verunstaltet und Pulverschnee und Sonne bieten zwischen Juni und Oktober Bedingungen, von denen wir hierzulande meist nur träumen können. Die wichtigsten Skigebiete liegen bei Mendoza (Las Leñas), Bariloche (Cerro Catedral) und San Martín de los Andes (Chapelco).

Einkaufen

Souvenirs

Argentiniens Bedeutung als Land der Rinderzucht findet seinen Niederschlag naturgemäß auch in der Lederverarbeitung. Kaum ein anderes Land gibt es, in dem man **Lederprodukte** höchster Qualität zu solch günstigen Preisen erwerben kann, wobei die großen Städte die größte Auswahl bieten.

Eine Besonderheit Nordargentiniens sind die **Mategefäße,** die es in unzähligen Varianten gibt, vom einfachen ausgehöhlten Kürbis bis zum einem mit Silber verzierten Edelstück. Dazu gehört die **Bombilla,** das Trinkröhrchen mit eingebautem Sieb (s. S. 446). Auch hier sind der Gestaltungsfreude und Materialwahl keine Grenzen gesetzt. Vervollständigt wird die Mate-Ausrüstung durch einen ledernen Umhängebehälter, in dem auch die Thermosflasche für das Wasser Platz findet, denn Mate genießt man nicht nur zu Hause, sondern auch unterwegs.

Ein beliebtes Mitbringsel sind auch **CDs** und **DVDs** mit argentinischer Musik. Vornehmlich in den Musikläden der Hauptstadt findet man ein umfangreiches Sortiment klassischer und moderner Tangomusik.

Einige Landesteile können mit interessanten regionaltypischen Souvenirs aufwarten. Im Seengebiet etwa hat die **Holzschnitzkunst** ihren wichtigsten Standort, wobei sich über den Geschmack einiger Produkte, u. a.

Einkauf von Kunsthandwerk

Eine besonders große Auswahl kunstgewerblicher Artikel hat man auf den Ferias, die vielerorts ein- oder zweimal im Jahr stattfinden. Zu den bekanntesten zählen die **Fiesta Nacional de la Artesanía** in Colón/Entre Ríos (Feb.), die **Ferinoa** in Salta (Okt., www.ferinoa.com.ar), das **Festival Folklórico de Cosquín** in Córdoba (Ende Jan.) und die **Exposición Rural** in Buenos Aires (Juli/Aug.).

knorrige Trolle und Hexen, durchaus streiten lässt, kaum jedoch über die hervorragenden und preiswerten **Wollpullover,** für die vor allem Bariloche berühmt ist. Auch **Wolldecken** in der für die Mapuche-Indianer typischen schwarz-weißen Musterung findet man hier.

Sehr edel und nicht billig sind die fein gewebten **Quilmes-Ponchos** aus Alpaca- oder Vikunja-Wolle, die man im Nordwesten erwerben kann. Bekannt für hochwertige Produkte ist das Dorf Belén in der Provinz Catamarca. Auch die dekorativen **Satteldecken** der Region eignen sich als Souvenir, statt für den Pferderücken etwa fürs heimische Bett.

Im Grenzgebiet zu Bolivien ist die Nähe zu den andinen Nachbarstaaten nicht zu verkennen. Auf dem Handwerksmarkt in Purmamarca beispielsweise gehören **Produkte aus Lamawolle** wie Umhänge, Pullover und Mützen oder **Panflöten** zum Standardangebot, nicht immer allerdings in befriedigender Qualität. Sehr geschmackvoll sind die modernen und traditionellen **Keramiken** mit teilweise stark präkolumbischem Einfluss, die man vornehmlich in Catamarca und Salta findet, eher allerdings in Geschäften als auf Märkten.

Aus dem rosaroten Halbedelstein Rhodochrosit, der im Nordwesten gewonnen wird, entstehen hübsche **Schmuckstücke,** die man landesweit auf den Märkten findet, so auch in Córdoba, einem der schönsten Argentiniens (Sa/So 16–22 Uhr). Die Stadt ist auch berühmt für ihre Instrumente, vor allem **Gitarren, Trommeln** und **Flöten.**

Öffnungszeiten

Es gibt keine gesetzlich vorgeschriebenen Ladenöffnungszeiten. Geschäfte öffnen zwischen 9 und 10 Uhr und schließen meist um 19.30 oder 20 Uhr, Supermärkte nicht vor 21 Uhr. Die Provinzstädte haben ihren eigenen Rhythmus. Im Norden sind Schließungen zur Mittagszeit üblich.

Ausgehen

Argentiniens Nachtleben konzentriert sich auf die großen Städte, die Badeorte und touristischen Zentren. Auf dem Land werden abends die Bürgersteige hochgeklappt.

Wenn der ›gemeine‹ Argentinier ausgeht, dann am liebsten mit der ganzen Familie oder Freunden zum Asado, dem Schlemmen mit Lagerfeuerromantik, blutigen Steaks, fetten Würsten und herrlichem Rotwein. Wichtig: Der mit Holz befeuerte Grill muss sichtbar sein, Teil des Restaurants gewissermaßen. Wenn dann noch eine Musikantengruppe aufspielt, traurige Liebeslieder aus der Pampa als akustische Beilage darbietet, dann ist der Abend gelungen. Auf dem Land kann es durchaus vorkommen, dass man seine eigenen Instrumente mitbringt.

Ansonsten geht man wie bei uns ins Kino, sitzt in einer Bar, besucht die Disco oder (mit Ausnahme Buenos Aires eher selten) ein Theater. Für Touristen wirklich neu sind eigentlich nur die Tangoshows, die v. a. in der Hochburg Buenos Aires, aber auch in Städten wie Córdoba oder Mendoza geboten werden. Außerdem gibt es Tangoclubs (zum Tanzen) und Tangostudios (zum Tanzenlernen).

Vor allem in den Touristenregionen werden abends während der Saison Folkloreveranstaltungen mit landestypischer Gaucho-Musik geboten, zu der die Besucher auch das Tanzbein schwingen.

Drogen

Wie in den meisten Ländern der Welt zieht der Besitz und der Konsum von Drogen auch in Argentinien erhebliche Strafen nach sich. So sollte man auch nicht die in Peru und Bolivien beliebten und auf dem Altiplano überall erhältlichen Kokablätter oder den daraus produzierten Tee, ein probates Mittel gegen Höhenkrankheit, über die Grenze bringen.

Elektrizität

Die Netzspannung beträgt 220 Volt. Wegen der unterschiedlichen Steckvorrichtungen ist ein Multi-Adapter mit verschiedenen Polsystemen empfehlenswert. Wer in den teils karg beleuchteten Hotelzimmern abends lesen möchte, nimmt am besten eine Taschenlampe mit auf die Reise.

Fotografieren

Bei dem Motivreichtum des Landes ist es nie falsch, sich großzügig mit Material einzudecken. Filme sind in Argentinien teurer als in Europa. Wer trotzdem nachkaufen muss: Im kleinen Centro Mayorista Fotografía, Libertad 434, Parterre, Lokal Nr. 1, im Zentrum von Buenos Aires (Nähe Obelisk, Tel. 011-43 82 49 59, www.centromayoristafoto.com.ar) gibt es Filme zum Großhandelspreis.

Bei den extremen Lichtverhältnissen in der Puna, den Hochanden und in Südpatagonien kann ein UV-Filter nützlich sein. In den meisten größeren Städten kann man von der Chip-Karte der Digitalkamera Abzüge machen lassen oder die Daten auf CD brennen.

Besonders Indianer sollte man nicht gegen ihren Willen fotografieren, noch weniger mit der Kamera zu überlisten versuchen. Wo man ihnen etwas abkaufen kann, fällt es gewöhnlich nicht schwer, ihre Zustimmung zu einem Foto zu erhalten.

Frauen allein unterwegs

Auch in Argentinien hat der in ganz Südamerika verbreitete Machismo – eine Begleiterscheinung patriarchaler Gesellschaftsformen – seine Heimat. Zum übertriebenen Männlichkeitswahn, gepaart mit Narzissmus und Imponiergehabe, gehört auch das aus unserer Sicht despektierliche Verhalten gegenüber

In der Provinz gehört es zum guten Ton des Autofahrers, nicht (wie in der Stadt) aus dem heruntergelassenen Fenster nach dem Weg zu fragen, sondern auszusteigen – in einsamen Gegenden auch, sich dabei mit einem ordentlichen Händedruck vorzustellen.

Beim Besuch einer Estanzia muss man häufig Viehgatter *(tranqueras)* passieren, die danach unbedingt wieder zu schließen sind. Seine Ankunft auf einer Estanzia zeigt man durch Hupen oder Händeklatschen (möglichst ohne auszusteigen, auch der Hunde wegen) an. Es ist Sitte, bis nachmittags vier Uhr (im Norden bis fünf Uhr) die Siesta zu respektieren. Folgt man einer persönlichen Einladung, dann sind ein paar Flaschen Wein als Geschenk immer willkommen. Gäste einer Estanzia sollten sich (nach britischer Tradition) aller eigenhändigen Eingriffe am Kaminfeuer (Holz nachlegen usw.) und am Fleischgrill (Stücke umdrehen etc.) enthalten. Dem Dienstpersonal darf man ein angemessenes (bei Unsicherheit hinsichtlich der Höhe auch bei den Besitzern zu erfragendes) Trinkgeld zukommen lassen.

dem weiblichen Geschlecht. Die Anmache durch Pfeifen und anzügliche Bemerkungen ist offensichtlich Teil eines archaischen Balzrituals, an das sich die südamerikanischen Frauen längst gewöhnt haben, das sie gelassen hinnehmen und vielleicht sogar als Kompliment auffassen. Ignorieren ist das geeignete Mittel. Mit Handgreiflichkeiten dagegen hat frau nicht zu rechnen, und es ist keineswegs so, dass sie ohne männliche Begleitung als Freiwild angesehen wird. Zum Machismo gehört andererseits aber auch ein zuvorkommendes Verhalten Frauen gegenüber. Es ist selbstverständlich, dass man ihnen die Tür aufhält oder einen Platz in Bus und Bahn anbietet. Berücksichtigt man diese kulturelle Besonderheit, hat man als Frau keine Schwierigkeiten, allein in Argentinien herumzureisen.

Handeln

Feilschen gehört vor allem auf den Märkten mit zum Geschäft. Die erzielbaren Nachlässe halten sich jedoch in recht engen Grenzen. Probieren sollte man es aber auf jeden Fall.

Richtiges Verhalten

Wie in allen lateinamerikanischen Ländern besteht die ideale Verhaltensform in der Anpassung. Es gibt keine Kleiderordnung. Aber wenn eine Stadt nicht gerade am Meer liegt und eigene Strände hat, ist es im Zentrum unüblich, Shorts zu tragen. Kirchen in dezenter Kleidung – und möglichst nicht während des Gottesdienstes – zu besichtigen, gehört zu den selbstverständlichen Anstandsregeln.

Beim Betreten von Lokalen, Hotels oder Aufzügen gebührt Damen stets der Vortritt. In einem Café oder Restaurant gilt ein (auch nur von einer Person) besetzter Tisch als unantastbare Privatsphäre. Es wäre sehr unhöflich, auch nur zu fragen, ob man daran Platz nehmen darf. (Hingegen ist es erlaubt, im Bedarfsfall und nach Anfrage von einem anderen Tisch freie Stühle abzuziehen.)

An Bushaltestellen oder in anderen Stauzonen eine Warteschlange zu bilden gehört für die Argentinier zur Routine. Sich vorzudrängen gilt in jeder Situation als äußerst unelegant. Höflichkeit zu üben ist den Argentiniern ins Stammbuch geschrieben.

Zeit

Im Verhältnis zur argentinischen Ortszeit ist Mitteleuropa 4 Std., bei dortiger Sommerzeit 5 Std. voraus.

Geld

Öffnungszeiten der Banken

Banken sind gewöhnlich Mo–Fr 10–15 Uhr geöffnet. Eine Besonderheit ist die in vielen Banken übliche Nummernbedienung, die für eine korrekte Reihenfolge der Kundenabfertigung sorgt. Man zieht aus einer Rolle am Eingang einen Nummernzettel und wartet, bis man aufgerufen wird.

An einigen abgelegenen Reisezielen (z. B. in El Chaltén/Südpatagonien oder in Colonia Carlos Pellegrini in den Esteros del Iberá/Corrientes), wo es weder Banken noch Geldautomaten gibt, sollte man immer ausreichend Bargeld mit sich führen.

Währung

Landeswährung ist der Argentinische Peso (ARS oder $), der in 100 Centavos unterteilt ist. Es gibt Banknoten zu 2, 5, 10, 20, 50 und 100 Pesos, Münzen zu 5, 10, 25 und 50 Centavos sowie zu 1 Peso.

Alle Hotels sowie die besseren Restaurants und Geschäfte nehmen auch direkt US-Dollar als Zahlungsmittel an. Für die Provinzstädte gilt das aber nur eingeschränkt.

Wechselkurse

Der Kurs des Peso wird frei notiert, die Variation von einer Wechselstube zur anderen ist aber relativ gering (Stand Oktober 2007):

1 € = 4,47 $, 1 $ = 0,22 €
1 CHF = 2,68 $, 1 $ = 0,37 CHF
1 US$ = 3,16 $, 1 $ = 0,31 US$

Zahlungsmittel im Land

Die landesweit universell gebräuchlichen Kreditkarten sind Master-/Eurocard und Visa, in zweiter Linie American Express und Diners Card. Einige Großbanken zahlen zu Lasten eines Mastercard- oder Visa-Kontos auch Barbeträge aus. Fast in jeder (Klein-)Stadt findet man außerdem Bankautomaten *(cajeros automáticos)*, an denen man mit den gängigen Kredit- und teilweise sogar mit EC-Karten Geld abheben kann

Bei umfangreicherem Bargeldbedarf können Devisenbeträge in beliebiger Höhe an ein (von der europäischen Bank des Kunden zu benennendes) Kreditinstitut in Argentinien überwiesen werden. Das geschieht per *orden de pago* (›Zahlungsanweisung‹) auf den Namen des Empfängers mit Angabe der Passnummer und der Ortsadresse (z. B. Hotel). Der Transfer dauert ca. 3 Tage. Veranlassen muss den Vorgang der Begünstigte selbst bei seiner Hausbank im Herkunftsland.

Reiseschecks sind in Argentinien weniger gebräuchlich. Sie werden nur von den Spitzenhotels als Zahlungsmittel angenommen und können im Übrigen nur bei wenigen Geldinstituten – relativ ungünstig – eingetauscht werden. In Buenos Aires löst der Cambio Paris (Sarmiento, Ecke Reconquista) Dollar-Reiseschecks (1,5 % Provisionsabzug) ein, der Banco Piano (San Martín 347–349) tauscht Reiseschecks gegen Dollar und gängige europäische Währungen. Darüber hinaus können in San Carlos de Bariloche, San Martín de los Andes, Neuquén, Calafate, Ushuaia, Puerto Iguazú, San Salvador de Jujuy,

---

Sperrung von EC-und Kreditkarten bei Verlust oder Diebstahl*:

0049-116 116

oder 0049-30 4050 40509
(* Gilt nur, wenn das ausstellende Geldinstitut angeschlossen ist, Übersicht: www.116116.eu)
Weitere Sperrnummern:
– MasterCard: 0049-69-79 33 19 10
– VISA: 0049-69-79 33 19 10
– American Express: 0049-69-97 97 1000
– Diners Club: 0049-69-66 16 61 23
Bitte halten Sie Ihre Kreditkartennummer, Kontonummer und Bankleitzahl bereit!

Salta, San Miguel de Tucumán, Mar del Plata, La Plata, Bahía Blanca, Mendoza, Córdoba und Rosario Reiseschecks eingelöst werden (Adressen: www.10americanexpress.com).

In Buenos Aires findet man die meisten Wechselstuben in der Avenida Corrientes auf Höhe der Hausnummern 400–800 sowie in den Seitenstraßen San Martín und Sarmiento. Es wird keine Kommission genommen, sondern mit einem *spread* zwischen An- und Verkauf gehandelt, der beim Dollar um die 2–3 Centavos, beim Euro zwischen 6 und 10 Centavos pro Deviseneinheit liegt.

Preisniveau

Seit der Abwertung des Pesos im Jahr 2000 liegt das Preisniveau deutlich unter dem Westeuropas.

Essen und Trinken: Für eine Mahlzeit in einem guten Restaurant zahlt man ungefähr 5–8 € pro Person, Tellergerichte gibt es schon ab 2 €. Für einen Kaffee werden ungefähr 0,75 € berechnet, für ein Bier 2 €.

Unterkunft: Die Preise für eine Unterkunft sind außerhalb der Städte stark saisonabhängig. In Buenos Aires bekommt man ein Doppelzimmer in einem Mittelklassehotel bereits für etwa 35 € inkl. Frühstück. Auf dem Land kann in einem der Cottages bereits für ca. 10 € übernachtet werden.

Transport: Die Fahrt mit einem luxuriösen Nachtbus *(coche cama)* etwa von Buenos Aires nach Córdoba (ca. 700 km) kostet kaum mehr als 25 €.

Eintrittsgebühren: Fast alle Nationalparks verlangen Eintritt, wobei Ausländer häufig mehr zahlen müssen als Einheimische. Die Höhe des Preises richtet sich nach der Bedeutung des Parks. Am tiefsten muss man für den Besuch der Península Valdés (35 $), den Lago Argentino (31 $) und die Wasserfälle von Iguazú (30 $) in die Tasche greifen. Der Eintritt in die Parks im Nordwesten ist frei.

Spartipps

Am billigsten reist man in Argentinien mit – einem der wenigen – Züge, allerdings sind die Fahrpläne sehr unzuverlässig und auch die sonstigen Dienstleistungen im Allgemeinen schlecht. Langstreckenbusse empfehlen sich als preiswerte Alternative zum Flugzeug; sie sind überaus pünktlich und bieten einen sehr guten Service. Nur im Ausland erhältlich ist der ›Visite-Argentina‹-Airpass von Aerolíneas Argentinas, mit dem man auf Inlandsflügen eine Menge Geld sparen kann (Infos unter www.aerolineas.com.ar, s. auch S. 79ff.).

Hostels und kleinere Hosterías sind nicht nur billiger als Sternehotels, sondern bei sorgfältiger Auswahl oft auch viel sympathischer. In Buenos Aires gibt es darüber hinaus ein breites Angebot an möblierten Apartments, die an Touristen pro Tag, Woche oder Monat vermietet werden (ab ca. 30 US$ tgl, Infos unter www.alojargentina.com, www.4 rentargentina.com).

Zum Essen offerieren die Parrillas, die allgegenwärtigen Grillrestaurants, fast durchweg sehr gutes Fleisch zu Preisen, die den meisten Europäern schier unglaublich erscheinen. Zu den billigeren Speisen gehören auch Pasta und Pizzas sowie *empanadas,* die zumeist gut zubereitet werden.

Mobiltelefone sind vor allem für Ferngespräche viel teurer als die Telefonate, die man von öffentlichen Kabinen, sogenannten *locutorios,* führt.

Trinkgeld

Es ist üblich, Hotelpersonal, Kellnern, Taxifahrern, aufmerksamen Tankwarten, Schuhputzern usw. ein Trinkgeld zu geben. Kellner erhalten in der Regel 10 % des Rechnungsbetrages bzw. 7–8 % bei einer größeren Summe, selbst ernannte Parkwächter im Normalfall 2 $.

Reisezeit und Reiseausrüstung

Klima und Reisezeit

In diesem bunten Klimamosaik richtet sich die ideale Reisezeit nach Zielgebiet und Aktivität. Im Raum von Buenos Aires bieten Frühling (Okt./Nov.) und Herbst (März/April) die angenehmsten Aufenthaltsbedingungen; im Sommer addiert sich hier, wie in der ganzen Zwischenstromregion (Entre Ríos, Corrientes, Misiones) zur Hitze die hohe Luftfeuchtigkeit (durchschnittlich 70 %). Zur gleichen Zeit herrschen in Südpatagonien und Feuerland optimale Bedingungen. Die Trekking- und Bergsteigersaison reicht von November bis Februar. In der Puna hingegen fällt in diese Sommerperiode die Hauptregenzeit, während der manche Routen vorübergehend unpassierbar werden. So ist der Südwinter (Juni–Sept.) nicht nur die richtige Besuchszeit für Skilangläufer in Feuerland, sondern auch für Autosafaris im Nordwesten – mit Ausnahme der Andenpässe selbst.

Unter www.wetteronline.de findet man für viele Stationen in Argentinien die jeweils aktuellen Wetterinformationen.

Was sollte in den Koffer?

Die Zielregion bestimmt die Art der Ausrüstung. Feuerlandbesucher kleiden sich wie Norwegenfahrer, Andentouristen wie Alpinisten, Küstenurlauber packen die Badehose ein. Unterwegs ist der Habitus leger, in den guten Restaurants (besonders an Werktagen) und bei Veranstaltungen in den Großstädten aber recht formell.

Für ganz Südargentinien gilt, dass die Kleidung v. a. guten Windschutz bieten sollte, im Nordwesten muss sie auf die ausgeprägten Temperaturschwankungen zwischen Tag und Nacht abgestimmt sein. Vor starker Sonneneinstrahlung schützt man sich durch geeignete Kopfbedeckung und eine Creme mit hohem Lichtschutzfaktor. Immer gehört auch eine gute Sonnenbrille ins Reisegepäck. Fehlende Teile können in Argentinien in europäischer Qualität und zu vergleichbaren Preisen nachgekauft werden. Für das Schuhwerk gilt wie immer: Es sollte eingelaufen sein. Camper seien beim Zeltaufstellen daran erinnert, dass die Sonne mittags im Norden steht!

Klimadaten Buenos Aires

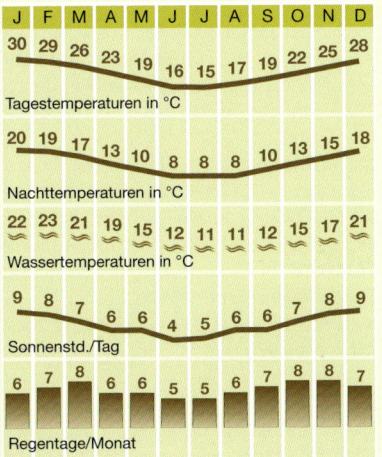

Klimadaten Ushuaia

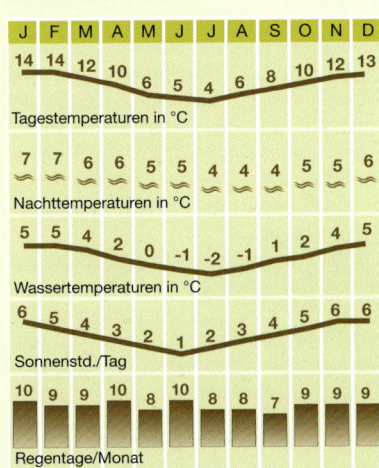

Gesundheit

Folgende Webseiten informieren ausführlich über gesundheitliche Aspekte bei Reisen nach Argentinien: **www.die-reisemedizin.de** und **www.fit-for-travel.de.**

Impfungen

Impfungen sind für Argentinien nicht vorgeschrieben oder notwendig. Nur wer mit dem Schiff über einen westafrikanischen Hafen einreist (s. S. 80), muss eine Gelbfieberimpfung vorweisen.

Umgang mit großen Höhen

Die Höhenkrankheit, *puna* oder *soroche* genannt, ist eine nicht zu unterschätzende Gefahr, die lebensbedrohlich werden kann. Ursache ist die ungenügende Anpassung des Organismus an den mit zunehmender Höhe abnehmenden Sauerstoffgehalt. Bereits ab 2500 m können die typischen Symptome wie Kopfschmerz, verminderte Urinproduktion, Kurzatmigkeit und Schlafstörung auftreten. Verschwinden die Symptome am nächsten Tag nicht, muss man eine Ruhepause einlegen, werden sie schlimmer, hilft nur der Abstieg. Als Grundregel gilt, dass man in Höhen ab 3000 m pro Tag nicht mehr als 300 m aufsteigen sollte. Die Überquerung eines hohen Passes innerhalb eines Tages, z. B. auf der Fahrt von Purmamarca (2500 m) über den Paso de Jama (4800 m) nach San Pedro de Atacama in Chile (2443 m), ist dagegen recht gefahrlos, da der Körper mit einem gewissen *time lag* reagiert.

Um die Sauerstoffaufnahme des Blutes zu verbessern, hat sich das verschreibungspflichtige Medikament Diomax (Acetatsolamide) bewährt, das man aber nur vor dem Schlafengehen einnehmen sollte. Auch der in den peruanischen und bolivianischen Anden erhältliche Kokatee hilft, aber Vorsicht: In Argentinien und Chile gilt er als Droge und darf nicht eingeführt werden.

Ärztliche Versorgung

Medizinische Hilfeleistungen entsprechen europäischem Standard. Das **Deutsche Krankenhaus** in Buenos Aires (Hospital Alemán, Av. Pueyrredón 1640, Tel. 011-48 27 70 00, Fax 48 05 60 87, www.hospitalaleman.com. ar) ist auf alle Notfälle eingestellt.

Touristen, deren Versicherung das Krankheits- und Unfallrisiko in Übersee nicht abdeckt, sollten vor Reiseantritt eine Auslandskrankenversicherung abschließen. Bei ambulanter Behandlung streckt man das Geld vor und bekommt es später von der Versicherung zurückerstattet. Bei stationärer Behandlung kann sich das Krankenhaus unmittelbar mit dem Versicherungsträger in Verbindung setzen und die Kostenabrechnung intern regeln.

Deutschsprachige private Arztpraxen in Buenos Aires:

Dr. Alfredo May (Allgemeine und Innere Medizin), Av. Maipú 1179, 1° D, 1638 Vicente López, Tel. 011-47 95 91 32 u. 47 97 23 01, Mo/ Mi/Fr 16–19 Uhr.

Dr. Fabián García (Allgemeine und Innere Medizin), Av. Santa Fe 302, Acassuso, Tel. 011-47 42 28 39 u. 15 53 14 71 05, Mo/Mi/Fr 14–20 Uhr.

Dra. Cristina Vollenweider de Landi (Rheumatologie), Beruti 2895, Parterre A, Tel. 011-48 21 52 22 u. 48 27 00 98, Mo–Fr 14–18 Uhr.

Dra. Patricia Olejnik (Gynäkologie), Juncal 1920, Parterre, Tel. 011-48 12 96 48, Di/Do 14–19 Uhr.

Dr. Federico Augspach (Hals, Nasen, Ohren), Suipacha 1049, Parterre B, Tel. 011-43 12 15 90, Mo/Di/Do/Fr 13.30–17.30 Uhr.

Dr. Federico Rosenmeyer (Zahnarzt), Av. Santa Fe 2039, 3° 14, Martínez, Tel. 011-47 92 67 14.

Optica Pförtner (Optik, Kontaktlinsen), Av. Pueyrredón 1706, Tel. 011-48 27 86 15, www. pfortner.com.

Apotheken

Die Apotheken *(farmacias)* führen alle gängigen Arzneimittel und sind z. T. routinemäßig

Buenos Aires bei Nacht – nicht gefährlicher als anderswo auf der Welt

24 Stunden geöffnet. Wer in Deutschland auf Medikamente angewiesen ist, sollte den Beipackzettel mitnehmen, aus dem für die Apotheken der Wirkstoff ersichtlich ist.

Sicherheit

Notrufnummern

In vielen Provinzen (Buenos Aires, Córdoba, San Luis, San Juan, Mendoza, Salta, Bahía Blanca, Mar del Plata) wurde jüngst die allgemeine Notrufnummer 911 eingeführt, die bald im ganzen Land gültig sein soll. Bis auf Weiteres gelten gleichzeitig folgende spezifische Nummern:
Polizei: 101
Feuerwehr: 100
Ambulanz: 107

Kriminalität

In allen Zonen, in denen man sich normalerweise bewegt, sind argentinische Städte (auch nachts) mindestens ebenso sicher wie vergleichbare europäische Orte. Buenos Aires ist eine lebhafte, gefahrlose ›Abendstadt‹. Überfälle auf Passanten sind äußerst selten. Eher versuchen tagsüber Trickdiebe, die etwa einen Kunden beim Geldempfang in einer Bank beobachtet haben, ein paar Straßen weiter durch Ablenkungsmanöver (man bringt dem Opfer ein ›Geburtstagsständchen‹ dar oder beschmutzt seine Kleidung ›zufällig‹ mit Senf etc.) zu überlisten; dabei arbeiten immer mehrere Betrüger zusammen. Es empfiehlt sich auch nicht, direkt nach dem Verlassen einer Wechselstube oder Bank ein ›zufällig‹ dort stehendes Taxi zu besteigen. Ganz allgemein heißt der Rat daher hier wie überall: größere Beträge im Hotelsafe lassen und im Übrigen Geld und Kreditkarten in einem Brustbeutel o. Ä. bei sich zu tragen. An Bahnhöfen und Busterminals sollte man sein Gepäck nie unbeaufsichtigt lassen. In voll besetzten Verkehrsmitteln ist überall mit Taschendieben zu rechnen.

Kommunikation

Internet

Fast überall kann man sich Zugang zum Internet verschaffen – in den Städten meist in den Telefonbüros *(locutorios),* außerhalb von Ortschaften auch an größeren Tankstellen. Die Preise bewegen sich zwischen ca. 0,50 bis 1,50 €/Std.

Reisen mit dem Laptop

In Cafés und Tankstellen in Buenos Aires sowie in moderneren Hotels im ganzen Land ist immer häufiger drahtloser Internetanschluss zu finden (mit Wi-Fi gekennzeichnet).

Telefonieren

Praktisch an jeder Straßenecke findet man entweder einen öffentlichen Fernsprecher (Münzen oder Telefonkarten, erhältlich in Kiosken und Telefonbüros) oder ein Telefonbüro *(locutorio).* Letztere sind für Ferngespräche ins Ausland die beste Option – man bekommt eine Sprechzelle zugewiesen und kann über den elektronischen Gebührenzähler genau mitverfolgen, wie viel das Gespräch kostet.

Bei Gesprächen innerhalb Argentiniens wird dem Regionalcode eine 0 vorangesetzt (z. B. für Buenos Aires 011), bei Gesprächen vom Ausland nach Argentinien entfällt die 0. Vorwahlen: Deutschland 0049, Österreich 0043, Schweiz 0041, Argentinien 0054.

Besitzer von Handys mit Triband können ihr Mobiltelefon auch in Argentinien nutzen, allerdings sind die Roaminggebühren erheblich (ca. 2,50 €/Min.). Die Nummern aller Mobiltelefone in Argentinien beginnen mit 15. Da sie aber an das jeweilige Stadtnetz gebunden sind, muss man immer die entsprechende Vorwahl voransetzen (z. B. 011-15 … für Anrufe innerhalb Argentiniens auf ein in Buenos Aires gemeldetes Mobiltelefon). Bei Anrufen vom Ausland auf argentinische Handys entfällt die Mobilvorwahl 15, dagegen muss zwischen der Landesvorwahl und der Mobilnummer eine 9 gewählt werden (z. B. 0054 9 11 … für Anrufe auf ein in Buenos Aires gemeldetes Handy). Man kann Mobiltelefone mieten (z. B. bei Nolitel im internationalen Flughafen Ezeiza, www.nolitelgroup.com.ar), doch die Verbindungen sind teuer (innerhalb Buenos Aires ca. 0,80 US$/Min., mit anderen Städten innerhalb Argentiniens ca. 1,40 US$/Min., nach Deutschland ca. 4,85 US$/Min.).

Post und Kurierdienste

Postsendungen werden normalerweise wertgestempelt, man kann sie aber auch an besonderen Schaltern frankieren lassen. Frankierte Briefe sollte man sicherheitshalber – der ›Briefmarkenliebhaber‹ wegen – als Einschreiben *(certificado)* aufgeben. Die Laufzeit nach Mitteleuropa beträgt etwa eine Woche. Eine Postkarte bzw. ein Brief bis 20 g kosten 4 $. Für Eilsendungen besitzt die Post den Kurierdienst Puerta a puerta (›von Tür zu Tür‹).

Postämter haben sehr unterschiedliche Öffnungszeiten. Die meisten sind Mo–Fr 10–18 Uhr und Sa halbtags geöffnet. In Nordargentinien wird mittags meist eine längere ›Siesta‹ eingelegt.

Fernsehen und Radio

Argentinien hat unzählige regionale und überregionale Fernsehstationen, von denen die meisten seichte Unterhaltung und natürlich Sportübertragungen bringen. In vielen Hotels werden über die größten Kabelkanäle auch CNN, BBC sowie Deutsche Welle (DW-TV) eingespeist, die abwechselnd in Deutsch und Spanisch auf Sendung geht.

Übers Radio ist die Deutsche Welle im Kurzwellenbereich zu empfangen, u. a. auf den Frequenzen 9430, 9545 und 15595 kHz; genaue Angaben zu den Sendezeiten sowie weitere Frequenzen findet man unter www. dw-world.de unter der Rubrik DW-Radio/ Empfang. Unter den vielen argentinischen Radiosendern gibt es einen in Buenos Aires, der rund um die Uhr Tangomusik sendet (La 2x4 Tango auf 92,7 MHz), zwei andere spielen 24 Stunden klassische Musik (FM Clásica auf 96,7 MHz, Amadeus auf 103,7 MHz).

Zeitungen und Zeitschriften

Die großen argentinischen Tageszeitungen sind »Clarín« (www.clarin.com) und »La Nación« (www.lanacion.com.ar), beide mit einem – besonders freitags – sehr ausführlichen Veranstaltungskalender in der Beilage »Espectáculos«. »El Cronista« (www.elcronista.com) ist ein seriöses Wirtschaftsblatt, »Página/12« (www.pagina12.com.ar) eine linksalternative Zeitung. Die Wochenzeitschrift »Noticias« (www.noticias.uol.com.ar) empfiehlt sich als gutes Nachrichtenmagazin. Samstags erscheint das »Argentinische Tageblatt« (www.tageblatt.com.ar), eine Zeitung für die deutschsprachigen Mitbürger.

Deutschsprachiges und internationales Pressematerial erhält man in Buenos Aires am leichtesten an den Kiosken der Fußgängerzone Florida, der Avenidas Corrientes und Santa Fe und in den Stadtteilen Recoleta und Belgrano. Im übrigen Land findet man internationale und auch deutschsprachige Presse an einigen Kiosken in Córdoba, Mendoza und Bariloche.

An den Zeitungskiosken einträchtig vereint: Tagespresse, Magazine und Literatur

Sprachführer

Aussspracheregeln

Mit wenigen Ausnahmen wird Spanisch so ausgesprochen wie geschrieben, wobei es im argentinischen Spanisch einige Abweichungen zum Spanisch in Europa gibt.

Die **Betonung** liegt bei Wörtern, die auf Vokal, n oder s enden, auf der vorletzten Silbe, bei allen anderen auf der letzten Silbe. Liegt sie woanders, wird ein Akzent gesetzt (z. B. teléfono).

Treffen zwei **Vokale** aufeinander, so werden beide einzeln gesprochen (z. B. E-uropa).

Konsonanten:

c	vor a, o, u wie k, z. B. casa;
	vor e, i wie deutsches s, z. B. cien
ch	wie tsch, z. B. chico
g	vor e, i wie deutsches ch, z. B. gente
h	wird nicht gesprochen
j	wie deutsches ch, z. B. jefe
ll	wie deutsches sch, z. B. llamo
ñ	wie gn bei Champagner, z. B. niña
qu	wie k, z. B. porque
v	wie deutsches w, z. B. vino
y	am Wortende wie i, z. B. hay; sonst wie deutsches sch, z. B. yo
z	wie deutsches s, z. B. azúcar

Allgemeines

Guten Morgen/Tag	buenos días
Guten Tag (ab 12 Uhr)	buenas tardes
Guten Abend	buenas noches
Auf Wiedersehen	adiós
Tschüs	chau
Entschuldigung	perdón
Hallo/grüß dich	hola/¿Qué tal?
Bitte	por favor
Danke	gracias
Keine Ursache	de nada
Ja/nein	si/no
Wie bitte?	¿Perdón?

Unterwegs

Haltestelle	parada
Bus	ómnibus, colectivo
Auto	coche
Ausfahrt/-gang	salida
Tankstelle	estación de servicio
rechts	a la derecha
links	a la izquierda
geradeaus	derecho
Auskunft	información
Telefon	teléfono
Postamt	correo
Bahnhof	estación
Flughafen	aeropuerto
Stadtplan	mapa de la ciudad
alle Richtungen	todas las direcciones
Eingang	entrada
geöffnet	abierto/-a
geschlossen	cerrado/-a
Kirche	iglesia
Strand	playa
Brücke	puente

Zeit

Stunde	hora
Tag	día
Woche	semana
Monat	mes
Jahr	año
heute/gestern	hoy/ayer
morgen(s)	(por la) mañana
mittags	al mediodía
abends	a la noche
früh/spät	temprano/tarde
Montag	lunes
Dienstag	martes
Mittwoch	miércoles
Donnerstag	jueves
Freitag	viernes
Samstag	sábado
Sonntag	domingo

Notfall

Hilfe!	¡Socorro!
Polizei	policía
Arzt/Zahnarzt	médico/dentista
Apotheke	farmacia
Krankenhaus	hospital
Unfall	accidente

| Schmerzen | dolores |
| Panne | avería |

Übernachten

Einzelzimmer	habitación individual
Doppelzimmer	habitación doble
mit/ohne Bad	con/sin baño
Toilette	servicio
Dusche	ducha
mit Frühstück	con desayuno
Halbpension	media pensión
Vollpension	pensión completa
Gepäck	equipaje
Rechnung	cuenta

Einkaufen

Geschäft/Markt	tienda/mercado
Kreditkarte	tarjeta de crédito
Geld	dinero
Geldautomat	cajero (automático)
Bäckerei	panadería
Lebensmittel	víveres

teuer	caro/-a
billig	barato/-a
Größe	talla
bezahlen	pagar

Zahlen

1	uno		17	diecisiete
2	dos		18	dieciocho
3	tres		19	diecinueve
4	cuatro		20	veinte
5	cinco		21	veintiuno
6	seis		30	treinta
7	siete		40	cuarenta
8	ocho		50	cincuenta
9	nueve		60	sesenta
10	diez		70	setenta
11	once		80	ochenta
12	doce		90	noventa
13	trece		100	cien
14	catorce		150	ciento
15	quince			cincuenta
16	dieciséis		1000	mil

Die wichtigsten Sätze

Allgemeines

Sprechen Sie Deutsch/Englisch?	¿Habla Usted alemán/inglés?
Ich verstehe nicht.	No entiendo.
Ich spreche kein Spanisch.	No hablo español.
Ich heiße …	Me llamo …
Wie heißen Sie?	¿Cómo se llama?
Wie geht es Ihnen?	¿Cómo está Usted?
Danke, gut.	Muy bien, gracias.
Wie viel Uhr ist es?	¿Qué hora es?

Unterwegs

Wie komme ich zu/nach …?	¿Cómo se llega a …?
Wo ist …?	¿Dónde está …?
Könnten Sie mir bitte … zeigen?	¿Me podría enseñar …, por favor?
Ist hier frei?	¿Está libre?

Notfall

Können Sie mir bitte helfen?	¿Me podría ayudar, por favor?
Ich brauche einen Arzt.	Necesito un médico.
Hier tut es mir weh.	Me duele aqui.

Übernachten

Haben Sie ein freies Zimmer?	¿Hay una habitación libre?
Wie viel kostet das Zimmer pro Nacht?	¿Cuánto vale la habitación por día?
Ich habe ein Zimmer bestellt.	He reservado una habitación.

Einkaufen

Wie viel kostet …?	¿Cuánto vale …?
Ich brauche …	Necesito …
Wann öffnet …?	¿Cuándo abre …?

Raue Landschaften – und raue Pisten – erwarten Reisende in Argentiniens Nordwesten wie hier bei Purmamarca

Unterwegs in Argentinien

Knallbunt bemalte Häuser sind das Markenzeichen
des Bonaerenser Hafenviertels La Boca

Kapitel 1

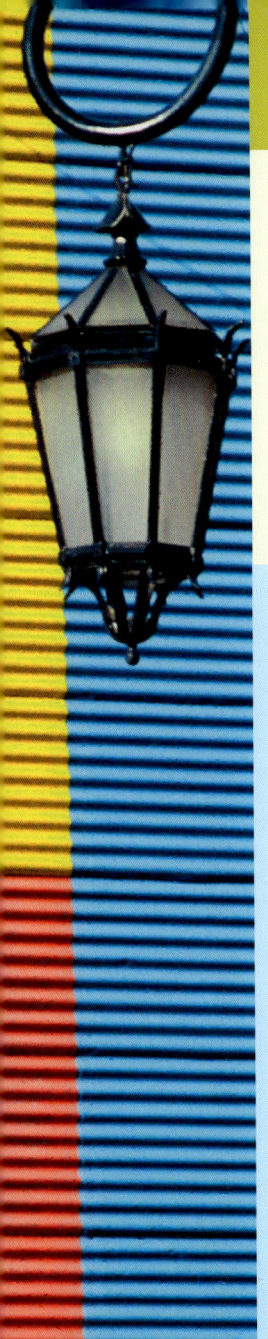

Buenos Aires und Umgebung

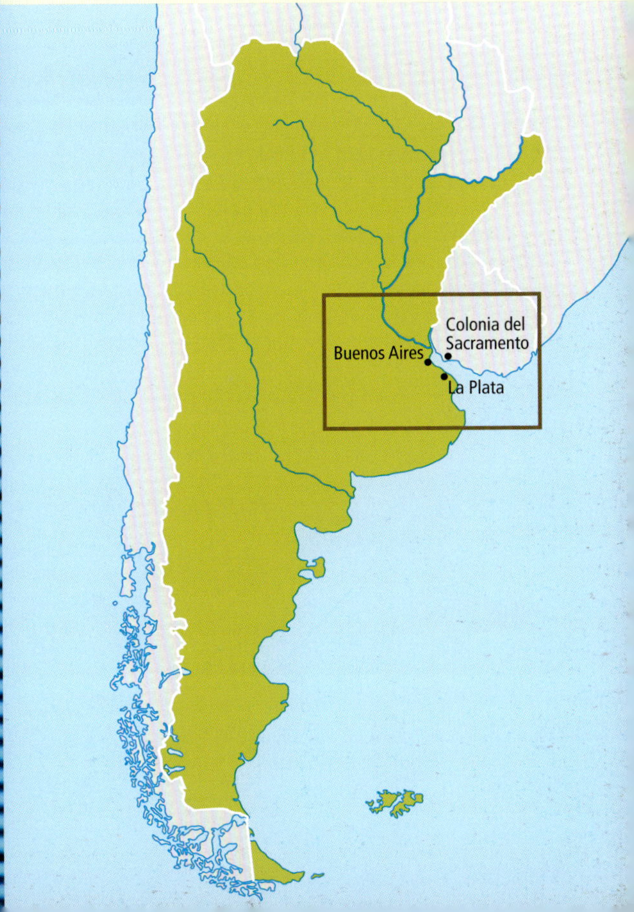
Colonia del Sacramento
Buenos Aires
La Plata

Auf einen Blick:
Buenos Aires und Umgebung

Eine Stadt im Aufbruch

Rauchgeschwängerte Tangoclubs, edle Boutiquen, die ›besten Steaks der Welt‹, bunte Trödelmärkte – Buenos Aires hat von allem etwas und ist derzeit besonders besuchenswert, weil es sich (wieder einmal) an einer historischen Wende befindet und eine große Aufbruchstimmung zu spüren ist. Zugleich findet man überall die Zeugnisse einer goldenen, längst vergangenen Epoche: die soliden Prachtbauten in der Avenida de Mayo, die eleganten Stadtvillen an der Avenida Alvear, die Schlösser auf den Estanzien, aber auch die U-Bahn gehört dazu, Südamerikas erstes Transportsystem dieser Art.

Auf die Zukunft gerichtet ist der Blick der argentinischen Metropole seit jeher, ausgelöst nicht zuletzt durch die Einwanderer aus Europa, die ihre Tatkraft im Gepäck hatten und naturgemäß nach vorn schauten. Es war diese Generation, die dem Stadtbild zwischen 1880 und 1930 ein modernes Gesicht nach europäischem Muster verlieh.

Ab 1930 erlebte Argentinien – und folglich dessen überdimensionierte Hauptstadt als Bühne aller tragenden Entscheidungen – eine Krise nach der anderen. Die kurze Erholungsphase in den Nachkriegsjahren fand ihren Niederschlag in einigen öffentlichen Bauten, etwa dem Stadttheater San Martín und der Nationalbibliothek. Doch die Hoffnung auf dauerhaften Wohlstand blieb Illusion und damit auch die Vollendung der beiden ehrgeizigen Projekte.

Die letzte Krise von 2001 offenbart ihre Spuren und Narben bis heute: *Cartoneros,* ›Kartonsammler‹, schieben ihre Karren durch die Straßen, um deren Inhalt dann für rund 0,25 Pesos pro Kilo zu verkaufen. Auch bettelnde Kinder in der Fußgängerzone werfen ein Schlaglicht auf die Misere. Der ökonomische Niedergang konnte aber keineswegs die Kreativität der Porteños bremsen. Ganz im Gegenteil. So hat beispielsweise eine junge Designer-Generation den zentrumsnahen Stadtteil Palermo Viejo in Beschlag genommen, ein Trend, der langsam auch auf andere Stadtteile übergreift. Einige dieser kreativen Köpfe suchen ihre Materialien im Zerfall der Illusion, im Recycling der gesammelten Kartons, in Geweben indianischer Tradition aus dem verarmten Norden Argentiniens, andere lassen völlig neue Ideen sprechen und machen im Bereich der Mode mittlerweile sogar

der brasilianischen Trendkapitale São Paulo den lateinamerikanischen Vorrang streitig. Die Stadtverwaltung ihrerseits greift Zeugnisse der Gründerjahre auf, etwa die Hafenspeicher von Puerto Madero, um darauf die neue Modernität der Stadt zu projizieren, in der der öffentliche Raum wieder seinen Platz erobert. Der 200. Jahrestag der Revolution gegen die spanische Kolonialherrschaft gibt 2010 Anlass zu einer großen Feier. Vielleicht zu einer Art Neugründung. Im Vorfeld kann Buenos Aires in einer Dynamik erlebt werden, die bis vor Kurzem verloren schien.

Highlights

1 **Buenos Aires:** Millionenmetropole mit südländischem Flair und prunkvollen Bauten des frühen 20. Jh. (s. S. 106ff.).

2 **Tigre-Delta:** Die labyrinthische Wasserwelt im Mündungsdelta des Río Paraná bietet zahlreiche Möglichkeiten zu beschaulichen Bootsausflügen (s. S. 140ff.).

3 **San Antonio de Areco:** Ein Ausflug in die Vergangenheit – Kopfsteinpflaster, historische Häuser und traditionelles Handwerk erwarten den Besucher (s. S. 144ff.).

Empfehlenswerte Route

Die Avenida de Mayo entlang: Es lohnt sich, die Avenida de Mayo entlangzuschlendern und den Blick immer wieder nach oben zu richten, um die prächtigen 100-jährigen Fassaden zu bewundern. Sie erinnern an die Zeit, in der Argentinien immerhin die achtgrößte Wirtschaftsnation der Welt war (s. S. 116ff.).

Reise- und Zeitplanung

Buenos Aires im Schnelldurchgang – alleine dafür sollte man mindestens vier Tage einplanen, die dann jedoch sehr anstrengend werden: zum Beispiel am Donnerstag die Innenstadt, am Freitag Palermo, am Samstag tagsüber Recoleta und abends Tango, am Sonntagvormittag der Straßenmarkt in San Telmo und danach La Boca einschließlich

Richtig Reisen-Tipps

Buenos Aires vom Wasser aus betrachten: Die Docks von Puerto Madero sind längst zu klein für die modernen Containerfrachter und haben sich in ein herrliches Freilichtmuseum verwandelt – historische Segelschiffe und rostige Kräne bilden den nostalgischen Rahmen für schicke Restaurants und Cafés, die in die Lagerhäuser eingezogen sind (s. S. 117).

Tango sehen und tanzen: Im Tango offenbart sich die Seele des Landes. San Telmo und die Boca, ehemals ein verruchtes Hafenviertel, bilden jedes Wochenende die passende Bühne für den Nationaltanz. Wer selbst das Tanzbein schwingen möchte, findet in etlichen Tangoschulen Gelegenheit, sich mit der komplizierten Schrittfolge vertraut zu machen (s. S. 126).

Fußballspiel. Ein Ausflug nach La Plata bedarf eines zusätzlichen Tages, Besuche vom Tigre-Delta, einigen Estanzien, San Antonio de Areco sowie Colonia del Sacramento in Uruguay nochmals jeweils ein bis zwei Tage.

Klima und Reisezeit

Die beste Zeit für einen Besuch von Buenos Aires sind die Monate Oktober, November und März. In den Sommermonaten ab etwa Ende Dezember können Höchsttemperaturen von bis zu 38 °C, gepaart mit einer sehr hohen Luftfeuchtigkeit, den Stadtrundgang zur Tortur machen. Im Winter sinkt zwar das Thermometer fast nie unter die Null-Grad-Grenze, doch auch dann sorgt die Luftfeuchtigkeit für eine extrem ungemütliche Kälte. Die durchschnittlich 1000 mm Regen pro Jahr verteilen sich ziemlich gleichmäßig auf alle Jahreszeiten, aber nur selten halten die Regenfälle so lange an, dass sie den Besuch verderben könnten.

Argentiniens Metropole begeistert durch ihre fast mediterran anmutende Lebensart und ihre unbändige Vitalität. Im historischen Stadtkern konzentrieren sich die prachtvollen Bauten des 19. und frühen 20. Jh. in seltener Geschlossenheit, über San Telmo und die knallbunten Häuser von La Boca legen sich die Klänge des Tangos, im hippen und schicken Puerto Madero lässt es sich vorzüglich flanieren, in Palermo Viejo hervorragend shoppen und, und, und …

Das Zwölf-Millionen-Monster

Reiseatlas: S. 14, E 4; **Cityplan:** S. 112/113
Könnte Jorge Newbery, der argentinische Flugpionier und Höhenweltrekordler (6225 m) von 1914, noch einmal auf die damalige Einmillionenstadt herunterschauen, dann erblickte er heute das größte Schachbrettmuster der Welt. Mit dem Rücken zum breitesten Fluss der Erde, dem Río de la Plata, hat sich das inzwischen über 12 Mio. Einwohner große Buenos Aires wie ein Wasser abweisender Ölfleck längs des Ufers und in die Pampa hinein ausgebreitet, ein quadratisches Raster von mehr als 100 000 Straßenblocks, ge-

Verlaufen ausgeschlossen – das übersichtliche Schachbrettmuster trägt Sorge

krümmt nur an wenigen Stellen. Zu den stadtgeografischen (angeblichen) Weltrekorden von Buenos Aires gehören auch die 35 km lange Avenida Rivadavia, der erst bei Hausnummer 16 000 der Atem ausgeht, sowie die 140 m breite Verkehrsachse 9 de Julio, die das Wahrzeichen der Stadt, einen 67,5 m hohen Obelisken, in ihre Mitte nimmt.

Wer von Norden auf den ufernahen Regionalflughafen Aeroparque einschwebt, bekommt das Makrozentrum von Buenos Aires modellhaft unterbreitet: Hinter dem Geschlinge des Paraná-Deltas kriechen Landhäuser ins Grün, verdichten sich zu Villenkomplexen mit Bootshäfen, Turfs und Tennisplätzen (etwa 1500), dazwischen blinken, Smaragden gleich, 40 000 türkisfarbene Pools vor heckenumkränzten Chalets, deren mittägliche Rauchzeichen den nahenden *asado* ankündigen (25 000 Rinder wöchentlich werden in dieser Stadt geschlachtet).

Buenos Aires ist eine auf Schwemmsand gebaute Stadt, deren Hauptpost auf 2882 Betonpfeilern ruht, ein monumentales Ingenieurwerk, das der französische Architekt Norbert Maillart geleitet hat, ohne sein Heimatland zu verlassen. Im ersten Stock das 10 m² große Gemälde »Land der Verheißung«, eine leuchtende, wie von innen illuminierte Einwandererszene. Allein rund 1 Mio. deutschstämmige Immigrantennachkommen mag es in Buenos Aires geben. 7 % der Bevölkerung sind Juden. Auf jede dritte Kirche kommt eine Synagoge. Es gibt ein Little Armenia, ein Chinatown, Korea- und Boliviatown. Buenos Aires ist die kosmopolitischste Stadt Lateinamerikas. Am stärksten haben sich Italiener unter die hispanisch-kreolische Stammbevölkerung gemischt. Sie waren es, die dem argentinischen Spanisch jene unvergleichliche Melodik verliehen, die das Palaver in Myriaden von Cafés, die Stimmen von Millionen selbst ernannten VIPs mit dem letzten Handymodell und den Sprechgesang des 24-Stunden-Senders FM Tango, den der Taxifahrer auf Dauerempfang gestellt hat, zum Belcanto werden lassen.

Diese Megastadt vibriert, flirrt und tanzt wie eine farbige Libelle. Buenos Aires lebt

Mit den Autoren unterwegs

Oper in neuem Kleid

Liebhaber klassischer Musik sollten unbedingt eine Vorstellung im **Teatro Colón** besuchen – allein das Gebäude, das passend zu seinem 100. Geburtstag am 25. Mai 2008 nach anderthalbjähriger Restaurierung neu eröffnet wird, ist das Ticket wert (s. S. 120).

Fest für Augen und Gaumen

Ein eigenes kleines Paradies hat sich die neue Generation der Modedesigner und Küchenchefs in **Palermo Viejo** geschaffen (s. S. 127).

Antiquitäten im antiken Viertel

In Buenos Aires ursprünglichstem Stadtteil, **San Telmo,** kann man wunderbar nach alten Schätzen stöbern (s. S. 127ff.).

Kaffeehauskultur

Zwischenmenschliche Begegnungen sind den Argentiniern heilig und finden ihr Szenenbild in den unzähligen Cafés der Stadt. Einige sind bereits zu historischen Monumenten erklärt worden, so etwa das **Café Tortoni** und die **Bar Británico** (s. S. 116 u. 137).

fast rund um die Uhr. Die Porteños (die ›Hafenbewohner‹ genannten Einheimischen) lieben ihre Straßen, verunstaltet und geschmückt zugleich mit 150 000 Werbeflächen, Girlanden von Stromkabeln und durchsetzt mit 13 000 *quioscos* (oder *kioscos*) – die weit mehr sind als nur ›Kioske‹. Bis spät in die Nacht geöffnet, bieten sie Zeitschriften oder Blumen, Maskottchen, tausend Süßigkeiten, Getränke, Zigaretten, Shampoos, Schulhefte und Parkmünzen feil, machen Fotokopien, erteilen Auskunft und erlauben mit einem winzigen Kauf die Beschaffung von Kleingeld für den Bus. Bis in den letzten Vorort hinein sind *quioscos* nie mehr als drei Häuserblocks weit von der Wohnung entfernt. Ja, der Wert einer Straße, eines Platzes bestimmt sich nach der *quiosco*-Dichte. Sie sorgen dafür, dass die Stadt frei bleibt von Automaten –

was sie zutiefst menschlich macht. Diesem Charakterzug verdankt sie freilich auch die Tatsache, dass ein großer Teil eben jener schmückenden Werbeflächen ungesetzlich ist, dass 10 % aller Bauten schwarz errichtet wurden, manche Taxis (von 48 000) ohne amtliche Genehmigung zirkulieren, zwei Drittel der polizeilichen Ordnungsstrafen nicht bezahlt werden, mehr als 50 000 illegale Zapfer an den Elektrokabeln hängen.

Das schillernde Monster Buenos Aires, in dem ein Drittel der Landesbevölkerung lebt, zeichnet für die Hälfte des nationalen Stromverbrauchs, aber auch für die Hälfte der Wertschöpfung verantwortlich. Auf nur je 20 Einwohner kommt ein Laden, denn es gibt zwar riesige Shoppingmalls mit Boutiquen, Banken und Restaurants, doch nicht die turnhallenartigen Etagenkaufhäuser deutschen oder französischen Stils. Bloß keine normativen Zwänge! Porteño und Porteña sind Individualisten, selektiv, spontan und nonchalant, und deshalb nicht ›modebewusst‹, sondern polyform, wandlungsfähig, charmant und manchmal etwas großspurig, dabei menschlich elegant – unübersehbar mediterran.

Fernsehen ist eine Institution, aber keine Droge. Es gibt immer noch 70 Großkinos und ebenso viele Kunstgalerien, 100 Museen, über 120 Theatersäle und (besonders in der Avenida Corrientes) reihenweise Buchläden, die noch nach abendlichem Theater- oder Kinobesuch bis spät geöffnet sind. Diese Polis ist eine Stadt mit vielen Welten. Wäre sie nur eine ›Weltstadt‹, verwiese sie auf ihren Veranstaltungskalender. Buenos Aires aber bedeutet ständiges Happening.

»Was ist Buenos Aires?« fragt Jorge Luis Borges in einem seiner verrückten Heimatstadt gewidmeten Gedicht: »Dinge, die der Zeit gehören.« In zahlreichen Parks, an Rondellen und unter manch einem der 600 000 Straßenbäume sinnen Denkmäler einer aus Triumph und Vergessen gemachten Zeitgeschichte nach: Monumente für Don Quijote und die Drei Grazien, den Unsterblichen Großvater und die Opfer des Gelbfiebers, den unwiederbringlich verschwundenen Ureinwohner, die Generäle, die sowohl gegen die

spanische Kolonialmacht als auch gegen die Ureinwohner kämpften, und das Dornier-Flugboot Plus Ultra, das 1926 als erstes Flugzeug die 10 000-km-Strecke von Südspanien zum La Plata überwand. ›Plus ultra‹ ist bis heute auch das Sehnsuchtsziel dieser überschwänglichen und zugleich versonnen gestrigen Stadt geblieben, in der Umberto Eco, in einem Antiquariat der Avenida Corrientes stöbernd, aus einem zerfledderten Schmöker die Grundidee zum »Namen der Rose« empfing. Mit seiner Romanfigur des blinden Bibliothekars Jorge de Burgos hat er, wie er selbst sagte, Jorge Luis Borges ehren wollen.

Geschichte

Stadtplan auf Rinderhaut

Der erste Standort von Buenos Aires ist so unbestimmbar wie das Migrationsmuster seiner Delta-Inseln. Nur so viel verraten die Chroniken: dass es eine erhöhte Uferstelle in der Nähe eines in den La Plata mündenden Flüsschens war, das den Schiffen der Spanier als Ankerplatz diente. Es könnte der Río Luján im Norden, aber auch der Riachuelo im Süden gewesen sein, wo später das Hafenviertel La Boca entstand. Gesichert ist nur die Erkenntnis, dass die 1536 an diesen Ufern landende Expedition Pedro de Mendozas unter einem ähnlichen Unstern stand wie das 20 Jahre zuvor gescheiterte Unternehmen des Juan Díaz de Solís, der von den Charrúa-Indianern getötet und verspeist wurde.

Als Mendozas Versuch der Kolonisation unter den Brandpfeilen der Indianer in Flammen aufging, ließ der syphiliskranke Konquistador das Schiff La Magdalena kalfatern und segelte am 22. April 1537 nach Europa zurück. Er starb auf hoher See. Dennoch benannten die Seeleute, von gnädigen Winden und ruhiger See auf ihrem Weg zurück in die Heimat begleitet, den Platz der missglückten Landnahme nach ihrer Schutzpatronin Nuestra Señora del Buen Ayre (›Unsere Herrin der guten Lüfte‹).

Erst der zweite Siedlungsversuch im Jahr 1580 unter Juan de Garay war von Erfolg

Einer der wichtigsten Umschlagplätze Südamerikas: der Hafen von Buenos Aires

gekrönt. Getreu den Anweisungen Karls V. steckte er den Flächenplan von Buenos Aires ab, indem er das Gittermuster und seine Diagonalen von einer Rinderhautzeichnung maßstabgerecht auf die Landschaft übertrug. Bis heute steht das Rathausgebäude an jener Plaza (de Mayo), die der Gründervater, einen ›Baum der Gerechtigkeit‹ pflanzend, vor über 400 Jahren zum Mittelpunkt bestimmte. Die Nachricht von der gelungenen Gründung sollte die Karavelle San Cristóbal de Buenaventura dem spanischen Hof überbringen, doch die Verheißung des Schiffsnamens erfüllte sich nicht. Piraten brachten den Segler vor der La-Plata-Mündung auf und leiteten damit eine jahrhundertelange Freibeuterei ein.

Als Beute erst richtig interessant wurde das von einer hochmütigen Hispanidad in Cuzco gegängelte Buenos Aires (damals noch ein unbedeutendes Anhängsel des Vizekönigtums Peru) mit der Einführung des Sklavenhandels, den die Portugiesen bereits im 17. Jh. begonnen hatten: Sie schleppten rund 20 000 Afrikaner ein. Der Menschen-

schmuggel ging einher mit einem regen Tauschhandel – 100 Rinderhäute für einen Sklaven – und einem Schmugglergeschäft ohnegleichen. Der eigentliche ›schwarze Boom‹ setzte aber erst ein, nachdem die South Sea Company am Retiro-Platz – wo heute der britische Uhrturm steht – ihren Sklavenmarkt eröffnen durfte und die lebende Fracht in dort erbauten Schuppen ›zwischenlagerte‹. 18 000 Schwarze verhökerte die South Sea Company in Buenos Aires – vorwiegend für Hausarbeiten, denn Plantagen brasilianischen oder kubanischen Stils gab es keine –, bevor der Sklavenhandel 1812 verboten wurde.

So wuchs der 1776 zur Hauptstadt des Vizekönigtums La Plata erhobene Hafen um die Wende zum 19. Jh. rasch auf 100 000 Einwohner an und lockte – wie das schräg gegenüberliegende Montevideo – als strategischer Punkt in der zweitgrößten Flussmündung des Kontinents die allgegenwärtigen Engländer an. In etlichen militärischen Expeditionen versuchten sie den Spaniern den Kolonialbesitz streitig zu machen, mussten letztendlich jedoch unverrichteter Dinge abziehen.

Die Bezwingung der Engländer aus eigener Kraft, also ohne Hilfe des spanischen Mutterlandes, steigerte das Selbstbewusstsein der Hispanoamerikaner zu jenem Freiheitsbegehren, das zum auslösenden Moment der Unabhängigkeitsbewegung werden sollte. Insofern hat, paradoxerweise, die Kolonialmacht Großbritannien die Dekolonisierung Südamerikas gefördert. Den Norden befreite Bolívar, den Süden San Martín.

Schrittweise zum ›Paris der Südhalbkugel‹

Als Stadt, als urbaner Körper herausmodelliert hat sich Buenos Aires erst im 19. Jh. Bereits um 1870, als die Stadt 500 Häuserquader umfasste (und an den heutigen Avenidas Callao bzw. Entre Ríos endete), liefen jährlich 2000 Schiffe den Hafen an und brachten als Fracht und Ballast von Europa Pflaster-, Backsteine und Marmor mit. Schon um diese Zeit hatten sich, dem Vorbild mittelalterlicher toskanischer *contrade* folgend, Stadtrepubliken mit spezifischer Soziokultur herausgebildet. Patrizischer Kern der aufstrebenden Urbs war das im Süden gelegene San Telmo, wo 1871 die Geißel des Gelbfiebers 14 000 Einwohner (ein Zehntel der damaligen Bevölkerung) auslöschte und für die erste vehemente Binnenwanderung sorgte. Die besser gestellten Bürger flüchteten in den höher gelegenen Norden und setzten sich in Belgrano fest, damals eine Landgemeinde, heute ein integrierter Vorort.

Die Engländer bauten die argentinischen Eisenbahnen (die heute noch im Linksverkehr zirkulieren), richteten 1882 in Buenos Aires die erste Gefrierfleischfabrik ein und drückten der Stadt mit Vorort-Namengebungen wie Hurlingham und Temperley für alle Zeiten ihren Stempel auf. Sie lieferten sozusagen die Technik für die zur Wende vom 19. zum 20. Jh. auf die erste Million Einwohner anschwellende Stadt, während Franzosen, Italiener und Deutsche den ästhetischen Umbau in Angriff nahmen. Stets mit dem Blick auf die Großstädte der Alten Welt, erschien den Por-

teños nichts nachahmenswerter, als das ›Paris der Südhalbkugel‹ zu werden. Die neue Schlachtordnung der französischen Boulevards machte in Buenos Aires wie in keiner anderen lateinamerikanischen Stadt Schule. Alle Bauformen, in denen sich noch die Kolonialzeit widerspiegelte, wurden abgeworfen wie ein lästiger Poncho.

Im Zentrum aber brach man breite Avenidas durch die Häuserschluchten und flankierte sie mit vorwiegend französisierter Prestigearchitektur. Aus dieser Zeit stammt auch die Sitte, jedes Haus wie ein Kunstwerk mit der Signatur seines Erbauers zu versehen. Im alten Zentrum von San Telmo findet man heute kaum noch ein Gebäude, dessen Bausubstanz vor das Jahr 1870 zurückreicht, und selbst das ›Geburtshaus‹ der Stadt, der Cabildo, fiel dem eklektizistischen Fieber zum Opfer. Allerdings verdankt Buenos Aires seiner eitlen Baugesinnung an der Wende zum 20. Jh. auch einige Prachtstraßen, deren Fassaden sich mit den besten von Paris, Madrid oder Budapest messen dürfen. Zeitungspaläste wie der von »La Prensa« (1898), das Teatro Colón (1908), das Colegio Nacional de Buenos Aires (1908) oder auch das Teatro Cervantes (1921) bezeugen bis heute, dass der großbürgerliche Repräsentationsstil des beginnenden 20. Jh. auch Ausdruck eines regen geistigen und kulturellen Engagements war. Im »La-Prensa«-Gebäude waren Clemenceau und Puccini zu Gast, im Colón sang Caruso, das Colegio Nacional hörte Einstein seine Relativitätstheorie vortragen. Buenos Aires avancierte zur fortschrittlichsten Metropole des Südkontinents.

Als habe der Gelbfieberschock von 1871 auf immer einen Quarantänestrich gezogen, ließ die Epidemie in Buenos Aires eine axiale Raumgliederung zurück, bei der die diagonale Avenida Rivadavia die große sozioökonomische Trennlinie bildet: der Norden der Stadt gepflegt, begütert und konsumfreudig, der Süden vernachlässigt, arm, ausgabenschwach. Ist dieses urbane Ungetüm überhaupt noch steuerbar? Nurmehr durch Zellteilung. In einem Genesis 2000 genannten Projekt wurden einige zu Megakommunen angeschwollene Vorortgemeinden auf kleinere Verwaltungseinheiten zurechtgestutzt. Die Stadt Buenos Aires selbst wird 2008 im Rahmen der Dezentralisierung erstmalig in 15 *comunas* aufgeteilt. Tatsächlich hat Buenos Aires heute nicht einen, sondern viele Mittelpunkte. So wurde beispielsweise der alte Hafen mit 16 riesigen 100-jährigen Lagerhäusern jüngst einem aufwendigen Recycling unterworfen, aus dem Tausende von eleganten Apartments, Büroflächen für 8000 Angestellte, Universitätseinrichtungen, rund 40 erstklassige Restaurants, das Hilton-Hotel und ein Yachthafen hervorgingen.

Den Hang, in Wohntürme (mit bis zu 50 Stockwerken am Palermo-Park) zu ziehen, haben Psychologen mit dem argentinischen ›Fernweh‹ begründet: Der pampasüchtige Stadtneurotiker will von der Höhe aus in die Weite schauen können. Doch immer mehr bietet sich – als bodennahes Gegenmuster – der Umzug in einen der jetzt schon 150 Country Clubs an der grünen Peripherie an. In diesen parkartigen, umzäunten und bewachten Edelenklaven, meist früheres Estanzia-Gelände, ist man schon halb auf dem Land.

Bicentenario: Anschluss ans neue Jahrtausend

Die Vorbereitungen zum 200. Jahrestag der Revolution gegen die spanische Kolonialherrschaft im Jahr 2010 werden für Buenos Aires deutlich sichtbare Veränderungen bringen. Um die Porteños endgültig mit der Küste zu versöhnen, will man die – halb leer stehende – Hauptpost in einen Kulturkomplex umwandeln und den gesamten Streifen unterhalb des Regierungsgebäudes (zwischen dem Finanzzentrum der City und Puerto Madero) wiederbeleben. Auch der seit der Gelbfieberepidemie von 1871 vernachlässigte Süden der Stadt soll gefördert werden. Der erste begünstigte Stadtteil wird Barracas sein, wo bereits mehrere Behörden der Stadtverwaltung angesiedelt wurden, darunter das Design-Center CMD. Geplant ist auch eine Erweiterung des U-Bahn-Netzes in den Süden der Stadt, wo überdies ein neues Messegelände entstehen soll. Und über alles, so hofft man, wird sich die Glocke eines Wireless-Lan-Netzes legen, damit man – zumindest an der Internetfront – als *global player* künftig in vorderster Reihe steht.

Orientierung

Grob genommen lässt sich das Stadtzentrum von Buenos Aires in zwei Bereiche unterteilen. Im **Microcentro,** dem Viereck zwischen Avenida Córdoba im Norden, Avenida 9 de Julio im Westen und Avenida de Mayo im Süden, liegen die ›City‹ (Bankenviertel), das Fußgängerkreuz Florida/Lavalle, Regierungsgebäude, Hauptpost, Oper, Stadthotels sowie die Kernstücke der großen Geschäftsstraßen Córdoba, Corrientes und Avenida de Mayo.

Als **Macrocentro** wird das Vieleck bezeichnet, das im Norden und Westen bis zu den Avenidas Pueyrredón und Jujuy, im Süden bis zur Calle Venezuela reicht. Die ca. 200 km^2 große, von 3 Mio. Menschen bewohnte Stadt Buenos Aires wird von der Ringstraße Avenida General Paz begrenzt, aber jenseits davon pflanzt sich die Bebauung nahtlos fort. Nur verwaltungsmäßig gehören die sich dort ausbreitenden Vororte zur Provinz; zusammen mit dem eigentlichen Stadtgebiet formen sie das Megagebilde Gran Buenos Aires, auf das man sich landesweit bezieht, wenn man einfach von Buenos Aires spricht.

Stadtzentrum

›La City‹

Mit einem Rundgang beginnt man am besten da, wo Buenos Aires begann: an der Plaza de Mayo. Um dort hinzugelangen, wird man fast immer ›La City‹ **1** durchqueren, ein etwa 30 Häuserblocks umfassendes, baumloses Straßenviertel, das sich zwischen der Fußgängerzone La Florida und der 25 de Mayo erstreckt und unter allen Städten der südlichen Hemisphäre die größte Konzentration an Banken aufweist. Wichtigste Passierwege in diesem zu Schalterschluss von Geldtrans-

Buenos Aires: Cityplan

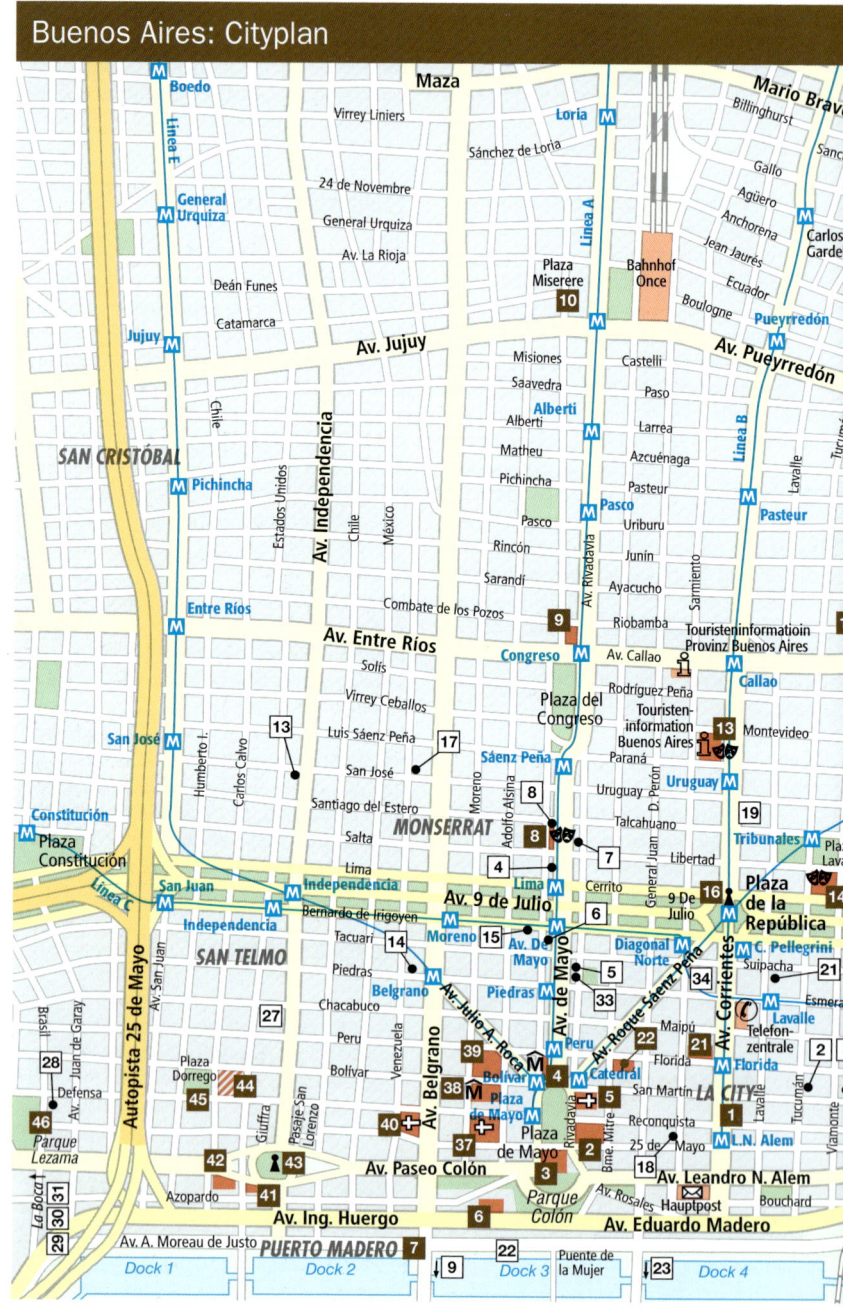

Buenos Aires

portern verstopften Finanzviertel sind die drei parallel von Norden nach Süden verlaufenden Straßen 25 de Mayo, Reconquista und San Martín.

In diesem Hort des Midas hat auch das aus einer belgischen Getreidehandelsfirma hervorgegangene älteste argentinische Traditionsunternehmen, **Bunge y Born** (heute Bunge Argentina), seinen Sitz (25 de Mayo 501). Ebenfalls in der 25 de Mayo, aber mit dem Gesicht zur Avenida Leandro Alem, erhebt sich gegenüber der Hauptpost das neoklassizistische Monumentalgebäude der **Bolsa de Comercio** (Handelsbörse, 1916). Von den Bankpalästen seien hier nur einige der repräsentativsten Bauten genannt: der mächtige Block des **Banco Central** (Reconquista 266), der sich mit einer symmetrischen Fassade zur San Martín hin öffnet, der Betonbau des ehemaligen **Banco de Londres** von 1959 (heute Banco Hipotecario, Reconquista 101) und der an die Dresdner Semper-Oper erinnernde Rundbau des **Banco de Boston** (heute Standard Bank, Roque Sáenz Peña, Ecke Florida). Wie es sich für das Bonaerenser Wall-Street-Viertel gehört, verstecken sich hier auch einige erlesene Schlemmerlokale, beispielsweise der mittägliche Banker-Treff Broker Bar (s. S. 134) oder die diskrete Casa Roca (San Martín 579).

Plaza de Mayo

Man nennt die schwülstigen Theaterbauten von Buenos Aires gerne ›die letzten Dinosaurier‹, doch an Schwergewichtigkeit kann es kein Gebäude mit dem die Plaza de Mayo flankierenden **Banco de la Nación** 2 (1952 fertiggestellt) aufnehmen, dessen Gewölbelast man – die Saurier sind schließlich ausgestorben – besser an lebender Fauna messen sollte: So viel wie 20 000 Nilpferde wiegt die achteckige Kuppel (innen zu sehen); ihre Größe wird nur von der der Peterskirche, des Kapitols in Washington und der 1990 fertiggestellten Kathedrale von Yamoussoukro (Elfenbeinküste) übertroffen. Die heute aus über 10 000 Tresoren bestehenden Schatztruhen der Nationalbank waren 1861 schon einmal so leer, dass der damalige Finanzminister das

Defizit aus eigener Tasche beglich – andernfalls hätte man auf das Regierungsgebäude, die **Casa Rosada** 3 (›Rosafarbenes Haus‹) eine Hypothek aufnehmen müssen. Der an der Stelle des ersten Forts von 1595 stehende, teilweise abgerissene, abgebrannte und zahlreiche Male umgebaute (und daher heute asymmetrische) Palast scheint in seinem Schicksal die ganze wechselvolle Geschichte Argentiniens widerzuspiegeln. Schließlich war die (nach dem Befreiungsmonat Mai des Jahres 1810 benannte) Plaza de Mayo Schauplatz aller Höhepunkte der nationalen Vergangenheit, die Unabhängigkeitserklärung – sie erfolgte in Tucumán – ausgenommen. Alle zwei Stunden kann vor der Casa Rosada der Wachwechsel beobachtet werden. Zum Regierungsgebäude gehört auch das **Museo de la Casa Rosada,** in dem Memorabilien der argentinischen Präsidenten ausgestellt werden (Führungen Casa Rosada: Mo–Fr 16 Uhr, auf Engl. nur Fr, Eintritt frei, Pass erforderlich, Buchungen in der Hipólito Yrigoyen 219; Museum: www.museo.gov.ar, Mo–Fr 10–18, So 14–18 Uhr, Eintritt frei).

Am anderen Ende der Plaza findet sich die erst gut 50 Jahre alte Version eines 1725 in klassischer Kolonialmanier begonnenen, aber seither häufig veränderten **Cabildo** 4 (Rathaus), in dessen kleinem **Museo del Cabildo y la Revolución** selbst die erste Druckerpresse von Buenos Aires eine Replik ist (Di–Fr 10.30–17, So 11.30–18 Uhr, 1 $).

An der Nordseite des Platzes steht die einem griechischen Tempel ähnelnde **Kathedrale** 5 von 1862, die vor dem Kubus einer hinter ihr aufragenden Großbank als Zwergbau erscheint. Die Kirche stellt die sechste Generation einer von vielen Mutationen – zuletzt mit Anklängen an das Pariser Palais Bourbon – betroffenen Domfamilie dar. Bemerkenswert sind nur die Mosaikarbeiten der Böden und der byzantinisch anmutenden Kuppel. In einem Mausoleum der Kathedrale ruht der Nationalheld San Martín, allerdings extra muros, d. h. außerhalb der Mauern, denn er war Freimaurer (Mo–Fr 8–10.45, 11.35–12.15, 13.15–18.30, Sa 9–12.30, So 9–10.45, 16–17.45 Uhr; Führungen So 10.30

Uhr, keine Besichtigung während der Gottesdienste).

Die Südseite der von einem kleinen Obelisken, der **Pirámide de Mayo,** geschmückten Plaza flankieren eintönige Banken- und Regierungsbauten, deren äußerster, das Wirtschaftsministerium, den Paseo Colón berührt.

Parque Colón

Vom Paseo Colón überblickt man den weiten **Parque Colón,** links begrenzt von der châteauartigen **Hauptpost,** rechts beherrscht vom Kolossalbau des **Edificio Libertador** 6 , Sitz der obersten Heeresleitung. Das in Carrara-Marmor ausgeführte **Monumento a Colón** (Kolumbusdenkmal) ist ein Geschenk der italienischstämmigen Einwohnerschaft. Das dem Stadtgründer Garay gewidmete Denkmal (Leandro Alem, Ecke Rivadavia) stammt von dem deutschen Bildhauer Gustav Heinrich Eberlein (1847–1926), der mit der Marmorskulptur El Secreto (›Das Geheimnis‹) dem Teatro Colón (s. S. 120) seine vielleicht berühmteste Schöpfung hinterließ.

Nur rund fünf Gehminuten sind es von hier auf die andere Seite der Hafendocks in das jüngste Stadtviertel von Buenos Aires, nach Puerto Madero (s. S. 117).

Untere Avenida de Mayo

An ihrer Westseite spreizt die Plaza de Mayo einen siebenarmigen Straßenfächer aus, dessen imposante Hauptarme von der Diagonal Sur (= Av. Julio A. Roca), der Diagonal Norte (= Av. Roque Sáenz Peña) und der zentralen Avenida de Mayo gebildet werden. Nach französischen Boulevard-Vorbildern konzipiert, von vorwiegend italienischen Architekten gestaltet und schließlich von Spaniern bewohnt, stellte die **Avenida de Mayo** zu Beginn des 20. Jh. *die* Prachtstraße von Buenos Aires dar. Sie bildet zugleich die rund 1 km lange Verbindungsachse zwischen der Casa Rosada und dem Kongressgebäude. In der Zeit des architektonischen Rationalismus von, wie die Porteños sagen, ›Schuhkartons‹ durchsetzt und jahrzehntelang stark vernachlässigt, feierte die Avenida de Mayo ab 1990 ihre Wiederauferstehung.

Im unteren Teil, bis zur Avenida 9 de Julio, sehenswert sind der **Palacio Municipal** (Nr. 525) sowie das sich anschließende ehemalige Gebäude der Zeitung »La Prensa«, heute auch Sitz der Stadtregierung, gegenüber die Jugendstilpassage **Roverano** mit der U-Bahn-Station Perú von 1915 (Nr. 560), mehrere alte Hotelbauten auf Höhe der Hausnummern 800 und 900, vor allem aber das berühmteste Kaffeehaus von Buenos Aires, das **Café Tortoni** 33 . Hier findet man auch eine kleine Lunfardo-Bibliothek (s. S. 132) und kann an manchen Abenden Tango- und Jazzkonzerte genießen.

Geht man eine Querstraße weiter eineinhalb Blocks nach links, so stößt man auf den von einer geschuppten Kupferkuppel gekrönten **Club Español** 15 , im – leider nicht zu besichtigenden – Innern nicht weniger prächtig als ein toledisches Schloss. Das dazugehörige gepflegte Restaurant bietet sich zum Speisen an (s. S. 134).

Obere Avenida de Mayo

Wieder auf der Avenida de Mayo, erreicht man sogleich die **Avenida 9 de Julio,** die – glaubt man den Porteños – breiteste Straße der Welt, die in einer einzigen Grünphase zu überqueren Fußgänger nur im Eilschritt schaffen. Man muss Fotos von früher gesehen haben, um sich vorstellen zu können, dass diese riesige Lichtschneise einmal so dicht bebaut war wie ihr Umfeld, bevor das Herzstück der Stadt 1937 in Häuserzeilenbreite niedergewalzt wurde, um eine Bonaerenser ›Park Avenue‹ zu schaffen.

Beim Überqueren der 9 de Julio streift man eine hier gut platzierte moderne Don-Quijote-Plastik, denn sogleich beginnt nicht nur eine Häuserzeile mit (auch in den Seitenstraßen) vielen spanischen Restaurants und Tascas, sondern den ersten Block beherrscht auf der Südseite das **Hotel Castelar** 4 , das in den 1930er-Jahren, damals als Excelsior, Treffpunkt des Literatenzirkels Signo war, dem auch Federico García Lorca angehörte.

Unter der Hausnummer 1222 streckt das alte **Teatro Avenida** 8 sein schmiedeeisern gefasstes Glasvordach über das Trottoir;

Richtig Reisen-Tipp:
Buenos Aires vom Wasser aus betrachten

Ein ganzer Corso gepflegter Terrassenrestaurants und -cafés in geschickt umgewidmeten Hafenspeichern säumen die Uferpromenade von **Puerto Madero** 7 , das auf dem besten Weg ist, sich zum neuen – und vor allem teuren – In-Viertel zu entwickeln.

Lange Zeit hat Buenos Aires dem Río de la Plata den Rücken zugewendet. Die Immigranten, so die volkstümliche Interpretation, wollten nicht zurückblicken, sobald sie vom Schiff gestiegen waren, um die schmerzhaften Erinnerungen zu vergessen. Außerdem war das Hafengelände jahrzehntelang militärisches Sperrgebiet und nur eingeschränkt zu betreten. Dann, 1991, fand in einer alten, leer stehenden Lagerhalle eine Ausstellung junger Künstler statt, die den Anstoß zu einer Umgestaltung des Flussufers gab.

Zuerst entstanden Restaurants und Lofts in den Ziegelspeichern am Westufer, davor fanden die historischen Segelschulschiffe Sarmiento und Uruguay eine neue Heimat (Sarmiento: Dique 3, Mo–Fr 9–20, Sa/So 9–22 Uhr; Uruguay: Dique 1, tgl. 10–21 Uhr). Später entdeckte man auch das östliche Ufer, an dem größere Umbauprojekte wie das Hotel Faena Universe (s. S. 131), aber auch Neubauten auf sich aufmerksam machen.

Überquert man die alten Drehbrücken oder die moderne, vom spanischen Stararchitekten Santiago Calatrava entworfene Puente de la Mujer (›Frauenbrücke‹) nach Puerto Madero, kann man von diesem Kai aus eine bislang nur vom Schiff mögliche Aussicht auf die Skyline von Buenos Aires genießen – besonders beeindruckend ist der Anblick bei Sonnenuntergang und besonders schön zu erleben bei einem Drink auf der Holzveranda des Restaurants BAS im Yachtclub (Olga Cossettini, Ecke Victoria Ocampo, s. S. 135).

Gateway zum hippen Vergnügungsviertel Puerto Madero: die Puente de la Mujer

Buenos Aires

An Selbstbewusstsein fehlt es den Porteños nicht: Der Obelisk überwacht die – angeblich – breiteste Straße der Welt, die Avenida 9 de Julio

1994 feierte es (es war 1979 ausgebrannt) mit einer Zarzuela-Aufführung – und Plácido Domingo als Gast – sein Comeback.

Die beiden folgenden Häuserblocks prunken mit einigen schönen Hotelfassaden französischer Prägung, während das **Hotel Chile** (Ecke Talcahuano), dessen Holzturm leider abbrannte, stilreines Art Nouveau demonstriert. Zwischen Talcahuano und Uruguay steht das alte **Hotel Majestic** von 1906 (heute Sitz des Finanzamtes), das sich vor allem von innen anzusehen lohnt. Ausgerechnet von diesem spielerisch dekorierten Nobelhotel aus schmähte 1929 sein berühmter Gast Charles

Eduard Jeanneret (Le Corbusier) Buenos Aires als die »unmenschlichste Stadt«, die er »je gesehen« habe. Der Betonbaukünstler stellte sich grandiose geglättete Formen vor: »zweihundert Meter hohe Wolkenkratzer mit hängenden Gärten, … pfeilergestützte Stadtautobahnen, die die Bäume dominieren, … eine neue Lyrik des Maschinenzeitalters«.

Wie muss er unter dem Anblick des gegenüberliegenden **Palacio Barolo,** einem italianisierten Bau von 1923, gelitten haben. Dieses enorme Bürogebäude (über 16 000 m²) – ein Zwilling des Palacio Salvo, des Wahrzeichens von Montevideo – war einmal das

Plaza del Congreso und Umgebung

Die Westseite der drei Blocks langen **Plaza del Congreso** (mit einer von Rodin signierten Kopie seines ›Denkers‹) wird überragt vom neoklassizistischen Kuppelbau des **Palacio del Congreso** 9 (Kongressgebäude), das das Kapitol von Washington als Vorbild zitiert. Allerdings arbeiten die meisten der 8000 Angestellten heute in dem gegenüberliegenden Glaskubus in der Rivadavia, der sich an das Art-decó-Eckcafé, die **Confitería Del Molino** anschließt. Dass hier tatsächlich einmal eine Mühle stand, demonstriert ein Flügelrad an der Dachfassade. Wer auf der Rivadavia zehn Blocks weitergeht, gelangt zur **Plaza Miserere** 10, einem alten jüdischen, heute auch koreanischen Textilhandelsviertel.

Von der Plaza del Congreso zur Plaza San Martín

An der Plaza del Congreso beginnt die belebte **Avenida Callao,** die nacheinander die drei großen Avenidas der Innenstadt – Corrientes, Córdoba und Santa Fe – kreuzt. Wer die elf Blocks bis zur Avenida Santa Fe durchläuft, wird dort auf eine der besten Ladenstraßen (v. a. für Bekleidungsartikel) von Buenos Aires stoßen. Auch die zuvor querende **Avenida Córdoba** lädt zum Schaufensterbummel ein. Unerlässlich für Kuriositätenjäger ist an diesem Kreuzweg ein Linksschwenk bis auf Höhe der Córdoba 1900. Hier sitzt, schön und farbig wie ein Porzellanelefant, das von 300 000 englischen Emaillekacheln (Royal Doulton) geschmückte und mit original französischem Schiefer gedeckte Wasserwerk, der **Palacio de las Aguas Corrientes** 11, der wirklich fast nur Tanks enthält. Der 1894 von dem Schweden Karl Nystromer gestaltete Bau ist die skurrilste architektonische Schöpfung von Buenos Aires – und nun auch Weltkulturdenkmal.

Nur vier Straßenblocks weiter, in der **Avenida Santa Fe** 1860, sollte man einen Blick in die **Librería El Ateneo** 12 werfen, eine Buchhandlung, die einen Theaterraum – samt Logen – zum Musentempel für Bibliophile werden ließ.

höchste Haus der Stadt. Unter seiner Kuppel hängt ein Leuchter mit über 200 000 Kerzen, der leider nicht zu besichtigen ist. Im Parterre aber kann man sechs museale Aufzüge mit Stockwerkanzeige in Zifferblattform bewundern. Sie gehören zu den ältesten noch funktionierenden der insgesamt 100 000 Personenaufzüge von Buenos Aires (die Tag für Tag eine Strecke zurücklegen, die der Entfernung von der Erde zum Mond entspricht).

Mit dem Gebäude **La Inmobiliaria** verabschiedet sich die von Mansarden, Kuppeln und Statuen gekrönte Avenida de Mayo, bevor sie in der Plaza del Congreso aufgeht.

Buenos Aires

Wer über den einstigen ›Broadway von Buenos Aires‹, die **Avenida Corrientes,** ins Microcentro zurückkehrt, wird nur noch durch einige Namen an die Glanzzeit der ›Straße, die nie schläft‹, erinnert. Dieser Abschnitt der Corrientes war lange Zeit die Kino- und Tangomeile der Stadt. Einige Lichtspielhäuser, Restaurants, Cafés, Konzertsalons und Buchläden haben die Hifi- und Fast-Food-Welle überlebt. Das **Teatro San Martín** 13 soll in den nächsten Jahren modernisiert und erweitert werden (Nr. 1530). Gegenüber steht der Theaterkomplex **Centro Cultural de la Cooperación (CCC).** Weiter straßenabwärts liegen dann als stadtbekannte Relikte das 80 Jahre alte Pralinengeschäft **Lion D'Or** (Nr. 1469) und die Pizzeria **Los Inmortales** 19 (s. S. 135), Nachfolgerin des gleichnamigen Cafés der Tangogrößen von einst – nur noch Fotos erinnern an ›Die Unsterblichen‹.

Weiter führt der Weg durch die Seitenstraße Talcahuano zur **Plaza Lavalle,** deren Westseite der wuchtig-feierliche **Palacio de Justicia** von 1910 einnimmt, volkstümlich einfach Tribunales (›Gerichte‹) genannt. Schräg gegenüber steht das **Teatro Colón** 14, das am 25. Mai 2008 nach anderthalbjähriger Renovierung wieder seine Pforten für Besucher öffnet (s. rechts; Tucumán 1181, Tel. 011-43 78 73 44, www.teatrocolon.org.ar, Führungen Mo–Fr 11–15, Sa 9–12 Uhr alle 60 Min.).

Einige mächtige Gummibäume breiten ihr Blätterdach über der Plaza Lavalle aus. An der Ecke Córdoba und Libertad gelangt man zum neoplatseresken **Teatro Cervantes** 15 von 1921, dessen Renaissancefassade der 500 Jahre alten Universität von Alcalá de Henares, Cervantes Geburtsort, nachgebildet ist. Wo immer man hier die 9 de Julio überquert, erblickt man den **Obelisken** 16, eines der Wahrzeichen von Buenos Aires. Der Weg führt weiter durch die untere Avenida Santa Fe, die sich zur Plaza San Martín hin öffnet.

Plaza San Martín

Der Reiz der **Plaza San Martín,** dieser Lichtung im Häuserwald, liegt in dem sanften Gefälle, mit dem die Grünfläche gewissermaßen über die Avenida del Libertador hinwegfließt

und in das Gelände der **Estación Retiro** 17 übergeht. Wahrzeichen des Bahnhofsvorplatzes ist der frei stehende Backsteinturm **Torre de los Ingleses,** ein Geschenk der englischen Einwohner an die Stadt und in allen Teilen samt Uhr 1916 von der britischen Insel importiert. Der den Platz beherrschende Bahnhof – einer der vielen Bahnhöfe, die die Engländer um 1915 bauten – gehört zu den lebendigsten Zeugnissen der britischen Eisenbahnpionierzeit in Argentinien. Jenseits des Bahnhofs befindet sich das moderne Busterminal, Start und Ziel von täglich 2000 Überlandbussen.

Mitten in der Plaza San Martín liegt ein eingezäunter Treffpunkt der Hundefreunde, die sich hier allmorgendlich treffen, darunter die haupt- oder nebenberuflichen Hundeausführer, die man zuweilen mit einen ganzen Meute der Vierbeiner durch die Anlagen ziehen sieht. Nichts an der Plaza San Martín erinnert mehr an den einstigen Sklavenmarkt und späteren Stierkampfplatz. Seine anschaulichsten Zeugnisse hat Spanien in Form großer kastilischer Landschafts- und Städtebilder hinterlassen, die als Kachelwände die U-Bahnhöfe der Linie C schmücken und die man unterwegs sieht, wenn man in Retiro oder San Martín die *subte* in Richtung Constitución besteigt.

Ganz oben an der südwestlichen Ecke der Plaza San Martín liegt das gepflegte **Café Petit Paris,** wo ›gleich um die Ecke‹ (in der Maipú) jahrelang Jorge Luis Borges wohnte. Auf dieser Platzseite schließen sich der bourbonische **Palacio Paz** 18, ehemaliges Privatpalais des Zeitungskönigs José C. Paz und heute Sitz des Círculo Militar und des Militärmuseums, der neugotische Palast der **Nationalparkverwaltung,** das barockisierte **Hotel Plaza** aus dem Jahr 1910 (an der Einmündung in die Fußgängerzone Florida) und das **Kavanagh-Hochhaus** 19, zur Zeit seiner Entstehung 1936 mit 120 m der höchste Betonbau weltweit, als bemerkenswerteste Bauwerke an.

Calles Florida und Lavalle

Von ihrer Einmündung in die Plaza San Martín aus defiliert man auf der Fußgängerstraße

Teatro Colón – die ›Scala‹ Argentiniens

Thema

Wo heute Verdi, Beethoven oder Wagner zum Besten gegeben werden, beherrschten vor 150 Jahren die in dichten Qualm gehüllten Dampflokomotiven des Parkbahnhofs das Bild.

Doch Buenos Aires wollte ein Opernhaus, und deshalb musste der Bahnhof weiter an die Peripherie rücken. Geplant war, den Musentempel 1892, zur 400-Jahr-Feier der Entdeckung Amerikas, einzuweihen – deshalb auch der Name Colón, ›Kolumbus‹. Es kam anders, denn die Bauarbeiten nahmen nicht 30 Monate, sondern 18 Jahre in Anspruch. Der erste Architekt starb überraschend, sein engster Mitarbeiter übernahm die Bauleitung. Auch er fand wenig später den Tod – durch die Schüsse eines Eifersüchtigen. So konnte ab 1904, 14 Jahre nach Baubeginn, der Franzose Jules Dormal, Schöpfer des Regierungsgebäudes von La Plata, seine Vorstellung von einem Opernhaus umsetzen. Das Ergebnis war ein Stilmix aus deutscher, italienischer und französischer Renaissance.

Doch die Qualität des Colón erfährt vor allem, wer einmal einer Vorstellung beiwohnen durfte. »Es ist schrecklich«, urteilte Luciano Pavarotti 1987, »die Akustik des Colón ist einfach perfekt.« Nicht nur er, auch zahlreiche andere Stars der Musikszene wussten dies zu schätzen – die Liste der Berühmtheiten reicht von Enrico Caruso über Maria Callas bis zu Plácido Domingo, von Wilhelm Furtwängler über Yehudi Menuhin und Arthur Rubinstein bis zu Leonard Bernstein. Toscanini ließ im Colón gerührt zweimal seinen Taktstock zurück und Rudolf Nurejew vermachte der Oper als Dank seine Ballettschuhe. So entstand ganz nebenbei ein kleines Museum, zu deren Schätzen auch so wertvolle Stücke wie Geigen von Guarnieri, Stradivari und Amati gehören.

Seit 100 Jahren eine kulturelle Institution in der Hauptstadt: das Teatro Colón

Buenos Aires

Calle Florida – der beliebtesten und belebtesten Bummelmeile – an einem Endlosband von Schaufenstern und Galerien entlang. Sehenswert ist das unter seinem Gewicht von Schmiedeeisen, Bronze, Marmor und Onyx förmlich stöhnende Gebäude des Marineclubs **Centro Naval** 20, in das man einen Blick werfen sollte (Florida, Ecke Córdoba). Gegenüber nehmen die **Galerías Pacífico,** ein kunstvoll ausgestalteter Boutiquentempel par excellence, das ganze Häuserquadrat ein. Der noch im 19. Jh. nach dem Vorbild der Pariser und Mailänder Galerien konzipierte Prachtbau blieb lange Zeit unvollendet, verkam als Sitz der von Perón verstaatlichten Eisenbahnen, war in den 1980er-Jahren vom Abriss bedroht und wurde nach einer gründlichen Sanierung 1992 seiner heutigen Bestimmung übergeben.

Wo die Florida die Fußgängerstraße Lavalle kreuzt, liegt immer noch das Epizentrum innerstädtischen Lebens, auch wenn die Florida nach Süden hin ein gewisses Qualitätsgefälle zeigt und der klassische Kino- und Restaurantpart der Lavalle – unter der Hausnummer 941 die Traditionsparrilla **La Estancia** – immer mehr vom Lärm neuer Spielhallen erfüllt wird.

Zu den alten Stammcafés der Zelebritäten von Buenos Aires gehört das sehr britische **Café Richmond,** wo man auch essen kann (Florida 468). Sehenswert ist nebenan in der Florida Nummer 460 das üppige Interieur der 1875 gegründeten **Sociedad Rural Argentina** (mit gepflegtem Restaurant).

In diesem Bereich lohnt sich ein Abstecher zu der Anfang des 20. Jh. für Generationen von Leckermäulern eingerichteten **Confitería Ideal** 34, eine heute etwas dekadente Preziose unter den Kaffeehäusern, in der auch Tango getanzt wird (s. S. 135).

Und weiter dreht sich, südlich der Corrientes, der Schaufensterreigen der Läden und Galerien in der **Calle Florida.** Die altehrwürdige **Librería El Ateneo** 21 mit ihren Säulen und der reich verzierten Decke hat sich seit 100 Jahren nicht verändert (Nr. 340). Gegenüber sieht man die neoplatereske Fas-

1732 eingeweiht und seit 1942 historisches Nationaldenkmal: die Basílica del Pilar

sade des ehemaligen Verlagsgebäudes der Zeitung »La Nación«, heute ein Einkaufszentrum. Und schließlich folgt eine der klassischen Ladenstraßen von Buenos Aires: die 1915 von dem Italiener Francesco Gianotti (Schöpfer der Confitería del Molino, s. S. 119) gestaltete **Galería Güemes** 22, die zur Parallelstraße San Martín durchläuft. Hier kaufte sich schon Aristoteles Onassis Anfang der 1920er-Jahre seine ersten – nach feiner britischer Art in Teewasser gegilbten – Hemden, als er, damals noch ein Azubi, in einem Zigarrengeschäft in der Talcahuano arbeitete (Florida 100).

Recoleta

In keinem *barrio* (›Stadtteil‹) von Buenos Aires haben sich die widersprüchlichen urbanen Charakterzüge derart verdichtet wie in Recoleta. Viktorianische Club-Gediegenheit, französische Lebensart, Starhotelatmosphäre, das aufgekratzte Flair von Trottoircafés, aphrodisiakische Parfüm-, Schmuck- und Lederverlockungen, Gourmetgenüsse, Straßenclownerie, rituelles Sonnenbaden, Kunst als Provokation, Kirchenandacht und Friedhofspomp – das alles lebt hier auf wenigen Straßenquadraten zusammen. Der gleiche majestätische *gomero* (›Gummibaum‹), unter dem Sarmiento meditierte, beschattet heute ein Liebespaar; auf dem gleichen Boden, über den die Barfüßermönche, die *recoletos,* wandelten, klappern jetzt die Absätze langbeiniger *modelos.* La Recoleta ist immer ›in‹.

Dieses aristokratischste Viertel von Buenos Aires entstand auf einem Hügel von Fischerhütten und Abfallgruben, als die vor der Gelbfieberepidemie 1871 aus San Telmo und Barracas geflohene Bourgeoisie sich hier ihre Häuser baute. Namengebende Erstsiedler waren die Franziskanermönche des Recoleto-Ordens, die hier schon 1732 ihre Basílica del Pilar errichteten. Als sich der Orden 1822 auflöste, verwandelte sich der Klostergarten in einen Friedhof, und der Bürgermeister von Buenos Aires, Torcuato de Alvear, formte ein halbes Jahrhundert später

das bis dahin planlos bebaute Gelände zum vornehmen Wohnviertel um.

Avenida Alvear

Heute nähert man sich durch eben jene nach dem Vater von Torcuato de Alvear benannte **Avenida Alvear** dem Recoleta-Zentrum, und zwar von der 9 de Julio in Höhe der Hausnummer 1300 aus. Gleich am Anfang nimmt der Prachtbau der französischen Botschaft den Blick gefangen, aber auch die folgenden (leider von seelenlosen Wohnblocks in die Zange genommenen), dem französischen Akademismus verpflichteten Gebäude lassen hier, an der dreieckigen **Plazoleta Carlos Pellegrini** 23, ein Stück Paris auferstehen. Vor allem das bourbonische Palais der brasilianischen Botschaft (gegenüber, in der Alvear 1345, der exklusive Jockey Club), der Sitz des Apostolischen Nuntius (Alvear 1605) und der alte Olmos-Palast (Alvear 1690), in dem heute das Kultursekretariat residiert, erheischen Aufmerksamkeit.

Als feinste Herberge von Buenos Aires darf das **Palacio Duhau Park Hyatt** 10 (s. S. 131) gelten. Würde man durch die (links) parallel laufende **Avenida Quintana** gehen, dann käme man an einer Reihe erlesener Modegeschäfte vorbei. Aber auch die rechte Begleitstraße, die **Calle Posadas,** spart nicht mit Luxus. Mit dem **Patio Bullrich** 24 befindet sich hier die vornehmste Ladengalerie von Buenos Aires, außerdem einige gute Café-Bars und das elegante Hotel Caesar Park.

Basílica del Pilar und Cementerio de la Recoleta

Mittelpunkt von Recoleta ist die **Basílica del Pilar** 25 mit ihrem glockenförmigen Turmaufsatz aus glasierten Kacheln, deren Glanz früher tagsüber den Buenos Aires ansteuernden Schiffen den Leuchtturm ersetzte. Das zugleich schmucke und doch schlichte Gotteshaus setzt im Innern seine barocke Formensprache fort. Sechs Seitenaltäre geleiten zum Hauptaltar, in dessen Verkleidung aus gehämmertem Silber das Relief einer inkaischen Sonne die Hand indianischer Künstler verrät.

Buenos Aires

Der sich links an die Kirche anlehnende **Cementerio de la Recoleta** mit seinen rund 7000 dicht an dicht stehenden Mausoleen ist eine nekrologische Schatzkammer. Namhafte Künstler schufen den teils allegorischen, teils lebensechten Figurenschmuck dieser 5,5 ha großen Totenstadt mit ihren etwa 4700 Gruften, in denen *la flor* von Buenos Aires begraben liegt, darunter Staatspräsidenten, Seehelden und – im Familiengrab der Duarte – Eva Perón (vor Raubgrabungen durch Panzerstahlplatten geschützt). Wer hier seine letzte Ruhe finden möchte, muss dafür tief in die Tasche greifen: Bis zu 150 000 US$ kostet eine Gruft, zumindest wenn man nicht das Glück hat, eine solche beim argentinischen Ebay-Ableger zum Schnäppchenpreis von 28 500 US$ zu ersteigern.

Plaza Francia

Welcher Gegensatz offenbart sich auf der anderen, der rechten Seite der Kirche oder beim Sprung hinüber auf das Trottoir der Calle Junín. Hier das quicklebendige **Centro Cultural Recoleta** `26` mit Gemälde- und Fotoausstellungen, Film- und Theatervorführungen oder kleinen Konzerten (Di–Fr 14–21, Sa/So 10–21 Uhr), dort die Cafés De la Paix und La Biela und dann, Küche an guter Küche, einige renommierte Restaurants. An Wochenenden verwandelt sich die **Plaza Francia** in einen großen Freilichtzirkus von nebenberuflichen Possenreißern, Feuerschluckern und Seiltänzern, und den Rasen ziert ein langes Band von Ständen, die ihr Tausenderlei an Kunstgewerbe feilbieten.

Avenida del Libertador

Folgt man der Schnur der Buden an der Plaza Francia zur Avenida del Libertador und überquert die Fahrbahn, kann man dort das **Museo Nacional de Bellas Artes** `27` besichtigen, in dem europäische Besucher gewöhnlich eher die im 1. Stock untergebrachten argentinischen Werke interessieren (www.mnba.org.ar, Di–Fr 12.30–19.30, Sa/So 9.30–19.30 Uhr, Eintritt frei).

Bei dem sich hinter dem Museum (jenseits der Avenida Figueroa Alcorta) erhebenden eindrucksvollen Säulenbau handelt es sich um das Gebäude der Rechtswissenschaftlichen Fakultät der Universität.

Zurück auf der Südwestseite der Libertador und in unregelmäßigen Abständen hübsche Denkmäler umrundend, gelangt man (zwischen Agüero und Austria) zum gewaltigen Betonklotz der erst 1992 eingeweihten **Biblioteca Nacional** `28` (Nationalbibliothek), die wie die Brücke eines Petroleumtankers das Parkgelände und das Denkmal für den Dichter Rubén Darío überragt (www.bibnal.edu.ar, Mo–Fr 9–21, Sa/So 12–19 Uhr).

Dieses Beispiel monströser Architektur wird zwei Straßen weiter in Form des **ACA-Verwaltungsgebäudes** `29`, dem Sitz des Argentinischen Automobilclubs, von konventionellem Rationalismus abgelöst. Den Blick ins Innere belohnen so schöne Oldtimer wie ein Cadillac von 1904 mit Holzkarosserie, ein Fiat Gran Turismo Cabriolet (Baujahr 1908) oder ein feuerroter Wanderer Phaeton aus dem Jahr 1911.

An der nächsten Ecke präsentiert die Avenida Libertador ein prächtiges französisch-neoklassizistisches Gebäude, den **Palacio Errázuriz,** der heute Heimat des **Museo Nacional de Arte Decorativo** `30` ist. Zu sehen sind dem Petit Trianon von Versailles nachempfundene Salons und Speisezimmer mit erlesenen Möbeln, Porzellan, Silber- und Kristallarbeiten. Der Pavillon Trianon, als Café-Restaurant eingerichtet und mit Tischen im Freien, ist einer der lauschigsten Plätze dieser Großstadt (tgl. 14–19 Uhr, Eintritt 2 $).

Palermo

Nordwestlich an Recoleta angrenzend, folgt der Stadtteil Palermo, Buenos Aires ›grüne Lunge‹. Dass der ausgedehnte Distrikt früher fünfmal so viele Grünflächen hatte wie heute, kann man sich kaum vorstellen, denn noch immer umfasst der Parque Palermo riesige Grünflächen, Sportplätze, Teiche, Turfs und einen öffentlichen Golfplatz. Das gegenüber vom Museo Nacional de Arte Decorativo in viel Efeu gebettete Diplomatenviertel **Pa-**

Tango allerorten, natürlich auch in Form neckischer Souvenirs

lermo **Chico** bildet den Auftakt zu diesem Stadtteil, der mit Palermo Viejo außerdem einen der derzeit angesagtesten Szenetreffs der Stadt besitzt.

Avenida del Libertador

Spaziert man weiter die Avenida del Libertador entlang, so gelangt man zum **Museo de Motivos Populares Argentinos José Hernández** 31, das ausgewählte Artefakte und Literatur der Gauchokultur zeigt (Libertador 2373, www.mujose.org.ar, Mi–So 13–19 Uhr, im Feb. geschlossen, 1 $, So frei).

Ein kleiner Schlenker nach rechts führt zum **Museo de Arte Latinoamericano de Buenos Aires (MALBA)** 32 (Museum für Lateinamerikanische Kunst), in dem wechselnde Ausstellungen und Filmvorführungen zu sehen sind (Av. Figueroa Alcorta 3415, tgl. außer Di 12–20 Uhr, 4 $, Mi frei, Filmvorführungen 4 $).

Inmitten eines vom Verkehr umbrausten Straßenrondells an der Kreuzung Avenida del Libertador und Avenida Sarmiento ragt das imposanteste Denkmal von Buenos Aires auf: das **Monumento de los Españoles** 33, ein Geschenk der spanischen Porteños zur 100-Jahr-Feier der Unabhängigkeit. Die zentrale Plastik symbolisiert die Republik, die vier um sie gruppierten allegorischen Figuren verkörpern argentinische Großlandschaften: die Anden, den Chaco, den Río de la Plata und die Pampa. Die ersten vier Bronzegestalten, 1908 von dem katalanischen Bildhauer Querol y Subirats geschaffen, versanken auf dem Transport nach Argentinien vor der brasilianischen Küste und mussten nachgearbeitet werden.

Rund um die Plaza Italia

Einen Abstecher lohnt auch der westliche, um die **Plaza Italia** gefächerte Teil des Stadtbezirks Palermo. Dort liegen der **Jardín Botánico** 34 (tgl. 8–18 Uhr, Eintritt frei) und der **Jardín Zoológico** 35, von dem Borges sagte, er »rieche nach Tiger«. Zur Geschichte dieses Tiergartens gehört, dass Karl Hagenbeck dem Initiator Carlos Pellegrini (Staats-

Richtig Reisen-Tipp: Tango sehen und tanzen

Die Musik und der Tanz, die Buenos Aires berühmt machten, feiern eine unglaubliche Renaissance. Tangoshows, -clubs und -tanzschulen sprießen nur so aus dem Boden. Über die örtliche Szene informiert die Website **www.tangodata.gov.ar.**

Kaum ein Besucher in Buenos Aires, dem nicht der Besuch einer Tangoshow angeboten wird. Dabei gelangt man oft in Lokale mit bis zu 1000 Zuschauern, wo zu den kompliziertesten *firuletes,* den Fantasieschritten der Tänzer, ein Abendessen serviert wird – Kostenpunkt: bis zu 140 US$ pro Person. Für nur 10 $ Eintritt plus den Ausgaben für ein Glas Wein oder ein Bier kommt man hingegen im **Club Sunderland,** Lugones 3161, Villa Urquiza, Tel. 011-45 41 97 76, in den Genuss, die komplizierten Bewegungen der Tangotänzer, die sich gegen den Uhrzeigersinn drehen, zu studieren. Oder man wagt hier selbst die ersten Schritte.

Als Urzelle aller Tangolokale – und als kompetente Schule – gilt die **Confitería Ideal** (s. S. 135). Und in vielen Stadtteilen versammeln sich samstagabends ab 22.30 Uhr in den **Sporthallen** Hunderte elegant gekleideter Tangoliebhaber aller Altersgruppen. Bis 3 oder 4 Uhr morgens wird getanzt, und häufig fordern ältere Herren, die die Kunst des Tangos beherrschen, junge Damen zum Tanz auf, deren gleichaltrige Partner noch etliche Runden üben müssten, um mithalten zu können. Paare, die vermutlich seit Jahrzehnten gemeinsam übers Parkett gleiten, tanzen mit geschlossenen Augen und einer Hingabe, wie man sie natürlicher sonst kaum zu sehen bekommt.

Tangoshows

Casablanca: Balcarce 668, San Telmo, Tel. 011-43 31 46 21 u. 43 34 50 10, tgl. 22 Uhr. Show mit instrumentaler Begleitung und Gesang auf großer Bühne.

Bar Querandí: Perú, Ecke Moreno, nahe Microcentro, Tel./Fax 011-43 45 03 31 oder 43 45 17 70, Mo–Sa. Gebäude von 1860, seit 1920 ein Bar-Restaurant im englischen Stil; abends gute Küche, anschließend Show von hohem Niveau.

Bar Sur: Estados Unidos 299, San Telmo, Tel. 011-43 62 60 86, www.bar-sur.com.ar. Das intime Tangolokal gehört zu den Ersten, die sich in San Telmo etablierten.

El Viejo Almacén: Balcarce, Ecke Independencia, San Telmo, Tel. 011-43 07 66 89, www.viejo-almacen.com.ar. Alteingesessenes Tangolokal mit routinierten Darbietungen, typisches Touristenziel.

Bar El Chino: Beazley 3366, Nueva Pompeya, Tel. 011-49 11 02 15, www.barelchino.com. Parrilla und Tango, oft mit Gesangseinlagen der Gäste.

Bar de Roberto: Bulnes 331, Almagro, Tel. 011-48 62 04 15, www.barderoberto.com.ar. Eine Theke, ein paar Tische und Stammgäste, die auch selbst ein Lied wagen, a capella oder mit Begleitung einer Gitarre.

Café Homero: Cabrera 4946, Palermo Viejo, Tel. 011-47 75 67 63. Traditionelles altes Tangocafé für Liebhaber, sehr gute Musiker.

Tango tanzen und lernen

Centro Cultural Torquato Tasso: Defensa 1575, San Telmo, Tel. 011-43 07 65 06, www.tangotasso.com.ar. Auf dieser Bühne spielen die besten Tangomusiker.

Club Gricel: La Rioja 1180, San Cristóbal, Tel. 011-49 57 71 57. Ambiente der 40er-Jahre, eine Tischreihe umrahmt die Tanzfläche.

La Viruta: Armenia 1660, Palermo, Tel. 011-47 79 03 30, www.lavirutatango.com. Jüngeres Publikum; einziger Saal, in den man auch mit Turnschuhen reindarf.

Club Sin Rumbo: Tamborini 6157, Villa Urquiza, Tel. 011-45 74 09 72. Fast am Rand der Stadt und doch eine selbst ernannte Tangokathedrale, weniger vom bescheidenen Gebäude her, das vier Freunde 1928 mit dem Wettgeld von einem Pferderennen bauten, als wegen der hingebungsvollen Tänzer.

präsident und Gründer der Nationalbank wie des Jockey Club) das erste Bestiarium aus Hamburg lieferte. Damals kostete ein Tiger weniger als ein kastilischer Esel (tgl. 8–19 Uhr, 6 $). Heute kommt der markanteste Tiergeruch zeitweise von der gegenüberliegenden **Sociedad Rural** 36, auf deren Gelände alljährlich im August die von 2 Mio. Besuchern frequentierte Landwirtschaftsausstellung, kurz La Rural genannt, stattfindet. Ein prämierter Aberdeen-Angus-Stier kann es hier auf 70 000 US$ bringen.

Palermo Viejo

Jenseits der die Plaza Italia tangierenden Avenida Santa Fe träumt der dritte und historischste Teil von Palermo, **Palermo Viejo** (›Alt-Palermo‹) den Zeiten nach, als hier noch die Hufe von Kutschpferden auf dem Kopfsteinpflaster klapperten. Dieser Teil von Buenos Aires hat sich in seinem Kern am ehesten den Charakter einer ›Altstadt‹ bewahrt, in der im letzten Jahrzehnt aber gleichzeitig eine ungeheuer dynamische Entwicklung vonstatten ging. Ein Großteil der alten Wohnungen und Ladenlokale wurde von jungen Modedesignern und Küchenchefs gemietet, um ihre Produkte ans Publikum zu bringen. Palermo Viejo teilt sich heute in **Palermo Soho** um die Plaza Cortázar (Honduras, Ecke Borges) mit vielen Designerläden und Cafés, aber auch Restaurants, und das vor allem nachts auflebende **Palermo Hollywood** mit unzähligen Restaurants und Bars um den Gebäudekomplex des Fernseh- und Radiosenders América sowie in den Straßen Honduras und Bonpland. Palermo Viejo ist auch, insbesondere um die Plaza Güemes, die Bonaerenser Hochburg der Psychoanalyse und wird deshalb gerne ›Villa Freud‹ genannt.

San Telmo

Als der deutsche Abenteuerreisende Friedrich Gerstäcker erstaunt von den in Argentinien berittenen Bettlern – mit Fleischfladen und Geldbeutel am Sattel – berichtete, besaß auch noch der Ärmste ein Pferd, um am Fluss seine Ledersäcke mit (damals noch trinkbarem) Wasser zu füllen oder sich in einer der 500 *pulperías* (die übrigens auch die Straßenlampen mit Fusel zu versorgen hatten) mit Schnaps einzudecken. Aus dieser Zeit hat der die Stadtrepubliken La Boca (›Der Mund‹, d. h. die Mündung des Flüsschens Riachuelo) und San Telmo bildende Gründungskern von Buenos Aires nicht mehr als Chroniken und Nostalgie in die Gegenwart retten können.

Calle Defensa und Umgebung

Ins südlich des Zentrums gelegene Stadtviertel San Telmo gelangt man von der Plaza de Mayo aus gut zu Fuß, wenn man die von der Platzmitte aus abgehende Calle Defensa zur Leitlinie bestimmt. Bereits an der Ecke Defensa und Alsina überrascht die **Iglesia de San Francisco** 37 (mit Kloster) als wohl feierlichster Sakralbau der Stadt, auch wenn die Restaurierung des 1730 begonnenen, 1966 ausgebrannten Komplexes nicht ganz stilgetreu verlief. Echt hingegen ist die schräg gegenüberliegende **Farmacia La Estrella** von 1834 mit ihren Krankheit, Heilung und Gesundheit symbolisierenden Deckenfresken und den aus italienischem Nussbaumholz geschnitzten Arzneimittelschränken. Das benachbarte kleine **Museo de la Ciudad** 38 (Stadtmuseum) lohnt nur einen Besuch, wenn gerade eine interessante Wanderausstellung stattfindet (Alsina 412, 1. Stock).

An der Ecke Alsina und Bolívar blieb als vermutlich ältestes überlebendes Bauwerk von Buenos Aires die im Jahr 1670 begonnene **Iglesia de San Ignacio** des Jesuitenordens erhalten. Sie schmiegt sich in das **Manzana de las Luces** 39 (›Straßenblock der leuchtenden Ideen‹) genannte kolonialzeitlich-akademische Geviert zwischen den Straßen Alsina, Bolívar, Moreno und Perú, dessen eindrucksvollstes Gebäude, das **Colegio Nacional de Buenos Aires** an der Bolívar-Seite, allerdings erst 1908 von dem französischen Architekten Maillart (der auch den Justizpalast schuf) eingefügt wurde. Dieses Quadrat war der erste Sitz der Universität von Buenos Aires und hier begann auch 1779 die erste Druckerpresse zu arbeiten.

Überall in Buenos Aires geben Straßenmusikanten ihr Können zum Besten

An der Ecke Defensa und Belgrano memoriert die **Iglesia de Santo Domingo** 40 (mit Kloster) aus der Mitte des 18. Jh. auf ihre Weise die Straßenkämpfe zur Zeit der englischen Invasionen (1806/07): Der Kirchturm zeigt noch die Einschüsse der Verteidiger und vier verschlissene Union Jacks hinter dem Reliquienschrein der Virgen del Rosario bilden den patriotischen Teil des Kirchenschatzes. Die ganze Calle Defensa – der Name sagt es – bezeichnet die damalige erfolgreiche Verteidigungslinie der Criollos.

Die nächsten historischen Bauten liegen zwei Blocks weiter am Paseo Colón: der kraftstrotzende Säulenbau der **Ingenieurhochschule** 41 und die beiden im deutschen Renaissancestil konzipierten Verwaltungsgebäude des **Landwirtschaftssekretariats** 42 (Agricultura y Ganadería). Davor steht das sehenswerte **Monumento Canto al Trabajo** 43 (›Huldigung an die Arbeit‹), eine 1907 von Rogelio Yrurtia in Paris geschaffene Vierzehn-Figuren-Gruppe, die in gemeinsamer Anstrengung einen Felsblock zieht.

Der Weg nach San Telmo führt jedoch zurück zur Calle Defensa, am anschaulichsten durch die von Hausruinen gesäumte **Pasaje San Lorenzo,** wo das – mit 2,50 m Breite – kleinste Haus von Buenos Aires steht (San Lorenzo 380). In dieser schmalsten *casa chorizo* (›Wursthaus‹, seiner Form wegen so genannt) wohnten nach der Sklavenbefreiung

Hausnummer 319, erhalten haben. In dieser Straße mauserten sich noch mehrere andere Hausrelikte zu netten Esslokalen. Am urigsten isst man in der kleinen Café-Bar neben der Dänischen Kirche (Nr. 287), einem der drei skandinavischen Tempel von San Telmo.

Sehenswert ist der 100-jährige Gusseisenkäfig des **Mercado San Telmo 44,** hinter dem man endlich das Herz von San Telmo, die Plaza Dorrego, erreicht.

Plaza Dorrego

Werktags spielen auf der **Plaza Dorrego 45** in den Cafés oder auf den Bänken unter uralten Bäumen Pensionäre Schach, an den Wochenenden aber (Hauptbetrieb Sonntag spätvormittags) schlägt auf diesem Platz der malerischste Flohmarkt von Südamerika seine Stände auf. In den umliegenden Antiquitätengeschäften gibt es zwar nicht mehr, wie vor wenigen Jahren noch, Original-Automobile der 20er-Jahre zu kaufen, aber immer noch die ausgefallensten Sammlerstücke, von der Specksteinbadewanne bis zur lebensgroßen Wahrsagerin, die mit erhobenem Finger der Melodie einer Schellackplatte lauscht. Tango wird hier auf der gleichen Straße getanzt, über die man früher in Ketten die Sträflinge führte, auf dass sie streunende Hunde erwürgten. Das alte Gefängnis, heute zum **Museo Penitenciario** umgewandelt, kann besichtigt werden (Humberto I. Nr. 378, Do/Fr 14–17, Sa/So 12–19 Uhr, 1 $).

Gleich links daneben ragt die herrliche doppeltürmige **Iglesia de San Pedro Telmo** (auch Basílica de Nuestra Señora de Belén genannt) über den Magnolienbäumen auf. Die 1734 von den Jesuiten begonnene Kirche erfuhr 1931 eine leicht neobarocke Verschönerungsoperation. Eine echte *casa chorizo* (wenn auch hier untypischerweise zweistöckig) gibt es in Form der Ladengalerie **Pasaje de la Defensa** (Defensa 1179) zu sehen.

Parque Lezama

An der Überführung der Hochstraße Autopista 25 de Mayo ist der malerische Teil von San Telmo zu Ende. Der drei Blocks weiter liegende **Parque Lezama 46,** heute stark

einige Schwarze. Die archetypische *casa chorizo* (die ihr 1000-jähriges Vorbild in Andalusien hat und auch das Straßenbild des alten San Telmo prägte) ist jedoch genau 8,66 m breit und 40 m tief. Ein bis zum Ende durchgehender Korridor verbindet die hintereinander gestaffelten Zimmer, im vorderen Drittel durch einen Patio für die Familie unterbrochen und mit einem zweiten Patio für Gesinde und Hühnerstall abschließend.

Die meisten dieser Schmalhäuser sind im heutigen Baukonglomerat von San Telmo untergegangen, wenngleich sich in der **Calle Carlos Calvo** einige schöne Patios, wie der des Restaurants Antigua Tasca de Cuchilleros (›Alte Kneipe der Messerwetzer‹) in der

heruntergekommen, umschloss einmal die schönste *quinta* (›Landhaus‹) von Buenos Aires. Sie gehörte dem 18 Mio. Goldpeso schweren Waffenhändler José Gregorio Lezama, der zugleich Kriegsgewinnler, Mäzen und erster Naturschützer von Buenos Aires war. Unter den Bäumen dieses Parks lässt Ernesto Sábato die Handlung seines vierteiligen Romanwerks »Sobre Héroes y Tumbas« (›Über Helden und Gräber‹) beginnen. Die Nordseite des Platzes (Calle Brasil) flankiert der spektakuläre Bau der russisch-orthodoxen **Dreieinigkeitskirche,** das sympathische **Restaurant Lezama** 28 (s. S. 135) und die traditionelle **Bar Británico** (s. S. 137). Im alten Quinta-Gebäude auf der Defensa-Seite folgt nach dem Tangolokal **Torquato Tasso** das weitläufige **Museo Histórico Nacional,** das in 32 Sälen rund 40 000 Exponate zeigt – etwas für Regentage (Di–So 13–18 Uhr, 1 $).

La Boca

Vom Parque Lezama die 15 Blocks zur Boca durchzulaufen lohnt sich nicht. Man steigt in ein Taxi oder den Bus 152 (am Paseo Colón), der auch in umgekehrter Richtung über den Retiro bis Olivos fährt.

Museo de Bellas Artes

Mehr als das, was man heute in La Boca noch sieht – die gewaltige Eisenbrücke von 1914, Schiffe und Wracks im total verdreckten Riachuelo und den kurzen, von bunten Wellblechhäusern eingerahmten Caminito (›Wegchen‹) – erzählen Chroniken, Tangotexte und die im **Museo de Bellas Artes de la Boca** gezeigten Bilder über dieses alte Hafenviertel (Uferstraße Pedro de Mendoza 1835, Di–Fr 10–17, Sa/So 11–17.30 Uhr, Jan. geschlossen, 1 $). Seine Gründer, Genueser Immigranten, riefen es 1882 zur ›Unabhängigen Republik La Boca‹ aus. An der Plaza de Mayo verfolgte man mit Argwohn den Wildwuchs dieser im Schatten der Schlachthöfe wuchernden Pfahlbau- und Wellblechsiedlung, in der ein unverständlicher Dialekt gesprochen und der (damals noch verpönte)

Tango getanzt wurde. Alles war spontan in dieser Boca: der Lunfardo mit seinen Gossen-Neologismen, die polychrome Musik der ersten Bandoneons, die Hauskonstruktionen und ihr anarchistischer Anstrich – mit Resten von Schiffsfarben nämlich.

Caminito

Fast nur dieses Kunterbunte, heute auf den Caminito als kleines Schaustück für Touristen konzentriert, hat sich von der vielfarbigen Welt der ehemaligen Stadtrepublik erhalten, aus der einmal der allererste sozialistische Abgeordnete Südamerikas hervorging. Den besten Überblick über die bunte Wellblechlandschaft gewinnt man von der Terrasse der Kunstgalerie **Fundación Proa** (Av. Pedro de Mendoza 1929). An den Wochenenden belebt sich der Caminito mit Straßenmalern und kleinen Tangokapellen, in der **Calle Necochea** leben karnevaleske Speiselokale von Betriebsfesten und Polterabenden.

La Bombonera

Unweit des Caminito liegt die berühmte *bombonera* (›Pralinenschachtel‹), das von abenteuerlich steilen Tribünen für 65 000 kletterfreudige Zuschauer gerahmte Fußballstadion der Boca Juniors, in dessen Lärmhurrikanen Gastvereine das Fürchten lernen können. Übrigens: Auch Diego Maradona trägt das gelbblaue Boca-Trikot, heute allerdings nurmehr in seiner Ehrenloge im Stadion. Und was inspirierte zu den Vereinsfarben? Natürlich, wie es sich für diesen Hafen gehört, ein Schiffsschornstein – ein schwedischer also. Am konsequentesten aber blieb der berühmteste aller Boca-Maler, Benito Quinquela Martín (1890–1977), der lokalen Farbenmanie treu, als er sich in einem selbst gestrichenen bunten Sarg von der ehrenwerten Freiwilligen Feuerwehr der Boca zu Grabe tragen ließ.

i **Touristeninformationen:** Florida, Ecke Diagonal Roque Sáenz Peña, Microcentro, Mo–Fr 9–19, Sa 10–16 Uhr; Av. M. de Justo Höhe 200, Dock 4, Kran 8, Puerto Madero, Mo–So 10–20 Uhr (auch Infos über Uruguay); im Busterminal, Av. Antártida Argentina, Ecke Av. Ramos Mejía, Lokal 83, Mo–Sa 7.30–13 Uhr; im Flughafen Ezeiza, Mo–So 10–17 Uhr; im Flughafen Aeroparque Jorge Newbery, Mo–Fr 10–17 Uhr; Subsecretaría de Turismo, Balcarce 360, 2. Stock, Tel. 011-41 14 57 84, Mo–Fr 10–18 Uhr; www.bue.gov.ar (auch auf Engl.).

Trotz der Erweiterung der Hotelkapazitäten kann es saisonbedingt zu Engpässen kommen, weswegen man rechtzeitig reservieren sollte. Bei Barzahlung oder Mehrfachübernachtungen können in manchen Hotels Rabatte erzielt werden.

Für längere Aufenthalte empfiehlt sich die Anmietung eines Apartments (ab 30 US$/Tag, Mindestaufenthalt 7 Tage), z. B. über **For Rent Argentina,** Tel. 011-48 22 59 12, www.4rent argentina.com; **Alojargentina,** Tel. 011-52 19 06 06, www.alojargentina.com.

Am günstigsten (ab 22 $ p. P. im Schlafsaal) sind Übernachtungen in einem der vielen Hostels, die über die ganze Stadt verteilt liegen und verschiedenen Organisationen angehören: **Buenos Aires Hostels,** www.ba-h.com.ar (auch B&Bs und Apartments); **Hostelling International,** Tel. 011-45 11 87 23, www.hostels.org; **Intertournet,** www.inter tournet.com.ar.

… im Zentrum:

Sofitel 1 : Arroyo 841, Tel. 011-41 31 00 00, 0800-444 70 00, Fax 011-41 31 00 01, www.sofitelbuenosaires.com.ar. Der 20-stöckige Art-déco-Tower war 1929 das höchste Gebäude in Buenos Aires und bedeutete den Aufbruch zur Moderne der lokalen Architektur. Der Reeder Mihanovich wollte von den oberen Stockwerken aus seine Schiffe sehen, die den Passagiertransport nach Uruguay monopolisierten. Das 2002 zum Hotel umfunktionierte Gebäude gewann mehrere Preise. DZ 339 US$.

Claridge 2 : Tucumán 535, Tel. 011-43 14 77 00, Fax 43 14 80 22, www.claridge-hotel.com.ar. Britisch distinguiert und mit Tradition. DZ 205 US$.

Esplendor 3 : San Martín 780, Tel. 011-52 17 57 00, www.esplendorbuenosaires.com. Vom argentinischen Designer Martin Churba

ausgestattete Zimmer in einem historischen Hotelgebäude. DZ 188 US$.

Castelar 4 : Av. de Mayo 1152, Tel. 011-43 83 50 00, Fax 43 83 83 88, www.castelarho tel.com.ar. Gebäude von 1926, ein Hauch von altem Grand Hotel, Cafetería, Restaurant. DZ 67 US$.

Gran Hotel Hispano 5 : Av. de Mayo 861, Tel. 011-43 45 20 20, www.hhispano.com.ar. Ein spanischer Innenhof verbindet die Zimmer im bescheidenen, aber sauberen und gut gelegenen Hotel. DZ 140 $.

Astoria 6 : Av. de Mayo 916, Tel./Fax 011-43 34 90 61 bis 65. Preiswert, neu renoviert, besser als seine 2-Sterne-Kategorie, nahe Café Tortoni. DZ 120 $.

Hotel Marbella 7 : Av. de Mayo 1261, Tel./Fax 011-43 83 85 66, www.hotelmarbella.com.ar. Zentral, dennoch ruhig, sehr beliebt, deutschsprachige Mitarbeiter. DZ 100 $.

Nuevo Mundial 8 : Av. de Mayo 1298, Tel. 011-43 83 00 11 bis 14, Fax 43 83 63 18, mundial@house.com.ar. Gepflegtes, wohnliches Hotel (um 1900 erbaut), gutes Preis-Leistungs-Verhältnis. DZ 65 $.

… in Puerto Madero:

Faena Universe 9 : Martha Salotti 445, Dique 2, Tel. 011-40 10 90 00, Fax 40 10 90 01, www.faenahotelanduniverse.com. In einem Getreidespeicher des alten Hafens hat Designer Philippe Starck im Auftrag des lokalen Entrepreneurs Alan Faena ein extravagantes Projekt realisiert, das die argentinische Nostalgie nach der Belle Epoque der reichen *estancieros* widerspiegelt. Auf der Westseite gute Aussicht auf die Stadt. DZ 466 US$.

… in Recoleta:

Palacio Duhau Park Hyatt 10 : Av. Alvear 1661, Tel. 011-51 71 12 34, Fax 51 71 12 35, http://buenosaires.park.hyatt.com. Das im Stil des französischen Klassizismus gebaute *hôtel particulier* der Patrizierfamilie Duhau wurde 2006 mit einem neuen Hotelbau durch eine unterirdische Kunstgalerie verbunden. Zimmer und Restaurants sind auf beide Gebäude verteilt. DZ 436 US$.

… in Palermo:

5five 11 : Honduras 4742, Tel. 011-52 35 55 55, www.fivebuenosaires.com. Ein nordar-

›Macanudo‹ – Lunfardo in Buenos Aires

Eine wie ein Poesiealbum liebevoll angelegte Verbrecherkladde war die erste illustrierte Dokumentation zu einem Sprachkult, der bis heute das Signum der argentinischen Hauptstadt trägt. Der Autor, ein gewisser José Álvarez (er legte sich später das mönchische Pseudonym Fray Mocho zu) aus Buenos Aires, war nicht nur Gefängniswärter, sondern erschloss sich auch eine fremde, abstruse, ebenso verderbte wie auf sonderbare Weise faszinierende Welt.

Noch bevor José Álvarez seine Erfahrungen in den »Memoiren eines Gefängniswärters« niederlegte, hatte er im Jahr 1887 jenes akribisch zusammengestellte wie reißerisch betitelte Werk vorgestellt: »Leben der berühmten Gauner von Buenos Aires und ihre Ganoventricks«. Das Buch enthielt Fotografien der Steckbrief-Zelebritäten, deren ausführliche Lebensbeschreibungen – um nicht zu sagen: Offenbarungen – sowie alle ihre Tricks und Schliche.

Der Zerberus Álvarez entlockte seinen Konfidenten nicht nur ihre Geschäftsgeheimnisse, er hörte, notierte und lexigrafierte auch ihre besondere Sprache. Das waren zur Zeit der großen italienischen Einwanderungswellen im ausklingenden 19. Jh. Sizilianer, Neapolitaner und Piemontesen. Vor allem aber Genuesen sorgten dafür, dass 1890 von der halben Million Einwohner der ›großen Kapitale des Südens‹, Buenos Aires, mehr als ein Viertel Italiener waren. Diese Relation änderte sich bis zum Ersten Weltkrieg nicht. Die Immigranten brachten die Bezeichnung *lunfardo* mit ins Land, deren Bedeutung – ›Ganove‹ – sich bald semantisch zu dem verschob, was sie heute benennt: einen mehr als 10 000 Begriffe umfassenden Sprachschatz, den man als ›argentinisches Argot‹ bezeichnen könnte. Diese saloppe, parodierende, pikareske Lingua franca hat sich allerdings inzwischen in einem Maße verbreitet und vor allem vertikalisiert, dass man von einer eigenen ›Sprachebene‹ nicht mehr reden kann. Haben sich typische Knast-Wendungen (wie *tigrero*, ›Latrinenputzer‹ – wegen der tigerartigen Färbung von Exkrementen) nur im Rotwelsch der Haftanstalten erhalten können, so sind Worte wie *macanudo* (›prima‹, ›toll‹) oder *boliche* (›Bude‹) längst zu etablierten Argentinismen geworden.

Das hybride, *cocoliche* genannte Italo-Hispanisch, das jahrzehntelang in den Einwanderervierteln gesprochen wurde, ist unauffällig und langsam in die Umgangssprache diffundiert. Schon wegen dieser Breitenwirkung war das Lunfardo kein Italienisch für Übeltäter, noch hätten die im Gaunermilieu entstandenen ersten Lunfardismen, die den esoterischen Wortbedarf einer kriminellen Fachsprache abdeckten (*angelito*: ›Engelchen‹, einfältiges Opfer; *punga*: Taschendiebstahl; *escracho*: Lotteriegewinn-Trick), das ständig sich umformende, neue Vokabeln einfügende und manche alte abwerfende Misch-Idiom von heute hervorbringen können.

Der Hauptanteil an der Wortschöpfung – Substantive, Adjektive und Verben (das grammatikalische Gerüst blieb dem kastilischen Spanisch vorbehalten) – geht auf das Konto der Immigranten. Dazu gehörte auch, ab 1910 etwa, eine Garde in Frankreich re-

Thema

krutierter Kurtisanen, die ihre Gallizismen ein-
brachten (z. B. *miché:* Galan; *yigoló:* Gigolo).
Über Brasilien strömten lusitanische und afri-
kanische Sprachelemente (wie *cachimbo:* Ta-
bakspfeife) ein. Und noch zuvor hatte die sich
nach dem Ende der Feldzüge gegen die Indianer auflösende Welt der Gauchos ihren
Beitrag geleistet (z. B. mit dem Quechua-
Wort *china:* Gefährtin). Andere Ausdrücke wie
das unverwüstliche argentinische *che* (›Hallo‹,
›He‹) kommen noch aus dem tiefsten Spanisch; die Anrede *che* lässt sich schon bei
Quevedo nachweisen.

Wie bei allen Sprachkörpern haben bewe-
gende, bedeutungsverschiebende, sinner-
weiternde oder -einschränkende, auf- oder
abwertende Elemente die Morphologie des
Lunfardo mitgestaltet. Aber zuviel Etymolo-
gie schadet vielleicht der Wahrheitsfindung.
Die Sprachforschung, sagt der spanische
Philosoph Unamuno, hat ebenso viele oder
sogar mehr Legenden entstehen lassen wie
sie zu zerstören suchte. Deshalb sollte man
hier aufhören. Der Argentinier bestellt sich
heute *chinchulines con yapa* (eine besonders
große Portion gefüllter Kalbsdärme) und weiß
nicht, dass er damit wie ein Bergindianer
spricht (›*chinchulín*‹ entstand aus *chunchulli*
und *yapa* bedeutet im Quechua soviel wie
›Zugabe‹).

Früher Treff zwielichtiger Gestalten, heute sehr schrill: das alte Hafenviertel La Boca

Einkaufen mit Stil in den Galerías Pacífico in der Calle Florida

gentinischer Ton gibt dem Designhotel einen persönlichen Stil. DZ 121 US$.

Casa Alfaro 12: Gurruchaga 2155, Tel. 011-48 31 05 17, www.bandb.com.ar. B&B in einer typischen Wohnung des alten Palermo. DZ 140 $.

... in San Telmo:

Youkali 13: Estados Unidos 1393, Tel. 011-43 81 60 64, www.youkali.com.ar. Fünf Zimmer, jedes anders gestaltet. Beliebt in der Theater-, Film- und Musikszene. DZ 50 US$.

Che Lagarto Youth Hostel 14: Venezuela 857, Tel. 011-43 43 48 45, www.chelagarto.com. Treffpunkt junger Reisender, Touren durch ausgewählte Lokale in San Telmo. DZ 240 $, Schlafsaal ab 72 $ p. P.

Allein in der Innenstadt besitzt Buenos Aires Hunderte von Lokalen, die sich ihrer kulinarischen Ausrichtung entsprechend teilweise auf bestimmte Viertel konzentrieren: am Kai von **Puerto Madero** Grillrestaurants und internationale Küche, um die obere **Avenida de Mayo** Lokale mit spanischem Einschlag, im zentralen **Monserrat** (Calle Venezuela) originelle Restaurants in alten Häusern und in **Palermo** zahlreiche Feinschmecker-Lokale. Viele Restaurants, auch die ganz guten, bieten mittags ein günstiges *menú* oder *menú ejecutivo,* das Vorspeise, Hauptgang, Nachtisch, ein Getränk und mitunter auch Kaffee einschließt.

Restaurants

... im Zentrum:

Club Español 15: Bernardo de Irigoyen 180, Tel. 011-43 34 48 76. Spanisch-maurisches Ambiente, Spezialität Meeresfrüchte, z. B. *pulpo a la gallega.* 50 $.

Filo 16: San Martín 975, Tel. 011-43 11 03 12, www.filo-ristorante.com. Modernes italienisches Lokal mit DJs und vielen jugendlichen Gästen. 50 $.

Campo dei Fiori 17: Venezuela 1411, Ecke San José, Tel. 011-43 81 18 00, www.grupoplazamayor.com. Frische Pasta in malerischem, altem Haus. 40 $.

Broker Bar 18: Sarmiento 342, Tel. 011-43 42 99 70. Klassische Küche in ruhigem Ambiente, nachmittags Pub mit breitem Sortiment importierter Biere. 40 $.

Los Inmortales 19: Av. Corrientes 1369, Tel. 011-43 73 53 03, www.losinmortales.net. Buenos Aires ist vermutlich die Stadt mit der weltweit größten Anzahl an Pizzerien und Los Inmortales ist eine der ältesten und renommiertesten davon, hier genoss angeblich bereits der Tangosänger Carlos Gardel seine Pizza Napolitana. 35 $.

El Cuartito 20: Talcahuano 937, Tel. 011-48 16 17 58. Leckere Pizza in einer der populärsten Gaststätten. 25 $.

La Casona del Nonno 21: Lavalle 827, Tel. 011-43 22 93 52. Von Einheimischen und Touristen gleichermaßen frequentiertes italienisches Restaurant, zentral in der Fußgängerzone gelegen. Preiswerte Mittagsgerichte ab ca. 12 $.

... in Puerto Madero:

Cabaña Las Lilas 22: Av. Alicia Moreau de Justo 516, Tel. 011-43 13 13 36, www.lasli las.com/restaurant.php. Das beste Rinderfleisch, direkt vom Viehzüchter, z. B. als 800-g-Baby-Beef (es gibt auch kleinere ...), in den restaurierten Docks. 80 $.

BAS 23: Olga Cossettini, Ecke Victoria Ocampo, Tel. 011-43 12 20 37. Coole Terrasse am Yachtclub mit privilegiertem Blick auf Buenos Aires. 70 $.

... in Recoleta:

Oviedo 24: Berutti 2602, Ecke Ecuador, Tel. 011-48 21 37 41, www.oviedoresto.com.ar. Fisch und Meeresfrüchte frisch aus Mar del Plata in spanischer Tradition in einem Haus aus dem 19. Jh. Von den beiden renommiertesten Restaurantführern in Buenos Aires als eines der besten Lokale ausgezeichnet. 70 $.

... in Palermo:

Social Paraíso 25: Honduras 5182, Tel. 011-48 31 45 56. Inmitten der In-Restaurants im sogenannten Buenos Aires Soho hat dieses Lokal seine Schlichtheit bewahrt und serviert solide Mittelmeerküche. 40 $.

La Cupertina 26: Cabrera 5296, Tel. 011-47 77 37 11. Hervorragende nordargentinische Küche wie *empanadas* (Teigtaschen) und *locro* (Maiseintopf). 30 $.

... in San Telmo:

Propio 27: Chacabuco 866, Tel. 011-43 07 09 12. Ländliche Gerichte, im Lehmofen und über dem Holzfeuer zubereitet, schlicht dekoriertes Lokal ohne Gaucho-Look. 50 $.

Lezama 28: Brasil 359, Tel. 011-43 61 01 14. Einfache lokale Küche, großzügige Portionen, preiswert, freundliches Ambiente, viele Fußball- und Tangofans. 35 $.

... in La Boca:

Patagonia Sur 29: Pedro de Mendoza, Ecke Vuelta de Rocha, Tel. 011-43 03 59 17, www. restaurantepatagoniasur.com. Der international anerkannte Chef Francis Mallman bietet in einem restaurierten Boca-Haus der 1920er-Jahre seine persönliche Aufarbeitung der typischen Gerichte und Zutaten der argentinischen Küche. Exquisit und teuer. 150 $ (ohne Wein).

Il Matterello 30: Martín Rodríguez 517, Tel. 011-43 07 05 29. Frische Pasta nach alten Rezepten der Familie Stagnaro, die einst aus Genua und Modena einwanderten. 40 $.

Don Carlos 31: Brandsen 699, Ecke Del Valle Ibarlucea, Tel. 011-43 62 24 33. Ein festes Menü gibt es nicht, Don Carlos bietet die wechselnden Tagesgerichte an und stellt die Rechnung je nach Appetit der Gaste auf. Fußballer des nahen Boca-Stadions, manchmal sogar Diego Maradona, und Künstler zählen zu den Stammgästen. 40 $.

... andere Stadtviertel:

Sucre 32: Sucre 676, Belgrano, nördlich der Parks von Palermo, Tel. 011-47 82 90 82, www.sucrerestaurant.com.ar. Modernes Restaurant, moderne Küche, ausgezeichnetes Weinangebot. Das Fleisch wird am Quebracho-Holzfeuer gegrillt, den Köchen kann man dabei durch ein breites Fenster zuschauen. Abends oft voll besetzt und etwas laut. 90 $.

Cafés

Tortoni 33: Av. de Mayo 825, Zentrum, Tel. 011-43 42 43 28, www.cafetortoni.com.ar. Das berühmteste Belle-Époque-Café von Buenos Aires, regelmäßig Tango- und Jazzveranstaltungen im Salon Alfonsina Storni und in der Bodega.

Confitería Ideal 34: Suipacha 380, Zentrum, Tel. 011-52 65 80 69, www.confiteriaideal. com. Klassische Jugendstil-Konditorei, in der auch Tango getanzt wird; 1996 Drehort von Szenen für den Film »Evita« .

La Biela 35: Av. Quintana 596, Recoleta, Tel. 011-48 04 04 49, www.labiela.com. Großes Trottoircafé für Flaneure und Tagträumer.

Kunsthandwerk: Arte y Esperanza, Balcarce 234, nahe Plaza de Mayo, www.arteyesperanza.fws1.com, Mo–Fr 9.30–18 Uhr. Indianisches Kunsthandwerk aus Leder, Holz, Wolle und Bast, Keramik aus allen Landesteilen, Videos über einzelne Kulturen. AM Artesanías, Rodriguez Peña 1771, Zentrum, http://am-artesanias.relacionarse.com. Kunsthandwerk der Gaucho-Kultur (Lederartikel, Ponchos, Sattelzeug, Silberarbeiten, Mate-Gefäße usw.), teilweise sehr edle und teure Objekte der Provinz Salta (aus Alpacasilber, kombiniert mit Edelhölzern, Halbedelsteinen, Knochen usw.).

Lederwaren: Casa López, M. T. de Alvear 640 u. 658, Plaza San Martín, Zentrum. Teuerstes Ledergeschäft der Stadt. Galería del Cuero, Florida 938, Microcentro. Ein Konsortium von Spezialgeschäften mit Leder- und Wildlederbekleidung, Maßanfertigung innerhalb von 1–2 Tagen. Rossi & Caruso, Posadas 1387; Av. Santa Fe 1377; Galerías Pacífico, Florida, Ecke Córdoba; alle Zentrum, www.rossicaruso.com. Lederwaren aller Art.

Antiquitätenmärkte: Plaza Dorrego, Defensa, Ecke Humberto, San Telmo. So Markt, außerdem zahlreiche Geschäfte in den Straßen um die Plaza.

Feria Tren de la Costa, auf dem Bahnsteig des Bahnhofs Barrancas, wo der Zug nach El Tigre abfährt, Sa/So 10–17 Uhr.

Antiquariate: Librería Colonial, Paraná 1233, Zentrum. Antike Werke, Schwerpunkt Kolonialgeschichte und Patagonien.

Librería Henschel, Reconquista 533, 1. St., Microcentro, www.buch-henschel.com.ar. Alte Landkarten, Reiseberichte aus dem 19. Jh., auch auf Deutsch und Englisch.

Kunstgalerien: Zurbarán, Cerrito 1522, Zentrum, und Colección Alvear de Zurbarán, Av. Alvear 1658, Recoleta, www.zurbarangaleria.com.ar. Insgesamt um die 4000 Gemälde argentinischer und anderer lateinamerikanischer Künstler, die bedeutendsten Galeristen Südamerikas.

Musik: Zival's, Callao, Ecke Corrientes, Microcentro, www.tangostore.com. Volkstümliche Musik (Tango, Folklore, Gitarren-Rezitale, Chamamé, Puna-Musik). Musimundo, Florida 267 u. 777; Av. de Mayo 601, www.musimundo.com.

Tango-Souvenirs: Almacén de Tangos Generales, Don Anselmo Aieta 1067, Plaza Dorrego, San Telmo. Club del Tango, Paraná 123, 5. Stock, Tür 114, Zentrum. El Quiosco del Tango, Corrientes 1512, Ecke Paraná, Zentrum.

Cafés

Die Cafés von Buenos Aires sind wahre Kultorte, Stätten der Begegnung, die den Alltag prägen. Bereits 52 von ihnen wurden zu historischen Monumenten, ›Bares Notables‹, ernannt (www.bue.gov.ar). Ob verabredet oder spontan, kaum ein Tag vergeht ohne den Besuch eines Cafés, wo dann die letzten Fußballspiele, die Politik und das Privatleben analysiert werden. Und zwar zum *cortado* (kleiner Kaffee, mit etwas Milch ›geschnitten‹), einer *lágrima* (eine ›Träne‹ Kaffee in einer Tasse heißer Milch), einem *café solo* oder *expresso*. Die meisten Cafés bieten auch Menüs oder einfache Speisen an.

Die großen Diskos befinden sich in Flussnähe (Av. Costanera Norte, zu beiden Enden des Stadtflughafens). In Retiro (Calles Reconquista und San Martín 700/1000) liegt eine Reihe von Irish Pubs, Bars und Minidiskos, die von der Happy Hour nach Büroschluss bis spät in die Nacht geöffnet haben. Richtig voll wird es in allen Lokalen meist erst gegen Mitternacht.

La Cigale: 25 de Mayo 722, Retiro, Tel. 011-43 12 82 75, Mo–Sa. Jeden Tag ein anderes Musikprogramm, z. B. ›Französischer Dienstag‹, ›Friday, I'm in Rock‹.

Zanzíbar: San Martín 986, Retiro, Tel. 011-43 12 96 36. Beste Stimmung samstags, wenn renommierte DJs auflegen.

Congo: Honduras 5329, Palermo, Tel. 011-48 33 58 57. Bar mit elektronischer und Dance-Musik, DJs, aber keine Disko, etwas ruhiger im Garten mit Kerzenlicht.

Club Museum: Perú 535, San Telmo, Tel. 011-47 71 96 28. Disko in einem alten Eisengebäude im Eiffel-Stil, auch Restaurant.

Mint: Av. Costanera Norte, Ecke Sarmiento, Palermo, Tel. 011-48 06 80 02, www.punta carrasco.com.ar. Große Disko mit Terrasse zum Fluss.

Opera Bay: Cecilia Grierson 226, Puerto Madero, Tel. 011-47 71 57 71. Disko in einem Gebäude im Stil der Oper von Sydney, Mi ab 18.30 Uhr beliebter *after-office*-Treff, Fr ab 22.30 Uhr Hip-Hop, Pop & Rock.

Million: Paraná 1048, Retiro, Tel. 011-48 15 99 25. Herrenhaus von 1900, drinnen Musik, im Garten Tapas.

Notorius: Av. Callao 966, Recoleta, Tel. 011-48 13 68 88. Live-Jazz, kleiner Garten.

Gran Bar Danzón: Libertad 1161, Retiro, Tel. 011-48 11 11 08, www.granbardanzon.com. ar. Weinbar, manchmal Jazz-Bands.

Bar Seddon: Defensa 695, San Telmo, Tel. 011-43 42 37 00. Juan Seddon verlegte vor 30 Jahren die Bestände seines Antiquariats in eine Bar, die Stammlokal für Journalisten wurde. Abends Jazz und Blues.

Bar Británico: Brasil, Ecke Defensa, San Telmo, www.barbritanico.com.ar. Die Stammgäste kämpften mit Demonstrationen gegen eine Schließung, mit Erfolg: 2007 wurde das traditionelle Café im alten Stil neu eröffnet.

 Teatro Colón: Tucumán 1181, Zentrum, Tel. 011-43 78 73 44, www.teatrocolon.org.ar. Oper, Ballett und Konzerte.

Teatro General San Martín: Corrientes 1530, Zentrum, Tel. 0800-333 52 54 u. 011-43 71 01 11, www.teatrosanmartin.com.ar. Bedeutendste Bühne der Stadt, Programmgestaltung im Stil deutscher Stadttheater, u. a. Theater, Tanztheater, Puppenspiel.

Centro Cultural de la Cooperación: Corrientes 1543, Zentrum, Tel. 011-50 77 80 00. Moderner Theaterkomplex; hier feierten bereits viele unbekannte Künstler ihren Durchbruch.

Teatro Nacional Cervantes: Libertad 815, Zentrum, Tel. 011-48 16 42 24, www.teatro cervantes.gov.ar. Das Nationaltheater, im Stil des spanischen Barocks erbaut, inszeniert argentinische Klassiker.

Camarín de las Musas: Mario Bravo 960, Zentrum, Tel. 011-48 62 06 55, www.elcama rindelasmusas.com.ar. Bühne für die Avantgarde der Regisseure und Autoren.

Feste & Veranstaltungen:

Festival Buenos Aires Tango (Ende Feb./ Anfang März): Fast 100 Konzerte und Shows, Tanzkurse für Anfänger und Profis, Ausstellungen und Führungen durch die Tangoecken der Stadt (www.festivaldetango.gov.ar).

Buenos Aires Fashion (Anfang März u. Sept.): Modeschauen mit den Kreationen der neuen argentinischen Designer-Generation (www. grupopampa.net).

Festival Internacional de Cine Independiente (Anfang April): Spiel- und Kurzfilme unabhängiger Regisseure aus rund 50 Ländern (www.bafici.gov.ar).

Feria Internacional del Libro (Anfang April): Buchmesse (www.el-libro.org.ar).

Campeonato Mundial de Tango (Aug.): Weltmeisterschaft im Tangotanzen, Austragungsort sind rund ein Dutzend traditioneller Tangoclubs (www.mundialdetango.gov.ar).

Pepsimusic (Sept.): 10-tägiger Konzert-Marathon mit den bedeutendsten argentinischen Rockbands und internationalen Stars (www. pepsi.com.ar/pepsimusic/).

Festival Internacional de Buenos Aires (Sept., alle 2 Jahre: 2009, ...): Theater und moderner Tanz, aber auch Musik und audiovisuelle Darbietungen nationaler und internationaler Ensembles in rund einem Dutzend verschiedener Theater, teilweise auch auf der Straße oder öffentlichen Plätzen. Die Eintrittskarten sind preiswert, müssen aber rechtzeitig bestellt werden (www.festivalde teatroba.com.ar).

Noche de los Museos (1. Oktoberwochenende): ›Nacht der Museen‹ mit Teilnahme fast aller 100 Museen der Stadt. Eintritt und Beförderung frei (www.lanochedelosmuseos. gov.ar).

Buenos Aires

Festival Internacional de Teatro para Niños y Adolescentes (Okt., alle 2 Jahre: 2008, 2010 ...): Kinder- und Jugendtheater (www.atinaonline.com.ar).
BA Festival de Diseño (Okt.): Hier dreht sich alles um die neuesten Trends in Architektur, Grafik, Produktdesign und Mode (www.cmd.gov.ar/festival).
Im November findet eine Reihe von Openair-Konzerten statt: **Festival Bue** (www.festivalbue.com), **Creamfields Buenos Aires** (www.creamfieldsba.com.ar) und **Personal Fest** (www.personalfest.com.ar).

Stadttouren: Buenos Aires Tur, Lavalle 1444, Oficina 8-9-10, Tel. 011-371 23 04, www.buenosairestur.com.ar. Mo–Sa 2 x tgl. Stadtrundfahrten und -führungen; auch über jede Reiseagentur zu buchen.
Subsecretaría de Turismo, Balcarce 360, 2. St., Tel. 011-41 14 57 84, www.bue.gov.ar, Mo–Fr 10–18 Uhr. Kostenlose Führungen in vielen Stadtteilen, Broschüren (können auch übers Internet heruntergeladen werden) für Stadttouren auf eigene Faust sowie Audiotexte (nur auf Spanisch, über MP3 zu speichern) mit historischen Referenzen über 12 Stadtteile.
Radverleih- und touren: La Bicicleta Naranja, Pje. Giuffra 308, San Telmo, Tel. 011-43 62 11 04, www.bicicletanaranja.com.ar. Erkundung der Parks von San Telmo auf eigene Faust (36–50 $ pro Tag und Rad) oder als geführte Tour.
Bike-Tours, Lan & Kramer Travel Service, Florida 868, 14. St., Oficina H, www.biketours.com.ar. Stadttouren per Rad, z. B. San Telmo–Hafen–La Boca, Recoleta–Palermo, Tigre–San Isidro, mit spanisch- und englischsprachigen Guides (Treffpunkt an der Plaza San Martín tgl. 9.30 u. 14 Uhr).
Urbanbiking, Moliere 2801, Villa Devoto, Tel. 011-45 68 43 21, www.urbanbiking.com. U. a. abendliche Trips durch Recoleta, San Telmo und Puerto Madero; Start am Torre de los Ingleses vor dem Hauptbahnhof Retiro.
Hubschrauberrundflüge: Martín Wullich, Paraguay 1574, Tel. 011-48 15 00 01, www.martinwullich.com; HeliTours, Av. Maipú 1472,

Florida, Tel. 011-47 95 64 10, www.patagoniachopper.com.ar. Flüge über die Stadt und entlang der Küste bis Tigre (100–250 US$).
Segeltouren: Gustavo Latanzzio, Bonpland 1549, Tel. 011-15 54 29 38 27, www.argentinatravelnet.com. Törns auf dem Río de la Plata (Tagestour für 4 Pers. 800 $).

Flüge: Es gibt zwei Flughäfen: den Aeropuerto Internacional Ministro Pistarini (kurz Aeropuerto Ezeiza) 35 km südwestlich, Autopista Ricchieri, Km 33,5, Tel. 011-54 80 61 11 u. 54 80 25 00 (automatische Auskunft), und den überwiegend für Inlandsflüge zuständigen Aeroparque Jorge Newbery wenige Kilometer nördlich des Zentrums, Av. Rafael Obligado (Costanera Norte) s/n, Tel. 011-54 80 61 11 u. 45 76 53 00 (automatische Auskunft), beide www.aa2000.com.ar. Zu beiden Flughäfen besteht ein Bus-Zubringerdienst. Nähere Infos s. S. 79ff.
Vom Inlandsflughafen Verbindungen in alle Landesteile, aber auch ins uruguayische Montevideo (etwa 12 x tgl. mit Aerolíneas Argentinas, www.aerolineas.com.ar, und Pluna, www.pluna.com.uy, ca. 460 $ hin und zurück).
Züge: Es gibt drei Bahnhöfe. Von der Estación Retiro, Av. Libertador, Ecke Av. Ramos Mejía, Tel. 011-43 12 95 06, starten die Nahverkehrszüge nach Tigre und die Fernzüge nach Tucumán. Von der Estación Federico Lacroze, Av. Federico Lacroze, Ecke Av. Corrientes, Tel. 011-45 54 60 18, fahren Züge nach Misiones, und von der Estación Constitución, Av. Brasil, Ecke Av. 9 de Julio, Tel. 011-43 04 00 28, in den Süden nach Pinamar, Mar del Plata und Carmen de Patagones (Anschluss in Viedma nach Bariloche).
Busse: Das Busterminal Retiro, Av. Antártida Argentina, Ecke Av. Ramos Mejía, Tel. 011-43 10 07 00, www.tebasa.com.ar, liegt östlich des gleichnamigen Bahnhofs. Rund um die Uhr starten Busse in alle Ecken Argentiniens sowie in die Nachbarländer. Die Schalter der einzelnen Unternehmen befinden sich im Obergeschoss.
Schiffe: Vom Terminal Dársena Norte am Nordende des Hafenviertels Puerto Madero, Av. Córdoba 879, Tel. 011-43 16 65 00,

Nicht nur Kaffeehaus, sondern auch historisches Monument: das Café Tortoni

www.buquebus.com, verkehren regelmäßig schnelle Katamarane nach Colonia und Montevideo in Uruguay.

Auto: Aufgrund des guten öffentlichen Verkehrsnetzes und der preiswerten Taxis lohnt es kaum, sich dem chaotischen Fahrstil der Porteños auszusetzen. Die Internationalen Mietwagenfirmen sind auch in Buenos Aires vertreten, u. a. Avis, Cerrito 1527, Tel. 011-43 26 55 42, www.avis.com.ar; Hertz, Paraguay 1138, Tel. 011-48 16 80 01, www.hertz.com.ar.

Fortbewegung in der Stadt

Busse: Das engmaschige Busnetz wird von 144 Linien abgedeckt, die sich nicht nur durch ihre Nummern, sondern auch durch ihre Farben unterscheiden. Die Fahrpläne der colectivos sind nur teilweise an den Haltestellen notiert – entweder man fragt sich durch oder kauft an einem Zeitungskiosk für 5 $ die »Guía T«, den besten Transportmittelführer der Stadt. Fahrkarten kosten 0,80 $ und sind am Automaten im Bus (nur Münzen)

zu lösen. Die Routen werden im Allgemeinen 24 Std. bedient, nachts allerdings in größeren Zeitabständen.

U-Bahn: Die subte wurde bereits 1913 gegründet und war damit die erste in Südamerika. Derzeit gibt es die fünf Linien A, B, C, D und E. Alle außer der Linie C (Querverbindung zwischen den Bahnhöfen Retiro und Constitución) verlaufen radial vom Zentrum in verschiedene Richtungen zum Stadtrand. Eine zweite Querverbindung, die Linie H, wird Ende 2007 eingeweiht, weitere zwei Linien (G und I) sind in Planung. Fahrkarten kosten 0,70 $ und sind erhältlich in den Bahnhöfen. Die letzten Züge fahren kurz nach 22 Uhr.

Taxis: In rauen Mengen gibt es die offiziellen schwarz-gelben Taxis, die überdies relativ billig sind (3,10 $ Grundgebühr plus 0,31 $ alle 200 m). Aus Sicherheitsgründen empfiehlt es sich, Radiotaxis oder sogenannte Remises zu rufen (über das Hotel oder Restaurant); es gibt viele Unternehmen, zuverlässig sind u. a. Pídalo, Tel. 011-49 56 12 00, und Premium, Tel. 011-52 38 00 00.

Mag die Millionenmetropole noch so attraktiv sein, die Bewohner zieht
es immer wieder hinaus in die Natur. Im Tigre-Delta mit seinem Gewirr
aus Wasserarmen kann man sie in fast ursprünglicher Form erleben,
auf einer Estanzia am Lagerfeuer mit dem Matebecher in der Hand für
ein paar Stunden in die traditionelle Gaucho-Kultur eintauchen.

2 Tigre-Delta

Reiseatlas: S. 14, E 3/4; **Karte:** S. 142
Wer die nördlichen Vororte von Buenos Aires
nicht gesehen hat, kennt die Stadt nicht. Die
Millionenmetropole fließt gleichsam nach
Norden, am Ufer eines Flusses entlang, der
seine Mündung Jahr für Jahr um 40 m weiter
in den Atlantik vorschiebt. Weder das Delta
des Mississippi noch das des Amazonas
baut so fleißig an seiner Versandung wie das

des 4500 km langen Paraná. Die Hafenstadt
Buenos Aires wird eines Tages eine Binnen-
metropole sein. Schon heute ist das von unzähligen Neben- und Querflüssen, Kanälen
und Seitenarmen durchzogene Tigre-Delta
halb so groß wie die Niederlande. Auf den
solcherart entstandenen Inseln leben 5000
Menschen – soziokulturell wohlweislich unterteilt in *isleños* (hier geborene Insulaner)
und *isleros* (asphaltflüchtige Stadtbewohner).
Die eingefleischten Delta-Siedler erzeugen

Bootsanleger, nicht Garagen, sind in den Kanälen des Tigre-Deltas gefragt

Holz, Weidengeflecht und Obst, das auf dem Großmarkt in Tigre verkauft wird. Sie leben in der am weitesten entfernten sogenannten Dritten Region (Tercera Sección) des Mündungsgebiets und sind, wie sie sagen, ›nur mit Hilfe eines Anthropologen‹ auffindbar. Die anderen, die dem ›Kontinent‹ Entflohenen, wohnen in der Primera Sección in Ferienhäusern, die so verschieden sind wie eine Gartenlaube und ein Wasserschloss.

Gemeinsam ist diesem Amphibienreich, dass es keine Straßen gibt, die Fahrzeuge also keine Räder haben. Die rund 30 schwimmenden Krämerläden, die durch das Labyrinth schippern, um seine Bewohner zu versorgen, führen von der Seife bis zur Zeitung, vom Frischfleisch bis zur Babywindel alles, was dem leiblichen Wohle dient. Für die Seelsorge verantwortlich ist ein flusswandernder Priester. Die grüne Hölle könnte erlöst werden – von der Wasserverschmutzung nämlich –, meinen die meisten, wenn man sie zum Nationalpark erklärte.

Dieser durch Sümpfe, zerfallene Häuser und Wracks mystifizierte Dschungel ist Heimat vieler erfundener und wahrer Geschichten. So hat sich in dem – heute geschlossenen – Inselhotel El Tropezón der große Dichter Leopoldo Lugones das Leben genommen.

Anfahrt ins Delta

Zum **Tigre-Delta** (seiner lehmbraunen Fluten wegen ›Tiger‹, was im argentinischen Spanisch auch ›Puma‹ bedeuten kann, genannt) und dem gleichnamigen Ort gelangt man von Buenos Aires aus per Zug, Bus oder Auto (s. S. 144). Im Bus zockelt man, vorwiegend auf Hauptstraßen ohne erfrischende Ausblicke, durch die nördlichen Vororte. Angenehmer lässt sich die Strecke im Zug bewältigen, insbesondere mit dem **Tren de la Costa,** der buchstäblich ›anschaulichsten‹ Version einer Tigre-Anfahrt, weil sie einen Eindruck von der Costanera Norte, dem nördlichen Flussufer mit seinen an der *barranca* (›Uferböschung‹) gelegenen Siedlungszonen vermittelt. Hier offenbart sich ein völlig anderes Buenos Aires als das mitteleuropäische der Innenstadt: ein Kalifornien des Südens mit fantasievollen

Mit den Autoren unterwegs

Paddelnd durchs Tigre-Delta

Die Natur erlebt viel intensiver, wer ohne das störende Geknatter der Schiffsmotoren per Ruderboot oder Kajak durch die schmalen Kanäle des Deltas paddelt. Besonders eindrücklich ist eine solche Tour nachts, wenn auch fast alle menschlichen Geräusche erstorben sind. Anbieter: Rowing Trips, Tel. 011-15 57 07 69 57, www.rowingtrips.com; M&G Kayaks, Tel. 011-45 43 52 29, www.mgkayak.com.ar.

Hinweis für Wassernixen

Nicht überall im Tigre-Delta ist die Wasserqualität zum Baden geeignet. Gewarnt wird insbesondere auch vor den tückischen Ufern, die oft nach 1 m Schlammgrund unversehens in die Tiefe abgleiten.

Idyllisches Naturgebiet

Auf der abgelegenen **Isla Martín García,** ehemals Verbannungsort abgesetzter Präsidenten, kann man bei einem Spaziergang die typische Flora und Fauna des Tigre-Deltas kennenlernen (s. S. 143).

›Göttlich‹ speisen

Im Restaurant **L'Eau Vive** in der Pilgerstadt Luján, 70 km westlich von Buenos Aires, haben Nonnen das Sagen und bereiten köstliche Menüs *à la française* zu (s. S. 148).

Dino-Museum

Das **Museo de Ciencias Naturales** in der Stadt La Plata beherbergt eine der bedeutendsten paläontologischen Sammlungen weltweit (s. S. 151).

Historisches Kopfsteinpflaster

Die Altstadt von **Colonia del Sacramento** im benachbarten Uruguay war im 18. Jh. Ort blutiger Kämpfe zwischen Portugiesen und Spaniern. Heute haben sich in den Kolonialhäusern nette kleine Restaurants und Galerien eingerichtet (s. S. 152f.).

Rund um Buenos Aires

Bauten wie in Big Sur oder Villen, die ebenso im suburbanen San Diego stehen könnten.

Die hingegen größte Freiheit der Anfahrt genießen Autofahrer, die sich schon auf der Höhe von Palermo über die **Costanera** mit dem imposanten Molenbau des Club de Pescadores (Anglerclub) und den Parrilla-Restaurants bewegen können, um dann, der Avenida del Libertador durch Martínez, San Isidro und San Fernando folgend, auf kurzen seitlichen Abwegen diese gepflegten Villenvororte zu erkunden.

Tigre und Umgebung

Der zweite und wichtigere Teil des Ausflugs allerdings beginnt im Vorort **Tigre** **1** an der **Estación Fluvial,** von wo aus die Linienboote rund 20 verschiedene Routen abfahren. Die beiden Hauptstrecken führen durch die Ríos

Capitán und Sarmiento bzw. die Ríos Luján und Caraguatá (oder Carapachay) zum Paraná de las Palmas, einem Delta-Arm des Paraná (Fahrtdauer ca. 75 Min.). Die Boote halten auf Wunsch an jedem dem Bootsführer beim Einsteigen angegebenen Steg. Im Delta locken Touristenhotels, Zeltplätze und Restaurants, auch das **Museo Sarmiento** ist einen Besuch wert. Dabei handelt es sich um das bescheidene Wochenend-Holzhaus des ehemaligen Präsidenten Domingo Faustino Sarmiento, das er sich 1855 auf einer Insel errichten ließ und das heute zum Schutz in einem gläsernen Käfig steckt (Río Sarmiento, Mi–So 10–18 Uhr, Eintritt frei).

Für den Landbummler bietet der nette Ort Tigre die Möglichkeit, den Markt am **Puerto de Frutos** (›Obsthafen‹) zu besuchen oder am Ufer gegenüber der Estación Fluvial entlangzuschlendern. Dabei stößt man immer wieder auf das sonderbare Verkehrsschild ›Querende Ruderboote‹ – hier werden Holzboote von einem Dutzend Rudervereine (mit zum Teil fürstlichen Clubgebäuden wie dem des Club Cannottieri Italiani oder des Club de Regatas la Marina) über Schienen ins Wasser gerollt. Auf dieser Uferseite starten auch die Passagierboote zur pittoresken, dem Delta vorgelagerten **Isla Martín García** [2], einem einst beliebten Verbannungsort für politische Gefangene, Perón nicht ausgenommen. Heute ist das verkehrsfreie Eiland, auf dem nur wenige Menschen leben, ein dicht bewaldetes Naturidyll (auf der Ostseite striktes Reservat) und Vogelparadies.

Wer am Ufer der Estación Fluvial weiterläuft, wird zunächst auf das mit klassischen Schiffsmodellen, Seestücken und anderen Exponaten, darunter Relikte aus dem Falklandkrieg, ausgestattete **Museo Naval** treffen (Paseo Victorica 602, Tel. 011-47 49 06 08, Mo–Do 8.30–12.30, Fr 8–17.30, Sa/So 10–18.30 Uhr). Sodann folgt die gepflegte, von Parrillas, Pubs und Cafés gesäumte **Promenade Victorica,** die am Ende mit dem verspielten Palast (1906) des **Tigre Club** aufwartet. In seinen heiligen Hallen ertönte einst Carusos Stimme und waren Rubén Daríos Gedichte zu hören. (Der nicaraguanische Poet lebte übrigens auch zeitweise auf der Isla Martín García, wo man das Gästehaus noch sehen kann.) An den stillen Wassern des Tigre-Deltas sind nicht wenige ins Schwärmen und Meditieren geraten. Der deutschstämmige Schriftsteller Roberto Arlt (1900–42) ließ hier seine Asche ausstreuen.

i **Ente Municipal de Turismo:** in der Estación Fluvial, Tel./Fax 011-45 12 44 97/98, www.tigre.gov.ar/mainsite/turismo.html, tgl. 9–17 Uhr. Karten, Infos über Unterkünfte, Bootsverbindungen etc. Einige Hotels und Restaurants unterhalten in der Estación Fluvial überdies eigene Infobüros.

🛏 **Villa Julia:** Paseo Victorica 800, am Ufer des Río Luján, Tigre, Tel. 011-47 49 02 42, www.villajulia.com.ar. Belle-Époque-Gebäude mit Restaurant und Terrassencafé zum Flussufer. DZ 155 US$.

Laura Hotel & Resort: am Paraná de las Palmas (ca. 90 Min. Bootsfahrt mit Delta Argentino), Tel. 011-47 28 26 00 u. 47 28 27 60, www.riohotellaura.com; Infos und Reservierungen auch im Büro in Tigre in der Estación Fluvial. Großes Touristenhotel von 1907, Terrassen mit Blick auf den Fluss, Park, Parrilla, ganzjährig geöffnet. DZ 320–380 $ inkl. VP.

Hostería Martín García: Isla Martín García (ca. 3 Std. Bootsfahrt mit Cacciola Viajes), Tel. 011-47 49 23 69. Einfache, ordentliche Unterkunft, auch Cabañas. 2 Tage/1 Nacht 190 $ p. P. in DZ inkl. VP und Transfer.

Atelier: Río Capitán (ca. 80 Min. Bootsfahrt mit Interisleña), Tel. 011-47 28 07 90, www.hosteriaatelier.com.ar. Hübsche Bungalowanlage mit Pool und empfehlenswertem Restaurant. DZ 340 $ inkl. VP.

Alpenhaus: Arroyo Rama Negra (ca. 60 Min. Bootsfahrt mit Interisleña), Tel. 011-47 28 04 22, Fax 47 28 54 22, www.alpenhaus.com.ar. Schmuckes Haus mit wohnlichen Zimmern, Pool mit Jacuzzi, Kanu- und Wandertouren; es wird auch Deutsch gesprochen. DZ 260 $.

Los Pecanes: Arroyo Felicaria abajo (ca. 90 Min. Bootsfahrt mit Interisleña), Tel. 011-47 28 19 32, www.hosterialospecanes.com. Unterkunft mit nur 3 Zimmern in einem Unesco-Biosphärenreservat mit reicher Flora und Fauna (allein vier Kolibriarten). DZ 165 $.

Don Gobbi, Arroyo Pajarito (15 Min. Bootsfahrt ab Canal San Fernando, Guardería Poseidón, RN 197, Río Luján), Tel. 011-47 28 04 37, www.dongobbi.com.ar. DZ 120 $ inkl. VP.

Bora-Bora, Río Sarmiento/Arroyo de la Perla (ca. 35 Min. Bootsfahrt mit Interisleña), Tel. 011-47 28 06 46, www.hosteriaborabora.com.ar. DZ 90 $.

Camping: Insgesamt gibt es fünf Plätze, u. a. **Parque Lyfe,** Tel. 011-47 28 00 73, parque lyfe@tododelta.com.ar, und **El Alcázar,** Tel. 011-47 28 01 36, beide am Río Sarmiento.

🍴 **Gato Blanco:** Río Capitán, Tel. 011-47 28 03 90, www.gato-blanco.com, ganzjährig geöffnet. Das beste Restaurant im Delta, eigener Hafen, schöne Veranden, gute

Fischspeisen, regelrecht berühmt aber sind die großen Steaks. Mo–Fr stündliche, Sa/So 30-minütige Bootsverbindung ab Estación Fluvial (dort auch Infostand). 65 $.

Club de Regatas la Marina: am linken Ufer des Río Luján, Tigre, Tel. 011-47 28 00 76, Mi–So 12–20 Uhr. Speisen im oder vor dem traditionellsten englischen Ruderclub-Palast des Deltas, populär und preiswert. Bootspendelverkehr gratis.

La Riviera: Río Sarmiento, Tel. 011-47 28 01 77. Rustikal, bekannt für gute Pasta. Regelmäßiger Transfer ab Estación Fluvial. 35 $.

Züge: Tigre besitzt zwei Bahnhöfe und zwei Verbindungen nach Buenos Aires: den ›normalen‹ Zug mit Ziel Estación Retiro (Abfahrt ab Estación Tigre, Ruta Acceso Tigre, Ecke Av. Cazón, www.tbanet.com.ar, ca. 55 Min., 0,95 $) sowie den Tren de la Costa mit Ziel Estación Maipú, Av. Maipú, Olivos (Abfahrt ab Estación Delta, Vivanco, Ecke Montes de Oca, beim Freizeitpark Parque de la Costa, www.trendelacosta.com.ar, ca. 30 Min., 6 $). Beide Bahnhöfe liegen nur wenige Gehminuten von der Estación Fluvial entfernt.

Busse: Regelmäßige Verbindungen von/nach Buenos Aires mit der Buslinie Nr. 60. Abfahrt in Tigre an der Estación Fluvial, Av. Mitre, oder am Paseo Victoria, Ankunft in Buenos Aires in der Avenida Callao oder in der Avenida Corrientes.

Boote: Den Liniendienst im Delta übernehmen die fast 100 Passagiere fassenden *lanchas colectivo* (›Wasseromnibusse‹). Es gibt 20 feste Strecken. In der Regel verkehren die Boote tgl. 7–19 Uhr, Fahrkarten (ab 10 $) werden direkt an Bord gelöst. Abfahrt fast aller Boote ist die Estación Fluvial.

Bootsunternehmen und Destinationen: Interisleña, Tel. 011-47 49 09 00 (z. B. Río Sarmiento–Río Capitán–Paraná de las Palmas); Jilguero, Tel. 011-47 49 09 87 (Río Luján–Río Caraguatá bzw. Carapachay–Río de los Nogales–Paraná de las Palmas–Canal Gobernador Arias); Delta Argentino, Tel. 011-47 31 12 36, www.lineasdelta.com.ar (ähnliches Angebot); Cacciola, Lavalle 520, am Muelle Internacional gegenüber der Estación Fluvial,

Tel./Fax 011-47 49 09 31, www.cacciolavia jes.com (zur Isla Martín García – Abfahrt Di, Do, Sa u. So 9 Uhr, Rückfahrt 20 Uhr, 53 $ hin und zurück – und zum uruguayischen Hafenort Carmelo – Abfahrt tgl. 8.30 u. 16.30 Uhr, 41 $, mit Weiterfahrt im Bus bis Montevideo 60 $; Reservierung auch über das Büro in Buenos Aires, Florida 520, 1. St., Oficina 113, Tel./Fax 011-43 94 55 20).

Wassertaxis: Die *lancha taxis* empfehlen sich v. a. für Fahrten mit einer bestehenden Gruppe (max. 15 Pers.). Der Preis wird wie bei den ›Landtaxis‹ nach Entfernung und Wartezeit berechnet.

3 San Antonio de Areco und Umgebung

Reiseatlas: S. 14, E 3; **Karte:** S. 142

»Vamos al campo!«, »Fahren wir aufs Land!« – diese Aufforderung kommt den Porteños leicht über die Lippen, denn da, wo vor 150 Jahren noch eine halbkreisförmige Kette von *fortines* die ›Zivilisationsgrenze‹ anzeigte, liegen heute nicht mehr als ein bis zwei Autostunden entfernte Landstädtchen, zwischen die (auch Gäste aufnehmende) *granjas* und Estanzien eingestreut sind.

Das 115 km nordwestlich von Buenos Aires über die RN 8 zu erreichende **San Antonio de Areco** stellt das wohl attraktivste Ziel für einen stadtnahen Landausflug dar. An einigen seiner Kopfsteinpflasterstraßen reihen sich noch die Fassaden aus dem 19. Jh. auf. Auch das Handwerk der *talabarteros,* der Sattler und Gürtler, sowie der Silberschmiede, deren berühmtester Juan José Draghi ist, wird hier weiter gepflegt. Draghi und seinen Söhnen Patricio und Mariano kann man im **Museo Nacional y Taller Abierto de Platería Gauchesca** bei der Arbeit zuschauen, in dem auch ihre Werke ausgestellt sind (Lavalle 387, Tel./Fax 023 26-45 42 19, draghi@lq.com, Mo–Fr 8.30–13, Sa/So 9–20 Uhr).

Am westlichen Ortsrand zeigt das **Museo Gauchesco y Parque Criollo Ricardo Güiraldes,** benannt nach dem Autor des zur Weltliteratur zählenden Romans »Don Segundo

Nur 100 km, aber doch Lichtjahre von Buenos Aires entfernt: der *campo*

Sombra« (›Das Buch vom Gaucho Sombra‹), auf fast 90 ha schöne Gebrauchs- und Ziergegenstände der Gauchokultur. Auch das 150 Jahre alte Museumsgebäude selbst ist interessant, mächtig wie eine Festung, um den damals häufigen Angriffen der Indianer standzuhalten. Auf demselben Gelände befindet sich auch eine schön rekonstruierte *pulpería,* ein ländliches Wirtshaus mit Proviantladen (Calle R. Güiraldes, Tel. 023 26-45 58 39, www.museoguiraldes.com.ar, Mi–Mo 11–17 Uhr, 3 $).

Der Schriftsteller Ricardo Güiraldes hat auf dem Friedhof von San Antonio de Areco seine letzte Ruhe gefunden. Nachkommen von ihm bewirtschaften seine **Estancia La Porteña,** die lange Zeit als berühmte Polo-Farm betrieben wurde und auch Gäste beherbergte, heute allerdings für die Öffentlichkeit geschlossen ist (s. auch S. 147).

Nur wenige Kilometer weiter verströmt die **Estancia El Ombú de Areco** ihren verträumten Charme von 1890 und gleich dahinter versteckt sich das fast 200 Jahre alte toskanische Gutshaus der **Estancia La Bamba** zwischen mächtigen Bäumen (s. u.).

Dirección de Turismo: Zerboni, Ecke Arellano, Tel. 023 26-45 31 65, www.pagosdeareco.com.ar, www.sanantoniodeareco.com.ar/turismo.

… in San Antonio de Areco:
La Oración: RP 31, 300 m östlich des Zentrums, Tel. 023 26-45 32 49. Drei einfache, ruhige Zimmer. DZ 100 $.
… außerhalb:
Estancia El Ombú de Areco: ca. 12 km östlich (RN 8 Richtung Buenos Aires, bei Km 110 links auf die RP 41, nach 5 km am Aero Club rechts auf die RP 31, dann noch 6 km Richtung Zárate), Tel. 023 26-49 20 80 u. 011-47 37 04 36, www.estanciaelombu.com. Malerischer *casco* von 1880, 9 Zimmer, Pool, Ausritte und Kutschfahrten über die 300 ha große Estanzia (auch für Tagesbesucher), deutschsprachige Eigentümerin. DZ 220 US$ inkl. Ausflüge.
Estancia La Bamba: gleiche Anfahrt wie oben, aber 7,5 km auf der RP 31 Richtung Zárate, Tel. 023 26-45 62 93 u. 011-47 32 12 69, www.la-bamba.com.ar. Romantisch-verschwiegener Winkel, 100-jähriger *casco* im

Von der Schutzhütte zum Tudor-kastell – Estanzien in der Pampa

»In der unendlichen Weite, die es nicht erlaubt, den Punkt zu bestimmen, wo die Welt zu Ende ist und wo der Himmel anfängt«, wie es der Journalist, Erzieher, Wirtschaftspionier und Staatsmann Domingo Faustino Sarmiento ausdrückte, begann die Viehzucht in Argentinien. Die ersten Rinder kamen im Gepäck der spanischen Eroberer. Nachdem sie sich in der Pampa zu großen Herden vermehrt hatten, gerieten sie zunächst den Indianern, später dann den Gauchos ins Lasso.

Aus dieser Zeit stammt auch der Begriff *estancia,* der eigentlich so viel wie Verweilstelle, Aufenthaltsort oder Bleibe bedeutet. Im Zusammenhang mit der Rinderzucht bezeichnete er den Punkt, wo man einen Kratzpfahl aus Hartholz in den Boden rammte, den die Pamparinder in der baumlosen Weite ganz von selbst aufsuchten, um sich das Fell zu reiben. Was lag näher für den *estanciero,* als sich neben diesem *rascadero* eine Schlafstatt mit einer Feuerstelle einzurichten – eine aus dem raren Holz zusammengezimmerte Hütte mit Rinderhäuten als ›Schwingtüren‹.

Mit der Zeit wurden aus diesen einfachsten Behausungen regelrechte Gebäude, die man ausschmückte und gleichzeitig zu kleinen Festungen ausbaute – durch Forts, Wachtürme und Zinnen. Die Schutzmaßnahmen galten den Indianerüberfällen, aber auch den britischen und portugiesischen Flusspiraten, die der spanischen Krone das Land streitig machten. Die *estancieros* fingen ihre Schiffe ab, indem sie selbst geschmiedete, von Pontons getragene Ketten über die Wasserläufe spannten. Von den ersten Estanzien, die im Umkreis von Buenos Aires entstanden, wurden die meisten an einem Fluss angelegt, da man so in unmittelbarer Nachbarschaft die Tiere tränken konnte. Charakteristisch war ihr rechteckiger Grundriss mit dem Standardmaß von 0,5 x 1,5 Leguas (1785 ha) – bei der äußerst extensiven Weidewirtschaft der damaligen Zeit gerade ausreichend für 1000 Rinder. Die Tiere lieferten nicht nur Fleisch und Felle, mit ihrem Blut wurde auch der Mörtel eingefärbt, der den Herrenhäusern bis heute das typische Rosa verleiht.

Mit dem wachsenden Wohlstand ihrer Eigentümer verwandelten sich die befestigten Wohnsitze zunächst in romantische, efeuumrankte Burgen mit Gräben und Zugbrücken – ein Trend, der sich wieder änderte, als in der zweiten Hälfte des 19. Jh. das Sicherheitsbedürfnis der *estanciero*-Familien nachließ und ab 1860 der Stacheldraht die Befestigungssysteme ersetzte. Da man nicht mehr in erster Linie wehrhaft bauen musste, konnten ästhetische Gesichtspunkte in den Vordergrund treten.

Immer mehr folgten die Bauformen argentinischer Estanzien dem jeweiligen europäischen Zeitgeschmack und, je nach Herkunft und Neigung ihrer *dueños* (›Besitzer‹), architektonischen Vorbildern im andalusischen, toskanischen, normannischen oder provenzalischen Landhausstil. Manche dieser Gutshäuser erinnern an Provinzbahnhöfe, andere an Tudorkastelle oder maurische Schlösser. Angeregt durch die Lektüre von Sir Walter Scotts Romanen, insbesondere von »Das gefährliche Schloss«, ließen die Eigentümer der Estancia La Independencia die El Castillo ge-

Thema

nannte Replik eines schottischen Kastells zwischen Palmen entstehen. Taubenhäuser und Fasanerien, Pergolen, Loggien, Brunnen, Grotten und Kapellen umgaben die Herrenhäuser, die als Orte der Zerstreuung oder der Einkehr, als Verstecke für Verschwörungen oder als Treffpunkt für heimliche Liebschaften dienten. Die vornehmen Familien von Buenos Aires und Montevideo schickten ihre rebellischen Kinder zur Zähmung auf die Estanzien, während sie selbst mitsamt Dienerschaft nach Europa reisten, um den Winter im sommerlichen Paris zu verbringen. Oder sie schifften sich, manchmal mit 50 Pferden an Bord, nach England ein, wo sie sich bei den Kutschenrennen von Hampton Court mit den Morgans und Vanderbilts maßen.

Bei San Antonio de Areco nahe Buenos Aires führt eine Allee zur ehrwürdigsten aller La-Plata-Estanzien: La Porteña (derzeit nicht für Besucher geöffnet). Hier entstand das Pampa-Epos vom Gaucho »Don Segundo Sombra«, eine Verherrlichung des Landlebens, geschrieben von dem Adligen Ricardo Güiraldes, der selbst alles andere als ein Gaucho war. Sein rastloses Gemüt trieb ihn durch ganz Europa, berauscht von den Werken der europäischen Literatur, von Flaubert, Zola, Mallarmé, Dickens, Schopenhauer, Nietzsche oder Dostojewski. »Mein Kopf verschlingt Bücher wie der Magen eines Straußes Pampagras«, sagte er, ehe er in die Heimat zurückkehrte und den unsterblichen Gaucho Sombra (›Schatten‹) schuf. »Unbeweglich betrachtete ich jene aus Pferd und Reiter gebildete Silhouette, die sich am leuchtenden Horizont abzeichnete. Es schien mir, als hätte ich ein Gespenst gesehen.«

Die Zufahrt verspricht, was das Herrenhaus hält – Estancia La Porteña

toskanischen Stil, bequeme Zimmer (max. 22 Gäste), wird Naturträumer bestimmt begeistern. Mahlzeiten (Asado) und Reitgelegenheit im Zimmerpreis inklusive. DZ 666 $.

… in San Antonio de Areco:
Almacén de Ramos Generales: Zapiola 143, Tel. 023 26-45 63 76, www.ramos generalesareco.com.ar. *Empanadas,* Asado und Ente gehören zu den Spezialitäten. 35 $.
El Rancho: Boulevard Zerboni, Ecke Belgrano, Tel. 023 26-45 50 95. Parrilla.
… in Capilla del Señor:
Los Viejos Ombúes: ca. 40 km östlich (RN 8 Richtung Buenos Aires, bei Km 68 links auf die RP 39, vor dem Ort Capilla del Señor rechts auf die RP 193 und noch ca. 1,5 km, Tel. 023 23-49 23 36, www.restaurantde campo.8k.com. Schmucker Gasthof in ehemaligem Estanzia-Gebäude, bodenständige Mittagskost. 85 $.

Lederwaren: Camilio Fiore, Av. Vieytes 632, San Antonio de Areco, Tel. 023 26-45 28 04. Sattel, Riemen, Reitstiefel.
Silberschmiede: Martín und Miguel Rigacci, Belgrano 381, Tel. 023 26-45 60 49; Miguel Bannon, Arellano 166, beide San Antonio de Areco, Tel. 023 25-15 68 32 39.

Atada de Areco (2. Aprilwoche): Geschicklichkeits-Wettbewerbe und Marathons mit Landkutschen.
Día de la Tradición (10. Nov.): Gauchofest, bei dem das Landleben alljährlich seinen folkloristischen Höhepunkt feiert.

Busse: Regelmäßige Verbindungen mit Chevallier, Tel. 011-40 00 52 55, und Pullman General Belgrano, Tel. 011-43 15 65 22, nach Buenos Aires (2 Std., 17 $).

Luján

Reiseatlas: S. 14, E 4; **Karte:** S. 142
Weithin sichtbare Landmarke der Pilgerstadt **Luján** `3` (60 000 Einw.) rund 70 km westlich von Buenos Aires sind die beiden über 100 m hohen Spitztürme der neogotischen **Basílica de Nuestra Señora de Luján,** in denen sich 15 Glocken verbergen. Nicht weniger als 25 Kapellennischen und eine Krypta erwarten die täglich – auch manchmal zu Pferd – hier eintreffenden Pilger. Zu einem Schauspiel von großer Bekenntniskraft steigert sich die Szene am ersten Oktoberwochenende, wenn Hunderttausende von Bußfertigen sich in und um die Kirche drängen.

Das **Museo Colonial e Histórico Enrique Udaondo** zeigt in seinem sehr hübschen Komplex von Kolonialgebäuden eine Auswahl von historischen Zeugnissen, Waffen, Indianer- und Gauchogerät. Im selben Gebäude beherbergt das **Museo del Transporte** klassische Kutschen, Argentiniens erste Lokomotive namens La Porteña und das Dornier-Flugboot Plus Ultra, das im Jahr 1926 als erster Flugapparat den Luftsprung von Europa nach Südamerika schaffte (beide: Torrezuri 917, Tel. 023 23-42 02 45, Mi–Fr 11–17, Sa/So 10–18 Uhr, 1 $).

Dirección de Turismo: San Martín 550, Tel. 023 23-42 04 53, www.lujan. gov.ar/turismo_y_recreacion.

Resort de Campo & Polo: RP 6, ca. 12 km nördlich (von Buenos Aires aus vor Luján auf die RP 6 rechts abbiegen), Tel. 023 23-49 66 69, www.poloresort.com. Anlage mit 32 Zimmern, Reitgelegenheit auf 60 ha (20 $/Std.), Polo-Unterricht (25 $/Std.) und andere Sportaktivitäten. DZ 472 $.
Estancia Los Talas: Cuartel III, RP 47 Richtung Navarro, 17 km südlich von Luján, Tel. 023 23-49 49 95. Neben dem üblichen Estanzia-Angebot eine der wertvollsten privaten Bibliotheken Argentiniens in einem fast 200-jährigen Haus. DZ 280 $ inkl. VP.

L'Eau Vive: Constitución 2112, Luján, Tel./Fax 023 23-42 17 74, Di–Sa 12–14.15, 20.30–22, Sa/So 12–14.15 Uhr. Das von afrikanischen Nonnen betriebene Restaurant erfordert unbedingt eine Reservierung, ausgezeichnetes französisches Menü. 35 $.

Züge: Verbindungen mit TBA zur Estación Once in Buenos Aires, Umsteigen in Moreno (ca. 2 Std.). Bahnhof: Av. España, Ecke Lorenzo Casey, Tel. 0800-333 38 22, www.tbanet.com.

Busse: Über 20 Unternehmen fahren nach Buenos Aires zum Terminal Retiro sowie in Städte im Norden und Westen des Landes. Busterminal: Av. Nuestra Señora de Luján 600, Tel. 023 23-42 11 36 u. 42 00 44.

Lobos und Umgebung

Reiseatlas: S. 18, D/E 1; **Karte:** S. 142

Eine ›Milchstraße‹ blendend schöner Estanzien zieht sich südwestlich von Buenos Aires um den Ort **Lobos** 4. Das Herrenhaus der **Estancia La Candelaria** eifert einem Loire-Schloss nach, die **Estancia Santa Rita** dem Kanon einer barocken Missionskirche (siehe unten): Von den hohen Fenstern der Salons aus geht der Blick auf blühende Parklandschaften und einen 40 ha großen Wald mit 100-jährigen Bäumen.

Departamento de Turismo: Salgado 40, Tel. 022 27-43 14 50 u. 43 14 55, www.lobos.gov.ar.

Estancia Santa Rita: ca. 30 km südwestlich (RN 205 Richtung Saladillo, nach 2 km rechts auf RN 41, nach 7 km links auf Erdweg und 18 km über Carboni bis zur Estanzia-Einfahrt, ausgeschildert), Tel. 011-48 04 63 41, www.santa-rita.com.ar, Reservierungen in Buenos Aires über Estancias Argentinas, Diagonal Roque Saénz Peña 616, 9. Stock, Oficina 910, Tel. 011-43 43 23 66, Fax 43 42 24 58, www.estanciasargentinas.com. 1795 gegründet, heute in den Händen der deutschstämmigen Familie Nüdemberg. DZ 195 US$ p. P. inkl. VP u. Aktivitäten.

Estancia La Candelaria: 15 km südwestlich von Lobos (bei Km 114,5 von der RN 205 rechts ab), Tel. 022 27-42 44 04, Reservierungen in Buenos Aires über Estancias Argentinas (s. o.). Malerischer *casco* von 1840, Gästebungalow im spanischen Stil, vom Franzosen Carlos Thays entworfener Park mit 240 Baumarten. Paket 2 Tage/1 Nacht im DZ 545 $ p. P. inkl. VP u. Aktivitäten.

Züge: Verbindungen mit TBA zur Estación Once in Buenos Aires, Umsteigen in Merlo (tgl., 2,5 Std., 3 $). Bahnhof: Hiriart, Ecke Alem (gegenüber vom Busterminal), Tel. 0800-333 38 22, www.tbanet.com.

Busse: Tgl. Verbindungen nach Buenos Aires (Estación Once und Estación Constitución) mit Expreso 88 La Lobera, Tel. 022 27-42 44 09, sowie nach La Plata mit Rápido Argentino. Busterminal: Hiriart, Ecke Alem.

La Plata

Reiseatlas: S. 18, E 1; **Karte:** S. 142

Keine andere Stadt Südamerikas ist zugleich so spontan und doch plangetreu entstanden wie **La Plata** 5. Als die Feldzüge gegen die Indianer beendet, die Caudillos ermordet und die seit 1810 aufgeflammten Revolutionen und Konterrevolutionen erloschen waren, gehörte zur Identitätsfindung der argentinischen Republik auch die Erklärung von Buenos Aires zur Bundeshauptstadt. Die gleichnamige Provinz blieb so ohne Hauptstadt. Also bestimmte man einen neuen Standort, entwarf ein 5 x 5 km^2 großes Planquadrat mit Straßen, Avenidas, Diagonalen, Parks und Plätzen, definierte die öffentlichen Gebäude und veranstaltete eine internationale Ausschreibung. In der Rekordzeit von weniger als fünf Monaten reisten (per Schiffspost) 27 Architektenentwürfe aus zehn Ländern an. Das war 1882. Dann begann der Aufbau – rund um die Uhr. Zwei Jahre später zogen die ersten Behörden ein. Unter diesen Bedingungen musste in La Plata ein geradezu klassisches Repertoire von eklektizistischen Bauformen entstehen. Und als sie im Lichte der neuen Straßenbeleuchtung 1884 debütierten, war La Plata die erste elektrifizierte Stadt Südamerikas.

Orientierung

Der Stadtplan scheint einem Computerprogramm zu entstammen: Ein auf der Spitze

Die Umgebung von Buenos Aires

(Süden) stehendes Quadrat von 36 x 36 Häuserblocks ist unterteilt in 36 kleine Quadrate von jeweils sechs Blocks, die durch 30 m breite Avenidas voneinander getrennt sind. Über dieses Quadratnetz legten die Planer ein Gitter von Diagonalen und ›Diagonälchen‹, das, ungeachtet der Durchnummerierung der Straßen, dem Ortsfremden das Gefühl geben kann, er irre durch ein Kreuzworträtsel. Da ist es tröstlich, alle sechs Quader auf einen der 30 Parks oder Plätze der inzwischen mit 550 000 Einwohnern über dieses Grundmuster hinausgewachsenen Stadt zu stoßen.

Ein zweites Buenos Aires ist La Plata nicht geworden, aber die heutige Provinzmetropole der Provinz Buenos Aires (der mit der zahlenmäßig größten Bevölkerung Argentiniens) – gelassener, luftiger, verkehrsberuhigter als ihre große Schwester – ist (vor allem ihres naturwissenschaftlichen Museums wegen) einen Tagesbesuch wert. Nur 60 km trennen den großen Bonaerenser Obelisken von dem kleinen am Regierungspalast von La Plata.

Rundgang durch die Stadt

Ein Stadtbesuch beginnt idealerweise am Kreuzungspunkt aller Sichtachsen – dort steht, gleich einem erwählten Bauklotz aus einem Spielzeugkasten, die **Kathedrale.** Der neogotische Kirchenbau zitiert gleich mehrere europäische Vorbilder: Der Kölner Dom und die Kathedrale von Amiens standen Pate, die in feurigen Farben funkelnden Buntglasfenster stellen Repliken derer von Chartres dar, die Stirnrosette zitiert Notre Dame. Schlank streben die Sandsteinpfeiler himmelwärts, als wollten sie den 14 000 Gläubigen Platz machen, die in diese Kirche hineinpassen. Dass ihr Sichtmauerwerk nie verkleidet wurde und dass sie, allein stehend, über die Riesenfläche der nur seitlich begrünten **Plaza Moreno** hinweg stark mit der Renaissancefront des **Palacio Municipal** kontrastiert, betont ihre Eigenwilligkeit noch mehr.

Der noble Gemeindesitz wird von zwei Verwaltungstürmen *(torres)* in die Mitte genommen, die aussehen wie überdimensionale Lautsprecherboxen. Er ist, ebenso wie der

Lichtblicke auf dem spärlichen Grün der Plaza Moreno

mit ihm durch die Platanenalleen 51 und 53 (und einige schöne Konstruktionen aus der Zeit um 1900) verbundene **Palacio de la Legislatura,** eine Schöpfung deutscher Architekten. In der Formensprache des Letzteren verschmelzen neoklassizistische, französische und italienische Elemente miteinander, während das gegenüberliegende Regierungsgebäude eine grundsätzlich französische Signatur mit flämischen Akzenten trägt.

Einen Blick werfen kann man noch auf (und in) das Gebäude der **Pasaje Dardo Rocha** an der Nordwestseite der Plaza. Dieser 1887 ursprünglich als Bahnhof konzipierte Bau dient heute als Kulturzentrum mit dem **Museo de Arte Contemporáneo Latinoamericano,** kurz MACLA (Di–Fr 10–20, Sa/So 14–22 Uhr), dem **Museo de Bellas Artes** mit einer Kollektion regionaler Gemälde (Di–Fr 10–20, Sa/So 15–21 Uhr), und was einmal ein Bahnhofsrestaurant hätte werden sollen, ist jetzt eine Café-Bar mit Tischen auf dem Bürgersteig (Calle 50, zwischen Calles 6 und 7, Tel. 02 21-427 18 43).

Vier Blocks von der Plaza entfernt, gegenüber dem Paseo del Bosque, versteckt sich in der Häuserzeile ein architektonisches Unikat: die **Casa Museo Curutchet** – das einzige von Le Corbusier entworfene Privathaus in Amerika (Av. 53 Nr. 320, zwischen Calles 1 und 2, Tel. 02 21-482 26 31, info@capba.org.ar, Mo–Fr 10–14.30 Uhr, 5 $).

La Platas Gartenstadtkonzeption verkörpert die **Paseo del Bosque** besser als jede andere Grünfläche. Sein Kerngebäude mit dem **Museo de Ciencias Naturales** bildet die Hauptattraktion der Provinzmetropole. Verdient schon der verwegene Gebäudeschmuck – Plastiken von Säbelzahntigern, thematische Wandfresken und inkaische Friese – dieses römisch-griechischen Ausstellungstempels Aufmerksamkeit, so haben seine auf 16 000 m² untergebrachten botanischen, zoologischen, anthropologischen und paläontologischen Sammlungen Weltruf. Zu den wertvollsten seiner über 2,5 Mio. Stücke gehören die fossilen Riesenfaultiere der südlichen Pampa. Skelettteile des größten bisher gefundenen Exemplars wurden Ende 1997 in La Plata selbst ausgegraben: 2 t muss dieser panzertragende Glyptodont einmal gewogen haben (Tel. 02 21-425 91 61 u. 425 96 38, www.fcnym.unlp.edu.ar/abamuse.html, Di–So 10–18 Uhr, 12 $).

Einige Kilometer nördlich von La Plata befindet sich auf einem 53 ha großen Gelände die Kinderstadt **República de los Niños,** in der die Institutionen des demokratischen Staates in märchenhaften Zügen dargestellt werden (Camino General Belgrano, Ecke Calle 501, Gonnet, Tel. 02 21-484 14 09, www.republica.laplata.gov.ar, tgl. 10–18 Uhr, 3 $, Kinder bis 7 Jahre frei).

ℹ️ **Dirección de Turismo:** Palacio Campodónico, Diagonal 79, zwischen Calles 5 und 56, Tel. 02 21-422 97 64, www.la plata.gov.ar/turismo/, Mo–Fr 10–18 Uhr; Pasaje Dardo Rocha, Calle 50, zwischen Calles 6 und 7, tgl. 10–17 Uhr. Die kostenlose Broschüre ›La Plata Invita‹, erhältlich im Pasaje Dardo Rocha, informiert über günstige Preise in Hotels, Restaurants und Einkaufszentren.

🛏️ **Howard Johnson Inn Corregidor:** Calle 6 Nr. 1026, Tel. 02 21-425 68 00, Fax 425 68 05, www.hotelcorregidor.com.ar. Bestes Hotel am Platz, direkt an der Plaza San Martín, modern. DZ 230 $.
La Plata Hotel: Av. 51 Nr. 783, Tel./Fax 02 21-422 90 90, www.weblaplatahotel.com.ar. Gepflegte Mittelklasse, modern, zentral, ruhig, sehr gutes Preis-Leistungs-Verhältnis, mit Restaurant. DZ 118 $ inkl. HP.
Hotel Del Rey: Plaza Paso 180, zwischen Avenidas 13 und 44, Tel. 02 21-427 01 77, www.hoteldelrey.com.ar. Zentral, bietet auch Führungen. DZ 100 $.
Hotel Roga: Calle 54 Nr. 334, Tel. 02 21-421 95 53, www.hotelroga.com.ar. Einfach, modern, sauber, klimatisiert. DZ 90 $.

🍴 Die besten Parrillas liegen entlang der Straße Buenos Aires–La Plata im Parque Centenario.
Centro Basko: Calle 14 Nr. 1245, Ecke Calle 58, Tel. 02 21-451 79 82. Baskische Küche, Fischgerichte. 30 $.

Die Umgebung von Buenos Aires

Abruzzese: Calle 42 Nr. 457, Tel. 02 21-421 98 69. Traditionelles Restaurant. 30 $.
Cervecería Modelo: Calle 54 Nr. 496, Ecke Calle 5, Tel. 02 21-421 13 21. Gepflegtes Bistro-Café, beliebter Treff. 30 $.
La Aguada: Calle 50 Nr. 631, Tel. 02 21-483 31 63. Speisen aller Art, einfach, schneller Service, immer gut besucht. 25 $.

Züge: Von der Estación La Plata, Av. 1, Ecke 44, Tel. 0800-122 35 87 36, regelmäßige Verbindungen zur Estación Constitución in Buenos Aires (1,50 $).
Busse: Stdl. mit dem Unternehmen Río de la Plata vom Busterminal, Calle 4, Ecke Calle 42, nach Buenos Aires zum Terminal Retiro sowie regelmäßig auch in andere Landesteile.

Ausflug nach Uruguay

Reiseatlas: S. 14, F 4; **Karte:** S. 142
Bleibt man bei dem Bild, das dem braunen Tigre den Namen gab, dann ist es von Buenos Aires aus nur ein Pumasprung ans andere, ans uruguayische Ufer. Zahlreiche Flüge bauen täglich eine Luftbrücke, ehe die erträumte (auch schon projektierte) Straßenbrücke Wirklichkeit wird, und rund zehnmal am Tag flitzen Tragflügelboote oder komfortable Katamarane über das ›Süße Meer‹ in den kleinen Pufferstaat zwischen Argentinien und Brasilien. Allein wegen der Fährfahrt lohnend ist ein Besuch des Kolonialstädtchens **Colonia del Sacramento** 6, das man im Rahmen eines Tagesflugs von Buenos Aires aus erkunden kann.

In Colonia kämpften Spanier und Portugiesen um die Grenze ihrer Kolonialimperien, der Ort gehörte wechselweise dem einen und dem anderen an. Aus dieser Zeit erhalten hat sich das – inzwischen restaurierte – historische Zentrum mit seinen hübschen Adobehäusern und dem Kopfsteinpflaster. In einem der ältesten Gebäude, heute Sitz des **Museo Portugués,** werden Zeugnisse des portugiesischen Einflusses (17./18. Jh.) am Río de la Plata ausgestellt (Manuel de Lobo 180, Plaza Mayor). Mit den Portugiesen kamen auch die

Kacheln; Hunderte davon zeigt das **Museo del Azulejo** (Misiones de los Tapes 104).

Der 34 m hohe **Leuchtturm** an der breiten, mit Kanonen bestückten Stadtmauer entlang der Calle San Francisco bietet freie Sicht auf die Umgebung. Noch weiter, bei gutem Wetter sogar bis zur argentinischen Küste, sieht man von dem 75 m hohen Turm im **Parque Anchorena,** der die Sommerresidenz des uruguayischen Präsidenten umgibt und Besuchern offensteht.

Información Turística: General Flores, Ecke Rivera, Colonia, Tel. 00 598 (0) 52-261 41, http://www.guiacolonia.com.uy/Ciudades/Colonia.htm, www.encolonia.com. Allgemeine Infos über Uruguay findet man unter www.turismo.gub.uy und www.uruguaynatural.com.

Ein Ausflug ins – renovierte – Mittelalter: Colonia del Sacramento

... in Colonia:

Posada Plaza Mayor: Calle del Comercio 111, Tel. 00 598 (0) 52-231 93, Fax 258 12, www.hotelplazamayor.com.uy. Hübsches Kolonialgebäude mit spanischem Innenhof. DZ 85 US$.

Posada Casa de los Naranjos: 18 de Julio 219, Tel./Fax 00 598 (0) 52-246 30, www.posadalosnaranjos.com. Altstadthaus mit Orangenbäumen im Innenhof. DZ 50 US$.

... in Colonia:

Club de Yachting y Pesca: Escollera Santa Rita (Yachthafen), Tel. 00 598 (0) 52-221 97. Frischer Fisch direkt am Wasser unter großen Sonnenschirmen. 20 US$.

Pulpería de los Faroles: Misiones de los Tapes 101, Tel. 00 598 (0) 52-302 71. Nettes Lokal an der Plaza Mayor. 15 US$.

Schiffe: Die Reederei Buquebus, www.buquebus.com, verbindet Buenos Aires und Colonia mit schnellen Großkatamaranen (2 x tgl., 1 Std.) und mit der Fähre Eladia Isabel (2 x tgl., So nur 1 x tgl., 3 Std.). Teilweise werden auch Autos transportiert. Alle Schiffe starten in Buenos Aires vom Terminal Dársena Norte am Nordende des Hafenviertels Puerto Madero, Av. Córdoba 879, Tel. 011-43 16 65 00, und kommen in Colonia im Puerto Franco, Av. Franklin Delano Roosevelt, Ecke Manuel de Lobo, an.

Busse: Vom Busterminal im Fährhafen bestehen direkte Busverbindungen nach Montevideo (2,5 Std.) und Punta del Este (4 Std.).

Mietwagen: Autoverleiher am Fährhafen in Colonia, z. B. Budget, Tel. 00 598 (0) 52-229 39, und Viaggio Rent a Car, Tel. 00 598 (0) 52-229 29.

Wendig und verhältnismäßig klein sind die argentinischen Criollos, die Arbeitspferde der Gauchos

Kapitel 2

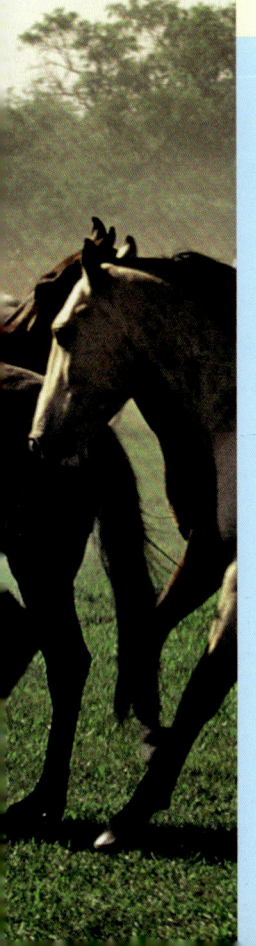

Die Pampa und ihr Hinterland

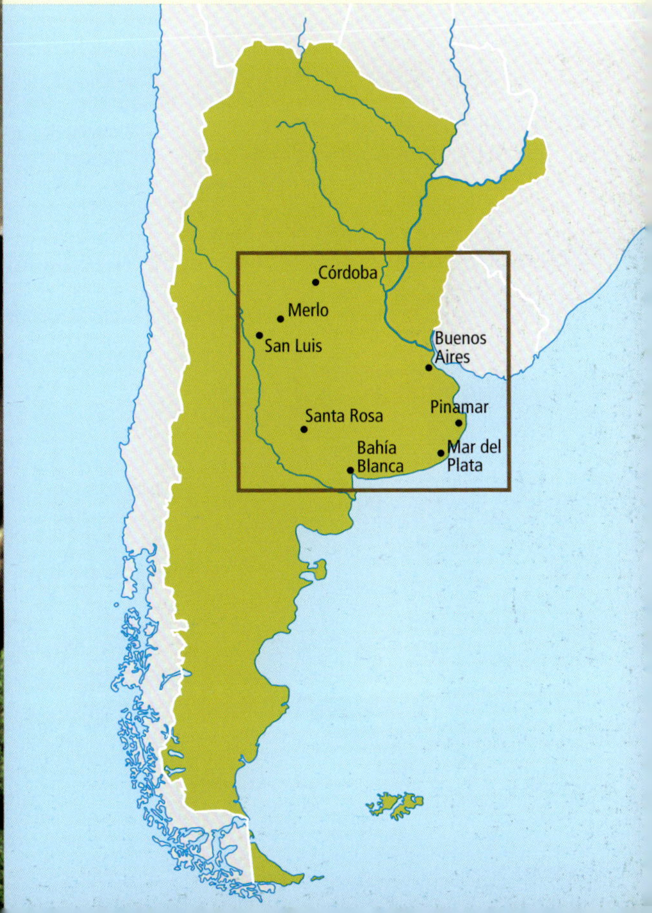
Córdoba
Merlo
San Luis
Buenos Aires
Santa Rosa
Pinamar
Bahía Blanca
Mar del Plata

Auf einen Blick: Die Pampa und ihr Hinterland

Mythos zwischen Stränden und Sierren

Kein anderer Landschaftsraum Amerikas – außer dem ›Wilden Westen‹ – ist so mystifiziert worden wie die Pampa. Freiheit, Ungebundenheit, Ritterlichkeit, Herausforderung – alles Synonyme für eine Weite, die nach einem Dichterwort »dem schmerzlich ergriffenen Gemüt den Frieden wiedergibt«. Grasfluren bis zum Horizont, Rinderherden, Windräder, Estanzien, Spießbratenfeuer, lassoschwingende Gauchos auf Criollo-Pferden und darüber ein Himmel, der die Erde flachdrückt, das sind die Komponenten der Genrebilder, die – auf der Leinwand oder in der Vorstellung – die Pampa wiedergeben. Wer sich auf solche Stereotypen in Reinform festlegt, wird die Postkartenmotive mitunter etwas herausfiltern müssen.

Die Pampa-Realität besteht heute auch aus Getreidesilos, Landmaschinen, Reifenlagern, Autowracks und Hochspannungsmasten. Dass Gauchos mit einem Stirnband aus Guanakoleder auf einem Ochsenschädel sitzen oder Pioniere über einem Mistfeuer Pferdefleisch braten, sieht man nur noch auf alten Fotografien in Provinzmuseen. Die Estanzien sind heute oft moderne Aktiengesellschaften und die Bewässerung der Felder wird mit dem Laptop errechnet.

Dennoch wäre es falsch zu behaupten, dieser Landschaftsraum habe etwas von seiner Suggestionskraft eingebüßt, weil es Reklameschilder und Elektrozäune gibt. Wer die Straßen verlässt, wird hinter einer *tranquera,* dem Viehgatter, vielleicht entdecken, dass der Isolator für den stromführenden Draht aus einer *taba* besteht, einem Kniegelenkknochen, den die Gauchos auch bei ihrem Wurfspiel benutzen; man wird auf den Zaunpfosten die Lehmkugelnester der Töpfervögel *(horneros)* finden; man wird das Aroma der Eukalyptushaine durch die Nase einziehen; und man wird den Warnruf des Pampa-Schreivogels *teru-teru,* das Dengeln der Windräder oder die abendliche *guitarreada* eines Landarbeiters noch im Ohr haben, wenn Walkman oder Autoradio wieder den Soundtrack aller Tage übernommen haben.

Nirgendwo atmet man besser Pampa-Luft als auf einer Estanzia. Dazu bedarf es keiner Extrareise, sondern nur eines Ausflugs. Vom

Zentrum von Buenos Aires aus ist man in zwei Autostunden mitten in der Pampa (s. S. 144ff.) – keineswegs muss man dazu die gleichnamige Provinz aufsuchen.

Es gibt keine konkret zu empfehlenden ›Pampa-Routen‹ mit aufgereihten Attraktionen. Wer in die Badeorte an der Atlantikküste will, fährt von Buenos Aires geradewegs nach Süden, wer Bariloche oder ein anderes Ziel in den Südanden ansteuert, wählt den Weg über Santa Rosa, wer im Auto oder Bus nach Mendoza will, kreuzt die Pampa strikt in Richtung Westen, und auch nach Norden führen die Landstraßen von Buenos Aires aus über Hunderte von Kilometern durch die Ebene, bis in Córdoba sich die Erdoberfläche wölbt. Das Erlebnis ist flächenhaft, dispers, uferlos – denn die Pampa ist auch ein Gefühl. »Die einzige Weltgegend, die Gott in voller Breite passieren konnte«, meinte Jorge Luis Borges.

Highlight

4 **Córdoba:** Argentiniens zweitgrößte Stadt, während der Kolonialzeit das bedeutendste spanische Zentrum Südamerikas nach Lima, lockt mit zahlreichen prächtigen Bauten und einem lebendigen Kultur- und Nachtleben (s. S. 192ff.).

Empfehlenswerte Routen

Von Buenos Aires nach Santa Rosa: Ein Gefühl für die Unendlichkeit der Pampa vermittelt vor allem die von Buenos Aires nach Santa Rosa verlaufende RN 5 (s. S. 178).
RN 9 von Córdoba Richtung Santiago del Estero: ›Route der Jesuiten-Estanzien‹ könnte man diesen Abschnitt auch nennen, denn die Strecke wird von einem halben Dutzend Landgütern gesäumt, mit denen die Jesuiten den Unterhalt ihrer Kirchen und der Universität in Córdoba finanzierten (s. S. 196ff.).

Reise- und Zeitplanung

Von Buenos Aires aus lässt sich die Pampa mühelos in zwei bis drei Tagen durchkreuzen

Richtig Reisen-Tipps

Gaucho mit Silberpfeil: Für Autofreaks ein Muss ist das Museum des ehemaligen Rennfahrers Juan Manuel Fangio in Balcarce, das an die 50 Automodelle zeigt, darunter ein Daimler von 1886, das erste Automobil der Welt (s. S. 164).

Reserva Natural Parque Luro: Einst ein Jagdrevier europäischer Aristokraten und heute ein Schutzgebiet mit tollen Möglichkeiten zur Tierbeobachtung. Rund um ein altes französisches Schloss tummeln sich Guanakos, Hirsche, Wildschweine und sogar Pumas, denen man mit etwas Glück beim abendlichen Wassertrinken ›auflauern‹ kann (s. S. 179).

Per Pferd durch die Sierra de los Comechingones: Ein ein- bis zweitägiger Ausritt führt von Merlo mitten hinein in diesen einsamen Gebirgszug, der mit einem Wasserfall, einem verlassenen Minenort und zauberhaften Landschaften aufwartet (s. S. 186).

– was die meisten Reisenden tun, die Urlaubsziele wie die patagonischen Anden, die südliche Atlantikküste, Mendoza oder den argentinischen Nordwesten vor Augen haben. Um einen etwas tieferen Einblick in diese ›legendäre‹ Region zu bekommen, empfiehlt sich jedoch ein Aufenthalt auf einer Estanzia, und auch Städte wie Córdoba haben dem Besucher so viel zu bieten, dass sich ein Übernachtungsstopp auf jeden Fall lohnt.

Klima und Reisezeit

Die beste Reisezeit für die Pampa sind die Monate November bis April. Zur Ferienzeit im Januar und Februar sollte man jedoch klassische Urlaubsziele wie die Badeorte an der Atlantikküste sowie Córdoba meiden.

Argentiniens Badeküste, die Atlántida Argentina, zieht sich in einem mehr als 600 km langen Bogen weit südlich von Buenos Aires am Meer entlang. Mal reihen sich die *balnearios,* die Strandorte, dicht aneinander, mal verlieren sie sich, nur über Stichstraßen erreichbar, in den Dünen einsamer Strände.

Manche Orte der Strandküste sind bis heute mehr improvisierte als geplante Streusiedlungen geblieben, andere haben sich zu Igeln aus Hochhäusern verdichtet und wieder andere präsentieren sich als gepflegte Villenstädte. Dieser Vielgestalt entspricht die außerordentlich gemischte Besucherschar von über 10 Mio. Menschen jährlich, von denen zwar weitaus die meisten in der Hochsaison (Jan./Feb.) kommen, immer mehr jedoch die Reize – und billigeren Preise – der Vor- und Nachsaison zu entdecken bereit sind. Zu diesem Ausgleich tragen auch Naturreservate, die vielen Campingplätze, außersaisonale Angelwettbewerbe und eine vom Brasilstrom gemäßigte Wassertemperatur (im Sommer max. 25 °C, im Winter mind. 8 °C) bei.

Die Küste nördlich von Mar del Plata

Bahía Samborombón
Reiseatlas: S. 18, F 1/2
Von Buenos Aires aus gelangt man relativ zügig über die gut ausgebaute Autobahn RN 2 ins ca. 400 km entfernte Mar del Plata; wer die nördlicheren Strandorte ab San Clemente del Tuyú zum Ziel hat, zweigt bereits in Dolores auf die RP 11 ab. Reisende mit Sinn für Einsamkeit und einem etwas größeren Zeitbudget sollten ab La Plata auf der RP 36 oder RP 11 durch die Pampa um die **Bahía Samborombón** fahren. Die Landschaft hier ist so ursprünglich, dass man meinen könnte, die

menschliche Besiedlung der Gegend habe eben erst begonnen.

🛏 **... an der Bahía Samborombón:**
Estancia Juan Gerónimo: RP 11, an der Nordspitze der Bucht bei Punta Piedras, Tel. 022 21-48 14 14, www.juangeronimo. com.ar. 4000-ha-Estancia in einem Unesco-Biosphärenreservat, Ausritte durch die Küstenlandschaft, Birdwatching (fast 60 Vogelarten), Bibliothek mit originalen Reiseberichten ab dem 17. Jh. (auch auf Engl. und Dt.). DZ ab 120 US$ p. P. inkl. VP und Ausflüge.

Cabo San Antonio
Reiseatlas: S. 18, F 2
Die eigentliche Badeküste beginnt am Südhorn der Bahía Samborombón, dem **Cabo San Antonio** (Punta Rasa), wo die Geografen die Grenze für das Mündungsdelta des Río de la Plata ziehen. Tatsächlich aber lässt das lehmbraune Flusswasser erst etwa auf Höhe von Pinamar das Meer sein atlantisches Grün zurückgewinnen. Am Cabo San Antonio steht der nördlichste von den 20 ca. 100-jährigen Leuchttürmen, die die Küste Argentiniens bis heute bewachen (s. S. 160). Zu Füßen dieses 63 m hohen Stahlgerüsts liegen in einem 31 ha großen Park die **Termas Marinas,** ein Thermalbad, dessen salze- und mineralienhaltiges Wasser mit 43 °C an die Oberfläche gepumpt wird (Tel. 022 52-42 30 00, www.termasmarinas.com.ar, tgl. Jan./ Feb. 10–20, März 10–19, April–Dez. 10–18 Uhr, Erw. 21 $, Kinder 3–10 Jahre 15 $).

Mit den Autoren unterwegs

Zünftiges Landleben

Auf der **Estancia Juan Gerónimo** an der Bahía Samborombón erhalten Besucher Einblick in die Geschichte der ersten Siedler und das Leben auf einer aktiven Viehfarm (s. links).

Internationaler Rastplatz

Fast das ganze Jahr hindurch kann man an der **Punta Rasa** – einer Landspitze, die die offizielle geografische Grenze zwischen dem Río de la Plata und dem Atlantischen Ozean bildet – Millionen von Zugvögeln aus allen Ecken der Welt beobachten, die hier eine ›Erholungspause‹ einlegen (siehe unten).

Die oberen Zehntausend

Die **Villa Victoria Ocampo,** Feriendomizil der gleichnamigen Schriftstellerin, ist ein Symbol der gut betuchten Aristokratie, die Anfang des 20. Jh. die Sommerfrische Mar del Plata für sich entdeckte, lange bevor der Massentourismus Einzug hielt (s. S. 165).

Fisch essen in Mar del Plata

Der meistbegehrte Fisch im Hafen von Mar del Plata ist der Schwarzhecht *(merluza negra)* und am allerbesten bereitet ihn der Koch im dortigen **Restaurant Piedra Buena** zu (s. S. 167).

Mini-Gebirge am Meer

Es sind nicht die Anden, aber wer etwas Abwechslung zur flachen Pampa-Küste sucht, findet in der **Sierra de la Ventana** ausreichend Gelegenheit zum Wandern und Klettern (s. S. 172f.).

Um die Thermalbäder erstreckt sich die **Reserva Natural Punta Rasa,** wie die gesamte Marschlandschaft um die Bahía Samborombón ein ›Rastplatz‹ für Millionen von Zugvögeln. Die gefährdete Fluss-Seeschwalbe *(Sterna hirundo),* Wasserläufer, Schnepfen, Kiebitze und Regenpfeifer ziehen zwischen Oktober und November aus Kalifornien und Alaska, aber auch aus Nordeuropa via Azoren nach Punta Rasa, wo sie sich bis März/April für den Rückflug erholen. Eine zweite Vogelschar aus dem extremen Süden überwintert in dem milderen Pampa-Klima zwischen April und September. Schwärme von mitunter 20 000 dieser gefiederten Gäste malen wechselnde Flugmuster an den Himmel. Unter den ständigen Bewohnern dieser wilden Landschaft befinden sich mehrere Möwenarten – darunter die *gaviota cangrejera* oder *Larus atlanticus,* die Taschenkrebse ganz verschlingt – sowie Flamingos, Graufüchse, Wasserschweine und Sumpfhirsche. Um die Brücke über den Canal 2 an der RP 11 führt ein ausgeschilderter Pfad, der die Beobachtung zahlreicher Arten ermöglicht (www.vidasilvestre.org.ar).

San Clemente del Tuyú und Umgebung

Reiseatlas: S. 18, F 2

Nur etwa 7 km südlich liegt **San Clemente del Tuyú,** der nördlichste einer sich 100 km an der Küste entlangziehenden Kette von Orten, die unter der Verwaltungsbezeichnung **Partido de la Costa** zusammengefasst sind: Las Toninas, Costa Chica, Santa Teresita, Mar del Tuyú (mit der zentralen Touristenbetreuung für diesen Küstenabschnitt), Costa del Este, Aguas Verdes, La Lucila, San Bernardo, Mar de Ajó, Nueva Atlantis, Pinar del Sol, Costa Esmeralda und Punta Médanos.

Am Nordrand von San Clemente lohnt das Ozeanarium **Mundo Marino** einen Besuch. Auf den ersten Blick meint man in einer Kopie von Disneyland gelandet zu sein, selbst dressierte Orkas fehlen nicht. Aber alle Tiere in dem 40 ha großen Park wurden aus Lebensgefahr gerettet (z. B. erdölverschmierte Pinguine) und werden nach ihrer Genesung wieder auf ein Leben in der freien Natur vorbereitet. Besonders interessant ist auch die Bootsfahrt durch die Marschlandschaft, in der Milliarden Taschenkrebse leben (Av. Dé-

Gute Aussicht garantiert

Die 4725 km lange Atlantikküste Argentiniens wird von insgesamt 63 Leuchttürmen bewacht. Der allererste war der 1884 auf der Isla de los Estados errichtete **Faro San Juan de Salvamento,** viel bekannter als »Leuchtturm am Ende der Welt«, so nannte ihn Jules Verne in seinem 1905 erschienenen gleichnamigen Roman. Dem Faro San Juan folgten bis 1921 rund 20 weitere Leuchttürme, von denen die meisten – und die höchsten – in der Provinz Buenos Aires zu finden sind. Für die Schifffahrt haben die Leuchttürme weitgehend an Wert verloren, dafür bieten sie Landratten heute fantastische Aussichtsplattformen und auch in architektonischer Hinsicht sind einige interessante Exemplare dabei. Kein anderer als M. Gustave Eiffel konstruierte die höchsten Türme, die in Einzelteilen von Frankreich verschifft und vor Ort zusammengebaut wurden, z. B. den 59 m hohen **Faro Punta Médanos** (1891) südlich von Mar de Ajó, den 63 m hohen **Faro San Antonio** (1892) südlich von Bahía Blanca (mit Fahrstuhl) und den 67 m hohen **Faro Recalada** (1906), Südamerikas höchsten Leuchtturm, bei Monte Hermoso – jede der 293 Stufen ist die Mühe wert. Nicht minder sehenswert sind die 1921 gebauten Backstein-Leuchttürme **Faro Querandí** (56 m) bei Villa Gesell, **Faro Quequén** (34 m) bei Necochea und **Claromecó** (54 m) beim gleichnamigen Strandort.

cima 157, Tel. 022 52-43 03 00, www.mundo marino.com.ar, Jan./Feb. tgl. 10–20, Dez. tgl. 10–18, März/Nov. Mi–So 10–18, April–Okt. meist nur Fr–So 10–18 Uhr).

Ein paar Kilometer westlich von San Clemente in Richtung General Lavalle führt eine Abzweigung zum zukünftigen **Parque Nacional Campos del Tuyú,** der auf 3040 ha die typische Fauna und Flora der Golfküste beherbergt, u. a. den gefährdeten Pampa-Hirsch (*Ozotoceros bezoarticus celer*). Aktuelle Infos über den Park sind erhältlich unter www.vidasilvestre.org.ar und www.parques nacionales.gov.ar.

ℹ️ **Oficina de Turismo:** Calle 2, Ecke Calle 63, Tel. 022 52-43 07 18, www. sanclementedeltuyu.com.ar, www.portalde lacosta.com.ar/sanclemente.htm.

🛏️ **Hotel Fontainebleau:** Calle 3 Nr. 2294, Ecke Av. Costanera, Tel. 022 52-42 11 87, www.fontainebleau.com.ar. Zimmer mit Blick aufs Meer, Pool, Restaurant. DZ 150 $.
Hotel Bellini: Calle 21 Nr. 111, Tel. 022 52-42 10 43, www.users.copetel.com.ar/bellini. Einfaches, freundliches Haus, mit Parkplatz. Im Winter nur Sa/So geöffnet. DZ 115 $.

🍴 **Los Mugu:** Av. 11 Nr. 240, Tel. 022 52-42 11 48. Familienbetrieb am Fischerhafen, Tipp: geräucherte oder gegrillte Meeräsche. 35 $.
La Parrillita: Calle 1 Nr. 2178, Tel. 022 52-52 30 63. Fleisch vom Grill. 25 $.
La Querencia: Calle 1 Nr. 2453, Tel. 022 52-42 30 81. Fisch, Paella, Grillfleisch. 25 $.

🔄 **Busse:** Zahlreiche Verbindungen tgl. vom Busterminal, Av. Naval, Ecke San Martín, nach Buenos Aires (Terminal Retiro).

San Bernardo und Mar de Ajó
Reiseatlas: S. 18, F 2

Über **Mar del Tuyú** erreicht man **San Bernardo,** die hübscheste und modernste unter diesen unprätentiösen, dennoch jährlich 3 Mio. Gäste anziehenden Ortschaften. Das – zumindest während der Sommersaison – sehr aktive Nachtleben zieht vor allem jüngere Gäste an.

Der südliche Nachbarort **Mar de Ajó** feiert jährlich im November sein Corvina-Rubia-Angelfest; da wird der frische Fang auf dem Grill zubereitet und kostenlos verteilt. Im Übrigen bieten Fischlokale, je nach Jahreszeit, *corvina rubia* (Adlerfisch), *brótola* (brasilianischer Gabeldorsch) und die kleinen, silbernen *cornalitos* (diese als Pfannengericht) an. Bei Ebbe sind mehrere Schiffwracks zu sehen, darunter der deutsche Dreimaster Margarethe, der 1880 auf seiner Fahrt nach Chile genau vor der heutigen Avenida San Martín unterging. Am Südende der Stadt bietet der **Faro Punta Médanos** (s. links) einen tollen Blick auf die flache Küstenlandschaft.

Secretaría de Turismo Mar del Tuyú: Av. Costanera 8001 u. Av. 79, Ecke Calle 13, Mar del Tuyú, Tel. 022 46-43 30 96 u. 43 43 41.

… in Mar de Ajó:
Chacra Palantelén: RP 11 Km 360, 15 km südlich von Mar de Ajó, Tel. 011-15 53 42 41 20. Landhaus ca. 3 km nördlich vom Leuchtturm Punta Médanos, wo das Wrack des 1891 gestrandeten Hamburger Zweimasters Anna liegt. DZ 150 US$ p. P. inkl. VP und Ausflüge.
Hostería Mar de Ajó: Costanera Norte, Ecke Juan Manuel de Rosas, Tel. 022 57-42 00 23, Fax 42 10 30, www.hosteriamardeajo.com.ar. Am Meer, mit eigenen Strandzelten. DZ 100–186 $.
Camping Municipal: Francisco de las Carreras 800, Tel. 022 57-42 01 04. Am Strand. 10 $ p. P.

… in San Bernardo:
Taberna Don Luis: Joaquín V. González, Ecke La Rioja, Tel. 022 57-46 17 83. Fisch und Meeresfrüchte. 40 $
La Casa de Mery: Av. Costanera, Ecke Hernandarias, Tel. 022 57-46 02 72. Im Haus des Ortsgründers, traditionelles Restaurant mit internationaler Küche. 35 $.
… in Mar de Ajó:
El Molino: Melón Gil, Ecke Avellenada, Tel. 022 57-42 01 94. Meeresfrüchte und Pasta. 30 $.

Fiesta de la Corvina Rubia (2. Wochenende im Nov.): In Mar de Ajó (s. links).

Pinamar und Umgebung
Reiseatlas: S. 18, F 3
Die flachen, hellbraunen Sandstrände setzen sich nach Süden fort, wo jetzt lang gezogene, von Waldinseln besetzte Dünen den Charakter der Landschaft bestimmen. Der Name des Ortes **Cariló,** der zusammen mit **Valeria del Mar** und **Ostende** zur Großgemeinde **Pinamar** gehört, verrät es: *cariló,* eine indianische Bezeichnung, bedeutet ›grüne Düne‹. Von den größeren Seebädern Argentiniens ist das baumreiche Pinamar das schmuckste. Nicht selten werden hier Hotelzimmer zwei Jahre im Voraus gebucht. Pinamar verdankt seinen Taufnamen dem 22 km langen, mehr als 3 km breiten Pinienwaldgürtel, der sich am Atlantik entlangzieht. Dass in dem erst 1943 von dem Unternehmer Jorge Bunge gegründeten, heute 10 000 Einwohner zählenden Ort überhaupt Hochhäuser entstanden sind, bedauert man mittlerweile. Ein neuer Bebauungsplan sorgt dafür, dass nur noch in wenigen Kernzonen maximal dreigeschossige Häuser entstehen, ansonsten gilt die Regel: ein Chalet pro Grundstück, unabhängig von dessen Größe. Noch in dieser ›Waldgemeinde‹ manifestiert sich der typisch argentinische Hang zur Individualität: Jede Gemarkung bis hin zum exklusiven, von Schranken bewachten Cariló, dessen vereinzelte Villen sich zwischen den Bäumen verstecken, bewahrt ihre Eigenheit. Ältestes Schaustück ist das von nostalgischen Belgiern im Jahr 1913 erbaute **Viejo Hotel Ostende** im gleichnamigen Ortsteil von Pinamar. Hier verbrachte der Franzose Antoine de St. Exupéry zwei Sommer und Adolfo Bioy Casares und Silvina Ocampo diente das Etablissement als Schauplatz eines Romans. Heute findet im Hotel im Dezember ein Schriftstellertreffen und im März ein internationales Künstlertreffen statt.

Secretaría de Turismo: Av. Bunge 654, drei Blocks vom Strand entfernt, Pinamar, Tel. 022 54-49 16 80/81, Fax 49 16 85, www.pinamar.gov.ar u. www.pinamarturismo.com.ar, Jan./Feb. tgl. 8–22, März–Dez. Mo–Sa 8–20, So 10–18 Uhr; Boyero, Ecke Castaño, Cariló, Tel. 022 54-54 07 73, Jan./Feb. 8–22, März–Dez. Do–Di 10–17 Uhr.

… in Pinamar:
Playas Hotel: Av. Bunge 250, Tel. 022 54-48 22 36, www.hotelplayas.com.ar. Tradi-

Küste zwischen Buenos Aires und Bahía Blanca

tionelles Hotel in der Hauptstraße, mit Pool. DZ ab 170 $ inkl. Reiten und Golf.

Hotel Berlin: Rivadavia 326, Tel. 022 54-48 23 20, Fax 49 42 64. Familienbetrieb deutscher Einwanderer, gut gelegen in einer ruhigen Seitenstraße. DZ 80–140 $.

Camping Quimey Lemú: RP 11 Km 392,7, 200 m nördlich der Ortseinfahrt aus Richtung Mar de Ajó, Tel. 022 54-48 49 49, www.quimeylemu.com.ar. Auf 5 ha großem, bewaldetem Gelände, mit Bungalows und Restaurant, etwa 2 km vom Strand entfernt. Camping 8–12 $ p. P. plus 8–12 $/Zelt, Bungalows für 2 Pers. 40–70 $.

… in Ostende:

Viejo Hotel Ostende: Biarritz, Ecke Cairo, Tel. 022 54-48 60 81, 011-43 26 64 61 u. 011-43 27 10 93, www.hotelostende.com.ar. Traditionelles Hotel in der Hauptstraße, Pool, drahtloser Internetanschluss. DZ ab 170 $ inkl. Golfplatzbenutzung und Reiten.

… in Cariló:

Hostería Cariló: Avutarda, Ecke Jacarandá, Tel. 022 54-57 07 04, www.hosteriacarilo.com.ar. Mit Pool, Spa. DZ ab 265 $.

Ayres de Cariló: Ciruelo, Ecke Bandurria, Tel. 022 54-47 05 92, www.ayresdecarilo.com.ar. Apart-Hotel, Bungalows mit Frühstück, drahtloser Internetanschluss, Pool, Spa. Ab 150 $ für 2 Pers.

 … in Pinamar:

Tante: De las Artes 35, Tel. 022 54-49 49 49, www.tante.com.ar, April–Nov. Di/Mi geschlossen. Traditionelles Restaurant mit mitteleuropäischer Küche, Zweigstelle in Cariló, Divisadero 1470, und Villa Gesell (s. S. 164). 70 $.

La Fuente: Av. Burriquetas 248, Tel./Fax 022 54-49 37 38. Leckere Pasta und Meeresfrüchte. 60 $.

La Gamba: Av. del Mar, Ecke De las Gaviotas, Tel. 022 54-48 50 20, www.tante.com.ar/lagamba. Helles Strandrestaurant, Fisch und Meeresfrüchte. 60 $.

La Carreta: De las Artes 153, Tel. 022 54-48 49 50, im Winter nur Sa/So. Parrilla. 40 $.

Club Italiano: Eneas 275, Tel. 022 54-48 45 55. Pasta. 30 $.

… in Cariló:

Tiramisú: Avutarda, Ecke Jacarandá, Tel. 022 54-57 07 04, www.hosteriacarilo.com.ar. Hotelrestaurant der Hostería Cariló, angenehmes Ambiente, gute Küche. 60 $.

… in Pinamar:

Casino Del Bosque: Júpiter, Ecke 1 de Julio, Tel. 022 54-48 64 27.

Casino Pinamar: RP 11 Km 399, Tel. 022 54-48 64 27.

Ku-Alma-Archie: Bartolomé Mitre 24–28, Tel. 022 54-49 31 98 u. 48 13 14. Disko-Komplex für rund 3400 Tänzer – Ku: elektronische Musik; Alma: Rock, Dance und Latino-Hits; Archie: Cumbia und brasilianische Rhythmen.

La Iguana Bar: Av. Libertador 27/45, 1. Stock, Tel. 022 54-48 13 34. Livemusik zu Bier und Drinks, während der Saison ab Mitternacht Party bis zum Sonnenaufgang.

UFO Point: Av. del Mar, Ecke Tobías, am Strand, Tel. 022 54-48 85 11. Sushi, Drinks und die Musik der bekanntesten DJs.

Blue Bar: Av. Bunge, Ecke Del Buen Orden, Tel. 022 54-40 58 99. Drinks und Pizza.

Reiten: Estancia Dos Montes, RP 11 Km 400, Cariló, Tel. 022 54-48 00 45 u. 022 67-15 52 32 57, www.chacradosmontes.com.ar. Ausritte am Strand, Dressurreiten und Polospielen auf der Estanzia der Familie Guerrero, der Gründer von Cariló.

Dünensafari: Turismo Aventura Wenner, Av. Bunge 486, Pinamar, Tel. 022 54-48 79 51 u. 022 67-15 67 68 35. Ausflüge mit dem Geländewagen zu den größeren Dünen, wo man prähistorische Muscheln findet und auf den Sandhängen surfen kann.

Züge: Vom Bahnhof Divisadero in Pinamar, RP 74 Km 4, Tel. 022 54-49 79 73, fahren im Sommer 3 x und im Winter 1 x wöchentlich Züge nach Buenos Aires (30/39 $) zum Bahnhof Constitución, Tel. 011-43 04 00 31, www.ferrobaires.gba.gov.ar.

Busse: Das Busterminal Pinamar, Av. Bunge, Ecke Intermédanos, Tel. 022 54-40 35 00, wird von zahlreichen Unternehmen regelmäßig angesteuert.

Villa Gesell, keine Schönheit, aber Strand- und Urlaubsfeeling allenthalben

Villa Gesell und Umgebung

Reiseatlas: S. 18, F 3

Der nächste größere Küstenort, das 21 km entfernte **Villa Gesell,** trägt den Namen seines Schweizer Gründers. Als Carlos Idaho Gesell 1931 an diesen damals noch einsamen Gestaden einen 100 km langen Strandstreifen erwarb und übermütig ein verschlungenes Wegenetz in den Sand malte, hätte er sich nicht träumen lassen, dass die schlangenförmigen Straßen in der heute rund 23 000 Einwohner zählenden Stadt eher verkehrsbehindernd wirken. 1,5 Mio. vorwiegend jugendliche, von zahlreichen Bowlingsälen, Kartingbahnen, Diskotheken und Pubs angezogene Sommergäste überfluten jedes Jahr den Ort, wo Don Carlos einst Pinien und Akazien pflanzte, um die Wanderdünen zu befestigen.

Nur 4 km südlich von Villa Gesell befinden sich nebeneinander die Strandorte **Mar de las Pampas** und **Mar Azul.** Sie vermitteln sogar im Sommer noch eine gewisse Ruhe, die in den größeren Orten längst verloren gegangen ist. 20 km weiter südlich führt eine nur für Geländewagen passierbare Piste über die Sanddünen zum 56 m hohen **Faro Querandí** (s. S. 160).

Gut 100 km sind es noch von Villa Gesell bis nach Mar del Plata (s. S. 165ff.), dem touristischen Zentrum an diesem Küstenabschnitt. Auf dem Weg durch die Sandhügellandschaft passiert man die malerische **Laguna Mar Chiquita** mit ihren in den Mulden versteckten Bungalows und schattigen Campingplätzen.

Secretaría de Turismo: Büro Nord, Camino de los Pioneros 1921, Villa Gesell, Tel. 022 55-45 72 55 u. 45 85 96, www.gesell.gov.ar, tgl. im Winter 9–19, im Sommer 8–20 Uhr; Büro Zentrum, Av. 3 Nr. 820, zw. Paseo 108 u. Paseo 109, Tel. 022 55-47 80 42, Do–Mo 10–22 Uhr; Büro Süd, Av. 3, Ecke Paseo 173, Tel. 022 55-47 03 24, Fr–So 10–17 Uhr.

Küste zwischen Buenos Aires und Bahía Blanca

... in Villa Gesell:

Playa Hotel: Alameda 205, Ecke Paseo 303, Tel. 022 55-45 80 27, www.gesell.com.ar/playahotel/. Ältestes Hotel im Ort, etwas abseits vom turbulenten Zentrum, angenehme Zimmer. DZ 160 $.

Residencial Viya: Av. Cinco Nr. 582, zw. Calles 105 u. 106. Sympathischer Familienbetrieb, 500 m vom Strand. Ab 24 $ p. P.

Camping Monte Bubi: Paseo 168, zwischen Avenida 3 und dem Strand, am Südende des Ortes, Tel. 022 55-47 07 32, www.montebubi.com.ar. Gute Infrastruktur auf 5 ha Waldgelände am Strand. 12 $ p. P., 8 $/Zelt (nur im Jan.).

Camping Mar Dorado: Av. 3, Ecke Paseo 170, Tel. 022 55-47 09 63, www.mardorado.com.ar. Neben dem Camping Monte Bubi, ähnliches Angebot. 12 $ p. P.

... in Villa Gesell:

Tante: Av. 3, zwischen Buenos Aires und Calle 102, www.tante.com.ar, April–Nov. Di/Mi geschlossen. Ableger des Restaurants in Pinamar (s. S. 162). 70 $.

El Estribo: Av. 3, Ecke Paseo 109, Tel. 022 55-46 02 34, www.gesell.com.ar/elestribo/. Sehr gutes Fleisch im besten Grillrestaurant des Orts. 30 $.

El Viejo Hobbit: Av. 8 Nr. 1165, zwischen Calles 111 und 112, Tel. 022 55-46 58 51, www.gesell.com.ar/hobbit/. Käseplatten, Fondue und Bier. 30 $.

Carlitos: Paseo 104, zwischen Calles 2 und 3, Tel. 022 55-46 46 11, www.gesell.com.ar/carlitos/. Bei Einheimischen und Touristen gleichermaßen beliebtes Fastfood-Lokal – Hamburger, Pizza, Pfannkuchen, alles in zahllosen Varianten. 25 $.

Richtig Reisen-Tipp: Gaucho mit Silberpfeil

Als kleines Kontrastprogramm zum Strandleben empfiehlt sich ein Ausflug ins 60 km westlich von Mar del Plata gelegene **Balcarce** mit dem Automobilmuseum des unvergesslichen fünffachen Weltmeisters Juan Manuel Fangio. Er steuere nicht mit den Händen, sondern mit dem Körper, sagten Beobachter 1940, als der junge Mann aus dem Kartoffeldorf Balcarce auf einem frisierten Chevrolet gerade das 9445 km lange Marathonrennen durch Nordargentinien, Bolivien und Peru gewonnen hatte. Seine gekurvten Beine, meinten sie, erlaubten ihm, sich wie eine Spreizfeder ins Gehäuse des Autos zu klemmen und so die Karosserie wie eine zweite Haut zu empfinden. Damit hatte der Mann mit den Gauchobeinen (obwohl nur mit den Pferdestärken von Motoren vertraut) seinen Spitznamen weg: Chueco (›Reiterbein‹).

Mit 37 Jahren unterschrieb er seinen ersten Vertrag als Berufsrennfahrer bei Alfa Romeo, zwei Jahre später (1951) gewann er die Automobilweltmeisterschaft mit der gleichen Marke. Die nächsten Trophäen gingen an seinen hoch geachteten, in einem dramatischen Rennen tödlich verunglückten Freund Alberto Ascari. 1954 und 1955 siegte Fangio mit dem legendären Mercedes-Silberpfeil. 1956 kletterte Chueco in einen Ferrari, 1957 in einen Maserati – und wurde wieder beide Male Champion. Fast 50 Jahre lang war Fangio mit seinen fünf WM-Titeln in der Formel 1 Rekord-Weltmeister (erst 2003 gelang es Michael Schumacher, ihn von seinem Thron zu stürzen). Mit 47 Jahren zog sich Chueco von den heißen *fierros,* wie die Argentinier die schnellen Autos nennen, zurück. Der Ex-Champion starb Mitte 1995.

Das von ihm geschaffene **Museo Juan Manuel Fangio** in Balcarce, seinem Geburtsort, zeigt – vom ersten Automobil der Welt, einem Daimler von 1886, über den Blitzen-Benz von 1909 (der 15 Jahre lang den Geschwindigkeitsweltrekord hielt) bis zum Mercedes-Silberpfeil – 46 ausgewählte Modelle aus aller Welt und wird jährlich von rund 80 000 Besuchern angeschaut (Dardo Rocha, Ecke Mitre, Tel./Fax 022 66-42 55 40, www.museofangio.com, 2.1.–15.3. tgl. 10–19 Uhr, 16.3.–24.12. tgl. 10–17 Uhr).

... in Villa Gesell:
Pueblo Límite: Av. Buenos Aires 2600, an der nördlichen Zufahrtsstraße ab RP 11, www.pueblolimite.com. Megadisko für bis zu 10 000 Personen, aufgeteilt in drei Tanzsäle (El Modo, The Club, The Roxy) und vier Restaurants.

Sutton 212: Paseo 105 Nr. 212, Ecke Av. 2, Tel. 022 55-46 06 74. Restaurant und Bar, DJ-Musik, Terrasse.

Le Brique: Av. 3, zw. Av. Buenos Aires u. Paseo 102. Disko.

El Chauen: Paseo 104, zw. Avenidas 3 u. 4. Pub-Bar, elektronische Musik.

La Vieja Jirafa: Av. 3, zw. Paseo 102 u. Paseo 103. Traditionellstes Pub in Villa Gesell, seit 1961 Teil der lokalen Rock-'n'-roll-Szene.

Touren: Um die Plaza Carlos Gesell, Av. 3, Ecke Paseo 111, bieten verschiedene Agenturen Touren in Geländewagen zum Faro Querandí an, u. a. El Último Querandí, Tel. 022 55-46 89 89.

Flüge: Der Flughafen, Tel. 022 55-45 46 57, liegt 3 km südlich von Villa Gesell an der RP 11. Während der Sommersaison 6 x wöchentlich Verbindungen mit LADE, Sol und Air Express nach Buenos Aires.

Busse: Vom Busterminal, Av. 3, Ecke Paseo 140, Tel. 022 55-47 72 53, gibt es gute Verbindungen entlang der Küste und nach Buenos Aires.

Mar del Plata

Reiseatlas: S. 18, F 3

Die Halbmillionenstadt **Mar del Plata** ist der Klunker unter den Perlen der Atlántida Argentina. Der wenig nördlich davon noch flach geschwungene Meeressaum wölbt sich hier zur Steilküste auf und lässt die bis an den Rand gerückte ›Rote Stadt am Meer‹ (so genannt wegen ihrer zahlreichen Backsteinbauten, allen voran das gewaltige Spielkasino) wie eine der Brandung trotzende Festung erscheinen. Im Hochsommer, wenn eineinhalb Millionen Menschen in Mar del Plata wohnen, gleichen die dem Häusermeer vorgelagerten Strände mit ihren Batterien von Badekabinen einer brodelnden Masse. Doch Argentinier, die diese Art der Entspannung suchen, genießen den Betrieb. Ein schönes Wrack ziert die dramatische Kulisse, wenn man vom Norden kommt. Zwischen der Hochhausarchitektur zelebriert immer noch Alt-England mit schönen Fachwerkhäusern anglo-argentinischen Landhausstil. Das nobelste Beispiel ist das über dem Meer thronende Gebäude des **Club de Golf** an der Playa Grande (Aristóbulo del Valle 3940).

Über der Playa Grande sonnen sich die Residenzen der Wohlhabenden. Die 1912 in Einzelteilen aus England verschiffte **Villa Ocampo** aus Holz und Eisen erinnert an die 1920er- und 1930er-Jahre, als Mar del Plata noch keine Touristenhochburg war. In der Sommerresidenz der Schriftstellerin Victoria Ocampo (1890–1979), heute zum **Museo Cultural Villa Victoria Ocampo** umfunktioniert, waren unter anderem Rabindranath Tagore, Igor Stravinsky, Virginia Woolf, T. S. Eliot und Graham Greene zu Gast. Heute finden hier regelmäßig kulturelle Veranstaltungen statt, aber allein ein Blick in das bezaubernde Haus und den Garten sind den Besuch wert (Matheu 1851, Tel. 02 23-492 05 69, tgl. 10–13, 17–23 Uhr, 2 $).

Parks, Alleen und die – wie könnte sie anders heißen – **Plaza San Martín** lockern die mit Geschäften, Galerien, Restaurants und Bars gefüllte Innenstadt auf. Permanenter Anziehungspunkt mit oft 25 000 Besuchern täglich ist Argentiniens größtes Spielkasino. Mar del Platas malerischster Winkel bleibt sein **Fischerhafen** mit den rot und gelb angestrichenen Holzkuttern. Seehunde kommen bis an die Kaimauer heran, um sich zwischen den vertäuten Schiffen einen Brocken zu schnappen. Das Südende von Mar del Plata bildet der 35,5 m hohe **Faro Punta Mogotes** (1890).

Ente Municipal de Turismo (EMTUR): Bulevar Marítimo Peralta Ramos 2270, Rambla Edificio Casino, Local 51, Tel. 02 23-495 17 77, www.mardelplata.gov.ar.

Küste zwischen Buenos Aires und Bahía Blanca

Als größter Badeort an der argentinischen Küste besitzt Mar del Plata ein überwältigendes Übernachtungsangebot – die Stadt verfügt über rund 740 Hotels, von denen die meisten ganzjährig geöffnet sind. Von den insgesamt acht Campingplätzen der Stadt sind die Strandplätze an der RN 11 (Küstenstraße nach Süden) am empfehlenswertesten.

Hotel Hermitage: Av. Colón 1643, Tel. 02 23-451 90 81, Fax 451 72 35, www.hermitagehotel.com.ar. Traditionellstes 5-Sterne-Hotel der Stadt, am Strand, Zimmer mit Meerblick, Spa, Pool, Restaurant, Casino. DZ ab 311 $.
Hotel Iruña: Av. Alberdi 2270, Tel. 02 23-491 10 60, Fax 491 11 81, www.hoteliruna.com. Zimmer mit Meerblick, gut gelegen, Restaurant. DZ 237 $.

Im Hafen von Mar del Plata vergisst man die Halbmillionenstadt im Hintergrund

Hotel Calash: Falucho 1355, Tel./Fax 02 23-451 61 15, calash@copetel.com.ar. Haus im Tudor-Stil mit einfachen, hellen Räumen, ruhig gelegen und doch in Strandnähe, 500 m vom Busterminal. DZ ab 90 $.

Hostel Yanquetruz: 9 de Julio 3634, Tel. 02 23-473 80 98, www.yanquetruz.com.ar. Hostelling International angeschlossen. DZ 50 $ (Mitglieder) bzw. 60 $ (Nicht-Mitglieder).

Autocamping Del Faro: Paseo Costanero Sur Presidente Illia 800, Tel. 02 23-467 11 68, Fax 467 43 63, www.autocampingdelfaro.com.ar. Ca. 800 m vom Leuchtturm Punta Mogotes entfernt, gute Infrastruktur, Pool, 300 m vom Strand. Bugalow für 2 Pers. 100 $, Zelt bis 4 Pers. 45 $.

Camping Los Horneros: Paseo Costanero Sur Presidente Illia 18, Chapadmalal (20 km südlich von Mar del Plata, Abzweigung von der RN 11 bei Km 545, dann 800 m landeinwärts), Tel. 02 23-469 92 60, www.camping loshorneros.com.ar. 15 km vom Leuchtturm, gute Infrastruktur mit Restaurant, Tennisplatz, Pool. 12 $ p. P.

Piedra Buena: Centro Comercial del Puerto, Local 7, Tel. 02 23-480 16 32. Im Fischerhafen, ausgezeichneter Schwarzhecht *(merluza negra)*. 65 $.

Fratelli Bistro: Gascón 2926, Tel. 02 23-493 40 69, im Winter nur Fr–Sa abends, Jan./Feb. Di–Sa abends. Den Jahreszeiten angepasstes Menü: Wild im Herbst und Winter, Lamm und Fisch im Frühling und Sommer. 45 $.

Viento en Popa: Av. Martínez de Hoz 257. Sehr gute Fischspeisen in leider etwas nüchternem Ambiente, Reservierung nötig. 45 $.

Pehuén: Bernardo de Irigoyen 3666, Tel. 02 23-486 39 60. Parrilla, gutes *bife de chorizo*. 40 $.

Di Rocco: San Luis 2691, Tel. 02 23-494 90 78. Ausgezeichnete Pasta. 35 $.

La Fontanella: Rawson 2302, Tel. 02 23-494 05 33. Hausgemachte Pasta, Fisch und Pizza. 35 $.

Espigón de Pescadores: Escollera Club de Pescadores, Bv. Marítimo Peralta Ramos 1700, Tel. 02 23-493 17 13. Schöne Lage ›im Meer‹ auf der Mole des Fischerclubs. 35 $.

Dena Ona: Córdoba 3026, Tel. 02 23-495 93 26. Gute Parrilla, Spanferkel. 30 $.

Pepe Nero: Córdoba 3101, Ecke Avellaneda, Tel. 02 23-494 98 54, nur abends geöffnet. Ein Klassiker in Mar del Plata, Lokal in altem Warenhaus mit italienischer Küche. 25 $.

Antares: Córdoba 3025, Tel. 02 23-492 44 55. Hausgebrautes Bier, Pizza, Käse- und Aufschnittplatten. 25 $.

Küste zwischen Buenos Aires und Bahía Blanca

Nonna Rafaela: Alberti 2583, Tel. 02 23-493 58 61. Fisch, Pasta und Pizza und andere Gerichte im gemütlichen Ambiente eines alten Hauses. 22 $.

Sobremonte: Av. Constitución 6690, Tel. 02 23-479 26 00, www.sobremonte.com.ar. Disko-Komplex mit zwei großen Dancefloors, einem exklusiveren, von internationalen DJs beschallten Saal mit Terrasse und Pool, der Latino Danzabar Che sowie den Restaurants El Divino Club und Coyote Ugly.

Spielkasino: Bv. Marítimo Peralta Ramos 2148, Playa Bristol, Tel. 02 23-495 70 11, www.loteria.gba.gov.ar, tgl. 16–3, Sa/So bis 4 bzw. 5 Uhr (Jan.–März). Auf 7000 m² 60 Roulettetische, Black Jack, Automaten.

Budabar: Roca u. Strand, Complejo La Normandina, Playa Grande, Tel. 02 23-486 22 45.

Festival Internacional de Cine (März): Einziges Filmfestival der Klasse A in Lateinamerika, seit 1954 von Stars wie Gina Lollobrigida, François Truffaut, Maria Callas, Andrzej Wajda, Anthony Perkins und Hanna Schygulla besucht.

Flüge: Aeropuerto Brigadier de la Colina, Autovía 2, Camet, Tel. 02 23-478 58 17. Aerolíneas Argentinas/Austral fliegen 13 x wöchentlich nach Buenos Aires.

Züge: Vom Bahnhof, Av. Luro 4500, Tel. 02 23-475 60 76, www.ferrobaires.gba.gov.ar, fahren 15 x wöchentlich Züge nach Buenos Aires zum Bahnhof Constitución (28/39/50 $).

Busse: Rund 35 Linien verbinden Mar del Plata mit Buenos Aires und anderen Städten. Terminal: Alberti 1600, Tel. 02 23-451 54 06.

Die Küste südlich von Mar del Plata

Miramar

Reiseatlas: S. 18, E 4

Südwestlich der Felsenhalbinsel von Mar del Plata bietet sich entlang dem Hochufer zum 53 km entfernten Miramar eine von einsamen Stränden gesäumte Küste dar. Der dichte Pelz des unter Naturschutz stehenden Buschwaldes löst sich in eine gefällige Parklandschaft auf, ehe eine an irische Buchten erinnernde nackte grüne Steilküste das hoch aufragende **Miramar** noch kontrastreicher erscheinen lässt. Zwei Monate Hochsaison (Jan./Feb.), dann wird, pünktlich am 28. Februar, das (Bade-)Handtuch geworfen. Eine saubere, im Sommer angenehme (nur rund 200 000 Besucher), im Winter sterile Stadt, in der nichts mehr daran erinnert, dass sie schon vor über 100 Jahren (1891) gegründet wurde.

Camping Las Brusquitas: Paseo Costanero Sur Presidente Illia 28, 4 km östlich von Miramar, Abzweigung von der RN 11, aus Mar del Plata kommend, bei Km 556,5, Tel. 022 91-49 30 40, www.haciafuera.com.ar/lasbrusquitas.htm. 400 m vom Strand entfernt, gepflegte Infrastruktur, Restaurant, nur Jan./Feb. 7 $ p. P.

Necochea

Reiseatlas: S. 18, E 4

Das nächste größere Seebad, **Necochea,** zugleich ein wichtiger Getreideausfuhrhafen, erreicht man von Mar del Plata aus über die in einigem Abstand der Küste folgende RP 88, riesige Weideflächen, Weizen- und Sonnenblumenfelder durchkreuzend, nach 100 km. Necocheas Strand ist 25 km lang, die Brandung eindrucksvoll. Mitunter lässt der den Sand hochtreibende Wind an den ufernahen Straßen kleine Dünen entstehen.

Das Zentrum der Corniche bildet ein kurzer gepflegter Strandstreifen vor der Hochhauskulisse. Necochea wird vor allem von Familien besucht und ist frei von modischen Eitelkeiten. Als Ausgleich zum Meer hat sich die Gemeinde mit dem 400 ha großen, nach Eukalyptus duftenden **Parque Miguel Lillo** beschenkt. Nördlich der Stadt, auf der anderen Seite des Flusses, erhebt sich der **Faro Quequén,** ein 34 m hoher Leuchtturm (s. S. 160). Wer sich über die DK-Schilder an manchen Autos wundert – das 65 000-Einwohner-Städtchen an der Mündung des Río Quequén besitzt seit jeher eine ansehnliche dänische Kolonie.

 Secretaría de Turismo: Küstenstraße Av. 2, Ecke Av. 79, Tel./Fax 022 62-43 83 33, www.necochea.gov.ar, im Sommer Mo–Sa 8.30–21, So 9–19 Uhr, im Winter unbestimmt.

 Hotel Ñikén: Calle 87 Nr. 335, Tel. 022 62-43 23 23, www.hotelniken.com.ar. Modernstes Hotel in Necochea mit Pool und Restaurant, oft von Fußballteams während des Strandtrainings in der Vorsaison besucht. DZ 240 $.
Hostería del Bosque: Calle 89 Nr. 350, Tel. 022 62-42 00 02, www.hosteria-delbosque. com.ar. Am Parque Miguel Lillo im ehemaligen Sommerhaus einer angeblichen Nichte des letzten russischen Zars, das Gebäude wurde im Stil des französischen Baskenlands errichtet. DZ 150–195 $.
Camping Río Quequén: Calle 22, Ecke Calle 49, Tel. 022 62-42 80 68 u. 42 15 62, www.ca baniasrioquequen.com.ar. Am Ufer des Río Quequén, gute Infrastruktur, Restaurant, auch Bungalows. Zelt und 2 Pers. 25 $, Bungalows für 2 Pers. 100 $ mit Frühstück.

 Parrilla Don José: Calle 81 Nr. 273, zw. Calles 6 und 8, Tel. 022 62-43 56 32. Bestes Grillfleisch. 45 $.
Taberna Española: Calle 89 Nr. 360 und Calle 83, Ecke Calle 8, Tel. 022 62-52 51 26 u. 52 05 39. Fisch und Meeresfrüchte. 35 $.
La Casona de Rocco: Calle 8 Nr. 3996, Ecke Calle 81, Tel. 022 62-43 12 12. Pasta und Grillfleisch. 25 $.

Angeln: Necochea ist ein Paradies für Angler, die im Meer, im Río Quequén sowie in den Lagunen Tupungato, Favoretti, Loma Danesa und El Porvenir ihr Glück versuchen können. Fischerklubs: Asociación Necochense de Pesca con Mosca, Tel. 022 62-15 56 01 54; Neopesca Club, Tel. 022 62-42 58 48. Fischerboote: Ciudad de Nápoles und A esta sí la esperaba, Tel. 022 62-42 86 01; Lancha Universal, Tel. 022 62-42 62 72;

Capitán Maco, Tel. 022 62-43 19 71; Don Vicente, Tel. 022 62-15 56 12 90.

 Züge: 1 x wöchentl. (So) nach Buenos Aires zum Bahnhof Constitución.
Busse: Plusmar, La Estrella, El Rápido del Sud, Vía Bariloche und Andesmar fahren täglich nach Mar del Plata, Buenos Aires und in andere Städte. Busterminal: Jesuita Cardiel, Ecke 58, Tel. 022 62-42 24 70.

Monte Hermoso und Pehuen-Có

Reiseatlas: S. 17, C 4

Der nächste – und letzte – erschlossene lange Strandabschnitt der argentinischen Seebäderküste bei **Monte Hermoso** liegt rund 250 km westlich von Necochea und verdankt seiner Abgeschiedenheit einen Ruf von Understatement und exzentrischem Charme. Vielleicht ist es das, was sogar manchen Australier hierher lockt. Dass der zerstückelte Ort mit seinen 5000 Einwohnern sich zu keinem Bebauungskodex entschließen konnte, hat der Ästhetik seiner Wasserfront leider geschadet. Erst weiter draußen versöhnen Dünen und Pinien, und hier auch manches hübsche Chalet, mit der wilden Bauerei.

Vor 100 Jahren, als hier noch kein Baum stand (die Bezeichnung *Monte* im Ortsnamen steht für ›Wald‹, nicht für ›Berg‹), kaufte der vom Militärdienst in seiner Heimat geflohene Franzose Esteban Dufaur 4000 ha Sandwüste und kämpfte, Bäume pflanzend, mit donquichottischer Unerschrockenheit gegen die Windmühlen dieser offenen Küste an, um die Wanderdünen zu bändigen. Aus dem Treibgut des 1907 hier im Sturm gesunkenen nordamerikanischen Frachters Lucinda Sutton baute man das erste Hotel, ganz aus Holz – wie auch die später aus der Kistenholzverpackung von Landmaschinen bestehende erste Kirche.

Ein Bauwerk ganz anderer Natur ist der **Faro Recalada** auf halbem Weg zur 4 km östlich gelegenen Playa Sauce Grande, mit 67 m Südamerikas höchster Leuchtturm in Gerüstbauweise (s. S. 160). Von oben sieht man – ein seltenes Doppelschauspiel – die

Küste zwischen Buenos Aires und Bahía Blanca

Sonne über dem Meer sowohl auf- als auch untergehen (im Sommer tgl. 8–20, im Winter Fr–So 8–18 Uhr, 2 $).

Das Wasser an der breiten **Playa Sauce Grande** ist dank der geografischen Gegebenheiten rund 5 °C wärmer als in nördlicheren Badeorten, was viele Touristen, aber leider auch viele Quallen anzieht. An diesem Strand, an dem sich Reiter oder Buggies bis zum 25 km entfernten Pehuen-Có (s. u.) entlangtrollen, war es, wo Charles Darwin den Fossilienreichtum dieser Gestade entdeckte. Einen Eindruck davon vermitteln die Ausstellungsstücke in Monte Hermosos kleinem **Museo Municipal de Ciencias Naturales,** das darüber hinaus Aquarien mit interessanten Quallenarten zeigt (Río Paraná 250, saisonal wechselnde Öffnungszeiten). Ca. 5 km westlich des Orts legte man übrigens menschliche Fußspuren frei (eine von wenigen Fundstellen weltweit), denen ein Alter von 7000 Jahren bescheinigt wurde. Führungen dorthin starten im Museum.

Reisende, die es noch uriger haben wollen, werden sich in einer bewaldeten Dünenmulde der nächsten Strandsiedlung **Pehuen-Có** einnisten, wo es bislang erst zwei Hotels (aber bereits sechs Campingflächen) gibt. Von Monte Hermoso ist es eigentlich ein Katzensprung in diesen Ort (25 km Luftlinie), der aber nur über den Umweg via RN 3 zu erreichen ist und damit rund 100 km entfernt liegt.

🛈 **Secretaría de Turismo:** Av. Faro Recalada, Ecke Pedro de Mendoza, Monte Hermoso, Tel. 029 21-48 11 23 u. 48 10 47, Fax 48 16 96, www.montehermoso.gov.ar, im Sommer tgl. 8–24, im Winter tgl. 8–20 Uhr.
Información Turística: Pehuen-Có, Tel. 029 21-49 70 80, www.pehuenco.com.ar.

🛏 **... in Monte Hermoso:**
Hotel Nauta: Dufaur 635, Tel. 029 21-48 10 83, http://nauta.porinternet.com.ar. Pool, Tennisplatz. DZ 130–160 $.
Hotel Ameghino: Valle Encantado 60, Tel. 029 21-48 10 98. Sauberes, kleines Familienhotel. DZ 90 $.

Camping Americano: ca. 5 km westlich des Orts in den Dünen, Tel. 029 21-48 11 49, www.campingamericano.com.ar. Sehr gut ausgestatteter Zeltplatz mit Restaurant, Pool, Internet. Zelt und 4 Pers. 65 $.
... in Pehuen-Có:
Hotel Cumelcan: Av. San Martín, Ecke Costanera, Tel. 029 21-49 70 48, Fax 42 26 33. Am Meer, mit Restaurant. 120 $.
Camping Municipal Bosque Encantado: Av. Trolón, am westlichen Ortsende, Tel. 029 32-42 36 55. 7 $ p. P.

🍴 **... in Monte Hermoso:**
Cervecería Alemana: Av. Argentina 129, Ecke Peatonal Dorrego, Tel. 029 21-48 21 22. Gepflegtes Lokal mit internationaler Küche und *mariscos* (Meeresfrüchte). 45 $.
Marfil: Valle Encantado 91, Tel. 029 21-48 10 05. Pasta und Fisch. 40 $.
Club de Pesca: Río Negro, Ecke Costanera, Tel. 029 21-48 10 25, nur abends und während der Sommersaison geöffnet. Fisch und Meeresfrüchte. 30 $.
... in Pehuen-Có:
Belvedere: Huanglen 372. Fisch, Paella. 35 $.

↔ **Busse:** Langstreckenbusse von La Estrella, Andesmar und Plusmar halten an Monte Hermosos Busterminal an der Zufahrtsstraße von der RP 78, zwischen den Calles Illia und Balbín, Tel. 029 21-48 18 91.

Bahía Blanca

Reiseatlas: S. 17, B 4
In Form einer ›weißen Bucht‹ hatte sich den neapolitanischen und griechischen Fischern die salzverkrustete Küste dargeboten, als sie sich im 19. Jh. als erste Siedler hier niederließen. Aber bald schon erkannte man am La Plata die verkehrsstrategische Vorzugslage von **Bahía Blanca** und baute den Standort zum Eisenbahnknotenpunkt und Getreideumschlagplatz aus. Im Hafenviertel von Ingeniero White erinnern alte Wellblechhäuser an die Zeit, als hier noch nicht der größte petrochemische Komplex Argentiniens stand.

Einsamkeit am Strand: Auch das gibt es an der viel besuchten Badeküste

Mittlerweile ist Bahía Blanca, neuerdings auch mit seinen Ölmühlen, eine multifunktionale Metropole und die bedeutendste Stadt im mittleren Süden. Ihre Urbanität im Zentrum ist lebhafter, als es die kaum 300 000 Einwohner vermuten lassen.

Rund um die schmucke **Plaza Rivadavia** verströmen einige historische Gebäude – Rathaus, Theater, Banco de la Nación und das Verlagshaus der Tageszeitung »La Nueva Provincia« – noch einen Hauch von Belle Époque. Zugleich erinnert der lang gestreckte Bau der bald 100-jährigen Konsumgenossenschaft der Arbeiter in der Calle Belgrano 45 (nach wie vor als Allerweltsladen betrieben) an die zutiefst proletarische Tradition dieser Hafenstadt. Der immense Einfluss der britischen Bahngesellschaften zu Anfang des 20. Jh. zeigt sich in zahlreichen Wohngebäuden, vor allem im nordöstlichen Stadtteil **Villa Harding Green** und in der Calle Brickman im Arbeiterviertel **Barrio Inglés.** In der gleichen Straße liegt auch der 110 Jahre alte **Mercado Victoria,** auf dem früher Leder, Wolle und andere Waren gehandelt wurden. Wer Interesse an der lokalen Geschichte hat, sollte das **Museo del Puerto** im ehemaligen Zollgebäude des Puerto Ingeniero White, einem der beiden Stadthäfen, aufsuchen (Guillermo Torres 4131, Ecke Cargas, Tel. 02 91-457 30 06, Mo–Fr 8–12, Sa/So 15.30–19.30 Uhr, Eintritt frei).

Oficina de Turismo: Alsina 65, Plaza Rivadavia, in der Municipalidad, Tel. 02 91-459 40 07, www.bahiablanca.gov.ar/turismo, Mo–Fr 8.30–19, Sa 9–19 Uhr.

Argos: España 149, Tel./Fax 02 91-455 04 04, www.hotelargos.com. Modernes, ruhiges Hotel der gehobenen Mittelklasse, klimatisiert, mit Garage. DZ 182 $.
Muñiz: O'Higgins 23, Tel. 02 91-456 00 60, Fax 452 38 33, www.hotelmuniz.com.ar. Ge-

pflegtes historisches Haus nahe der Plaza mit drahtlosem Internetanschluss und Café-Restaurant im italienischen Stil, bestes Preis-Leistungs-Verhältnis. DZ 113–163 $.
Belgrano: Belgrano 44, Tel./Fax 02 91-456 54 46, hotelbelgrano@bvconline.com.ar. Zentral, ordentliche Mittelklasse, Zimmer mit Ventilator, Autoeinstellplatz (nicht zum Hotel gehörig) direkt nebenan. DZ 80–110 $.
Hospedaje Bayón: Chiclana 487, Tel. 02 91-452 25 04. Sauber, freundlich. DZ 50 $.
Camping Municipal: Balneario Maldonado, im Süden der Stadt, RN 3 Km 679, jenseits des Camino Parque Sesquicentenario, Tel. 02 91-455 16 14. Ordentliche Infrastruktur, mit Schatten, 16.3.–14.12. kostenlos, sonst 2 $ p. P., 6 $/Zelt, 2 $/Auto.

Pavarotti: Belgrano 272, Tel. 02 91-450 07 00. Hübsche Trattoria in ehemaligem älterem Privathaus, internationale Küche, auch gute Meeresfrüchte. 47 $.
Cantina Royal: Av. Torres 4133, Puerto Ingeniero White, Tel. 02 91-457 03 48. Gegenüber vom Museo del Puerto, einfache, populäre Hafenkantine, frische Fischgerichte. 40 $.
La Chacarera: Fuerte Ameghino 707, Tel. 02 91-456 41 00. Argentinische Küche: *empanadas*, Grillfleisch und *locro*. 38 $.
Bizkaia: Soler 769, Tel. 02 91-452 01 91. Einfache Basken-Tasca mit guten *mariscos* und anderen Speisen. 30 $.

Angeln: La Rotonda, Daniel Vicente, Tel. 02 91-455 45 46 (Bahía Blanca) und Tel. 029 21-49 71 07 (Pehuen-Có).
Stadttouren: Organisation durch das Tourismusbüro (s. S. 171).

Flüge: Vom Aeropuerto Comandante Espora, RN 3 Norte Km 675, Tel. 02 91-486 03 12, 2 x tgl. Verbindungen mit Aerolíneas Argentinas nach Buenos Aires.
Züge: Vom Bahnhof, General Cerri 750, Tel. 02 91-452 11 68, www.ferrobaires.gba.gov. ar, 3 x wöchentlich Züge nach Buenos Aires zur Estación Constitución (12 Std., 23–40 $).
Busse: Verbindungen in alle Landesteile mit El Rápido (Mar del Plata), El Valle und Vía Ba-

riloche (Bariloche, Buenos Aires), Don Otto und El Cóndor (Comodoro Rivadavia, Buenos Aires), Expreso Caraza und Centenario (Neuquén, Buenos Aires), TAC (Río Gallegos, Mendoza, Córdoba, Buenos Aires), Central Argentino (Caleta Olivia, Rosario, Santa Fe, Paraná, Córdoba). Busterminal: Brown 1700, Tel. 02 91-481 96 15.

Abstecher in die Sierra de la Ventana

Reiseatlas: S. 17, B 3/4

Als kleines Kontrastprogramm zum Strandleben empfiehlt sich eine Tagestour von Bahía Blanca in die **Sierra de la Ventana** (›Sierra des Fensters‹). Auf der RN 33 geht es 70 km nach Norden bis zur RP 76 bei **Tornquist,** und bereits wenige Kilometer östlich fährt man mitten durch diesen Gebirgszug, der nach einer 8 m hohen, 5 m breiten und 10 m tiefen fensterartigen Felsöffnung benannt wurde. Der anstrengende Aufstieg zu diesem auf rund 1100 m gelegenen Naturdenkmal dauert ungefähr drei Stunden, wird aber mit einer fantastischen Weitsicht belohnt. In der von Bächen, einem künstlichen See, Pinien- und Eukalyptuswäldern umgebenen Bergregion lässt sich jedoch nicht nur hervorragend wandern, sondern auch klettern, radfahren und reiten. Allerdings sollte man wissen, dass diese freundlichen Höhenzüge ›durchzivilisiert‹ sind und nichts Aufregendes zu bieten haben. Als touristische Zentren dienen die beiden kleinen Ferienorte **Sierra de la Ventana** sowie das 18 km nördlich gelegene **Villa Ventana.**

Oficina de Turismo: Villa Ventana, am Dorfeingang, Tel. 02 91-491 00 95; Sierra de la Ventana, Tel. 02 91-491 53 03.

El Mirador: RP 76 Km 226, Tel. 02 91-494 13 38, www.comarcaturistica. com.ar/elmirador. Hotel mit vier Bungalows am Fuß des Cerro Ventana, Pool und Restaurant. DZ 150/195 $, Bungalows für 4 Pers. 240/330 $.

Pillahuincó: Av. Rayces 161, Villa Arcadia, Sierra de la Ventana, Tel./Fax 02 91-4 91 54 23, www.comarcaturistica.com.ar/pillahuinco. Unterkunft in 5 ha großem Park, drahtloser Internetanschluss, Restaurant, Pool, mit Zeltplatz. DZ 98 $.

Camping Campamento Base: RP 76 Km 224, Tel. 02 91-15 649 53 04, www.comarcaturistica.com.ar/campamentobase. Am Fuß des Cerro Ventana, gute Infrastruktur (z. B. Gemeinschaftsraum), auch Bungalows.

... in Villa Ventana:
Restaurante Sherwood: Tacuarita, Ecke Belisario, Tel. 02 91-491 02 29, www.comarcaturistica.com.ar/sherwood. Forelle, Pasta, Wildschwein. 40 $.

Llawken Restobar: Gorrión, zw. Curamalal u. Las Piedras, www.comarcaturistica.com.ar/llawken. Wildschwein, Rehbraten, Ñandúfleisch und Geräuchertes, außerdem ausgewählte Teesorten und Kuchen.

... Sierra de la Ventana:
Rali Hue: Av. San Martín 307, Tel. 02 91-491 52 20. Gute Parrilla. 30 $.

Reiten: Eco Ventania, Siete Colores, zwischen Pillahuinco und Cruz del Sur, Villa Ventana, Tel. 02 91-491 02 45. Ausritte unterschiedlicher Länge in die Bergregion.

Bergsteigen und Gleitschirmfliegen: Fly Ventania u. Pampa Expeditions, Rayces 63, Villa Arcadia, Sierra de la Ventana, Tel. 02 91-15 418 31 83.

Züge: Regelmäßige Verbindungen von Bahía Blanca nach Sierra de la Ventana, Av. Roca, Ecke Av. San Martín, Tel. 02 91-491 51 64.

Busse: Von Bahía Blanca und Buenos Aires (Estación Retiro) fährt das Busunternehmen La Estrella nach Sierra de la Ventana. Busterminal: Av. San Martín, Ecke Iguazú, Tel. 02 91-491 50 91.

Pferdeland Argentinien – überall gibt es die nötigen ›Transportmittel‹ für Reittouren

Zwischen den Anden im Westen und dem Atlantik im Osten erstreckt sich die unendliche Weite der Pampa, Argentiniens geografisches und landwirtschaftliches Herzstück, das für Touristen jedoch nur wenig zu bieten hat. Im Süden bildet Bahía Blanca das Tor zur patagonischen Küste, und Santa Rosa, die Hauptstadt der Provinz La Pampa, liegt auf der Strecke von Buenos Aires in die patagonischen Anden.

Pampa – gestern und heute

Das Wappen der Provinz La Pampa erzählt in wenigen Symbolen und Farben die Geschichte dieser traditionsreichsten Region Argentiniens. Zentrale Figur ist ein Indianer zu Pferd. Der Wurfspieß, den er in den Händen hält, sowie zwei hinter dem Wappenschild gekreuzte Lanzen sind das Emblem der Tapferkeit der Ureinwohner. Der stämmige Baum darüber, ein Caldén, ist bis heute das unübersehbare Wahrzeichen der pampinen Weiten (nicht der Ombú, wie auch viele Argentinier irrtümlicherweise meinen). Er steht

Mit den Autoren unterwegs

La Campiña Club Hotel
Einen idealen Übernachtungsstopp auf der langen Fahrt über die RN 5 von Buenos Aires nach Patagonien bietet dieses Parkhotel bei **Santa Rosa,** das auch mit einem guten Grillrestaurant aufwartet (s. S. 179).

Oase in der Pampa-Wüste
Inmitten der kargen westlichen Pampa finden Tiere und Pflanzen im Felsmassiv des **Parque Nacional Lihué Calel** eine Oase – auch Menschen zogen sich einst hierher zurück, wie Felsmalereien bezeugen (s. S. 180).

vor dem Blau des Himmels: Farbe der Loyalität, Gerechtigkeit und Ausdauer. Das Grün des Feldes suggeriert Gedeihen, Hoffnung und Gastfreundschaft. Fruchtbarkeit und die Ertragskraft der Agrarprovinz drücken die den Schild umkränzenden Ähren aus. Über den oberen Rand lugen die Augen einer aufgehenden Sonne, die Morgenstimmung einer sich immer neuen Horizonten zuwendenden Bevölkerung verkündend.

Schnell lassen sich die heraldischen Symbole in Fakten umbuchstabieren. Die Pampa war das Reich der Tehuelche-Indianer, die als nomadisierende Jäger den Guanako- und Straußenherden folgten, bis sie der Wüstenfeldherr Roca 1879 dezimierte. Die frühesten, bei Casa de Piedra ausgegrabenen Zeugnisse der Indianerkultur (es gibt bisher 13 archäologische Fundstätten) sind 8000 Jahre alt. Schon bald füllten sich die Weiten der Grassteppen mit Rindern, die die Spanier Ende des 16. Jh. von Paraguay aus ins Land gebracht hatten. Vor dem halbwilden Hornvieh, das in Herden mit bis 30 000 Tieren lebte, bewiesen die Reisenden der damaligen Zeit mehr Respekt als vor Indianerpfeilen. 1780 schätzte man die Anzahl der Pamparinder auf 40 Mio. Der Wert der Tiere bestand allerdings einzig in ihrer Haut, bevor man 1785 begann, das Fleisch einzupökeln. Auf Wagen mit 3 m hohen Rädern wurde das Salz dafür von den Lagunen herangekarrt. Die Pampa ist das ›Salzkammergut‹ Argentiniens:

Caldén – Wahrzeichen der Pampa

Rund 600 Mio. Tonnen sollen die Reserven betragen – das reicht, beim heutigen Abbaurhythmus, für die nächsten 1000 Jahre.

Anders verhält sich die Situation beim Waldbestand. Der Caldén, einer der zähesten Bäume, die die Natur je hervorbrachte, bildete im 19. Jh. noch komplette Wälder, ehe diese während der beiden Weltkriege, als Argentinien keine englische Kohle mehr erhielt, in den Lokomotiven der bis ins Herz der Pampa vorgedrungenen Eisenbahnen verheizt wurden. Man schätzt die abgeholzte Fläche auf 10 000 km². Bis um 1900 war in dieser Region eine der größten Getreidekammern der Welt entstanden. Heute erzeugt man alleine 1 Mio. Tonnen Weizen jährlich. Die den Indianern abgerungenen Weiten wurden zu Argentiniens Pionierland schlechthin. In ein soziales und kulturelles Vakuum hineinstoßend, fast ohne Vorbilder und nahezu bar staatlicher Hilfe, kolonisierten Wolgadeutsche (s. S. 176), Neapolitaner, Andalusier, Libanesen, Ukrainer, Texaner und Franzosen – und später auch Mennoniten (die bis heute so abgeschieden leben, dass sie noch nie etwas von einem Fußballspieler namens Maradona gehört haben) – die humus- und kieselsäurereichen Böden.

»Die Pampa hat sich selbst erschaffen«, wird man später stolz und bescheiden zugleich erklären. 90 % der Anbaufläche Argentiniens liegt in diesem agrarischen Kerngebiet, das neben Weizen auch Gerste, Roggen, Mais, Soya und Sonnenblumen liefert. Von »unerschöpflichen Gebärden der Fülle und Gewährung« schrieb der Pampa-Reisende Ortega y Gasset. »Kühe, Kühe, nichts als Kühe«, hatte sich der spätere Staatspräsident Sarmiento noch 1856 gewundert, als er durch die Pampa streifte und darüber nachsann, wie man den Tieren Schatten spenden und die Erde vor Winderosion schützen könne. Er führte die ersten Eukalyptussamen aus Australien ein, ließ sie unter den *estancieros* verteilen – und heute gibt es in Argentinien keinen Baum, der die offene Landschaft mehr verwandelt hätte als dieser schnellwüchsige Exot.

Goldene Ähren –
Wolgadeutsche in der Pampa

Als Schulmeister Däning 1878 auf seiner Überfahrt nach Brasilien steuerbord eine weiße Stadt auftauchen sah, rief er seine Schutzbefohlenen an Deck und erklärte, die Küste von Brasilien sei in Sicht. Rio de Janeiro könnten sie nicht anlaufen, hatte ihm der Kapitän erklärt, dort herrsche Gelbfieber. Deshalb steuere das Schiff nun einen südlicheren Hafen an. Was weder Däning noch sonst jemand an Bord wusste: Die weiße Stadt lag nicht an der Küste Brasiliens. Es war Montevideo.

Das Schiff pflügte durch die La-Plata-Mündung. Nach 28-tägiger Überfahrt färbte sich das Wasser zum ersten Mal braun, der heiße Wind trug den Geruch von Sumpfwald übers Deck. So hatten sich die, die aus der Kälte kamen – und in ihrer kosakenhaften Kleidung schon wie rechte Gauchos aussahen –, auch immer Brasilien vorgestellt. Noch als sie den Schuppen der Einwandererbehörde in Buenos Aires betraten, glaubten sie, in Brasilien zu sein: die ersten nach Argentinien kommenden Wolgadeutschen.

Zu jener Zeit versuchten die beiden großen Reedereien Norddeutscher Lloyd Bremen und Hamburg-Amerika-Linie, sich gegenseitig Passagiere abzuluchsen, und da Auswandererkontingente eine besonders hohe Belegung garantierten, gab man ihnen a priori 10 % Rabatt. Aber auch in den Immigrantenländern selbst war man erpicht auf neue Kolonisten. Sogenannte Einwanderungsagenten erhielten Pro-Kopf-Provisionen – ein Relikt des Sklavenhandels – und trafen, wie könnte es anders sein, mit den Kapitänen der Schiffe ihre bezahlten Abmachungen. Da die Dampfer der Reedereien aber unterschiedliche Zielhäfen hatten, bugsierte so mancher Kapitän seine Auswanderer-Fracht – und sei es unter Zuhilfenahme von Seuchen-Menetekeln – auch mal dahin, wo sie eigentlich nicht hin sollte und wollte.

Nun hatten die Wolgadeutschen eine so unendlich vage Vorstellung von diesem Papageienkontinent, dass es ihnen letztlich egal war, wo sie landeten. Immigrierenden ›Gringos‹ ist Schlimmeres widerfahren. Manch einer kaufte von der Landkarte weg Terrain, das sich – wie in Corrientes – dann als Sumpf erwies; andere erwarben im Chaco Wald mit kostbaren Edelhölzern, die nur über den Fluss abzutransportieren waren, aber als die Stämme in den Strom glitten, gingen sie unter: Ihr spezifisches Gewicht war höher als das von Wasser. Insofern durfte der Trick, mit dem die deutschen Neusiedler in die Pampa gelockt wurden, als vergleichsweise harmlos gelten. Sie waren Getreidebauern, wünschten sich fruchtbare Erde und die Freiheit, die sie im Laufe von zwei Jahrhunderten zweimal – erst in Deutschland, dann in Russland – verloren hatten. Bereits 30 Jahre später exportierte die Pampa-Region, wo (nach Spaniern und Italienern) die Wolgadeutschen die drittgrößte Einwanderergruppe bildeten, 400 000 t Weizen. *Acá estamos en la gloria,* sagen sie heute: »Hier geht es uns gold.« Die ›Goldene Ähre‹, als Abzeichen verliehen, wurde zur begehrtesten Trophäe für Produktionserfolge im argentinischen Weizengürtel.

Dass Wolgadeutsche mitunter noch mit einem hessisch-rheinisch-sächsisch-schwäbischen Mischakzent sprechen (aber in der

Thema

Regel nicht mehr deutsch schreiben können), hängt mit ihrer nomadenhaften Geschichte zusammen. Gebeutelt vom Siebenjährigen Krieg (1756–63), folgten sie der Einladung der deutschstämmigen Katharina II. an die Wolga, wo sie im Rahmen der ›neurussischen Besiedlungspolitik‹ prosperierende Mustergemeinden aufbauten. Zu ihren Privilegien gehörten ungehinderte Religionsausübung, Steuerfreiheit und Befreiung vom Militärdienst. Dieser Sonderstatus änderte sich erst um 1870 unter Alexander II., als auch die Wolgadeutschen in russische Uniformen schlüpfen sollten. Zur Einberufung der ersten Rekruten läuteten die Kirchenglocken Sturm und die nächste Generation bereitete die Flucht aus Russland vor. Von da an sah man die Wolgadeutschen in Eisenbahnwaggons deutschen Häfen und einer ›besseren Welt‹ entgegenreisen. Die ersten Gruppen trafen in Nordamerika ein, von da aus verbreitete sich der lockende Ruf des gerade vom ›marodierenden Indio‹ befreiten Südkontinents. Land war dort billig zu haben, denn nach den genoziden Wüstenfeldzügen (s. S. 39) bekamen ›verdiente‹ Militärs bis zu 300 000 ha geschenkt und verhökerten diese portionsweise weiter.

Die ersten Wolgadeutschen Argentiniens siedelten in Entre Ríos. In der südlichen Pampa bildeten sich ihre Gemeinden traubenartig um die – aus Geldmangel – in der Steppe stecken gebliebenen Gleisspitzen der Eisenbahnen herum. Dörfer wie Winifreda (die erste Gründung), Alpachiri oder Guatraché zeichnen in ihren Grundrissen noch heute die 50 m breite Hauptstraße und die sich anlagernden 28 110-m²-Parzellen der Pionierzeit nach. Ein Blick ins Telefonbuch unter ›Sch‹, und da sind sie schon, die deutschen Namen: Schmidt, Schoenfeld, Schroeder, Schulz – woraus die kreolische Form ›Xul‹ entstand. Denn ungleich den Deutsch-Chilenen haben sich die Deutsch-Argentinier – bei aller Wahrung von Traditionen und Tugenden – lautlos in ihre neue Heimat integriert. Nach der letzten Erhebung leben rund 800 000 Nachfahren von Wolgadeutschen in Argentinien, davon über die Hälfte in der Pampa. Sie laben sich noch immer an ›Dürrkreppeln‹ und ›Leberworscht‹, pflegen Volkstänze und Musik.

Dank der Einwanderer ist die Pampa eine der großen Getreidekammern der Welt

Die Pampa

Importiert wurden aus Europa, gewissermaßen zum Spaß, auch einige Hasen, die sich in ihrer neuen Heimat allerdings so wohl fühlten, dass das Dekret Nr. 4863 von 1907 die Langohren zur »nationalen Plage« erklären musste. Von den 100 000 Hasen, die (ohne Schonzeit) jährlich allein in der Provinz La Pampa erlegt werden, wird die Hälfte nach Deutschland exportiert. Und auch das heute in Argentinien überall anzutreffende Wildschwein verbreitete sich von der Pampa aus, nachdem es einigen der zum Jagdvergnügen importierten Tiere gelungen war, aus dem eingezäunten Revier des Parque Luro (siehe rechts) auszubrechen. Bis heute gibt es Gauchos, die das Erlegen der Beute mit der Hand für die einzig waidgerechte Art halten. Von drei Hunden begleitet, gehen sie auf einem Criollo-Pferd auf Saujagd. Jorge Luis Borges hat das in einer seiner Erzählungen so geschildert: »Den linken Arm vom Poncho geschützt, grub die Rechte das Messer in den Wanst des Tieres.« So einfach ist das!

Nach der Erfindung des Stacheldrahts zog man Zäune um die Estanzien. Als Erster markierte der Nordamerikaner Richard Newton 1845 seine Weidegründe bei Chascomús mit Eisendraht und der Dichter Larreta klagte: »Ein Draht, ein Draht wird der Lyrik der Erde ein Ende machen!« Aber noch immer gibt es Gegenden in der westlichen (trockenen) Pampa, wo der Boden so billig ist, dass man ihn nicht in Hektar, sondern in Quadrat-Leguas (ca. 2500 ha) misst – eine Quadrat-Legua entspricht hier einer *unidad económica,* einer ›bewirtschaftbaren Flächeneinheit‹ – und wo die Investition in einen Drahtzaun aufwendiger wäre als der Landerwerb. Wenn in der feuchten Pampa 1 ha Weide ein Rind ernährt, dann sind es hier mehr als 30 ha, die pro Kopf benötigt werden.

Von Buenos Aires nach Santa Rosa

Reiseatlas: S. 17/18, D 1–A 2; S. 16, F 2
Auf fast geradliniger Strecke (RN 5 über Luján, Chivilcoy, Trenque Lauquen) spult man die 620 ebenen Kilometer nach Santa Rosa ab – eine lockere Tagesreise im Auto. Bei Mercedes bleiben die letzten Kernobstplantagen zurück, um endlosen Sonnenblumenfeldern, ständig wachsenden Sojapflanzungen, Viehweiden und Lagunen Platz zu machen. Den Eindruck, von der Landschaft aufgesogen zu werden, verstärkt die totale Abwesenheit von Dörfern. Die Fernstraße durchläuft nach Mercedes keine einzige geschlossene Ortschaft; alle Siedlungskomplexe liegen seitlich der Trasse. So kann die Pampa ihre ganze Weite vermitteln. Und wie bei einem Endlosfilm, dessen Bildfolgen man schon kennt, wandern die immer gleichen Motive vorbei: Felder und Koppeln, Windräder und Viehtränken, Eukalyptushaine und blaugelbe Mooraugen, in denen sich der Himmel spiegelt. Bis unweit von Santa Rosa Segelflieger neben den Raubvögeln am Himmel auftauchen. Sie nutzen die Thermik über den Getreidefeldern und künden an, dass der Weizengürtel der Pampa erreicht ist. Und da sind sie auch schon, die mächtigen Caldén-Bäume, unter denen das Vieh Schutz vor der Sonne sucht, wenn es nicht gerade bis zum Bauch im Wasser einer Lagune stehen kann.

Santa Rosa

Reiseatlas: S. 16, F 2
Rund 95 000 Einwohner – ein Drittel der gesamten Provinzbevölkerung – leben in dem adretten Städtchen **Santa Rosa.** Vorbei sind die Zeiten, da man die Straßen mit frischem Unkraut bestreute und sich das Galoppieren verbat, um die Staubbildung zu verhindern. Aber noch immer geht es in dem ebenso gepflegten wie ereignislosen Musterort so ruhig zu, dass es keiner Fußgängerzone und keiner Parkometer bedarf. Ja, man sieht kaum einen Polizisten und von Banküberfällen hat man nie gehört. Wohin sollten Räuber auch fliehen aus dieser in lineare Fernstraßen mündenden Stadt, abriegelbar an jeder Stelle?

 Dirección Provincial de Turismo: Av. Luro, Ecke San Martín, gegenüber

Richtig Reisen-Tipp: Reserva Natural Parque Luro

Knapp 35 km südlich von Santa Rosa (RN 35) erstreckt sich am Ufer der Laguna del Potrillo Gaucho die **Reserva Natural Parque Luro,** ein 7600 ha großes Schutzgebiet, das, mit Guanakos, Hirschen, Straußen und sogar Pumas bestückt und von Lehrpfaden durchzogen, eine Art halbwilden Naturpark bildet. Das französische Herrenhaus, kurz El Castillo (›Das Schloss‹) genannt, erzählt noch von der Zeit (1910–15), als das pampine ›Sankt Hubertus‹ von schießfreudigen Millionären, Politikern und Aristokraten aus aller Welt besucht wurde. Damals galt der – zu jener Zeit 20 000 ha große – Wildpark als größtes privates Jagdrevier der Erde. Der Einfall, hier auch Karpatenhirsche und europäische Wildschweine auszusetzen, war dem Eigentümer, Dr. Pedro Olegario Luro, Anfang des 20. Jh. gekommen, als es darum ging, seinen illustren Gästen eine schöne Trophäe zu verschaffen. Doch weil dem zahlungsunfähig werdenden Lebemann (mit dem Ersten Weltkrieg blieben die finanzkräftigen Gäste aus Europa aus) schließlich die Hypothekenbank

die leidend gewordene Latifundie entwand, traten Hirsche und Wildschweine die Zäune nieder und verbreiteten sich in der ganzen Region – man schätzt ihren Bestand heute auf rund 10 000 Stück. So entstanden in der Provinz La Pampa wie von selbst 57 auf mehrere Estanzien verteilte Jagdreviere.

Das Schutzgebiet bietet hervorragende Möglichkeiten zur Tierbeobachtung. Von den rund 160 Vogelarten, darunter viele Zugvögel, können je nach Jahreszeit etwa 40 auf einer Birdwatchingtour erspäht werden. Im März und April bieten brunftige Hirsche ein spannendes Spektakel und das ganze Jahr hindurch kann man abends – mit etwas Glück und aus gebührendem Abstand – die Pumas beim Gang zum Wasserloch beobachten. Über die besten Aussichtspunkte informieren die Aufseher am Parkeingang im Centro de Interpretación Ecológica, wo auch geführte Touren angeboten werden (RN 35 Km 292, Tel. 029 54-49 90 00, www.parqueluro.gov.ar, im Sommer tgl. 9–19, im Winter tgl. 10–18 Uhr, Parkeintritt 1 $, Besichtigung Schloss 2 $).

---

vom Busterminal, Tel. 029 54-42 50 60 u. 42 44 04, Fax 42 18 17, www.turismolapampa. gov.ar, www.santarosa.gov.ar/turismo.htm, Mo–Fr 7–13.30, 16–20 bzw. im Sommer 17–21, Sa/So 10–13 Uhr.

Estancia Villaverde: von Santa Rosa aus RN 35 ca. 7 km nach Norden bis zur RP 12, dann links ab und 2 km geradeaus (ausgeschildert), Tel./Fax 029 54-43 02 95 u. 43 87 64, www.estanciavillaverde.com. ar. Gepflegte Estanzia im Stil eines Landhotels auf 30 ha Grund mit Platz für max. 24 Gäste, komfortable Zimmer mit Jacuzzis, Konferenzraum, Pool, Reiten, Kutschfahrten, gute regionale Küche. 120 US$ p. P. inkl. VP. **Calfucurá:** San Martín 695, Tel./Fax 029 54-43 33 03, www.hotelcalfucura.com. Bestes Hotel am Platz, 100 m vom Busterminal, großzügig, gepflegtes Restaurant, Pool. DZ 197 $.

La Campiña Club Hotel: RN 5 Km 604, an der östlichen Ausfallstraße, Tel. 029 54-45 68 00, www.lacampina.com. Hotel im Landhausstil mit Pool, Sportplatz, Park und Restaurant. DZ 180 $.
San Martín: Av. Alsina 101, Ecke Pellegrini, Tel. 029 54-42 25 49, www.hsanmartin.com. ar. Ältestes Hotel in Santa Rosa, einfache Mittelklasse, sauber, sehr beliebt. DZ 90 $.
Residencial Santa Rosa: Yrigoyen 696, Ecke Urquiza, Tel. 029 54-42 38 68. Nüchtern-ordentliches Haus nahe Busterminal. DZ 74 $.
Camping Club de Caza Mapú Vey Puudú: Av. Presidente Perón, Ecke Paloma Torcaza, etwa 6 km außerhalb in Richtung Toay, Tel. 029 54-15 52 23 21. Äußerst gepflegter Zeltplatz des Jagdclubs unter alten Caldén-Bäumen, gute Infrastruktur, Pool, Freigehege. 3 $/Zelt.

179

Die Pampa

Camelot: Pueyrredón 25, Tel. 029 54-43 55 66. Internationale Küche, Fisch, Pasta und Fleisch. 90 $.

Los Caldenes II: Av. Santiago Marzo 350, Tel. 029 54-42 94 49. Beste Parrilla in Santa Rosa. 40 $.

Rancho La Ruta: Av. Luro, Ecke Alem, Tel. 029 54-42 39 91. Zentral gelegene Parrilla, *tenedor libre*. 32 $.

Mercado Artesanal: San Martín, Ecke Luro, Mo–Fr 7–22, Sa/So 9–13, 16–20 Uhr. Textilien, Lederwaren und andere Handwerksprodukte lokaler Tradition.

Flüge: 4 x wöchentl. Verbindungen mit Aerolíneas Argentinas nach Buenos Aires sowie nach Viedma. Flughafen: RN 35 Km 330, Tel. 029 54-43 44 90.

Busse: Zahlreiche Buslinien (Expreso Alberino, Nueva Chevallier, Andesmar, TAC, El Rápido, La Estrella etc.) verbinden Santa Rosa mit Buenos Aires und den patagonischen Anden. Busterminal: Av. Luro, Ecke Corrientes, Plaza San Martín, Tel. 029 54-42 29 52 u. 42 22 49.

Parque Nacional Lihué Calel

Reiseatlas: S. 16, E 3

Wer sich von Santa Rosa aus auf die patagonischen Anden zubewegt, wird den Ort über die genau nach Süden laufende RN 35 verlassen. Auf dieser Strecke wellt sich die Landschaft, füllt die Niederungen mit Salzlagunen aus und breitet ausgedehnte Caldén-Wälder über die Hügelkämme hin. Nach etwa 68 km zweigt Richtung Westen die RN 152 ab, die – erst noch von Waldweiden, im Sommer von gelb blühenden Chilladora-Büschen und schließlich nur noch von Dornstrauchsteppe begleitet – 220 km später den **Parque Nacional Lihué Calel** streift. Das 9900 ha große Reservat wird beherrscht von einer felsigen Erhebung (590 m), die ihrer runden, geschlungenen Formen wegen von den Tehuelche-Indianern *lihue calel* (›Eingeweide‹)

genannt wurde. Die ältesten menschlichen Spuren, geometrische und komplizierte symbolische Höhlenzeichnungen, heute stark in Mitleidenschaft gezogen, sind mehr als 2000 Jahre alt.

Das von gelben und roten Flechten überzogene Felsmassiv war auch der Hort des letzten berühmten Kaziken Namuncurá. Heute ist der von einem Waldsaum eingefasste Höhenzug, an dem sich die karge Feuchtigkeit über der Steppe abregnet (ca. 400 mm pro Jahr), eine Lebensinsel für viele Halbwüstentiere (u. a. Guanakos, Strauße, Füchse, Pumas, Gürteltiere und Echsen), die

Wenn die Stimmung passt, zaubert die Pampa magische Momente

in den kühlen Nischen Zuflucht suchen. Das von einem Parkaufseher gehütete Reservat wird jährlich von etwa 7000 die Einsamkeit liebenden Touristen besucht (RN 152 Km 147, Tel. 029 52-43 65 95 u. 43 26 39, www. parquesnacionales.gov.ar, Eintritt frei).

Folgt man der RN 152 noch 285 weitere Kilometer nach Südwesten, wird die Provinzhauptstadt Neuquén erreicht, das ›Vorzimmer‹ der südlichen Andenregion (s. S. 301).

Hostería Lihué Calel: RN 152 Km 148, etwa 1 km südlich der Parkeinfahrt, Tel. 029 52-43 61 01. Einfache Unterkunft mit Restaurant (20 $). DZ 50 $ ohne Frühstück.

Camping Parque Nacional Lihué Calel: im Nationalpark, beim Eingang. Schattiger Zeltplatz mit ordentlicher Infrastruktur, kostenlos.

Busse: Das Busunternehmen Dumas, Tel. 029 54-43 70 90 u. 42 59 76, fährt auf seinem Weg von Santa Rosa nach Neuquén direkt am Nationalpark vorbei (25 $). Ebenfalls von Santa Rosa starten Kleinbusse in den Park, z. B. Bacro, Tel. 029 54-43 97 98; Miguel Bus, Tel. 029 54-15 66 73 23 u. 15 51 50 50.

Den nordwestlichen Rand der Pampa markiert eine Reihe von Gebirgszügen, die für Einheimische und ausländische Besucher von unterschiedlicher Attraktivität sind. Während die hitzegeplagten Flachlandbewohner im Sommer gerne in das trockene, frische Höhenklima dieser Bergregion fliehen, streift der Fernreisende diese Gegend meist nur am Rande.

Erdgeschichtlich sind die Sierras Pampeanas mit 500 Mio. Jahren weit älter als die Anden, vor deren Ostflanke sie die Präkordilleren offenbar mit aufzubauen halfen. Das geschah, so nimmt man an, zunächst durch eine gewaltige Erosion jener Gebirgsstöcke und anschließend durch den Transport der Erosionsmassen nach Westen – eine mutmaßliche Folge von Bewegungen der Erdkruste. Was blieb, waren kristalline Blöcke, auf denen der Wind Sand- und Kalkanwehungen ablagerte. Der dann nacheinander von der Prä- und von der Hauptkordillere ausgehende Druck nach Osten stauchte die in tischflache Ebenen eingelagerten Blöcke an ihren Westrändern, was ihr heutiges Profil erklärt: Ihre Ostabdachung verläuft bezeichnenderweise sanfter als der Abfall nach Westen.

Einige der Sierras Pampeanas klinken sich wie von selbst in die in diesem Band beschriebenen Routen ein. Andere – wie die Folgenden – liegen entweder direkt an der (Durchfahrts-)Strecke zu Hauptzielen oder bieten sich unterwegs als Ergänzungen in Form eines Abstechers an.

San Luis und Umgebung

San Luis
Reiseatlas: S. 12, D 3; **Karte:** S. 187
900 km westlich von Buenos Aires liegt am Rand der unendlichen Pampa-Ebene **San**

Luis **1**, die Hauptstadt der gleichnamigen Provinz. Der rührige 150 000-Einwohner-Ort, dessen Bevölkerung dank der prosperierenden Textil-, Metall- und Lebensmittelindustrie in den letzten zehn Jahren um 40 % zunahm, verlor seine Gründungsurkunde und rätselt deshalb ebenso an seiner Entstehung herum wie der Wanderer am Ursprung der Felsentempel der Aguada-Senke, der am Bajo de Véliz in den Schiefer eingepressten Pflanzenfossilien oder der grünen Onyxadern von Santa Isabel. Das Städtchen hat seine wenigen um die propere Plaza gescharten älteren Gebäude – den Kuppelbau der innen in byzantinischer Manier gestalteten Kathedrale und zwei ehrwürdige Gymnasien – schnell vorgezeigt, eignet sich jedoch als Basis für die Erkundung zweier Gebirgszüge, die scheitelförmig auf die Stadt zulaufen: die Sierra de las Quijadas und die Sierra de San Luis (s. S. 183ff.).

ℹ️ Touristeninformation: Av. Illia, Ecke Junín, Tel./ Fax 026 52-42 34 79, www.turismoensanluis.gov.ar, tgl. 8–14 Uhr.

🛏️ ... in San Luis:
Hotel Aiello: Av. Illia 431, Tel. 026 52-42 56 09 u. 42 56 39, Fax 42 56 94, www.hotelaiello.com.ar. Gepflegtes, gehobenes Mittelklassehotel mit Pool, Autoeinstellplatz, Bar und Restaurant. DZ 130 $.

Hotel Dos Venados: República del Líbano,

Mit den Autoren unterwegs

Paläontologische Schatzgrube

Wo heute Kondore fliegen, zog vor 100 Mio. Jahren ein fliegendes Reptil seine Kreise am Himmel – das belegen die faszinierenden Funde in der **Sierra de las Quijadas,** die man am besten mit Führern des Landhotels La Aguada erkundet (s. unten).

Auf Goldsuche

Im alten Goldgräberdorf **Carolina** können Besucher mit der Goldwaschpfanne dem Fluss zu Leibe rücken. Eine passende Unterkunft bietet die Posada del Caminante in der Ingenieursherberge von 1946 (s. S. 184).

Grüner Onyx

Aus dem typischen Gestein der Provinz San Luis entstehen in den Werkstätten von **La Toma** die unterschiedlichsten Objekte – vom Flamingo bis zum Schachspiel ist alles im Angebot (s. S. 185).

Farmleben in der Sierra de Comechingones

Auf dem Pferderücken Ausschau nach vermisstem Vieh halten, mit einem alten DDR-Traktor das Maisfeld bearbeiten, am Abend gemeinsam Mate trinken und ein deftiges Asado zubereiten – das alles erwartet die Gäste, die den Weg zum abgelegenen **Establecimiento Cerro Negro** finden (s. S. 188).

Unterkunft mit Panoramablick

Von La Cumbrecita bis zum Stausee Los Molinos reicht die Sicht, die man vom **Hotel La Domanda** genießt. Abends kann man am sternenübersäten Himmel fast unablässig Sternschnuppen zählen (s. S. 188).

Landgüter der Jesuiten

Etwas abseits der üblichen Route der Jesuiten-Estanzien (s. S. 196ff.), aber den Umweg allemal wert, liegen die von den Patres gegründeten Landgüter in **Alta Gracia** und **La Candelaria** (s. S. 189 u. 190).

Kolonialdorf in neuem Kleid

Eine Plaza mit einem 700 Jahre alten Johannisbrotbaum, eine Jesuitenkirche und eine einzige Häuserreihe bilden das lange vergessene Dorf **Ischilín,** das nach 300 Jahren wieder zum Leben erweckt wurde (s. S. 191).

Ecke Perón, Tel. 026 52-42 23 12, Fax 42 25 03, www.dosvenadoshotel.com.ar. Großzügige Unterkunft im Landhausstil in schönem parkartigem Gelände mit Pool, bewährte internationale Küche, das führende Hotel der Provinzhauptstadt. DZ 120 $.
Comesa: Colón 657, 2. Stock, Tel. 026 52-42 29 96. Zentrales, sauberes und preiswertes Übernachtungshotel, mit Autoeinstellplatz. DZ 80 $.
... außerhalb:
Hotel Potrero de Funes: RP 18 Km 16, Tel. 026 52-44 00 48, www.hotelpotrero.sanluis. gov.ar. Großes 4-Sterne-Hotel 16 km nordöstlich der Stadt am Ufer des Lago Potrero de Funes; Pool, Sauna, drahtloser Internetanschluss, Restaurant mit regionaler und internationaler Küche. DZ ab 140 $.

La Porteña: Junín, Ecke General Paz, Tel. 026 52-43 17 22. Empfehlenswerte Parrilla. 25 $.

Flüge: 6 x wöchentlich Verbindungen mit Aerolíneas Argentinas zwischen Buenos Aires und dem Flughafen in San Luis, Tel. 026 52-42 24 57.
Busse: Über ein Dutzend Buslinien fahren von San Luis nach Buenos Aires, Córdoba und in viele andere Städte des Landes. Terminal: Av. España 990, Tel. 026 52-42 40 21.

Sierra de las Quijadas

Reiseatlas: S. 12, D 2; **Karte:** S. 187
Über ein Buschwaldplateau, in dem mehr Ziegen als Menschen zu Hause sind, erreicht man 110 km nordwestlich von San Luis bei

Einst Versteck für Outlaws: die größtenteils unzugängliche Sierra de las Quijadas

Hualtarán die 6 km lange Zufahrt in das rote Schollengebirge der **Sierra de las Quijadas** (›Sierra der Kieferknochen‹). Der makabre Name, der sich aus hier verscharrten Kinnladen von Rindern erklärt, geht auf die Zeit zurück, als diese nur von Jarilla-Sträuchern und Trockengras besiedelte Bergwüste das Versteck von räuberischen Gauchos war, die sich, als Outlaws der Pampa, auf der Flucht vor der Justiz befanden. Die Sandsteinkaskaden der Aguada-Senke lassen sich von Felsnasen aus bewundern, zu denen Fußpfade führen (bestes Fotografierlicht vor Sonnenuntergang). Guanakos, Graufüchse, Pekaris und Pumas haben hier ihre Fluchtburgen. Vor allem aber ist dieses 1991 zum **Parque Nacional Sierra de las Quijadas** 2 erklärte Gebiet eine paläontologische Schatzkammer. 1970 wurden versteinerte Knochen eines fliegenden Reptils *(Pterodaustro)* ausgegraben, 1993 Fußabdrücke von Sauriern entdeckt (ohne Parkwächter, Eintritt frei).

La Aguada: RN 20 Km 395,5, Tel. 026 52-65 02 45 u. 011-15 52 47 40 49, www.laaguada.com. Landhotel auf einem kleinen Bergplateau mit Bungalows, Pool und Restaurant; Trekking- und Reittouren zu den prähistorischen Spuren im Nationalpark. 110 US$ p. P. inkl. VP u. Ausflüge (2 Nächte 180 US$, 3 Nächte 240 US$).

Sierra de San Luis

Reiseatlas: S. 12, D/E 2/3; **Karte:** S. 187
Im Nordosten der Provinzhauptstadt dehnt sich die **Sierra de San Luis** aus. Sie ist von zahlreichen Flüsschen, Wasserfällen und Felsentümpeln belebt und daher, obwohl – oder weil – es in den Ortschaften kaum eine touristische Infrastruktur gibt, ein ideales Gebiet zum wilden Zelten. Von San Luis aus erschließt man sich das bis zu 2000 m hohe Massiv über die panoramareiche Strecke El Volcán–El Trapiche–Carolina (RP 9, 93 km, asphaltiert). Ab **Carolina** 3, einem ehemaligen, schon 1793 gegründeten Goldgräbernest in 1600 m Höhe, windet sich eine stellenweise holprige Erdstraße (RP 10) durch eine Landschaft, deren *rolling hills* und Felssteinmauern zeitweise an Wales erinnern. Riesige Basaltformationen leiten zu den 15 km entfernten Lavahöhlen hin, deren berühmteste die **Gruta de Intihuasi** 4 (auf Quechua: ›Sonnenhaus‹) ist. In den von vulkani-

schen Eruptionen modellierten Wohnhöhlen fand man 8000 Jahre alte Projektile. An vielen aufgelassenen Edelmetallgruben und der Onyx-Fundstätte von Santa Isabel vorbei erreicht man nach 55 weiteren Kilometern den kleinen Ort **La Toma** . Zahlreiche Werkstätten in der Avenida Mármol Onix laden dazu ein, bei der Bearbeitung des lokalen grünen Onyx zuzusehen.

Von La Toma sind es rund 80 km über die gut ausgebaute RP 20 zurück nach San Luis. Man kann sich natürlich auch in nordöstlicher Richtung auf den Weg nach Córdoba (s. S. 192ff.) machen, wahlweise auf der RN 148 durch das Valle de Conlara, weiter ostwärts auf der parallel verlaufenden RP 1, die an den westlichen Ausläufern der Sierra de los Comechingones entlangführt (s. rechts), oder über Río Cuarto entlang der Ostflanke des Gebirges (RN 36, s. S. 187ff.).

La Posta del Caminante: RP 9 Km 83, Carolina, Tel./Fax 026 51-49 02 23, www.lapostadelcaminante.com.ar. Alte Gaststätte der Minenunternehmen mit Zimmern, in einen Berghang gebauten Pool und Restaurant, Ausflüge in die Goldmine, Goldwaschen im Fluss etc. DZ 120 $.

Sierras de Córdoba

Die Sierren von San Luis leiten im Norden beinahe bruchlos in die bis zu 2900 m hohen Sierren von Córdoba über – und zwar sowohl geomorphologisch als auch pflanzengeografisch. Hier wie dort fühlen sich in der halbtrockenen Mittelgebirgsluft aromatische Kräuter besonders wohl. So sind diese Höhenzüge nicht nur reich an *yuyos* (›Wildkräuter‹), wie die Indianer (und heute auch die Argentinier) sie nennen, sondern hier werden Heilpflanzen und essenzenreiche Gewächse für Küche und Bad inzwischen auch kultiviert: Rosmarin, Oregano und Lavendel. In der näheren Umgebung des kleinen Ortes Villa Berna (s. S. 188) beispielsweise befinden sich Felder des deutschen Naturkosmetik-Unternehmens Weleda.

Die Bergregion ist mit einem relativ dichten Straßennetz überzogen. Dennoch gibt es zwei in Nord-Süd-Richtung verlaufende Hauptachsen, die die schönsten Ortschaften miteinander verknüpfen: die RP 1 über Merlo sowie die RN 36 über Río Cuarto.

Von La Toma nach Merlo

Reiseatlas: S. 12, E 2/3; **Karte:** S. 187

Über **La Esquina** erreicht man **La Punilla,** wo die nordwärts bis Merlo (93 km) asphaltierte RP 1 abzweigt. Die Straße folgt der Westflanke der sich zu einem zunehmend höheren Kamm aufbauenden **Sierra de Comechingones,** die den Spitznamen der einst hier siedelnden Indianer adoptierte – von den Spaniern ihres ungewöhnlichen Habitus wegen (sie trugen, gleich ihnen, Bärte!) bestaunt, erhielten die Indianer gleichwohl die despektierliche Gattungsbezeichnung *comechingones* (etwa: ›Spatzenfresser‹).

Bereits bei **Papagayos** kündigen ausgedehnte Wälder von – für diese Breiten ungewöhnlichen – Caranday-Palmen die besondere Biosphäre an, die **Merlo** 6 zu dem Ruf verhalf, das drittbeste Mikroklima der Welt zu besitzen. Der großflächig aufgelockerte Luftkurort zieht sich zwischen 800 und 1200 m Höhe an den Waldhängen hoch. Weiter nach Norden Fahrende gewinnen von hier aus über **Santa Rosa de Conlara** und **Villa Dolores** den Anschluss an **Villa Carlos Paz** (s. S. 190) ca. 40 km westlich der Stadt Córdoba.

… in Papagayos:

Oficina de Turismo: RP 1, am Südeingang des Dorfes, Tel. 026 56-48 14 67, www.papagayos.gov.ar, tgl. 9–18 Uhr.

… in Merlo:

Secretaría de Turismo: auf dem Rondell an der Ortseinfahrt, Tel. 026 56-47 60 78, www. weboficialdemerlo.com.ar, im Sommer tgl. 7–24, im Winter tgl. 8–20 Uhr.

… in Papagayos:

Los Leños: Av. Comechingones 555, Tel. 026 56-47 82 89, www.hosterialoslenios. com.ar. Pool, Restaurant, Ausflüge in den Palmenwald, Gleitschirmflüge. DZ 100 $.

Richtig Reisen-Tipp: Per Pferd durch die Sierra de los Comechingones

Die wildromantische Sierra de Comechingones ist wie geschaffen für eine Erkundung vom Pferderücken aus. Klassischer Startpunkt mit mehreren Unternehmen, die eine solche Tour anbieten, ist **Merlo** (s. S. 185f.). Von hier aus kann man über schmale Pfade mitten in die Gebirgslandschaft bis auf den rund 2200 m hohen Berggrat reiten, der die natürliche Grenze zwischen den Provinzen San Luis und Córdoba bildet.

Eine erste Pause wird meist im **Puesto Tono Albornoz** eingelegt, das über eine Piste auch per Geländewagen erreichbar ist. Die weitere, auch bei Wanderern beliebte Strecke führt dann zum **Salto del Tigre**, einem 40 m hohen Wasserfall, dessen Pool ein großes natürliches Schwimmbad bildet. Weiter geht es um große Felsblöcke und zuweilen im Schatten der *molles, talas* und *chañares,* der typischen Bäume der Region, bis in den heute verlassenen Ort **Cerro Áspero,** zu Recht auch Pueblo Escondido (›Verstecktes Dorf‹) genannt. Hier lebten zwischen 1920 und 1969 um die 300 Minenarbeiter, die Wolframerze abbauten. Der Rohstoff wurde erst von einem deutschen Unternehmen für Lampen-Glühfäden verwertet, später von Briten und während des Zweiten Weltkrieges von den USA für die Waffenindustrie aufgekauft. Eine Hängebrücke führt über den kleinen Fluss, der durch das Dorf mäandert. Stellung hält hier nurmehr Carlos Cerro, der in seiner einfachen Raststätte warme Speisen, hausgemachtes Bier und sogar Matratzen zum Übernachten anbietet. Steigt man jedoch rechtzeitig wieder in den Sattel, ist man abends wieder in Merlo.

Geführte Touren: Graciela Vega, Piedra Blanca Arriba, Agüita Rosa, am Nordostrand von Merlo, Tel. 026 56-47 76 62, www.aguitarosa.com.ar (Tagesritt nach Cerro Áspero 200 $); Claudio Alaniz, San Luis 2050, Merlo, Tel. 026 56-47 63 10 u. 026 52-15 66 48 02 (2-tägiger Ritt nach Cerro Áspero 450 $, Tagesausflug zur Kondor-Beobachtung 250 $); Tony Yváñez, Torres Tour, Av. del Sol 50 u. Busterminal, Lokal 20, Merlo, Tel. 026 56-47 40 28 u. 47 40 21 (per Jeep bis Puesto Albornoz, von dort zu Fuß oder per Pferd weiter in die Berge bis Cerro Áspero, 90 $).

... in Merlo:
Howard Johnson Hotel & Casino Merlo: RP 1 Km 1,5, Tel. 011-47 01 69 00. Flacher, der Landschaft angepasster Bau, Restaurant, Pool, Spielsäle. DZ ab 364 $.

Hotel Piedra Blanca: Av. de los Incas 3000, Piedra Blanca, Tel. 026 56-47 96 61, www.hotelpiedrablanca.com.ar. Am Nordrand der Stadt zu Füßen der Berge, Pool, Restaurant, drahtloser Internetanschluss. DZ 120–160 $.

Altos del Rincón: Av. de los Césares 2977, Tel. 026 56-47 63 33. Unterkunft im östlichen Vorort Rincón del Este. DZ 80 $.

Camping Cerro de Oro: Av. Pepe Mercau, Ecke Urquiza, 3 km südöstlich vom Stadtzentrum, Tel./Fax 026 56-47 74 96, www.campingmerlo.com.ar. Gute Infrastruktur, Pool. 7 $ p. P., 5 $/Zelt.

Camping Municipal: Av. de los Césares, im östlichen Vorort Rincón del Este, Tel. 026 56-47 89 03. Am Ufer des Arroyo El Rincón, mit Restaurant. 7 $ p. P., 5 $/Zelt.

🍴 **... in Papagayos:**
Doña Pabla: RP 1 Km 44, Tel. 026 56-42 17 77. Parrilla, Tipp: Spanferkel aus dem Lehmofen.

Parrilla Don Alberto: Av. de los Comechingones s/n, Tel. 026 52-15 46 32 28. Zum Essen gibt's Gegrilltes, Zicklein, *empanadas* etc., außerdem Verkauf von Lederhandwerk, das der Besitzer Don Alberto selbst herstellt. 30 $.

Finca Irideus: bei Km 37 von der RP 1 nach Osten abzweigen und der Straße noch 3 km folgen, Do–Mo mittags, Tel. 026 52-15 50 78

Sierras Pampeanas

88. Spezialität sind Forellen, die auf dem Landgut gezüchtet werden. Besonders lecker sind auch die *empanadas* – natürlich gefüllt mit Forelle. 25 $.

… in Merlo:

Mirador Cabeza de Indio: Pasos Malos, ca. 7 km nordwestlich vom Ort, Tel. 026 56-47 71 51. Parrilla auf 1350 m am Berghang mit Panoramasicht auf das Conlara-Tal; Zicklein, auf Pflugscheiben gebratenes *asado* (Grillfleisch), *locro, humita* etc. 45 $.

La Farola: RP 1, Kreuzung mit RP 5, Tel. 026 56-47 55 37. *Chivito con chanfaina* (gebratenes Zicklein mit gehackten Kutteln), *empanadas,* Braten aus dem Lehmofen. 40 $.

El Establo: Av. del Sol 450, Tel. 026 56-47 53 52. Hier gibt es ein ausgezeichnetes Zicklein vom Grill. 25 $.

Flüge: Vom Aeropuerto Valle de Conlara, 18 km südlich von Merlo, gibt es Flüge mit Baires Fly, Tel. 011-49 53 73 11 u. 49 53 68 26, nach Buenos Aires (Mo, Fr).

Busse: Busterminal: an der Südeinfahrt der RP 1. Chevallier, TAC und andere Buslinien verbinden mit San Luis, Mendoza, Córdoba und Buenos Aires.

Río Cuarto und Alpa Corral

Reiseatlas: S. 12, F 2/3; **Karte:** s. oben Ausgangspunkt für die Route entlang der Ostflanke ist **Río Cuarto** 7 (›Vierter Fluss‹), mit 150 000 Einwohnern der zweitgrößte Ort der Provinz Córdoba. Die quirlige Stadt besitzt eine malerische Kathedrale an der Plaza und ein erstaunlich lebendiges Nachtleben, lohnt aber ansonsten keinen längeren Aufenthalt.

Sierras Pampeanas

Wer von hier den kürzeren Weg in die Provinzhauptstadt Córdoba wählt, stößt über die RN 36 durch die Savanne östlich der Sierra de los Comechingones nach Norden vor. Schöner ist die Fahrt über die gebirgsnähere Schotterstraße RP 23, die eine erste Annäherung an die Berglandschaft ermöglicht. Nach 50 km erreicht man mit **Alpa Corral** `8` das Wochenenddomizil der Einwohner von Río Cuarto, einen ruhigen Ort in wunderbarer Landschaft, wo es sich gut entspannen lässt.

... in Alpa Corral:
Establecimiento Cerro Negro: bei Alpa Corral, Tel. 03 58-488 82 26 u. 011-15 54 20 10 49. Rustikales Landgut auf 700 ha in den Sierras, die Landwirte Lara und Carlos Rosenfeld holen die Gäste in Alpa Corral ab; man kann bei der Farmarbeit helfen, Forellen angeln und die Natur zu Fuß oder per Pferd erkunden. 150 $ p. P. inkl. VP, Transport ab Alpa Corral und Aktivitäten.

... in Alpa Corral:
La Trattoria de Luigi: Avenida D'Glimes. Auf der Holzterrasse genießt man Pizza, hausgemachte Pasta und Bier und kann dabei das Leben auf der Dorfstraße beobachten.

Villa General Belgrano und Umgebung

Reiseatlas: S. 12, F 2; **Karte:** S. 187
Am **Dique Río Tercero** (›Stausee Dritter Fluss‹) trifft die RP 23 (über die E 61 und E 63) wieder auf die Hauptstraße RN 36. Das touristische Freizeitangebot an dem Gewässer führt bereits musterhaft vor, was die weitere Strecke charakterisieren wird: Landhäuser, Ferienhotels, Erholungsheime, Sportanlagen, Campingplätze und Bootshäfen. Auch die Vegetation ist hier bereits weitgehend vom Menschen verändert worden. Weiden, Pferdekoppeln, Zypressen, Eukalyptus- und Pinienwäldchen umgeben die mit einem dichten Hotelangebot aufwartenden Ortschaften, die sich von nun an die Hand reichen.

In **Santa Rosa de Calamuchita,** 18 km nördlich des Sees, zweigt eine 30 km lange Seitenroute Richtung Westen nach **Yacanto** de Calamuchita ab, wo es eine der hübschen Landkapellen (17. Jh.) zu sehen gibt, für die die Cordobeser Berge bekannt sind.

Nächstes Dorf an der Hauptstrecke ist das schmucke **Villa General Belgrano** `9` (6000 Einw.), dessen Reklameschilder – Hotel Bremen oder Alpendorf – und die Ankündigung eines Oktoberfestes auf deutschstämmige Bewohner verweisen. Hier war im Zweiten Weltkrieg die Besatzung der Graf Spee interniert, nachdem sie das Schiff, am Auslaufen aus dem Hafen von Montevideo von britischen Einheiten gehindert, im Dezember des Jahres 1939 selbst versenkt hatte.

Etwas weniger touristisch ist das Nachbardorf **Villa Berna** mit seinen knapp 100 Einwohnern. Von hier führt ein Abstecher in die Berglandschaft bis **La Cumbrecita,** das dem Bild einer Postkarte aus den Alpen entspricht. Deutsche und Schweizer Einwanderer haben dem Ort ihren Stempel aufgedrückt und einen touristischen Anziehungspunkt geschaffen, der im Januar und Februar vollkommen überlaufen ist. Am Dorfende lädt der natürliche Pool eines Wasserfalls zum Bad.

... in Villa General Belgrano:
Cabañas de Santiago: Av. Belgrano s/n, Tel. 035 46-46 43 71 u. 15 65 96 73, www.cabdesantiagovgb.com.ar. Bungalows 1,5 km südöstlich vom Dorf, ruhig mit Blick auf die Sierra und Pool. DZ 100–180 $.

... in Villa Berna:
Pueblo Nirvana: Margarita Kellenberg, Ecke Los Pinos, Tel. 035 46-48 70 17, www.pueblonirvana.com.ar. Unterkunft in 20 ha großem Park mit Pool und Restaurant. DZ 170 $.
La Domanda: RP 5, 3 km nördlich von Villa Berna, Tel. 035 46-46 20 70 u. 011-58 11 44 44, www.ladomanda.com.ar. Auf einem Hügel mit weiter Sicht in die Berge bis La Cumbrecita und ins Tal bis zum Stausee Los Molinos, 20 ha großes Parkgelände mit Bach, Pool, gutes Restaurant.130 $ p. P. inkl. VP.

... in Santa Rosa de Calamuchita:
La Pulpería de los Ferreyra: Libertad 578, Tel. 035 46-42 17 69, www.lapulperiaferreyra.com.ar. Lokale Küche. 20 $.

Früh übt sich: Mate kennt keine Altersgrenzen und gehört auch bei den zumeist deutschstämmigen Bewohnern von Villa General Belgrano zum täglichen Leben

Alta Gracia

Reiseatlas: S. 12, F 1; **Karte:** S. 187
Zurück auf der Hauptstraße, kommt wieder ein Stausee, der **Dique Los Molinos,** bevor das einst aus einer Jesuiten-Estanzia hervorgegangene sympathische Städtchen **Alta Gracia** 10 (43 000 Einw.) auftaucht. Hier verbrachte Ernesto ›Che‹ Guevara einen Teil seiner Kindheit, um in dem trockenen Klima sein Asthmaleiden auszukurieren. Das ehemalige Wohnhaus der Familie, die eigens für ihren Sohn hierhergezogen war, trägt heute den Namen **Museo Che Guevara** und zeigt Memorabilia aus dem Leben des Revolutionärs (Avellaneda 501, Stadtteil Carlos Pellegrini, Tel. 035 47-42 85 79, tgl. 9–19 Uhr, 2 $).

Auch die nahe liegende ehemalige Wohnung des spanischen Komponisten Manuel de Falla, der die letzten Jahre bis zu seinem Tod 1946 in Alta Gracia lebte, steht als **Museo Manuel de Falla** zu Besichtigung offen (Av. Pellegrini 1011, tgl. 9–19 Uhr, Eintritt frei).

Hauptattraktion der Stadt ist aber die Jesuiten-Estanzia, die dem Orden vom ursprünglichen Besitzer vermacht worden war.

Die Residenz beherbergt heute das **Museo Histórico Casa del Virrey Liniers,** benannt nach dem letzten spanischen Vizekönig von Río de la Plata, der die Estanzia 1810 – fast ein halbes Jahrhundert nach der Ausweisung der Jesuiten – kaufte und dort Zuflucht suchte, bevor er im August desselben Jahres von revolutionären Truppen erschossen wurde (Av. Tajamar 41, Plaza Manuel Solares, Tel. 035 47-42 13 03, www.museoliniers.org.ar, im Sommer Di–Fr 9–20, Sa/So 9.30–20, im Winter Di–Fr 9–13, 15–19, Sa/So 9.30–12.30, 15.30–18.30 Uhr, 2 $, Mi kostenlos). Neben der Residenz steht eine hübsche Barockkirche aus dem 18. Jh. und auf der anderen Seite der Avenida Tajamar liegt der gleichnamige kleine Stausee, der das Wasserreservoir der Patres bildete und die Energie für ihre Mühle lieferte.

ⓘ **Oficina de Turismo Alta Gracia:** Av. del Tajamar, Ecke Calle del Molino, im Tajamar-Turm, Tel. 035 47-42 81 28 u. 08 10-555 25 82, www.altagracia.gov.ar, tgl. im Sommer 7–22, im Winter 9–17 Uhr.

Sierras Pampeanas

Solares del Alto: Bv. Pellegrini 797, Ecke Eva Perón, Tel. 035 47-42 90 42, www.solaresdelalto.com. Elegant, Pool, Spa, Restaurant, Sportsbar. DZ 119–175 $.

279: José Giorello 279, Tel. 035 47-15 45 94 93, www.279byb.com. Sauberes B & B in einer 100-jährigen, gut restaurierten und zentral gelegenen Wohnung. DZ 90 $.

Morena: Sarmiento 417, Tel. 035 47-42 63 65, www.morena-ag.com.ar. Zeitgenössische argentinische Küche in einem neokolonialen Haus. 40 $.

Busse: Chevallier und General Urquiza verbinden täglich mit Buenos Aires, Sarmiento, Calamuchita und La Serranita mit der Stadt Córdoba (36 km). Busterminal an der Plaza América.

Über Villa Carlos Paz nach Capilla del Monte

Reiseatlas: S. 12, F 1; S. 6, F 4; **Karte:** S. 187
Weiter in Richtung Norden konzentriert sich beim dritten künstlichen Gewässer, dem Lago San Roque, das Freizeitangebot auf alles, was man der nahen (36 km) Provinzhauptstadt Córdoba schuldig ist: **Villa Carlos Paz 11** (56 000 Einw.) heißt dieser Klassiker unter den argentinischen Inlandszielen.

Ein lohnender Abstecher führt von hier über die RP 28 Richtung Westen. Nach 51 km zweigt rechter Hand ein Weg ab, der nach weiteren 25 km auf die **Estancia Jesuítica La Candelaria 12** stößt. Diese abgelegenste Estancia der Jesuiten liegt inmitten der Sierra und war der extensiven Viehzucht gewidmet, insbesondere von Mauleseln, die man für den Handelsverkehr mit Alto Perú, dem heutigen Bolivien, einsetzte. Residenz und Kirche wurden im Stil einer Festung gebaut, um eventuellen Angriffen der Indianer Stand zu halten (Tel. 03 51-433 34 25, tgl. 10–18 Uhr, 2 $). Wer von hier aus noch ein wenig weiter nach Westen ausspäht und auf der RP 28 bis in die **Pampa de Pocho** vordringt, kann weitere Kapellen (darunter auch stilfremd restaurierte) finden – eine der ältesten (1645) und schönsten steht im Weiler **Las Palmas 13**, ungefähr 115 km westlich von Villa Carlos Paz.

Wild und fast unberührt erlebt man die Sierras de Córdoba bei Capilla del Monte

Die Hauptstrecke, im Osten stets von der **Sierra Chica** begleitet, läuft von Villa Carlos Paz nun auf der RN 38 über **Cosquín** und **La Cumbre** weiter nach Norden und man erlebt dabei die zunehmende Rückkehr der Landschaft zur Ursprünglichkeit. Dichter Naturwald brandet gegen die Bergwände an und geht im Herbst in einem Gluttppich von Farben auf. Bei **Capilla del Monte** 14 mischen sich bereits Palmen unter den knorrigen Wald, der allmählich ausdünnt und den ersten Kakteen Platz macht: Die nahen Salare kündigen sich an.

Wer nach La Rioja möchte, wird seine Fahrt über **Cruz del Eje** und die RN 38, wer Tucumán ansteuert, über **Deán Funes** und die RN 60 fortsetzen. In beiden Fällen passiert man an Schmalstellen die ausgedehnten **Salinas Grandes,** die größten der zentralargentinischen Salztonebenen.

 Gleitschirmfliegen: Toti López, Cuchi Corral, 7 km westlich von La Cumbre, Tel. 035 48-49 40 17 (30 Min. 180 $).

Ongamira und Ischilín

Reiseatlas: S. 6, F 4; **Karte:** S. 187

8 km nördlich von Capilla del Monte zweigt kurz vor **Charbonier** die RP 17 nach Westen ab – eine schöne Alternative für die Fahrt nach Deán Funes. An der Straßenkreuzung werden feine Körbe und anderes Kunsthandwerk aus Palmfasern, Batist und Leinen verkauft. Nach 7 km dann tauchen bei Quebrada de la Luna die rötlichen bizarren Steinformationen von **Los Terrones** auf. Ein Fußpfad (ca. 2 St.) und eine kurze Autorundfahrt führen durch die monumentale Sandsteinlandschaft (www.losterrones.com, Eintritt 8 $).

Etwa 9 km weiter liegt der kleine Ort **Ongamira** 15, bekannt wegen der **Grutas de Ongamira,** von deren prähistorischen Wandmalereien allerdings nur noch wenig zu sehen ist (2 $). Dafür genießt man im umgebenden **Parque Natural Ongamira** eine wunderbare Sicht auf die von Kondoren umkreisten Cerros Pajarillo, Áspero und Colchiqui (2 $).

Ein paar Kilometer westlich von Ongamira zweigt in nördliche Richtung ein Erdweg nach

Deán Funes ab. Auf der Strecke passiert man die **Casa Fernando Fader,** das Landhaus des deutschstämmigen, in Frankreich geborenen und in Argentinien aufgewachsenen Malers und Ingenieurs Fernando Fader (1882–1935). Der an Tuberkulose leidende Künstler zog 1916 wegen der gesunden Luft in die Provinz Córdoba und lebte bis zu seinem Tod in dieser Region, die vielen seiner (stark von Monet beeinflussten) Bilder als Motiv diente (Tel. 035 21-42 20 44, Mi–So 8–18 Uhr, 1 $).

Nur 7 km weiter liegt das idyllische **Ischilín.** Lange Zeit war das 1640 gegründete Dorf mehr oder weniger verlassen, bis sich im Jahr 2000 Fernando Faders Enkel des Ortes annahm und ihm eine gründliche Renovierung zuteil werden ließ. Heute gruppiert sich um die zentrale Plaza eine Handvoll hübscher Gebäude, unter anderem eine 300 Jahre alte Jesuitenkapelle mit einem 700 Jahre alten Johannisbrotbaum davor, eine Schule und eine Gaststätte, in der die Übernachtung einer Reise in die Vergangenheit entspricht.

... in Ongamira:
Estancia Dos Lunas: Tel. 011-15 62 19 53 90, www.doslunas.com.ar. 100-jähriges, liebevoll restauriertes Herrenhaus, Pool, Aktivitäten wie Reiten, Wandern, Angeln, Gleitschirmfliegen, Taubenjagd (nur nach Anmeldung) etc. DZ 250 US$ p. P. inkl. VP.

... in Ischilín:
La Rosada: an der Plaza, Tel. 035 21-42 30 57, www.ischilinposada.com.ar. Unterkunft in einem alten renovierten Gemischtwarenladen. DZ 190 $ inkl. VP.

Córdoba und Umgebung

Cityplan S. 194, Karte S. 197

Bereits in der Kolonialepoche ein vitaler Knotenpunkt auf dem Handelsweg zwischen Alto Perú (dem heutigen Bolivien) und dem atlantischen Hafen in Buenos Aires, hat sich Córdoba seine Lebendigkeit bis heute bewahrt. Die Universitätsstadt verfügt nicht nur über die besterhaltene Kolonialarchitektur des Landes, sondern auch über ein reges kulturelles Leben – bei Tag und bei Nacht.

4 Córdoba

Reiseatlas: S. 12, F 1; **Cityplan:** S. 194

So weit zogen sich die Ebenen, die Trockenwälder und die salzigen Böden südlich der subtropischen Dschungel hin, dass der von Norden mit seinem Expeditionsheer heranreitende Adelantado Jerónimo Luis de Cabrera jeden neu erkundeten Fluss – es sollten fünf werden – mit einer Ordnungszahl versah. Am ersten, dem Río Primero (so heißt er noch heute), gründete er 1573 (also bevor das zerstörte Buenos Aires in seiner zweiten Version entstand) die Stadt **Córdoba.** Ihres andalusischen Vorbildes gedenkt die heute 1,3 Mio. Einwohner zählende Metropole mit einigen

Flanieren unter den kolonialen Arkaden des Cabildo

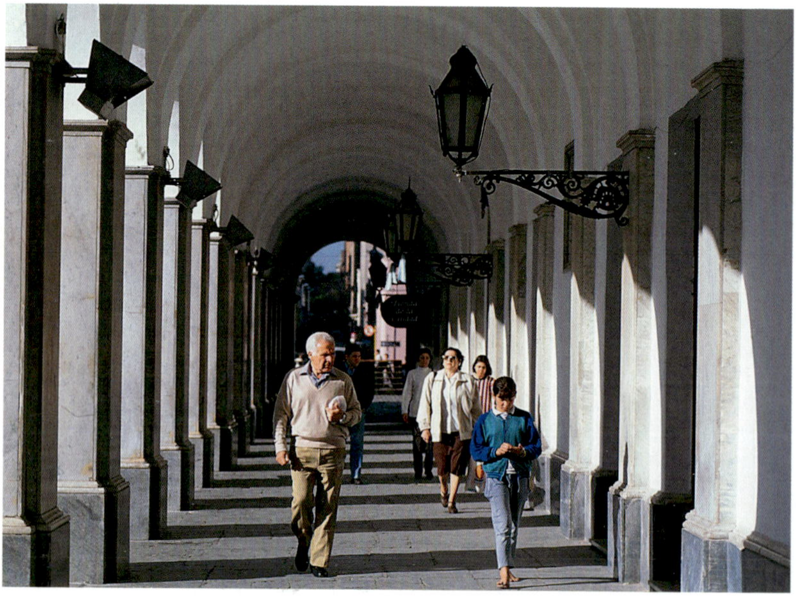

prächtigen Kolonialbauten, wenngleich das Gros des architektonischen Erbes jener Zeit im urbanistischen Sturm und Drang zu Beginn des 20. Jh. unterging.

Bürgerfleiß und Ordnungssinn, Kulturschaffen und Sozialengagement verschmolzen in Córdoba miteinander, seit der Geist der jesuitischen Estanzien des 17. Jh. in die Stadt wehte. Nicht zuletzt seiner bereits 1613 gegründeten Universität wegen, einer der ersten des Kontinents, durfte sich Córdoba La Docta (›Die Gelehrte‹) nennen. Vor allem der von den Idealen der Französischen Revolution inspirierte Gregorio Funes, Rektor der Universität und erster Historiker Argentiniens, förderte zu Anfang des 19. Jh. die liberale Gesinnung, deren frühe Früchte eine kritische Presse – »El Investigador« (›Der Auskundschafter‹) und »El Montonero« (›Der Partisan‹) – und deren bleibender Ausdruck der bekanntermaßen trocken-sarkastische Humor der Cordobeser ist.

Im Mai 1969 kam es in der stark industrialisierten Stadt (vor allem Automobil-, Flugzeug- und Waggonbau) zu dem als Cordobazo in die argentinische Geschichte eingegangenen Arbeiter- und Studentenaufstand, dessen blutige Niederschlagung wenigstens 14 Menschenleben forderte. Fatalerweise zieht das Elend unaufhörlich Menschen aus notleidenden Landregionen in die Hüttensiedlungen am Rand der Großstadt, wo heute bereits 180 000 Menschen ein ärmliches Dasein führen.

Rund um die Plaza San Martín

Der Stadtbesucher hat es leicht. Alles Besichtigenswerte liegt im Abstand von drei Häuserblocks um die zentrale **Plaza San Martín** **1**. Ihre Westseite wird beherrscht von der massigen **Kathedrale** **2**, von dem Lokaldichter Luis Roberto Altamira einst als ›steinerne Blume‹ besungen. Was dieser schon 1683 begonnene dreischiffige Dom an floralem Außendekor aufweist, verdankt er den vielen Händen, die sich im Laufe seiner 100-jährigen Baugeschichte an ihm versuchten. Erst im 19. Jh. kam dann die opulente, in Gold, Grün, Granat und Beige ausgelegte

Mit den Autoren unterwegs

Kunstvolles Tabernakel

Die Künstler der Jesuiten waren zumeist Indianer, allen voran die Guaraní, die auch das sehenswerte Tabernakel der Kirche von **Villa Tulumba** schufen, einst das Schmuckstück von Córdobas Kathedrale (s. S. 197f.).

Felszeichnungen

Vom 5. Jh. bis zur Ankunft der Spanier reichen die rund 30 000 Zeichnungen der Comechingones und Sanavironas, der einst in der Region ansässigen Indianerstämme, deren Hinterlassenschaft heute im **Parque Arqueológico y Natural Cerro Colorado** zu besichtigen ist (s. S. 198).

Schlafen in der Sklavenbaracke

Auf der Jesuiten-Estanzia Santa Catalina bietet **La Ranchería,** das ehemalige Sklavenhaus, eine bescheidene, aber geschichtsträchtige Unterkunft (s. S. 199).

Rodeo in Jesús María

Beim **Festival Nacional de Doma y Folklore** treten jährlich im Januar die besten argentinischen Cowboys gegeneinander an. Auch für ein abwechslungsreiches Rahmenprogramm ist gesorgt (s. S. 199).

neobarocke Innenausschmückung hinzu. Der dennoch zwingende Gesamteindruck dieses Bauwerks bezieht seine Wirkung vor allem aus der für Argentinien ungewöhnlichen – eher für Mexiko typischen – Alleinlage der Kirche (sogar vom angrenzenden Cabildo durch ein Sträßchen getrennt). In die Gestaltung der Kuppel brachten indianische Handwerker ihre eigenen Formideen ein. Unter dem erhöhten Atrium schwächen sich die reichen Zutaten dann zu einem klassizistischen Portikus ab. Die Apsis ziert ein Silberaltar.

An dem geometrischen Langbau des sich rechts anschließenden **Cabildo** **3** – dessen Bauzeit noch länger dauerte (1607–1786) – fällt die nur eingeschossige Arkadenreihe auf.

Córdoba: Cityplan

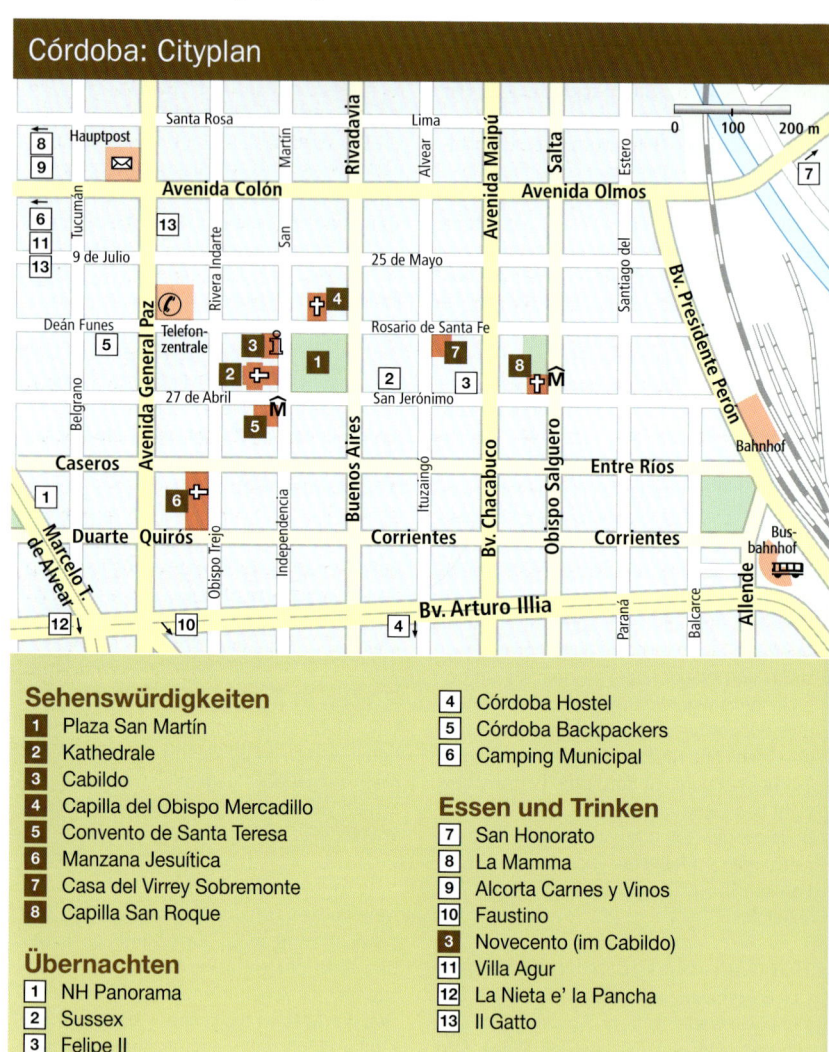

Sehenswürdigkeiten

1 Plaza San Martín
2 Kathedrale
3 Cabildo
4 Capilla del Obispo Mercadillo
5 Convento de Santa Teresa
6 Manzana Jesuítica
7 Casa del Virrey Sobremonte
8 Capilla San Roque

Übernachten

1 NH Panorama
2 Sussex
3 Felipe II

4 Córdoba Hostel
5 Córdoba Backpackers
6 Camping Municipal

Essen und Trinken

7 San Honorato
8 La Mamma
9 Alcorta Carnes y Vinos
10 Faustino
3 Novecento (im Cabildo)
11 Villa Agur
12 La Nieta e' la Pancha
13 Il Gatto

Im Innern des Rathauses informiert das **Museo de la Ciudad** über die Stadtgeschichte (Mo 16–19, Di–So 9–13 Uhr, 1 $). Schräg gegenüber, an der Santa-Fe-Seite der Plaza, steht das Relikt der **Capilla del Obispo Mercadillo** **4** (fertiggestellt 1691) mit seiner schlichten Kolonialfassade und dem schmiedeeisernen Balkongitter.

Vom portugiesischen Kolonialbarock inspiriert ist das Portal des **Convento de Santa Teresa** **5**, das eine Kapelle von 1770 beherbergt. Das im Klaustrum untergebrachte **Museo de Arte Religioso Juan de Tejeda** birgt den Kirchenschatz der Kathedrale (Independencia 122, Ecke 27 de Abril, Mi–Sa 9.30–12.30 Uhr).

Manzana Jesuítica

Nur zwei Häuserreihen südlich des Convento de Santa Teresa, an der Ecke Caseros und Obispo Trejo y Sanabría, zeugt die **Manzana Jesuítica** **6** (›Jesuitenblock‹) von dem immensen Einfluss der Jesuiten im 17. Jh. Drei Gebäude ragen besonders heraus: der Natursteinbau der 1674 vollendeten **Iglesia de la Compañía de Jesús** mit ihrer maurisch stilisierten Fassade, die **Capilla Doméstica** (›Hauskapelle‹) der Jesuiten, das Rektorat der **Universidad Nacional de Córdoba** und das neokoloniale **Colegio de Montserrat** aus dem 20. Jh. mit – etwas vernachlässigtem – Patio sowie reich bestückter Bibliothek und Pinakothek. Die kunstvolle und seltene Dachkonstruktion der Kirche – die über 10 m langen Zedernbalken mussten aus Misiones herbeigeschafft werden – hat die Form eines umgedrehten Schiffsrumpfes (Tel. 03 51-433 20 75, Di–So 9–13, 17–20, im Winter ab 16 Uhr, 5 $).

Casa del Virrey Sobremonte und Capilla San Roque

Am sehenswertesten in Córdoba ist zweifellos die zwei Häuserblocks östlich der Plaza gelegene **Casa del Virrey Sobremonte** **7** aus der Mitte des 18. Jh. Von außen an seinem anmutigen Kolonialbalkon erkennbar, birgt das vielräumige Patio-Haus im Innern das reich ausgestattete **Museo Histórico Colonial** mit Möbeln aus der Kolonialzeit, wertvollen Keramiken und einigen Musikinstrumenten, daunter eine Kammerorgel der Jesuiten (Rosario de Santa Fe 218, Ecke Ituzangó, Tel. 03 51-423 76 87, Di–Fr 10–13, 16–19, Sa/So 10–13 Uhr).

Schmuckstück der nahen **Capilla San Roque** **8** ist die im 17. Jh. von Indianern geschnitzte Kanzel. Das kleine **Museo Obispo Salguero** im benachbarten ehemaligen Hospital San Roque zeigt religiöse Gemälde, Statuen und Silberarbeiten (Obispo Salguero 84, Ecke San Jerónimo, Tel. 03 51-428 58 56, Mo–Fr 8–12 Uhr).

i **Centros de Información Turística:** im Cabildo, Independencia, Ecke Pasaje Santa Catalina, Tel. 03 51-434 12 00, www.cordobaturismo.gov.ar, www.cordoba.gov.ar, tgl. 8–20 Uhr (Auskunft über Provinz und Stadt); im Busterminal, Bv. Perón 380, Tel. 03 51-433 19 82, tgl. 7–21 Uhr (Auskunft über die Provinz); im Flughafen, Tel. 03 51-434 83 90, tgl. 8–20 Uhr (Auskunft über die Provinz); im Einkaufszentrum Patio Olmos Shopping, Bv. San Juan, Ecke Vélez Sársfield, Tel. 03 51-570 41 00, tgl. 10–22 Uhr (Auskunft über die Stadt).

🛏 **NH Panorama** [1]: Alvear 251, Tel./Fax 03 51-410 39 00, www.nh-hotels.com. Eines der führenden Innenstadthotels – modern-elegante Einrichtung, großzügige Räumlichkeiten, klimatisiert, Pool, Garage. DZ ab 100 US$.

Sussex [2]: San Jerónimo 125, Tel./Fax 03 51-422 90 70/75, www.hotelsussexcba.com.ar. Beliebtes Traditionshotel an der Plaza, von den oberen Zimmern genießt man eine gute Sicht über die Stadt; klimatisiert, Garage, Restaurant im obersten Stock. DZ 157 $.

Felipe II [3]: San Jerónimo 279, Tel./Fax 03 51-425 55 00, www.hotelfelipe.com.ar. Zentral, nüchtern-modern, klimatisiert, Garage (10 $). DZ 140 $.

Córdoba Hostel [4]: Ituzaingó 1070, Tel. 03 51-468 73 59, www.hostels.org.ar. Gut gelegen mit Blick auf den Parque Sarmiento im Süden des Zentrums, Terrasse. DZ ab 49 $.

Córdoba Backpackers [5]: Deán Funes 285, Tel. 03 51-422 95 93, www.cordobabackpackers.com.ar. Nur 200 m abseits der Plaza San Martín, Terrasse, Bar, drahtloser Internetanschluss. DZ 30 $.

Camping Municipal [6]: Av. San Martín, auf dem Messegelände im Außenbezirk Chateau Carreras (13 km westlich vom Zentrum), Tel. 03 51-433 80 11. Gepflegt, gute Infrastruktur, schattig.

🍴 **San Honorato** [7]: Pringles, Ecke 25 de Mayo, Barrio General Paz, Tel. 03 51-453 52 52, www.sanhonorato.com.ar, Mo abends geschlossen. Mittelmeerküche in einer ehemaligen Bäckerei aus dem Jahr 1915, stilgerecht rustikal eingerichtet. 60 $.

Córdoba und Umgebung

La Mamma [8]: Santa Rosa, Ecke Av. Figueroa Alcorta (La Cañada), Tel. 03 51-421 91 91, www.lamamma.com.ar. Córdobas bestes Pasta-Restaurant. 35 $.

Alcorta Carnes y Vinos [9]: Av. Figueroa Alcorta (La Cañada) 330, Ecke Santa Rosa, Tel. 03 51-424 74 52. Ausgezeichnetes Grillfleisch. 50 $.

Faustino [10]: Av. del Dante s/n, im Parque Sarmiento, Tel. 03 51-460 18 53. Gute Parrilla. 45 $.

Novecento [3]: Deán Funes 33, Plaza San Martín (im Innenhof des Cabildo), Tel. 03 51-423 06 60, Mo–Sa mittags. Argentinisches Fleisch, kombiniert mit Zutaten vom Mittelmeer und aus dem Orient. 40 $.

Villa Agur [11]: Tristán Malbrán 4355, Ecke José Roque Funes, Cerro de las Rosas, Tel. 03 51-481 75 20, www.villaagur.com.ar. Restaurant, am Wochenende zusätzlich Café/Bar, in einem Gebäude aus den 1940er-Jahren; gute internationale Küche, rund 100 Weine, von der Terrasse schöne Sicht auf die Sierras. 35 $.

La Nieta e' la Pancha [12]: Belgrano 783, Tel. 03 51-468 19 20. Regionale Küche, z. B. Zicklein mit *crema de peperina* (Pfefferminzsoße). 35 $.

Il Gatto [13]: General Paz 120, Tel. 03 51-421 56 19; Av. Colón 628, Tel. 03 51-423 03 34; Av. Rafael Núñez 3850, Tel. 03 51-482 77 80. Restaurantkette, auf Pasta und Pizza spezialisiert und mit günstigem Preis-Leistungs-Verhältnis. 35 $.

Flüge: Vom Aeropuerto Internacional Córdoba, RP 53, 11 km nördlich in Pajas Blancas, Tel. 03 51-433 81 10 u. 475 64

00, bestehen gute Verbindungen in alle Landesteile und benachbarte Länder, u. a. mit Aerolíneas Argentinas/Austral nach Buenos Aires (ca. 10 x tgl.), mit Gol nach Porto Alegre, mit LAN nach Santiago de Chile und nach Buenos Aires.

Züge: 2 x wöchentl. fahren Züge vom Bahnhof in Córdoba, Tel. 03 51-426 35 65, nach Buenos Aires zur Estación Retiro, Tel. 011-43 12 29 89 (25/35/47 $, im Schlafwagen 280 $ für 2 Pers.).

Busse: Rund 70 Buslinien verbinden Córdoba mit Buenos Aires, den Städten im Nordwesten und anderen Regionen. Busterminal: Bv. Presidente Perón 300, Tel. 03 51-434 16 92, www.terminalcordoba.com.

RN 9 Richtung Santiago del Estero

Reiseatlas: S. 12, F 1; S. 6, F 4; **Karte:** s. r. Die RN 9 nach Santiago del Estero, die Córdoba in nördlicher Richtung verlässt, wird von einem halben Dutzend kolonialzeitlicher Kapellen, Poststationen und Überresten jesuitischer Estanzien gesäumt – nicht umsonst trägt sie auch den Namen ›**Route der Jesuiten-Estanzien**‹.

Capilla de Candonga

Erste Station entlang der Strecke ist der Ort **Candonga** mit der **Estancia Santa Gertrudis,** von der jedoch nur die **Capilla de Candonga** [1] (1730) im Original erhalten blieb. Doch die herrliche Kapelle lohnt den Abstecher, stellt sie doch eines der gelungensten architektonischen Werke der Patres dar.

Um dorthin zu gelangen, biegt man 31 km nördlich von Córdoba bei General Paz von der RN 9 gen Westen ab und erreicht nach ca. 30 km Schotterstraße über Pozo del Tigre und El Manzano sein Ziel (www.candonga.com.ar).

Casa de Caroya

44 km von Córdoba entfernt steht in **Colonia Caroya** [2] mit der gut erhaltenen **Casa de Caroya** die erste von den Jesuiten gegrün-

dete Estanzia aus dem Jahr 1616. Besichtigt werden können die Residenz mit Kapelle, die Mühle sowie Reste des alten Bewässerungs-systems, das – so sagt man – die allerersten auf argentinischem Boden gepflanzten Wein-reben mit dem kostbaren Nass versorgte (Tel. 035 25-46 23 00, Mo–Fr 9–17.30, Sa/So 10–16 Uhr, 2 $).

Estancia Jesús María

Nur wenige Kilometer weiter nördlich liegt das Landstädtchen **Jesús María** 3, an des-sen Nordrand 1618 das zweite Jesuiten-Landgut, die **Estancia Jesús María,** ge-gründet wurde. Hier beschäftigte man sich intensiv mit der Weinproduktion. Von der An-lage erhalten blieben die Kirche, ein seltsa-mer, frei stehender Glockenturm sowie die zweistöckige Residenz, die heute dem **Mu-seo Nacional Jesuítico Jesús María** als Heimat dient. Allein das Gebäude mit seiner typischen dreiseitigen Galerie um den zent-ralen Platz ist sehenswert (Tel. 035 25-42 01 26, im Sommer Di–Fr 9–19, Sa/So 11–13, 15–19, im Winter Mo–Fr 8–19, Sa/So 10–12, 14–18 Uhr, 2 $, Mi kostenlos).

Estancia Santa Catalina

Um das größte und eindrucksvollste Jesui-ten-Anwesen, die **Estancia Santa Catalina,** zu besuchen, muss man sich wieder etwas weiter von der RN 9 entfernen: Von Jesús María geht es zunächst 7 km auf der E 66 nach Nordwesten Richtung **Ascochinga** und dann auf einem Erdweg (ausgeschildert) ca. 13 km nach Norden, bis man unerwartet auf den kleinen Ort **Santa Catalina** 4 und diese einsame Estanzia stößt. Lohn für die Mühe der Anfahrt ist eine besonders kostbare Kir-che aus dem 18. Jh. im Stil des mitteleuro-päischen Barocks (Tel. 035 25-42 16 00, www. santacatalina.info, Di–So 10–13, 15–19, im Winter nur bis 18 Uhr, 6 $).

Villa Tulumba

Zurück auf der RN 9, zweigt etwa 70 km nörd-lich von Jesús María in **San José de la Dor-mida** eine Straße Richtung Westen ins noch 22 km entfernte **Villa Tulumba** 5 ab. In der dortigen Kirche (1882) befindet sich ein wun-derschöner Altaraufsatz mit polychromem Tabernakel, ein Schnitzwerk der Guaraní-In-dianer von Misiones, das früher die Kathe-

Route der Jesuiten-Estanzien

drale von Córdoba schmückte, aber von einem mit den Jesuiten verfeindeten Bischof in das Provinzdorf ›verbannt‹ wurde.

Parque Arqueológico y Natural Cerro Colorado

Fast am Weg, nur etwa 10 km westlich von **Santa Elena,** finden sich im **Parque Arqueológico y Natural Cerro Colorado** 6 rund 30 000 präkolumbische Felszeichnungen. Die unter überhängenden Sandsteindächern auf 121 Fundorte verteilten Kunstwerke wurden vorwiegend mit roten, weißen und schwarzen Erdpigmenten ausgeführt.

i **... in Jesús María:**
Oficina de Turismo: Almafuerte 450, Tel. 035 25-44 37 73, www.jesusmaria.gov.ar.

... in Candonga:
Posada Las Perdices: 400 m westlich der Jesuitenkapelle Candonga, Tel./Fax 035 43-49 39 99 u. 03 51-468 29 13, www.laaldea decandonga.com.ar. Öko-Hotel mit eigenem Obst- und Gemüsegarten, ein Klavier lädt Musikfreunde zum Spielen ein. DZ 285 $ p. P. inkl. VP u. Reiten.

... in Ascochinga:
Estancia La Paz: E 66 Km 14, ca. 50 km nördlich von Córdoba bzw. 20 km westlich von Jesús María, Tel. 035 25-49 20 73, www. estancialapaz.com. Herrschaftliches Anwesen von 1830 inmitten eines 80 ha großen Parks, stilvoll und komfortabel eingerichtet, Pool, Ausritte, Kutschfahrten, Trekkingtouren, Birdwatching. DZ 130 US$ p. P. (165 US$ p. P. inkl. HP, 200 US$ p. P. inkl. VP).

... in Santa Catalina:
Estancia El Colibrí: RP 17, 7 km südlich von

Santa Catalina, Tel. 035 25-46 58 88, Fax 46 59 99, www.estanciaelcolibri.com. Eine französische Hotelier-Familie betreibt diese herrliche Estanzia in unmittelbarer Nähe zur Jesuiten-Estanzia Santa Catalina, 170 ha großes Gelände, Pool, Spa, Restaurant, Reiten, Polo, Trekking, Mountainbike. DZ 330/440 US$ p. P. inkl. VP u. Aktivitäten, 3 Nächte/ 4 Tage ab 550 US$.

Posada Camino Real: 10 km nordwestlich von Santa Catalina, Tel. 03 51-423 74 91 u. 15 552 52 15, www.posadacaminoreal.com.

Wer Gefallen an den Bauten der Jesuiten gefunden hat, kann in der Provinz Córdoba noch zwei weitere Beispiele aus dieser Epoche besichtigen: die **Estancia Alta Gracia** im gleichnamigen Ort (s. S. 189) und die nahegelegene **Estancia Jesuítica La Candelaria** (s. S. 190).

Ein kostbarer Schatz im Umland von Córdoba: die Jesuitenkirche Santa Catalina

ar. Landhotel mit Pool und Restaurant, Reit-ausflüge, Polo, Golf. DZ 130 US$.
La Ranchería: an der Kirche Santa Catalina, Tel. 035 25-42 44 67 u. 15 43 15 58. Übernachtungsmöglichkeit und Restaurant (35 $) in der ehemaligen Sklavenunterkunft der Jesuiten-Estanzia Santa Catalina. 80 $ p. P.

... in Candonga:
Estancia Santa Gertrudis: gegenüber der Jesuitenkapelle, Tel. 03 51-15 529 47 78, Mo geschlossen. Restaurant in der ehemali-

gen Estanzia, in der die Spanier auf dem Weg von Buenos Aires nach Bolivien einst ihre Maulesel austauschten. 30 $.

Festival Nacional de Doma y Folklore (2. Januarwoche): Reiter aus allen Provinzen und den Nachbarländern nehmen an den Rodeo-Wettbewerben im Anfiteatro José Hernández in Jesús María teil, bei denen es darum geht, sich 8 bis 15 Sekunden auf ungezähmten Pferden zu halten. Infos: www.festival.org.ar.

199

Wie Fahnen zeigen viele Bäume Patagoniens die Richtung des Windes an, der sie zu ihrem schiefen Wuchs veranlasste

Patagonische Küste, Tierra del Fuego und Falkland Islands

Bahía Blanca

Península Valdés

Rawson

Comodoro
Rivadavia

Falkland Islands

Río Gallegos

Tierra del Fuego
Ushuaia

Stürme, weiter Himmel und Tierparadiese

Ein schier endloser Himmel, über den Wolkenfetzen jagen, eine steil abfallende Küste, gegen die der Südatlantik brandet, vom Wind gepeitschtes Weidegras, so weit das Auge reicht – diese drei Grundelemente sind es, die der Südküste Argentiniens ihr unverwechselbares Gesicht verleihen, ihren melancholischen Reiz, aber auch ihre ungezähmte Wildheit ausmachen.

Gut 3000 km bis nach Feuerland hinunter zieht sich diese raue Landschaft, die immer wieder die Nähe der Antarktis spüren lässt, vor allem im Bereich der berüchtigten, von den Segelschiffen so gefürchteten ›Brüllenden Vierziger‹, jener Westwindzone südlich des 40sten Breitengrades, in der die Stürme um den Erdball rasen, ohne von den Landmassen der Kontinente aufgehalten zu werden. »Das Land ist unbewohnbar«, schrieb der portugiesische Seefahrer Sotomayor im Jahr 1535. Nicht von ungefähr wurden meuternde Matrosen hier an Land gesetzt – eine Strafe, die einem Todesurteil gleichkam.

Und dennoch haben sich an der Küste Patagoniens und auf Feuerland Menschen niedergelassen. Wohl weniger auf der Suche nach einem Paradies als aus Not, Hoffnung auf Profit oder aus religiösem Eifer. Bis heute sind die Orte entlang der RN 3, die sich als Arterie bis zum *finis terrae,* dem ›Ende der Welt‹ zieht, bescheiden. Fischfang ist die wichtigste Einnahmequelle, sofern nicht, wie in Comodoro Rivadavia, der Reichtum aus der Erde sprudelt. Großen Insekten gleich saugen die Erdölpumpen, unermüdlich wippend, das schwarze Gold aus der Tiefe.

Den Reisenden aber lockt vor allem die einzigartige Tierwelt, die entlang der Küste seit Jahrtausenden ihre Heimat hat und heute glücklicherweise unter strengen Schutz gestellt ist. In Sichtweite der Península Valdés ziehen Wale vorbei, auf den Kiesstränden dösen Seeelefanten und brüten die Magellanpinguine. Nicht minder gesellig geht es in La Lobería zu, wo sich eine riesige Kolonie von Seehunden und Pelzrobben niedergelassen hat. Sie sind die Lieblingsspeise der Orcas, der Killerwale, die ihre schwarz-weißen Leiber bei der Jagd bis auf den Strand werfen, um dann mit der Beute in Sekundenbruchteilen wieder in der Tiefe zu verschwinden. Die Küste Patagoniens zu bereisen, bedeutet, die Natur hautnah zu erfahren, ein Erlebnis, das auf unserem Planeten in dieser Form leider immer seltener wird.

Highlights

5 **Península Valdés:** Auf Wale, Seeelefanten, Robben und Pinguine trifft man auf dieser von der Unesco zum Welterbe erklärten Halbinsel (s. S. 209ff.).

6 **Tierra del Fuego:** Das Ende des südamerikanischen Kontinents, das ›Tor zur Antarktis‹, verzaubert mit Gletschern, Seen und Märchenwäldern (s. S. 228ff.).

Empfehlenswerte Route

Von Rawson nach Camarones: Besonders schön ist die Fahrt auf der RP 1 entlang der Küste mit einem Abstecher zur Pinguinkolonie von Punta Tombo (s. S. 216).

Klima und Reisezeit

Für den Besuch Patagoniens und Feuerlands kommen nur die Monate des Südsommers in Frage, also die Zeit zwischen November und März. Selbst dann können die Temperaturen recht ungemütlich sein und mit Regen ist immer zu rechnen. Dafür werden die Tage länger, je weiter nach Süden man vordringt. Möglichst meiden sollte man den Ferienmo-

Richtig Reisen-Tipps

Spaziergang durch die Erdgeschichte: Wie ein offenes Buch präsentiert die Erde ihre Entwicklungsgeschichte im Geoparque Paleontológico Bryn Gwyn in der Nähe von Trelew (s. S. 215).

Eldorado für Sportangler: Die Flüsse und Seen Feuerlands bieten hervorragende Möglichkeiten zum Fischen und die urigen Estanzien die passende Basis dafür (s. S. 242).

nat Januar, wenn halb Argentinien unterwegs ist. Wer die Wale bei der Península Valdés sehen möchte, muss bis spätestens Ende November seine Aufwartung machen, danach ziehen sich die Tiere ins offene Meer zurück.

Reise- und Zeitplanung

Die Hauptroute entlang der Patagonischen Küste ist die RN 3, die Buenos Aires mit Ushuaia auf Feuerland verbindet – eine Strecke von 3132 km. Selbst von Bahía Blanca, der Grenze zu Patagonien, sind es noch knapp 2500 km. Auf Stichstraßen gelangt man zu den Küstenorten, die allerdings nur selten zu beeindrucken vermögen. Unverzichtbar ist allerdings der Abstecher zur Península Valdés, die man auf staubiger Piste umrunden kann. Wer mit dem eigenen oder gemieteten Fahrzeug unterwegs ist, hat die Möglichkeit, von der langweiligen, jedoch asphaltierten RN 3 auf die spannenderen Pisten in Küstennähe auszuweichen.

Aber auch im Landesinnern liegen einige verlockende Ziele, etwa die versteinerten Wälder von Ormachea und Jaramillo, die man leicht von Comodoro Rivadavia auf der größtenteils asphaltierten RN 26 erreicht. In Feuerland sollte man das Asphaltband ebenfalls verlassen und von Tolhuin einen Bogen durch das Landesinnere schlagen.

Gut 2000 km lang ist der Weg von der nördlichen Grenze Patagoniens bis zum südlichen Ende an der Magellanstraße. Zu einem Erlebnis wird die lange Fahrt auf der RN 3 durch Abstecher zu Tierparadiesen am Atlantik und zu versteinerten Wäldern im Landesinnern. Auf einigen Querverbindungen kann man der Eintönigkeit der Steppe entfliehen und direkt die spektakulären südlichen Anden im Westen ansteuern.

Wie die Spitze eines nach unten gerichteten Indianerpfeils weist das keilförmige Patagonien auf den Südpol. Sein argentinischer Teil wird im Westen von Zinnen und Vulkankegeln der Kordillere, im Osten von einer 4000 km langen Steilküste begrenzt, die vom Gezeitenstrom des Südatlantiks modelliert wurde. Dazwischen liegt das patagonische Tafelland, eine breite Trockenzone, deren Strauch- und Grassteppe die Heimat von 8,5 Mio. Schafen ist – dem Fünffachen der Einwohnerzahl. Vom Siedlungsraum Zentralargentiniens grenzt der mächtige Río Colorado Patagonien im Norden ab. Vier andere von den Anden zum Meer wandernde Flüsse haben den patagonischen Festlandprovinzen ihre Namen geliehen: Río Negro, Neuquén, Chubut und Santa Cruz. Die Magellanstraße, die Südamerikas größte Insel, Tierra del Fuego, vom Kontinent trennt, schließt Patagonien im Süden ab.

Blick in die Geschichte

Auf großem Fuß – die Indianer

Fernão de Magalhães und seine Gefolgsleute müssen sich wie Gulliver auf seiner Reise nach Brobdingnag vorgekommen sein, als ihnen die ersten patagonischen Indianer unter die Augen kamen. Von Antonio Pigafetta, dem Chronisten des portugiesischen Seefahrers, stammt ihre früheste Beschreibung: »… so groß, dass unsere Köpfe kaum bis zu ihrer Taille reichten …, schön von Gestalt …, die breiten Gesichter mit roter Farbe bemalt …, das Haar weiß gepudert.« Am meisten aber zeigten sich die angehenden ersten Weltumsegler von den Trittspuren beeindruckt, die die ›Großfüßler‹ im Sand hinterließen. So tauchte in Pigafettas italienischer Niederschrift zum ersten Mal die Bezeichnung *patagoni* auf, die dieser Region des Südkontinents ihren Namen geben sollte. Spätere Manuskripte spannen die Berichte ins Legendenhafte fort. Von »fleischernen Türmen« war da gar die Rede und Kartografen wie der Italiener Gastaldi (1554) zeichneten das Neuland bereits als *Terra gigantum* oder *Patagonum* in ihre Werke ein.

Tatsächlich handelte es sich bei diesen Indianern um Halbnomaden, die um 10 000 v. Chr. in diese Breiten gelangt waren. Ihren Namen Tehuelche (aus *chewel* = wild, tapfer; und *che* = Leute) erhielten sie von den Mapuche-Indianern. Die nach der Radiokarbonmethode am weitesten (12 600 Jahre) zurückdatierbaren Skelette von Ureinwohnern wurden in den 1950er-Jahren in den Höhlen der Estancia Los Toldos (Provinz Santa Cruz) gefunden. Die Tehuelche, deren tatsächliche Größe Wissenschaftler später auf glaubhafte 1,80 m bemaßen, lebten hauptsächlich von der Guanakojagd. Das den ersten Europäern unbekannte Tier hatte Pigafetta so beschrieben: »Kopf und Ohren wie ein Maulesel, Körper eines Kamels, Hirschläufe und Pferdeschwanz.« Das Guanako war den Tehuelche Existenzbasis. Sie aßen das Fleisch und fertigten aus Haut und Fell Zelte, Bekleidung und Schuhwerk.

Anfang des 18. Jh. drangen die Mapuche vom heutigen Chile aus auf die Ostseite der Anden vor und erzwangen, als kulturell überlegene Volksgruppe, die Vorherrschaft. Dem Blutzoll folgte die Blutsverwandtschaft: Große Teile der Tehuelche-Stämme, soweit sie nicht später in den Vernichtungskampagnen der Weißen untergingen, wurden von den zahlenmäßig dominierenden Mapuche (Araukaner) absorbiert.

Die Wüstenfeldzüge

Die meisten Kontakte mit den weißen Entdeckern entwickelten sich, vornehmlich auf der Basis des Tauschhandels, friedlich. Erst als die Schafzuchtgebiete sich nach Süden verlagerten, um in der fruchtbareren Pampa im Norden Rinderherden und Getreideanbau Platz zu machen, kam es zu offenen Kämpfen. Dabei schreckten die Tehuelche nicht davor zurück, die Schafe in die um die Farmhäuser gezogenen Schutzgräben zu treiben, bis diese sich füllten, um dann über diese ›lebende Brücke‹ ihre Angriffe zu reiten. Die *estancieros* setzten Ohr- und Kopfprämien aus. Aber erst der zweite, bis zum Río Negro vorgetragene Wüstenfeldzug (s. S. 39) verbürgte das Erreichen des Ziels: Indianer durch Schafe zu ersetzen. Bei dieser Menschenjagd wurden prinzipiell keine Gefangenen gemacht. Der Genozid endete 1885 mit der ›friedlichen Unterwerfung‹ des berühmten Kaziken Sayhueque von Neuquén. Die eroberten Landstriche (400 000 km^2) wurden als Belohnung unter den Haudegen des Expeditionsheeres verteilt, die, ohne eigenes Interesse an solch verpflichtendem Besitz, die Latifundien an Spekulanten verhökerten.

Der letzte Tehuelche-Kazike starb, so eine Zeitungsmeldung vom 25. November 1965, an Unterkühlung im Rohbau des Sozialministeriums. 1998 gab es nur noch rund 40 reinrassige Tehuelche, verstreut in patagonischen Städten oder verloren in einer der *reservas indígenas* (›Eingeborenenreservate‹).

Mapuche hingegen gibt es noch über 30 000 im argentinischen Teil Patagoniens (in Chile das Zehnfache). Allerdings hat auch bei ihnen die Überformung durch moderne Lebensweisen und Sachzwänge ganz deutlich eine kulturelle Rückentwicklung zur Folge.

Zunehmend geraten die von fast reiner Subsistenzwirtschaft lebenden Gemeinschaften der Reservate (jeweils zwischen 100 und 2000 Menschen) in Konflikt mit einer sich verändernden Umwelt. Ihr Besitz reicht heute kaum noch zu einer wirtschaftlich rentablen Schaf- oder Ziegenhaltung aus und der in die Städte abwandernden Jugend fehlt meist die

Mit den Autoren unterwegs

Wale watching

Zwischen Juni und November tummeln sich vor **Puerto Madryn** die Wale und ziehen hier ihre Jungen auf. Mehrere Agenturen bieten Bootstouren an, bei denen man die Tiere aus nächster Nähe beobachten kann (s. S. 210).

Zu Besuch bei Pinguinen

Anders als auf der viel besuchten Península Valdés und der Kolonie von Punta Tombo kann man in der **Reserva Natural Cabo Dos Bahías** das Familienleben der Pinguine nahezu ungestört beobachten (s. S. 216).

Versteinerter Wald

Auf den ersten Blick sind die Splitter und Baumstümpfe nicht von Holz zu unterscheiden, und doch sind es die versteinerten Reste zweier 70 bis 150 Mio. Jahre alter Wälder, die in den **Bosques Petrificados José Ormachea** und **Jaramillo** die Besucher verzaubern (s. S. 218f.).

Wo einst die Köpfe rollten

Schon Magellan und Francis Drake fanden sich in der Bucht von **San Julián** ein und ließen hier Meuterer hinrichten. Statt des Schafotts erinnert heute ein Nachbau von Magellans Flaggschiff Victoria an den ersten Weltumsegler (s. S. 221).

Die patagonische Küste

nötige Ausbildung, um dort beruflich Erfolg zu haben: 80 % der Kinder beenden nicht einmal die Grundschule, weil sie vorzeitig zur Feldarbeit herangezogen werden, und 38 % der erwachsenen Reservatsbewohner sind Analphabeten. Als Ende 1990 im Zuge des Staudammprojekts Piedra del Aguila (Provinz Río Negro) 1400 ha des zum Reservat Pilquiniyeu del Limay gehörenden Geländes überflutet werden mussten, nahm die Sterblichkeit unter den umgesiedelten Mapuche rapide zu. Noch immer also hat die Selbstbezeichnung der Indianer (*mapuche* = Erdmenschen) ihre Bedeutung nicht verloren.

Frühe Forschungsreisen

Der 1533 nach Spanien gelangte Schatz des Atahualpa schürte die Fantasie eroberungssüchtiger Abenteurer aus der Alten Welt. Jahrzehntelang war die patagonische Küste das Ziel englischer Piraten (Drake, Cavendish, Davis), holländischer und später französischer Bukaniere, während die Spanier das Riesengebiet durch Befestigungsanlagen an strategischen Flussmündungen zu schützen versuchten. Ein wahres Potpourri vielsprachiger Ortsnamen zeugt von dieser Zeit wechselhafter Besitzansprüche. Dann folgte die Periode ernst zu nehmender Forschungsreisen, für die Namen wie James Cook und Charles Darwin bürgen. Doch die wahren Heldenepen wurden von jenen weniger bekannten Expeditionsleitern geschrieben, die sich oft Tausende von Kilometern weit ins Hinterland wagten.

Bis in die zweite Hälfte des 18. Jh. hinein hatte sich das landeskundliche Wissen fast nur auf die Reisebeschreibungen des englischen Jesuiten Thomas Falkner von 1774 gestützt. Die farbigsten Berichte allerdings verdanken wir dem Anglo-Argentinier George Chaworth Musters, der ein Jahr lang unter Tehuelche-Stämmen lebte und als ›Marco Polo von Patagonien‹ 2750 km auf dem Landweg zurücklegte. Zehn Jahre lang bereiste auch der Mendoziner Carlos María Moyano den Südzipfel des Kontinents, bevor er – schon als 29-Jähriger Gouverneur des damaligen Territorio Nacional de Santa Cruz – das

erste verlässliche Kartenwerk Patagoniens erstellte. Kaum mehr als 100 Jahre ist das her. Und noch immer gibt es Stellen, auf die noch nie ein Mensch seinen Fuß gesetzt hat.

Vom Río Colorado zur Península Valdés

Fortín Mercedes
Reiseatlas: S. 22, D 1

Patagonien beginnt am **Río Colorado,** rund 120 km südlich der letzten großen Stadt, Bahía Blanca (s. S. 170f.). An dem ›Grenzfluss‹ zeigt der **Fortín Mercedes,** mit welch brüchigen Lehm- und Holzfestungen sich die Spanier einst gegen die Indianer zu schützen versuchten. Die von dem Tyrannen Juan Manuel de Rosas 1833 angelegte Bastion markiert zugleich die nach dem ersten Wüstenfeldzug entlang des Río Colorado gezogene Südgrenze der ›befriedeten‹ Landstriche.

Der Fluss ist rotbraun, wie der Name verspricht. In diesem landschaftlichen Übergangsraum verdunkelt sich die Erde, dafür beginnt der Himmel immer mehr zu leuchten. Das Gelb der Sonnenblumen- und Getreidefelder ist dem Schwarzgrün der wilden *mata negra* gewichen, die von nun an weitgehend das Vegetationsbild bestimmen wird.

Carmen de Patagones und Viedma
Reiseatlas: S. 22, D 2

156 km südlich des Río Colorado erreicht man mit **Carmen de Patagones** (ca. 18 000 Einw.) die erste patagonische Stadt. Erste auch im historischen Sinn, denn hier ließen galizische Spanier 1779 Patagoniens erste feste Siedlung entstehen. Sie verteidigte sich erfolgreich gegen eine brasilianische Invasion (1827), wovon ein Denkmal auf dem **Cerro de la Caballada** kündet. Doch vor den sturzflutartigen Überschwemmungen des Río Negro (die letzte 1995) mussten sich die Bewohner – und ihr Ort – schon vor 100 Jahren auf den Hügel flüchten. Unweit der kleinen **Plaza 7 de Marzo** lassen sich noch einige Bauwerke aus der Kolonialzeit entdecken: u. a. die **Torre del**

Mate trinken – auch bei Mapuche-Indianern tägliches Ritual

Fuerte, zunächst Wach-, dann Glockenturm der ersten Kapelle (hinter der Kathedrale); das zum Museum umfunktionierte Lehmziegelhaus **La Carlota** der Stadtgründer (Bynon, Ecke Biagetti); die **Bar El Puerto,** ein typisches Hafenlokal der Jahre um 1900 (J. J. Biedma) sowie das weiße Eckhaus des **Banco de la Provincia** (1830), in dem das **Museo Histórico Regional Emma Nozzi** die Ortsgeschichte dokumentiert (Francisco de Viedma 64, Tel. 029 20-46 27 29, Mo–Fr 10–12, 14–16.30, Sa/So 17–19 Uhr).

Über zwei Flussbrücken ist Carmen de Patagones mit dem mehr als doppelt so großen Zwillingsort **Viedma** (47 000 Einw.) verbunden, heute die Hauptstadt der Provinz Río Negro. Nach einem Gesetz von 1986 soll Viedma einmal Landeshauptstadt werden, aber bis zur Umsetzung dieses Dezentralisierungstraumes wird noch viel Wasser den Río Negro hinunterfließen, in dessen grüngelben, von Uferbäumen beschatteten (und sauberen) Fluten sich übrigens herrlich baden lässt. Auf dem Strom wird nicht nur jährlich Anfang Januar die längste Kanuregatta der Welt (410 km) ausgetragen, sondern er bewässert an seinem Oberlauf auch eine der größten Obstanbauflächen (allein über 3 Mio. Apfel- und Birnbäume) Südamerikas. Von einem solch vitaminreichen Arkadien hatte der Stadtgründer Francisco de Viedma, dessen skorbutgeplagter Mannschaft Zähne und Haare ausfielen, nur träumen können.

Ein angenehmer Spaziergang führt an der von schmucken Villen gesäumten **Costanera** (Uferstraße) entlang. Mittelpunkt des historischen Zentrums der Stadt ist die **Plaza Alsina** mit der Kathedrale. Nur ein paar Blocks nordwestlich davon liegt an der Plaza San Martín das **Museo Antropológico,** in dem künstlich deformierte Tehuelche-Schädel sowie andere regionale Fundstücke ausgestellt sind (San Martín 263, Tel. 029 20-42 59 00, Mo–Fr 9–18, Sa 16–18 Uhr). Viedma ist kein Reiseziel, aber als Zwischenstation eine gastliche Oase.

i **Dirección de Turismo:** Bynon 186, Carmen de Patagones, Tel. 029 20-46 17 77 int. 253 u. 296, Fax 46 17 80, www.pata

Die patagonische Küste

goniabonaerense.gov.ar, Mo–Fr 7–21, Dez.–
März auch Sa/So 10–13, 18–21 Uhr; Uferstraße Av. Francisco de Viedma 51, Viedma,
Tel./Fax 029 20-42 71 71, www.viedma.gov.
ar, Mo–Fr 8–20, Sa/So 9–20 Uhr.

... in Viedma:
Austral: Uferstraße Villarino 292, Tel.
029 20-42 26 15, Fax 42 26 19, www.hote
les-austral.com.ar. Erstes Hotel am Platz, etwas nüchtern, gepflegt, gutes Restaurant für
Meeresfrüchte. DZ 168 $.
Peumayén: Buenos Aires 334, an der Plaza
Alsina, Tel. 029 20-42 52 34, Fax 42 52 43,
www.hotelpeumayen.com.ar. Mittelklasse,
gutes Preis-Leistungs-Verhältnis. DZ 108 $.
Residencial Río Mar: Rivadavia 897, Ecke
Santa Rosa, Tel. 029 20-42 41 88. Sauber, in
ruhiger Wohngegend. DZ 70 $.
Camping Municipal: RN 3, am Flussufer unweit der Straßenbrücke, Tel. 029 20-42 96 03.
Einfache Infrastruktur, Schatten, Badeufer,
nur Dez.–März. 4 $ p. P., 4 $/Zelt, 4 $/Auto.

... in Viedma:
Sal y Fuego: Villarino 55, Tel. 029 20-
43 12 59. Geräucherte und gegrillte Garnelen, *pulpo a la gallega* in modernem Restaurant mit Blick auf den Fluss. 40 $.
Capriasca: Alvaro Barros 685, Tel. 029 20-42
67 54. Meeresfrüchte, Fisch und patagonisches Lamm in einem schön restaurierten alten Haus. 40 $.
Villa Congreso: Villarino 30, Tel. 029 20-42
50 79, So geschlossen. Parrilla, Fisch, hausgemachte Pasta, Fr Nahost-Küche. 40 $.
El Tío: Zatti, Ecke Colón, Tel. 029 20-42 07
57. Einfache, originelle Parrilla, billig und beliebt, auch Essen zum Mitnehmen. 25 $.

Flüge: 3 x wöchentlich mit Aerolíneas
Argentinas nach Buenos Aires (1 x via
Santa Rosa). Flughafen: RP 51, 8 km südöstlich, Tel. 029 20-42 32 76 u. 42 20 05.
Züge: 1 x wöchentlich mit Ferrobaires, www.
ferrobaires.gba.gov.ar, von Carmen de Patagones nach Buenos Aires. 2 x wöchentlich
mit dem Tren Patagónico, www.trenpatagoni
co.com.ar, von Viedma nach San Carlos de

Bariloche. Bahnhof Carmen de Patagones:
J. J. de la Piedra s/n, Tel. 029 20-46 10 48;
Bahnhof Viedma: RP 51, 4 km südlich, Tel.
029 20-42 21 30 u. 42 74 13.
Busse: Transporte Patagónico, Don Otto,
Ceferino, Centenario etc. verbinden mit Bue-
nos Aires und patagonischen Städten, u. a.
Bariloche. Busterminal: Guido 1580, Tel. 029
20-42 68 50, www.terminalpatagonia.com.ar.

El Cóndor und La Lobería
Reiseatlas: S. 22, D 2
Über die asphaltierte RP 1 erreicht man ca.
30 km südlich von Viedma das Seebad **El
Cóndor** und nach weiteren 27 km bei Punta
Bermeja den Ort **La Lobería** mit einer der
größten Robbenkolonien Nordpatagoniens.
Zu sehen sind die – je nach Jahreszeit 600 bis
3000 – Tiere von Laufstegen an der Riffkante
aus. Die aus Sand- und Tonschichten aufgebaute Steilküste ist nur an vereinzelten Stellen von Korridoren durchfurcht, die den Zugang zur Strandplatte erlauben. (Warnung:
Wer auf ihr entlangwandert, muss die Gezei-
ten kennen, andernfalls besteht die Gefahr,
dass die Flut den Rückweg abschneidet.)

Camping U.P.C.N.: Calle 59, Ecke
Calle 20, El Cóndor, Tel. 029 20-42 55
12. In Leuchtturmnähe, einfache Infrastruktur, relativ windgeschützt, Baumschatten, nur
Dez.–März. 4 $ p. P., 4 $/Zelt, 4 $/Auto.

Weiter nach San Antonio Oeste
Reiseatlas: S. 21/22, B–D 2
Die erst 1995 eingeweihte Küstenstraße RP 1
(ab La Lobería gut befahrbare Schotterdecke)
bildet für Reisende auf Südkurs eine reizvolle
Alternative zur RN 3. Diese Ruta de los Acantilados (›Steilwandroute‹) genannte Strecke
berührt die Orte **Bahía Creek** und **Punta Mejillón** (freies wildromantisches Zelten möglich, Wasser mitbringen) und schließt ungefähr 40 km vor San Antonio Oeste (nicht zu
verwechseln mit dem gegenüberliegenden
San Antonio Este) wieder an die RN 3 an.
    Das windgepeitschte **San Antonio Oeste,**
öder Hafen und Eisenbahnstation, ist keinen
Besuch wert. Wenig mehr als 10 km entfernt

liegt Patagoniens größtes Seebad **Las Grutas,** eine von zügelloser Bauweise gekennzeichnete Boomtown, die im Sommer total überfüllt, im Winter aber eine Geisterstadt ist.

¶¶ ... in Las Grutas:
Aladdin: Av. Río Negro 607, Tel. 029 34-49 72 66, www.marisqueriaaaladdin.com. ar. Königskrabben, Paella. 60 $.

5 Península Valdés

Reiseatlas: S. 21, B/C 3/4

Am dichtesten und artenreichsten konzentriert ist die patagonische Meeresfauna auf dem mittleren, in der Provinz Chubut liegenden Küstenabschnitt, insbesondere die **Península Valdés.** Hier lassen sich die Kolonien der Seevögel, Meeressäuger und Pinguine leicht von der Stadt Puerto Madryn aus erschließen. Der Ort gehört zu einem 130 Jahre zurückgehenden walisischen Siedlungsnetz, das auch Trelew, Rawson und Gaiman weiter südlich (s. S. 214) einschließt. Waliser Bergleute und Bauern schifften sich 1865 auf dem Liverpooler Segler Mimosa ein und landeten nach zwei Monaten an der Mündung des Río Chubut – unwissentlich mitten im Südwinter. Wie man in diesen rauen Breiten überlebt und dem Boden Erträge abringt, lernten sie von den Tehuelche, die am Rand der jungen Kolonie ihre Zelte aufschlugen und mit den Walisern einvernehmlich zusammenlebten. Die Indianer führten den erstaunten Briten auch die Spezialitäten der patagonischen Wildküche vor: in Asche geröstete Guanako-Blutwurst und Straußenbrust, in der Lederhülle mit heißen Steinen gegart.

Puerto Madryn

Das am Fuße der 130 m hohen Meseta am Ufer des Golfo Nuevo liegende **Puerto Madryn** (58 000 Einw.) ist Standort einer Aluminiumanlage sowie zugleich Seebad und Mekka des argentinischen Tauchsports. Das vorgelagerte Riff gilt als das beste Revier an der patagonischen Küste. Hotels, Restaurants und Reiseagenturen säumen die gepflegte Uferpromenade an einem von wärmeren Strömungen gespeisten Meer, das die Lufttemperaturen im Winter nicht unter 5 °C sinken lässt. Als große tierreiche Region ist Puerto Madryn die Península Valdés vorgelagert. Vor oder nach dem Besuch der Halbinsel lohnt sich ein Besuch im **Ecocentro Mar Patagonia,** in dem anschaulich das gesamte Ökosystem der Gegend dargestellt wird (Julio Verne 3784, Tel. 029 65-45 74 70, Okt.–Dez. tgl. 14.30–19.30, Jan.–Feb. tgl. 17–21, März–Juni Di–Sa 14.30–18.30, Juli–Sept. Mi–Mo 14.30–18.30 Uhr, 21 $).

ℹ Secretaría de Turismo: Uferstraße Av. Roca 223, Tel. 029 65-45 60 67, Fax 45 35 04, www.madryn.gov.ar/turismo, Mo–Fr 7–23, Sa/So 8–23 Uhr.
Administración Península Valdés: 25 de Mayo 130, 1. St., Tel. 029 65-45 04 89.

🛏 Territorio: Bv. Brown 3251, am Südende der Stadt, Tel. 029 65-47 00 50, www.hotelterritorio.com.ar. Das Spitzenhotel in Madryn, alle Zimmer mit Sicht aufs Meer, Spa, gutes Restaurant. DZ 262–328 US$.
Bahía Nueva: Av. Roca 67, Tel. 029 65-45 16 77, www.bahianueva.com.ar. Zentrales, angenehmes Hotel am Strand. DZ 218 $.
Yanko: Av. Roca 626, Tel. 029 65-47 15 81. Beliebtes Touristenhotel, sehr gutes Preis-Leistungs-Verhältnis. 120 $.
Hostel Viajeros: Gobernador Maíz 545, Tel. 029 65-45 64 57, www.hostelviajeros.com. Mit Garten. Im Schlafsaal 35 $ p. P., DZ 120 $.
Residencial Manolo's: Av. Roca 763, Tel. 029 65-47 23 90, Fax 45 20 21. Sehr freundliches Familienmanagement. DZ 35 US$.
La Posada del Catalejo: Mitre 446, Tel. 029 65-47 52 24, www.posadadelcatalejo.com.ar. Mit Patio. Im Schlafsaal 30 $ p. P., DZ 120 $.
Camping ACA: Camino al Indio, 3,5 km außerhalb am Südende der Bucht, Tel. 029 65-45 29 52. Gepflegt, Laden und Mini-Restaurant, ganzjährig geöffnet. 2 Pers. 21/26 $.

¶¶ La Taska Beltza: 9 de Julio 345, Tel. 029 65-74 40 03. Exzellentes Fischrestaurant, baskische Küche. 65 $.

Die patagonische Küste

Cantina El Náutico: Av. Roca 790, Tel. 029 65-47 14 04. Meeresfrüchte. 50 $.

Nativo Sur: Bv. Brown 1900, Ecke Humphreys, Tel. 029 65-45 74 03, www.nativosurrestaurant.com.ar, im Winter Mo geschlossen. Am Meer im Süden der Stadt, Lamm vom Grill, Fisch und Meeresfrüchte, Paella. 45 $.

Whale watching: Punta Ballena, Jorge Schmid, Primera Bajada al Mar, Tel. 029 65-49 50 12; Peke Sosa, Segunda Bajada al Mar, Tel. 029 65-49 50 10 (alle ab 75 $). Touren zur Walbeobachtung im Golfo Nuevo von Mitte Juni bis Mitte November.

Tauchen: Scuba Duba, Bv. Brown 893, Tel. 029 65-45 26 99, www.scubaduba.com.ar; Lobo Larsen, Av. Roca 885, Tel. 029 65-47 02 77 (auch Schwimmen mit Seehunden, ab 150 $); Goos, Segunda Bajada al Mar, Tel. 029 65-49 50 61, www.goosballenas.com.ar.

Seekajaktrips: Huellas y Costas, Bv. Brown 1900, Tel. 029 65-15 63 78 26, www.huellasycostas.com. Die stillen Gewässer im Golfo San José und im Golfo Nuevo sind ein ausgezeichnetes Revier für Kajaktouren entlang der Küste, sowohl für Anfänger als auch für Experten. Seehunde, Delfine und Seevögel begleiten die Boote, auch Wale tauchen in unmittelbarer Nähe auf.

Busse: Tgl. Verbindungen nach Buenos Aires, Mar del Plata, Bahía Blanca, Rosario, Clorinda, Córdoba, Mendoza, Salta, Jujuy, Neuquén, Bariloche, Río Gallegos, Comodoro Rivadavia sowie 1–2 x wöchentlich nach Esquel und Catamarca. Mar y Valle fährt tgl. nach Puerto Pirámides. Busterminal: Dr. Ávila s/n, Ecke Independencia, Tel. 029 65-45 17 89, http://terminalmadryn.com.

Erkundung der Halbinsel

Das touristische Zentrum der Península Valdés, **Puerto Pirámides,** erreicht man nach 76 km auf einer nördlich von Puerto Madryn von der RN 3 abzweigenden Asphaltstraße (RP 2). Bereits auf dem Isthmus führt ein kurzer Abzweig zur **Reserva Natural Isla de los Pájaros** (›Vogelinsel‹), wo Zehntausende von Seevögeln nisten. Kolonien von Seehunden

und Seeelefanten, die zu allen Jahreszeiten zu sehen sind, ziehen sich an der rund 90 km langen Ostküste (gute Schotterstraße) zwischen **Punta Norte** und **Punta Delgada** entlang. Sowohl in der **Reserva Nacional Punta Norte** (www.orca-puntanorte.com) als auch am Beobachtungsposten **Punta Cantor** (etwa auf halber Wegstrecke) lassen sich die Tiere betrachten, wobei man sich in Punta Cantor den bis zu 6 m langen Seeelefanten (Bullen können 4 t wiegen) auf wenige Meter nähern kann. Valdés ist das einzige Habitat der Welt – auf 2000 Tiere schätzt man den örtlichen Bestand –, wo Rüsselrobben an einer kontinentalen Küste zu Hause sind; alle anderen Kolonien befinden sich auf südatlantischen oder pazifischen Inseln. Hauptattraktion der Halbinsel sind jedoch die (von Juni bis November) alljährlich wiederkehrenden Wale, die sich in der Bucht von Puerto Pirámides paaren und dort auch ihre Jungen zur Welt bringen. Über 100 000 Besucher pro Jahr lockt das Naturparadies Valdés mittlerweile an (Eintritt 40 $, Gültigkeit 2 Tage).

i **Informes Turísticos:** Primera Bajada al Mar, Puerto Pirámides, Tel. 029 65-49 50 48, www.puertopiramides.gov.ar.

... in Puerto Pirámides:
Las Restingas: Primera Bajada al Mar, Tel. 029 65-49 51 01, www.lasrestingas.com. Schickes Strandhotel mit Spa und Restaurant. DZ 240 US$.

Posada Pirámides: Av. de las Ballenas s/n, Tel. 029 65-49 50 78. Schlicht, aber modern, Restaurant. DZ 220 $.

Motel ACA: Av. Roca s/n, über dem Bootshafen, Tel. 029 65-49 50 04, www.piramides. net. Gut geführte Anlage mit kleinem Panoramarestaurant. DZ 160 $.

Bungalows El Cristal, Segunda Bajada al Mar, Tel. 029 65-49 50 33, www.cabanaselcristal.com.ar. Mit Restaurant, Bar und Proviantladen. 4 Pers. ca. 150 $.

Camping Municipal: am Strand, zwischen Primera und Segunda Bajada al Mar.

Camping Punta Pardelas: ca. 10 km Richtung Punta Delgada (ausgeschildert). Am Strand, sandige Zufahrt, keine Versorgung, einziger kostenloser Platz auf der Halbinsel.

Treffpunkt für Tierfreunde und Robben: die Strände der wilden Península Valdés

Wal-Treff in Valdés

Lange bevor es das Yellow Submarine zu Weltruhm brachte, dichtete sich der Engländer Evan Jones einen Vers auf die gelben Rücken zurecht, die er im Traum aus dem Meer auftauchen sah. Man schrieb das Jahr 1865 und Jones war mit 155 anderen aus der Heimat geflohenen Walisern auf der Mimosa zu den Gestaden Patagoniens unterwegs. Das im Schlaf gesichtete ›goldene‹ Gelb erschien den Pionieren wie eine Glücksverheißung.

Als sie im Golfo Nuevo (beim heutigen Puerto Madryn) landeten, schimmerte da zwar kein Edelmetall, doch das gelbe Öl eines gestrandeten Wals. Es lieferte den Kolonisten den ersten Brennstoff für ihre Lampen.

Der ›Neue Golf‹ ist die jahrtausendealte Wiege des Südlichen Glattwals *(Eubalaena australis)*. Jahr für Jahr im Winter (ab Juni etwa) suchen die 30 bis 40 t schweren Tiere die ruhigen Gewässer südlich der Península Valdés auf, um sich zu paaren und ihre Jungen zur Welt zu bringen. Die etwa 12 m langen männlichen Wale kommen jedes Jahr hierher, die 13 bis 16 m großen Kühe im Drei-Jahres-Turnus: Das Waljunge – immer nur eines – wird zwölf Monate lang ausgetragen, schlüpft bereits mit einer Länge von 5,50 m aus dem Mutterleib und wird ein Jahr lang gesäugt. Am dichtesten ist der Golf im Oktober und November von Walen bevölkert. Spätestens im Dezember schwimmen die Meeressäuger, den Krill-Schwärmen folgend, in den offenen Südatlantik hinaus, vermutlich in die Zone um den Südgeorgien-Archipel.

Ihre englische Bezeichnung *right whale* – im argentinischen Spanisch *ballena franca* (etwa: ›Freiwild-Wal‹) – verdankt die Spezies dem Umstand, dass sie für die zunächst von offenen Booten aus operierenden Harpunenwerfer leicht zu erbeuten war – wegen ihrer Langsamkeit und aufgrund der Tatsache,

dass auch die erlegten Exemplare weiter an der Oberfläche schwammen. In andere Wale musste man Luft pumpen, um sie schwimmend zu halten.

Ein ausgewachsenes Tier lieferte bis zu 20 000 l Öl. Aber menschlicher Erfindungsgeist gewann der Beute noch andere Vorzüge ab: Aus den 2,50 m langen, vom Gaumen herabhängenden Hornplatten dieses Wals, den sogenannten Barten, ließen sich Regenschirmgestelle, Korsettstangen und Bespannungen für Tennisschläger fabrizieren, ganz abgesehen von den Walpenissen, aus denen ›noble‹ Golfsäcke gefertigt wurden.

Die erste Walfangexpedition in den Südatlantik startete 1725 vom schottischen Hafen Dundee aus. Ab Mitte des 18. Jh. wurden die Fanggründe zwischen Kap Hoorn, dem Falkland-Archipel und der Península Valdés zum Routinejagdgebiet für die *ballena franca*. Engländer, Skandinavier und Nordamerikaner waren hier besonders aktiv. Noch im 20. Jh. wurden rund 1 Mio. Wale geschlachtet. Von ursprünglich 100 000 Glattwalen ging die Population auf knapp 3000 Tiere zurück. Ihr weltweit wichtigster Treffpunkt ist der Golfo Nuevo. Erst seit 1984 sind alle in argentinischen Hoheitsgewässern auftauchenden Glattwale geschützt.

Die vor allem auf französische Initiative hin 1994 entstandene Schutzzone südlich des

40. Breitengrades wird, so schätzt man, für 90 % der Meeressäuger ein sicheres Refugium sein. Unter den Vertragspartnern isoliert, steht heute Japan als einziger Beutegänger da. Das von dieser Nation ausbedungene Recht auf jährlich 300 Exemplare ›für wissenschaftliche Zwecke‹ wird von argentinischen Naturschützern schon deshalb als Heuchelei gebrandmarkt, weil die unter Japans Flagge fahrenden Fabrikschiffe die Quote nachweislich überschreiten.

Unterdessen spüren Walforscher weiter den Fährten von Moby Dick nach: Dass die *ballena franca* weiße Flecken hat, verdankt sie den *piojos,* hornartigen Überformungen der schwarzen Haut, auf der sich Krustentiere aller Art ansiedeln. Die von Wal zu Wal unterschiedlichen Fleckmuster sind die ›Fingerabdrücke‹ des Glattwals. Sie erleichtern die Beobachtung von Wanderbewegungen wesentlich. Am faszinierendsten jedoch erscheinen

den Wissenschaftlern die sich – identisch – wiederholenden ›Gesänge‹, Unterwassersignale, die 15 bis 60 Minuten dauern können.

Rund 100 000 Touristen jährlich richten inzwischen Augen und Kameras auf die vernarbten Buckel vor Puerto Pirámides. Höhepunkt dabei ist natürlich, eine aus dem Wasser ragende Schwanzflosse ins Visier zu bekommen. Für eine solche Pose ist es meist notwendig, den Wal zum Abtauchen zu zwingen. Um den Touristen eindrucksvolle Bilder zu ermöglichen, haben sich die Bootsführer immer häufiger den Tieren störend genähert, was 1994 eine Protestwelle auslöste. Ein neues Gesetz verbietet daher jetzt die Verfolgung von Muttertieren mit ihren Jungen, die Umkreisung der Wale sowie Geschwindigkeitswechsel, das Laufenlassen der Motoren nach erfolgter Annäherung sowie das Auslaufen von Booten, die mit weniger als 70 % ihrer Kapazität besetzt sind.

Allein schon die Schwanzflosse der Glattwale ist ein beeindruckender Anblick

Die patagonische Küste

… an der Punta Delgada:

Estancia Rincón Chico: an der Südostspitze der Halbinsel, von der RP 2 kurz vor Punta Delgada rechts ab, Reservierungen in Bv. Brown 1783, Puerto Madryn, Tel. 029 65-47 17 33, www.rinconchico.com.ar. 5 km vom Lieblingsstrand der Seeelefanten, Trekking und Radtouren, 15. Aug.–Osterwoche. DZ 341 US$ inkl. HP und Ausflüge, 382 US$ inkl. VP und Ausflüge.

Hotel Faro Punta Delgada: im Leuchtturmkomplex von Punta Delgada, Tel. 029 65-45 84 44 u. 15 40 63 03, www.puntadelgada. com. Einfache, lichte Zimmer, Restaurant, bevorzugter Standort von (Hobby-)Wissenschaftlern, die die große Pinguinkolonie am Strand studieren. DZ 168/242/282 US$ inkl. Frühstück/HP/VP und Ausflügen.

… in Puerto Pirámides:

The Paradise Pub: Av. de las Ballenas s/n, am oberen Ortsende, Tel. 029 65-49 50 03. Fisch, Meeresfrüchte, auch vegetarische Speisen, herrliche Sicht auf die Bucht. 80 $.

La Estación: Av. de las Ballenas s/n, Tel. 029 65-49 50 47. Hausgemachte Pasta, nettes Ambiente, am späten Abend beste Bar im Ort. 60 $.

El Refugio: Av. de las Ballenas s/n, Tel. 029 65-49 50 31. Gute Meeresfrüchte. 60 $.

 Angeln: Juan Domínguez, Tel. 029 65-15 66 47 72 (4 Tage 580 US$ p. P. ohne Unterkunft); Raúl Díaz, Playa Larralde, Tel. 029 65-45 08 12 u. 15 51 51 96 (70 US$ p. P.). Lachs, *mero* (Zackenbarsch), im Sommer manchmal auch Hai.

Von Puerto Madryn bis Comodoro Rivadavia

Von Puerto Madryn führt die RN 3 fast schnurgerade nach Südwesten, meist etliche Kilometer entfernt vom Meer durch das flache, von Weideland geprägte Landesinnere. Erst nach rund 400 km trifft die Straße in der Hafenstadt Comodoro Rivadavia wieder auf die Küste.

Trelew und Umgebung

Reiseatlas: S. 21, B 4

Keinem Gründungsauftrag der spanischen Krone, sondern der Initiative des Walisers Lewis Jones verdankt der nach ihm benannte Ort (*tre* = Dorf, *lew* = Kurzform von Lewis) **Trelew** (88 000 Einw.) seine Entstehung an der Gleisspitze einer 1886 zur Küste hin gebauten Eisenbahnstrecke. Um den alten Bahnhof scharten sich die ersten Gebäude, von denen einige noch erhalten sind: das **Teatro Español** (Plaza Independencia), der **Banco de la Nación** mit Uhrtürmchen (Av. Fontana, Ecke 25 de Mayo) und das **Hotel Touring Club** mit Langtheke und Kaffeemaschine von 1920 (Av. Fontana 240).

Sehenswert sind auch zwei Museen: zum einen das liebevoll zusammengestellte **Museo Regional Pueblo de Luis** im alten Bahnhofsgebäude (Av. Fontana, Ecke 9 de Julio, Mo–Fr 8–20, Sa/So 14–20 Uhr), vor allem aber das international anerkannte **Museo Paleontológico Egidio Feruglio,** das auf didaktisch hervorragende Weise über 300 Mio. Jahre patagonische Erdgeschichte berichtet und eine gute Vorbereitung für den Besuch der versteinerten Wälder von Ormachea und Jaramillo (s. S. 218f.) ist. Zu den besonderen Exponaten gehört das weltweit besterhaltene (versteinerte) Saurierei. Vom Museum aus werden auch Führungen durch den Geoparque Paleontológico Bryn Gwyn (s. r.) im Tal des Río Chubut organisiert (Av. Fontana 140, www.mef.org.ar, Sept.–März tgl. 9–20, April–Aug. Mo–Fr 10–18, Sa/So 10–20 Uhr, 15 $).

Das geschäftige Trelew darf als die heimliche Hauptstadt Chubuts gelten, auch wenn die Provinz offiziell vom 15 km östlich gelegenen **Rawson** verwaltet wird. Dort hat jedoch allenfalls der winzige Hafen mit seinen beiden Fischkantinen einen Rest von Atmosphäre.

Das kleine **Gaiman** 17 km westlich von Trelew lohnt nur einen Stopp, wenn man in einem traditionellen Teehaus auf ein Stündchen nach *Old England* entführt werden und die walisische ›schwarze Torte‹ kosten möchte. Viel interessanter ist ein Besuch im 8 km westlich gelegenen Geoparque Paleontológico Bryn Gwyn (s. rechts).

Richtig Reisen-Tipp: Spaziergang durch die Erdgeschichte

Keine Erdzeittafel wäre imstande, die letzten 40 Mio. Jahre patagonischer Erdgeschichte so wiederzugeben wie die Schichtstufen der 150 m hohen Sandsteinfelsen am Río Chubut. Im **Geoparque Paleontológico Bryn Gwyn** bei Gaiman führt ein Lehrpfad an den Wänden entlang wie an einem aufgeschlagenen Bilderbuch. Die oberste Schicht, der Epoche der letzten 10 000 Jahre entsprechend, erzählt von der Ausschürfung des Tals nach der endgültigen Auffaltung der Kordillere. Das nächste Stratum, die *rodados tehuelches,* rundgeschliffenes Geröll vulkanischen Ursprungs, verweist auf eine bis zu 100 000 Jahre zurückliegende Zeit. Dann folgen die Millionensprünge, die die terrestrische (seit ca. 9 Mio. Jahren), die maritime (vor 28–9 Mio. Jahren) und davor wiederum die terrestrische Vergangenheit dokumentieren.

Reiche Fossilienfunde, von Haifischzähnen bis zu 38 Mio. Jahre alten Wespennestern, von Pinguinwirbeln bis zum Ameisenbär aus dem unteren Tertiär, geben Aufschluss über die Evolution am Südende des amerikanischen Kontinents. Eine Reihe komplett ausgegrabener versteinerter Knochengerüste ist in pyramidenförmigen Glaskästen ausgestellt. Genau das macht den Reiz dieser Entdeckungen unter freiem Himmel aus: die Zeugen der Vergangenheit an Ort und Stelle auf sich wirken zu lassen.

Dreistündige geführte Exkursionen – davon eine gute Stunde zu Fuß über den Lehrpfad – werden nach Voranmeldung vom Paläontologischen Museum in Trelew organisiert (s. links, auch auf Deutsch oder Englisch). Man kann den Park aber auch auf eigene Faust besuchen (tgl. 9–16 Uhr, 8 $).

Dirección de Turismo: Mitre 387, Trelew, Tel. 029 65-42 01 39, www.trelew patagonia.gov.ar, Mo–Fr 8–20, Sa/So 9–13, 15–20 Uhr.
Touristeninformationen findet man auch am Flughafen und im Busbahnhof, Mo–Fr 8.30–20.30, Sa/So 8–20 Uhr.

... in Trelew:
Libertador: Rivadavia 31, Tel./Fax 029 65-42 02 20, www.hotellibertadortw.com. Von den führenden Hotels das in Stil und Service angenehmste, ruhige Lage, Restaurant. DZ 156/198 $.
Galicia: 9 de Julio 214, Tel./Fax 029 65-43 38 03, www.hotelgalicia.com.ar. Einfaches, ordentliches Touristenhotel. DZ 110 $.
Touring Club: Av. Fontana 240, Tel./Fax 029 65-43 39 97/98. Unter Denkmalschutz stehendes Belle-Époque-Gebäude, großes Restaurant, etwas für Nostalgiker. DZ 100 $.
Residencial Rivadavia: Rivadavia 55, Tel. 029 65-43 44 72. Besonders freundliches Familienmanagement, ruhig, sehr gutes Preis-Leistungs-Verhältnis. DZ 75/85 $.

... in Trelew:
El Viejo Molino Patagónico: Gales 250, Tel. 029 65-42 80 19. Hervorragender Lammbraten. 50 $.
Sugar: 25 de Mayo 247, Tel. 029 65-43 59 78. In einem walisischen Einwandererhaus an der Plaza Independencia. Hausgemachte Pasta, patagonisches Lamm am Grillfeuer. 50 $.
El Quijote: Rivadavia, Ecke Pasaje Mendoza, Tel. 029 65-15 40 29 37. Gute Parrilla in interessantem Gebäude. 40 $.
Comedor Universitario Luis Llana: 9 de Julio, Ecke Fontana, gegenüber vom Museo Regional, 10–20 Uhr, Sa mittags. Universitätsmensa, Gerichte für 5 $.

Flüge: Aerolíneas Argentinas verbindet 3 x tgl. mit Buenos Aires, 2 x tgl. mit Ushuaia und 1 x tgl. mit El Calafate. Auch LADE fliegt mehrere patagonische Städte an. Flughafen: RN 3, 6 km nordöstlich, Tel. 029 65-43 34 43.
Busse: TAC, El Cóndor, Don Otto, Andesmar, Central Argentino etc. bieten Verbindungen entlang der Küste bis Buenos Aires und Us-

Die patagonische Küste

huaia sowie mit Mendoza und vielen anderen Provinzhauptstädten. Busterminal: Urquiza 150, Tel. 029 65-42 01 21.

Punta Tombo und Reserva Natural Cabo Dos Bahías

Reiseatlas: S. 24, F 1/2

Für die Weiterfahrt ab Trelew bzw. Rawson Richtung Süden sollte man der RN 3 den Rücken kehren und auf die reizvolle – zumeist geschotterte, aber gut befahrbare – ›Küstenstraße‹ RP 1 ausweichen, die durch mehrere große Estanzien führt. Entlang der Strecke locken auch zwei weitere Tierparadiese.

Von Oktober bis März ist die *pinguinera* von **Punta Tombo** 110 km südlich von Trelew mit fast 1 Mio. Tiere die größte unter den zugänglichen Pinguinkolonien der Welt. Die bis 800 m vom Wasser entfernten 250 000 Nisthöhlen haben die Uferlandschaft mit einem Lochmuster überzogen. Durch Zäune begrenzte Pfade leiten die zeitweise in Massen auftretenden Besucher bis ans Meer. Der Besuch kann auch über Reiseagenturen in Trelew gebucht werden (Eintritt 30 $). Wer die hochinteressanten Verhaltensweisen der Magellanpinguine mit etwas mehr Ruhe beobachten will, findet dazu in der Reserva Natural Cabo Dos Bahías (s. rechts) eine bessere Gelegenheit.

Von Punta Tombo führt die RP 1 über das fast nur aus Ruinen bestehende **Cabo Raso** (schöner Strand, Zelten möglich, Wasser mitbringen) in den 160 km entfernten Zwerghafen **Camarones.** Ein Hafentürmchen mit Kreuz erinnert hier an das Jahr 1535, als der von Spanien ausgesandte Kosmograf Simón de Alcazaba das Profil dieser herben Küste auskundschaftete, die bis heute gehütetes Kleinod einiger Individualisten geblieben ist. Camarones (›Garnelen‹) selbst macht seinem Namen alle Ehre: Hier (und in Puerto Deseado) werden Argentiniens beste Krevetten aus dem Meer gezogen.

Von Camarones aus findet man über eine 72 km lange Asphaltstraße (RP 30) zurück zur RN 3 und ist von da aus, die Pampa de Salamanca durchquerend, nach 190 km in Comodoro Rivadavia. Zuvor allerdings lohnt ein

Abstecher in die 30 km südöstlich gelegene **Reserva Natural Cabo Dos Bahías** mit ihren ca. 13 000 Pinguinhöhlen. Die Kolonie ist aufgrund der nach wie vor schlechten Piste und der im Vergleich zu Trelew einfachen Infrastruktur in Camarones weit weniger besucht als Punta Tombo. Dafür kann man die Tiere hier besser beobachten und fotografieren und auch die sonst scheuen Guanakos fühlen sich im Reservat sicher (Eintritt 20 $).

Centro de Información: Tomás Espora (Costanera) s/n, Camarones, Tel. 02 97-496 30 40, Sept.–April 7–21.30, Mai–Aug. 8.30–20 Uhr.

… in Camarones:

Indalo Inn: Roca, Ecke Sarmiento, an der Plaza, Tel. 02 97-496 30 04 u. 496 30 67. Auch Bungalows, mit Restaurant. DZ 130 $.
Viejo Torino: Av. Costanera, Ecke Brown, Tel. 02 97-496 30 33. Einfache Unterkunft, Restaurant. DZ 110 $.
Cabañas Bahía del Ensueño: 9 de Julio, Ecke Belgrano, Tel. 02 97-496 30 07. Bungalows für 5 Pers. 220 $.
Camping Camarones: Tomás Espora s/n, in der Hafenbucht, Tel. 02 97-496 30 56. Ruhig, teilweise Baumschatten, einfache Infrastruktur, aber sympathisch, ganzjährig. 12 $ p. P.
… in der Reserva Natural:
Camping: an der Caleta Sara. Sehr schöner Platz, ohne Infrastruktur, aber mit Quellwasser und Grillstellen, Anmeldung beim Parkaufseher.

Comodoro Rivadavia

Reiseatlas: S. 24, D 3

Das zu Füßen des staubigen Chenque-Hügels – früher Tehuelche-Friedhof und geheiligte Stätte der Ureinwohner – am tiefblauen Golfo San Jorge liegende **Comodoro Rivadavia** (137 000 Einw.) hat mit der tektonisch stark bewegten Vergangenheit Patagoniens auf die ›ersprießlichste‹ Weise zu tun. Als der deutsche Geologe Josef Fuchs hier nach Trinkwasser bohrte, stieß er am denkwürdigen 13. Dezember 1907 – der Tag bestimmte das Datum des Nationalen Petroleumfestes – auf eine jener immensen unterirdischen Lagerstätten, wo sich Muschel- und Algenbänke im Laufe von Jahrmillionen in Speichergesteine für Erdöl verwandelt hatten. Tatsächlich waren Patagoniens küstennahe Regionen rund 20 Mio. Jahre, die vorandine Pampa etwa 10 Mio. Jahre lang Meeresboden. Am Fuß der Kordillere, an der Grenze zu Chile bei Los Antiguos, soll ein petrifizierter Wal gefunden worden sein. Noch in 4000 m Höhe finden sich versteinerte Austernbänke. Bei nicht wenigen der im Bereich von Comodoro Rivadavia bis in 5000 m Tiefe reichenden Bohrungen förderte man Proben zutage, die mithalfen, eine mehr als 100 Mio. Jahre umfassende geophysikalische Entwicklung zu rekonstruieren.

Das progressive, unaufdringlich moderne Comodoro Rivadavia ist mit den anderswo ›Pferdeköpfe‹, hier aber ›Schwarze Schwäne‹ genannten Förderpumpen groß geworden, die überall in der Landschaft stehen. Trinkwasser aber muss immer noch über eine mehr als 150 km lange Rohrleitung vom Lago Musters herangeführt werden. Der saubere, doch touristisch unergiebige Hafenort hat sich, etwas verlegen, das Allerweltsprädikat ›Stadt des Windes‹, mit dem Seebad **Rada Tilly** nur 15 km weiter südlich allerdings auch eine attraktive Freizeitkolonie zugelegt.

Exponate aus der Geschichte der patagonischen Erdölförderung sind im **Museo del Petróleo** zu sehen (San Lorenzo 520, 3 km nördlich nahe RN 3, Tel. 02 97-455 95 58, im Winter Di–Fr 8–18, Sa/So 14–18, im Sommer Di–Fr 9–12, 15–20, Sa/So 15–20 Uhr, 5 $). Unter freiem Himmel zeigt auch das **Museo Paleontológico de Astra** Artefakte der Erdölindustrie – von der hölzernen Förderpumpe von 1915 bis zum Fischschwanzbohrkopf –, wird seinem Namen aber durch zahlreiche paläontologische Ausstellungsstücke gerecht (RN 3, 20 km nördlich, Sa/So 14–18 Uhr).

Dirección de Turismo: Rivadavia 430, Tel. 02 97-446 23 76, Fax 447 41 11, www.comodoro.gov.ar/turismo.

Comodoro Rivadavia ist keine schöne, aber durch die Erdölindustrie wohlhabende Stadt. Das hat auch die Hotelpreise nach oben getrieben: kein ganz idealer Ort zum Übernachten also.

… in Comodoro Rivadavia:
Lucania Palazzo: Moreno 676, Tel. 02 97-446 01 00, www.lucania-palazzo.com. Das feinste Hotel der Stadt, Sauna, Restaurant. DZ 488 $.
Comodoro Hotel: 9 de Julio 770, Tel. 02 97-447 23 00, www.comodorohotel.com.ar. Zentral, modern, Cafetería-Bar. DZ 192 $.
Residencial Comodoro: España 919, Tel. 02 97-446 52 51 u. 446 25 82. Die beste Herberge ihrer Kategorie, zentral. DZ 130 $.
Hospedaje 25 de Mayo: 25 de Mayo 989, Tel. 02 97-447 23 50. Sauber und preiswert. DZ 60/80 $.
Hospedaje Cari-Hue: Belgrano 563, Tel. 02 97-447 29 46. Weitere empfehlenswerte Hospedaje, zentral. DZ 50 $.

… in Rada Tilly:
Camping Municipal Rada Tilly: Av. Fragata Argentina, Ecke Av. Moyano, Tel. 02 97-445 29 18. Im Nordteil der Bucht, etwas landeinwärts. Relativ windgeschützte Plätze, teilweise Baumschatten, saubere Anlage, ganzjährig. 2,50 $ p. P., 3 $/Zelt.

… in Comodoro Rivadavia:
La Rastra: Rivadavia 348, Tel. 097-444 36 23. Gute Parrilla. 75 $.
Patagonia: Im Hotel Lucania Palazzo (s. o.). Gourmet-Küche, Meeresfrüchte, Fisch und patagonisches Lamm. 70 $.
Puerto Cangrejo: Av. Costanera 1051, Tel. 02 97-444 45 90. Meeresfrüchte, Hummer, Fisch. 60 $.
La Tradición: Mitre 675, Tel. 02 97-446 58 00, So geschlossen. Bestes Lokal der Innenstadt, Grillfleisch, Fischgerichte, aufmerksame Bedienung. 40 $.

Busse: Zahlreiche Busunternehmen bieten Verbindungen entlang der Küste bis Buenos Aires und Ushuaia sowie mit Córdoba, Mendoza und vielen anderen Provinzhauptstädten an. Don Otto, Tramat und TAC fahren ca. 10 x tgl. nach Sarmiento (Start-punkt für den Bosque Petrificado José Or-machea, s. unten). Busterminal: Pellegrini 730, Tel. 02 97-446 73 05.

Bosques Petrificados José Ormachea und Jaramillo

Reiseatlas: S. 23, C 3; S. 26, D 1
Comodoro Rivadavia ist der Ausgangspunkt für den Besuch von zwei der beeindruckend-sten Zeugnisse der patagonischen Urzeit: den versteinerten Wäldern **Bosque Petrifi-cado José Ormachea** und **Bosque Petrifi-cado de Jaramillo**. Als habe eine Riesen-hand eine Streichholzschachtel ausgeleert, liegen hier versteinerte Baumstämme und ihre Splitterstücke in der Landschaft ver-streut. Ihre Geschichte reicht zurück in eine Zeit, in der das argentinische Patagonien noch keine Steppe, sondern eine von Arau-karienwäldern bestandene Landschaft war. Im Laufe von 65 bis 150 Mio. Jahren ver-wandelten sich die einst in 20 m hohen Abla-gerungen vulkanischer Ascheregen erstick-ten Baumriesen in steinerne Säulen, die, vom Wind gefällt, den Resten verfallener Tempel gleichen. Der Prozess der Petrifizierung voll-zog sich durch das ins Holz eindringende Re-genwasser. Beim Durchsickern der Asche lud es sich mit Siliziumsalzen auf, die es ins Zell-gewebe transportierte, um die dort verfal-lende pflanzliche Substanz zu ersetzen. Bei diesem osmotischen Wunderwerk der Mine-ralisierung wurde nicht nur Zelle für Zelle nachgebaut, sondern auch die Morphologie der Stämme als Ganzes erhalten: Einige Exemplare sind bis zu 35 m lang, andere ha-ben einen Durchmesser von fast 3 m, man-che wiegen 100 t. Die warmen, leuchtenden Farben dieser steinernen Koniferen zeichnen exakt die Struktur des Holzes nach. Ihre Al-tersbestimmung erlauben die radioaktiven Isotope einiger in ihnen erhaltener Minerale.

Welcher der beiden großen versteinerten Wälder ist eindrucksvoller? Eine Frage für Naturfotografen. Der von Ormachea (180 km westlich von Comodoro Rivadavia, über die RN 26 und RP 20 nach Sarmiento, dann ge-schotterte Stichstraße nach Süden) verbirgt sich im roten und ockerfarbenen Schichtge-birge des Abigarrado; der von Jaramillo brei-tet sich auf der offenen Meseta aus (290 km südlich von Comodoro Rivadavia; RN 3 über Caleta Olivia, den kleinen Knotenpunkt Fitz Roy und dann 90 km weiter südlich über die geschotterte RP 49 ca. 50 km nach Westen). Beide Naturmonumente – mit den größten fossilen Bäumen der Welt – gehören zu den Meisterwerken der patagonischen Schöp-fungsgeschichte (Eintritt je 20 $).

Mehrmals tgl. Verbindungen mit Bus-sen von Comodoro Rivadavia nach Sar-miento; hier kann man beim Reisebüro Santa Teresita, Roca, Ecke Uruguay, Tel. 02 97-489

32 38, einen Ausflug zum Bosque Petrificado José Ormachea buchen.

In Comodoro Rivadavia organisiert die Reiseagentur Aonikenk, Rawson 1190, Tel. 02 97-446 67 68 u. 446 13 63, www.aonikenk. com.ar, Tagesausflüge zum Bosque Petrificado José Ormachea (260 $ p. P. bei mind. 3 Teilnehmern) sowie 4-tägige Touren, im Rahmen derer man u. a. den Bosque Petrificado de Jaramillo besucht.

Von Comodoro Rivadavia nach Río Gallegos

Weltumsegler und Eroberer, Piraten und Kartografen, Kolonisten und Handelsschiffer suchten jahrhundertelang die patagonische Küste nach Schlupfwinkeln ab, wo sie ihre Karavellen bei Ebbe trockenfallen lassen, kalfatern und sich selbst auf die Trinkwassersuche machen konnten. Namen wie Port Desire (Puerto Deseado), San Julián und Santa Cruz sind Legende geworden. Diese sporadischen Naturhäfen, auch heute noch Küstenflecken mit nur wenigen Tausend Einwohnern, liegen immer noch abseits der eingefahrenen Fährten des Massentourismus.

Puerto Deseado
Reiseatlas: S. 24, F 4

Von Norden kommend, steuert man Puerto Deseado über die RN 3 an, die südlich von Rada Tilly vom Mesetarand absteigt und auf ca. 50 km bis **Caleta Olivia** das wie grüne Glasschmelze daliegende Meer begleitet. Aber noch auf der Höhe lohnt es sich, ein paar der versteinerten Muscheln einzusammeln, die hier massenweise herumliegen: Sie sind mindestens 9 Mio. Jahre alt.

Zeugnis der patagonischen Urzeit: der Bosque Petrificado José Ormachea

219

Die patagonische Küste

14 km südlich von **Fitz Roy** zweigt die asphaltierte RP 281 als 126 km langer Zubringer nach Puerto Deseado ab. Der gleichnamige Fluss – schon in alten Landkarten als unstete Wasserschlange ohne Kopf und Schwanz eingezeichnet – verläuft in der Meseta streckenweise unterirdisch, versiegte aber im Mündungsgebiet schon vor 12 000 Jahren. Das stattdessen eindringende Meerwasser füllte das Bett bis 40 km stromaufwärts, machte also aus dem Río eine Ría, vergleichbar den fjordähnlichen Küsteneinschnitten gleichen Namens im nordspanischen Galizien. In dieses naturgeschaffene Schutzgebiet schwemmt der ausgeprägte Tidenhub ein reiches Angebot an Meeresgetier. So haben sich in dieser Ría nicht nur Pinguine, sondern auch andere Vertreter einer vielfältigen Avifauna angesiedelt: Möwen, antarktische Tauben, Austernfischer, vor allem aber – eine weltweit einmalige Koexistenz – fünf Spezies von Kormoranen.

Seinen Namen erhielt der Naturhafen **Puerto Deseado** von dem englischen Freibeuter Thomas Cavendish, der hier 1586 mit seinem Schiff Desire (›Deseado‹) vor Anker ging. Doch erst im 19. Jh. erforschten Darwin und dann Moreno die gesamte Ría; 1884 ließen sich die ersten Kolonisten nieder. Eine 1909 gebaute (und 1977 stillgelegte) Eisenbahnlinie bis Las Heras diente dem Transport von Wolle und Häuten zur Küste. Diese Strecke zu reaktivieren und über Bariloche bis zur chilenischen Pazifikküste weiterzuführen ist ein Lieblingsprojekt der Provinzregierung.

Das nette 13 000-Einwohner-Städtchen, ein buntes Gemisch aus alten Wellblechhäusern und neuen Zweckbauten, lebt heute vorwiegend vom Garnelenfang im Golfo San Jorge. Mehr als 500 Schiffe jährlich machen an der Mole fest. Einen ›Hafen der Sehnsucht‹ stellt Puerto Deseado also auch für *marisco*-Liebhaber dar. Wer die rund 90 km zum **Cabo Blanco** nicht scheut, findet am Kliff ein einsames Tierparadies mit Kormoranfelsen und – zur Schutzzone erklärt – auf vorgelagerten Klippen die einzige noch intakte kontinentale Pelzrobbenkolonie Südamerikas.

Dirección Municipal de Turismo: San Martín 1525, Puerto Deseado, Tel. 02 97-487 02 20, Fax 489 22 48, www.puerto deseado.gov.ar, tgl. im Winter 9–18, im Sommer 9–22 Uhr.

… in Puerto Deseado:
Isla Chaffers: San Martín, Ecke Moreno, Tel. 02 97-487 22 46, Fax 487 21 68. Erstes Hotel am Platz, vergleichsweise moderate Preise, schöne Cafetería, Tagesausflüge zur hoteleigenen Estanzia. DZ 120 $.
Los Acantilados: España, Ecke Pueyrredón, Tel. 02 97-487 21 67, Fax 487 20 70. Am Hochufer, Zimmer mit Sicht aufs Meer etwas teurer, Cafetería. DZ 105/173 $.
Camping Municipal: Av. Lotufo, Tel. 02 97-15 625 28 90. Am Ufer, klein, ruhig, gepflegte Infrastruktur, Baum- und Windschatten. 15 $/Zelt.

… in Puerto Deseado:
El Pingüino: Piedrabuena 958, Tel. 02 97-487 21 05, Mo–Sa. Parrilla und Meeresfrüchte. 40 $.
Puerto Cristal: España 1698, Tel. 02 97-87 03 87, Mi geschlossen. Fisch und Meeresfrüchte. 40 $.

Bootsausflüge: Turismo Aventura Los Vikingos, Estrada 1275, Tel. 02 97-487 00 20, www.losvikingos.com.ar. Touren zu den Kormoranfelsen und Pinguininseln in der Ría (Sept.–März, 2,5 Std., 70 $ p. P., Tagesausflug 200 $ p. P.).

Busse: La Unión verbindet mit Caleta Olivia (25 $) und Comodoro Rivadavia (35 $), Sportman mit El Calafate (115 $), Río Gallegos (85 $) und San Julián (43 $). Busterminal: Rosa de Wilson, Ecke Sargento Cabral.

Weiter nach San Julián
Reiseatlas: S. 26, E/F 1/2
Zum nächsten historischen Hafen, dem knapp 300 km weiter südlich gelegenen San Julián, sollte man sich über die abwechslungsreichere RP 1201 (ehemals RP 47) bewegen, die erst bei der **Estancia El Salado** in die RN 3

mündet. Und wieder begegnet man hier der patagonischen Weite mit ihrem endlosen Himmel. »Warum, frage ich mich, nimmt dieses spröde Land meinen Geist so gefangen?« schrieb Charles Darwin in sein Reisetagebuch. »Wieso beeindruckt mich eine ebenere, grünere, fruchtbarere und dem Menschen nützliche Pampa nicht gleichermaßen? … Es muss wohl an diesem Horizont liegen, der die Vorstellungskräfte beflügelt.«

Die Strauch- und Polstergrassteppe, die vielen als monotone Vegetationsdecke erscheinen mag, entpuppt sich bei näherem Hinschauen als ein multiples Mosaik von spezialisierten Pflanzen, die man in diesem kalttrockenen Klima als Überlebenskünstler bezeichnen muss. Die gedrungenen Wuchsformen mit ihren tentakelartigen, wasserspeichernden Wurzeln sind Muster ökologischer Anpassung. *Mata negra, mata laguna, mata guanaco* – populäre Namen für komplizierte Gebilde, deren wertvollstes den Indianern der *molle*-Busch war: Aus seinem biegsamen Holz stellten sie ihre Bögen her.

Besonders schön ist diese Fahrt im Südsommer, wenn überall die violetten Blüten des wilden Thymians und die gelben Halbkugeln der ›Goldknöpfe‹ leuchten. Nicht zu Reden von den Aromen dieser Pflanzen, die man in einer Teebüchse einfangen möchte.

In **San Julián** aber riecht es wieder nach Tang und Meer. Doch die weitgeschwungene Bucht ohne Flussmündung, wo schon Magellan einst Schutz suchte, ist kein Dorado für Fische. So wird denn auch der alljährliche Wettbewerb des Hai-Angelns (2. Januarwoche) 35 km weiter südlich an der offenen Küste in Playa de los Instalados bei El Rincón ausgetragen. Das Städtchen San Julián (7000 Einw.) selbst lebt vorwiegend von den drei örtlichen Konservenfabriken, denen das Füllgut – Muscheln und Garnelen – von Puerto Madryn aus angeliefert wird.

Die Bucht kann auf berühmte Namen und Schicksale verweisen: Auf der Insel Banco Justicia (›Hinrichtungs-Sandbank‹) ließ Francis Drake 1578 seinen aufmüpfigen Freund Thomas Doughty auf dem gleichen Schafott köpfen, das schon Magellan für die Vierteilung zweier Meuterer hatte zimmern lassen – bevor er an dieser Stelle die erste heilige Messe auf dem Südkontinent lesen ließ. Ein fantasievoller Nachbau von Magellans Flaggschiff Victoria, ausstaffiert mit lebensecht wirkenden Figuren, ziert heute den Strand am Ende der Hauptstraße San Martín. Wie das Schiff tatsächlich ausgesehen hat, weiß allerdings niemand so genau.

An der grottenreichen Steilküste nördlich von San Julián laden wilde Strände (starke Brandung) beim 18 km entfernten Cabo Curioso und bei Playa La Mina (dazwischen Robbenkolonie) zum Baden ein.

Dirección de Turismo: Av. San Martín 135, Tel./Fax 029 62-45 43 96, www. sanjulian.gov.ar, Mo–Fr 7–21, Sa/So 9–21 Uhr.

Hotel Bahía: Av. San Martín 1075, Tel. 029 62-45 40 28, Fax 45 31 45, www. hotelbahiasanjulian.com.ar. Beste Unterkunft im Ort, große, gut eingerichtete Zimmer. DZ 140 $.
Hotel Sada: San Martín 1112, Tel. 029 62-45 20 13, www.hotelsada.com.ar. Einfache, beliebte Touristenunterkunft. DZ 100 $.
Camping Municipal: Hernando de Magallanes 520, in Ufernähe. Tel. 029 62-45 28 06. Baumhecken als Sonnen- und Windschutz, saubere Infrastruktur, der bestgeführte Campingplatz an der patagonischen Küste mit einem sehr zuvorkommenden Management. 3 $ p. P., 5 $/Auto.

La Rural: Ameghino 811, Tel. 029 62-45 40 66, Di geschlossen. Hier gibt es die besten Meeresfrüchte im Ort. 60 $.
Naos: Nueve de Julio, Ecke Mitre, Tel. 029 62-45 27 14. Regionale Küche, hausgemachte Pasta. 50 $.

Bootsausflüge: Excursiones Pinocho, Av. Costanera, Ecke Mitre, Tel. 029 62-45 43 33 u. 029 66-15 62 07 43. Touren zu den Inseln Banco Cormorán und Banco Justicia mit ihrer vielfältigen Avifauna; Anfang Dezember legen Pinguine und Kormorane in

Die patagonische Küste

der Bucht ihre Eier, auch junge Delfine schwimmen zu dieser Jahreszeit um die Schlauchboote.

Busse: Verbindungen u. a. nach Buenos Aires, Bariloche, Mendoza, Córdoba, Jujuy, Puerto Deseado, Comodoro Rivadavia und Río Gallegos. Busterminal: Av. San Martín 1570, Tel. 029 62-45 20 72.

Estancia La María

Reiseatlas: S. 26, D 1

Knapp 160 km nordwestlich von San Julián liegt inmitten der patagonischen Meseta die **Estancia La María.** Der Abstecher hierher lohnt, denn in 87 äußerst sehenswerten Höhlen der Umgebung finden sich 12 600 Jahre alte Tehuelche-Malereien. Zwischen Oktober und März werden von der Estanzia aus Touren dorthin angeboten (zu Fuß oder im Geländewagen, 15–30 US$), desgleichen zu einem kleinen versteinerten Wald, in dem einige Bäume sogar noch stehen (15 US$ p. P.). Die ökologisch engagierten Eigentümer sind kundige Führer und nehmen auch gerne Übernachtungsgäste auf. Man erreicht die Estanzia, indem man auf der RP 25 ca. 75 km in Richtung Gobernador Gregores fährt und dann rechts auf die RP 77 abzweigt (Tel. 029 62-45 23 28, www.arqueologialamaria.com.ar, DZ 28 US$, Camping 2,50 US$ p. P. plus 3 US$/Zelt, Frühstück 2,50 US$ p. P., Mahlzeiten 28 US$ p. P.).

Comandante Luis Piedrabuena und Umgebung

Reiseatlas: S. 26, D 3

Von San Julián auf der RN 3 weiter nach Süden fahrend, erhascht man einen kurzen Blick auf die gewaltige Senke des **Gran Bajo de San Julián** (westlich der Straße), passiert später den Río Chico und erreicht nach gut 120 km die Oase **Comandante Luis Piedrabuena** am Ufer des Río Santa Cruz. Der nette Ort (4200 Einw.) bietet keine Attraktionen, aber bessere Übernachtungsmöglichkeiten als das 30 km weiter Richtung Meer liegende **Puerto Santa Cruz,** dessen nur aus einer öden Mole bestehender ›Hafen‹ in Wirklich-

keit die vorgeschobene Punta Quilla ist. Der Ortsname Santa Cruz (gleichlautend für die ganze Provinz) erinnert an den Missionseifer der spanischen Eroberer, deren erste besitzergreifende Zeichen in die Erde gerammte Kreuze waren. In dem durch Einheitshäuser monoton gestalteten Puerto Santa Cruz sind nur noch wenige Relikte einer jüngeren Vergangenheit zu finden, etwa der Banco de la Nación (9 de Julio, Ecke Moreno) oder die Bar Español (San Martín, Ecke Sarmiento).

33 km südlich von Piedrabuena führt eine Stichstraße von der RN 3 in den **Parque Nacional Monte León.** Hauptattraktion ist die Isla Monte León mit ihrer Pinguinkolonie und weiten Stränden. Der Park ist nur von November bis Mitte April zugänglich, da die Straße mitten durch Estanzia-Gelände führt und das Gatter im restlichen Jahr geschlossen bleibt (www.boletinmonteleon.blogspot.com).

Secretaría de Turismo: Av. Gregorio Ibáñez 388, Comandante Luis Piedrabuena, Tel. 029 62-49 73 13, www.piedrabuena.gov.ar.

Centro de Información Turística: Av. Piedrabuena 531, Puerto Santa Cruz, Tel. 029 62-49 81 22, tgl. im Winter 9–20, im Sommer 8–22 Uhr.

… in Comandante Luis Piedrabuena: El Álamo: Lavalle 8, Ecke España, Tel. 029 62-49 72 49. Hostería mit Cafetería, ruhige, geräumige Zimmer. DZ 94 $.

Sur Atlantic Oil: RN 3 Km 2404, kurz vor der Abzweigung in den Ort, Tel. 029 62-49 70 54, Fax 49 70 08. Mittelklassiges Motel, Cafetería, Tankstelle. DZ 85 $ ohne Frühstück.

Hostería Municipal: auf der Flussinsel Pavón, Tel. 029 66-15 63 83 80. Zufahrt von der Straßenbrücke der RN 3 über den Río Santa Cruz, mit gutem Restaurant. DZ 120 $.

Camping Municipal: auf der Flussinsel Pavón, Tel. 029 62-49 73 03. Idyllische, ordentlich geführte Anlage mit schönem Baumbestand, auch Cabañas (4 Pers.), kleiner Laden, Lamm am Spieß auf Bestellung, Flussexkursionen.

Melancholie liegt in den Straßen der südlichsten kontinentalen Stadt, Río Gallegos

… in Puerto Santa Cruz:
Hostería Municipal: 25 de Mayo 638, Tel./ Fax 029 62-49 82 02. Schöne Lage am Ufer, kleines Restaurant. DZ 80 $.

… in Comandante Luis Piedrabuena:
Restaurant Hostería Municipal: auf der Flussinsel Pavón, Tel. 029 66-15 63 83 80. Mit Sicht auf den türkisfarbenen Río Santa Cruz, Forellen. 80 $.
No hay dos sin tres: Lavalle 108, Tel. 029 62-49 79 47. Pasta, Parrilla. 30 $.
… in Puerto Santa Cruz:
Hostería Municipal: Lachs-Ravioli, Fisch. 35 $.

Río Gallegos und Umgebung

Río Gallegos
Reiseatlas: S. 27, C 1
Wo der 300 km lange ›Fluss der Galizier‹ (Río Gallegos) ins Meer mündet, hat die südlichste kontinentale Stadt Argentiniens, eben **Río Gallegos** (79 000 Einw.), ihr schachbrettartiges Muster ausgebreitet. Dem Meer selbst verdankt sie ihre Geburt, denn als vor über 15 Mio. Jahren der Atlantik bis zu den Anden reichte, entstanden jene Algensümpfe, deren Ablagerungen sich bei Río Turbio im Quellgebiet des Río Gallegos zu 500 Mio. Tonnen Steinkohle verdichteten. So baute man zu deren Transport eine dem Flusslauf folgende Eisenbahnlinie zur Küste und der Kohlehafen Río Gallegos entstand.

Dass der Ort keine »graue Stadt am Meer« wie Theodor Storms Husum ist, beweist das Farbenspiel der bunten Wellblechdächer, das neuerdings auch traditionswahrende Villenbauten wieder fortführen. Im ältesten Haus der Stadt ist das kleine **Museo de los Pioneros** (›Pioniermuseum‹) mit seinen Raritäten eingerichtet (El Cano, Ecke Alcorta, tgl. 10–19.30 Uhr, Eintritt frei). Gerettet wurde auch der historische Balkon im Zentrum, von dem aus 1899 der damalige Präsident Julio Roca die *estancieros* aufrief, in Argentinien zu investieren (Piedra Buena 50). Die restaurierte

Die Straße der Tränen

Die Magellanstraße, einzige natürliche Durchbruchstelle eines mehr als 15 000 km langen Kontinents, wird nicht nur von Seezeichen begleitet, sondern auch von den Spuren einer Geschichte, die dramatischer und faszinierender ist als die aller anderen Meerengen der Welt. Fallböen und Untiefen, Hungerhäfen und Indianerfriedhöfe, verlassene Goldminen, Pinguinparadiese und über 1000 Wracks begleiten die Wasserstraße auf ihrem 600 km langen Weg vom Atlantik zum Pazifik.

Mit der Entdeckung dieser Ost-West-Passage durch Fernão de Magalhães im November 1520 begann ein Stück Weltgeschichte. Der portugiesische, in spanischen Diensten stehende Seefahrer war von Karl V. ausgesandt worden, die fremden Küsten nach einer Durchfahrt zu der von Marco Polo beschriebenen Tartarei des Groß-Khans abzusuchen, die schon das eigentliche Ziel von Kolumbus gewesen war. Im Jahr der ›Entdeckung‹ Amerikas (1492) hatte Spanien mit der Rückeroberung Granadas die fast 800 Jahre währende moslemische Fremdherrschaft endgültig abgeschüttelt und war, erfüllt von religiösem Glauben, zu neuen Ufern aufgebrochen. Bei einem so groß angelegten Unternehmen wie der Christianisierung der Neuen Welt, so glaubte man, müsse der Schöpfungsplan gewiss auch eine Wasserstraße für die Spanier vorgesehen haben.

Magellans italienischem Bordchronisten Pigafetta verdanken wir historische Einzelheiten der mit fünf Schiffen angetretenen Erkundungsreise: Zwei zögerliche Kapitäne degradiert der Portugiese schon unterwegs; die Rädelsführer einer Meuterei – die ausgezehrte Besatzung hatte in der Bucht von San Julián überwintern wollen – lässt er enthaupten und die viergeteilten Körper aufspießen. Mit Spiegeln und Glasperlen angelockte Indianer werden überrumpelt und gefangen genommen, um sie später dem spanischen Hof vorführen zu können (sie sterben unterwegs in ihren Fußschellen), unbequeme Begleiter, unter ihnen ein Priester, setzt der Generalkapitän auf Nimmerwiedersehen in Patagonien ab. Er verliert ein Schiff im Sturm, segelt unbeirrt weiter und sichtet am Sankt-Ursula-Tag eine Landzunge, die er zu Ehren der Heiligen Cabo de las (Once mil) Vírgenes, ›Kap der (11 000) Jungfrauen‹, nennt – die Einfahrt der Passage. Magellan überwältigen die Tränen.

An den in den Boden gerammten Holzkreuzen, wo Magellan 1520 die erste heilige Messe hatte lesen lassen, rauschten nun die britischen Freibeuter, allen voran Francis Drake, höhnisch vorbei. Seinen von den Spaniern erbeuteten Sombrero schenkte er übermütig den Indianern. Dann steuerte er 1578 in der fantastischen Zeit von nur 16 Tagen in den Pazifik. Die bravouröse Segelei der Briten versetzte die spanische Admiralität in solche Aufregung, dass sie eine Riesenflotte von 23 Schiffen an das Kap expedierte. Zu den über 3000 Menschen, die in der bislang aufwendigsten Aktion übers Meer fahren, gehörten diesmal auch Frauen und Kinder. Sie segelten unter dem schwärzesten aller Sterne: Vier Schiffe mit 800 Personen kenterten im Sturm, 600 Opfer forderte eine Epidemie, mit schließlich acht Schiffen erreichte Sarmiento de Gamboa, der Leiter, die Meerenge.

Thema

Gamboa, eigentlich Dozent an der Sankt-Markus-Universität von Lima, hatte (u. a. der Verwicklung in einen Mord bezichtigt), dreimal vor dem Inquisitionsgericht gestanden. Vor dem Schicksal, im Büßergewand an den Schandpfahl gestellt zu werden, retteten ihn nur die Seeräubereien des Francis Drake, den zu bekämpfen er vom König in die Magellanstraße entsandt wurde. Am Cabo Vírgenes gründete er die Kolonie Nombre de Jesús, an der Küste der Halbinsel Brunswick die Niederlassung Rey Felipe. Eine unbeschreibliche Odyssee, bei der auch die Restflotte aufgerieben wurde, verschlug Gamboa nach Bahía, in britische und französische Kerker und erst

zwölf Jahre später wieder nach Spanien. Seine Bittbriefe an den König – es ging um Hilfe für die zurückgelassenen Kolonisten – blieben unbeantwortet. Als der englische Seeräuber Cavendish den Unglücksort Rey Felipe anlief, fand er nur noch Skelette – eines davon am Galgen baumelnd. Der letzte Überlebende von Nombre de Jesús starb auf dem britischen Piratenschiff Delight of Bristol, das selbst mit nur noch sechs Seeleuten als halbes Geisterschiff seinen Heimathafen erreichte. »Für das, was ich erduldete, darf ich mich Märtyrer nennen« steht heute auf einem allen Verschollenen gewidmeten Gedenkstein an der Magellanstraße.

Gefährliches Gewässer: Die 670 km lange Magellanstraße ist von Wracks gesäumt

Die patagonische Küste

Casa España von 1927 beherbergt jetzt das elegante Restaurant El Hórreo (s. u.). In der alten **Post** indessen erinnern die hölzernen Stehpulte an die Zeit, als ein Pilot namens Antoine de Saint-Exupéry (»Nachtflug«) hier für die Aeroposta del Sur die schwierigste Flugroute der Welt eröffnete.

Noch immer bläst der Wind, der gefürchtete *pampero*, mit 7–8 m/Sek. (Jahresdurchschnitt). In Pico Truncado und anderen kleineren Orten treibt er bereits die Propeller von Windkraftwerken an und soll bald auch in Río Gallegos einen bedeutenden Anteil der Elektrizität erzeugen. Von der Kohle allein lebt die ›energiebewusste‹ Stadt schon lange nicht mehr, seit die reichen Petroleum- und Erdgasfelder entdeckt wurden. Was es für Río Gallegos bedeutet, gleichzeitig Dienstleistungszentrum für die Estanzien von Santa Cruz zu sein, machen überraschende Entdeckungen deutlich: Reisende Händler und Schafscherer bringen jährlich um die 30 000 Fuchsfelle hierher, die vor Ort versteigert werden. Der Fuchs ist in dieser Gegend kein Fabeltier, sondern, neben dem Puma, der gefährlichste Feind der Schafherden. Über Raubtiere und Jäger aus anderen Zeiten kann man sich im **Museo Regional** informieren, zu dessen Sammlung u. a. Saurierknochen und Werkzeug der Indianer gehört (Ramón y Cajal 51, Mo–Fr 10–19, Sa/So 11–19 Uhr).

Für die Weiterfahrt von Río Gallegos bieten sich vier Möglichkeiten: auf der durchgehend asphaltierten RP 5 direkt nach El Calafate (s. S. 260ff.), auf der RN 40 nach Puerto Natales (s. S. 263ff.), auf der chilenischen 255 nach Punta Arenas oder auf der Ruta 257 durch Chile und über die Magellanstraße nach Feuerland (s. S. 228ff. und 246).

i **Dirección de Turismo:** Av. Roca 1587, Ecke Córdoba, Tel./Fax 029 66-43 69 20, www.turismo.mrg.gov.ar, Mo–Fr 8–18 Uhr; Av. San Martín, Ecke Roca, Tel. 029 66-42 23 65, im Sommer Sa/So 8–14, 16–20 Uhr. Infos über die Stadt und ihre Umgebung.
Subsecretaría de Turismo: Av. Roca 863, Tel. 029 66-43 74 47, www.epatagonia.gov.ar. Infos über die Provinz Santa Cruz.

Costa Río: San Martín 673, Tel. 029 66-42 34 12, Fax 42 11 08, www.costarioaparthotel.com.ar. Bestes Hotel am Platz, zentral an der Plaza, schöne Cafetería-Bar im englischen Stil, Restaurant. DZ 310 $.
Santa Cruz: Roca 701, Tel. 029 66-42 06 01, Fax 42 06 03, www.advance.com.ar/usuarios/htlscruz. Mit Restaurant, Sauna gegen Extragebühr. DZ 210 $.
Oviedo: Libertad 746, Tel./Fax 029 66-42 01 18. Einfache, propere Zimmer, bestes Mittelklassehotel. DZ 110 $.
Nevada: Zapiola 480, Ecke Entre Ríos, Tel. 029 66-42 59 90. Einfach, ruhig, Familienmanagement, Parkplatz, gutes Preis-Leistungs-Verhältnis. DZ 90 $ ohne Frühstück.
Colonial I: Urquiza, Ecke Rivadavia, Tel. 029 66-42 23 29. Billiges, sauberes Hotel, Zimmer ohne Bad, keine Kreditkarten. DZ 70 $ ohne Frühstück.

El Muelle Resto Bar: Küstenstraße Av. Almirante Brown s/n, Tel. 029 66-15 54 05 65, www.elmuellerestobar.com.ar. Pasta mit Meeresfrüchtesoße, Tapas, Räucherlachs. 60 $.
Club Británico: Roca 935, Tel. 029 66-42 73 20. Fisch, marinierter Oktopus etc. im traditionellen Clubhaus der englischen Einwanderer und deren Nachfahren. 45 $.
Roco: Roca 1157, Tel. 029 66-42 02 03. Parrilla mit gutem *lomo* (Filet) und Salat. 45 $.
Don Bartolo: Sarmiento 124, Tel. 029 66-42 72 97. Pizza, patagonisches Lamm. 45 $.
El Hórreo: Roca 862, Tel. 029 66-42 64 62, 42 06 01. Stilvoller Rahmen in der historischen Casa España, gute, vorwiegend spanische Küche. 40 $.

 Baden: Im sauberen Fluss oder am Meer in Punta Loyola (35 km östlich).

Flüge: Auf der Nord-Süd-Achse Buenos Aires–Ushuaia bildet Río Gallegos ein wichtiges Zwischenglied und wird daher in beiden Richtungen mehrmals täglich angeflogen. Auch mit El Calafate bestehen tägliche Flugverbindungen. Flughafen: RN 3, 8 km westlich, Tel. 029 66-44 23 40.

Busse: Verbindungen in nördlich gelegene Städte, nach El Calafate (312 km, direkt vom Flughafen) sowie nach Río Grande und Ushuaia in Feuerland (immer via Punta Arenas/ Chile). Busterminal: RN 3, Ecke Charlotte Fairchild, Tel. 029 66-44 25 85.

Estancia El Cóndor

Reiseatlas: S. 27, C 2

100 000 Schafe weiden auf der 2200 km^2 großen **Estancia El Cóndor,** die man auf dem Weg zum 130 km entfernten Cabo Vírgenes (s. u.) passiert. Mit blitzweißen Wohngebäuden, Schule, Werkstätten, Scherschuppen und Remisen bildet die Estanzia ein eigenes Dorf. Diese Farm, die 500 000 kg Wolle jährlich produziert, entstand 1883, als britisches, durch die Argentina Southern kanalisiertes Kapital – von Strohmännern, die das englische Königshaus vertraten, sagt man – sich in Latifundien verwandelte. Die Muster-Estanzia El Cóndor war eines der wenigen Landgüter, das sich aus den tragischen Geschehnissen von 1922/23 heraushalten konnte. Damals streikten in ganz Südpatagonien *peones* (›Landarbeiter‹), weil sie bis zu zehn Monate lang statt Lohn uneinlösbare ›Gutscheine‹ erhalten hatten. Die Regierung setzte Militär ein und es kam zu Massenerschießungen – eine Analogie zu den Vorgängen in chilenischen Salpeterlagern. Der hispanoamerikanische Dichter Rubén Darío hat das Drama in seinem Werk »La Amargura de la Patagonia« (›Die Bitternis Patagoniens‹) literarisch verarbeitet. Im Oktober 1994 wurde die Estancia El Cóndor übrigens für 8 Mio. US-Dollar an die Firma Benetton verkauft.

Cabo Vírgenes

Reiseatlas: S. 27, C 2

Von El Condór führt die Piste nahe der chilenischen Grenze Richtung Südosten. Nach ca. 40 km passiert man die **Estancia Monte Dinero** und erreicht kurz darauf das **Cabo Vírgenes** (›Kap der Jungfrauen‹), wo zwischen September und April rund 140 000 Magellanpinguine nisten. In die Wasserstraße gleichen Namens winkt ein Leuchtturm ein. Auf einem verwilderten Friedhof befinden sich die 100 Jahre alten Gräber dalmatinischer Goldwäscher, dahinter die Ruinen der ersten spanischen Niederlassung von 1584, Nombre de Jesús, und drüben, über der Wasserlinie, ein ferner Streifen: Feuerland.

Estancia Monte Dinero: RP 1, 120 km südlich von Río Gallegos, Tel. 029 66-42 69 00, www.montedinero.com.ar. Das südlichste Landgut auf dem amerikanischen Kontinent, Schaffarm auf 26 000 ha, in die Gauchos auf Motorrädern – aber immer noch von Schäferhunden begleitet – die 19 500 Tiere zusammentreiben. Unterkunft im 100-jährigen Estanzia-Gebäude, kleines Museum. 90 US$ p. P. inkl. VP und Aktivitäten.

Al Fin y al Cabo: Teehaus in britisch-patagonischer Tradition am Leuchtturm von Cabo Vírgenes.

Weiter nach Tierra del Fuego

Reiseatlas: S. 27, B/C 1–3

Um Ushuaia auf Feuerland zu erreichen, muss man mit der Fähre die Magellanstraße überqueren und ein Stück durch chilenisches Territorium fahren. Kurz vor dem Grenzübergang **Monte Aymond** etwa 70 km südlich von Río Gallegos passiert man die **Laguna Azul** (›Blaue Lagune‹), den malerischen tiefblauen Kratersee eines erloschenen Vulkans. Von der Grenze führt die chilenische Ruta 255 fast unmittelbar am Fährhafen von **Punta Delgada** vorbei, von wo die Schiffe nach Embarcadero Bahía Azul bei Puerto Espora pendeln (s. S. 246). Viele Besucher nutzen auch die Gelegenheit zu einem Abstecher nach **Punta Arenas** (Chile), der wichtigsten Hafenstadt an der Magellanstraße.

Fähren: Punta Delgada–Embarcadero Bahía Azul/Puerto Espora (Nov.–März tgl. 7–1 Uhr, April–Okt. 8.30–23.45 Uhr, ca. alle 30 Min., 20 Min., 3 US$/Pers., 23 US$/ Auto; Punta Arenas–Porvenir (Di–So, 2,5 Std., 8 US$/Pers., 51 US$/Auto). Beide Verbindungen werden von der Transbordadora Austral Broom, www.tabsa.cl, betrieben. Die Fahrtdauer ist sehr wetterabhängig.

Feuerland, der Zipfel Südamerikas im Schatten des berüchtigten Kap Hoorn, kurzum das Ende der bewohnten Welt, gehört zu jenen Zielen, die allein durch ihre Koordinaten Globetrotter anlocken. Aber Feuerland bietet mehr als nur imaginäre Punkte auf der Landkarte: eine wilde subarktische Landschaft, einsame Estanzien, windzerzauste Wälder, Gletscher, Seen und ein Gewirr von Kanälen.

Wer sah den Rauch zuerst: Magellan im Oktober 1520 oder die Seeleute der von dem portugiesischen Gewürzhändler Cristovão de Haro ausgesandten Flotte, von der der deutsche Astronom Johannes Schöner schon fünf Jahre zuvor berichtete, sie habe die südlichste Region des Kontinents umsegelt? Der offizielle Ruhm, den heute argentinischen Teil Feuerlands entdeckt zu haben, fiel Francisco de Hoces zu, dessen Karavelle San Lesmes 1526 in einem Sturm bis auf 55 Grad südlicher Breite gedrückt wurde – »ans Ende der Welt«, wie der Kapitän ins Logbuch schrieb. Der Rauch – kein Feuer –, von dem die ersten Seefahrer berichteten, wehte aus dem leeseitigen Loch der aus Zweigen, Gras und

Von Leuchttürmen beschützt: der Beagle-Kanal, hier Les Eclaireurs

228

Robbenhaut errichteten Eingeborenenhütten, deren zweite, dem Wind zugewandte Öffnung als Eingang diente. So lautete die ursprüngliche Bezeichnung von *finis terrae* denn auch Tierra del Humo (›Rauchland‹), nicht Feuerland.

Die vor rund 10 000 Jahren auf den feuerländischen Archipel gelangten Menschen gehörten vier soziokulturell sehr verschiedenen Volksstämmen an. Den Norden und das Zentrum der Isla Grande beherrschten die Ona (Selk'nam) als Guanakos und Strauße jagende Landbewohner (die letzte Ona-Frau starb 1999); die Haush (Algenesser) bevölkerten den Südosten der Großen Insel; die Alakaluf nomadisierten als Seejäger im westlichen (heute chilenischen), die Yamaná (Yahgan) im östlichen (heute argentinischen) Teil Feuerlands und im Beagle-Kanal.

Dass ausgerechnet diese Wasserstraße den Namen von Charles Darwins berühmtem Entdeckerschiff trägt (die Galionsfigur war ein Beagle, ein Spürhund), gehört zu den vielen Ironien der Weltgeschichte. Der junge britische Wissenschaftler hatte die in Baumrindenbooten durch die Feuerlandkanäle paddelnden Yamaná als die »gemeinsten und elendsten Kreaturen« klassifiziert, die ihm je zu Gesicht gekommen seien. Er äffte auch ihre Sprache nach, deren metaphorischen Reichtum sein Landsmann Thomas Bridges später in einem Wörterbuch zusammenfasste, das heute zu den Schätzen der Sprachwissenschaft gehört (s. S. 241).

Ein Blick auf die geografische Gestalt Südamerikas lässt erkennen, dass die südlichste Spitze des Subkontinents zur Seite gebogen ist. Diese Deformierung geht auf eine jahrmillionenalte langsame Drehbewegung zurück, deren Auslöser die plattentektonische Dynamik auf dem Grund des Pazifiks ist. Dort schiebt sich – mit einer Geschwindigkeit von etwa 9 cm pro Jahr – die Nazca-Platte auf die südamerikanische Westküste zu, gleitet unter die Kontinentalmasse und hebt sie manchmal heftig (Erdbeben), ansonsten behutsam (langsame Andenauffaltung) an. Dem Druck der 100 km dicken Nazca-Tafel setzt die südamerikanische Kontinentalmasse (auf der

Mit den Autoren unterwegs

Globetrottertreffen am Ende der Welt

Alljährlich zwischen Weihnachten und Neujahr ist der **Camping Municipal** bei **Ushuaia** Treffpunkt der motorisierten Globetrotter. Bei Bier, Wein und Steaks werden bis tief in die Nacht Erfahrungen ausgetauscht, Erlebnisse zum Besten gegeben und neue Reisepläne geschmiedet (s. S. 237).

Abenteuerlicher Segeltörn

Nichts für schwache Mägen, aber ein Erlebnis der besonderen Art: die Fahrt mit einer Yacht zum berüchtigten **Kap Hoorn**, wo man am Leuchtturm sogar einen Besucherstempel erhält – sofern das Wetter die Landung zulässt (s. S. 238).

Feuerlands erste Estanzia

1886 ließ sich das Missionarspaar Bridges am Beagle-Kanal nieder und noch heute wird die **Estancia Harberton** von den Nachfahren der Gründerfamilie geführt. Neben der grandiosen Lage lohnt der Ausflug dorthin vor allem wegen des privaten Naturkundemuseums (s. S. 239).

Fahrt ins Herz von Tierra del Fuego

Die Fahrt auf der RP 18, eine Alternative zur Asphaltstraße RN 3, ist zwar staubig, führt aber tief nach Feuerland hinein zum herrlichen **Lago Yehuin.** Die Buchenwälder um den See scheinen mit ihren Bartflechten und Moosen einer Märchenwelt anzugehören (s. S. 243f.).

Blick in die Vergangenheit

Einen überaus interessanten Einblick in die traurige Geschichte der Urbevölkerung, aber auch in die Eigenarten von Flora und Fauna Feuerlands vermittelt das **Museo Monseñor José Fagnano** in der Salesianermission einige Kilometer nördlich von Río Grande (s. S. 245).

Tierra del Fuego

Río Gallegos
SANTA CRUZ
Estancia
El Cóndor
Cabo
Vírgenes
ARGENTINIEN
Monte
Aymond
Punta Delgada
Punta Catalina
Punta Dungeness
Puerto
Espora
Cabo
Espritu Santo
San
Gregorio
Bahía
Lomas
Atlantischer Ozean
Manantiales
Sombrero
Península
El Páramo
Lago
Bello
San
Sebastián
11 Bahía San Sebastián
Punta
Arenas
Puerto
Nuevo
Punta Natales
Porvenir
Caleta
Josefina
Estancia Sara
Isla Grande
Bahía
Inútil
Misión Salesiana 10
TIERRA DEL FUEGO
Estancia María Behety ★ **Río Grande**
Estancia José Menéndez
CHILE
Lago
Lynch
Lago
Blanco
Estancia
San José
Estancia
Herminita
Cabo Santa Inés
Lago Yehuin 9
Cabo
San Pablo
Estancia Moat
L. Fagnano 8
Sierra Beauvoir
Cabo San Vicente 4
Cabo San Diego
Parque Nacional Tierra del Fuego 2
Monte
Olivia
Lago Escondido 7
Tolhuin
Península Mitre
Isla de los Estados 6
Ushuaia 1
Puerto
Dumas
Puerto
Williams
Isla
Navarino
Marinepräfektur Moat 5
Estancia Puerto
Rancho
Isla Hoste
Península
Pasteur
Isla
Picton
Isla
Nueva
Bahía Nassau
Isla
Lennox
Estancia Harberton 3
Península
Hardy
Pazifischer Ozean
Islas
Hermite
Kap Hoorn

0   50   100 km

Frontlinie Ecuador–Peru–Chile) mehr Widerstand entgegen als Feuerlands ›Große Insel‹ mit ihren Satelliten. Deshalb driftet der ganze bereits vom Festland gelockerte Archipel nach Osten, wird in einigen Millionen Jahren eine gesonderte Inselgruppe im Südatlantik darstellen und dann ›abtauchen‹. Vorgezeichnet hat diesen Verlauf bereits die Andenkette, die sich grundsätzlich in Nord-Süd-Richtung orientiert, sich auf Feuerland aber (als Darwin-Kordillere) querlegt, mit der gebirgigen Halbinsel Mitre als letztem Ausläufer ins Meer taucht und nur sporadisch in Form der felsigen Isla de los Estados, Südgeorgiens und der Süd-Shetlands noch einmal die Zacken ihres Kamms zeigt. Dieser Laune der Geolo-

gie verdankt übrigens auch die feuerländische Hauptstadt Ushuaia ihre Besonderheit, Argentiniens einzige transandine Stadt zu sein, denn die Grenzlinie zum Nachbarn Chile bestimmt ansonsten der Verlauf der höchsten Gipfel bzw. die Wasserscheide.

Vom Festland gelöst hat sich Feuerland, als zum Ende der letzten Eiszeit eine Kette von Binnenseen zu dem gewundenen Wasserweg verschmolz, der 10 000 Jahre später den Namen **Magellanstraße** erhalten sollte (s. S. 224). Alles was südlich dieser Durchfahrt zum Pazifik liegt, heißt heute Tierra del Fuego (Feuerland), bis hinunter zur Felsnadel des Kap Hoorn. Beherrschender Teil dieses Inselreiches ist die etwa der Größe Irlands entsprechende **Isla Grande** (›Große Insel‹), die im Süden vom Ufer des Beagle-Kanals gesäumt wird. Durch sie verläuft die mit dem Lineal gezogene, vom äußersten Zipfel des patagonischen Festlandes (Cabo Dungeness) beinahe lotrecht abfallende Grenzlinie zu Chile. Beinahe, weil zur Zeit der Demarkierung die Geografie Feuerlands noch so wenig erkundet war, dass mit dem ersten Schnitt am Kartentisch zwei – durch die Bahía San Sebastián voneinander getrennte – Landstücke für Argentinien entstanden.

Erst Jahre später hat man, die Scheitellinie weiter nach Westen rückend, diesen Fehler korrigiert, der zugleich die ins Leere greifende Vision der neuen weißen Herren erkennen ließ. Denn Feuerland als Territorium hat nach seiner Entdeckung dreieinhalb Jahrhunderte lang niemanden interessiert – bis man die ersten Schafe von den Falkland Islands herüberholte. Aber auch dann noch erschien nur wichtig, wie viele Tiere der Boden ernährte, nicht die besetzte Fläche in Hektar. Bis heute misst man die Größe der 60 feuerländischen Estanzien an der Anzahl der dort weidenden Schafe: Die Rentabilitätsgrenze liegt bei 8000 Exemplaren; bis zu 70 000 Tiere bevölkern die größten Farmen. Im trockenen Norden der Isla Grande, wo sich die patagonische Steppe als einzige Vegetationsform fortsetzt, weiden insgesamt 520 000 Schafe, die jährlich 2300 t Wolle liefern.

Erst weiter im Süden lockert sich die karge Meseta auf, überzieht sich mit Busch- und Bauminseln und blickt aus dunkelgrünen Teichen und Seen zu einem Himmel auf, durch den nur ganz selten ein Blitz zuckt. Feuerland kennt keine Gewitter. Ein Fünftel seiner Fläche ist Moor- und Sumpfgelände, überaus reich an Moosen und Flechten und Habitat von rund 200 (der insgesamt fast 1000 in Argentinien beheimateten) Vogelarten, wobei die Spannweite vom Kolibri bis zum Albatros reicht. Auch Kondore findet man hier, sie haben ihre Horste in den gebirgigen Waldregionen im Süden. Dass hier über 1000 m hohe Berge fast unmittelbar ans Meer stoßen, ist ein für die argentinischen Naturräume ungewöhnlicher Effekt.

Ushuaia

Reiseatlas: S. 28, D 4; Karte: s. links

›Die Bucht, die das Land bis zum Westen durchdringt‹ – das bedeutet **Ushuaia** **1** in der Sprache der Yamaná. Der heutige Beagle-Kanal hat mit seinen zahlreichen Klippen und Inselchen die Navigation häufig auch noch bei der Ausfahrt nach Osten genarrt. 1930 rammte das Kreuzfahrtschiff Monte Cervantes die Felsen beim Leuchtturm Les Eclaireurs und sorgte damit für den ›berühmtesten modernen Schiffbruch auf der Südhalbkugel‹. Die 1148 geborgenen Passagiere entsprachen damals der Einwohnerzahl von ganz Ushuaia, welches wiederum fast ausschließlich von der Betreibung eines mit einigen Hundert Rückfallverbrechern besetzten Zuchthauses lebte. Wenige Jahre zuvor hatte ein anderes Spektakel hier Aufsehen erregt: Der deutsche Pilot Günther Plüschow (»Silberkondor über Feuerland«) – sein Name lebt noch in einer Straßenbezeichnung Ushuaias fort – landete mit seinem Wasserflugzeug auf dem ruppigen Beagle-Kanal und brachte die erste Luftpost ans ›Ende der Welt‹.

Stadt durfte sich Ushuaia – eine Mischung aus Alpendorf und Fjordsiedlung – schon nennen, bevor seine Bevölkerung in der letzten Dekade um 40 % auf 46 000 Einwohner wuchs. So quirlig wie auf der von Hotels, Cafés, Galerien und Läden gesäumten Hauptstraße Ushuaias geht es in den Fußgängerzonen mancher Metropolen nicht zu. Hat der der Ort versäumt, das Reykjavik der Südhalbkugel zu bleiben, das er einmal war? Vergleiche zum kunterbunten Davos bieten sich an, wo es heute auch nicht mehr aussieht wie zu Zeiten des »Zauberbergs«.

Sehenswertes

Ein historisches Gerüst von rund zwei Dutzend in die modernen Fassaden eingestreuten ›Vintage‹-Häusern aus Holz und Wellblech hat in Ushuaia immerhin überlebt. Dazu gehören die kleine **Biblioteca Popular** (San Martín, Ecke Juana Fadul), die **Casa de Pioneros** (San Martín 857) sowie die Privathäuser Delqui 656 und Maipú 93, Ecke Antártida.

Tierra del Fuego

Elemente dieser Pionierarchitektur, von der Veranda bis zur Giebelverzierung, werden heute wieder von den puppenhausartigen Villen zitiert. Ein großer Teil der Besiedlung jedoch ist reiner Wildwuchs, und die Bezeichnung ›Spontanbauweise‹ verkehrt sich ins Sarkastische, wenn die Gemeinde illegale Landnehmer ›spontan‹ zum Umzug auffordert – weshalb manche dieser improvisierten Gebilde bereits auf Rollen stehen. Dass die ausgefranste Peripherie der Stadt heute eher Schmelzwasserflüssen als einem geordneten Straßennetz zu folgen scheint, liegt an dem teils unkontrollierten Zustrom an Menschen,

der schneller war als die Zeichenstifte: erst die Fördermaßnahmen zur Industrieansiedlung (Elektronik) und dann der Tourismus mit seinen jetzt rund 200 000 Besuchern pro Saison – allein 350-mal legen im Sommer Kreuzfahrtschiffe hier an. Nun auch im Winter die Hotelbetten zu füllen, das ist die neue, mit Hilfe von Langlaufloipen und Hundeschlittenrennen angegangene Strategie. Im nahen **Valle de los Huskies** werden die einzigen Polarhunde Südamerikas gezüchtet.

Als Ushuaias Hunde nur zur Gefangenenaufsicht dienten, bauten 360 in gelb-blau-gestreifte Wollanzüge gemummelte Ganoven

So friedlich präsentiert sich Ushuaia nur selten, meist tobt ein starker Wind

232

ihre eigene Strafanstalt, heute zum **Museo Marítimo y Presidio de Ushuaia** umgewandelt. Der 1911 bezogene Presidio, eine monumentale Schreckenskammer, beherbergte so ungleiche Insassen wie (rückfällige) Hühnerdiebe, Anarchisten und Mörder, die ihre Opfer geviertteilt hatten und – ihrer Fertigkeit wegen? – der Gefängnismetzgerei zugeteilt wurden. Zum Transport der Häftlinge in die Steinbrüche diente eine Eisenbahn, deren beide Lokomotivführer als frühere Wechselstubenbesitzer betuchte Kunden ermordet und unter den Dielen verscharrt hatten (Yaganes, Ecke Gobernador Paz, www.ushuaia.

org.ar, tgl. 10–20 Uhr, 30 $ inkl. Führung auf Spanisch oder Englisch).

Im **Museo del Fin del Mundo** (›Museum am Ende der Welt‹) findet man solche Horrorgeschichten illustrativ aufgearbeitet, aber auch andere Zeugnisse von Ushuaias origineller Vergangenheit (Maipú, Ecke Rivadavia, tgl. 10–13, 15–19 Uhr, 10 $). Vielleicht hat diese dazu beigetragen, auch hinsichtlich der Zukunft Einfallsreichtum zu beweisen: Die an der Uferstraße, gegenüber dem ACA-Hotel eingemauerte **Cápsula del Tiempo** birgt in Lasertechnik aufgezeichnete Fernsehdokumentationen von 1992, die den Menschen

Der sechste Kontinent

So groß ist die Last der Anden, dass sie die starre Kontinentalplatte Südamerikas zum Kippen bringt: Millimeterweise hebt sich die Ostküste aus dem Meer. Befreite man jedoch die Antarktis vom Druck ihres Eispanzers, dann stiege die darunterliegende Landscholle gleich einer Boje 500 m senkrecht auf. Der Sechste Kontinent ist, anders als die nur aus einer schwimmenden Eisdecke bestehende Arktis, ein fest verankerter Erdteil, ein umfangreicher zumal – größer als Australien.

Als ein russischer Eisbrecher bis zum Nordpol vordrang, konnte man das im driftenden Meereis ständig neu zu ortende Ziel keinem Fahrgast ›zeigen‹. Am Südpol hingegen markiert eine Stange die Nabe der Erdachse und sie ist jährlich nur um jene 2 m zu versetzen, die die Eiskruste (und mit ihr die Amundsen-Scott-Station) in Richtung Ross-Meer wandert. Die 1956 von den USA aufgebaute Basis trägt die Namen der beiden Pioniere, die 1911/12 als Erste den Pol erreichten. Dokumentiert hat der Sieger des Wettlaufs, der Norweger Roald Amundsen, sein in nur 97 Tagen bewältigtes Abenteuer in dem Buch »Die Eroberung des Südpols«. Von dem Engländer Robert Falcon Scott, der auf dem Rückweg ein Lebensmitteldepot im Schneesturm verfehlte und mit seinen Gefährten erfror, sind nur Tagebucheinträge überliefert.

An Südpolbezwingern hat es bis in die jüngste Zeit nicht gefehlt. 1993 kämpfte sich der Norweger Erling Kagge in 50 Tagen ohne logistische Unterstützung über 1310 km zur Amundsen-Scott-Station durch. Zur gleichen Zeit überqueren die Engländer Sir Ranulph Fiennes und Michael Stroud den Kontinent. Auf ihrem 2000 km langen Weg zogen sie jeder einen 190-kg-Vorratsschlitten hinter sich her, überbrückten 60 m tiefe Gletscherspalten und standen Blizzards durch, die mit 200 km/h übers Eis tobten. Rekorde scheinen der Antarktis in die Wiege gelegt zu sein. Sie selbst wartet mit monströsen Einmaligkeiten auf: Ihre durchschnittlich über 2 km dicke Eiskappe birgt fast 80 % der vergletscherten Süßwasserreserven der Erde – zehnmal soviel wie Grönland. Dabei fällt in dieser Eiswüste so wenig Niederschlag wie in der Sahara.

Der Sechste Kontinent – einst subtropische Region des Superkontinents Gondwanaland bis vor ca. 150 Mio. Jahren, bevor dieser in die Riesenschollen Australien, Indien, Afrika, Südamerika und die Antarktis zerbrach – gilt heute als der bedeutendste Fossilientresor unseres Planeten. Ja, der Schlüssel zu Geheimnissen wie dem Ablauf des Urknalls, der die Erde gebar, könnte in der Antarktis verborgen liegen. Astrophysiker finden am Südpol ideale Bedingungen zur Strahlenmessung. Tiefenbohrungen fördern Eisschichten zutage, die die Zusammensetzung der Atmosphäre vor Zehntausenden von Jahren erkennen lassen. Doch mindestens ebenso viele Fragen hat die Wissenschaft der Natur zu stellen. Welche Frostschutzeigenschaften besitzt das Blut von Tieren, das bei −30 °C noch flüssig bleibt? Oder: Wie wirkt sich das Ozonloch auf die antarktische Fauna aus? Die erhöhte UV-Strahlung scheint das zur Photosynthese unentbehrliche Chlorophyll des Phytoplanktons zu schädigen. Das gefährdet das Wachstum des

Thema

Krills, der die Basis der antarktischen Nahrungskette bildet. 35 Arten von Pinguinen und Seevögeln, sechs Robbenspezies, Bartenwale und über 100 verschiedene Fische hängen von dem Angebot an ›Krillsuppe‹ ab.

Wissenschaftliche Neugier, aber auch der nationale Ehrgeiz, in diesem letzten übernationalen Reservat der Erde präsent zu sein, haben hier 16 Nationen mehr als 50 Basen errichten lassen. Da aber nur 2 % der antarktischen Oberfläche zeitweise eisfrei bleiben, sind paradoxerweise ganze Landstriche des ›einsamsten Kontinents der Erde‹ übervölkert. Auf der King-George-Insel drängen sich acht, auf der antarktischen Halbinsel 13 Stationen aneinander; im größten Stützpunkt, der US-amerikanischen McMurdo-Station am Ross-Meer, finden sich im Südsommer mitunter 1200 Menschen zugleich ein.

Vom Waschsalon bis zur Videobibliothek, von Bars bis zur Tankstelle sind solche Enklaven mit allem modernen Zubehör ausgestattet. Vorratstanks, Batterielager, Schneemobile, Hubschrauberlandeplätze umgeben sie – und Sperrmüll, Altöllachen und Abfallgruben. Wer hier aufräumte, waren nicht die Verantwortlichen selbst, sondern die Aktivisten von Greenpeace, die 1987 begannen, die Basen abzukämmen und Missstände anzuprangern. Nicht von ungefähr errichteten sie ihre eigene Station nur 24 km vom größten Antarktisverschmutzer McMurdo entfernt.

Wie hoch der Preis zur Erringung wissenschaftlicher Erkenntnisse sein darf, das ist vor allem dann die Frage, wenn sich der Erkundungsdrang nicht auf die Naturforschung, sondern auf das unterm Eis verborgene Rohstoffpotenzial richtet: Petroleum, Erdgas, ›strategische Metalle‹, Uran. Unter dem Transarktischen Gebirge soll sich ein 1500 km langer Kohleflöz, der größte der Erde, hinziehen. Der

Antarktisvertrag von 1961 verpflichtet die etwa 30 Signaturstaaten, sich auf dem Sechsten Kontinent aller militärischen Präsenz zu enthalten und wissenschaftliche Erkenntnisse – sowie die Basen selbst – allen anderen Partnern zugänglich zu machen. Erst 1991 jedoch wurde die heikle Rohstofffrage in dem Sinn geregelt, dass bis 2040 jede Ausbeutung unterbleiben muss. Skeptiker unter den Umweltschützern wie der inzwischen verstorbene Ozeanologe Jacques-Yves Cousteau sehen in der Vereinbarung nur einen Aufschub, keinen Willen zum definitiven Verzicht.

Beste Dienste leisten der weißen Schatzkammer zweifellos die schwimmenden Laboratorien des Greenpeace-Schiffes Gondwana und des deutschen Forschungsschiffes Polarstern, das u. a. die Bodenprofile der antarktischen Gewässer zu kartieren half. Ihre landungebundenen Operationen hindern diese Einheiten daran, gleich den Küstenstationen zu Magneten für die Kreuzfahrtschiffe zu werden. Zwischen November und März fahren dort so viele Luxusliner entlang, dass die Palmer-Halbinsel inzwischen den Beinamen ›Antarktische Riviera‹ erhielt. Ob es sich lohnt, an diesem eitlen Korso teilzunehmen, möge sich jeder selbst überlegen. Gleichermaßen schöne Eisberge nimmt man auch am Upsala-Gletscher (s. S. 266) ins Visier und Pinguine lassen sich an der patagonischen Küste viel besser fotografieren. Der Besuch der Basen ähnelt einer Barackenbesichtigung und ›lohnt‹ nur wegen der Trophäe des Sonderstempels. Es gibt auch bereits dauerhaftere Zeugnisse der Touristen: In die Felsen der Elefanteninsel sind die ersten ›Ich-war-hier‹-Graffitti eingraviert. Sie werden länger halten als die weggeworfenen Apfelbutzen, die, mit etwas Glück, bereits in einem halben Jahrhundert verfault sein könnten.

Tierra del Fuego

des Jahres 2492 – vorher darf dieses Video-Sesam nicht geöffnet werden – ein Bild unserer heutigen Zeit vermitteln sollen.

Dass in 500 Jahren auch die Antarktis unversehrt der Nachwelt übergeben werden kann – Ushuaia fungiert als Brückenkopf zum Sechsten Kontinent – ist die Hoffnung aller Feuerlandbewohner. Ihren Bewahrungseifer bewiesen sie 1995 durch eine Protestaktion, mit Hilfe derer eine Modifizierung des sogenannten Waldgesetzes erreicht wurde: Künftig dürfen keine Edelhölzer mehr (wie es weiterhin in Chile geschieht) zu Spänen für die Papierindustrie verschnitzelt werden. Anlass war ein Vorhaben der nordamerikanischen Trillium Corporation, nördlich des Lago Fagnano 35 000 ha Lenga-Wald umzulegen.

Instituto Fueguino de Turismo: Av. Maipú 505, Tel. 029 01-42 13 23, Fax 43 06 94, www.tierradelfuego.org.ar.
Secretaría Municipal de Turismo: San Martín 674, Tel. 029 01-43 20 01, Fax 43 20 00, www.e-ushuaia.com, Mo–Fr 8–22, Sa/So 9–20 Uhr.
Intendencia Parque Nacional Tierra del Fuego: San Martín 1395, Tel. 029 01-42 13 15, www.parquesnacionales.gov.ar.

... in Ushuaia:
Das Preisniveau liegt allgemein hoch. Trotz stark gestiegener Bettenzahl kommt es in der Hochsaison (Nov.–Feb.) zu Engpässen. Die Tourismuszentrale weist darauf hin, dass für Besucher ohne Reservierung keine Unterbringungsgarantie übernommen wird.
Ushuaia: Laserre 933, Tel./Fax 029 01-42 30 51 und 43 06 71, www.ushuaiahotel.com.ar. Neu, gepflegt, sportliche Note, Halbhöhenlage. 330 $.
César: San Martín 753, Tel. 029 01-42 14 60, Fax 43 27 21, cesarhostal@infovia.com.ar. Freundliches Hostal, zentral, Zimmer zur Straße laut, das beste Preis-Leistungs-Verhältnis in der Mittelklasse. DZ 180 $.
Pensión Roberto Moreira: Magallanes 196, Tel. 029 01-42 13 27. Apartments. DZ 160 $.
Linares: Deloqui 1522, Tel. 029 01-42 35 94, linares@infovia.com.ar. Die empfehlenswer-

teste Familienpension, gepflegt, oberhalb der Bucht gelegen. DZ 145 $.
Hostal Malvinas: Deloqui 615, Tel./Fax 029 01-42 26 26, 43 57 64, www.hostalmalvinas.net. Freundliches Familienmanagement. DZ 140 $.
Las Lengas: Goleta Florencia 1722, Tel. 029 01-42 33 66 u. 43 46 34, Fax 42 45 99, reservas@laslengas.com. Touristenhotel der guten Mittelklasse, Halbhöhenlage, Panoramarestaurant. DZ 130 $.
Freestyle Backpackers Hostel: Gobernador Paz 866, Tel. 029 01-43 28 74, www.ushuaiafreestyle.com. Zentral und modern. Im 4er-Zimmer 30 $ p. P. inkl. Frühstück, DZ 160 $.
Torre al Sur: Gobernador Paz 1437, Tel. 029 01-43 07 45, www.torrealsur.com.ar. Propere, gemütliche Hospedaje, zentral, gehört zu Hostelling International. Im Schlafsaal 25 $ p. P.
... außerhalb:
Finisterris Lodge Relax: Monte Susana, Ladera Este (Osthang), 7,5 km westlich, Tel. 029 01-15 61 61 25, www.finisterris.com. 17 ha Park- und Waldgelände mit Bungalows, Sauna. DZ 350 US$.
Hotel del Glaciar: Av. Luis Martial 2355, ca. 3 km nördlich, Tel. 029 01-43 06 40, Fax 43 06 36, www.hoteldelglaciar.com. Sportlich-elegantes Spitzenhotel in superber Lage über der Stadt an der Straße zum Gletscher, wohnliches Ambiente, Zimmer teils mit Blick auf den Beagle-Kanal, Panoramarestaurant, Tea-Room, oft Reisegruppen. DZ 189–199 US$.
Las Hayas: Av. Luis Martial Km 3, ca. 2,5 km nördlich, Tel. 029 01-43 07 10, Fax 43 07 19, www.lashayas.com.ar. Ebenfalls an der Straße zum Gletscher, internationale Spitzenklasse, französischer Château-Stil, Panoramalage, Pool, Jacuzzi, Sauna, Haute-Cuisine-Restaurant. DZ 635 $.
Hostería Tierra de Leyendas: Calle sin nombre 2387, Barrio La Loma, 4 km westlich, Tel./Fax 029 01-44 35 65, www.tierradeleyendas.com.ar. Nur 4 Zimmer, Restaurant mit regionaler Küche, Bibliothek, kostenloser Internetzugang. DZ 140 US$.
Refugio Tolkeyen: Del Tolkeyen 2145, 5 km südwestlich am Cementerio Parque (Friedhof), Tel. 029 01-44 53 15/17, Fax 44 53 18,

Kunden in Badebekleidung sind in diesem Strandkiosk bei Ushuaia wohl eher Mangelware

www.tolkeyenhotel.com. Schöne Lage am Beagle-Kanal, ruhig, gepflegt, gutes Panoramarestaurant (s. S. 238). DZ 65 US$.

Camping Municipal: 8 km westlich an der Straße zum Nationalpark Tierra del Fuego. Kostenloser Zeltplatz am Ufer des Río Pipo, Bergpanorama, etwas Windschutz durch einzelne Bäume und Büsche, überdachte Feuerstellen; zwischen Weihnachten und Neujahr Treffpunkt der ›Globedriver‹, Touristen, die mit eigenen Fahrzeugen die Welt bereisen.

Camping Kawi Yoppen: RN 3 Km 3030, ca. 10 km nordöstlich von Ushuaia am Monte Olivia, Tel. 029 64-43 51 35, www.kawiyoppen.com.ar. 8 $ p. P.

🍴 Feuerländische Spezialitäten sind am Holzfeuer gegrilltes Lamm (*cordero fueguiño*) und Königskrabbe (*centolla*).

... in Ushuaia:

Kaupé: Roca 470, Tel. 029 01-42 27 04. Das beste Restaurant in Ushuaia und eines der besten in ganz Argentinien, großartige Sicht auf die Stadt und den Beagle-Kanal, umfangreiche Weinkarte, Tipp: Königskrabbe oder der ausgezeichnete Schwarzhecht (*merluza negra*). 174 $.

Tía Elvira: Maipú 349, Tel. 029 01-42 47 25. Gemütliches Lokal, gute *centolla.* 130 $.

Volver: Maipú 37, Tel. 029 01-42 39 77. Originell-musealer Rahmen, etwas für Nostalgiker. 70 $.

Bar Ideal: San Martín 393, Ecke Roca, Tel. 029 01-43 78 60. Einfaches und gemütliches Lokal in historischem Haus von 1929, reiche Auswahl an Meeresfrüchten, auch Pasta und Lamm, sehr gutes Preis-Leistungs-Verhältnis. 50 $.

... außerhalb:

Chez Manu: Av. Luis Martial 2135, Tel. 029 01-43 22 53. Unmittelbar unterhalb des Hotel del Glaciar (s. S. 236), herrlicher Panoramablick, französische Küche mit lokalen Zutaten. 110 $.

Tierra del Fuego

Quincho Hotel Tolkeyen: im gleichnamigen Hotel (s. S. 236), im Winter nur So. Sehr gutes Lamm und anderes Grillfleisch. 30 $.

 Bodegón Fueguino: San Martín 859, Tel. 029 01-43 19 72. Bei jungen Leuten beliebtes Lokal, hausgemachtes Bier.
Kaipek: Antártida Argentina 239, Tel. 029 01-43 17 23. Lounch-Bar und Disko, hausgemachtes Bier, kleine Gerichte, Shows und Musik.

 Gala del Fin del Mundo (2. Aprilhälfte): Internationales Musikfestival.
Ushuaia a fuego lento (2. Augustwoche): Gastronomisches Festival.

Zahlreiche örtliche Veranstalter bieten ihre Dienste an, z. B. **Rundflüge** oder **Ausflüge** zum Glaciar Martial (7 km, im Sommer Ausgangspunkt für Schluchtwanderung, im Winter Skipiste), in den Parque Nacional Tierra del Fuego (12 km), zur Estancia Harberton (90 km) etc.
Bootstouren: Am Muelle Turístico, Av. Maipú, starten Ausflüge zu Robben-, Pinguin- und Kormoraninseln, zum chilenischen Südufer des Beagle-Kanals nach Puerto Williams, zum Leuchtturm Les Eclaireurs, zur Estancia Harberton, in den Parque Nacional Tierra del Fuego etc. (je nach Route 3–11 Std.). Im An-

---

---

gebot sind auch mehrtägige und -wöchige Törns zum Kap Hoorn, in die Antarktis, zu den Falkland Islands und Südgeorgien, z. B. mit dem erfahrenen holländischen Skipper Henk Boersma und der 16-m-Yacht Sarah W. Vorwerk (P. O. Box 61, 9410 Ushuaia, Tel./Fax 029 01-15 49 34 10, www.sarahvorwerk.com; keine Segelerfahrung erforderlich, Segelkleidung wird gestellt).

 Flüge: Im Sommer fliegt Aerolíneas Argentinas/Austral, Tel. 029 01-43 72 65, 3 x tgl., im Winter 1 x tgl. nach Buenos Aires (direkt oder mit Zwischenstopps in Río Gallegos, El Calafate und/oder Trelew). LADE, Tel. 029 01-42 11 23, www.lade.com.ar, verbindet mit Río Grande, Comodoro Rivadavia, Río Gallegos, Trelew und Buenos Aires. Flughafen: Península Ushuaia, 4 km südlich.
Züge: Auf einer von Häftlingen angelegten Trasse fährt der historische Tren del Fin del Mundo bis in den Parque Nacional Tierra del Fuego (im Sommer 3 x tgl., im Winter 1 x tgl., 70/60 $). Bahnhof: Estación del Fin del Mundo, RN 3 Km 3042, Tel. 029 01-43 16 00, www.trendelfindelmundo.com.ar.
Busse: Mehrmals wöchentlich von Ushuaia über Punta Arenas/Chile (9 Std.) nach Río Gallegos (13 Std.), dem nächstgelegenen argentinischen Bezugsort auf dem Festland. Im Regionalverkehr mindestens 5 x tgl. nach Río Grande sowie von der Küstenstraße Maipú regelmäßig in den Parque Nacional Tierra del Fuego (Lago Roca, Bahía Lapataia) und zum 7 km entfernten Glaciar Martial.

Parque Nacional Tierra del Fuego

›**Reiseatlas:** S. 28, D 4; **Karte:** S. 230
Wer nicht schon vom Fuß des über Ushuaia hängenden **Glaciar Martial** (7 km Schotterstraße zum Hotel del Glaciar und weiter zum Sessellift, Liftbetrieb Di–So 10.30–16.30 Uhr) das Breitwandpanorama des Beagle-Kanals mit seinen Inseln genoss, der sollte dies von einem der Aussichtspunkte des **Parque Nacional Tierra del Fuego** `2` aus tun. Das ca.

63 000 ha große Naturreservat 12 km westlich von Ushuaia kann nicht mit der spektakulären Bergkulisse seines chilenischen Konkurrenten Torres del Paine aufwarten, birgt aber dennoch (kleine) Wunder wie die 3 cm große Fleisch fressende *Drosera uniflora,* die zum Ausgleich ihres Stickstoffhaushalts Insekten vertilgt.

25 km Erdstraßen und 10 km Wanderwege führen durch dieses Wald- und Lagunengebiet, dessen reizvollste Pfade der nur 800 m lange, von vielen ›Chinesischen Laternen‹ begleitete Lehrpfad zur **Laguna Negra** und der 2,5 km lange Aufstieg zur **Pampa Alta** sind. In der Parklandschaft am Río Pipo (mit einem der fünf idyllischen Zeltplätze des Nationalparks) hört man das Gletscherwasser über die rollenden Steine plätschern, in der Bahía Lapataia die Wellen des Meeres an Argentiniens südlichstes Ufer schlagen. »Fin Ruta 3, Buenos Aires 3063 km, Alaska 17 848 km«, verkündet feierlich ein Schild.

Große Teile des Parks sind als *reserva estricta* ausgewiesen und für Besucher nicht zugänglich. Diesbezügliche Verbotsschilder sollte man unbedingt respektieren, es werden strenge Kontrollen durchgeführt (Nationalparkverwaltung s. S. 236, Okt.–April 20 $, Mai–Sept. frei).

 Im Park gibt es 4 kostenlose Zeltplätze ohne Infrastruktur, außerdem:
Camping Lago Roca: am Lago Roca, 21 km westlich von Ushuaia, Tel./Fax 029 64-43 33 13. Mit Restaurant und Fahrradvermietung. 12 $ p. P.

Am Beagle-Kanal entlang

Reiseatlas: S. 28, D/E 4; **Karte:** S. 230
Auf einer (streckenweise holprigen) Fahrt lässt sich die Wasserstraße bis zur Estancia Puerto Rancho (ab Ushuaia hin und zurück 250 km) in einem Tag erkunden. Die Route führt zunächst 40 km über die RN 3 nach Osten und zweigt dann, jetzt als Schotterpiste RP 32 (ehemals J), von der nach Río Grande führenden Hauptstraße ab (s. S. 240ff.).

Estancia Harberton

Der zur Estancia Harberton (85 km ab Ushuaia) führende Weg wurde 1913 – ein seltener Fall von interdisziplinärer Verbundenheit – gemeinsam von Sträflingen und Aufsehern gebaut. Dunkler Wald, gewöhnlich tief hängende Wolken und bleigrünes Wasser verleihen der Landschaft den Ernst eines altenglischen Seestückes. In dieser weltabgeschiedenen Stimmung stellte Thomas Bridges (1842–98), anglikanischer Missionar und erster weißer Siedler Feuerlands, mit der Geduld einer Auster sein 32 000 Begriffe umfassendes Wörterbuch der Yahgan-Sprache zusammen (s. S. 241). Er hatte sich 1886 mit seiner Frau, nach deren Heimatort die **Estancia Harberton** [3] benannt wurde, an der Mündung des Lashifashaj in den Beagle-Kanal niedergelassen. Heute setzen seine Nachkommen, die Familie Goodall, das Werk des Farmers und Literaten fort. Die Estancia kann besichtigt werden. Sehenswert ist auch das von Natalie P. Goodall eingerichtete **Museo Acatushún,** das sich der Meeresfauna widmet (www.acatushun.com, 6 $).

Estancia Harberton: Tel. 029 01-42 27 42, Fax 42 27 43, www.estanciaharberton.com. B&B in der ehemaligen Schäferbaracke der Estanzia, Bibliothek, Restaurant, nur Okt.–März; auf dem Farmgelände gibt es außerdem 3 kostenlose idyllische Zeltplätze (ohne Infrastruktur). DZ 160 US$.

1 x tgl. Busverbindung ab Ushuaia (hin 9 Uhr, zurück gegen 15 Uhr). Reisebüros in Ushuaia bieten auch Tagesausflüge mit dem Boot an.

Weiter zum *finis terrae*

Mal Felsabstürze, mal flache Strände und Matten mit Pferden und Schafen streifend, setzt sich der Fahrweg über die **Estancia Moat** [4] hinaus fort. Man kommt an herrlichen Lenga-Wäldern mit bis zu 500 Jahre alten Baumriesen vorbei, und mancher dunkle Teich, den ein Gewirr von bleichen Stämmen wie nach einem Windbruch überlagert, zeigt die Fleißarbeit der Biber an. Diese oft 30 kg schweren ›Wasserbautechniker‹ nagen bis zu 40 cm dicke Stämme durch und zimmern mit Hilfe ihres Ruderschwanzes aus Holz, Lehm und Steinen ihr imposantes Habitat. Nichts Amüsanteres, als sie zu beobachten: Wächter melden jede Beschädigung des Dammes (er wird sofort repariert) und schlagen – mit dem Schwanz aufs Wasser klatschend – Alarm, sobald Gefahr droht. Außerhalb der Wälder haben die häufigen Südstürme einzeln stehende Bäume zu sogenannten Windfahnen deformiert, gebeugte Kreaturen, deren nach oben gebürstete Äste manchmal einer Hochfrisur ähneln.

In Ufernähe zu findende *concheras* – ringförmige, heute von Erde bedeckte Muschelschalenhaufen – erinnern an die rund 3000 Yamaná, die als Seejäger einmal den Beagle-Kanal bevölkerten und deren Hauptnahrung aus Schalentieren (man findet hier 130 Arten) bestand. Der gelegentliche Fund eines gestrandeten Wals bedeutete damals natürlich ein Fest – auch für den fettbedürftigen Körper, denn diese abgehärteten Menschen machten ihre Rindenkanus an Tangteppichen fest und schwammen im eiskalten Wasser nackt an Land. Heute sieht man des Öfteren violette Algengespinste im Wasser wabern und erfährt durch Warnschilder, dass diese *marea roja* (›Algenpest‹) Muscheln mit einem für den Menschen fatalen Gift anreichern kann. Deshalb sollte man keinesfalls selbst gesammelte Muscheln essen (auch nicht gekocht oder gebraten). In Restaurants servierte Muschelgerichte hingegen können bedenkenlos verzehrt werden; alle verarbeiteten Schalentiere haben die Lebensmittelkontrolle passiert.

Längst ist man an den weit draußen liegenden Inselchen mit den Robben-, Pinguin- und Königskormoran-Kolonien vorbei (mit dem Schiff von Ushuaia aus zu besuchen), wenn sich die großen Inseln Picton und Nueva ins Blickfeld schieben. Ihrethalben und der benachbarten Insel Lennox wegen wäre es 1978 beinahe zum Krieg zwischen Argentinien und Chile gekommen; ein päpstlicher Schiedsspruch konzedierte die Eilande dem westlichen Nachbarland.

Hinter der **Estancia Puerto Rancho** gelangt man zur **Marinepräfektur Moat** `5` und hat damit – der Fahrweg ist zu Ende – das *finis terrae* der eigenen Mobilität erreicht.

Isla de los Estados

Reiseatlas: S. 28, F 4; **Karte:** S. 230
Die durch die Le-Maire-Straße von Feuerland getrennte **Isla de los Estados** `6`, 1616 von den Holländern Schouten und Le Maire entdeckt, präsentiert sich als steil aus dem Meer ragendes, von vielen Fjorden eingeschnittenes Waldgebirge. Der die Insel einhüllende Kranz aus Nebel und Wolken scheint den Schatz ihrer Mythen hüten zu wollen. Jahrhundertelang steuerten die Yamaná mit ihren Baumrindenbooten die Insel an, Jules Verne hat den dortigen »Leuchtturm am Ende der Welt« unsterblich gemacht und der verwegene argentinische Pionier Don Luis Piedrabuena barg hier Kohorten von Schiffbrüchigen, die nach der Umrundung von Kap Hoorn auf die Klippen getrieben wurden. Er setzte auch die – später verwilderten – Ziegen aus, die als Proviant für die Gestrandeten dienten und deren Nachkommen bis heute hier leben. Die inseleigene Fauna besteht indessen v. a. aus Seevögeln und Robben. Ausflüge auf die als Naturreservat geschützte Insel werden in Ushuaia angeboten (Info: www.antarpply.com).

Von Ushuaia nach Río Grande

Lagos Escondido und Fagnano
Reiseatlas: S. 28, D 4; **Karte:** S. 230
Erster Blickfang auf der rund 220 km langen Fahrt (RN 3) von Ushuaia nach Río Grande sind die in Rot-, Grün- und Gelbtönen schwelgenden Torfmoore, die die RN 3 im **Valle Tierra Mayor** quert. Das wie der Beagle-Kanal von den Gletschern der letzten Eiszeit ausgehobelte Tal bestimmt den Lauf des kleinen Río Lashifashaj. Im Winter verwandelt sich das Gelände in ein weißes Paradies und ist das Dorado der Skilangläufer.

Von der Küchenschublade ins Britische Museum

Mit der Entdeckung des kalifornischen Goldes wurde Kap Hoorn ab 1848 zur verkehrsreichsten Ecke der Welt. Den langen Zacken Südamerikas zu umfahren erwies sich als zeitsparender als alle anderen Alternativen.

Am klippenreichen Beagle-Kanal hingegen rauschten die Segelschiffe lieber vorbei. Dort saß Reverend Thomas Bridges und wartete zehn Monate auf ein Schiff, das ihm neues Papier bringen würde. Ständig schrieb er seine Deutungen der Yahgan-Sprache um. Das Idiom der indianischen Wassernomaden, seiner unsteten Nachbarn, schien so uferlos zu sein wie die Feuerlandkanäle im Nebel.

Die mit Bildern und Assoziationen aufgeladene Sprache hatte der britische Missionar, Forscher und Kolonist schon mit 13 Jahren zu erlernen begonnen. Damals, 1856, begleitete er seinen Adoptivvater zum ersten Mal auf einer Reise durch den von Yamaná (Yahgan) befahrenen Beagle-Kanal. Mit 21 Jahren bereits beherrschte er das Vokabular so gut, dass er sich nicht nur mit den Eingeborenen unterhalten, sondern auch in überzeugender Rede ihre Hilfe und Freundschaft gewinnen konnte. Die erste Landverbindung seiner Estancia Harberton zur Außenwelt schufen die Indianer der Missionarsfamilie.

Das mit englischer Untertreibung ›Wörterbuch‹ genannte Kompendium sollte Thomas Bridges' Lebenswerk werden. Es begann mit der Erfindung einer eigenen Lautschrift (das Yahgan kennt allein 13 Vokale) und endete mit dem inhaltlichen Ausschöpfen des Ausdrucksschatzes. Flink erfanden die Indianer nämlich auch neue Begriffe. Kaum waren die ersten Ordensschwestern in ihrer schwarzweißen Tracht in Feuerland eingetroffen, hatten sie auch schon ihren Spitznamen weg: ›Pinguininnen‹.

Thomas Bridges' Manuskripte umfassten 32 430 Begriffe, als er starb. Dreimal gingen die Handschriften verloren und ebenso oft wurden sie wiedergefunden. Zunächst gelangten sie in die Hände eines Betrügers namens Frederick Cook, den Bruce Chatwin (»In Patagonien«) als mythomanischen Reisenden bezeichnete und der versuchte, die Arbeit als seine eigene darzustellen. Seine letzte Odyssee erlebte das Opus dann in Deutschland, wo es in einer Küchenschublade den Zweiten Weltkrieg überstand. Heute wird das wertvolle Werk im Britischen Museum in London aufbewahrt.

Linguistisches Charakteristikum des Yahgan ist die Dominanz der Verben, die durch Vorsilben ihre Bedeutung erweitern und vertiefen können. Ein Beispiel: Das Verb ›beißen‹ kann in unserer Sprache durch eine Reihe von Präfixen spezifiziert werden, wie ›abbeißen‹, ›anbeißen‹, ›durchbeißen‹, ›zubeißen‹, ›zerbeißen‹ usw. Die im Yahgan verfügbaren Vorsilben vermitteln jedoch noch Bedeutungsinhalte, die in unserer Sprache nur durch Umschreibungen auszudrücken sind, etwa: ›zart in etwas hineinbeißen‹, ›etwas zum Zwecke des Verteilens in gleichmäßige Stücke zerbeißen‹ etc. Darüber hinaus verarbeitet das Yahgan auch abstrakte Assoziationen. Für ›denken unter einer richtigen Annahme‹ und ›mit falschen Vorstellungen denken‹ existieren zwei verschiedene Verben. Gewiss traf auf Charles Darwin die zweite Version zu, als er sich über die Sprache der ›Wilden‹ lustig machte (s. S. 229).

Tierra del Fuego

Richtig Reisen-Tipp: Eldorado für Sportangler

Südargentinien und insbesondere Tierra del Fuego stehen bei der internationalen Fliegenfischergemeinde ganz oben auf der Liste der begehrenswerten Ziele – wo sonst kann man in solch urwüchsiger Landschaft solche Kapitalfänge machen. Die wichtigsten Reviere in Feuerland verteilen sich auf drei Gewässersysteme.

Im Bereich des **Río Grande** und seinen Nebenflüssen **Río Menéndez** und **Río Mac Lennan** werden Meerforellen gefischt. Organisierte Trips bieten im Ort Río Grande sieben Agenturen, z. B. Shelk'man Viajes, Av. Belgrano 1122, Tel. 029 64-42 61 80, und Estancias Fueguinas, Rivadavia 754, Tel. 029 64-42 36 18. Auch von der Estancia San José, RP 8 (ehemals B), 82 km westlich von Río Grande, Tel. 029 01-42 16 34, kann man dieses Angelrevier erreichen.

Meerforellen fängt man auch im **Río Irigoyen** und im **Río Malengüena** im Südosten der Insel. Der beste Standort für dieses Revier ist die Far End Lodge, Estancia María Luisa, zu buchen über Fly Fishing, Paraguay 647, 8. Stock, Oficina 31, Buenos Aires, Tel. 011-43 11 12 22, www.flyfishingcaribe.com (1 Woche im DZ 3500 US$ p. P. inkl. VP, Angelexkursionen und Transfer vom Flughafen).

Im **Lago Fagnano** und seinen Zuflüssen **Río Indio** und **Río Claro** macht man vom Boot aus Jagd auf Süßwasserfische. Entsprechende Trips organisiert z. B. Khami, San Martín 336, Local 2, 9420 Río Grande, Tel. 029 64-42 22 96 u. 15 56 60 45, www.cabaniaskhami.com.ar (Bungalows für 4–6 Pers. am Lago Fagnano 200 $).

Die Angellizenz für die gesamte Provinz Tierra del Fuego beträgt 30 $/Tag, 150 $/Woche, 300 $/Saison, wobei für folgende Gewässer Zusatzkosten anfallen: Ríos Grande und Menéndez (200/450/600 $), Ríos Ewan, San Pablo und Irigoyen sowie Lago Fagnano (75/200/300 $). Allgemeine Infos zum Sportangeln in Feuerland findet man z. B. auf der Webseite des deutschen »Reisemagazins für Angler« unter www.abenteuer-angeln.de.

Angelparadies Tierra del Fuego – aber wer frisst wen?

242

Bereits kurz nach der Abzweigung zur Estancia Haberton (s. S. 239) schmiegt sich in die Nordfalten der **Sierra Alvear** der tiefblaue **Lago Escondido** 7 (›Versteckter See‹), eines der malerischsten Gewässer der Isla Grande. Jüngste und älteste Zeugnisse feuerländischer Entwicklungsgeschichte liegen hier nur 60 km voneinander entfernt: Die aus Meeressedimenten aufgebaute Sierra Alvear erhob sich als ältestes Gebirge von Tierra del Fuego schon vor 150 Mio. Jahren; die Laguna Kosobo sackte 1949 bei einem Erdbeben so weit ab, dass sie zu einer Bucht des **Lago Fagnano** 8 wurde. Das am Ostzipfel des Sees ausgebreitete **Tolhuin** (›Herz‹ von Feuerland) wurde von den Eingeborenen einmal so genannt, bevor ein anarchistischer Wirrwarr von Baracken und *casillas* (improvisierten Wohnungen) den Waldflecken in ein Remake der späten Goldgräberzeit verwandelte. Am Lago Fagnano gleitet der Blick über die fast 1000 m hohen Sierren am Nordufer des 100 km langen Sees, den Argentinien sich mit Chile teilt.

… am Lago Escondido:

Hostería Petrel: RN 3 Km 3186, 50 km östlich von Ushuaia, Tel. 029 01-43 35 69. Am Seeufer, große Panorama-Cafetería. Zur Zeit der Recherche geschlossen.

… am Lago Fagnano:

Cabañas Khami: an der Ostspitze des Sees, Tel. 029 64-15 56 60 45, www.cabaniaskhami.com.ar, Reservierungen in San Martín 336, Local 2, 9420 Río Grande, Tel. 029 64-42 22 96. Bungalows (4–6 Pers.) 200 $.

Kaikén: RN 3, an der Ostspitze des Sees, Tel./Fax 029 01-49 23 72, www.hosteriakaiken.com.ar. Hostería am Hochufer mit herrlichem Seeblick, Restaurant, Bar, beliebter Stopp auf halbem Weg zwischen Ushuaia und Río Grande, auch Bungalows. DZ 190 $.

Camping Hain del Lago Khami: an der Ostspitze des Sees, Tel. 029 64-15 60 36 06. Mit Infrastruktur.

Las Cotorras: RN 3, 26 km hinter Ushuaia im Valle Tierra Mayor, Tel. 029 01-49 93 00, nur mittags. Feuerlands beste ›Bratstelle‹ für Lamm am Spieß, stark von Busgesellschaften frequentiert, auch Unterkunft in Bungalows (je 8–10 Pers., 60 $ p. P. ohne Frühstück). 60 $.

Nunatak: RN 3, Valle Tierra Mayor, ca. 20 km hinter Ushuaia an der Flussbrücke, Tel. 029 01-43 03 29, www.nunatakadventure.com. Trekkingausflüge zur Laguna Esmeralda und zum Glaciar Ojo del Albino, im Winter Langlaufzentrum.

Lago Yehuin

Reiseatlas: S. 28, D 4; **Karte:** S. 230

Gut 100 km sind es noch auf direktem Weg (RN 3) von Tolhuin nach Río Grande, eine Strecke, die wenig zu bieten hat, seit sich selbst der Abstecher an die Küste zum **Cabo San Pablo** nicht mehr lohnt, weil die dortige Hostería vernachlässigt ist und es aufgrund der hohen Besucherzahlen mit der Ruhe vorbei ist. Auch deshalb bietet eine Schleife durchs Hinterland eine sehr empfehlenswerte Alternative zur RN 3.

24 km nördlich von Tolhuin zweigt die erste der weiter nördlich wie Nebenflüsse von einem Hauptstrom in die wilden Waldregionen Feuerlands führenden Straßen ab, die bis vor Kurzem mit Buchstaben bezeichnet wurden, jetzt aber als nummerierte Rutas Provinciales identifiziert werden. Die RP 18 (ehemals H) geleitet geradewegs ins ›wirkliche‹ Herz von Tierra del Fuego, dem **Lago Yehuin** 9, der mit seinen Uferwäldern einen erheblichen Anteil von dem rund 620 000 ha großen Waldbestandes von Südfeuerland ausmacht. Drei Südbuchenarten *(Nothofagus)* bestimmen das Vegetationsbild: die laubwerfenden Lenga (330 000 ha) und Ñire (200 000 ha) sowie der immergrüne Coihue (90 000 ha). Was diese Wälder so verzaubert, sind die lichtgrünen Flechten, die als *barba de viejo* (›Altmännerbart‹) von den Ästen baumeln. So feinfühlig sind diese (für die Bäume nicht schädlichen) Gewebe, dass sie als Erste eingingen, wäre die Luft hier nicht absolut rein. Auch die ›Chinesische Laternen‹ genannten nestartigen Bälle (Halbschmarotzer der Gattung *Myzodendrum*), die das Geäst mit gelben und ro-

ten Farbtupfern füllen, tragen zur Verzauberung der Laubwälder bei.

Zu den Charakteristika vieler Feuerlandbäume gehören schließlich die knotenartigen Wucherungen, mit denen die Baumzellen auf die champignonförmigen Rindenpilze (Parasiten der Art *Cyttaria darwinii*) reagieren und die als polierte Holzplastiken beliebte Dekorationsstücke und Souvenirartikel abgeben. Die Pilze selbst, *chao-chao* oder *pan de indio* (›Indianerbrot‹) genannt, wurden von den Eingeborenen verzehrt. Diese lebten keineswegs nur von Guanakofleisch, wie man lange annahm, sondern reicherten ihre Kost mit 43 verschiedenen Pflanzen an.

Guanakos erlegten die Ona mit Pfeil und Bogen, und zwar in der Weise, dass das mit einer Steinspitze versehene und durch Radialfiederung gesteuerte Geschoss rektal in den Körper eindrang und durch die Weichteile hindurch die auf gleicher Höhe liegende Herzgegend traf. Dieser Schusskanal war der einzige, der verbürgte, dass die Pfeilspitze an keinem Knochen abprallte. Heute dürfen die Kameltiere nur nach bestandswahrenden Quoten auf den Estanzien geschossen werden. Am Lago Yehuin wissen sie sich sicher. Und da sie neugierig sind, kann man ihnen hier, wie erstaunt guckenden Rehen, auf einem Waldweg begegnen. Dazu bietet sich die beste Gelegenheit vom ehemaligen **Parador Yawen** aus (*yawen* bedeutet in der Sprache der Ona gleichermaßen ›Gehölz‹ wie auch ›Geborgenheit‹ oder ›Hort‹). Von der oberhalb eines aufgelassenen Sägewerks liegenden Hosteria (ausgeschildert) lassen sich auch Biberdämme erkunden, wo die Nager nachmittags bei der Arbeit zu beobachten sind. Hauptattraktion bilden jedoch die Kondore, die sich gerne auf der Felskuppe des nahen **Cerro Shenolsh** (700 m) niederlassen. (Hierhin gelangt man mit Geländewagen der Hostería.) Und sollten sich die ›Könige der Anden‹ einmal nicht sehen lassen – der majestätische Rundblick bis zum Lago Fagnano hinüber, dessen Blau zwischen der Sierra de Beauvoir und der Sierra de las Pinturas aufleuchtet, ist alleine den Ausflug wert. Dass man von den Höhen aus auch unerforschte

Regionen, noch nicht erklommene Gipfel und namenlose Gletscher erspäht, die alle ihrer Entdeckung harren, macht wohl den seltsam magnetischen Reiz Feuerlands aus.

Vom Lago Yehuin führt die verkehrsarme RP 9 (ehemals F) zurück zur RN 3 und nach Río Grande.

Estancia Rivadavia: RP 18, 22 km westlich der RN 3, Tel. 029 01-49 21 86, www.estanciarivadavia.com. 10 000 ha großes Gelände am Lago Chepelmut, Trekking zu den Lagos Chepelmut und Yehuin, Reiten. 230 US$ p. P. inkl. VP und Ausflügen.
Estancia Ushuaia: RP 18, 24 km westlich der RN 3, Tel. 029 01-49 20 40, www.estanciaushuaia.com.ar; Reservierungen in San Martín 1222, Ushuaia, Tel. 029 01-43 07 39. Reittouren, Trekking, Fischen auf einer abgelegenen Farm in bukolischer Landschaft. DZ 165 US$ inkl. HP, 231 US$ inkl. VP.
Camping: Kostenloser Zeltplatz hinter dem ehemaligen Parador Yawen, ohne Infrastruktur, in der Hochsaison oft von Schulklassen frequentiert. Außerdem viele wunderschöne Zeltplätze im Feuerlandwald.

Río Grande und Umgebung

Reiseatlas: S. 28, D 3; **Karte:** S. 230
Zentrum aller Pionierunternehmen in Feuerland war das Mündungsgebiet des Río Grande, Feuerlands größtem Fluss. Hier hatten die imposantesten Estanzien mit Millionen von Schafen ihren Sitz, hier unterhielten Don Boscos Salesianer die bedeutendste Mission, hier erlebte die Region ihren Goldrausch, ihr Petroleum- und Erdgasfieber, den Elektronikboom der 1980er-Jahre (Gerätemontage) und hier finden sich heute internationale Spezialisten unter den Fliegenfischern ein: Der Río Grande gilt als der weltweit beste Fanggrund für Meerforellen (s. S. 242).

In seinem Mündungsdelta liegt der Ort **Río Grande** 10 (55 000 Einw.), vor 20 Jahren noch ein nach Tang und Wollfett riechendes 6000-Seelen-Nest. Inzwischen hat eine Welle neuer Aktivitäten der rasch gewachsenen Stadt modernere Züge verliehen. Río Grande ist nicht ›schön‹, aber mit seinen breiten Avenidas und Blumenrabatten eine angenehme Zwischenstation.

Zeugnisse der Vergangenheit werden im **Museo Municipal Virginia Choquintel** ausgestellt (Alberdi 555, Tel. 029 64-43 04 14, Mo–Fr 10–17 Uhr, frei). Ein Besuch der 18 km westlich von Río Grande gelegenen **Estancia María Behety** führt – von der Bibliotheksvilla bis zum bahnhofsartigen Scherschuppen – modellhaft Wohlstand und Souveränität der alten Landgüter vor Augen (RP 5, ehemals C, Km 17, Tel. 029 64-43 03 45, 42 62 36 u. 011-43 31 50 61, www.maribety.com).

11 km nördlich trifft man auf den Komplex der **Salesianerstation** mit dem ersten katholischen Missionshaus von Feuerland (1896), einer schmucken Holzkirche (1898) sowie einem kleinen Friedhof, auf dem Mönche, Indianer und Argentiniens Flugpionier Jorge Newbery in Eintracht nebeneinander begraben liegen. Heute gilt die Mission als eine der führenden Landwirtschaftsschulen im südlichen Argentinien. In der angeschlossenen Teestube gibt es herrlichen Käse aus eigener Produktion. Hauptanziehungspunkt aber ist das im Seitenflügel des Haupthauses untergebrachte, erst 1995 in neuer Form entstandene **Museo Monseñor José Fagnano,** präsentiert es doch die umfangreichste archäologische, paläontologische und ethnologische Sammlung von Feuerland (RN 3, tgl. 9–12, 15–18 Uhr, 2 $).

Instituto Fueguino de Turismo: Espora 533, Tel. 029 64-42 28 87, www.tierradelfuego.org.ar.

Dirección Municipal de Turismo: Plaza Almirante Brown, Rosales 350, Tel. 029 64-43 13 24, www.riogrande.gov.ar, Mo–Fr 9–20, Sa/So 14–20, im Winter Mo–Fr 9–17 Uhr.

Posada de los Sauces: El Cano 839, Tel. 029 64-43 08 68, www.posadade lossauces.com.ar. Gediegener Rahmen, Restaurant, Pub. DZ 70/82 US$.

Feuerlands erste katholische Mission: die Salesianerstation bei Río Grande

Isla del Mar: Uferstraße Güemes 963, Tel./Fax 029 64-42 28 83, www.hotelisladelmar.com.ar. Ruhig, gepflegt, direkt am Meer, Restaurant. DZ 130 $.

Puerto Argentino: Echeverría 49, zwischen El Cano und Güemes, Tel./Fax 029 64-42 07 22. Familiär, einfach, sauber. DZ 90 $.

Camping Ioshlelk-Oten: Montilla 1047, Barrio AGP, im Süden der Stadt, vor der Flussbrücke, Tel. 029 64-42 05 36, www.sol-rio.com.ar/ioshlelk-oten. Zeltplatz mit Infrastruktur auf dem Gelände des gleichnamigen Nautikklubs. 8 $ p. P.

🍴 **Posada de los Sauces:** im gleichnamigen Hotel. Fisch und Meeresfrüchte. 65 $.

Rincón de Julio: El Cano 846, gegenüber der Tankstelle. Sehr einfache Trucker-Parrilla, gut und dazu preiswert. 35 $.

↔ **Flüge:** Aerolíneas Argentinas verbindet tgl. mit Buenos Aires. LADE, Laserre 447, Tel. 029 64-42 29 68, www.lade.com.ar, fliegt nach Río Gallegos und Ushuaia. Flughafen: RN 3, Acceso Aeropuerto, im Südwesten der Stadt, Tel. 029 64-42 06 99.

Busse: Tgl. mindestens fünf Verbindungen nach Ushuaia (3 Std.) sowie mehrmals wöchentlich über Porvenir ins chilenische Punta Arenas (Di, Do und Sa, 8 Std. inkl. 2,5 Std. Fährfahrt). Auch die Busse nach Río Gallegos fahren stets über Porvenir und Punta Arenas. Busunternehmen: Tecni-Austral (Punta Arenas, Río Gallegos, Ushuaia), Transporte Pacheco (Punta Arenas), Líder (Ushuaia), Transporte Montiel (Ushuaia). Busterminal: Alte. Brown, Ecke Obligado.

Von Río Grande zur Magellanstraße

Reiseatlas: S. 27/28, B–D 2/3; **Karte:** S. 230

Ca. 100 km nördlich von Río Grande scheiden sich am Grenzposten San Sebastián die Wege. Links führen die Ruta Paso Fronterizo (ehemals I) und die chilenische Ruta 257 zum noch 140 km entfernten **Porvenir** an der Magellanstraße, von wo die Fähren nach Punta Arenas übersetzen; diese Route nehmen auch alle öffentlichen Busse. Rechter Hand geht es auf – zumeist geschotterter – Piste nach **Puerto Espora** und von dort per Fähre über die Primera Angostura nach Punta Delgada (s. S. 227).

Kurz vor der Grenze nach Chile streift man die menschenleere **Bahía San Sebastián** 🔟, ein Vogelparadies, das 1991 zum geschützten Reservat erklärt wurde. Weiter draußen im Schelf ruhen die wirtschaftlichen Ressourcen dieser abweisenden Region: Erdgas – von San Sebastián aus läuft eine Rohrleitung direkt bis Buenos Aires. Die kleine Provinz Tierra del Fuego besitzt *on* und *off shore* rund 10 % der insgesamt 690 Billionen m³ bestätigter Gasreserven in Argentinien.

Ein nicht minder wertvoller Bodenschatz ließ die schnabelförmige **Península El Páramo,** die am nördlichen Ende in die Bahía San Sebastián hineinragt, Geschichte schreiben. Der ›kultivierte Abenteurer‹ Julius Popper, ein kosmopolitischer rumänischer Jude mit Zukunftsvisionen (die beabsichtigte Gründung der utopischen Stadt Atlanta gehörte dazu) ließ hier um das Jahr 1900 ein Heer von 100 Kroaten nach Gold graben. Konnte man ihm glauben, wenn er angab, damals 600 kg des gelben Metalls erbeutet zu haben? Erwiesen ist, dass er eigene Münzen aus reinem Gold prägte und private Briefmarken druckte. Erwiesen ist aber auch, dass er seine aus 20 Haudegen bestehende, in ungarische Fantasieuniformen gekleidete Leibwache mit Remington-Gewehren auf Indianerjagd gehen ließ. Das dokumentieren Fotos, auf denen man erschossene Ona wie erlegtes Wild zu Füßen seiner ›Husaren‹ im Gras liegen sieht.

↔ **Fähren:** Die Magellanstraße kann an zwei Punkten per Fähre gekreuzt werden: Porvenir–Punta Arenas (Di–So, 2,5 Std.) sowie Puerto Espora/Embarcadero Bahía Azul–Punta Delgada (Nov.–März tgl. 7.30–1, April–Okt. tgl. 8.30–23.45 Uhr, etwa alle 30 Min., 20 Min.). Nähere Informationen unter www.tabsa.cl.

Falkland Islands

Wahrhaft das Ende der Welt. Verlassene, kaum besuchte Inseln im Südatlantik, bewohnt von nur wenigen Menschen, vielen Schafen und einer einzigartigen Tierwelt, die all jenen, die den mühsamen Weg auf sich nehmen, mit bleibenden Eindrücken belohnt und vergessen lässt, dass in dieser Weltregion unlängst ein sinnloser Krieg tobte.

Rund 500 km nordöstlich der Spitze Feuerlands liegt der aus zwei Hauptinseln – **East Falkland** (Isla Soledad) und **West Falkland** (Isla Gran Malvina) – sowie rund 400 Streuinseln bestehende Archipel, der nach einem UN-Beschluss gleichermaßen **Falkland Islands** wie **Islas Malvinas** genannt wird. Die unter Großbritanniens Hoheit stehenden Inseln werden von Argentinien beansprucht.

Von oben betrachtet wirkt der Archipel wie der Tintenschmetterling eines Rorschachtests. Für diesen Eindruck sorgen vor allem der die Hauptinseln trennende etwa 20 km breite Sund und die ausgefranste Küste, insgesamt ca. 25 000 km lang. Dabei entspricht die gesamte Landmasse der Falkland Islands nur etwa der Nordirlands oder Schleswig-Holsteins.

Die beim Auseinanderdriften der Kontinente Amerika, Afrika und Antarktis als Restsplitter von Gondwanaland liegen gebliebene Inselgruppe verweist mit ihren eiszeitlichen Blockströmen (*stone runs* – aus der Luft besonders gut zu sehen) auf die letzte Phase ihrer Genese. Mit dem **Mount Usborne** in East und dem **Mount Adam** in West Falkland, beide etwa 700 m hoch, erreichen die Inseln ihre höchsten Ausformungen. Der größte Teil der Landschaft ist flach. Bestimmende Elemente sind die Quarzfelsen und die von Heide und Tussockgras überzogenen, 9000 Jahre alten Moore, die bis vor wenigen Jahren auch das Brennmaterial für die rund ums Jahr geheizten Häuser lieferten. Heute werden nur noch rund 15 Wohnungen auf diese mühevolle Art gewärmt. Aus Torf war sogar die erste Inselkirche gebaut. Der stetige Wind (meist Stärke 6) hat keine Wälder entstehen lassen. Für die baumlosen Fluren entschädigen jedoch 43 Grasarten, die allgegenwärtige *Diddle-Dee*-Beere (›Kronsbeere‹) mit ihren leuchtend roten Früchten sowie ein Heer von Wildblumen, von der Mandelblüte bis zum Falkland-Lavendel.

600 000 Schafe, 350 000 wild lebende Magellangänse *(upland geese)* und rund 3000 Einwohner bevölkern diese abgelegene Region, wo das Wetter so oft wechselt, dass die Satellitenprognose alle zehn Minuten erfolgt. Selbst im Sommer (Nov.–März) klettert das Thermometer nur selten auf 20 °C. Dennoch registriert man jährlich mehr Sonnenstunden als in Liverpool. Bezaubernd schöne Strände laden zum Baden ein – bei Wassertemperaturen von maximal 11 °C allerdings nur ein Vergnügen für Hartgesottene. So sind die Hauptattraktionen der Inseln Naturbeobachtung, Tierfotografie und Wandern. Seeelefanten und Königspinguine bewohnen die Küsten. Auf Steeple Jason nisten 160 000 Albatrosse. Es gibt 4000 Seelöwen – aber das ist nur der hundertste Teil des Bestandes von 1925. Die Falkland Islands gehörten einmal zu den schlimmsten ›Totschläger‹-Stützpunkten der *sealers* und *whalers:* Über 2 Mio. Pinguine wurden hier erschlagen. Damals versuchten einige Bastler sogar, die Brenner der Leuchttürme auf Pinguinöl umzustellen.

Heute schützen die Kelper – so werden die Bewohner nach dem Kelp, den gelbbraunen Algen, genannt – ihre Inselfauna, zu der auch 145 Vogelarten gehören.

Geschichte

Wer diesen weltentrückten Archipel entdeckt hat, darüber gehen die Meinungen auseinander. Nach spanischen Chroniken könnte es der Mann im Ausguck der Incógnita gewesen sein, die 1540 von Sevilla auslief – eine von den Argentiniern genährte Theorie. Nach britischer Meinung kommt der Ruhm dem Piraten John Davis (1592) zu, doch dessen »gewisse Inseln« müssten nach den Logbuchangaben viel weiter westlich liegen. So haben sich neutrale Historiker auf den Holländer Sebalt de Weert als den verlässlichsten Entdecker (1600) geeinigt. Aber erst 90 Jahre später setzte der erste Europäer seinen Fuß an Land: der Engländer John Strong, der den Sund nach dem Ersten Lord der Admiralität – Viscount Falkland – benannte. Im gleichen Jahrzehnt belegten französische Seeleute die Inseln mit einer Namensversion ihres Heimathafens Saint-Malo: Iles Malouines, was die Spanier zu Malvinas umwandelten.

Tatsächlich kolonisiert wurden die Inseln von den Franzosen, bevor diese sie an die Spanier verkauften. Unterdessen hatten sich aber auch die Engländer dort festgesetzt. Sie gaben 1774 ihren Stützpunkt auf – nicht jedoch ihre Ansprüche. Fortan verwalteten 20 spanische und (nach der Entkolonisierung Südamerikas) als ›berechtigte Erben‹ acht argentinische Gouverneure den Archipel – bis 1833 eine britische Expeditionsflotte zurückkehrte. Ihr Kommandeur ließ die argentinische Flagge einholen, sauber zusammenfalten und dem amtierenden Gouverneur Pinedo überreichen, während am Mast der Union Jack hochging. Zur Rache für diesen Streich kam es erst 1982: Über Radio ließen die ar-

Falkland Islands: Britisch durch und durch – nicht nur Sprache und Lebensart, auch die Gesichtszüge

gentinischen Invasoren den britischen Gouverneur Rex Hunt seiner Bevölkerung über Radio mitteilen:»Good evening, I have an important announcement to make …« (s. S. 252).

Acht Generationen von Kelpern gibt es, und doch sind nur zwei Drittel der gegenwärtigen Bevölkerung auf den Inseln geboren. 150 Jahre lang ›wollblind‹ gewesen zu sein, das wirft man sich heute vor. Alles war auf die Schafzucht abgestellt. Von außerordentlich fischreichen Gewässern umgeben, besaß die Kolonie bis vor wenigen Jahren nicht einmal ein eigenes Fangboot. Der unterseeische Schatz wird jedoch seit 1987 auf andere Weise gehoben: Fanglizenzen für Tintenfisch – 150 000 t pro Jahr –, vergeben an 200 meist taiwanesische, südkoreanische und japanische Schiffe, bringen dem Fiskus 21 Mio. Pfund pro Fangsaison ein; sie decken die Hälfte der Staatsausgaben. Die Hoheitszone um den Archipel hat man auf 150 Meilen ausgedehnt.

Port Stanley

Reiseatlas: S. 28, D–F 1/2
Die farbenprächtige Haupt-›Stadt‹, an einer fast geschlossenen Bucht gelegen, ist **Port Stanley** mit seinen fast 2000 ständigen Einwohnern. Der sich am Uferhang hochziehende Ort wirkt wie eine von Hand gefügte Puppenhaussiedlung. Kein ganz so falscher Eindruck, denn die beiden Holzkirchen **St. Mary's** (Ross Rd., neben der Polizeistation) und der pfefferminzgrün-weiß bemalte **Tabernacle** gleich um die Ecke in der Barrack Street kamen Ende des 19. Jh. in Baukastenform aus England angereist. Mit den Kontrastfarben der Wellblechdächer und Holzwände wetteifert ein Meer von Garten- und Verandablumen.

Im **Cartmell Cottage,** einem 1849 aus England importierten Haus in der Pioneer Row, wird heute das Leben der Farmer nachgezeichnet. Gegen eine Leihgebühr von 5 £ erhält man außerdem den Schlüssel eines sieben Meilen östlich von Port Stanley gelegenen Leuchtturms am **Cape Pembroke,**

Falkland Islands

von dessen Spitze sich eine gute Sicht auf die Inselküste bietet.

Die Eintrittskarte für das Cartmell Cottage gilt auch für den Besuch des **Falkland Islands Museum.** Hier kann man das 100-jährige Symphonion des Globe Hotel alte Weisen von Leipziger Lochplatten spielen hören, einen Blick auf die Naturkunde der Inseln werfen und Zeugnisse des Krieges mit Argentinien sehen (Hoalfast Rd., Tel. 005 00-274 28, www.falklands-museum.com, Mo–Fr 9.30–16, Sa/So 14–16 Uhr, 3 £).

Der Weg vom Cartmell Cottage zum Falkland Islands Museum führt vorbei am **Liberation Monument** für die Gefallenen von 1982, am ehemaligen **Gouvernment House** und am **Battle Memorial,** der Gedenkstätte, die an die Seeschlacht vom Dezember 1914 erinnert: Damals wurde das deutsche Geschwader des Grafen von Spee in diesen Gewässern von den Engländern besiegt. Mit Schiffen und deren Schicksalen hatten die Inseln schon immer zu tun. Vor der Eröffnung des Panamakanals 1914 waren sie der erste Schlupfwinkel für die das Kap Hoorn umrundenden Klipper. Aber viele Windjammer jagte der Sturm auch auf die Strände des Insellabyrinths. 300 Wracks säumen die Küste der Falkland Islands. So ersetzt in Port Stanley bis heute der (malerische) ›Wrackspaziergang‹ die Stadtrundfahrt.

Falkland Islands Tourist Board: Public Jetty, Tel. 005 00-222 15, Fax 226 19, www.visitorfalklands.com, www.falkland islands.com u. www.falklands.gov.fk.

Upland Goose: 20/22 Ross Rd., Tel. 005 00-214 55, Fax 215 20, www.the-falkland-islands-co.com. Seit 1854 das führende Hotel der Inseln, mit Restaurant und Bar, Cottage-Gemütlichkeit. DZ 134 £.
Malvina House: 3 Ross Rd., Tel. 005 00-213 55, Fax 213 57, www.malvinahousehotel.com. Vergleichbar mit Upland Goose, Sauna, Restaurant und Bar. DZ 114 £ bzw. 174 £ inkl. VP.
Lafone Guest House: Ross Rd., Tel. 005 00-228 91, arlette@horizon.co.fk. Feines B&B mit Panoramasicht auf den Hafen. DZ 100 £.

Shorty's Motel: West Hillside, Snake Hill, Tel. 005 00-228 61, Fax 228 54, www.shortys-diner.com. Motel mit allseits beliebtem Schnellimbiss. DZ 90 £.
Emma's Guest House: 36 Ross Rd., Tel. 005 00-210 56, Fax 215 73, emmas@horizon.co.fk. B&B in gemütlichem altem Privathaus mit Glasveranda, gutes Essen (nur mit Vorbestellung). DZ 30,50 £.
Sparrowhawk House: 7 Drury St., Tel. 005 00-219 79, Fax 219 80. Noch etwas günstiger als Emma's Guest House.
Camping: In Port Stanley gibt es keinen Zeltplatz; außerhalb davon (alles Privatbesitz) kann man mit Erlaubnis der Farmer sein Zelt aufschlagen.

Falklands Brasserie: 3 Philomel St., Tel. 005 00-211 59. Feinstes Restaurant der Inseln, es kocht ein chilenischer, in Buenos Aires ausgebildeter Chef.

The Globe Tavern: Crozier Pl., Ecke Philomel St., Tel. 005 00-227 03. Gutes Getränkesortiment, Biergarten, Treffpunkt für TV-Übertragungen der Sportereignisse.
Rose Hotel: 1 Brisbane Rd., Tel. 005 00-210 67. Ältestes Pub (1860) der Inseln.
The Victory Bar: Philomel St., Tel. 005 00-211 99, www.victorybar.com. Typisches Pub, serviert köstliches Curry-Hühnchen.

Ausflüge: Falkland Islands Holidays, Tel. 005 00-226 22, Fax 226 23, www.falklandislandsholidays.com; International Tour & Travel, 1 Dean St., Port Stanley, Tel. 005 00-220 41, Fax 220 42, www.falklands travel.com. Organisierte Touren durch die Insellandschaft.

The Capstan Gift Shop: Ross Rd., ca. 200 m westlich vom Visitor Centre. Wollprodukte, Bücher, Souvenirs.
Harbour View Gift Shop: 34 Ross Rd. Souvenirs rund um den Pinguin.
Co-op Supermarket, John St., Ecke Barrack St., und **Falkland Supplies,** 1 Fitzroy Rd. East, Ecke Hebe St. Alles Notwendige für Selbstversorger.

Flüge: Keine Verbindungen ab Buenos Aires. 1 x wöchentlich (Sa) Flüge von Santiago de Chile mit Lan Chile nach Port Stanley, Tel. 005 00-322 00; Zwischenlandungen in Puerto Montt und Punta Arenas sowie 1 x monatlich auch im argentinischen Río Gallegos (2. Sa auf Hin-, 3. Sa auf Rückflug). Die lokalen Flüge des Falkland Islands Government Air Service (FIGAS) von Port Stanley nach Sea Lion Island, Pebble Island, Port Howard sowie zu jeder Farm, die über eine (Gras-)Landebahn verfügt, werden auf Anfrage organisiert; Infos: Tel. 005 00-272 19, Fax 273 09, fwallace@figas.gov.fk.

Restliche Inselwelt

Reiseatlas: S. 28, D–F 1/2
Wer gleich von Port Stanley aus eine Landpartie unternehmen möchte, vertraut sich am besten einem (durch eine Agentur vermittelten) Fahrer an – er weiß, wie man über die 9000 Jahre alten Torfmoore steuert, aus denen das Inselreich zu 85 % besteht. In einem Tagesausflug erreicht man beispielsweise **Volunteer Point** und die nahen Kolonien von Seeelefanten und Königspinguinen.

Zu entfernteren Zielen bringt Touristen der feuerrote Islander, eine Propellermaschine der FIGAS (Falkland Islands Government Air Service), die auch die Postsäcke über den Farmen abwirft. Auf dem nur 905 ha großen **Sea Lion Island** erwartet den Besucher eine vielfältige Flora und Fauna (insgesamt 70 blühende Pflanzenarten und 47 Vogelarten). Sie reicht von Sturmvögeln, Seetauchern, Krickenten, Nachtreihern, Raubmöwen, Magellanpinguinen und Königskormoranen, die auf der steilen Felswand im südwestlichen Rockhopper Point nisten, bis zu Orcas (Killerwalen) und Seeelefanten. Im Sommer spielen etwa 560 Seeelefantenbabys vor allem auf den nordöstlichen Stränden der Insel.

Ein anderes wildes *Outbound*-Ziel ist **Pebble Island** im Norden, wo 1925 – mittels eines 32-Volt-Generators, der von einem an einem Pfosten montierten Flugzeugpropeller angetrieben wurde – das erste Amateurradio

der Falklands quäkte. Heute schnattern hier Wildenten und Schwarzhalsschwäne, vor allem aber ist das 40 km lange Eiland Habitat von Esels-, Goldschopf- und Felsenpinguinen *(Rockhoppers)*.

New Island, die zum Naturpark erklärte westlichste Inselgruppe, wartet mit Pelzrobben und wiederum drei Pinguinarten auf; Besucher werden von den Parkwächtern geführt (Infos unter www.falklandswildlife.com).

In **Port Howard** (50 Einw., 45 000 Schafe) und **San Carlos** genießt man das Landleben der *wily Bennies* (›schlaue Benjamine‹), wie die Engländer die Kelper gerne nennen, angelt bis zu 10 kg schwere Meeräschen im Warrah- oder Chartres-Fluss und wärmt sich nach einem *bimble* (›Spaziergang‹) am Kaminfeuer.

... auf Sea Lion Island:
Sea Lion Lodge: Tel. 005 00-320 04, Fax 320 03, www.sealionisland.com. Ausgezeichnete Basis zur Beobachtung des Naturlebens. DZ 230 £ inkl. VP.
... auf Pebble Island:
Pebble Island Lodge: Tel. 005 00-410 93, Fax 410 94, www.pebblelodge.com. Zu einer Unterkunft umfunktioniertes Farmhaus von 1928, Ausflüge zu Pinguin-Brutstätten und den Kriegsschauplätzen (30 £ p. P. inkl. Mahlzeit). DZ 120 £ inkl. VP.
... in Port Howard:
Port Howard Lodge: Tel. 005 00-421 87, www.port-howard.com. In altem Farmhaus, gutes Restaurant, DZ 116–130 £. inkl. VP.

Der Krieg der 74 Tage und seine Folgen

Als viele für die Falklands bestimmte Briefe noch in Auchtermuchtie (Schottland) landeten, weil das Nachbardorf Falkland hieß, und so mancher britische Postbeamte noch nie etwas von den subpolaren Besitzungen Ihrer Königlichen Majestät gehört hatte, galten die Inseln nur als der ›Schafstall der Nation‹. Auf 1000 Schnucken kamen zwei Menschen, und nicht wenige von ihnen waren Gauchos, die man als Viehhüter vom argentinischen Festland geholt hatte.

Ihre Künste im Reiten und Fleischgrillen und die zur Gitarre gesungenen *payadas* brachten Farbe in das eintönige Landleben. Ortsnamen wie Rincón Grande, San Carlos und Rodeo Mountains künden bis heute von den hispano-argentinischen Wurzeln.

Doch die angeblichen ›Gauchos‹, die einige Inselbewohner in den Nächten vor Weihnachten 1966 nördlich von Port Stanley spanisch sprechen hörten, waren in Wirklichkeit Seeleute. Ein Dutzend Männer vom argentinischen U-Boot Santiago del Estero hatte nämlich das Ufer erklommen, um das Gelände zu erkunden. 15 Jahre später, am 15. Dezember 1981, wurde Juan José Lombardo mit der Invasionsplanung beauftragt.

Diesmal konnte es keine Sinnestäuschung sein: Die argentinische Flotte näherte sich am 1. April 1982 den Inseln. Um 20 Uhr jenes Tages wies der Gouverneur den Leuchtturmwärter Basil Biggs an, das Feuer des Pembroke Lighthouse zu löschen. »Gegen 2 Uhr morgens sahen wir sie kommen – blaue Lichter und dunkle Schiffssilhouetten«, erzählte Biggs später. »Bis zum Morgen waren die Seeleute so durchgefroren, dass ich ihnen Kaffee zu trinken gab.« Aber die Falkländer hassten diesen Überfall und Gouverneur Hunt rief: »Einem verdammten ›Argie‹ werde ich mich nicht ergeben.« Doch um 10 Uhr morgens erklärte er jeden Widerstand für sinnlos.

Kein Inselbewohner war bei der Invasion ums Leben gekommen. Argentinische Schiffe füllten die York Bay und Hornissenschwärme von Hubschraubern ließen sich auf dem Flugplatz nieder. Ein Einheimischer – mit einer weißen Spitzengardine am Besenstiel – und ein Argentinier – mit einem weißen Plastikbeutel auf einem Stock – gingen aufeinander zu und vereinbarten im Gouverneurssitz mit Rex Hunt die Übergabe der Inseln. Mehr als alles andere schockierte die Kelper, dass die argentinischen Spähwagen alle ›falsch fuhren‹: Auf den Falklands herrscht Linksverkehr.

Das Interesse der Briten, die ferne Kolonie zu halten, muss vor der Invasion ebenso gering gewesen sein wie die Bereitschaft der argentinischen Regierung, den Souveränitätskonflikt auf dem Verhandlungsweg zu lösen. Wer bei den Gesprächen zwischen Foreign Office und der Casa Rosada damals vor der Tür blieb, waren die Kelper selbst. Noch am 26. März 1982 hatte das Lokalblatt »Penguin News« geunkt: »Warum diese Geheimniskrämerei? Sowohl das argentinische als auch das englische Volk sind über den Inhalt [der Verhandlungen] orientiert. Uns selbst aber lässt die Regierung im Unklaren.«

Nach der gewaltsamen Besetzung freilich stand das Prestige der Schutzmacht auf dem Spiel. Und gleichzeitig sah sich die innenpolitisch geschwächte konservative Regierung

Thema

Thatcher versucht, durch einen Akt der Entschlossenheit Profil – und die nächsten Wahlen – zu gewinnen. ›Lady T‹, wie sie heute auf den Falklands genannt wird, entsandte, mit logistischer Unterstützung der USA, ihre Task Force in den Südatlantik.

Am 1. Mai um 4.30 Uhr morgens erbebten die Holzhäuser von Puerto Argentino (der Name, den die Invasoren Port Stanley gegeben hatten). Die Engländer waren da und Tausende Tonnen Sprengstoff gingen auf den Flughafen nieder. Es folgten erbitterte Luft- und Landkämpfe. In Goose Green allein blieben nach 14-stündigem Kampf 267 Tote zurück. Die schwersten Verluste gab es jedoch auf See. Fassungslos sahen Augenzeugen, wie eine einzige Exocet-Rakete einen modernen britischen Lenkwaffenkreuzer auf den Grund des Meeres schicken konnte. Am gleichen Tag, als die Sheffield versank, ging auch das argentinische Kriegsschiff General Belgrano (und mit ihm über 300 Seeleute) unter

– außerhalb der von den Engländern gezogenen Grenze der Konfliktzone. Den Elitetruppen der Task Force waren die argentinischen Landstreitkräfte nicht gewachsen. Am 4. Juni 1982 ergaben sich 4000 demoralisierte ›Argies‹. Die Verlustbilanz beider Seiten: 1000 Tote, 125 Flugzeuge, 10 Schiffe.

Inzwischen blättert die Tarnfarbe von den zurückgebliebenen Geschützen ab und über die 30 000 (durch deutliche Sperren markierten) Landminen ist neues Gras gewachsen. Die kleine örtliche Defense Force sucht Freiwillige ›mit einem guten Schuss Humor‹. Argentinier und Engländer reden wieder miteinander. Die Kelper selbst aber fühlen sich souveräner als je zuvor. In 150 Jahren hatte Großbritannien die Falklands nicht so verwöhnt. »We have it good«, sagen die Inselbewohner heute, betrachten ihre neuen Straßen, die für 13 Mio. Pfund erbaute Schule und ihr jährliches Pro-Kopf-Einkommen: 60 000 US$ – das höchste der Welt.

Ihrer Kampfeslust (nicht zuletzt) im Falklandkrieg verdankt Margaret Thatcher den Beinamen ›Eiserne Lady‹ – und so manches Erinnerungsstück auf den Inseln

Weniger die Höhen als das unberechenbare Wetter machen die patagonischen Anden zur Herausforderung für jeden Bergsteiger

Kapitel 4

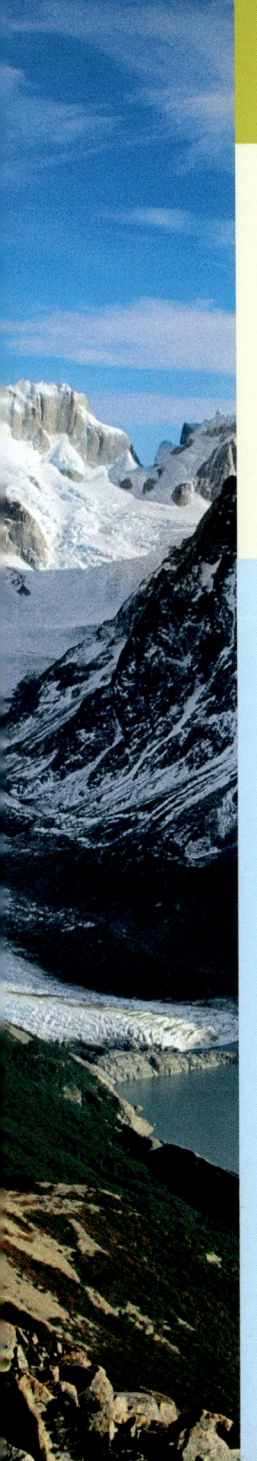

Die patagonischen Anden

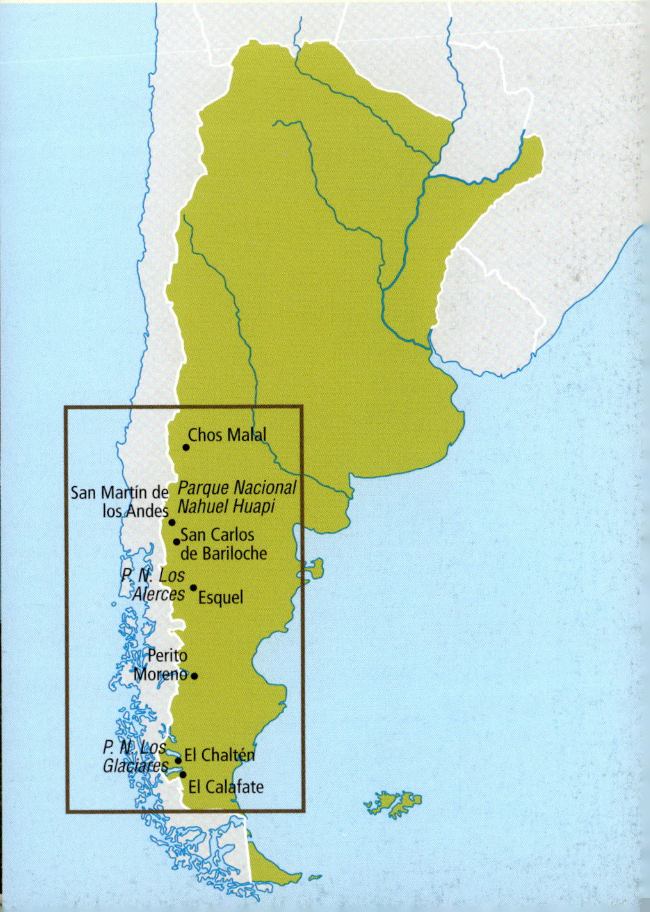

Chos Malal
San Martín de los Andes
Parque Nacional Nahuel Huapi
San Carlos de Bariloche
P. N. Los Alerces
Esquel
Perito Moreno
P. N. Los Glaciares
El Chaltén
El Calafate

Auf einen Blick:
Die patagonischen Anden

Gletscher, Seen und Araukarienwälder

Von den Gipfeln der südlichen Andenkordillere führen Eisfelder und Gletscher in riesige Seen, an deren Ufern prähistorische Alercen- und Araukarienwälder oder Ausläufer des Valdivianischen Regenwalds wachsen. Auf der unendlich langen Fahrt entlang der Süd-Nord-Achse – optimalerweise der legendären Ruta 40 folgend – durchkreuzt man aber auch weite Steppenlandschaften, in denen außer Schaf-, Rinder- und Vikunjaherden kaum ein Lebewesen anzutreffen ist. Im tiefen Süden verlieren sich die Weiler und Estanzien – von denen viele inzwischen Gäste aufnehmen – geradezu in der Landschaft. Überall aber haben sich Touristenzentren gebildet, die von Jahr zu Jahr schneller wachsen – Patagonien ist ›in‹.

Dreh- und Angelpunkte im nördlichen Teil sind San Carlos de Bariloche (im Parque Nacional Nahuel Huapi), San Martín de los Andes (Basis für eine Erkundung des Parque Nacional Lanín), El Bolsón (in unmittelbarer Nachbarschaft zum Parque Nacional Lago Puelo) und Esquel (am Rand des Parque Nacional Los Alerces), im Süden das geradezu wuchernde El Calafate (Ausgangspunkt für den Parque Nacional Los Glaciares mit dem spektakulären Perito-Moreno-Gletscher) und das kaum 20 Jahre alte El Chaltén am Fuß des Fitz-Roy-Massivs. Wachstum hin, Infrastruktur her, zwar erlebt man teils auch in Patagonien schon einen gehörigen Rummel, dafür ist das Reisen einfacher geworden und noch gibt es kaum einen Ort, wo es nicht möglich wäre, für sich ganz alleine in Kontakt mit der überwältigenden Natur zu kommen.

Highlights

7 Parque Nacional Los Glaciares: 60 m hoch ragt die Eismauer des Glaciar Perito Moreno aus dem Lago Argentino, aber das ist nur eine der Attraktionen des ›Gletschernationalparks‹, der zu den bedeutendsten Sehenswürdigkeiten in ganz Argentinien zählt (s. S. 265ff.).

8 Parque Nacional Los Alerces: Sie gelten als die ältesten erhaltenen Lebewesen der Welt, die bis zu 4000 Jahre alten Alercen, Verwandte der nordamerikanischen Sequoias. Zu ihrem Schutz wurde 1937 dieser Nationalpark gegründet, der vom Massenrummel bislang verschont blieb (s. S. 279ff.)

Empfehlenswerte Routen

Camino de los Siete Lagos: Von San Carlos de Bariloche nach San Martín de los Andes führt der etwa 200 km lange, teils holprige und kurvenreiche ›Weg der Sieben Seen‹ durch die sogenannte Argentinische Schweiz,

Richtig Reisen-Tipps

Wellblech mit Charme – Estanzien in Süd-patagonien: Das patagonische ›Landleben‹ lernt kennen, wer mindestens eine Nacht auf einer der einsamen Estanzien übernachtet, zum Beispiel auf der Estancia Helsingfors am Lago Viedma, dessen idyllische Landschaft zu Fuß, mit dem Pferd oder im Schlauchboot erkundet werden kann (s. S. 266).

Lama-Trekking am Fitz Roy: Von El Chaltén führen zahlreiche Trekkingpfade ins Fitz-Roy-Massiv. Um sich bei mehrtägigen Wanderungen den Weg zu erleichtern, empfiehlt sich die Buchung einer organisierten Tour, die von Lamas als Lasttieren begleitet wird (s. S. 271).

Eine chilenische Zugabe – die Carretera Austral: Über 500 mehr oder weniger trostlose Kilometer liegen zwischen den Highlights der Provinzen Santa Cruz und Chubut. Eine abwechslungsreiche Alternative bietet die chilenische Carretera Austral, zu der man von mehreren argentinischen Orten aus queren kann (s. S. 275).

Mit dem Dampfross durch die Steppe – der Alte Patagonien-Express: Seit dem Jahr 1922 schnauft die alte Dampflok 400 km durch die Weite der Pampa von Esquel bis Ingeniero Jacobacci und versetzt heutige Fahrgäste in das Pionierleben von einst (s. S. 278).

eine Postkartenlandschaft mit dichten, ursprünglichen Wäldern und tiefblauen Gewässern (s. S. 292f.).

Von Chos Malal zum Volcán Domuyo: Ab Chos Malal westwärts führen Schotterstraßen durch die karge nordpatagonische Hochebene in die Oase von Huinganco, den von fast 100 Vogelarten bevölkerten Südbuchenwald um die Lagunas de Epulafquen und zum Volcán Domuyo, an dessen Fuß man Argentiniens einzige Geysire bewundern kann (s. S. 302ff.).

Reise- und Zeitplanung

Der ferne Süden bietet mehr als genügend Attraktionen, um einen unvergesslichen (argentinischen) Sommer zu verbringen. Für die einzelnen Regionen – El Calafate und der Parque Nacional Los Glaciares, die Kordillerenwälder um Esquel und El Bolsón, die ›Argentinische Schweiz‹ um San Carlos de Bariloche und San Martín de Los Andes, die nordpatagonischen Seen und die Araukarienwälder um Aluminé – sollte man je etwa eine Woche Zeit einplanen.

Klima und Reisezeit

Die besten Monate für eine Reise durch Nord- und Zentralpatagonien sind Oktober bis April, wobei beliebte Destinationen wie San Martín de los Andes, San Carlos de Bariloche und El Bolsón wegen des großen Andrangs im absoluten Hochsommer eher gemieden werden sollten. Etwas ruhiger geht es im Herbst oder Frühling zu, nur Bariloche hat während der Semesterferien im Oktober noch einmal ein erhöhtes Besucheraufkommen von angehenden Abiturienten auf ihrer letzten Klassenfahrt von dem Schulabschluss zu verzeichnen.

Für Südpatagonien (Calafate) hingegen empfiehlt sich der Hochsommer als Reisezeit, um die extreme Kälte und die kurzen Tage zu meiden. Von Mai bis September sind hier außerdem die meisten Unterkünfte geschlossen.

Um Bariloche, San Martín de los Andes und Esquel wird auch Wintersport betrieben. Ihren Höhepunkt erreicht die Skisaison zur Zeit der zweiwöchigen Schulferien (meist 2. Julihälfte).

Provinz Santa Cruz

Der äußerste Süden Patagoniens birgt zugleich die imposantesten Sehenswürdigkeiten: riesige Seen, in die zahlreiche Gletscher kalben, das Trekkerparadies um das Fitz-Roy-Massiv bei El Chaltén und die Höhlenmalereien in der Cueva de las Manos. Als Unterkünfte empfehlen sich die Estanzien, wo man in absoluter Einsamkeit die Landschaft genießen und Einblick in das Leben der frühen Pioniere erhalten kann.

Als ihre ›Wirbelsäule‹ bezeichnen die ansonsten mit Höhenzügen nicht verwöhnten Bewohner Patagoniens das Kettengebirge, dessen Gipfellinie die Grenze zu Chile bestimmt. In den ›Bandscheiben‹ freilich knistert und kracht es, seit sich vor ca. 100 bis 54 Mio. Jahren in der Oberkreidezeit das Meer zurückzog und seinen Boden als ostpata-gonische Meseta zurückließ. Mehr als in irgendeinem anderen Teil des 7500 km langen Andenkamms sind hier im Süden die Auffaltungen gekrümmt verlaufen. So sorgen ungewöhnliche Quertalbildungen dafür, dass Wasserscheide und Kammlinie oft nicht identisch sind – Ursache ehemaliger Grenzkonflikte mit Chile, denn östlich des Firstes ent-

Hauptverkehrsachse entlang der Anden: die legendäre, fast 5000 km lange Ruta 40

springende Flüsse fließen zum Teil nach Westen, also in den Pazifik. Andere Launen der Gebirgsbildung haben Ketten von Seen entstehen lassen, die einer in den andern entwässern, oder unzugängliche Hochgebirgstäler und gleitende Gletscherfelder, die eine klare Grenzziehung unmöglich machen.

Der auf der Grenze liegende, zwischen Argentinien und Chile lange disputierte Lago del Desierto nördlich von El Chaltén wurde erst Ende 1994 von einem internationalen Expertengremium Argentinien zugesprochen. Einen Jahrhundertstreit um den endgültigen Grenzverlauf über den Hielo Continentales genannten hochandinen Eispanzer, der – ca. 400 km lang und bis zu 90 km breit – fast 50 große Gletscher speist, konnten die beiden Länder im Juni 1999 beilegen. Diese nach der Antarktis und Grönland drittgrößte ›Eismaschine‹ der Welt in Nord-Süd-Richtung zu überwinden gelang erstmals im Südsommer 1998/99 einer chilenischen Expedition. Und nicht nur dieses unergründliche patagonische Eisfeld reckt, dehnt und krümmt sich, die Anden selbst sind auch noch nicht zur Ruhe gekommen: Millimeterweise wachsen sie, unter dem Druck der tektonischen Platten im Pazifik, nach oben und nach Osten, machen auch stellenweise einmal Jahressprünge von 1 m (wie 1977) oder schleudern ungeduldig ihr gefesseltes Potenzial in die Luft: Der chilenische Vulkan Hudson überschüttete die argentinische Meseta 1991 mit 3 Mrd. Tonnen Asche und war einer der Gründe dafür, dass vielerorts die Schafzucht aufgegeben und die Estanzien in touristische Unternehmen umgewandelt wurden.

Die schleifenden Gletscher aber malen die Landschaft mit mineralischen Farben aus – ein ins Riesenhafte vergrößerter Vorgang des Anreibens von Erdpigmenten, wie sie die Tehuelche vor 10 000 Jahren zur Dekoration ihrer Höhlen benutzten. Gleich gigantischen Schneepflügen schmirgeln die Eisströme den Felsgrund ab und schleppen dessen farbige Einlagerungen (u. a. Grünerde, Chromoxid) als ›Gletschertrübe‹ in die Seen, wo die Pigmentpartikelchen den Andengewässern jenes milchige Kolorit verleihen, das den Ein-

Mit den Autoren unterwegs

Neuer Trend in alter Tradition

Die Zeit der patagonischen Pioniere lassen in El Calafate die Hotels **Patagonia Rebelde, La Estepa** und **Cauquenes de Nimez** sowie das Restaurant **La Zaina** wieder aufleben – jedes auf seine Art und jedes einen Aufenthalt wert (s. S. 261f.).

Gletscherpanorama

Los Notros ist nicht nur das einzige Hotel im Parque Nacional Los Glaciares, sondern auch die einzige Unterkunft, die einen direkten Blick auf die Eisfront des Glaciar Perito Moreno ermöglicht – was naturgemäß teuer bezahlt werden muss (s. S. 267).

›Basislager‹ in El Chaltén

Von der **Hostería El Pilar** aus, der vielleicht angenehmsten Unterkunft in El Chaltén, starten einige der schönsten Trekkingpfade in das Fitz-Roy-Massiv (s. S. 270).

Auf den Spuren der Ureinwohner

Etwa 9000 Jahre alt sind die Felsmalereien der **Cuevas de las Manos,** der bedeutendsten Fundstätte von Höhlenmalerei in Argentinien, die von der Unesco zum Welterbe erklärt wurde (s. S. 272 u. 274).

druck erweckt, es habe jemand ›Farbe in die Seen gegossen‹. Ein gutes Beispiel für unterschiedliche Abtönungen bietet sich im Nationalpark Perito Moreno auf der schmalen, den Lago Azara vom Lago Belgrano trennenden Landbrücke: hier ein intensives Hellblau, dort ein sattes Malachitgrün.

Am Ostdach der Kordillere verläuft wie eine verbogene Rinne die RN 40, eine noch immer im Ruf der Abenteuerstrecke stehende Schotter-, Erd- und Staubpiste, die nur teilweise asphaltiert ist. Wer diese Ruta Cuarenta wählt, wird stets eine Portion Bewunderung und Erlebnisneid ernten. Die allein in ihrem patagonischen Teil rund 2500 km lange

Piste verbindet so viele Gletscher, Gipfel, Vulkankegel, vor allem aber grün und blau leuchtende Seen miteinander wie keine andere Straße der Welt. Wer sie befährt, wird mehr Guanakos, Straußen und Füchsen als Menschen begegnen. Sie einen ›Verkehrsweg‹ zu nennen wäre irreführend. Auch heute noch erschließt diese Piste ein entlegenes Gebiet und dient der Anbindung kleiner stichroutenartiger *caminos,* die in die Anden führen, dort in einer Gebirgsfalte auslaufen, an einer Estanzia enden oder, eine Schleife bildend, wieder an die Hauptroute anschließen.

El Calafate

Reiseatlas: S. 25, B 3; **Karte:** s. links
›Welthauptstadt der Gletscher‹, so nennt man den in den letzten 15 Jahren von rund 3100 auf 17 000 Einwohner angewachsenen Touristenort **El Calafate** 1 am **Lago Argentino.** Erst 1873 wurde der gewaltige Gletschersee entdeckt, der den Río Santa Cruz speist. Die Expeditionsteilnehmer, die flussaufwärts von der Atlantikküste aus die Quelle suchten, waren schon im Begriff, ihre endlose Flusswanderung abzubrechen, als sie die windgepeitschten Wellen nachts ans Seeufer schlagen hörten. Ein in den Boden gerammtes Ruder mit der argentinischen Flagge und eine in einer Flasche hinterlassene Botschaft waren die Signale zur späteren Besiedlung. Auf den stolzen Namen Lago Argentino taufte der Patagonien-Pionier Francisco Moreno das türkisfarbene Gewässer, das zweimal so groß ist wie der Bodensee.

Den Namen des Forschungsreisenden erhielt der Gletscher, der El Calafate berühmt machte: der mächtige Glaciar Perito Moreno (s. S. 266f.). Bei der Namengebung des Ortes wiederum stand die Berberitze *(el calafate)* Pate. Aus der Beere gewinnen die Einheimischen Marmeladen und Desserts, und wer als Fremder die Frucht kostet – so der Volksmund –, wird wiederkommen. Die jährliche Besucherzahl von 160 000 Touristen, darunter so mancher ›Wiederholer‹, scheint das Orakel des 5000-Betten-Ortes zu bestätigen.

Das schon von seinem Gepräge her ganz auf Fremdenverkehr ausgerichtete Calafate liegt, pappelumsäumt, vor der Kulisse imposanter Felsen auf der flachen Uferplatte des Lago Argentino. Die Spuren seiner abenteuerlichen Lokalgeschichte, von den prähistorischen Eiszeiten über die Tehuelche-Indianer bis zu den weißen Pionieren und den gewaltsam beendeten Streiks der Landarbeiter um 1920 sind vielerorts zu entdecken, eine Übersicht bekommt man im **Centro de Interpretación Histórica** (Almirante Brown, Ecke Guido Bonarelli, tgl. 10–21 Uhr). Ansonsten bietet der Ort selbst wenig Interessantes, sondern dient vor allem als angenehme Basis für die Erkundung der hochkarätigen Sehenswürdigkeiten in der Umgebung – und für viele Patagonienreisende auch als Startpunkt für einen Abstecher ins nahe Chile nach Puerto Natales und in das Wanderparadies im Parque Nacional Torres del Paine (s. S. 263ff.).

Secretaría de Turismo: im Bustermi-nal, Roca 1004, Tel./Fax 029 02-49 10 90 u. 49 24 66, www.turismo.elcalafate.gov. ar, www.calafate.com, Okt.–April tgl. 8–22, Mai–Sept. 8–21 Uhr.

… in El Calafate:

Der rasch wachsende Ort verfügt inzwischen über ca. 110 Unterkünfte, dennoch kommt es in der Hochsaison (Nov.–März) mitunter zu Engpässen.

Los Álamos: Moyano, Ecke Bustillo, Tel. 029 02-49 11 44, Fax 49 11 86, www.posadalosalamos.com. Das beste Haus im Ort, lodgeartiges Parkhotel, zentral, ruhig, gemütliches Interieur, Spa, Golf, beheizter Pool, Haute-Cuisine-Restaurant. DZ 256–439 US$.

Posada Patagonia Rebelde: José Haro 442, Ecke Jean Mermoz, Tel. 029 02-49 44 95, Fax 49 44 96, www.patagoniarebelde.com. Im Stil eines patagonischen Bahnhofs vom Anfang des 20. Jh. auf einem Hügel über dem Stadtzentrum erbaut, Restaurant, drahtloser Internetanschluss. DZ 110 US$.

Hostería La Estepa: Av. del Libertador 5310, Tel. 029 02-49 35 51, www.hosterialaestepa. com. Mit Blick auf die Weite der Steppe um den Lago Argentino; großzügige, helle Räume in einem Neubau im Stil der englischen Siedler um 1900, gutes Restaurant und Weinkeller. DZ 100 US$.

Bahía Redonda: Calle Nr. 15, Tel. 029 02-49 17 43, Fax 49 13 14, www.hotelbahiaredonda.info. See- und Bergblick, gute Mittelklasse, Restaurant. DZ 270–360 $.

Cerro Calafate: Villa Parque Los Glaciares, in Hochlage vor der Ortseinfahrt, Tel./Fax 029 02-49 13 10 u. 49 23 91/92, www.hotelcerrocalafate.com. Blick über Ort und See, gemütlich, schönes Panoramarestaurant, Spa, etwas abseits vom Zentrum. DZ 344 $.

Lar Aike: Av. Libertador 2681, Tel. 029 02-49 32 35, Fax 49 13 06, www.hotellaraike.com. ar. Etwas außerhalb, schöner Holzbau, ansprechende Zimmer mit Bad, Panoramarestaurant, familiär. DZ 85 US$.

Mirador del Lago: Av. Libertador 2047, Tel./Fax 029 02-49 32 13, www.miradordellago. com.ar. Etwas außerhalb, Seeblick, gemütlich-rustikal, Sauna, schönes Panoramarestaurant mit feiner Küche. DZ 80–100 US$.

Hostería Cauquenes de Nimez: Calle 303 Nr. 79, Tel. 029 02-49 23 06, www.cauquenesdenimez.com.ar. Gastfreundliche Lodge am Naturpark der Laguna Nimez, von Bergsteigern geführt, die gern bei der Ausflugsplanung helfen und abends mit ihren Gästen ein Glas Wein trinken. DZ 220 $.

Hostel del Glaciar Libertador: Av. Libertador 587, Tel. 029 02-49 17 92, www.glaciar. com. Nicht weit vom Zentrum, Hostelling International angeschlossen, freundlicher Neubau, drahtloser Internetanschluss, keine Kreditkarten. In Gemeinschaftszimmern 27/34 $ p. P. ohne Frühstück, DZ 200/241 $.

América del Sur: Calle Puerto Deseado (an der Ortseinfahrt unmittelbar vor der Brücke in die Straße Coronel Rosales abbiegen), Tel./Fax 029 02-49 35 25, www.americahostel. com.ar. Schönes Hostal für Rucksacktouristen, Holzbau, Seeblick, drahtloser Internetanschluss. Im 4er-Zimmer 35 $ p. P., DZ 180 $.

Los Lagos: 25 de Mayo 220, Tel. 029 02-49 11 70, Fax 49 13 47, www.loslagoshotel.com. ar. Sauberes, preiswertes Residencial, zentral, ruhig. DZ 160 $.

Provinz Santa Cruz

Camping Los Dos Pinos: 9 de Julio 358, Tel./Fax 029 02-49 12 71, www.calafate.com/losdospinos. Nur 350 m von der Hauptstraße entfernt, gute Infrastruktur, auch Bungalows und Hostel. Zelten 10 $ p. P.

Camping El Ovejero: am Ortseingang unterhalb der Flussbrücke. Zentraler Standort für Exkursionen in alle Richtungen, dichter Baumbestand, 24 Std. Warmwasser, Angelmöglichkeit, einfache Infrastruktur. 10 $ p. P.

... außerhalb:

Estancia Alta Vista: 35 km westlich an der RP 15, Tel./Fax 029 02-49 12 47. Hostería mit Charme und Tradition, 7 Doppelzimmer und 1 Suite in sehr schönem historischem *casco,* exquisite Küche. DZ 375 US$.

Estancia María Elisa: 47 km östlich von Calafate (beim Hotel Río Bote, ca. 300 m vor der Río-Bote-Brücke von der RN 40 rechts ab und nochmals 14 km), Tel. 029 02-49 25 83 u. 49 10 79, Fax 49 12 69, www.estanciamariaelisa.com.ar. Oase der Ruhe, kulturell und sportlich aktive *estanciero*-Familie, hausgemachte Kost, Reittouren, Trekking, Exkursionen zum Fitz-Roy-Massiv. DZ 174 US$ p. P. inkl. HP.

 ... in El Calafate:

Toma Wine Bar: Av. Libertador 1359, Tel. 029 02-49 29 93. Modernes Restaurant, feine Küche, großes Weinsortiment. 100 $.

Pascasio M: 25 de Mayo 52, Tel. 029 02-49 20 55. Gute Küche, regionale Zutaten. 90 $.

Casimiro Biguá: Av. Libertador 993 u. 963, Tel. 029 02-49 39 93. Grillrestaurant und Wine Bar mit Mittelmeerküche. 60/80 $.

Estepa: Av. Libertador 1329, Tel. 029 02-49 23 30. Lamm, Forelle, hausgemachte Pasta, Geräuchertes, auch vegetarische Kost. 50 $.

La Tablita: Coronel Rosales 28, an der Brücke (Ortseinfahrt), Tel. 029 02-49 10 65. Bestes Grillrestaurant im Ort, oft voll besetzt. 50 $.

Mi Viejo: Av. Libertador 1111, Tel. 029 02-49 16 91. Grillfleisch auf regionale Art. 45 $.

La Zaina: Gobernador Gregores 1057, Tel. 029 02-49 67 89. Lokal im Stil der patagonischen Landkantinen, auch Tische im Freien, Asado und hausgemachte Pasta, großes Weinsortiment, freundliches Ambiente. 40 $.

Punto de Encuentro: Los Pioneros 251, Tel. 029 02-49 12 43. Beliebtes Restaurant im Hostal del Glaciar. 35 $.

... außerhalb:

Brasero: 12 km südlich (Kontaktadresse: Av. Libertador 1185), Tel. 029 02-49 74 00, www.braserorestaurant.com.ar. Rustikales, herrlich gelegenes Bergrestaurant auf 700 m. 60 $.

Pueblo Indio: Av. Libertador, Ecke 9 de Julio. Kunst und Design im indianischen Stil.

Feria Artesanal: an der Treppe von der Av. Libertador zum Busterminal. Kunsthandwerk (Silber, Textilien und andere Materialien).

Don Diego de la Noche: Av. Libertador 1603, Tel. 029 02-49 32 70. Beliebtester Treff in Calafate, Pizza, Bier, Pisco und auch Livemusik.

Shackleton Lounge: Av. Libertador 3287, Tel. 029 02-49 35 16. Resto-Bar am Westrand der Stadt, modern eingerichtet, Drinks und auch gute Küche, hervorragende Sicht auf den Lago Argentino.

Touren: Cerro Frías, Av. Libertador 1857, Tel. 029 02-49 28 08, www.cerrofrias.com. Per Pferd, zu Fuß oder im Geländewagen auf den 1030 m hohen Cerro Frías, von dessen Gipfel aus man die beste Panoramasicht auf den Lago Argentino, den Lago Roca und die umgebenden Gebirge und Steppenlandschaft genießt (115 $ inkl. Asado auf der Estancia Alice).

Mil Outdoor Adventure, Av. Libertador 1029, Tel. 029 02-49 14 37, www.miloutdoor.com. Tagesausflüge im Geländewagen nach India Dormida, Barrancas de Anita, Balcón de El Calafate und Sierras Bayas de la Leona.

Gustavo Holzmann, Av. Libertador 4315, Tel. 029 02-49 32 78, www.cabalgataenpatagonia.com. Der lokale Endurance-Champion organisiert Ausritte unterschiedlicher Länge durch die patagonische Landschaft.

Cabalgatas del Glaciar, Tel. 029 02-49 54 47, www.cabalgatasdelglaciar.com. Reittouren bis an die chilenische Grenze.

Patagonia Bikes, 9 de Julio 29, Tel. 029 02-

Ein großartiges Panorama liegt dem zu Füßen, der in der Hostería Mirador del Paine an der Laguna Verde im Parque Nacional Torres del Paine absteigt

49 27 67, www.patagoniabikes.com. Mit dem Mountainbike zum Lago Frías (45 km durch den Nationalpark) oder entlang dem Lago Argentino (18 km), im Kajak den Río Santa Cruz flussabwärts (39 km).

TAP Travel Service, 25 de Mayo 43, Tel. 029 02-49 27 20, Fax 49 23 99. Touren nach Maß, zusammengestellt von der deutschsprachigen Tourismusexpertin Carolina Kilian.

Angeln: Calafate Fishing, Campaña del Desierto 1001, Tel. 029 02-49 33 11, www.calafatefishing.com. In den Flüssen Santa Cruz, Rico, Bote, Barrancoso, De las Vueltas und Diablo sowie in den Seen Argentino, Roca, Strobel und Del Desierto kann man bis zu 8 kg schwere Forellen fischen (Tagesausflug 390 $ p. P., Begleitpersonen 150 $).

Flüge: Der Flughafen von El Calafate, Tel. 029 02-49 12 20 u. 49 12 30, ist die Drehscheibe für das argentinische Südpatagonien mit in der Hochsaison bis zu 12 Verbindungen täglich nach Buenos Aires, Bariloche, Neuquén und Río Gallegos.

Bus: Vom Busterminal, Av. Roca 1000, Verbindungen nach Río Gallegos, El Chaltén (Fitz Roy), Bariloche und Puerto Natales/Chile. Chaltén Travel, Tel. 029 02-49 22 12, www.chaltentravel.com, und Caltur, Tel. 029 02-49 18 42, www.caltur.com.ar, sind zwei der Unternehmen, die Transport zu Zielen in der näheren Umgebung (Glaciar Perito Moreno, Camping Lago Roca, El Chaltén) anbieten.

Abstecher nach Chile

Reiseatlas: S. 25, A 4; **Karte:** S. 260

Der Blick über die Grenze ins benachbarte Chile lohnt. Kaum ein anderer Abschnitt der Anden, außer vielleicht das Fitz-Roy-Massiv, kann es mit dem **Parque Nacional Torres del Paine 2** ungefähr 110 km nördlich von Puerto Natales aufnehmen.

Provinz Santa Cruz

Der 2400 km² große Nationalpark, von der Unesco zum Biosphärenreservat erklärt, trägt seinen Namen ›Türme von Paine‹ nicht von ungefähr. Senkrecht ragen die Granitspitzen bis über 2000 m in die Höhe und bieten – zumindest wenn einmal keine Wolken den Blick verstellen – eines der spektakulärsten Postkartenmotive in ganz Südpatagonien. Die einzigartige Landschaft ist das Ergebnis vulkanischer Aktivitäten und tektonischer Verschiebungen. Vor ungefähr 12 Mio. Jahren begann das Granitgestein der Tiefe die aufliegende Kreideschicht anzuheben, die ein urzeitliches Meer abgelagert hatte. Die Kräfte der Erosion haben dann die bizarren Torres herausmodelliert, von denen einige noch heute ›Hüte‹ aus Kalkstein tragen. Ein Teil des Gebirgsmassivs ist von Eismassen bedeckt, darunter der **Glaciar Grey,** der in den gleichnamigen See kalbt und als einer der eindrucksvollsten Gletscher Patagoniens gilt.

In den Nationalpark zieht es jedoch nicht nur Reisende, die sich mit dem traumhaften Blick auf die Berge begnügen. Für Bergsteiger bedeuten die Felsnadeln eine extreme Herausforderung und Wanderer finden ein Netz von 250 km markierter Wege unterschiedlicher Schwierigkeit. Am beliebtesten und spektakulärsten ist die fünf- bis achttägige Rundwanderung **El Circuito,** für die man ein Zelt dabeihaben muss. Auf der am häufigsten begangenen Route, dem sogenannten **W** (3–5 Tage), kann man hingegen in Refugios unterkommen. Immer allerdings ist eine sehr gute Ausrüstung erforderlich, denn das Wetter kann innerhalb weniger Stunden von Sommer zu Winter wechseln.

Conaf Parkverwaltung: an der Laguna Amarga, Laguna Azul und am Lago Sarmiento, Tel. 00 56 (0) 61-69 19 31, www.conaf.cl, tgl. 8.30–20 Uhr, der Parkein-

Das Warten am Glaciar Perito Moreno lohnt: Regelmäßig stürzen haushohe Eisberge mit lautem Getöse in den Lago Argentino

tritt kostet 20 US$. Informationen auch unter www.torresdelpaine.com.

 **Explorer:** am Lago Pehoé, Tel. 00 56 (0) 61-414 78 u. 00 56 (0) 2-206 60 60 (Reservierungen), www.explora.com. Schön gelegene Luxusherberge. DZ 500 US$ inkl. VP und Transfer ab Punta Arenas.

Hostería Las Torres: 7 km westlich der Laguna Amarga, Tel. 00 56 (0) 61-71 00 50, www.lastorres.com. Beliebte und gepflegte Unterkunft zu Füßen der Torres. DZ 196 US$.

Hostería Mirador del Paine: Laguna Verde, Tel./Fax 00 56 (0) 61-22 87 12, www.miradordelpaine.com. 12 Doppelzimmer auf der Estancia Lazo. DZ 195 US$.

Posada Río Serrano: im südlichen Parkabschnitt, Tel. 00 56 (0) 61-41 39 53. Ehemalige Estanzia, gemütlich-rustikal. DZ 110 US$.

Campingplätze und Refugios: An der W-Route liegen acht Refugios, die über Agenturen in Puerto Natales reserviert werden können (ca. 30 US$ p. P. inkl. VP im Mehrbettzimmer). Für 6 US$ kann man dort auch sein Zelt aufschlagen (auch Zeltverleih). Die übrigen Campingplätze im Park werden von der Conaf verwaltet und sind kostenlos.

Busse: Mehrmals tgl. von Puerto Natales zum Parkeingang bei der Laguna Amarga (Mitte Nov.–Mitte April, 2,5 Std.) und zur Parkverwaltung (ca. 3 Std.).

7 Parque Nacional Los Glaciares

Die kleinen Attraktionen im Nahbereich von **El Calafate** – einige 4000 Jahre alte Höhlenmalereien in den Cuevas del Gualicho (leider stark beschädigt) sowie die Laguna Nimez mit ihren 60 Vogelarten, darunter allein 20 En-

Richtig Reisen-Tipp: Wellblech mit Charme – Estanzien in Südpatagonien

Als es in der patagonischen Steppe nur Treibholz und Guanakofelle als Baustoffe gab, kamen – eine frühe Form des Versandhandels – ganze Leuchttürme, Brücken und Häuser als fertige *kits* aus England. Die angelieferten Teile, nummeriert wie die Knochen eines seltenen Fossils, wurden an Ort und Stelle, vom Backsteinkamin bis zum Messingschloss, wieder zusammengesetzt. Wichtigste Elemente der frühen Fertighausarchitektur waren Holz und Wellblech, ohne dass dabei auf ornamentale Effekte verzichtet wurde.

Die alten *cascos* (Kerngebäude) patagonischer Estanzien haben ihren Charme bis heute bewahrt und viele nehmen zahlende Gäste auf. Mit ihren dem Abenteuer- und Erlebnistourismus geöffneten Estanzien hat sich die Provinz Santa Cruz einen besonderen Ruf erworben. Zahlreiche Etablissements bieten heute eine breite Palette unterschiedlicher Aktivitäten: Trekking, Reiten, Angeln, Wildwasserfahren, Tierfotografie, Besuch archäologischer Fundstätten und nicht zuletzt das Kosten typisch regionaler Gerichte oder – einfach Ausspannen. Und wie beim ›Urlaub auf dem Bauernhof‹ dürfen sich die Besucher auch oft nach Belieben ins Tagewerk der Farm einschalten.

Eine dieser besuchenswerten Farmen ist die abgelegene **Estancia Helsingfors** `4` am Südufer des Lago Viedma (beim Hotel La Leona von der RN 40 abbiegen, s. rechts). Bereits die Fahrt dorthin ist betörend schön: links steile Schichtfelsen und Cañadones, in denen Pumas zu Hause sind, rechts der See und die blauen Stalagmiten des Fitz-Roy-Massivs, zu beiden Seiten wilde Vicunjaherden. Nach 87 km endet die Straße am 1917 von finnischen Einwanderern erbauten Estanzia-Gebäude, das umringt von Sequoia-Bäumen als einsamer Vorposten am Westende des Lago Viedma steht. Auf Ausritten gelangt man bis zum Gletscher der Laguna Azul, mit dem Schlauchboot lassen sich die Gletscher Viedma und Moyano sowie die Laguna del Morro erreichen, die sich zum Forellenangeln eignet. Hier kann man manchmal *huemules* beobachten, die fast ausgestorbenen, äußerst menschenscheuen Andenrehe. Und auf der Estanzia werden die Gäste mit einer exzellenten regionalen Küche verwöhnt.

Reservierung: Av. Córdoba 827, 11. St., Oficina A, Buenos Aires, Tel./Fax 011-43 15 12 22, www.helsingfors.com.ar, DZ 220 US$ inkl. VP und Transfer ab El Calafate (12. Okt.-20. Dez.), 275 US$ (21. Dez.–23. März).

tenspezies – verblassen geradezu neben den Naturschauspielen, die rund 80 km westlich des Orts im 6000 km² großen **Parque Nacional Los Glaciares** (›Gletschernationalpark‹) den Besucher erwarten. Insgesamt 14 vom Patagonischen Eisfeld genährte Hauptgletscher schürfen nach Osten und kalben in argentinische Seen am Fuß der Anden.

Glaciares Upsala, Spegazzini und Perito Moreno

Reiseatlas: S. 25, A 3/4; **Karte:** S. 260
Vom Bootsanleger Punta Bandera, ca. 47 km westlich von Calafate, pirschen sich Katamarane an die **Glaciares Upsala und Spe-**

gazzini heran. Mit 6 bis 7 km Frontbreite am Gletschertor, mit einer 60 km langen Zunge und 600 km² Fläche – fünfmal so groß wie der Aletsch, der mächtigste Alpengletscher – ist der Upsala Südamerikas ›Weißer Riese‹. Am meisten bewunderte Darsteller auf diesen Trips sind jedoch die vorbeidriftenden, bald silbern, bald kobaltblau schimmernden *témpanos* (›Eisberge‹), die als 70 m hohe Türme von der Vorderkante des Upsala abbrechen und nun von Wasser und Wind zu monumentalen Kunstwerken modelliert werden.

Die Aussichtsplattformen und Laufstege, die dem dynamischsten Eiswunder, dem **Glaciar Perito Moreno** `3`, direkt gegenüberliegen, erreicht man auf dem Landweg. Seine 4 bis 5 km breite, lamellenförmig geränderte Zunge schiebt der Gletscher mit nicht weniger als 40 cm pro Tag in den Lago Argentino vor. Dabei stürzen hochhausgroße Eisnadeln unter urweltlichem Getöse in den smaragdgrünen See, ertrinken in einer kochenden Gischtwolke und schwimmen als soeben geborene Eisberge taumelnd davon. Höhepunkt des Gletschererlebnisses ist ein zweistündiges Mini-Trekking auf den Randzacken des Eisfeldes mit seinen wie von innen beleuchteten tiefblauen Kavernen. Und oft krönen sogar einige über dem Nachbargipfel kreisende Kondore diesen Ausflug.

Nahrungszuwachs und Ablationsverlust halten sich beim Moreno-Gletscher die Waage und doch wächst das Zungenende auf die gegenüberliegende Península Magallanes zu. Dabei riegelt das Eis den die Halbinsel umschlingenden Südarm des Lago Argentino – gebildet vom Brazo Rico und vom Canal de los Témpanos – zuweilen ab (früher alle drei bis sieben Jahre, momentan unregelmäßiger). Hinter dieser gläsernen Staumauer steigt der von seinen Zuflüssen gespeiste Brazo Rico um 20 bis 25 m an, bis der Wasserdruck so stark wird, dass der Eisdamm bricht. Der von Tausenden von Menschen beobachtete und von Radio und Fernsehen verfolgte Kataklysmus gehört zu den spektakulärsten Naturschauspielen unseres Planeten. Zuletzt erfolgte der Durchbruch der Eismauer im März der Jahre 2004 und 2006.

Administración de Parques Nacionales: Av. Libertador 1302, El Calafate, Tel. 0 29 02-49 10 05, www.parquesnacionales.gov.ar.

Los Notros: Tel. 011-52 77 82 00, Fax 52 77 82 20, www.losnotros.com. Einziges Hotel im Park, geschmackvolle Lodge mit Panoramablick auf den Glaciar Perito Moreno, gepflegtes Ambiente, gute Küche. Paket 2 Nächte in DZ ab 967 US$ p. P. inkl. VP, Transfer zum Flughafen und Ausflügen.

Estancia Cristina: Reservierungen über 9 de Julio 69, El Calafate, Tel. 029 02-49 22 33, Fax 49 12 93, www.estanciacristina.com. Estanzia ohne Straßenzugang nahe dem Glaciar Upsala mit vielen Aktivitäten wie z. B. Reiten, Wandern, Boots- und Geländewagentouren. Allein die Anreise per Boot an den im Wasser treibenden Eisbergen vorbei lohnt den Besuch, der auch als Tagesausflug (150 US$ p. P.) buchbar ist; Sept.–April. Paket 2 Tage/ 1 Nacht in DZ 395 US$ p. P. inkl. VP und Aktivitäten.

Estancia Nibepo Aike: 56 km südwestlich von Calafate an der RP 15, Tel./Fax 029 66-42 26 26, www.nibepoaike.com.ar. 11 gemütliche Doppelzimmer in historischem *casco* von 1921, bezaubernde Lage an der Kordillere, lauschiger Garten mit Grillplatz, Trekking, Reiten, Angeln. Paket 2 Nächte in DZ 496 $ p. P. inkl. HP.

Camping Lago Roca: am gleichnamigen See, 50 km von El Calafate an der RP 15, Tel. 029 02-49 95 00, www.losglaciares.com/campinglagoroca. Gute Infrastruktur, Restaurant, in außerordentlich schöner Lage. 10 $ p. P.

Gletschertouren: Hielo y Aventura, Av. Libertador 935, El Calafate, Tel. 029 02-49 22 05, Fax 49 10 53, www.hieloyaventura.com. 5-stündige Tour zum Glaciar Perito Moreno mit Boot und zu Fuß übers Eis mit Steigeisen (wahlweise 2 oder 4 Std., 250 bzw. 340 $), erforderlich sind nur normale Kondition und etwas Geschick.

Informationen zum Transport in den Park siehe El Calafate, S. 263.

Von El Calafate nach El Chaltén

Reiseatlas: S. 25, A/B 3; **Karte:** S. 260

Um den nördlichen Teil des Parque Nacional Los Glaciares mit dem Fitz-Roy-Massiv zu besuchen, muss man von El Calafate zunächst 32 km Richtung Osten und dann auf der RN 40 dem Lauf des reißenden Río Leona nach Norden folgen. Zu beiden Seiten der Straße breitet die sandfarbene Meseta noch einmal ihren Formenschatz aus, bevor man nach rund 110 km am **Hotel La Leona** den Fluss quert. Hier zweigt links eine Piste zur Estancia Helsingfors (s. links) ab.

Provinz Santa Cruz

Wer El Chaltén anvisiert, folgt der RN 40 noch gut 20 km und biegt dann in die RP 23 Richtung Westen ab. Die rund 90 km lange, das Nordufer des **Lago Viedma** begleitende Straße ist vor allem deshalb so aufregend, weil sie auf einen dolomitenartigen Zinnengarten von majestätischer Schönheit zuläuft. Berge über Berge türmen sich auf – aber auch Wolkenberge, die am trügerisch blauen Himmel ihre Verhüllungsspiele treiben, ehe man die Kamera zur Hand hat. Die gigantischen Felstürme stehen Luftströmungen im Weg wie Brückenpfeiler einem Fluss. ›Stimme der Tehuelche‹ nennen die Einheimischen den Wind gerne, doch in diesem Berglabyrinth heulen mitunter Furien. Autos ›schwimmen‹ auf der Schotterstraße, und Camper tun gut daran, ihre Zelte fest zu verankern.

🛏 **Hotel La Leona:** RN 40, 110 km nördlich von El Calafate, Tel. 011-52 73 36 46, www.estancialaestela.com.ar. Neu renoviertes Landhotel von 1894, in dem schon Butch Cassidy und Sundance Kid logierten (s. S. 282); 2 Zimmer stehen auf der Estancia La Estela 3 km Richtung See zur Verfügung. Touren zu einem versteinerten Wald, Rafting und patagonisches Lamm zum Abendessen. 200 US$ p. P. inkl. VP und Ausflüge.

El Chaltén

Reiseatlas: S. 25, A 3; **Karte:** S. 260
Zu Füßen des Fitz-Roy-Massivs, eines der erhabensten Bergwunder der argentinischen Anden, liegt die 500-Einwohner-Siedlung **El Chaltén** 5 . Sie bildet den nördlichsten Außenposten des Parque Nacional Los Glaciares und darf sich guten Gewissens ›Trekkingmetropole‹ nennen. Das vorgezeichnete, rund 70 km lange Netz von hier beginnenden Pfaden bietet Möglichkeiten zur Erkundung der der wald- und lagunenreichen Gebirgswelt. Auch die ehrgeizigsten Bergsteiger der Welt schlagen hier Jahr für Jahr ihr Basislager auf. Der Südsporn des **Fitz Roy,** 3375 m hoch, wurde erst im Jahr 1952 durch die Franzosen Guido Magnone und Lionel Terray bezwungen. Den schlanken Granitobelisken **Cerro Torre** (3128 m), dessen Westwand fast ständig in Eis gehüllt ist und dessen ›einfachste‹ Gipfelroute die Note ›extrem schwierig‹ trägt, eroberten 1959 der Österreicher Toni Egger und der Italiener Cesare Maestri.

Wie EL Calafate dient auch das – erst 1985 gegründete und rasch wachsende – El Chaltén nurmehr als Ausgangspunkt für die Erschließung der Umgebung und hat außer einer passablen Infrastruktur nichts zu bieten.

ℹ **Centro de Informes El Chaltén:** Av. Güemes 21, am Ortseingang, Tel./Fax 029 62-49 30 11, www.elchalten.com.ar. **Centro de Visitantes Parque Nacional Los Glaciares:** am Ortseingang, Tel. 029 62-49 30 04, tgl. 8–19 Uhr.

Riesige Flächen Weideland benötigen die Estanzien, damit ihr Vieh auf dem kargen Boden ausreichend Nahrung findet

Los Cerros: am Westende des Orts, Tel. 029 62-49 31 82 u. 011-52 77 82 00, www.loscerrosdelchalten.com. Bestes Hotel im Ort, auf einem Hügel mit weitem Blick, auf Wunsch Transfer zum Flughafen in El Calafate, Restaurant. DZ 356 US$.

Estancia La Quinta: 2 km vor El Chaltén auf der linken Seite, Tel./Fax 029 62-29 30 12, www.estancialaquinta.com.ar. Seit 100 Jahren unter Führung der Familie Halvorsen, Gästehaus, gutes Restaurant, Bergführer. Mai–Okt. geschlossen. DZ 184 US$.

El Puma: Lionel Terray 212, Tel. 029 62-49 30 95, www.hosteriaelpuma.com.ar. Großzügige Lodge, feines Restaurant. DZ 140 US$ bzw. 180 US$ inkl. HP.

Fitz Roy Inn: Av. Calafate 260, Tel./Fax 029 62-49 31 82, www.hosteriafitzroyinn.com.ar. 30 Zimmer, Restaurant, im Winter geschlossen. DZ 73 US$.

Albergue Patagonia: Av. San Martín 392, Tel. 029 62-49 30 19, Fax 49 48 22, patagoniahostel@yahoo.com.ar. Saubere Unterkunft für Rucksacktouristen, Restaurant, Fahrräder, im Winter geschlossen. Schlafsaal 30 $ p. P., DZ 160 $.

Camping Confluencia: am Ortseingang, gegenüber der Nationalparkverwaltung. Kostenloser Zeltplatz am Flussufer, Baumschatten, windgeschützt, ohne Infrastruktur.

Camping Madsen: 2 km außerhalb am Start des Wanderwegs zur Laguna Torre. Ebenfalls

kostenloser Zeltplatz am Flussufer ohne Infrastruktur.
Romantische Zeltplätze gibt es auch im Park an der **Laguna Torre** und der **Laguna Capri**.

Ruca Mahuida: Lionel Terray 104, Tel. 029 62-49 30 18. Eines der besten Restaurants im Ort, regionale Küche (Rehragout). 80 $.

Fueguia: Av. San Martín 493, Tel. 029 62-49 30 19. Gefüllter Lammbraten, Forelle etc. in nettem Lokal. 70 $.

Estepa: Cerro Solo, Ecke Rojo, Tel. 029 62-49 30 69. Lamm, Forelle, hausgemachte Pasta, Geräuchertes, auch vegetarische Gerichte. 50 $.

Malbec: Antonio Rojo, Ecke Cabo García, Tel. 029 62-49 31 95. Rustikales und gleichzeitig cooles Restaurant mit Bar. 50 $.

Mi Viejo: Av. San Martín 815, Tel. 029 62-49 31 23. Grillfleisch auf regionale Art wie im Zwillingslokal in El Calafate. 45 $.

Fiesta Nacional del Trekking (1. Märzwochenende).

Busse: Tgl. Verbindungen nach El Calafate (220 km) sowie mehrmals wöchentlich nach Perito Moreno und San Carlos de Bariloche.

Lago del Desierto

Reiseatlas: S. 25, A 2; **Karte:** S. 260
Eine überwältigende Nordansicht bieten die neun Hauptgipfel des Fitz-Roy-Massivs dem Betrachter, der sich auf den Weg zum **Lago del Desierto** macht. Die dem Lauf des Río de las Vueltas folgende, gut 30 km lange RP 23 (auch für normale Autos passierbar),

---

Reisetipp

In El Chaltén gibt es weder eine Bank noch einen Bankautomaten und nur die wenigsten Hotels und Restaurants (auch nicht die einzige Tankstelle) akzeptieren Kreditkarten als Zahlungsmittel. Besucher sollten daher ausreichend Bargeld mit sich führen.

---

stößt, Gebirgsbäche und Hängegletscher hinter sich lassend, an das von dichtem Naturwald umdunkelte Gewässer, dessen eigenartiger Namen ›Wüstenlagune‹ wohl nur seiner langen ›Orientierungslosigkeit‹ zuzuschreiben ist: Erst 1994 wurde die 530 km² große Lagunenzone, lange umstrittenes Grenzgebiet der beiden Südandenstaaten, endgültig Argentinien zugesprochen.

Hostería El Pilar: RP 23 Km 17, auf dem Weg zum Lago del Desierto, Tel. 029 62-49 30 02 u. 011-50 31 07 55, www.hosteriaelpilar.com.ar. Im Stil der Pionierhäuser, 10 Zimmer, toller Blick auf den Fitz Roy, ideale Basis für die Trekkingtour zur Laguna de los Tres, Restaurant. DZ 333/382 $.

Hotel Lago del Desierto: Lago del Desierto 137, Tel. 029 62-49 30 10, www.lagodeldesierto.com. Mit Restaurant, nur Anfang Okt.–Mitte April. DZ 60 US$.

Von El Chaltén nach Perito Moreno

Estancia La Maipú und Estancia La Angostura

Reiseatlas: S. 25, A 2/C 2; **Karte:** S. 260
Zum dritten großen, dem patagonischen Kontinentaleis vorgelagerten Smaragdspiegel, dem **Lago San Martín,** gelangt man vom Knotenpunkt **Tres Lagos** aus (Tankstelle) auf dem ca. 110 km langen Weg zur bezaubernden **Estancia La Maipú** 7, zu der das älteste, als winziges Museum hergerichtete Pionierhaus der Region gehört.

Nach Tres Lagos zurückgekehrt, wird der nach Norden Reisende von der RN 40 am fischreichen **Lago Cardiel** vorbei zur **Estancia La Angostura** 8 geleitet. Die oasenhafte Farm bietet sich auf diesem einsamsten Streckenabschnitt zwischen Calafate und Perito Moreno als bester Übernachtungsplatz an. Von der Estanzia aus lässt sich auf einem ca. 50 km langen Weg auch der Ort **Gobernador Gregores** erreichen, der über ein einfaches Hostal mit Restaurant, einen Camping Municipal und eine Tankstelle verfügt.

Richtig Reisen-Tipp: Lama-Trekking am Fitz Roy

Weit hat gefehlt, wer denkt, nur ausgefuchsten Bergsteigern sei es vorbehalten, das Fitz-Roy-Massiv von Angesicht zu Angesicht zu erleben. Schon auf einer Tagestour zur Laguna Torre, zur Laguna Capri oder weiter zum Río Blanco und zur Laguna de los Tres kommt man den von Schründen und Eiswülsten strotzenden Dolmen erstaunlich nahe. Von El Chaltén führen zahlreiche gut ausgeschilderte und meist auch relativ leicht begehbare Trekkingpfade in das Gebirgsmassiv. Das erforderliche Kartenmaterial und Auskünfte über Zeltplätze im Park bekommt man im Nationalparkbüro (s. S. 268). Wer lieber eine geführte Tour unternehmen möchte, wendet sich am besten an das erfahrene Unternehmen Fitz Roy Expediciones, die verschiedene Wanderungen unterschiedlicher Länge und Schwierigkeit im Angebot haben. Jüngster Hit der Agentur ist Lama-Trekking – die Tiere übernehmen den Gepäcktransport und sind auf ihren ›Samtpfoten‹ dabei äußerst umweltfreundlich unterwegs.

Fitz Roy Expediciones: Lionel Terray 212, Tel. 029 62-49 30 17, Fax 49 31 80, www.fitzroyexpediciones.com.ar.

... in Tres Lagos:

Hostería Ahonikenk: am Ortseingang, mit Restaurant.

Camping Comisión de Fomento Tres Lagos: Presidente Aramburu, Ecke Fausto Ballina, Tel. 0 29 62-49 50 31. Warmwasser und Strom, sonst nur rudimentäre Infrastruktur.

... am Lago San Martín:

Estancia La Maipú: RP 33, am Südufer des Lago San Martín, Tel. 011-49 01 55 91, Fax 49 03 49 67, www.estancialamaipu.com.ar, Reservierungen in Buenos Aires: Maipú 864, 3. Stock, Oficina A, Tel. 011-52 37 40 43. Traditionelles Estanzia-Gebäude in Traumlage zwischen Bergmassiven und Seeufer, eigene Insel, 7 helle Doppelzimmer mit Bad, Refugio für bis zu 8 Pers., schönes Zeltgelände, gute Küche (22 US$ ohne Getränke), von der Provinzbehörde prämiert. DZ 145 US$.

... bei Gobernador Gregores:

Estancia La Angostura: RN 40 Km 2352,5 (ausgeschildert), 180 km nördlich von Tres Lagos, Tel. 029 62-49 15 01, Fax 45 22 69, www.estancialaangostura.com.ar. Familiäre Oase 4 km östlich der RN 40, Unterkunft für bis zu 23 Personen, Hausmannskost (40 $ ohne Getränke), Birdwatching, Flamingolagune, Adlerhorste, der Gastgeber Tonchi Kusanovic weiß viel zu erzählen über die Geschichte der 20 000 ha großen Estanzia. Nur 15. Okt.–Ostern. DZ 220 $.

Parque Nacional Perito Moreno

Reiseatlas: S. 25, A/B 1; **Karte:** S. 260

Das nächste lohnende Ziel ist der **Parque Nacional Perito Moreno** 9 mit der **Estancia La Oriental.** Eine ungefähr 90 km lange Stichstraße, die RP 37 (Abzweigung von der RN 40 ca. 6 km nördlich vom Hotel Las Horquetas, das – Vorsicht – kein Hotel ist), führt zum 1150 km^2 großen, den ›elektrischen Blau‹ seiner acht Seen beleuchteten Reservat, in dem Pumas, Füchse, Wildkatzen, Andenhirsche, Papageien, Adler und vor allem Kondore (in der Felswand direkt gegenüber der Estanzia) zu Hause sind. Sieben der vom monumentalen Amphitheater der Bergketten umschlossenen Seen entwässern ineinander und dann zum Pazifik. Das Gestein birgt Höhlen, Tehuelche-Malereien (am Cerro Casa de Piedra) und über 50 Mio. Jahre alte Fossilien von Bäumen und Meerestieren. Ewig schneegekrönter König der Region ist der **Monte San Lorenzo,** mit 3706 m die höchste Erhebung der argentinischen Südkordillere und begehrte Trophäe vieler Andinisten.

Estancia La Oriental: RP 37, Tel. 029 62-45 21 96, www.estanciasdesanta cruz.com/LaOriental/laoriental.htm, Reservierungen in Buenos Aires: Maipú 864, 3. Stock, Oficina A, Tel. 011-52 37 40 43. Sehr schöne Gebirgslage oberhalb des Lago Belgrano,

Höhlenmalereien am Río Pinturas

Vor über 9000 Jahren ging das Feuer in den Höhlen aus. Einen Eindruck von seiner wärmenden Kraft vermitteln heute noch die Wandmalereien: Rote, gelbe, ockerfarbene Abbilder von Menschen, Tieren, Symbolen – vor allem Händen, 829 an der Zahl – leuchten uns entgegen, wenn wir unter einem der gewaltigen Felsdächer in der Schlucht des Río Pinturas stehen.

In 90 m Tiefe der glitzernde Faden des Flusses, in schwindelnder Höhe die kaskadenartige Steilkante des Cañadón, dazwischen eine kilometerlange Kette von Grotten, bis zu 24 m tief und geschmückt mit kultischen Zeichen, über deren Bedeutung man bis heute rätselt. Wer waren die Urheber dieser farbigen Zeichen? Wie sind diese grazilen Hände zu erklären? Warum wurden sie mit anekdotischen Darstellungen wie Jagdszenen in Zusammenhang gebracht? Welche Aussage liegt Positiv- oder Negativabdrücken zugrunde? Und vor allem: Wieso bilden nur 36 Konturen rechte, alle anderen linke Hände ab? Fragen über Fragen. Die **Cuevas de las Manos**, die ›Höhlen der Hände‹, schweigen.

Unfähig, den mystischen Gehalt der Felsbilder zu entschlüsseln, hat sich die Wissenschaft an die Substanzanalyse gemacht. Die für die Farbgebung verantwortlichen Mineralien, jeweils mit Gips oder Tonerde kombiniert, decken eine breite Skala von Pastelltönen ab. Im dominierenden Rot-Gelb-Segment lieferten die Eisenoxide Hämatit und Magnetit die Stufen vom Vermeil über Hellrot bis zum Ocker, Natrongesteine die Gelbtöne; als Weißpigment dienten Illite; Schwarz ergaben Manganerz oder Holzkohle. Der Gips wurde, um ihn abbindungsfähig zu machen, erhitzt, eine Technik, zu der es bisher nur eine – von Archäologen 1977 im Maghreb entdeckte – Parallele geben soll. Zum Anteigen

der Farbsubstanzen wurden vermutlich auch Knochenmark und Fett von Tieren verwandt. Vor allem der Tatsache, dass die Zeichnungen in den Kuppeln der Höhlen über einen so langen Zeitraum ihre ursprüngliche Leuchtkraft bewahrten, verdankt die Fundstätte das Prädikat, die ›Sixtinische Kapelle‹ der prähistorischen Kunst Patagoniens zu sein.

Angesichts ihrer Bedeutung konnten die Felsmalereien vom Río Pinturas sowie der benachbarten Cueva Grande am Nebenfluss Arroyo Feo, des Alero (›Felsdach‹) Charcamata und einem Dutzend anderer Verstecke nicht den üblichen Klassifizierungsversuchen entgehen. Nachfolgend die geläufigste Einteilung:

Primitive Epoche (7370–5430 v. Chr.): Vorherrschend sind figurenreiche Jagdszenen mit bis zu zwölf Menschen und Dutzenden von Guanakos. Punkte lassen sich als Flugspuren von Schleuderkugeln deuten. Die begleitenden Negativabdrücke von Händen wurden durch Auflegen der Hand auf den Fels und Aufblasen (mittels eines Röhrchens) der Pigmentpräparation erzielt. Dabei zeichnete die Farbe die Silhouette der Hand nach. Die Palette reicht von Gelb über die verschiedensten Rottönungen bis zu Schwarz.

Mittlere Epoche (5430–1430 v. Chr.): Im Gegensatz zur Primitiven Epoche mit ihrem dynamischen Bildaufbau erstarren die Darstellungen nun zu statischen Einzelbildern – bewegungslose Guanakos mit dicken Bäuchen und Streichholzbeinen, stilisierte anthropomorphe und biomorphe Figuren, Schlangenlinien und Rosetten. Zahlreiche Hände und Weiß als dominierende Farbe kennzeichnen diesen Abschnitt.

Späte Epoche (1430 v. Chr.–1000 n. Chr.): Bei weiter eingeschränkter Motivwahl treten zunehmend schematisierte, geometrische Elemente auf, z. B. Zickzacklinien oder aneinander stoßende Dreiecke, ›Strichmännchen‹, aber auch viele Hände in Weiß auf rotem Grund. Ein leuchtendes Rot ist der bestimmende Farbton.

Anders als die anderen Bildmotive scheinen die Hände eine Botschaft vermitteln zu wollen. »Hat die überwältigende Anzahl linker Hände etwas mit der Herzseite des Menschen zu tun?«, fragen sich die Anthropologen. Vom besten aller Tehuelche-Kenner, dem Forscher George Chaworth Musters, der auf seinen Recherchen jahrelang mit den Indianern Patagonien erkundete (»At home with the Patagonians«), wissen wir, dass der vorherrschende Charakterzug seiner Weggefährten sich in der Liebe zu ihren Frauen und Kindern und dem Glauben an die Existenz eines guten Geistes manifestierte.

Bis heute gibt die Deutung der Zeichnungen in den ›Höhlen der Hände‹ Rätsel auf

7 Zimmer, gute Küche (20 US$ ohne Getränke), Minibus für Exkursionen, Okt.–März. DZ 85 US$.

Lago Posadas und Cuevas de las Manos

Reiseatlas: S. 25, B 1; **Karte:** S. 260

Wieder auf der RN 40, stößt man 100 km weiter nördlich auf den Knotenpunkt **Bajo Caracoles,** einen Weiler mit 53 Einwohnern, einer Tankstelle (›ohne Gewähr‹) und einer einfachen Unterkunft. Hier zweigt die 72 km lange RP 39 zum **Lago Posadas** 🔟 und zum **Lago Pueyrredón** ab. Für Reisende mit eigenem Fahrzeug, die auf der Weiterfahrt gen Norden sind, bietet sich hier ein lohnender Schlenker durch Chile an (siehe rechts).

Argentinien reichste Fundstätte von Felsmalereien, die **Cuevas de las Manos** 1️⃣1️⃣ (›Höhlen der Hände‹) in der Schlucht des Río Pinturas, erreicht man von Bajo Caracoles auf einer rund 45 km langen Stichstraße. Leider mussten die von vandalisierenden Graffitti-Enthusiasten und Andenkenjägern teilweise beschädigten Felsbilder inzwischen durch engmaschige Sperrgitter geschützt werden (s. S. 272, tgl. 9–19 Uhr, Führungen alle 2 Std., 15 $).

🛏 … am Lago Posadas:

Lagos del Furioso: 25 km hinter dem Ort Lago Posadas (in Karten auch als Hipólito Yrigoyen eingezeichnet) auf der Landbrücke zwischen den beiden Seen Posadas und Pueyrredón, Tel./Fax 029 63-49 02 53 u. 011-48 12 09 59, www.lagosdelfurioso.com. Ökologisch ausgerichteter Touristenkomplex mit 38 Betten in 6 hübschen Bungalows, Sauna, Restaurant mit guter Küche, viele Aktivitäten (u. a. Trekking, Reiten, Mountainbiking); persönliches Ambiente, deutschsprachige Betreuung, gute Basis zur Erschließung der benachbarten Bergwelt, nur Okt.–März. DZ 249 US$ inkl. HP.

La Posada del Posadas: RP 39, in Lago Posadas, Tel. 029 63-49 02 50, www.delposadas.com.ar. Mit Bungalows erweitertes Landhotel, Restaurant, ganzjährig geöffnet. DZ 175/220 $.

Perito Moreno und Los Antiguos

Reiseatlas: S. 23, B 4; **Karte:** S. 260

Eine 64 km lange Asphaltstraße verbindet das Dienstleistungszentrum **Perito Moreno** 1️⃣2️⃣ mit dem am **Lago Buenos Aires** vor sich hinträumenden Städtchen **Los Antiguos** 1️⃣3️⃣. Seine Lage an dem wärmespeichernden See hat dem Ort nicht nur ein gesegnetes Mikroklima für den Obstanbau (vorwiegend Kirschen), sondern auch alten Menschen – daher der Name Los Antiguos – bekömmliche Temperaturen beschert. Diese milde Ecke am zweitgrößten Wasserspiegel Südamerikas war das ›Seniorenheim‹ der Tehuelche.

Von Perito Moreno führt eine der wichtigsten Querachsen Patagoniens, die asphaltierte RP 43, zur Atlantikküste (ca. 310 km bis Caleta Olivia, 390 km bis Comodoro Rivadavia). Wer das nächste große Highlight im Norden, den Parque Nacional Los Alerces (s. S. 279ff.) zum Ziel hat, sollte die spannendere Strecke durch Chile wählen (siehe rechts).

ℹ Dirección de Turismo:

Av. San Martín 1222, Ecke Gendarmería Nacional, Perito Moreno, Tel./Fax 029 63-43 27 32, www.peritomoreno.epatagonia.gov.ar, tgl. im Winter 8–20, im Sommer 7–23 Uhr.

Dirección de Turismo: Av. 11 de Julio 446, Los Antiguos, Tel. 029 63-49 12 61, www.losantiguos.gov.ar, tgl. im Winter 8–20, im Sommer 8–24 Uhr.

🛏 … in Perito Moreno:

Hostería Antigua Patagonia: RP 43, Acceso Este, Tel. 029 63-49 10 38, www.antiguapatagonia.com.ar. Am Lago Buenos Aires, Restaurant, Sauna. DZ 350 $.

Posada del Caminante: Rivadavia 937, Tel./Fax 029 63-43 22 04. Drei sehr gepflegte Zimmer mit Bad, besser und preiswerter als ein Hotel. DZ 130 $.

Camping Municipal: Mariano Moreno, Ecke Paseo Julio A. Roca, 50 m von der Hauptstraße entfernt. Baumschatten, Windschutz, saubere Toiletten und warme Duschen, auch Bungalows. 1,30 $ p. P., 5,20 $/Zelt, Bungalow (für 4 Pers.) 31 $.

Richtig Reisen-Tipp:
Eine chilenische Zugabe – die Carretera Austral

Von Bajo Caracoles muss der RN-40-Tourist nahezu 500 vergleichsweise ereignislose Kilometer nach Norden zurücklegen, um die nächste große Attraktion der Strecke, den Parque Nacional Los Alerces (s. S. 279ff.), zu erleben. Da bietet sich die in jeder Weise ›naheliegende‹ Alternative an, hier eine Schnupperschleife durch Chile zu ziehen, die der malerischen Carretera Austral (›Landstraße des Südens‹) folgt. Drei Optionen sind möglich: von Bajo Caracoles aus (direkt oder über den Ort Lago Posadas) in die RP 41 einzufädeln, die am Paso Rodolfo Roballos die Grenze passiert und rund 80 km weiter, unweit Cochrane, auf die Carretera Austral stößt; oder aber weiter nördlich von Perito Moreno aus über Los Antiguos die Grenze anzusteuern und von Chile Chico entweder mit der Fähre nach Puerto Ingeniero Ibáñez (im Sommer tgl.) überzusetzen oder entlang dem Südufer des Lago Buenos Aires (in Chile: Lago Carrera) nach rund 110 km ab Chile Chico hinter Puerto Guadal auf die Carretera Austral zu treffen. Die erste Variante hält überraschende Panoramen auf Berge und Schluchten bereit (wenige Kilometer vor der Grenze ist der kleine Río Ghío zu durchfahren; notfalls leistet der Verwalter der benachbarten Estanzia mit seinem Jeep Schlepphilfe); die zweite empfiehlt sich für Touristen ohne eigenes Fahrzeug und die dritte bietet vom Hochufer aus grandiose Blicke über den See und die Andenkulisse.

Man sollte die Carretera Austral nicht schon wieder bei Balmaceda (langweilige Steppenlandschaft) verlassen, sondern über Coihaique bis zum Weiler Villa Santa Lucía weiterfahren (ca. 330 km ab Coihaique) und ihr dann am schönen Lago Yelcho und am Río Futaleufú entlang bis zur Grenze (60 km) folgen. Von da aus ist es nur noch ein ›Pumasprung‹ bis zum Parque Nacional Los Alerces. Entlang der Strecke gibt es zahlreiche Campingplätze und Unterkünfte.

... außerhalb:
Estancia La Serena: RP 43, 29 km westlich Richtung Los Antiguos, Tel. 02 97-15 625 07 50, www.patagoniasouth.com. Schöne Bungalows (2–3 Pers.), gute Küche, wegen Umbau erst ab Okt. 2008 wieder geöffnet, Okt.–April. DZ ca. 130 US$ p. P. inkl. VP.
Estancia Telken: RN 40, 25 km südlich, Tel. 029 63-43 20 79, Fax 43 23 03, www.estanciasdesantacruz.com/Telken/telken.htm, Reservierungen in Buenos Aires: Maipú 864, 3. St., Oficina A, Tel. 011-52 37 40 43. Estanzia von 1915, Patagoniens erste Touristen aufnehmende Schaffarm, 6 Zimmer mit Bad für insgesamt 14 Gäste, gute Hausmannskost (30 US$ ohne alkoholische Getränke), Reiten, Trekking, Exkursionen zu den Cuevas de las Manos), nur Okt.–April. DZ 100 US$.
... in Los Antiguos:
Hotel Argentino: Av. 11 de Julio 850, Tel./Fax 029 63-49 11 32. Mit Restaurant. DZ 130 $.

... in Perito Moreno:
Kimey: 9 de Julio 1453, Ecke Rivadavia, Tel. 029 63-43 24 84. Pasta, Fleisch. 35 $.

Touren: Las Loicas Transporte de Turismo y Aventura, Las Lengas, Ecke Cóndor Andino, Los Antiguos, Tel. 029 63-49 02 73, lasloicas@yahoo.com.ar. Organisierte Touren zu Fuß, per Pferd oder Geländewagen in den Parque Nacional Perito Moreno und zum Cerro San Lorenzo.

Busse: Tgl. von Perito Moreno nach Los Antiguos, Comodoro Rivadavia und El Calafate. Von Los Antiguos fahren mehrmals tgl. Minibusse der chilenischen Unternehmen Acotrans und Transfer Patagonia über die Grenze (10 km) nach Chile Chico; von dort weiter mit Transportes Ales, Rosa Amelia 820, Tel. 00 56 (0) 67-41 17 39, zur Carretera Austral und nach Cochrane.

Die Provinz Chubut ist zweigeteilt: im Süden endlose, eintönige Steppe, nur unterbrochen von den beiden Andenseen Fontana und Vintter, im Norden das gut erschlossene, aber noch nicht überlaufene Gewässernetz des Parque Nacional Los Alerces mit seinem uralten Baumbestand und der Regenwald um den Lago Puelo im gleichnamigen Nationalpark bei El Bolsón. Die Lust auf Abenteuer und das Bedürfnis nach Natureinsamkeit werden in dieser Region gleichermaßen befriedigt.

Esquel

Reiseatlas: S. 19, A 4; **Karte:** s. rechts
Die freundliche, 1906 von walisischen Siedlern gegründete Kreisstadt **Esquel** **1**, in den letzten Jahren rasch auf 28 000 Einwohner angewachsen, ist ein guter Ausgangspunkt für Ausflüge in die Umgebung, vor allem in den Parque Nacional Los Alerces (s. S. 279ff.). Die Kleinstadt hat sich einem naturnahen Tourismus und einer sauberen Umwelt verschrieben. Unter anderem wurde 1991 die geplante unterirdische Einlagerung von 3000 Atommüllbehältern in der Nachbarregion

Gastre abgewendet. Die einzige erlaubte Verschmutzung ist nostalgischer Art und entstammt den alten Dampflokomotiven, die den geliebten Patagonien-Express 400 km über die Meseta ziehen (s. S. 278).

i **Secretaría de Turismo:** Av. Alvear, Ecke Sarmiento, Tel. 029 45-45 19 27, www.esquel.gov.ar, tgl. im Winter 8–22, im Sommer 7–23 Uhr.

Tehuelche: 9 de Julio 831, Ecke Belgrano, Tel./Fax 029 45-45 24 20/21, www.cadenarayentray.com.ar. Modern-funktionell, aber nicht öde, Bar und Restaurant. DZ 240 $.
La Tour d'Argent: San Martín 1063, Tel. 029 45-45 46 12, www.latourdargent.com.ar. Residencial mit Flair, Restaurant à la carte, seit 35 Jahren in Familienbesitz. DZ 180 $.
Sol del Sur: 9 de Julio 1086, Ecke Sarmiento, Tel. 029 45-45 21 89, Fax 45 24 27, www.hsoldelsur.com.ar. Gediegenes Haus der guten Mittelklasse, empfehlenswertes Restaurant. DZ 150/190 $.
Las Mutisias: Alvear 1021, Tel. 029 45-45 20 83. DZ 90 $.
Lago Verde: Volta 1081, Tel. 029 45-45 43 96. Billige, saubere Privatunterkunft. DZ 70 $.
Madreselva: San Martín 1590, Tel. 029 45-45 28 47. Ebenfalls angenehme Privatunterkunft. DZ 65 $.

Mit den Autoren unterwegs

Regenwald am Gletschersee
Dank des milden Mikroklimas um den türkisfarbenen **Lago Puelo** kann man im gleichlautenden Nationalpark Valdivianischen Regenwald erleben, den man sonst nur in Chile zu Gesicht bekommt (s. S. 283f.).

Französische Kochkunst
Vor 20 Jahren siedelte Odile Vuibert von Frankreich nach El Bolsón über, dem Hippie-Paradies der 1960er-Jahre, und betreut heute die exquisite Küche des Restaurants **La Casona de Odile** (s. S. 284f.).

Camping La Rural: an der Ortsausfahrt Richtung Trevelín, Tel. 029 45-15 50 37 41 u. 15 68 40 62. Bester und modernster Platz der sechs örtlichen Campinganlagen. 9 $ p. P.

Cabañas: Die empfehlenswertesten der vielen Blockhausanlagen sind Pucón Antú, Chacabuco 1800, Tel. 029 45-45 40 53 (5 Pers. 250 $); Posada La Chacra, RP 259, 5 km außerhalb, Tel. 029 45-45 28 02 u. 45 24 71 (DZ 130 $); Villa Azul, RP 259 Ri. Trevelín, Villa Ayelén, Tel. 029 45-45 36 38 (DZ 120/140 $).

La Tour d'Argent: im gleichnamigen Hotel (s. links). Gute regionale Küche und hausgemachte Pasta. 50 $.

La Española: Rivadavia 740, Tel. 029 45-45 15 09. Grillfleisch und arabische Spezialitäten. 50 $.

De María: Rivadavia 1024, Tel. 029 45-15 69 28 36. Urige Parrilla mit gutem Fleisch. 40 $.

Don Chiquino: Ameghino 1649, Tel. 029 45-45 00 35. Hübsche Trattoria, ausgezeichnete frische Pasta. 30 $.

Rafting: Frontera Sur, Av. Alvear, Ecke Sarmiento, Tel. 029 45-45 05 05, www.fronterasur.net. Touren auf dem Río Corcovado 96 km südlich von Esquel (140 $ p. P.).

Züge: Der Viejo Expreso Patagónico verbindet mit El Maitén und Ingeniero Jacobacci (s. S. 278).

Flüge: 3 x wöchentlich mit Aerolíneas Argentinas nach Buenos Aires. Flughafen: RN 40, 21 km östlich, Tel. 029 45-45 13 54.

Busse: Tgl. Verbindung mit Vía Bariloche über El Bolsón und Bariloche nach Buenos Aires (22 Std.). Nach Chile fahren Busse von Transportes Jacobson (via Trevelín). Mar y Valle verbindet mit Puerto Madryn und Andesmar mit Mendoza.

Südliche Provinz Chubut

Reiseatlas: S. 23, A/B 1–4; **Karte:** s. rechts
Wer seinen Weg von Esquel zu den Highlights im Süden fortsetzen möchte, hat auf dem gut 500 km langen Routenabschnitt der RN 40

Provinz Chubut

nach Perito Moreno in der Nachbarprovinz Santa Cruz eine ›Durststrecke‹ zu bewältigen. Gelegentliche Abstecher zu Seen am Fuße der Anden, die vom Tourismus fast noch unentdeckt sind, vermögen mit der langen Fahrt zu versöhnen. (Man kann diesen Abschnitt auch ganz umgehen und auf die landschaftlich zauberhafte Carretera Austral nach Chile ausweichen, s. S. 275.)

Die erste Gelegenheit dazu bietet sich etwa 160 km südlich von Esquel bzw. 16 km vor **Gobernador Costa** (Tankstelle), wo eine

Richtig Reisen-Tipp: Mit dem Dampfross durch die Steppe – der Alte Patagonien-Express

Beeindruckender könnte sich die Weite Patagoniens nicht offenbaren als angesichts der nur 75 cm breiten Spur, die, unauffällig wie die Rillen eines Handkarrens, zwischen den Grasbüscheln die Meseta durchläuft. Gleich einer Modelleisenbahn zuckelt der *trencito,* das ›Zügelchen‹, pfeifend über das 402 km lange Schmalspurgleis, das Esquel mit Ingeniero Jacobacci verbindet. Seit 1922 ziehen Baldwin- und Henschel-Lokomotiven ihre Waggons durch die Steppe. Transportiert werden Lebendvieh, Wolle, Holz, Obst und Passagiere. Der furiose Wind sorgt hier schon mal für eine Entgleisung, der Schnee für einen Nasenstüber oder eine wandelnde Kuh für einen Zusammenstoß. So anstrengend ist diese Fahrt, dass die betagten Maschinen, deren Ersatzteile heute im Ausbesserungswerk in El Maitén handgefertigt werden müssen, pro Streckenkilometer an die 100 l Wasser verprusten. Findige Ingenieure (und gewitzte Schienenlieferanten) erleichterten den fast 45 t schweren Dampfloks die Schweißarbeit, indem sie die Trasse über einen Zickzackkurs von 640 steigungsmindernden Kurven führten.

Der **Viejo Expreso Patagónico** ist keine disneyhafte ›Museumseisenbahn‹, die Kaffeefahrten für Ausflügler unternimmt. Wer die insgesamt 15-stündige Fahrt nach Ingeniero Jacobacci (oder umgekehrt nach Esquel) – in El Maitén, der Grenzstation zwischen den Provinzen Chubut und Río Negro, ist Zugwechsel – in einem der ofenbeheizten Holzwaggons unternimmt, darf sich wie die Pioniere fühlen, die ihre ersten Häuser aus Eisenbahnschwellen erbauten.

Informationen: Abfahrt am Bahnhof in Esquel, Roggero, Ecke Brun, Tel./Fax 029 45-45 14 03, www.latrochita.org.ar. Für Touristen gibt es auch eine Kurzfahrt bis zur kleinen Mapuche-Siedlung Nahuel Pan. Der Fahrplan ändert sich jede Saison, aktuelle Infos gibt es im Bahnhof oder auf der Webseite.

Liebevoll auch La Trochita, ›die kleine Spur‹, genannt: der Viejo Expreso Patagónico

90 km lange Piste in das ausgedehnte Lagunengebiet südlich des **Lago General Vintter** vorstößt. Allerdings ist dieser Abstecher im Wesentlichen nur für Angler interessant. Unter den von eins bis fünf nummerierten Lagunen ist die von Südbuchenwald eingefasste **Laguna No. 4** die reizvollste. Ein nördlicher Abzweig zum Lago Vintter dringt bis zu den **Lagunas del Engaño** vor. Ausgangsbasis ist jeweils der Weiler **Río Pico** ▐2▌.

Ein zweiter, rund 60 km langer Seitenweg führt 140 km hinter Gobernador Costa von **Alto Río Senguer** (mit Tankstelle) zum **Lago Fontana** ▐3▌. Den lichtblauen See umrunden zwei Uferstraßen, von denen die nördliche dichten Naturwald bis zum Lago La Plata durchläuft. Wieder zurück in Alto Río Senguer und auf der RN 40, sind es noch gut 200 km über **Río Mayo** (Tankstelle) nach Perito Moreno (s. S. 274f.).

▐i▌ **... in Gobernador Costa:**
Dirección de Turismo: Tel. 029 45-49 10 04, turismogobcosta@yahoo.com.ar.

... in Río Pico:
Secretaría de Turismo: Av. San Martín s/n, Plaza San Martín, Tel. 029 45-49 21 14, turismor/opico@yahoo.com.ar, Mai–Okt. 10–19, Nov.–April 8–21 Uhr.

... in Alto Río Senguer:
Información Turística: Av. San Martín, Ecke Juan de la Piedra, an der Nordeinfahrt der RN 40 in den Ort, Tel. 029 45-49 71 38, www.rio senguer.gov.ar, im Sommer tgl. 8–22 Uhr.

▐🛏▌ **... in Gobernador Costa:**
Hostería Mi Refugio: Av. Roca, an der Ortseinfahrt, Tel. 029 45-49 10 97. Ganzjährig geöffnet, Restaurant. DZ 75 $.
Camping Municipal: Av. Roca, Ecke 2 de Abril, am Südende des Orts, Tel. 029 45-49 10 03. Mit Restaurant, Parrilla.

... in Río Pico:
Cabañas La Bahía: Laguna No. 1, Tel. 029 45-49 20 53. Nur Nov.–März. Bungalow (für 4 Pers.) 180 $.
Camping y Cabañas Municipales: Laguna No. 3. Warmwasser, Strom, nur Nov.–März. 5 $ p. P., 15 $/Zelt, Bungalow (4 Pers.) 100 $.

... am Lago General Vintter:
Camping y Cabañas Nikita: RP 44, am Ostufer. Warmwasser, Essplatz, Bungalows. Zelten 15 $ p. P., Bungalow (3 Pers.) 120 $.

... in Alto Río Senguer:
Hotel Betty Jay: Av. San Martín s/n, Tel. 029 45-49 71 87. Einfache Unterkunft, Restaurant, Internet, ganzjährig geöffnet. DZ 70 $.
Hotel La Tradición: Ameghino s/n, Tel. 029 45-49 70 52. Ebenfalls einfache Unterkunft, mit Restaurant (auf Anfrage Lammbraten). DZ 70 $.

... in Río Mayo:
Hotel Viejo Covadonga: Av. San Martín 573, Tel. 029 03-42 00 20. Altes Haus mit vielen Relikten aus den goldenen Jahren der Schafzucht, im Restaurant gibt es echtes Lamm-Asado auf patagonische Art (55 $). DZ 150 $, Zelten erlaubt.

▐🍴▌ **... in Río Pico:**
Restaurant Los Troncos: Perito Moreno s/n, Tel. 029 45-49 21 22. Parrilla. 35 $.
La Casona del Tío: Av. San Martín s/n, Tel. 029 45-49 21 63. Fleischgerichte, Pasta. 35 $.

▐8▌ Parque Nacional Los Alerces

Reiseatlas: S. 19, A 4; **Karte:** S. 277
Zu Esquels Füßen liegen die dem Raunen der ältesten erhaltenen Lebewesen – 4000 Jahre alten Alercen – nachhorchenden Wälder, Seen und Gletscher des **Parque Nacional Los Alerces.** In Unkenntnis dieses Zypressengewächses benannten es die ersten Spanier nach dem nächstähnlichen Nadelbaum, der Lärche (alerce, Fitzroya cupressoides). Das über 2600 km² große Reservat, noch ohne den Weltruf eines touristischen ›Muss‹, vereint in sich die Merkmale der schönsten Alpengewässer – mit einem großen Unterschied: Es gibt so gut wie keine Uferbebauung sowie weniger als ein Hundertstel der Besucher, die an vergleichbaren mitteleuropäischen Seen zu finden sind.

Auf direktem Weg gelangt man in den Nationalpark auf einer – von Esquel aus – 42 km

Smaragdfarbene Seen, uralter Baumbestand und (noch) kaum Touristen machen den Parque Nacional Los Alerces zu einem der Highlights der patagonischen Anden

langen Asphaltstraße. Man kann aber auch einen kleinen Umweg über das Städtchen **Trevelín** 4 (*tre* = Dorf, *velín* = Mühle) machen, wie Esquel eine walisische Gründung. Sehenswert ist hier die erste Getreidemühle der Provinz Chubut von 1922, in der heute das **Museo Regional Molino Andes** untergebracht ist (Molino Viejo 448, Tel. 029 45-48 05 45, tgl. 11–21 Uhr). Von Trevelín aus werden auch geführte Besichtigungen des Kraft-

werks am **Embalse Amutui Quimei** im südlichen Parkteil organisiert.

Das am Südufer des **Lago Futalaufquen** liegende Interpretationszentrum unterrichtet über die kleinen und großen Ausflugsziele im Nationalpark: vom Spaziergang zum Wasserfall **Cinco Saltos** (3 Std.) bis zum Trekking an den **Lago Krüger** (2 Tage), vom Aufstieg auf den **Cerro Alto El Dedal** (8 Std.) bis zum Bootstrip an den **Alerzal** (Alercenwald) zwi-

Aber selbst ›Autowanderer‹ kommen beim Durchstreifen dieses Naturparadieses auf ihre Kosten. Die verschiedenen Vegetationsgürtel der Bergwälder liefern ein lebendiges Beispiel für Nischensuche und natürliche Zonierung: ufernah die Arrayanes (Myrten) und Coihues; darüber Coligüe-Rohrstauden, erst mit Ñires, dann mit Lengas vermischt; schließlich nur noch zu Krüppelholz deformierte Lengas, die sich weiter oben zwischen Büschelgras und den die Felsen einspinnenden Flechten verlieren. Erstes Fahrtziel der von Süden Kommenden ist das hinter **Puerto Limonao** (Mole, organisierte Angeltouren) am Westufer des Lago Futalaufquen liegende Blockhauskastell der Hostería Futalaufquen (Straßenende). Ein Schwenk zurück um das Südufer führt am Ostrand des Sees, seinem Nordarm und dem Río Arrayanes entlang bis zur Hängebrücke am **Lago Verde,** nach deren Überquerung man über einen 1 km langen Waldpfad zum Bootsanleger **Puerto Chucao** gelangt. Von Ferne zeigt der Cerro Tordecillas sein weißes Gletscherantlitz, während im Spätsommer im Vordergrund die roten Früchte von Tausenden von Hagebuttensträuchern, einer eingeschleppten ›Plage‹, in der Sonne leuchten.

Weiter geht die Fahrt am Río, dann am **Lago Rivadavia** entlang, bis man etwa 70 km nach Villa Futalaufquen den Ort **Cholila** `5` (Tankstelle) erreicht, das nördliche Eingangstor zum Nationalpark und einst das Räubernest der Butch-Cassidy-Bande (s. S. 282).

Intendencia Parque Nacional Los Alerces: in Villa Futalaufquen, Tel. 029 45-47 10 15 u. 47 10 20 int. 23, www.parques nacionales.gov.ar, tgl. im Sommer 9–16, im Winter 8–21 Uhr. Information mit kleinem Museum, hier sind auch alle Bergbesteigungen und Trekkingvorhaben zu registrieren.
Área de Turismo: Cholila, Tel. 029 45-49 80 40, www.turismocholila.gov.ar, Mo–Fr 8–14 Uhr.

Hostería Futalaufquen: bei Puerto Limonao, Tel./Fax 029 45-47 10 08/09 u. 011-43 11 32 32. Landhotel der internationalen Spitzenklasse, englische Bar, Hausbiblio-

schen dem Nordarm des Lago Menéndez und dem Lago Cisne. Der ›Methusalem‹ unter den hier zu bewundernden Alercen ist 2600 Jahre alt, 57 m hoch und hat einen Stammdurchmesser von 2,20 m. Die fast doppelt so alten, seit 4000 Jahren am Ufer des Südarms heimischen Alercen sind vor jeder touristischen Invasion geschützt; nur noch drei andere Alercenwälder (einer davon bei Puerto Montt in Chile) gibt es auf der Welt.

Gruppenbild mit Dame   Thema

Dass die endlose Weite Patagoniens den besten Schutz vor Verfolgern bot, wussten vor allem Banditen zu schätzen – auf der Flucht vor dem Arm des Gesetzes. Zwei holländischen Seeleuten, die die Bank von San Julián ausgeraubt und auf einem Motorrad mit Beiwagen das Weite gesucht hatten, wurden die schwer einzuschätzenden Entfernungen allerdings zum Verhängnis: Ihnen ging das Benzin aus.

Ihre nordamerikanischen Vorbilder von 1905 wären, was viel sicherer war, auf Pferden davongeritten. Das Reiten hatten Robert Leroy und Harry Longabaugh als Cowboys in ihrer Heimat Utah gelernt, bevor die Polizei sie dort als Viehdiebe verfolgte. Vielleicht war das ein Fehler, denn nun wurden sie zu Bank- und Eisenbahnräubern, und zwar so erfolgreich, dass sich Autoren von ihren Gangsterstückchen anregen ließen und sie selbst sich die Künstlernamen Butch Cassidy und Sundance Kid zulegten. Mit dem Ruf ihrer Reitfertigkeit wetteiferten die Legenden von ihrer Treffsicherheit. Zielansprachen hatten sie im Galopp geübt. Mit der aus dem Holzfutteral gezogenen Parabellum ließen sie an den Telegrafenstangen die Isolatoren zerplatzen, ehe ihnen, später in Patagonien, sogar das Durchschießen der Drähte gelang. Doch noch geschickter soll Etta Place, die Dritte im *wild bunch,* mit ihrer Kanone umgegangen sein. Dafür hat der Gouverneur von Chubut sich persönlich verbürgt. Als ahnungsloser Gast des charmanten Trios überzeugte er sich in Cholila seinerzeit von der ›Feuerkraft‹ der Räuberbraut. Aber wie waren die drei an dieses Ende der Welt gekommen?

Als heiß verfolgte Spitzenkunden der Detektei Pinkerton landeten die Gangster ihren letzten heimatlichen Coup in Form eines ›Kassensturzes‹ bei der First National Bank von Winnemucca in Nevada. Beim Direktor der Kreditanstalt bedankten sie sich nach dem Überfall mit einem Gruppenfoto für die fette Beute. Eigentlich hatten sie sich nur das Fahrgeld für eine Schiffsreise nach Buenos Aires besorgen wollen, aber nun reichte es sogar zum Kauf einer hübschen Latifundie in Patagonien.

Im verschlafenen Cholila eröffneten die Gringos einen Krämerladen und übten an der Theke soziale Gerechtigkeit. Ihre spendablen Gesten gegenüber dem Landvolk behielten sie auch noch bei, als ihre Ertragskraft schwächer und die Versuchung zu gewaltsamer Refinanzierung wieder größer wurde. Nach einem Bankraub in Río Gallegos nahm ihr Ruf Robin-Hood-artige Züge an. Niemand – außer einem gelegentlich entführten *estanciero* – hat sich je über die kriminelle *ménage à trois* beklagt, in der der (bei Überfällen) verkleidete dritte Mann Etta war.

Natürlich musste Hollywood einen solchen Stoff verarbeiten, auch wenn dabei manchmal das Webmuster verrutschte. Doch wer kennt die Wahrheit? Spätere Zeugen wollen die von der Polizei abgetrennten Köpfe der Banditen in Argentinien gesehen haben. Andere schwören darauf, die Verwandlungskünstler hätten Ersatzleichen besorgt, um höchstamtlich zu ›sterben‹ und an anderer Stelle wieder aufzutauchen. Noch nach 1920 behaupteten Beobachter, Etta, Butch oder Sundance Kid in Alaska, Bolivien, Mexiko beziehungsweise in jenem Wilden Westen wiedergesehen zu haben, wo sie herkamen.

thek, Panoramarestaurant, Bungalows am Ufer. DZ 420–640 $.

Quimey-Quipan: am Ostufer des Lago Futalaufquen, Tel./Fax 029 45-45 41 34. Saubere Hostería am Hochufer, Hausmannskost, nur Nov.–April. DZ 325 $ inkl. HP.

Los Tepúes: am Ostufer des Lago Futalaufquen, Tel. 029 45-15 68 27 67 u. 15 68 99 54. Zwei einfache Cabañas für jeweils 6–8 Pers., Familienbetrieb, Hausmannskost, Preis nach Vereinbarung.

Cume Hue: am Nordarm des Sees, Tel. 029 45-45 18 93. Einfache Hostería, Nov.–April. DZ 200 $ p. P. inkl. VP.

Pucón Pai: am Ostufer des Lago Futalaufquen, Tel. 029 45-47 10 10. Motel mit freundlichem Familienmanagement, Restaurant, Quincho, Autocamping, Nov.–Feb. DZ 110 $.

Camping: Von den 20 Plätzen besitzen nur fünf eine Infrastruktur (Infos in der Parkverwaltung). Besonders schön liegt der Zeltplatz **Bahía Rosales** am Westufer des Lago Futalaufquen (15 $ p. P.).

In Villa Futalaufquen gibt es eine Tankstelle und man kann Lebensmittel und frisches Fleisch kaufen.

Bootstouren: Ausflüge zum Alerzal ab Puerto Limonao (130 $, nur im Sommer, zu buchen über Hostería Futalaufquen, s. o.) oder ab Puerto Chucao (85 $, ganzjährig, Fahrkarten am Schiff, in der Saison tgl.).

Busse: Transportes Esquel, Tel. 029 45-45 35 29, fährt im Sommer 2 x tgl. (im Winter 4 x wöchentlich) auf der RP 71 von Esquel über Cholila bis Lago Puelo.

Parque Nacional Lago Puelo

Reiseatlas: S. 19, A 4; **Karte:** S. 277

Nur Touristen mit wenig Zeit vernachlässigen die Route durch den Nationalpark Los Alerces, um über die schnellere Asphaltstrecke in den Parque Nacional Lago Puelo zu eilen. Unterwegs passiert man die Zypressenwälder

bei **Epuyén** 6 (Tankstelle) am gleichnamigen See. Das von Binsenufern gerahmte Gewässer erinnert an Landschaften von Lovis Corinth und beschwört, je nach Wetterlage, düstere Fantasien herauf. 1922 suchte eine Expedition des Zoos von Buenos Aires den unheimlichen Teich nach einem schwimmenden Saurier ab, dessen Vorbild das Ungeheuer von Loch Ness gewesen sein soll. Doch die bis heute größten Wasserbewohner sind Salmoniden geblieben, die einige Uferbewohner köstlich zu räuchern verstehen.

Über eine große Spitzkehre rund 50 km weiter im Norden fällt man unterhalb des Ortes **Lago Puelo** (Tankstelle) den Zypressen- und Coihuewäldern des **Parque Nacional Lago Puelo** 7 in den Rücken. Die biologische Besonderheit dieses nur knapp 240 km^2 großen Reservats – des kleinsten der patagonischen Anden – rührt von seiner geografischen Lage her: Einem ansonsten typisch chilenischen Vegetationstypus, dem Valdivianischen Regenwald, gelingt hier, auf nur 200 m Höhe, von den Ufern des (chilenischen) Lago Inferior aus die Transgression nach Osten. Das türkisfarbene Kolloid des Lago Puelo spenden fünf Gletscherbäche, die sich von den umliegenden Bergketten herunterstürzen. In diesem geschützten Kessel erlaubt es ein ungewöhnlich mildes Mikroklima im Südsommer an einigen Stellen sogar zu baden (Wassertemperatur 18–19 °C). Zu den raren Spezies der örtlichen Fauna gehören *huemul* (Südlicher Andenhirsch) und *pudú* (Zwerghirsch). Sechs teils unberührte Pfade erschließen die großartige Waldlandschaft bis nach Chile hinein (detaillierte Beschreibungen bei der Touristeninformation in Lago Puelo).

... in Lago Puelo:
Dirección de Turismo: RP 16, am Ortseingang, Tel. 029 44-49 95 91, www.turismolagopuelo.com, tgl. 8–22 Uhr.

... in Lago Puelo:
Casa Puelo: RP 16, 300 m vom Ort, 2000 m vom See, Tel. 029 44-49 95 39, www.puelolodge.com.ar. Bungalows. DZ 71 US$.

Provinz Chubut

Hostería Enebros: RP 16, Tel. 029 44-49 94 13, Restaurant, 2 ha Park. DZ 110 $.

Hostería del Lago: RP 16, nahe Parkeingang, Tel. 029 44-49 91 99. DZ 90 $.

Camping La Pasarela: am Río Azul, 1 km vom Ort, Tel. 029 44-49 90 61, www.lpuelo. com.ar/camping.html. Mit Restaurant, Hostel. Zelten 12 $ p. P., im Schlafsaal 19 $ p. P.

Camping Delta Azul: im Nationalpark, Tel. 029 44-49 93 41. Mit Café. 8–12 $ p. P.

Camping del Lago: im Nationalpark, Tel. 029 44-15 60 40 23. 12 $ p. P.

El Bolsón

Reiseatlas: S. 19, A 3; **Karte:** S. 277

Das Klimabecken, in dem alle Sorten von Obst gedeihen, schließt als Hauptort das bereits in der nördlich angrenzenden Provinz Río Negro gelegene **El Bolsón** 8 ein. Der stark zergliederte Ort, einst Refugium stadtflüchtiger Hippies, lässt kaum vermuten, dass hier 14 000 Einwohner leben. Inzwischen haben sich die Marihuanakulturen in Kräuterfluren verwandelt, geblieben ist das Ortsmotto: »Die Erde ist unser Boden, die Berge sind unsere Wände, der Himmel ist unser Dach.« Im Schutz des an das Karwendelgebirge erinnernden Piltriquitrón-Massivs (›das in den Wolken Hängende‹ – in der Sprache der Mapuche) gedeiht nicht nur Argentiniens Hopfen trefflich, die herrliche Landschaftsszenerie inspirierte auch Maler und Dichter und zieht nach wie vor Anhänger eines alternativen Lebens an.

Reizvolle Trekkingpfade führen von El Bolsón aus ins – auch mit dem Auto erreichbaren – **Valle del Azul,** auf den 2284 m hohen **Piltriquitrón** (bewirtschaftete Hütte), durch berauschenden Naturwald zur **Cascada Escondida** und zum **Lago Tricolor** (bewirtschaftete Hütte). Der in rund 2000 m Höhe liegende See erhielt seinen Namen aufgrund der zugleich blauen, bläulich-violetten und grünen Einfärbungen. (Anmerkung: El Bolsón ist für nach Norden Reisende der letzte Ort, in dem Benzin zum halben Preis getankt werden kann.)

Secretaría de Turismo: an der Plaza, Tel. 029 44-49 26 04, www.elbolson. gov.ar, Mo–Fr 8–21, Sa/So 9–21 Uhr.

... in El Bolsón:

Amancay: San Martín 3207, Ecke Hernández, Tel. 029 44-49 22 22, www.hotelamancaybolson.com.ar. Chaletartiges Touristenhotel im Zentrum mit Restaurant. DZ 150 $.

La Posada de Hamelín: Granollers 2179, Tel. 029 44-49 20 30, www.posadadehamelin. com.ar. Ruhiges Privathaus in zentraler Lage, 4 Zimmer mit Bad, auch deutschsprachiges Personal. DZ 130 $ ohne Frühstück.

... außerhalb:

La Casona de Odile: am Río Quemquem-

Herbstzeit, Beerenzeit – es gibt so viele davon, dass mit dem Verkauf so mancher seine magere Haushaltskasse aufbessert

treu, 6 km nördlich im Ortsteil Barrio Luján (ausgeschildert), Tel./Fax 029 44-49 27 53, www.interpatagonia.com/odile. Ländliche Idylle am Bach, urgemütliches Haus, Kräuterdüfte und französische Küche (60 $, Nicht-Gäste nur mit Reservierung), deutschsprachige Betreuung, Sept.–Mai. DZ 50 US$ p. P. inkl. HP.

La Posada de Olaf: RN 258, 7 km südlich, Tel. 029 44-47 15 50. Gepflegtes Landgasthaus mit komfortablen Zimmern und gemütlichem Restaurant mit regionaler Küche. DZ 100 $.

Hostería Steiner: Av. San Martín 670, 2 km südlich, Tel. 029 44-49 22 24. Deutschsprachiges Haus mit langer Familientradition, pa-

radiesische Lage, alter Baumbestand, Pool, gute Küche. DZ 90 $.

Camping Río Azul: am gleichnamigen Fluss, 5 km südwestlich, Tel. 029 44-15 50 17 52. Schönster der insgesamt 14 Zeltplätze der näheren Umgebung, zu erreichen über die Brücke des Río Quemquemtreu. 12 $ p. P.

Martin Sheffield: Av. San Martín 2760, Tel. 029 44-49 19 20. Ausgezeichnete regionale Küche (patagonisches Lamm, Forelle), gutes Wein- und Biersortiment. 60 $.

Jauja: San Martín 2867, Tel. 029 44-49 24 48. Breite Speisenpalette, Forellengerichte. 45 $.

Cerro Lindo: Av. San Martín 2524, Tel. 029 44-49 28 99. Regionale Küche. 45 $.

Die Argentinische Schweiz

Karte
S. 288

Um San Carlos de Bariloche und den Lago Nahuel Huapi entstand seinerzeit Patagoniens erstes Touristenzentrum. Die Nationalparks Nahuel Huapi und Lanín bieten herrliche Landschaftsbilder, eine gute Infrastruktur und Gelegenheit zu zahlreichen Aktivitäten – ein Outdoorparadies par excellence.

San Carlos de Bariloche

Reiseatlas: S. 19, A 3; Karte: S. 288
Die im Herzen des **Parque Nacional Nahuel Huapi** am Südufer des gleichnamigen Sees liegende Stadt **San Carlos de Bariloche 1** ist in den letzten 20 Jahren auf das Vierfache ihrer Größe angewachsen und beherbergt heute über 89 000 Einwohner. Seinen alpenländischen Charakter verdankt der auf einer glazialen Endmoräne thronende Ort dem langjährigen Nationalparkpräsidenten Ezequiel Bustillo, der das nordpatagonische Seengebiet in eine Argentinische Schweiz verwandelt sehen wollte. Die Bezeichnung und Grundzüge dieses Ebenbildes haben sich bis heute erhalten, nicht aber die helvetische Akribie, mit der Bariloches Stadtplanung einst begann.

1940 errichtete man aus grünen Toba-Quadern – tertiärem Gestein aus der Zeit, als Patagonien noch vom Meer bedeckt war – einen Musterbau, das **Centro Cívico** (›Bürgerzentrum‹), wo heute Gemeindeverwaltung, Touristeninformation, Post, Polizei, Bibliothek sowie das hervorragende **Museo de la Patagonia** untergebracht sind, das einen Abriss der Geschichte Patagoniens mit dem Schwerpunkt Indianerkulturen zeigt (Di–Fr 10–12.30, 14–19, Mo/Sa 10–13 Uhr).

Doch allzu rasches Wachstum und der massive Zuzug Ortsfremder, die auf schnellen Gewinn aus waren, wirkten dem ursprünglich geplanten einheitlichen Stadtbild entgegen. Einige wenige Beispiele für den Baustil der Gründungszeit blieben erhalten, so der Sitz des Club Andino, das Eckgebäude der Aerolíneas Argentinas oder das Giebelhaus an der Ecke Mitre und Rolando.

Gründer von Bariloche war der deutschstämmige Carlos Wiederhold, dem der Ortsname den Vorspann San Carlos verdankt. (Wiederhold war kein ›Heiliger‹, vielmehr verwechselte ein Ausländer die Anrede Don mit San – und dabei blieb es.) Das Wort Bariloche selbst entstand aus der spanischen Verballhornung der indianischen Bezeichnung *vuriloche* für die nahen Andenpass.

Heute besuchen 1 Mio. Touristen jährlich die bedeutendste Kordillerenstadt, viele jedoch nur auf dem Weg in das äußerst reizvolle, von dichtem Bergwald bestandene Hinterland. In den zwei Nationalparks Nahuel Huapi und Lanín (s. S. 295ff.) verstecken sich über 50 Seen und Lagunen, die durch Wasserläufe mit einer Länge von mehreren Tausend Kilometern Länge verbunden sind. Bariloche selbst ging mit seinem – heute bis weit nach Westen bebauten – Seeufer nicht sehr pfleglich um. Bezeichnenderweise wurde hier – bis zur 30 km entfernten Bahía López – die erste Asphaltstraße Patagoniens angelegt. Im Ort selbst locken Sportboutiquen, Pralinengeschäfte (es gibt ein Dutzend Schokoladenhersteller) und Feinkostläden (Wildfruchtmarmeladen, Forellen-, Hirsch- und Wildschweingeräuchertes) zum ausgiebigen Einkauf.

i **Centro Cívico:** Tel. 029 44-42 98 50, Fax 42 26 78, www.barilochepatago nia.info, Mo–Fr 8–21, Sa/So 9–21 Uhr.
Club Andino: 20 de Febrero 30, Tel. 029 44-42 22 66, Fax 42 45 79, www.clubandino. com.ar. Infos über Wander- und Bergtouren.

Die Hotelpreise schwanken deutlich innerhalb des Jahres. Hochsaisonmo nate sind Juli und Jan./Feb.; Okt./Nov. ist Ne bensaison. Am niedrigsten sind die Preise von März bis Juni und im Aug./Sept.
Edelweiss: San Martín 202, Tel. 029 44-44 55 00, Fax 42 56 55, www.edelweiss.com.ar. Internationale Kategorie, modern-elegant, Pool, Sauna, Piano-Bar, gepflegtes Restau rant. DZ 200 US$.
Nevada: Rolando 250, Tel. 029 44-42 27 78, Fax 42 79 14, www.nevada.com.ar. Gepfleg tes Haus, zentral, Zimmer teilweise mit See blick, Bar, Restaurant. DZ 420–490 $.
Concorde: Libertad 131, neben dem Centro Cívico, Tel. 029 44-42 45 00, www.hotelcon corde.com.ar. Beliebtes Mittelklassehotel. DZ 400 $.
Aitue: Rolando 145, Tel. 029 44-42 20 64, www.interpatagonia.com/aitue. Familienge führtes kleines Hotel, ruhig, in Seenähe, Au toeinstellmöglichkeit. DZ 190 $.
Patagonia Andina: Morales 564, 3 Blocks vom Centro Cívico, Tel. 029 44-42 18 61, www.elpatagoniaandina.com.ar. Jugendher berge, mit Küchenbenutzung. DZ 60 $.
Camping: alle Plätze außerhalb, s. S. 289

Örtliche Spezialitäten sind Forellen und Wildgerichte, auch als geräu cherte Vorspeisen.
Ahumadores Familia Weiss: Almirante O' Connor 401, Tel. 029 44-43 57 89. Gemütli cher Rahmen, beliebtes Lokal, Räucherwa ren, Forellen, Wild. 45 $.
Casita Suiza: Quaglia 342, Tel. 029 44-42 61 11. Stilvoll und gemütlich, gute Küche, Spezia litäten Fondues und Pfannengerichte. 40 $.
El Boliche de Alberto: Villegas 347, Tel. 029 44-46 22 85. Einfache Parrilla mit dem ›besten Grillfleisch von ganz Patagonien‹. 40 $.
Jauja: Quaglia 366, Tel. 029 44-42 29 52.

Mit den Autoren unterwegs

Fürstliche Lage
Das vornehme **Hotel Llao Llao** am Lago Nahuel Huapi bietet eine herrliche Aussicht und ist einen Besuch wert, auch wenn man dort nicht übernachtet (s. S. 289).

Zu Fuß zum ›Donnerberg‹
Das lautstarke Herabpoltern der Schnee- und Eismassen gab dem **Cerro Tronador** seinen Namen. Von den Unterkünften am Nordarm des Lago Mascardi und am Río Manso füh ren zahlreiche Trekkingpfade an die Berg hänge (s. S. 290f.).

Panoramablick
Vom **Mirador Bandurrias** aus, nur wenige Kilometer von San Martín de los Andes ent fernt, genießt man einen herrlichen Blick auf die Stadt und den Lago Lácar (s. S. 293).

Valdivianischer Regenwald
Ohne seinen Fuß nach Chile zu setzen, kann man den Valdivianischen Regenwald ken nenlernen, wenn man von San Martín de los Andes in Richtung des Grenzübergangs von **Hua Hum** fährt (s. S. 293).

Museum im Krämerladen
Ein ehemaliger Gemischtwarenladen bildet die Kulisse für das sehenswerte **Museo Don Moisés** in Junín de los Andes (s. S. 295).

Chaletartiges Lokal mit breiter Speisenpa lette, u. a. Wild. 45 $.

Blest Microcervecería: Bustillo Km 11,6, Tel. 029 44-46 10 26, nur abends. Ausgezeichnete hausgemachte Biere.
Pilgrim: Palacios 167, Tel. 029 44-42 16 86. Auch hausgemachtes Bier, nettes Ambiente.

Bariloche ist das Outdoorparadies Ar gentiniens und entsprechend vielfältig präsentiert sich das Angebot, z. B. Rafting und Kajakfahren auf den Ríos Manso und Li

Argentinische Schweiz

may, Reiten, Ballon- und Gleitschirmfliegen, Mountainbiken und Angeln. Zahlreiche Veranstalter bieten ihre Dienste an.

Flüge: Aerolíneas Argentinas/Austral und LAN fliegen tgl. mehrfach nach Buenos Aires; außerdem Verbindungen mit Aerolíneas Argentinas nach Calafate und im Sommer nach Córdoba sowie mit LAN nach Puerto Montt und Santiago de Chile (2 x wöchentlich). LADE fliegt wöchentlich nach Calafate, Río Gallegos und Ushuaia. Flughafen: RN 40 (ehemals RN 237), 14 km östlich, Tel. 029 44-42 61 62.

Züge: Do und So um 17 Uhr fährt der Trenpatagónico, www.trenpatagonico-sa.com.ar, nach Viedma an die Küste (Rückfahrt Mo/Fr 18 Uhr). Von Viedma Anschluss nach Buenos Aires. Bahnhof: Av. 12 de Octubre, 3 km östlich vom Stadtzentrum, Tel. 029 44-42 31 72.

Busse: Tgl. u. a. nach Buenos Aires, Córdoba, Mendoza, Neuquén, El Bolsón, San Martín de los Andes, Puerto Madryn. Busterminal: Av. 12 de Octubre, Tel. 029 44-43 00 56. Die lokalen Linien Nr. 10, 20 und 21 pendeln vom Terminal ins 3 km entfernte Zentrum. In der Sommersaison gibt es außerdem einen Bus vom Centro Andino in Bariloche nach Pampa Linda am Fuß des Cerro Tronador (hin 9 Uhr, zurück 17 Uhr, 12 $ einfach).

Sehenswertes in der näheren Umgebung

Isla Huemul

Ein halbtägiger Schiffsausflug führt zur **Isla Huemul** (ab Pavillon unterhalb des Centro Cívico) im Lago Nahuel Huapi. Die unter Denkmal- und Naturschutz stehende Insel mit dem Grab des Kaziken Güemul ist heute allerdings eher ein makabres Kuriosum. Fabrik- und Laborruinen zeugen von der Zeit des österreichischen Physikers Dr. Richter, der hier zwischen 1949 und 1952 im Auftrag Peróns Atomversuche durchführte. Nachdem sich eine 1951 bekanntgegebene ›kontrollierte Kernfusion‹ als Flop herausstellte, wurde das windige Projekt abgebrochen.

Circuito Chico

Reiseatlas: S. 19, A 3; **Karte:** s. links

Um die Nahziele an Land kennenzulernen, sollte man eine Rundfahrt über den **Circuito Chico** (›Kleine Schleife‹) westlich von Bariloche unternehmen, an dem sich zahlreiche Sehenswürdigkeiten aneinanderreihen.

Einen ersten Stopp lohnt die Talstation der Gondelbahn, mit der man auf den **Cerro Otto** (mit Drehrestaurant) gelangt, Bariloches Hausberg sowie Start und Ziel mehrerer Kurzwanderungen. Etwas weiter geleitet eine Abzweigung zum **Cerro Catedral,** wo sich im Winter 32 Lifte bewegen: Südamerikas größter Skizirkus. Als schönste Berghütte lockt hier das **Refugio Emilio Frey** (für 40 Personen, ganzjährig geöffnet), beliebte Basis für Klettertouren.

Noch etwas weiter entlang der Hauptstraße, am **Puerto Pañuelo** (Km 25), dümpelt eine Flotte von Katamaranen und Ausflugsbooten, die Touristen über den See transportieren – am häufigsten auf die **Isla Victoria** zum **Bosque de Arrayanes** (›Myrtenwald‹), an dessen Cabaña de Walt Disney man sich gerne vorstellt, hier sei dem Schöpfer des Bambis die Idee zu dem Film gekommen.

Stolzestes Zeugnis des Willens, aus dieser Gegend eine »planetarische Berühmtheit« (Bustillo) zu machen, ist das 16 000 m² große **Hotel Llao Llao 2** hoch über dem See, der ›Dinosaurier‹ unter den Andenresorts. So hatte sich *der perito* (›Sachverständige‹) Francisco Pascasio Moreno, Wegbereiter der argentinischen Naturschutzbewegung, die Entwicklung wohl kaum vorgestellt, als er zu Beginn des 20. Jh. 75 km² Urwald am Westzipfel des Lago Nahuel Huapi zum Kerngebiet dieses Reservats – eines der ersten der Welt – bestimmte. Moreno ruht heute in einem Mausoleum auf der **Isla Centinela** im Lago Nahuel Huapi. Das dem später erweiterten Nationalpark abgerungene Gemeindeland Bariloches umfasst inzwischen 200 km² – mehr als das Stadtgebiet von Buenos Aires.

Am Ende der ›Kleinen Schleife‹ liegt etwas südlich des Seeufers die **Colonia Suiza** (›Schweizer Kolonie‹), mit ihren urigen Teestuben zugleich Startpunkt für Bergwanderungen zum **Cerro López** (Refugio für 100 Personen, Bar, Restaurant, 15. Dez.–15. April) und zum **Refugio Italia** (für 60 Personen).

Llao Llao: Uferstraße Bustillo Km 25, Tel. 029 44-44 85 30 u. 44 57 00, Fax 44 57 81, www.llaollao.com. Das Bergresort Nr.1 in Südamerika, Rundum-Panorama, mit allem Service, 2 Restaurants. DZ ab 266 US$.

Tunquelén: Uferstraße Bustillo Km 24,5, Tel. 029 44-44 82 33 u. 44 81 06, Fax 44 82 33, www.tunquelen.com. Nobles Traditionshotel von 1938 am Hochufer, Schweizer Stil, Bar, Restaurant, nur Sept.–Dez. DZ 210–260 US$.

La Cascada: Uferstraße Bustillo Km 6, Tel. 029 44-44 10 88, www.lacascada.com. Schönes Panoramahotel am Seeufer mit 3 ha großem Parkgelände, Restaurant, Spa. DZ ca. 175 US$.

Amancay: Uferstraße Bustillo Km 24,8, Tel./Fax 029 44-44 83 44, www.hotelamancay.com. Parklage, Hochufer, Pool, Restaurant. DZ 393 $.

Camping La Selva Negra: Uferstraße Bustillo Km 2,7; der stadtnächste Zeltplatz. Es folgen entlang der Uferstraße: **El Yeti** (Km 5,6) und **Petunia** (Km 13,5), zu erreichen mit den Buslinien Nr. 10 und 20 ab Moreno. Drei weitere Plätze gibt es in der **Colonia Suiza.** Alle 9–15 $ p. P.

El Patacón: Uferstraße Bustillo Km 7, Tel. 029 44-44 28 98. Stilvoll, rustikal, beste regionale Küche, Reservierung empfohlen. 60 $.

Per Boot nach Chile

Eine (im Sommer ein-, im Winter zweitägige See(n)reise führt nach Puerto Montt in Chile. Bei diesem panoramareichen **Cruce de Lagos** überquert man im Angesicht der Vulkane Puntiagudo und Osorno die Seen Nahuel Huapi, Frías und Todos los Santos; bereitstehende Busse überwinden die Landbrücken. Die Tour wird organisiert von Andina del Sud, www.andinadelsud.com, und ist über örtliche Reisebüros zu buchen.

Argentinische Schweiz

El Boliche de Alberto: Uferstraße Bustillo Km 8,8, Tel. 029 44-46 22 85. Schwesterrestaurant des gleichnamigen Lokals im Zentrum, auch hier exzellentes Grillfleisch – das beste von Patagonien, sagt man hier. 40 $.

Teestube und Restaurant Atalaya: Uferstraße Bustillo Km 23,7, Tel. 029 44-44 84 36. Restaurant mit einmaligem Blick.

Von Bariloche nach El Bolsón

Reiseatlas: S. 19, A 3; **Karte:** S. 288

Gut 120 km sind es bis in den nächsten größeren Touristenort im Süden, El Bolsón, wo gleich zwei weitere sehenswerte Nationalparks – der Parque Nacional Lago Puelo und der Parque Nacional Los Alerces – auf Besucher warten (s. S. 283f. u. 279ff.).

Von Bariloche windet sich die durchgehend asphaltierte RN 40 (ehemals RN 258) zunächst am bewaldeten Ufer des **Lago Gutiérrez** und **Lago Mascardi** entlang bis **Villa Mascardi** , wo ein Fahrweg in den Südteil des **Parque Nacional Nahuel Huapi** abzweigt. Nach 10 km gabelt sich die Piste. Die rechte Spur folgt weiter dem See, taucht später ins weite Tal von **Pampa Linda** ab und endet nach 40 km zu Füßen des wortgewaltigen, 3554 m hohen **Monte Tronador** (›Donnerer‹). Das im Frühjahr weithin hörbare Herabpoltern der Eis- und Schneemassen gab dem Gipfel seinen Namen, der das verlockendste Bergziel der Region ist. Bergsteiger erklimmen seine Gipfel vom **Refugio Meiling** aus, einer Berghütte, die von Pampa Linda aus erreichbar ist. Im Sommer rinnen Bäche wie Silberfäden über die schwarzen Felskanzeln. Der Abrieb von dunklem Lavagestein sorgte auch für das Phänomen des am Wege liegenden **Ventisquero Negro** (›Schwarzer Gletscher‹). Ein Café lädt zum Picknick ein (wegen Straßenenge Auffahrt Richtung Tronador nur bis 14, Abfahrt erst ab 16 Uhr).

Die linke Abzweigung streift nach 18 km den **Lago Hess** und überrascht dann mit der schönen ›grünen Hölle‹ der **Cascada Los**

Argentiniens ältester Nationalpark: der Parque Nacional Nahuel Huapi

Alerces `5`, mehr ein von Felstrog zu Felstrog springender Urwaldfluss als ein braver Wasserfall (Hinfahrt nur bis 14 Uhr). Von der Kaskade aus lassen sich auch der nahe **Lago Fonck** und der **Lago Roca** erwandern.

Zurück in Villa Mascardi, strebt die RN 40 durch bewaldetes Gebirge weiter nach Süden. Bei **Pampa del Toro** führt ein 10 km langer Stichweg zum einsamen **Lago Steffen,** von wo aus eine dem Lago Martín und einer Lagunenkette folgende Wanderroute nach Chile läuft. Ein weiterer Trekkingpfad zur chilenischen Grenze – diesmal dem Río Manso folgend – beginnt an der RN 40 bei **Río Villegas** `6`. Von hier sind es noch 60 km bis El Bolsón (s. S. 284f.).

... am Lago Gutiérrez:
Autocamping Suizo, Tel. 029 44-47 62 03, www.campingsuizobche.com.ar. Ca. 10 $ p. P.
... bei Pampa Linda:
Hotel Tronador: am Südwestufer des Lago Mascardi, 25 km vor dem Cerro Tronador, Tel. 029 44-44 10 62, www.hoteltronador.com. Von einer belgischen Einwandererfamilie seit 80 Jahren geführt, direkt am Seeufer auf 3554 m Höhe. Idealer Ausgangspunkt zum Fischen, Rafting, Reiten, Trekking und Bergsteigen. DZ 242–309 $ inkl. VP.
Hostería Pampa Linda: am Fuß des Cerro Tronador, www.hosteriapampalinda.com.ar. Restaurant, Reit- und Trekkingausflüge. Paket 3 Tage/2 Nächte im DZ 940 $ p. P. inkl. VP.
Camping Río Manso: 100 m von der Hostería Pampa Linda, Tel. 029 44-15 55 62 64 (Handy, nicht immer erreichbar). Nur rudimentäre Infrastruktur, Ausgangspunkt für Trekkingtouren zum Cerro Tronador, Dez.–März. 4 $ p. P.

Circuito Grande

Reiseatlas: S. 19, A 2/3; **Karte:** S. 288
Für ›Flachlandtouristen‹ sind vor allem die Naturschönheiten nördlich von Bariloche längs des **Circuito Grande** (›Große Schleife‹) inte-

ressant. Diese Panoramastraße säumt das Nordufer des Lago Nahuel Huapi bis zum Ort **Villa La Angostura** `7`, wendet sich dann dem **Lago Espejo** zu (von hier ca. 30 km zum ganzjährig geöffneten Grenzübergang nach Chile: Puyehue–Osorno) und dringt hier in Urwälder ein, die von Riesen bewohnt sein könnten.

Weiter geht es am **Lago Correntoso** entlang über **El Portezuelo** nach **Villa Traful** `8` am gleichnamigen See, dessen Panorama man am besten von der wenige Kilometer weiter östlich auf einer Felsnase liegenden Aussichtskanzel **El Mirador** aus erfasst. Die Straße mündet bei **Confluencia** in die RN 40 (ehemalige RN 237), die, dem Lauf des Río Limay flussaufwärts folgend (er entwässert den Lago Nahuel Huapi), 60 km weiter südlich wieder Bariloche erreicht.

Bei Confluencia ziehen die gezackten Kämme des **Valle Encantado** `9` (›Verwunschenes Tal‹) die Blicke auf sich. Die gestaltreichen Andesit- und Tobaformationen, von denen der ›Finger Gottes‹ nur eine ist, sind Zeugen 30 bis 50 Mio. Jahre zurückliegender Vulkaneruptionen im Zuge der Erhebung der Anden. Es wird empfohlen, den Circuito Grande im hier beschriebenen Uhrzeigersinn abzufahren, um das Valle Encantado nachmittags im besten Fotografierlicht anzutreffen.

i | **Secretaría de Turismo:** Av. 7 Lagos 93, Villa La Angostura, Tel. 029 44-49 41 24, www.villalaangostura.gov.ar, im Winter 8.30–20.30, im Sommer 8.30–22 Uhr.

... in Villa La Angostura:
Hostería El Faro: Av. 7 Lagos 2345 (RN 231 Km 64,350), Tel. 029 44-49 54 85, www.hosteriaelfaro.com.ar. Direkt am Seeufer, Spa, Pool, Bar-Bistró. DZ 206 US$.
Camping La Estacada: RN 231 ca. 12 km südlich von Villa La Angostura Richtung Bariloche. Romantische Lage, gute Infrastruktur. Ca. 10 $ p. P.
... am Lago Correntoso:
Casa del Lago: Paimún 2010, Tel. 029 44-49 48 17, www.hosteriacasadelago.com.ar. Kleine Hostería mit Blick auf den See.

... in Villa Traful:
Vulcanche: RP 61, Tel. 029 44-49 40 15, www.vulcanche.com. Hostel mit Bungalows und Zeltplatz auf einer Anhöhe am Nordufer des Lago Traful, gute Infrastruktur. Schlafsaal 30 $ p. P., DZ 80 $, Bungalow (4 Pers.) 140 $, Camping 12 $ p. P.

¶¶ | **... in Villa La Angostura:**
Hub: Arrayanes 256, Tel. 029 44-49 57 00. Designer-Restaurant und Pub mit Jazzmusik, zum Essen gibt's Fondue, patagonisches Lamm etc. 65 $.

Von Bariloche nach San Martín de los Andes

Reiseatlas: S. 19, A 2/3; **Karte:** S. 288

Auf dem Weg zum nächsten Ziel, San Martín de los Andes, konkurrieren zwei Routen miteinander. Die westliche über die Sieben Seen, der Camino de los Siete Lagos (184 km, nur zur Hälfte asphaltiert, s. u.), verspricht eine Fahrt durch Wald mit abwechslungsreichen Uferlandschaften, die östliche über den Lago Meliquina (160 km auf der RN 40 und RP 63, davon 60 km Schotterstraße) wartet vor allem mit dem Spektakel bizarrer Felsformationen im Grenzgebiet zwischen Steppe und Wäldern auf. Optimal löst das Dilemma, wer eine Rundfahrt unternimmt oder sich 20 km mehr zumutet und ein großes ›S‹ beschreibt: Bariloche–Confluencia–Villa Traful–El Portezuelo und dann über die Seenroute (RN 234) nach San Martín de los Andes.

Der **Camino de los Siete Lagos** ist bis El Portezuelo zunächst identisch mit dem Circuito Grande (s. S. 291f.). Anstatt hier jedoch in östlicher Richtung nach Villa Traful abzubiegen, geht es auf der RN 234 gen Norden. Kurz nach der Brücke über den Río Pichi Traful liegt an der linken Straßenseite der kleine **Lago Escondido,** bevor man ins wunderbare Tal zwischen dem **Lago Villarino** und **Lago Falkner** kommt. Die Umgebung des **Lago Hermoso** (›Der Schöne‹), des siebten Sees, der unter allen Schönheiten der Region seinen Namen zu Recht trägt, war von 1946 bis in die 1970er-Jahre ein Jagdrevier, in dem deutsche und österreichische Landeigner europäische Hirsche einführten. Wenig später mündet von rechts die RP 63 (Ostroute), und rund 40 km später erreicht man das Südufer des **Lago Lácar,** an dessen Ostende San Martín de los Andes liegt.

San Martín de los Andes und Umgebung

Reiseatlas: S. 19, A 2; **Karte:** S. 288
Die Tallage am Ufer des **Lago Lácar,** die Lehren aus dem Beispiel Bariloches und von jeher eine mehr der Bewahrung als der ›Landschaftsentwicklung‹ zugeneigte Lokalphilosophie haben **San Martín de los Andes** 10 zum schönsten Gebirgsort Südargentiniens werden lassen. Die den Chroniken gemäß bereits 1898 nach dem Abschluss der Feldzüge gegen die Indianer gegründete Siedlung legte sich erst in den letzten zwei Jahrzehnten ihr kurstädtisches Gesicht zu: breite Alleen, von Birken und Rosen gesäumte Bürgersteige und ein reiches Ensemble chaletartiger Häuser, die die 23 000 Einwohner gleichsam zu verschlucken scheinen. So viele landschaftsbezogene und dabei sowohl konservative wie originelle Bauformen (kein Flachdach, kein Hochhaus) findet man selten in einer südamerikanischen Stadt.

Im Winter verwandelt sich San Martín in eines der beliebtesten Zentren für Skifahrer, wenn die elf Liftanlagen am Cerro Chapelco (2394 m) in Betrieb sind und stündlich bis zu 12 000 Skifahrer auf den Berg befördern. Zusammen mit dem nördlichen Junín de los Andes (s. S. 295) bildet San Martín sowohl die Eingangspforte zum Parque Nacional Lanín (s. S. 295ff.) als auch den Startpunkt für vier große Andenpassrouten, die im chilenischen Seengebiet ihre Fortsetzung finden (s. hier und S. 296f.).

Ausflüge in die Umgebung
Im Nahbereich von San Martín gewährt der ca. 7 km entfernte **Mirador Bandurrias** den schönsten Blick über die Stadt und den See

(von der Plaza San Martín die Straße Perito Moreno ostwärts bis zur RP 48, diese links, nach knapp 2 km wieder links bis zum Mirador; ausgeschildert).

Wanderer und Reiter werden am **Lago Queñi** 11 mit einem der malerischsten Gewässer der Kordillere belohnt. Empfehlenswert ist die etwa 3-stündige Wanderung von hier zu heißen Thermalquellen. Am See ist kostenloses Zelten erlaubt. Man erreicht den Lago Queñi von San Martín de los Andes aus über die waldreiche, hoch über dem Nordufer des Lago Lácar entlangführende RP 48. Sie durchläuft eine der wenigen von Chile nach Argentinien hineinreichenden Zonen Valdivianischen Regenwaldes. Dieser vorwiegend aus Südbuchen und Alercen, im Unterwuchs aus Farnen, Lianen, Coligüe-Rohr und dem rhabarberartigen Pangue bestehende Vegetationstyp entwickelt sich nur bei dauerhaften Niederschlägen und unter 1200 m Höhe.

Folgt man der Straße noch ein Stückchen weiter, erreicht man den regenreichen, mit 659 m Höhe niedrigsten Andenpass nach Chile. Der Grenzübergang von **Hua Hum** (mit Pirehueico als erstem Zielort in Chile) ist ganzjährig geöffnet. Hua Hum bedeutet soviel wie ›nasse Stelle‹ oder auch – für einen Hüttenbewohner konkreter – ›Loch im Dach‹. Der Urwald am Hua Hum ist das Habitat des hier noch in einigen Populationen vorkommenden, ansonsten vom Aussterben bedrohten Pudú, des kleinsten Mitglieds der Hirschfamilie.

i **Secretaría Municipal de Turismo:** Av. San Martín, Ecke J. M. de Rosas, San Martín de los Andes, Tel. 029 72-42 73 47 u. 42 55 00, Fax 42 50 48, www.sanmartindelos andes.gov.ar, tgl. 8–21 Uhr.
Parkverwaltung Parque Nacional Lanín: Emilio Frey 749, San Martín de los Andes, Tel. 029 72-42 72 33 u. 43 26 39, www.parques nacionales.gov.ar.

Entlang der Straße von San Martín zum Cerro Chapelco gibt es an die 50 Touristenkomplexe mit **Cabañas** (zumeist 4–8 Pers.), viele mit Pool, Sauna und Pferdever-

Argentinische Schweiz

Unter Artenschutz, aber wieder häufig anzutreffen: der Argentinische Graufuchs

leih (Infos im Touristenbüro). In Abhängigkeit von der Saison preislich große Schwankungen, am teuersten im Winter zur Skisaison.
Le Châtelet: Villegas 650, Tel./Fax 029 72-42 82 94 u. 42 82 96, www.hotellechatelet.com. ar. Zentrale, aber ruhige Lage, Bar, Sauna, Pool. DZ 280–490 $.
La Cheminée: Mariano Moreno, Ecke Roca, Tel. 029 72-42 76 17, Fax 42 80 87, www.hos teriala cheminee.com.ar. Sehr wohnlich, Bar, Pool, Sauna, Hausbibliothek, gutes Preis-Leistungs-Verhältnis. DZ 265–390 $.
La Masía: Obeid 911, Ecke Drury, Tel./Fax 029 72-42 76 88 u. 42 78 79, www.hosteria lamasia.com.ar. Ruhige Lage, Bar, großer Garten. DZ 190–250 $.
Bärenhaus: Los Alamos 156, Barrio Chapelco, 5 km südlich, Tel./Fax 029 72-42 27 75, www.baerenhaus.com. Von deutsch-argentinischem Ehepaar geführte schmucke Hostería, lichter Holzbau, gemütlich, familiär, viele europäische Gäste. DZ 125–145 $.
Colonos del Sur: Rivadavia 686, Tel./Fax 029 72-42 71 06, www.colonosdelsur.com.ar. Ein-

faches Touristenhotel, Restaurant. DZ 130–145 $.
Hostería Anay: Drury 841, Tel./Fax 029 72-42 75 14, www.interpatagonia.com/anay. Hostería der Mittelklasse. DZ 180–210 $
Camping ACA: am nördlichen Ortseingang. Ordentliche Infrastruktur. 15 $ p. P.
Camping Quila Quina: 12 km außerhalb. Schönster Zeltplatz der Umgebung, baumreich, Infrastruktur, Proviantladen, Teestube. 15 $ p. P.

Die Lokale in der Calle Villegas zwischen den Hausnummern 700 und 800 sind nur durchschnittlich und für das, was sie bieten, vergleichsweise teuer. Eine bessere Auswahl:
La Tasca: Mariano Moreno 866, Tel. 029 72-42 86 63. Echte spanische Tasca, Wildspezialitäten, ausgezeichnete Suppen, Pasta und Salate; eines der besten Restaurants in Patagonien. 70 $.
Rincón de los Andes: Juez del Valle 611, Tel. 029 72-42 89 40. Im 1. Stock des gleichna-

migen Hotels, preiswerte gute Pasta und Forellen, günstige Río-Negro-Weine. 40 $.

 Infos über **Wander- und Bergtouren,** Kontakt zu Führern und organisierte Touren bieten Pehuenia, Rudecindo Roca 318, Tel. 029 72-42 76 99; Ulmen Turismo, Juez del Valle 837, Tel./Fax 029 72-42 90 29. Mehrere Agenturen veranstalten **Raftingtrips** (Ríos Meliquina, Hua Hum und Aluminé).

Flüge: Vom Flughafen Chapelco, RN 40, 25 km südlich, Tel. 029 72-42 83 88, 1 x tgl. Flüge mit Aerolíneas Argentinas nach Buenos Aires.
Busse: Über ein Dutzend Unternehmen (z. B. Chevallier, TAC, La Estrella, El Valle, Andesmar und Vía Bariloche) verbinden mit Nahzielen sowie u. a. mit Buenos Aires, Mendoza und Mar del Plata. Busterminal: Juez del Valle, Ecke Villegas, Tel. 029 72-42 40 44.

Junín de los Andes

Reiseatlas: S. 19, A 2; **Karte:** S. 288
Das 42 km nördlich von San Martín gelegene **Junín de los Andes** ist ein großflächiges Dorf mit nur wenigen ortseigenen Attraktionen. Seine 13 000 Einwohner arbeiten im Gewerbezone oder sind Provinzbeamte. Touristisch hat der Ort vor allem als Ausgangspunkt für den Parque Nacional Lanín sowie für einige Exkursionen Bedeutung.

Sehenswert ist allerdings das kleine **Museo Don Moisés** mit Webarbeiten der Mapuche-Indianer, das im alten Almacén de Ramos Generales eingerichtet wurde. Gemischtwarenläden wie dieser waren auf dem Land früher gang und gäbe, und wie dieser waren die meisten im Besitz von syrisch-libanesischen Einwandererfamilien, die mit dem Handel reich wurden und oft auch zu lokaler politischer Macht gelangten (Coronel Suárez, Ecke General San Martín).

Das **Museo Mapuche** zeigt paläontologische und archäologische Zeugnisse der Ureinwohner der Region (Ginés Ponte 540, tgl. 9–12.30, 14.30–19 Uhr, Eintritt frei).

Dirección de Turismo: Coronel Suárez, Ecke Padre Milanesio, an der Plaza, www.junindelosandes.gov.ar, Tel. 029 72-49 11 60, tgl. 8–21 Uhr.

Hotel San Jorge: Chacra 54, am Ende der Av. Antártida Argentina, Tel. 029 72-49 11 47. Renoviertes Hotel am Ortsrand mit großem Garten, Golfplatz und gutem Restaurant. DZ 120–150 $.
Hostería Chimehuin: Coronel Suárez, Ecke 25 de Mayo, Tel. 029 72-49 11 32, Fax 49 25 03, www.interpatagonia.com/hosteriachimehuin. Am Flussufer, beliebt bei Anglern, schöner Garten. DZ 100–140 $.

Ruca Hueney: Coronel Suárez, Ecke Padre Milanesio, Plaza San Martín, Tel. 029 72-49 11 13. Regionale patagonische (Forellen, Wild) und arabische Küche. 45 $.

Busse: Regelmäßige Verbindungen nach San Martín de los Andes, Bariloche, Neuquén, Buenos Aires, Córdoba (mit Tus) und Chile (nach Temuco und Valdivia mit den Unternehmen San Martín oder Igi-Llaina). Im Sommer fährt Castelli 2 x tgl. in den Nationalpark. Busterminal: Olavarría, Ecke Félix San Martín, Tel. 029 72-49 20 38.

Parque Nacional Lanín

Reiseatlas: S. 19, A 1/2; **Karte:** S. 288
Ca. 4120 km^2 umfasst der **Parque Nacional Lanín** 13. Sein schneegekrönter ›Star‹ ist der erloschene **Volcán Lanín** (und genau das bedeutet der Name in der Sprache der Mapuche: ›ausgelöscht‹), dessen 3776 m hoher Kegel die ebenmäßigen Konturen des Fudschijama nachzuzeichnen scheint.

Im Krater des Lanín lebte, so eine araukanische Sage, die grimmige, gleichwohl die Natur beschützende Gottheit Pillán und ließ, unzufrieden mit dem Treiben der Menschen, den Vulkan Feuer und Lava spucken. Nur das Opfern des liebreizendsten Mädchens im Lande könne den erzürnten Pillán versöhnen, lautete das Orakel des Mapuche-Schamanen. So fiel die Wahl auf die Kazikentochter Huilefún und die Prinzessin nahm ihr Schicksal ohne Klage an. Ein Kondor trug sie hoch in die Lüfte, ließ sie in den Krater fallen und augenblicklich gebot Pillán dem Vulkan, so ruhig zu werden, wie er sich bis heute dem Betrachter darbietet.

Ehrfurcht und Verehrung gegenüber diesem Solitär unter den patagonischen Bergen haben sich erhalten. Einsam überragt der Lanín alle Erhebungen der sich von hier aus Richtung Norden erstreckenden Mapuche-Region. Dass die Spanier diese einst vom heutigen Chile über die Anden gekommenen Indianer Araukaner nannten, lag an deren besonderer Diät: Sie ernährten sich hauptsächlich von den (auch für den Winter eingelagerten) Früchten der Araukarie, den krallenförmigen, nach Nuss schmeckenden *piñones* der Zapfen. Die majestätische, bis zu 40 m hohe Araukarie – *pehuén* in der Sprache der Mapuche – schmückt die Vorkordillere in dieser Gegend wie mit riesigen Leuchtern.

In ihrem festlichsten Gewand zeigt sich diese Gebirgsregion im Herbst (um die Osterzeit). Dann schwelgen die Wälder in einem Farbenrausch, wie man ihn auf dem Kontinent sonst nur noch im Süden Feuerlands und in Neuengland findet. Zwischen dem vielfach abgestuften Immergrün von Araukarien, Kordilleren-Zypressen, Coihue und Coligüe-Bambus leuchtet das Ocker der Robles auf, glühen die Ñires in Purpur und Karmin, entzünden sich die Lengas zum Rotviolett und flammen die hier ›Exoten‹ darstellenden Pappeln auf wie gelbe Fackeln. Hält diese Pracht bis zum ersten Schneefall an und blendet die Sonne noch die Blautöne von Himmel und Seen ein, dann ist das Chromatogramm komplett.

Wanderparadies

Wanderer finden im Nationalpark ein großes Netz an Pfaden unterschiedlicher Länge und Schwierigkeit (Infos in der Parkverwaltung in San Martín de los Andes, s. S. 293), während Bergsteiger vor allem der Lanín in den Bann zieht: Von **Puerto Canoa** am Lago Huechulafquen aus gelangt man auf der *picada* (Pfad) Rucu-Leufu bis über die Baumgrenze des Vulkans (grandioser Blick) und ab da, in Richtung auf den Gletscher der Südwand, in ca. 4 Stunden zum Refugio des Club Andino Junín de los Andes (für 12 Personen).

Fahrtrouten durch den Nationalpark

Für Autowanderer führt die ansprechendste der regionalen Andenrouten wenige Kilometer nördlich von Junín über die RP 60 zum Grenzübergang Tromen–Mamuil Malal. Die eintönig beginnende Strecke gewinnt in dem Maße an Reiz, wie der geradezu magnetisch wirkende Lanín auf den Reisenden zukommt. Sobald man sich dem Tor des Nationalparks nähert, posieren mächtige Araukarien im Bildvordergrund. Sodann bietet sich der von einem dichten Waldpelz umhüllte **Lago Tromen** (die Furt des Río Turbío ist zeitweise nur mit Allradantrieb zu durchfahren) als reizvolles Basislager für Gipfeltouren auf den Vulkan. Nach Chile hinüberpendelnde Grenzgänger finden dort die schmucken Orte Pucón (von hier aus – technisch relativ einfache – Besteigung des tätigen Vulkans Villarrica bis zum Kraterrand möglich) und Villarrica.

Eine zweite, dem Lanín als weithin sichtbarem Navigationszeichen folgende Route führt von Junín de los Andes am Nordufer des **Lago Huechulafquen** entlang bis zum Schwestersee **Lago Paimún** (an der Strecke Basen für Trekkingtouren).

Sowohl von San Martín – in diesem Fall über den **Lago Lolog** – als auch von Junín de los Andes aus lässt sich die chilenische Grenze gleichfalls auf einer am **Lago Curruhué Chico** beginnenden Seenroute ansteuern. Das zweite Gewässer auf diesem Weg, der lang gestreckte **Lago Curruhué Grande,** überrascht mit schönen Araukarienhainen; an der **Laguna Verde** erinnert eine breite, durch eine eiszeitliche Gletscherrinne laufende Lavazunge – der **Escorial** – an den sagenumwobenen Vulkan Huanquihue, dessen von der Ostwand herabstürzende Wasserfälle (Fernblick) von hier aus in zwei Stunden erwandert werden können. In den Mooren am **Lago Epulafquen** blubbern nicht weniger als

22 Thermalquellen (nur sehr rudimentäre Infrastruktur). Die Straße überquert am **Paso Carirriñé** die Grenze (geöffnet nur im Sommer tagsüber) und läuft auf Panguipulli als ersten chilenischen Ort zu.

Tipiliuke Lodge: Estancia Cerro de los Pinos, 22 km südwestlich von Junín de los Andes, zwischen den Flüssen Chimehuin und Quilquihue, Tel. 029 72-42 94 66 u. 011-48 06 88 77, www.tipiliuke.com. 1909 gegründete, 20 000 ha große Farm, auf der noch Viehzucht betrieben wird; Birdwatching, botanische Wanderungen, Angeln, Reiten, Trekking. DZ 335–385 US$ inkl. VP, Transfer ab San Martín de los Andes und Ausflüge.

Hostería San Huberto: RP 60, 25 km westlich der Abzweigung von der RP 234, www.sanhubertolodge.com.ar. Ehemalige Jägerhütte einer alten Estanzia am Río Malleo, heute ein beliebtes Ziel für Fliegenfischer, Restaurant, Landebahn für Privatflugzeuge. DZ 200 US$ inkl. VP.

Lahuen Co: RP 62, Termas de Epulafquen, an der Südwestspitze des Lago Epulafquen, Tel. 029 72-42 47 09, www.lahuenco.com. Berg-Spa, von einem Zen-Lehrer geführt, Yoga, Tai-chi, Thermalbäder, immer in enger Beziehung mit der Natur, mit Restaurant und Teehaus, auch Tagesprogramm (300 $). DZ 900 $ inkl. VP.

Hostería Paimún: RP 61 Km 58, am Nordufer des Lago Paimún, Tel. 029 72-49 12 01, www.interpatagonia.com/hosteriapaimun. Ebenfalls bei Anglern beliebte Unterkunft. DZ 170 $ p. P. inkl. HP, 190 $ inkl. VP.

Hostería Huechulaufquen: RP 61 Km 55, am Nordufer des Sees, Tel. 029 72-42 75 98, www.lanin-sur.com.ar. Mit Restaurant. DZ 190 $ p. P. inkl. HP, 220 $ inkl. VP.

Camping Bahía Cañicul: RP 61 Km 54, am Nordufer des Lago Huechulaufquen. Ordentliche Infrastruktur. 10 $/Zelt.

Camping Piedra Mala: RP 61 Km 64, am Nordufer des Lago Paimún. Mit Infrastruktur. 7 $ p. P.

Postkartenvulkan: der 3776 m hohe Volcán Lanín im gleichnamigen Nationalpark

Die nordpatagonischen Seen der Provinz Neuquén liegen inmitten einem der letzten Araukarienwälder in einer Region, wo auch noch mehrere Gemeinden der Mapuche-Indianer ansässig sind. Angler und Wildwasserfreunde finden ihr Revier auf dem Río Aluminé, Müßiggänger in den Thermalbädern von Copahue und Coviahue.

Aluminé und Umgebung

Reiseatlas: S. 19, A 1; **Karte:** S. 300

Pehuenia (von dem Mapuche-Wort *pehuén* = Araukarie) heißt der in Wälder gebettete, aus dem Lago Aluminé, Lago Moquehue und Lago Ñorquinco gebildete Seenring unweit von **Aluminé 1**. Zu diesem kleinen Ort gelangt man über eine (ab Junín de los Andes, s. S. 295) 102 km lange Straße (RP 23), die eine auf- und abwogende Steppenlandschaft durchläuft, bevor sie in das von steilen Felsen flankierte Tal des Río Aluminé eintaucht. Auf diesem Fluss werden alljährlich im November die argentinischen Kajakmeisterschaften ausgetragen.

Schöne Tagestrekkingrouten führen vom südwestlich gelegenen Dorf **Quillén 2** am

Begehrtes Souvenir: die kunstvollen Webarbeiten der Mapuche-Indianer

gleichnamigen See in den 7 km langen **Cañadón Malalco** (3 Std. bis zur Laguna Negra) und, auf einem fast gleichlangen Weg, zum **Lago Hui Hui.**

Verlässt man Aluminé Richtung Westen, so gelangt man nach 23 idyllischen Kilometern zur Mapuche-Kolonie **Rucachoroi** **3** am Südostufer des gleichnamigen Sees. In dieser kleinbäuerlichen Streugemeinde gewinnt der Besucher einen unmittelbaren Eindruck von der aktuellen Lebensweise eines alten Kulturvolkes, das sich noch des Ochsenkarrens bedient und wie eh und je den jährlichen *piñoneo* – das Sammeln der Araukarienzapfenkerne – pflegt. Zur Erntezeit (in der Osterwoche) wird in Aluminé das Pehuén-Fest gefeiert.

> **Secretaría de Turismo:** Joubert 321, im Kiosk auf der Plaza, Tel. 029 42-49 60 01, www.alumine.gov.ar, tgl. 8–21 Uhr.

> **... in Aluminé:**
> **Hotel Pehuenia:** Crouzelles 100, Ecke RP 23, Tel. 029 42-49 63 96, www.hotelpehuenia.com.ar. Alpiner Bau mit Sicht auf den Río Aluminé, Restaurant. DZ 160 $.
> **Hostería Aluminé:** Joubert 312, Tel. 029 42-49 61 74. DZ 110 $.
> **Hostería Nidcar:** Joubert, Ecke Juan Benigar, Tel. 029 42-49 61 31. DZ 75 $.

> **... in Aluminé:**
> **La Posta del Rey:** in der Hostería Aluminé (s. o.). Großzügige Portionen, Tipp: *pasta patagónica* mit Pilzsoße. 45 $.
> **... außerhalb:**
> **El Frutillar:** RP 23 Km 20, ca. 15 km nördlich auf der rechten Straßenseite. Kleines Lokal in Erdbeerenfarm am Fluss, gute regionale Küche, selbst gemachter Schafskäse (auch zum Mitnehmen). 40 $.

> **Casa de la Cultura:** Av. Olascoaga s/n, an der Plaza. Ponchos und andere Webarbeiten der Mapuche-Indianer.

> **Fischen und Rafting:** Infos im Hotel Pehuenia (s. o.).

> **Busse:** Die Unternehmen Albus und Campana Dos verbinden mit Villa Pehuenia, Zapala und Neuquén; Tillería fährt nach Junín de los Andes und San Martín de los Andes. Busterminal: Av. Cuatro de Caballería, Tel. 029 42-49 60 48.

Von Aluminé nach Neuquén

Reiseatlas: S. 19, A–C 1; **Karte:** S. 300

Weiter geht die Fahrt auf der RP 23 zu dem rund 40 km entfernten **Lago Aluminé.** Die schönste Annäherung an den See führt über die RP 11, die etwa 19 km nördlich von Aluminé gen Westen abzweigt. Vorbei am **Lago Pulmarí** und am **Lago Ñorquinco** erreicht man in **Moquehue** den gleichnamigen See, kurz darauf die Kreuzung mit der RP 13 und nur wenige Kilometer östlich davon, bereits

am Nordufer des Lago Aluminé gelegen, das touristische ›Zentrum‹ der Gegend, **Villa Pehuenia** 4 .

In die andere Richtung führt die RP 13 auf den 1296 m hohen **Paso de Icalma** (geöffnet Nov.–Mai) zu und verbindet in Chile mit Cunco und Temuco. Nur rund 45 km weiter nördlich überquert die von Zapala (s. u.) ausgehende RN 22 den 1884 m hohen **Paso de Pino Hachado** (geöffnet Dez.–Mai), um in Chile gleichfalls Temuco, die Hauptstadt der dortigen Provinz Araucanía, zu erreichen. Zwischen diesen beiden Pässen findet man beiderseits des Kordillerenkamms in mehr als 1000 m Höhe die größte Konzentration von **Araukarienwäldern** *(Araucaria araucana)*, obwohl sich diese noch bis zum Lago Caviahue weiter im Norden hinziehen. Östlich dieser Linie und vorwiegend im Dreieck Junín de los Andes–Aluminé–Zapala sind, als beschirmten die Bäume ihre Schützlinge, auch die meisten der 35 in der Provinz Neuquén ansässigen Mapuche-Gemeinden verwurzelt.

108 km sind es vom Lago Aluminé auf der RP 13 in die nichtssagende Bergarbeiterstadt **Zapala** 5 . Nur rund 25 km südwestlich davon taucht man am steppenhaften **Parque Nacional Laguna Blanca** 6 wieder voll in die Natur ein. Die Lagune bildet – mit allein 2000 Schwarzhalsschwänen – die größte Niststätte für Süßwasservögel in Patagonien (beste Besuchszeit: Nov.–März).

Auf der weiteren Strecke nach Neuquén lohnt ein Stopp in **Plaza Huincul** mit dem **Museo Carmen Funes,** in dem u. a. Skelettteile des weltgrößten Dinosauriers ausgestellt sind (s. S. 303, Av. Córdoba 55, Mo–Fr 8.30–20, Sa, So und Fei 16–20 Uhr).

i … in Villa Pehuenia:
Información Turística: im Centro Cívico, RP 13, Tel. 029 42-49 80 44, www.villa pehuenia.org.

… am Lago Pulmarí:
Piedra Pintada Resort: RP 11, am Südufer des Lago Pulmarí, Tel. 029 42-49 63 96, www.piedrapintada.com.ar. Die Anlage entfachte eine gewisse Polemik, weil sie den

Zugang der lokalen Mapuche-Bevölkerung zum See und einem am Ufer platzierten Heiligtum behinderte; idyllische Lage, Restaurant, Birdwatching. DZ 130 US$ p. P. inkl. VP.

... in Villa Pehuenia:

Posada La Escondida: am Nordufer des Río Aluminé, direkt am See, Tel. 029 42-66 98 00 und 15 69 11 66, www.posadalaescondida. com.ar. 8 Zimmer mit Terrasse zum See, ausgezeichnetes Restaurant. DZ 420 $.

... in Zapala:

Hotel Pehuén: Etcheluz, Ecke Elena de la Vega, Tel./Fax 029 42-42 31 35. Bescheiden, aber sauber, in der Nähe des Busterminals. DZ 100 $.

Busse: Tgl. Verbindungen von Zapala nach Buenos Aires, Neuquén, Caviahue/Copahue, Junín de los Andes und San Martín de los Andes. Busterminal: Etcheluz, Ecke Uriburu, Tel. 029 42-43 12 86.

Neuquén

Reiseatlas: S. 19, C 1; **Karte:** S. 300

Das Mapuche-Wort *neuquén* bedeutet ›kühn‹, und kühn war auch die Idee, an der Endstation der 1904 bis hierher gebauten Eisenbahnlinie eine Stadt – heute die bedeutendste Patagoniens – entstehen zu lassen. Ihre Urzelle bildete Confluencia am Zusammenfluss von Río Limay und Río Neuquén, die sich zum mehrere Kilometer breiten Río Negro vereinen. Dieser bewässert die bis nach Chichinales reichenden Obstkulturen des Alto Valle (›oberen Flusstals‹), von deren Ernte heute rund 60 % in den Export gehen. Als ›Energiereiche‹ aber bezeichnet sich die Provinz vor allem, weil sie mehr als die Hälfte der argentinischen Erdgasreserven birgt, 57 % des Petroleumaufkommens und zwei Drittel der Elektrizität (vorwiegend aus Wasserkraft) liefert. Einen Teil dieser Energie erzeugt der mächtige Stausee Embalse Cerros Colorados. Im bunten Sedimentgestein des südlich anschließenden Hügellandes trifft man auf eine der ergiebigsten Saurierfundstätten der Welt.

Die 202 000 Einwohner zählende Provinzhauptstadt **Neuquén** 7, rund 180 km westlich von Zapala gelegen, ist als Haupteinfallstor für Nordpatagonien und Knotenpunkt der Vorandenregion über zwei wichtige Verkehrsachsen mit Buenos Aires verbunden. Eine 1994 eingeweihte transandine Erdölleitung zum chilenischen Pazifikhafen Concepción/Talcahuano hat eine 80 Jahre alte Idee wieder aufleben lassen: die bis Zapala gehende Eisenbahnlinie entlang ebendieser Trasse bis nach Concepción weiterzubauen und so Atlantik (Bahía Blanca) und Pazifik auf dem Schienenweg miteinander zu verbinden.

Hostal del Caminante: RN 22 Km 1227 (Hauptstraße), Tel. 02 99-444 01 18, Fax 444 01 19, www.patagonias.net/hostaldelcaminante/. Parkhotel beim Flughafen am westlichen Stadteingang, Restaurant, Sauna. DZ 220 $.

La Toscana: Lastra 176 (Seitenstraße der RN 22), Tel. 02 99-447 33 22, www. latoscanarestaurante.com. Feine norditalienische Küche, regionale Zutaten, viele Gerichte aus dem Lehmofen. 70 $.

Flüge: Aerolíneas Argentinas/Austral fliegt 4–5 x tgl. nach Buenos Aires und 1 x wöchentlich nach Comodoro Rivadavia. Flughafen: 5 km westlich vom Stadzentrum, von der RN 22 ca. 500 m gen Norden, Tel. 02 99-444 04 46 u. 444 00 72, www.anqn.com. **Busse:** Zahlreiche Verbindungen nach Buenos Aires, San Martín de los Andes, Bariloche, El Calafate, Río Gallegos, Mendoza, Salta, Córdoba, Chile und Paraguay. Busterminal: 3,5 km westlich an der RN 22, Ecke Solalique, Tel. 02 99-445 23 00.

Nördliche Provinz Neuquén

Über Las Lajas nach Copahue

Reiseatlas: S. 15, A 4; **Karte:** S. 300

Wer sich von Zapala auf der RN 22 Richtung Nordwesten wendet, passiert etwas südlich

Araukanien

von dem Ort **Las Lajas** `8` mit dem **Cordón Cuchillo-Curá** eine der fundreichsten Fossilienkammern mit Grottenfauna – ein wahrhaft finster-feuchtes Reich für passionierte Höhlenforscher.

Zu dieser schwarzen Unterwelt kontrastiert der himmelstürmende **Volcán Copahue** (ca. 3000 m), der 140 km weiter nördlich (RP 21 und 26) sein schneebedecktes Haupt im **Lago Caviahue** betrachtet. In diesem See, blau und klar wie Bergkristall, spiegeln sich auch noble Araukarien, die hier ihre nördliche Wuchsgrenze erreichen. Das ziemlich stillose Uferdorf **Caviahue** `9` wird der prächtigen Naturkulisse nicht gerecht und auch der gut 20 km weiter bergauf gelegene Thermalort **Copahue** wirkt mit seinen Wellblechdächern eher wie eine Bergwerkssiedlung. In dieser baumlosen und sumpfigen Einöde hört man nur die ihrer Dampfgeräusche wegen *las máquinas* und *las maquinitas* (›Maschinen‹ und ›Maschinchen‹) genannten Quellen ihren Schwefelatem ausstoßen. Die große Thermalbadanlage, allgemein El Instituto genannt, liegt im Zentrum von Copahue (Heilanzeige: Knochen- und Gelenkleiden, Hautkrankheiten, Stressabbau) und ist im Winter geschlossen, dafür steigt zu dieser Jahreszeit der Betrieb in Caviahue, das in den letzten Jahren zu einem viel besuchten Skizentrum heranwuchs. Höhepunkt ist die 8 km lange Abfahrt vom Vulkankrater.

i **Ente Provincial de Termas de Neuquén – Centro Termal Copahue:** Olascoaga s/n, Copahue, Tel. 029 48-49 50 50 u. 49 50 52, www.caviahue.com und www.termasdecopahue.com, Nov.–Mai tgl. 7–21 Uhr. **Comisión de Fomento Caviahue-Copahue:** Calle 8 de Abril s/n, Bungalow 5 u. 6, Caviahue, Tel. 029 48-49 50 36 u. 49 51 44, turismocaviahuecopahue@infovia.com.ar.

... in Caviahue:
Hotel Nieves del Cerro: Av. Quimey Co, Ecke Las Chaquiras, Tel. 029 48-49 52 22. Neues Berghotel an den Skipisten, Spa, Restaurant. DZ 650–1085 $ p. P.
Hotel Lago Caviahue: Av. Quimey Co s/n,

Tel. 029 48-49 50 74, www.hotellagocaviahue.com. DZ 210–310 $.
La Casona de Tito: Puesta del Sol s/n, Tel. 029 48-49 50 93 u. 011-48 61 52 79, www.lacasonadetito.com.ar. DZ 150–200 $.
Camping Municipal Hueney: RP 26 Richtung Thermalquellen, Tel. 029 48-49 50 41. Schöner Zeltplatz unter Araukarien.

... in Copahue:
Hotel Copahue: Bernardo Bercovich s/n, Tel. 029 48-49 51 17, www.copahuehotel.com.ar. Gegenüber den Thermalbädern, Restaurant. DZ 150 $ p. P. inkl. HP, 170 $ inkl. VP.
Hostería Hualcupén: Olascoaga s/n, Tel. 029 48-49 50 82, www.hosteriahualcupen.com.ar. Thermalbäder, auch in der auf Vulkanasche ausgebreiteten Laguna del Chancho und in der von Mikroalgen bevölkerten Laguna Verde. Drahtloser Internetanschluss. DZ 198–230 $ p. P. inkl. HP.

... in Copahue:
Parrilla Nito: Zambo Jara s/n, Tel. 029 48-49 50 40.
El Montañés: Cheuquel, Ecke Bercovich. Auch gute Kuchen zum Tee.

Busse: Das Busunternehmen Conosur verbindet Caviahue (im Sommer auch Copahue) tgl. 4 x mit Zapala und Neuquén.

Chos Malal

Reiseatlas: S. 15, A 3; **Karte:** S. 300
Wichtigster Ort in dieser nördlichsten Ecke Patagoniens ist das rund 170 Straßenkilometer nordöstlich von Caviahue gelegene **Chos Malal** `10`. Der adrette, auf unternehmungsfreudige Touristen eingestellte Ort ist als Ausgangspunkt zur Erschließung einer der unberührtesten und reizvollsten Andenregionen noch so gut wie unbekannt. Einen ersten Überblick über die Gegend bietet das **Museo Histórico** (Plaza San Martín, Di–Fr 9–11, 14–19, Sa 15–19 Uhr).

Weiter gen Norden Reisende haben von hier noch 140 km bis zur Provinzgrenze nach Mendoza vor sich sowie weitere rund 600 km über San Rafael in die Provinzhauptstadt, Argentiniens Weinmetropole (s. S. 310ff.).

Argentiniens Saurier-Register hält Rekorde

Thema

»Ihr besitzt den Großen, aber ich habe den Kleinen«, sagte der Bauer Roberto Saldivia, als er im April 1995 einen Plastikbeutel mit Zähnen, Kiefer- und Wirbelknochen in Plaza Huincul ablieferte. Der ›Große‹ war der auf den wissenschaftlichen Namen *Argentinosaurus huinculensis* getaufte größte Pflanzenfresser unseres Planeten, dessen Skelett im dortigen Museum Carmen Funes aufgestellt ist.

Der ›Kleine‹ – 90 Mio. Jahre alt, wie die Radiokarbonmessung ergab – ist der primitivste bisher bekannte Iguanodon. 15 verschiedene Sauriergattungen wurden in Argentinien bisher entdeckt. 1995 stieß man in Chubut auf ein 170 Mio. Jahre altes Exemplar, dessen Haut noch erhalten war. Zwei Jahre zuvor hatte Rubén Carolini den schwergewichtigsten Fleisch fressenden Saurier der Erde gefunden: 15 m lang, 8 m groß und mit 22 cm hohen Sägezähnen bewaffnet. Dieser 97–105 Mio. Jahre alte *Gigantosaurus carolinii* stellte sogar den als Urschreck bekannten *Tyrannosaurus rex* in den Schatten. Damit gilt das Land als eine der ergiebigsten Fundstätten der Welt – und nennt sich nun, im Anklang an Steven Spielbergs Jurassic Park, gerne Surassic Park (*sur* = Süden).

Doch nicht die Anzahl der Funde allein, sondern deren Alter, Erhaltungsgrad und die Qualität ›latenter Informationen‹ bestimmen den Rang einer Fossilienregion. Insofern könnte Argentinien in das Guinness Buch der Rekorde eingehen. Nicht nur erreichte der *Argentinosaurus* zu Lebzeiten das unübertroffene Gewicht von zehn afrikanischen Elefanten, der 1991 in San Juan ausgegrabene kleine *Eoraptor* dürfte sich, wie das Time-Magazin es ausdrückte, als der ›Stammvater des Dinosaurier-Clans‹ erweisen: 230 Mio. Jahre ist er alt.

Als Nordpatagonien in der Kreidezeit an einem vom Wasser des Pazifiks umspülten und von Korallen bewohnten tropischen Golf lag, wimmelte das Land von Krokodilen, Boas und Sauriern. Aber warum starben gerade die Riesenechsen vor etwa 65 Mio. Jahren aus? Litten sie, bei ihrem mit Hängebrücken vergleichbaren Knochenbau, unter Bandscheibenproblemen? Oder machten, bei zunehmendem Gewicht, ihre Herzen nicht mehr mit (ihre bis zu 11 m langen Hälse stellt man sich teilweise mit acht Pumporganen ausgestattet vor)? Konnten sie sich nicht der Evolution im Pflanzenreich anpassen? Die meisten Forscher neigen zu einer Katastrophentheorie: Der Einschlag eines Kometen, Vulkanausbrüche und die verheerenden Folgen könnten die Spezies ausgelöscht haben.

Der an Augenblickslösungen gewöhnte moderne Mensch, meinte der argentinische Paläontologe Fernando Novas, stelle sich gerne sensationelle Effekte vor. Das könne man auch anders sehen. Evolutionär betrachtet lebe die Sauriergattung z. B. im Pampastrauß fort, dessen drei Zehen immer noch die Merkmale eines *Tyrannosaurus rex* aufwiesen. Überhaupt seien alle Vögel, wie ehemals die Saurier, Reptilien; sie hätten nur ihre Schuppen in Federn und die Vorderbeine in Flügel verwandelt. Deswegen stelle er sich die Saurier nicht als ausgestorben, sondern als in den Vögeln weiterlebend vor, und erst wenn wir die heute noch existierenden 8000 Vogelarten schützten, hätten wir das wirkliche Aussterben der Saurier verhindert.

Araukanien

ℹ **Dirección Regional de Turismo Zona Norte:** 25 de Mayo 89, Tel. 029 48-42 14 25, tgl. 8–20 Uhr.

🛏 **El Torreón:** 25 de Mayo 137, Tel. 029 48-42 19 66, www.eltorreonhotel.com.ar. Saubere Hostería. DZ 100 $.

Picún Ruca: 25 de Mayo 1271, Tel. 029 48-42 10 00 u. 42 17 04, Fax 42 17 24. Motel mit Cafetería. DZ 90 $.

Baalbak: 25 de Mayo 920, Tel. 029 48-42 14 95. Residencial, Zimmer mit Bad. DZ 55 $.

Camping Municipal: General Justo, an der nördlichen Ausfahrt über dem Flussufer, Tel. 029 48-42 11 01. Einfache Infrastruktur.

🍴 **El Viejo Caicallén:** General Paz 345, Tel. 029 48-42 13 73. Einfacher, ordentlicher Rahmen, Spezialitäten Forelle und Pasta. 30 $.

Andacollo und Huinganco

Reiseatlas: S. 15, A 3; **Karte:** S. 300

Der tiefen Schlucht des Río Neuquén flussaufwärts folgend, von der Höhe zu winzigen Brücken absteigend, dann wieder zur Felstraufe hochkletternd und weite Hochebenen durchmessend, tasten sich die schmalen Pisten RP 6 (über El Cholar) und RP 57 an den Bergweiler **Andacollo** **11** und die benachbarte (6 km) Hochoase **Huinganco,** den ›Garten der Provinz‹, heran. Sie ist nicht arm, diese ›steinreiche‹ Region, auch wenn es in Andacollo (der ›mit Mineralien Gesegneten‹ – in der Sprache der Mapuche) heute nur noch wenige Goldwäscher gibt. 640 000 Ziegen weiden auf dem kargen Hochland Neuquéns, wo Flüsse wie der die Straße begleitende Río Trocomán so klar und sauber sind, dass man die Regenbogenforellen in der Strömung stehen sieht.

ℹ **Dirección de Turismo:** Elías Troitiño, Ecke Fortín Guanacos, an der Ortseinfahrt, Andacollo, Tel. 029 48-49 40 60, tgl. im Winter 8–18, im Sommer 8–22 Uhr.

🛏 **... in Andacollo:**
Hostería La Secuoya: Valvarco, Ecke Nahueve, Tel. 029 48-49 40 07. Angenehme Zimmer, Restaurant. DZ 80 $.

Hostería Andacollo: Torreón s/n, Tel. 029 48-49 41 19. Ehemaliger, fast 100-jähriger Proviantladen, der zur Unterkunft umfunktioniert wurde, mit Restaurant. DZ 50 $.

Camping Municipal: RP 43, 200 m vor dem Ort am Río Neuquén, Tel. 029 48-49 40 12. Gute Infrastruktur, Laden. 5 $/Zelt, 1 $ p. P.

Weiter zum Volcán Domuyo

Reiseatlas: S. 15, A 3; **Karte:** S. 300

Im Schutz der Cordillera del Viento verbirgt sich 42 km nördlich von Andacollo das urige Dorf **Las Ovejas** (›Die Schafe‹). Kurz vorher

zweigt ein Fahrweg (RP 45) zu den **Lagunas de Epulafquen** mit ihrem Südbuchenwald ab, in dem 90 Vogelarten gezählt wurden (wildromantische Zeltmöglichkeiten, Wanderpfade). Der Hauptstrang der Straße (RP 43) läuft über strapaziöse Kurven und Steigungen auf den mächtigen **Volcán Domuyo** 12 (4709 m) zu. Von dem Weiler **Varvarco,** 21 km nördlich von Las Ovejas, ziehen den abenteuerlich gestimmten Touristen zwei Ziele in ihren Bann: die kapriziösen, von Wasser und Wind ausgeschliffenen Sandsteinformationen **Los Bolillos,** unter denen die einer Kapuzinerprozession ähnelnden Felsgestalten der *monjes* (›Mönche‹) am eindrucksvollsten

sind; sodann um **Villa Aguas Calientes** die mit 95 °C aus den algenbewachsenen Erdspalten des Vulkans sprühenden salz- und kalziumhaltigen Thermalwasser und Dämpfe (Heilanzeige: Arthritis und Hautkrankheiten). Wie zum Abschied schießen hier und da Geysire (die einzigen Argentiniens) bis zu 15 m hohe Fontänen in die Luft – denn hier ist Patagonien zu Ende.

... in Aguas Calientes:
Bungalows: Reservierung in Las Ovejas, Tel. 029 48-48 10 80. Geothermisch geheizte Bungalows, Führungen zu Pferd oder zu Fuß zu den Geysiren.

Einsame Straßen und einsame Hirten zu Füßen des Volcán Copahue

›Gartenstadt‹ Mendoza – in kaum einer anderen
Provinzmetropole gibt es so viel Grün wie hier

Kapitel 5

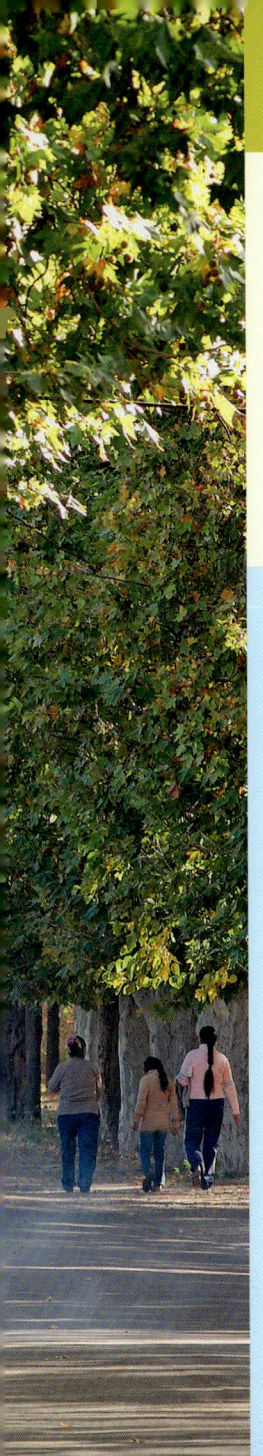

Cuyo

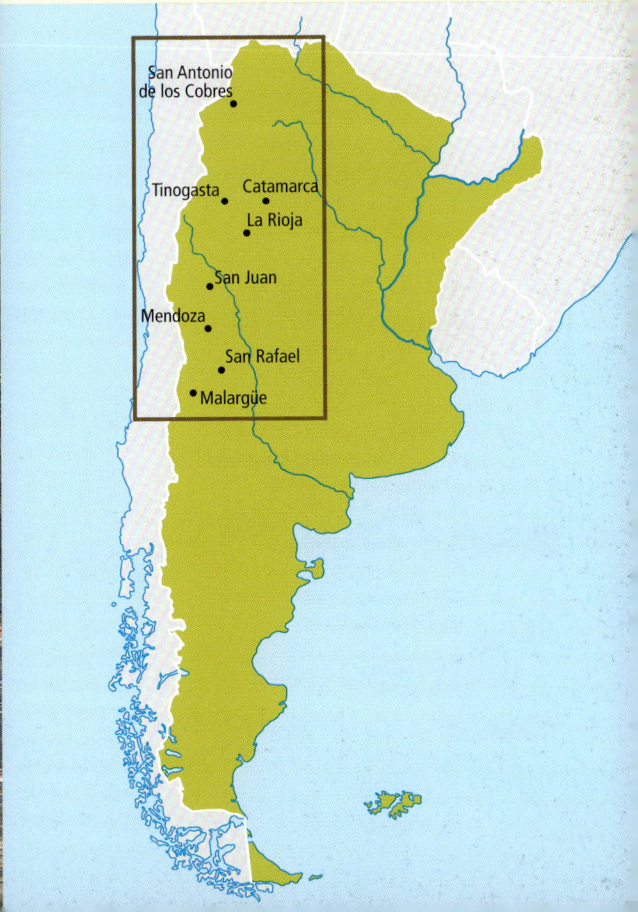
San Antonio de los Cobres
Tinogasta
Catamarca
La Rioja
San Juan
Mendoza
San Rafael
Malargüe

Wein, Wüste und ›Wilder Westen‹

Cuyo nennt sich jene von den Provinzen Mendoza, San Juan und La Rioja gebildete Region, die sich im Norden bis nach Catamarca erstreckt und deren landwirtschaftliche Ertragskraft sich vom Wasser der Hochanden nährt. Denn das Huarpe-Wort *cuyo* bedeutet nichts anderes als ›trockene Sandfläche‹.

Der Initiative der Huarpe-Indianer, d. h. den von ihnen angelegten und später durch die Inka erweiterten Bewässerungskanälen ist es zu verdanken, dass weite Teile der Region in fruchtbare Oasen verwandelt wurden und der Reisende heute riesige Obstplantagen und Weinfelder durchkreuzt. Das andere Gesicht dieses ansonsten trockenen Landstrichs sind gewaltige, menschenleere Schluchten wie in Ischigualasto und Talampaya, wüstenhafte Hochebenen mit entsprechender Vegetation im Nordwesten von La Rioja und Catamarca sowie die fast allgegenwärtige Andenkette, ein Mekka für Bergsteiger und Trekker, in Las Leñas und Los Penitentes auch für Skifahrer. Über die ganze Region verteilt finden sich Zeichen ausgestorbener Indianerkulturen.

Drehkreuz des Cuyo ist die charmante Winzermetropole Mendoza, durch die die wichtigste Querachse des Südkontinents – von Buenos Aires nach Santiago de Chile – läuft. Auch auf der RN 40, einer der Ostflanke der Anden folgenden Nord-Süd-Route, ist die viertgrößte Stadt Argentiniens der bedeutendste Knotenpunkt zwischen Südpatagonien und Nordwestargentinien. Von Buenos Aires erreicht die RN 7 – erst die feuchte, dann die trockene Pampa durchquerend – Mendoza nach über 1000 flachen Streckenkilometern. Knapp 200 km weiter westlich stößt die gleiche RN 7, nun als Transandenstraße, auf die chilenische Grenze (ab da ca. 170 km bis Santiago).

Inselhafter als Mendoza geben sich die anderen Provinzstädte dieser mittleren Vorandenregion: San Juan, La Rioja, Catamarca. Sie alle sind sowohl mit Mendoza und Buenos Aires als auch untereinander durch moderne Fernstraßen verbunden. Außerhalb dieser Orte aber wird es plötzlich leer. Die großräumige Landschaft schluckt gleichsam den spärlichen Verkehr, und die wenigen, wie Tentakeln ausgreifenden Provinzstraßen dazwischen bilden weniger ein Netz, sondern laufen vielmehr (zum Vergnügen des Touristen) auf bestimmte Ziele zu: Naturreservate, Oasen, Felsenthermen, Hochgebirgstäler oder Andenpässe. Wer sich dann noch von diesen Bändern löst und – zu Fuß, zu Pferd oder auf dem Maultier – nach Bergspitzen, Wasserläufen und Gestirnen weiternavigiert, wird hier auch im 21. Jh. noch Entdeckerfreuden erleben. Der Westen von San Juan, La Rioja und Catamarca ist so gut wie unerschlossen.

Highlights

9 ▼ **Mendoza:** Mit ihrem breiten Angebot an Hotels und Restaurants empfiehlt sich Argentiniens Winzermetropole als Basis für Ausflüge ins Umland, zu teils modernen und hoch dekorierten Weingütern oder in die raue und einsame Andenregion (s. S. 310ff.).

10 ▼ **Reserva Provincial Ischigualasto:** Das 220 Mio. Jahre alte ›Mondtal‹ ist die weltweit größte Schatzkammer für Trias-Fossilien und verzaubert mit bizarren Gesteinsformen, die schon so manchem Science-Fiction-Film als Kulisse dienten (s. S. 338ff.).

11 ▼ **Parque Nacional Talampaya:** Wie antike Säulen wirken die gewaltigen roten Felswände dieser Schlucht, die neben Fossilien auch archäologische Fundstätten und eine reiche Fauna und Flora birgt (s. S. 344ff.).

Empfehlenswerte Routen

Von Mendoza nach Uspallata: Zwei gleichermaßen interessante Strecken – die RN 7 über Potrerillos und die RP 52 über Villavicencio – führen von Mendoza in die 120 km entfernte Hochoase Uspallata. Innerhalb weniger Kilometer gelangt man vom Flachland in den Schatten der von Kondoren überflogenen Bergspitzen (s. S. 319ff.).

Von Villa Unión zur Laguna Brava: Villa Unión in der Provinz La Rioja ist der Ausgangspunkt für diese Piste durch die Quebrada de la Troya, ein atemberaubendes Labyrinth von fast senkrecht hochgekippten Felsen, bis zur einsamen Laguna Brava (s. S. 346f.).

Die ›Route der Archäologen‹: Den Spuren der Indianerkulturen in den Bergtälern um Belén, Andalgalá, Santa María und Antofagasta de la Sierra folgt diese Route, die in der Provinzhauptstadt Catamarca beginnt und fast 900 km nördlich davon in San Antonio de los Cobres endet (s. S. 356ff.).

Reise- und Zeitplanung

Mit Basis Mendoza kann man innerhalb einer Woche einen sehr guten Einblick in die Re-

Richtig Reisen-Tipps

Camino(s) del Vino – Weinroute(n) um Mendoza: Ungefähr 80 Winzereien in und um Mendoza öffnen für Besucher ihre Türen und bieten weit mehr als nur traditionelle Weinproben. Einigen ist ein Museum oder eine Kunstausstellung angeschlossen, in anderen kann man köstlich speisen und luxuriös übernachten (s. S. 317).

Wind-Cart-Segeln in den Anden: Vor der Kulisse der Anden in Begleitung der Altmeister Rogelio Toro und Jaime de Lara mit bis zu 90 Sachen über den ausgetrockneten See Barreal del Leoncito sausen (s. S. 336).

Im Reich der Vulkane: Basaltstäbe, Reste einer Indianerstadt und ein See mit Hunderten von Flamingos sind das lohnende Ziel in dieser abgelegenen Puna-Region um den Ort Antofagasta de la Sierra (s. S. 362).

gion bis hinauf nach San Juan gewinnen. Wer auch die abgelegenen Winkel in den Provinzen San Juan, La Rioja und Catamarca erkunden möchte, sollte hierfür mindestens zwei bis drei Wochen einplanen.

Klima und Reisezeit

Für Mendoza und Umgebung ist die beste Reisezeit von November bis April, für Touren in den Anden von Dezember bis März. Im trocken-heißen San Juan empfiehlt sich der angenehmere Frühling (Sept.–Dez.) für einen Besuch, das Gleiche gilt für die Provinzen La Rioja und Catamarca – nicht zuletzt weil die teils heftigen Regenfälle im Sommer manche Straßen unbefahrbar machen und der Winter in der Hochebene extreme Kälte mit sich bringt. Die Skisaison in Las Leñas und Los Penitentes beginnt um den 20. Juni und endet Mitte August.

Provinz Mendoza

Die attraktive Stadt Mendoza ist der geeignete Startpunkt für die Erkundung einer Region, die in – für argentinische Verhältnisse – relativ kleinen Entfernungen ein äußerst abwechslungsreiches Angebot aufweist: Weinproben in rund 80 Winzereien, Trekking- oder Reittouren in den nahen Anden sowie Flussfahrten und Höhlenbesuche im Süden der Provinz.

9 Mendoza

Reiseatlas: S. 11, B 3; **Cityplan:** S. 312/313
Sich als Metropole mit rund 1 Mio. Einwohnern das Flair einer Gartenstadt zu bewahren, dazu gehören viele niedrige Gebäude, breite Straßen und Plätze sowie die Pflanzfreudigkeit einer Baumschule. 45 000 Platanen und andere Schattenspender überdachen in **Mendoza** die von *acequias* (›Wassergräben‹) ge-

säumten Gehwege. Das durch die Blätter gesiebte Licht löst die strenge Geometrie der im Schachbrettmuster angelegten Straßen in flimmernde Szenenbilder auf. Großzügige Flanierzonen, Bänke allerorten und lebhafte Straßencafés stellen eine entfernte Verwandtschaft zum französischen Aix-en-Provence her.

Seine Aufgelockertheit verdankt Mendoza, Argentiniens viertgrößte Stadt, freilich nicht

Die vielen Straßencafés machen einen großen Teil des Flairs von Mendoza aus

allein der Weiträumigkeit und den Wein- und Obstgärten in der Umgebung, deren vor dem Wind schützende Pappelreihen die Landschaft im Herzen des Cuyo prägen. Die am Rand der sich ständig weiter auffaltenden Hochkordillere liegende Stadt wurde in ihrer über 400-jährigen Geschichte von verheerenden Erdbeben geschüttelt und lebt, gelassen, aber vorbereitet, in ständiger Erwartung des nächsten Rucks. Im März 1861 befand sich der damals nur 12 000 Einwohner große Ort im Epizentrum eines seismischen Schocks, der sämtliche Gebäude einstürzen und 4000 Tote unter den Trümmern verschwinden ließ. Seitdem – 1985 ereignete sich das letzte, relativ gut überstandene Beben – ging man bei der Bebauung großräumiger vor.

Mendozas Mitte bilden fünf Plätze: grüne Lungen, offene Wandelhallen, aber auch sichere Fluchtpunkte bei Erdbeben. So ›verdankt‹ die Stadt ihrer unruhigen Geografie zugleich den kompletten Verlust ihres architektonischen Erbes aus der Kolonialzeit, aber auch ihre Wiedergeburt in neuem Gewand. Mendoza ist Argentiniens Großstadt mit der höchsten Lebensqualität, auch wenn das Biotop in jüngster Zeit an Atembeschwerden leidet. Denn auf jeden Baum kommen, statistisch gesehen, zehn Automobile.

Geschichte

Gegründet wurde der Ort schon 1561 von dem Spanier Pedro del Castillo, der ihm den Namen des damaligen Gouverneurs von Chile gab, García Hurtado de Mendoza. Wie auch die Territorien von San Juan und San Luis unterstand Mendoza dem Generalkapitanat von Chile, bis die Cuyo-Region im Jahr 1776 dem neuen Vizekönigtum Río de la Plata einverleibt wurde. Doch mit Chile blieb Mendoza schicksalhaft verbunden. Als der chilenische Freiheitskämpfer O'Higgins nach der – als ›Desaster von Rancagua‹ bezeichneten – Niederlage gegen die spanischen Kolonialherren 1814 vor den Royalisten über die Anden floh, fand er in dem damaligen Provinzgouverneur von Mendoza, General San Martín, einen Gesinnungsgenossen. Nach einer dramatischen Andenüberquerung

Mit den Autoren unterwegs

Kaffeestunde

Mendozas entspannte Atmosphäre genießt man am besten in einem der vielen Straßencafés, sei es in der Fußgängerzone **Avenida Sarmiento** oder auf der Veranda vom Hyatt Hotel bzw. im Café del Teatro an der **Plaza Independencia** (s. unten).

Museo del Área Fundacional

1861 wurde Mendoza durch ein Erdbeben völlig zerstört – bis auf die **Iglesia San Francisco,** um die nun ein Museumskomplex entstand, der Einblicke in die Stadt vor dem Beben vermittelt (s. S. 313).

Pasta wie in Italien

Mendozas Restaurants sind gut und zahlreich, das Restaurante 1884 rühmt sich sogar internationaler Anerkennung. Aber kein Mendocino würde es unterlassen, die Pasta in **La Marchigiana** zu empfehlen (s. S. 316).

Durch wilde Stromschnellen

Die Ríos Atuel und Diamante bei **San Rafael** eignen sich für Rafting- und Kajaktrips unterschiedlicher Schwierigkeit in attraktiver Landschaft (s. S. 327).

schlug das Expeditionsheer die Spanier 1817 entscheidend bei Chacabuco. Dieses Heldenepos' gedenkt ein Bronzemonument, das am westlichen Ende des Parque General San Martín auf dem Cerro de la Gloria thront (s. S. 313).

Sehenswertes

Da Mendoza keine historische Bausubstanz mehr besitzt, lädt die Stadt in erster Linie zum Schlendern ein: durch die geschäftige Hauptverkehrsader **Avenida San Martín** und die von Straßencafés flankierte Fußgängerzone **Avenida Sarmiento** zur **Plaza Independencia** **1**, dem größten und lebendigsten Platz der Stadt mit seinen Wasserspielen und der vom ehemaligen Plaza Hotel (heute Park

Mendoza: Cityplan

Hyatt) und dem Teatro Independencia gebildeten Westfront. Einen Stock tiefer, unter der Plaza, verbirgt sich das **Museo Municipal de Arte Moderno,** das eine sehr interessante Sammlung zeitgenössischer lokaler Kunst zeigt (Zugang von der Parkanlage, Tel. 02 61-425 72 79, Mo–Sa 9–20, So 16–20 Uhr, 2 $).

Weiter geht es zur **Plaza San Martín** 2 mit der neoplateresken Hypothekenbank an ihrer Südwestecke und der **Basílica San Francisco** an ihrer Nordwestecke. Die Kirche, eine frühe Kopie der Pariser Église de la Trinité, birgt die Statue von Nuestra Señora del Carmen de Cuyo, der Schutzheiligen von San Martíns Andenarmee.

Nur einen Block nördlich davon verläuft Mendozas Haupteinkaufsstraße, die **Avenida Las Heras,** in der man vom Wein bis zum Fohlenledersstiefel alle regionalen Erzeugnisse kaufen kann. Ein guter Anlaufpunkt hierfür ist u. a. der **Mercado Central** 3 an der Ecke zur Calle Patricias Mendocinas, der sich auch für einen günstigen Imbiss anbietet. Oder man besorgt sich hier ein paar Leckereien

Sehenswürdigkeiten

Übernachten

Essen und Trinken

für ein Picknick und spaziert zur lauschigen **Plaza España 4** mit ihren Majolika-Bänken, Springbrünnchen und historischen Kachelbildern, in denen sich Eroberer, Entdecker, Indios und Gauchos begegnen – ein Amalgam neuweltlicher Hispanität.

Die wenigen historisch bedeutsamen Baudenkmäler von Mendoza liegen gut 1 km nordwestlich des Zentrums um die **Plaza Pedro del Castillo 5**, vor dem schlimmen Erdbeben von 1861 der Hauptplatz der Stadt. Stumme Zeugen jener Zeit sind die Ruinen der 1731 errichteten **Iglesia San Francisco** sowie einige archäologische Fundstücke, die man in einer unterirdischen Kammer begutachten kann (Beltrán, Ecke Ituzaingó, Mo–Fr 9–13 Uhr). Wesentlich mehr Exponate zeigt gegenüber das moderne **Museo del Área Fundacional,** das an der Stelle errichtet wurde, wo ehemals das koloniale Rathaus stand (Alberdi, Ecke Videla Castillo, Tel. 02 61-425 69 27, Di–Sa 8–20, So 15–20 Uhr, 2 $).

Entlang der Calle Ituzaingó verläuft der **Zanjón Cacique Guaymallén 6**, der letzte original erhaltene Wasserkanal aus präkolumbischer Zeit, der Mendoza einst mit dem kostbaren Nass aus den Anden versorgte. Dank dieser *acequias,* die die Spanier von

den Inka übernahmen und erweiterten, entwickelte sich die Wüstensiedlung zu einer fruchtbaren Oase (s. S. 314).

Etwa 1 km westlich der Plaza Independencia erstreckt sich der ausgedehnte **Parque General San Martín 7**, eine 512 ha große Grünanlage, die man durch ein reich geschmücktes orientalisches Flügeltor betritt. Im Park befinden sich auch die Gebäude der Universität, darunter das sehr kleine **Museo Arqueológico de la Universidad Nacional de Cuyo,** das jedoch derzeit ohne sein berühmtestes Exponat, die Aconcagua-Mumie (s. S. 314), auskommen muss (Mo–Mi 9–12, 16–19, Do/Fr 9–12 Uhr).

i **Dirección de Turismo:** 9 de Julio 500, 1. Stock, Tel. 02 61-449 51 85, Mo–Fr 8.15–13.30 Uhr; San Martín, Ecke Garibaldi, Tel. 02 61-420 13 33, tgl. 9–21 Uhr; Av. Las Heras, Ecke Bv. Mitre, Tel. 02 61-429 62 96, Mo–Fr 9–13.30, 15.30–19.30, Sa 9–13.30 Uhr, www.ciudaddemendoza.gov.ar. Infos über die Stadt.

Subsecretaría de Turismo: San Martín 1143, Tel. 02 61-420 26 56, www.turismo. mendoza.gov.ar, tgl. 8–21 Uhr; im Busterminal u. im Flughafen. Infos über die Provinz.

Das Erbe der Inka

Von Ecuador bis ins zentrale Argentinen und nach Chile reichte im 16. Jh. das unermesslich große Reich der Inka, dessen geografisches und kulturelles Zentrum die Hauptstadt Cuzco im heutigen Peru war. Zeugnisse aus jener Zeit finden sich über die ganze Region verteilt und zumindest im Cuyo hat diese Hochkultur auch die moderne Entwicklung nachhaltig beeinflusst.

Erst 1985 stieß man an der Südwestflanke des Aconcagua-Massivs in 5300 m Höhe auf das bisher entlegenste der inkaischen Bergheiligtümer *(santuarios de altura)* in den Anden. Ein Knabe war hier, nach einer möglicherweise rituellen Tötung, vor 500 Jahren bestattet worden. Das königliche Gewand, das den mumifizierten Leichnam umhüllt, und die Grabbeigaben – drei menschliche und drei Lamafiguren – lassen auf einen vorbedachten ehrenvollen Tod schließen. Hier, hoch oben in der Region der Kondore, erhob sich der den Körper verlassende Geist *illa, ›das Leuchtende‹, zur Lichtgestalt.

Was trieb die Inka dazu, ihren geistigen und administrativen Machtbereich 2000 km von der Reichsmitte entfernt auszudehnen? Die Verbreitung des Sonnenkults, die Suche nach neuen Rohstoffen, die Konsolidierung erweiterter Grenzen durch die Unterwerfung dort lebender Stämme, die ihnen fortan als Vasallen bei der Verteidigung zu dienen hatten? Sie kannten das Rad nicht, besaßen keine Zugtiere und bewältigten doch den Transport riesiger Lasten. Nur ein Jahrzehnt, bevor Kolumbus seinen Fuß auf amerikanischen Boden setzte, hatten sie unter dem Herrscher Tupac Yupanqui ihr Reich bis zum heutigen Zentralchile ausgedehnt, wo ihnen erst der Widerstand der Mapuche (Araukaner) Halt gebot. Denn mehr als durch Kampf und Gewalt gewannen sie ihre Oberherr-

schaft durch Überredung und den Beweis ihrer Überlegenheit. Als die ›Römer Altamerikas‹ hat man die Inka vor allem ihrer planerischen Fähigkeiten, der systematischen Raumordnung und der eindrucksvollen Bauten wegen bezeichnet.

Sie bildeten *allyus* genannte Dorfgemeinschaften, verbanden ihre Siedlungen mit einem Netz von Wegen und Kanälen und errichteten im Abstand von rund 22 km *tambos* (oder *tampus*) – ›Raststätten‹. In gewisser Weise sind die Inka die Erfinder der ›Doppelhaushälfte‹: Das rechteckige Giebeldachhaus, in dem eine bis zum First hochgezogene türlose Mittelwand zwei getrennte Hauptbereiche schuf, stellte den charakteristischen Wohnbau dar. Die berühmten inkaischen Reichsstraßen freilich gehen auf die schon von den Chimu, einer altperuanischen Vorkultur, angelegten Trassen zurück.

Auf heute argentinischem Boden stießen die Inka bis in den Süden des Cuyo vor. Heute sind Dreiviertel des Bodens, den sie der Wüste abgerungen hatten, mit Reben bestellt; für Kirschen, Zwetschen, Aprikosen und Quitten ist Mendoza Argentiniens Lieferant Nummer eins. Oasen mit 100-jährigen Olivenhainen ziehen sich bis nach Catamarca hoch. San Juan und La Rioja füllen die Erntekörbe mit Tafeltrauben, Rosinen und Walnüssen. Die ›Emsigkeit‹ ihrer Landbewohner preisend, durfte sich die erste Regionalzeitung

»Die Biene von Mendoza« nennen. Doch das Grundgerüst für die Versorgung mit dem Leben spendenden Nass haben die Indianer gelegt. Den Bachläufen spürten die Inka nach bis zu deren göttlichen Quellen, die sie mystisch verehrten. Der natürliche Felsbogen der Puente del Inca (›Inka-Brücke‹) am Aconcagua ist das südlichste Zeugnis der Präsenz dieses Pioniervolks in Argentinien. Von da nach Norden reihen sich Beweise seines alles ordnenden Weltgefühls auf wie die Symbolfolgen, die ihm die flüssige Schrift ersetzten: kubische Steinsetzungen von Siedlungen und Zitadellen, aus Kalkschiefer gemauerte trapezförmige Sonnentore, archaische astronomische Stationen. Als ›argentinisches Machu Picchu‹ haben Archäologen etwas euphorisch die an der Ostflanke des Aconquija auf 4300 m gefundene *pucará* gefeiert, auch wenn dieses viel bescheidenere Pendant ohne die spektakuläre Silbertablettlage des peruanischen Komplexes auskommen muss. Von den Resten eines *usnu,* einer abgestumpften Pyramide, aus lässt sich am Aconquija bis heute der Wendepunkt der Sonne mit großer Peilgenauigkeit orten (s. S. 358).

In einem Lebensraum, wo unberechenbare Naturkräfte – feuerspeiende Berge und der unter Erdbeben wankende Boden – den Menschen Angst und Ehrfurcht einflößten, wo die brennende Scheibe am Himmel die Erde ausdörrte, musste die Wasserverehrung zu einer besonderen Kultform werden. An den Fundstätten entlang des *inkañan,* der sich vom argentinischen Cuyo bis nach Bolivien hinziehenden Inkastraße, bilden ausgegrabene Keramikgefäße gerne ein Antlitz mit Tränenspuren ab – den weinenden Regengott.

Südlichstes Zeugnis des Inkareiches: die Puente del Inca am Fuße des Aconcagua

Provinz Mendoza

Park Hyatt Mendozama [1]: Chile 1124, Plaza Independencia, Tel. 02 61-441 12 34, Fax 441 12 35, http://mendoza.park. hyatt.com. Hinter einer wunderbar restaurierten Kolonialfassade verbirgt sich Mendozas feinstes Hotel mit einladender Kaffeeterrasse, Restaurant, Spa und Casino. DZ 930 $.

NH Cordillera [2]: Av. España 1324, Tel. 02 61-441 64 64, Fax 02 61-441 64 50, www.nh-hotels.com. Modernes Hotel der internationalen NH-Kette, Restaurant, Pool, drahtloser Internetanschluss. DZ 127 US$.

Huentala Hotel Boutique [3]: Primitivo de la Reta 1007, Tel. 02 61-420 07 66, www.huentala.com. Zentral gelegenes Design-Hotel mit Pool, Restaurant, Weinkeller, Bar. DZ 390 $.

Grand Hotel Balbi [4]: Av. Las Heras 340, Tel. 02 61-423 35 00, Fax 438 06 26, www.hotelbalbi.com.ar. Komfortables, zentrales Hotel mit gutem Service und gutem Preis-Leistungs-Verhältnis; Garage. DZ 240 $.

Cervantes [5]: Amigorena 65, Tel. 02 61-520 04 00, Fax 520 04 58, www.hotelcervantes.com.ar. Zentrales Stadthotel, Restaurant mit feiner Küche, Garage. DZ 210 $

Gran Ritz [6]: Perú 1008, Tel./Fax 02 61-423 51 15, www.ritzhotelmendoza.com.ar. Zimmer und Apartments für bis zu 5 Pers., Cafetería mit schönem Panoramablick über die Stadt, Garage. DZ 180 $.

Vecchia Roma [7]: Av. España 1615, Tel./Fax 02 61-423 25 29 u. 438 20 32, www.oha.com.ar/mendoza/hotelvecchiaroma. Beliebtes Mittelklassehotel, gutes Preis-Leistungs-Verhältnis, Garage. DZ 136 $ inkl. HP.

Zamora [8]: Perú 1156, Tel./Fax 02 61-425 75 37, www.hotelzamora.netfirms.com. Sehr hübsches Patio-Haus im spanischen Kolonialstil, familiäres Ambiente, Bar. 70 $.

Hostel Independencia [9]: Mitre 1237. Zentral, in einem 100-jährigen Haus, Ausflüge. DZ 68 $.

Hostel Internacional Mendoza [10]: España 343, Tel. 02 61-424 00 18, www.hostelmendoza.net. Gehört zu Hostelling International, Küche, Parrilla, Ausflüge. Schlafsaal 25 $ p. P. inkl. Frühstück, DZ 63 $.

Embajador [11]: Juan B. Justo 365, Tel. 02 61-425 91 29, Fax 425 57 83. Einfaches,

preiswertes Touristenhotel ca. 2 km außerhalb des Zentrums, Garage. DZ 45 $.

Hostel Campo Base [12]: Mitre 946, Tel. 02 61-429 07 07, www.campo-base.com.ar. Beliebt bei Bergsteigern und Wanderern. Ab 20 $ p. P.

… in Mendoza:

1884 [13]: Belgrano 1188, Godoy Cruz, Tel. 02 61-424 26 98, www.escorihuela.com. Eines der führenden Restaurants in Argentinien, laut »Times« sogar eines der zehn besten weltweit, residiert im Gebäude der Bodega Escorihuela, einer der ältesten Weinkellereien in Mendoza. Auf der Weinkarte stehen 400 verschiedene Tropfen, zum Essen kreiert Küchenchef Francis Mallmann Köstlichkeiten wie *cordero 7* (patagonisches Lamm, 7 Std. in Weinsoße mit Gemüse im Ofen gegart) oder Forellen aus Malargüe. 100 $.

Francesco [14]: Chile 1268, Tel. 02 61-425 39 12, www.francescoristorante.com.ar. Italienische Gourmetküche in einem ehemaligen Wohnhaus. 100 $.

Azafrán [15]: Sarmiento 765, Tel. 02 61-429 42 00, www.bve.com.ar, So geschlossen. Im Stil eines Landladens, regionale Küche, auch Eingemachtes und Aufschnitt zum Mitnehmen, 450 verschiedene Weine. 80 $.

La Marchigiana [16]: Patricias Mendocinas 1550, Tel. 02 61-423 07 51, www.marchigiana.com.ar. Rustikales, aber gepflegtes italo-argentinisches Lokal mit breitem Angebot: beste Pasta, vegetarische Speisen, große Weinauswahl. 45 $.

Trevi [17]: Las Heras 70, Tel. 02 61-423 31 95. Breite Speisenpalette, sehr gute norditalienische Küche und einheimische Spezialitäten wie Abalonen, Spanferkel oder *chivito* (Zicklein) aus dem Ofen, große Weinkarte. 45 $.

Don Tristán [18]: Sarmiento 658, Tel. 02 61-423 86 21. Beliebte, einfache und preiswerte Parrilla mit Tischen im Freien. 40 $.

Arturito [19]: Chile 1515, Tel. 02 61-425 99 25. Populäre, preiswerte Parrilla mit Tischen auf dem Gehsteig. 25 $.

Naturata [20]: Don Bosco 73, Tel. 02 61-420 30 87 u. 15 543 04 56, Mo–Sa mittags. Vegetarisches Restaurant. 20 $.

Richtig Reisen-Tipp:
Camino(s) del Vino – Weinroute(n) um Mendoza

Die Umgebung von Mendoza verzeichnet die größte Dichte von Weinkellern in ganz Argentinien. Über 900 Stück liegen über die gesamte Provinz verteilt, rund 80 davon stehen Besuchern offen. Unter www.caminosdelvino.com kann man sich über das Angebot informieren, besonders empfehlenswert ist allerdings folgende Route:

Von Mendozas Zentrum geht es zunächst auf der Avenida San Martín gen Süden nach Godoy Cruz, heute praktisch ein Vorort der Provinzmetropole. Dort steht die 1884 errichtete **Bodega Escorihuela** mit dem renommierten Restaurant 1884 (s. links, Belgrano 1188, Tel. 02 61-424 22 82, www.escorihuela.com, Führungen mit Anmeldung Mo–Fr stdl. 9.30–15.30 außer 13.30 Uhr, Anfahrt mit Bus Nr. 10 o. 40 ab Calle Patricias Mendocinas).

Um die Ecke liegt inmitten eines Parks das Besucherzentrum der **Bodega Navarro Correas,** wo man die bekannten Tropfen Navarro Correas und Los Árboles kosten kann (San Francisco del Monte 1555, Tel. 02 61-431 59 87, www.ncorreas.com, Führungen mit Voranmeldung Mo/Mi/Fr 10, 12 u. 15 Uhr).

Etwas weiter südlich kreuzt die Avenida San Martín die Calle Juan José Paso, auf der man sich nun Richtung Osten nach Maipú begibt. Erste Station sollte hier das Weinmuseum der **Bodega Giol** sein, ehemals eines der größten Weinunternehmen der Welt (Ozamis 1040, Besichtigung, Weinprobe und -verkauf: Mo–Fr 9–12, 15–18 Uhr, Museum: Mo–Fr 9–18, Sa/So 15–19 Uhr, Anfahrt von Mendoza mit Bus Nr. 150 oder 160 ab Rioja).

Ein paar Blocks weiter nördlich in derselben Straße befindet sich die **Bodega López,** eine der ganz wenigen Winzereien, die nach über 100 Jahren noch in den Händen der Gründerfamilie ist. Von hier kommen die sehr beliebten und traditionsreichen Rotweine Rincón Famoso und Chateau Montchenot (Ozamis 375, Tel. 02 61-481 10 91, www.bodegaslopez.com.ar, Führungen Mo–Fr 9–17,

Sa 9.30–12.30 Uhr alle 60 Min., Führungen auf Engl. Mo–Fr 11.30 u. 15.30, Sa 11.30 Uhr).

In unmittelbarer Nähe stellt die **Bodega La Rural** die feinen Felipe-Rutini-Weine und den Spitzen-Malbec Antología X her und macht im großzügig angelegten **Museo del Vino San Felipe** mit der Geschichte des argentinischen Weins vertraut (Montecaseros 2625, Coquimbito, Tel. 02 61-497 20 13, www.bodegalarural.com.ar, Mo–Sa 9–17, So 10–14 Uhr).

Zurück in Godoy Cruz, folgt man der Avenida San Martín weiter gen Süden und erreicht bald Luján de Cuyo. Hier befindet sich der einer französischen Gruppe (Edonia) gehörende Weinkeller **Alta Vista,** der sowohl für seine Weine als auch für sein Besucherprogramm internationale Preise eingeheimst hat (Álzaga 3972, Chacras de Coria, Tel. 02 61-496 46 84, www.altavistawines.com, tgl. 9.20–18 Uhr).

Ein paar Ecken südwestlich davon lohnen die **Bodegas Nieto Senetiner** einen Besuch. Die Winzerei ist in einem 100-jährigen Gebäude aus Lehmziegeln untergebracht, die für eine perfekte Temperatur im Weinkeller sorgen (Vieytes 2275, Tel. 02 61-496 07 32, www.nietosenetiner.com.ar, Besichtigung mit Anmeldung, auch Unterkunft).

Intensiver Weinanbau wird auch im Valle de Uco ca. 120 km südwestlich von Mendoza betrieben. Ein Weingut ragt hier besonders heraus: die auf 1200 m gelegenen **Bodegas Salentein,** reich an Geschichte, aber beheimatet in einem faszinierenden Gebäude modernster Bauart. Besucher können nicht nur die Einrichtungen besichtigen, im renommierten Restaurant Killka speisen oder in der dazugehörigen Posada stilvoll übernachten, sondern auch rund 200 Werke zeitgenössischer argentinischer und holländischer Künstler bewundern (RP 89, Los Árboles, Tunuyán, Tel. 026 22-42 90 00, www.bodegasalentein.com, Führungen mit Voranmeldung tgl. 10, 12, 14, 16 Uhr, auf Englisch 11 Uhr).

Provinz Mendoza

… außerhalb:

Cabaña Caprina Los Cerros: Olavarría Nr. 4959, Baños de Lunlunta, Perdriel (ca. 25 km südl. von Mendoza bzw. 2 km südl. von Luján de Cuyo), Tel. 02 61-15 576 55 57, www. caprinaloscerros.com.ar, Sa/So mittags. Rustikales Ausflugslokal mit renommierter regionaler Küche auf 2 ha großem Parkgelände mit Farmtieren. 50 $.

El Retortuño: Dorrego 173, Guaymallén, Tel. 02 61-431 63 00, Fr–Sa ab 22 Uhr. Regionaltypische Mahlzeiten, familiäre Atmosphäre, abends Auftritte kleiner Musik- bzw. Tanzgruppen; Reservierung nötig. 40 $.

 … in Mendoza:

The Vines: Espejo 567, Tel. 02 61-438 10 31, tgl. 11–23 Uhr. Wein-Club, der sich besonders an ausländische Besucher richtet und Weinverkostungen sowie Weinlieferungen ins Ausland bietet.

Entre Copas: Remedios de Escalada de San Martín 1971, Di–Sa ab 20 Uhr. Wein-Bar, in der man unter 105 verschiedenen Weinen wählen kann, dazu gibt's Käseplatten und – falls gewünscht – eine önologische Beratung.

Cabo Arista: Arístides Villanueva, Ecke Boulogne sur Mer. Bar in der Universitätsstraße, in der sich in den letzten Jahren ein reges Nachtleben entwickelt hat.

… außerhalb:

Aloha: Panamericana s/n, Chacras de Coria (ca. 15 km südl. von Mendoza), Fr–So ab 23 Uhr. Rock-Disko.

Runner/La Osa: Panamericana s/n, Chacras de Coria (s. Aloha). Techno-Musik im ersten, elektronische Musik im zweiten der beiden zusammengeschlossenen Tanzlokale.

 Fiesta de la Vendimia (1. Märzwochenende): Feier anlässlich der Weinlese.

Festival Internacional Música Clásica por los Caminos del Vino (1. Aprilwoche): 50 kostenlose Konzerte in Weinkellern, Kirchen, Theatern und Museen. Infos: www.cultura. mendoza.gov.ar.

Weintouren: Mendoza Viajes, Peatonal Sarmiento 129, Tel. 02 61-461 02 10, www.mdzviajes.com.ar; Aymará Turismo, 9 de Julio 1023, Tel. 02 61-420 20 64, www. losvinosdelosandes.com. Von halb- bis zu mehrtägigen Touren ist alles im Angebot, auch Ausflüge zu den Weinkellereien im Nachbarland Chile. Siehe auch S. 317.

Bergsteigen und Reittouren: Aymará Adventures & Expeditions, 9 de Julio 1023, Tel. 02 61-420 20 64, www.aymara.com.ar. Geführte Touren auf den Aconcagua sowie 5- bis 10-tägige Andenüberquerungen per Pferd über den 4030 m hohen Piuquenes-Pass oder den 3900 m hohen Nieves-Negras-Pass nach Chile (1.1.–15.3., 7 Tage, 900 US$ p. P. inkl. Transfer bei mind. 2 Teilnehmern).

Gleitschirmfliegen: Areauca Parapente, Tel. 02 61-15 508 79 09 u. 496 54 39, www.areau

Die Weingärten der über 900 Winzereien prägen das Bild der Provinz

ca.com. Tandemflüge mit dem Argentinienmeister Tato Vargas in El Challao am Cerro Arco (1750 m), 10 km nordwestlich von Mendoza (20 Min., 200 $).

Flüge: Aerolíneas Argentinas/Austral verbindet Mendoza mit Buenos Aires 49 x wöchentlich, LAN fliegt jeweils 2 x täglich nach Buenos Aires und Santiago de Chile. Aeropuerto El Plumerillo, RN 40 (7 km nördlich), Tel. 02 61-448 09 44.

Busse: Mendoza liegt am Schnittpunkt zweier wichtiger Verkehrsachsen und hat deshalb beste Busverbindungen in alle Regionen des Landes sowie nach Chile. Busterminal: Av. Gobernador Videla, Ecke Av. Acceso Este (RN 7), Tel. 02 61-431 30 01 u. 431 50 00.

Die Umgebung von Mendoza

Uspallata und Umgebung

Reiseatlas: S. 11, B 2; **Karte:** S. 321

Gut 120 km nordwestlich von Mendoza ruht in einem Längstal zwischen Vor- und Hauptkordillere der Anden die auf fast 1800 m liegende Hochoase **Uspallata** **1**. Westlich davon ›verknotet‹ sich die von Norden herunterlaufende Cordillera del Tigre (5600 m) mit den querlaufenden Bergriegeln zu den Andes Áridos (›Trockene Anden‹), einem ca. 700 km^2 großen Ökosystem, dessen Kern der Aconcagua (6962 m) bildet. Zwar dient das kleine Uspallata (3000 Einw.) nicht als Startpunkt für eine Besteigung des höchsten Bergs von

Provinz Mendoza

Argentinien (s. S. 324f.), wohl aber als angenehme Basis für Bergtouren und Wanderungen in der Umgebung. Auch drei Nahziele lassen sich von hier aus erkunden. Das reizvollste, der **Cerro de Siete Colores** (›Berg der sieben Farben‹), liegt 8 km entfernt an der RP 13. Zu den (beschädigten) **Petroglyphen der Huarpe-Indios** geleitet die RP 52 (9 km). Nur etwa 2 km vom Zentrum entfernt sind **Las Bóvedas** (›Die Gewölbe‹) zu besichtigen, arabisch anmutende Kuppeln, die auf die Kolonialzeit zurückgehen. Die Jesuiten sollen hier Gold und Silber gegossen haben.

Von Mendoza aus lässt sich Uspallata auf zwei Wegen erreichen: entweder über die anfangs recht fade, dann aber von der Bergkulisse eingefasste Fernstraße RN 7 über Cacheuta und Potrerillos (von hier aus Stichstraße zum Skizentrum Vallecitos auf 2900 m sowie Zufahrt zur Reserva Natural del Cóndor Andino, s. S. 323) oder über die spannendere RP 52. Letztere verlässt Mendoza in nördlicher Richtung und führt am **Canal Cacique Guaymallén** entlang und durch den Vorort **Las Heras** (dort durchfragen) auf die Straße nach **Villavicencio.** Die von zwei Ze-

mentfabriken eingestaubte graue Ebene, die man zunächst quert, wird alsbald von einem faltenreichen grünbraunen Felsen- und Steppengebirge abgelöst, das imposante Fernpanoramen bietet.

Ungefähr 96 km hiner Mendoza passiert man die **Termas de Villavicencio,** die dem berühmtesten Mineralwasser Argentiniens den Namen gaben. Heute erfolgt die Abfüllung im Tal und das in einem kühlen Park gebettete ehemalige Hotel ist nur noch Kulisse für das Flaschenetikett.

An dieser Stelle beginnt die 27 km lange Serpentinenstrecke **Caracoles** (›Wendeltreppe‹), ein schmaler, sich an den Bergwänden entlangtastender geschotterter Fahrweg (Auffahrt 7–12, Abfahrt 14–19 Uhr). Von der Passhöhe **Cruz del Paramillo** aus (2900 m) erfasst das Auge staunend das von den Gipfeln des Tupungato (6800 m) im Südwesten, des Aconcagua im Westen und des Mercedario (6769 m) beherrschte Hochandenrelief. Von hier aus sind es noch 26 km bis Uspallata. Charles Darwin (eine Gedenktafel erinnert an ihn), der diesen rauen Weg abritt, wunderte sich hier über die »in denkbar größ-

Las Bóvedas – ehemalige Silberschmelzen bei Uspallata

ter Unordnung herumliegenden roten, pur-
purfarbenen, grünen, blendendweißen Se-
diment- und schwarzen Lavagesteine«. Die
Kondore zu beobachten hatte der Naturforscher keine Gelegenheit. Tatsächlich ist diese
Region von Sechstausendern erst in jüngster
Zeit als Habitat der größten Kondore Südamerikas entdeckt worden (s. S. 322).

Uspallata liegt am Kreuzungspunkt zweier
Straßen, die den höchsten Gebirgsstock der
Anden im Süden und Osten flankieren: Richtung Westen führt die RN 7 weiter zur chilenischen Grenze (s. S. 323ff.), Richtung Norden die RN 149 durch die ›Hintertüre‹ nach
San Juan (s. S. 335ff.).

i   **Touristeninformation:** am Kiosk gegenüber der Tankstelle, Uspallata, Tel.
026 24-42 04 10, tgl. 9–20 Uhr.

... in Uspallata:

Valle Andino: RN 7, an der Ortseinfahrt, Tel./Fax 026 24-42 00 95 u. 02 61-425
84 34, www.hotelvalleandino.com. Großzügiges modernes Sporthotel mit Restaurant,
Park, Schwimmhalle und großem Aktivitä-
tenangebot, u. a. Reiten, Trekking, Mountainbiking, Bergsteigen, Rafting, Kajaktrips. DZ
214/256 $ inkl. HP.

Gran Hotel Uspallata: RN 7 Km 1149, an der
Ortsausfahrt, Tel./Fax 026 24-42 00 03, www.
atahoteleria.com.ar. Großes, schlichtes Berghotel in eigenem Park mit Pool, etwas warte-
saalähnlichem Restaurant und Freizeiträu-
men, aber sehr günstiges Preis-Leistungs-
Verhältnis. DZ 201 $ inkl. HP.

Hotel Pórtico del Valle: Av. Las Heras 25,
Tel. 026 24-42 01 03. Jüngstes Hotel in
Uspallata, zentral, im Stil eines Berghotels.
DZ 110/150 $.

Hotel Los Cóndores: Las Heras, Ecke RN 7,
Tel. 026 24-42 00 02, Fax 02 61-461 14 23,
www.loscondoreshotel.com.ar. Modern, sauber, 20 Zimmer, großes Restaurant, Familienmanagement, Reitausflüge und Minenbesu-
che, Ski im Winter. DZ 96/147 $.

Hospedaje Mi Casa: María Estela ›Negrita‹
Villalobos, RN 7, neben der Post, Tel. 02 64-
42 03 56. Saubere, freundliche und billige Pri-

Provinz Mendoza

Segeln im Schatten der Sechstausender

Thema

Nur der im Aufwind der Wellen gleitende Albatros kann sich an Spannweite und Segeltechnik mit dem von den Inka *kúndur* genannten Neuweltgeier messen. Kein erhabenerer Moment als der, in dem diese königlichen Vögel, gestreckt wie schwarze Kämme, die Häupter der Bergriesen umstreichen. Vom Vogelmotiv in der keramischen Kunst Altamerikas bis zum Namen stolzer Kaziken – der Kondor stand Pate.

Rund 6000 Andenkondore *(Vultur gryphus)* leben nach Schätzung der Biologen in den Kordilleren Südamerikas, obwohl Zählungen dieser Vögel sehr schwierig sind, da die Tiere leicht über 500 km an einem einzigen Tag fliegen können. In Venezuela sind sie ausgestorben, in Kolumbien und Ecuador von der Ausrottung bedroht, am stärksten vertreten (60 % der Gesamtpopulation) noch in Argentinien und Chile. Tierfänger, die ›Liebhaber‹ in der Ersten Welt versorgen (ein Kondor kostet um die 3000 US$), Schafhalter, die räubernde Pumas vergiften (Beute der Aas fressenden Kondore), und Freischützen, die ihre Treffsicherheit an beweglichen Zielen erproben, sind die ärgsten Feinde der größten fliegenden Vögel der Welt. Der etwa 13 kg schwere Andenkondor hat eine Spannweite von 3 m.

Sein Federkleid ist schwarz, die im Flug aufgefächerten Handschwingen glänzen silbrigweiß. Den fleischfarbenen nackten Hals ziert im unteren Teil eine weiße, vorn geöffnete Daunenkrause. Das männliche Tier trägt einen hellroten Scheitelkamm. Der Kondor ist nicht mit Krallen zum Greifen bewaffnet, sondern hat truthahnähnliche Füße. Er lebt sehr zurückgezogen in fast unzugänglichen Felsenhöhlen, ist monogam und pflanzt sich nur langsam fort. Die normale Lebensdauer beträgt 50 Jahre. Von den größten, in der Zentralandenregion beheimateten Exemplaren leben ca. 120 im Tupungato-Gebiet südwestlich von Mendoza. Dieses von 6000 m hohen Gipfeln bewachte Habitat steht als Reserva Natural del Cóndor Andino unter Naturschutz (siehe rechts).

Nach dem Strauß Platz zwei in der Größenhierarchie der Vögel: der Andenkondor

vatunterkunft, Zimmer mit Bad für 1–3 Personen. DZ 90 $.

Hostel Uspallata: RN 7 Km 1141,5, Tel. 02 61-466 72 40, www.hosteluspallata.com.ar. Am Arroyo Uspallata südlich der Ortseinfahrt, gehört zu Hostelling International, viele Aktivitäten. DZ 85 $.

 … in Uspallata:

La Estancia de Elías: RN 7 Km 1146, Tel. 026 24-42 01 65. Parrilla, *empanadas, bife de chorizo* (400-g-Steak). 50 $.

San Cayetano: RN 7, Ecke Chacay, Tel. 026 24-42 01 49. Parrilla, Zicklein. 35 $.

La Bodega del Gato: RN 7, Ecke Chacay, Tel. 026 24-42 03 81. Forelle, Zicklein, Andenlamm. 35 $.

Café Tibet: RN 7, Ecke Chacay. Jean-Jacques Annaud verfilmte in Uspallata »Sieben Jahre in Tibet« mit Brad Pitt; ein Teil des Filmsets wurde nach den Dreharbeiten von einem lokalen Unternehmer aufgekauft, der darin dieses etwas eigenartige Café einrichtete.

Abenteuersport: Turismo Uspallata, Av. Las Heras 699, Mendoza, Tel. 02 61-438 10 92, www.turismouspallata.com. Rafting, Bergsteigen, Reiten etc.

Busse: Expreso Uspallata verbindet den Ort 6 x tgl. mit Mendoza und Los Penitentes.

Reserva Natural del Cóndor Andino

Reiseatlas: S. 11, B 3; **Karte:** S. 321

Auf dem Weg nach Uspallata über die RN 7 zweigt kurz hinter Potrerillos links die RP 89 in Richtung Tupungato ab. Nach ca. 4 km biegt rechts die Straße zum Skiort **Vallecitos** ab, und nach weiteren rund 16 km führt westwärts eine Schotterpiste zur noch rund 3 km entfernten **Quebrada del Cóndor** (ausgeschildert), um die sich die **Reserva Natural del Cóndor Andino** erstreckt. Bis zu 50 Kondore kann man bei Reittouren in diesem Reservat beobachten.

Die Anfahrt ist auch von Süden aus möglich: von Tupungato 7 km auf der RP 86 nach Norden und bei San José links auf die RP 89 abzweigen; nach 30 km ist die Abzweigung zur Quebrada del Cóndor ausgeschildert.

Reittouren: An der Berghütte am Eingang der Quebrada del Cóndor starten Ausritte unter Führung von Carlos Rodríguez, Tel. 026 22-42 42 91 u. 15 66 42 00 (nur mit Voranmeldung, Halbtagesritt um 35 $, Übernachtung für bis zu 5 Pers. in einer Berghütte möglich).

Los Penitentes

Reiseatlas: S. 11, A 3; **Karte:** S. 321

Nur wenig mehr als 100 km trennen Uspallata von der chilenischen Grenze. Die RN 7 verlässt das Hochtal und folgt den braunen Fluten des Río Mendoza und den Schmalspurgleisen der – 1910 gebauten und 1980 leider stillgelegten – Transandenbahn nach Westen. Die Gebirgsstraße schlüpft durch kleine Tunnel, die Schienenspur fädelt sich durch windzerfledderte Wellblechgalerien. Am verwaisten Bahnhof Cerro Tupungato bleibt der letzte Baum zurück, am Cerro Penitentes versiegen die spärlichen Bergweiden. Die Farbpalette der breiten Schlucht, die sich, aufsteigend, von Gelb nach Rot verschoben hat, geht ins Graubraun der von Schneemulden und Zackenfirn gefleckten Granitfelsen über. In Form langer Geröllzungen schiebt sich von den Gletschern abgeriebenes Lockermaterial zu Tal.

Wie eine Schar Büßer *(penitentes)* aussehende Gesteinsformationen (normalerweise werden durch Winderosion modellierte Schneegestalten so bezeichnet) sind für den Namen der Skistation **Los Penitentes** **3** (ca. 80 km ab Uspallata) verantwortlich. Sieben bis auf 3200 m hochführende Lifte und bis zu 7 km lange Abfahrten sorgen hier für regen Winterbetrieb.

Hostería Penitentes: am Berghang, Tel. 02 61-428 36 01 u. 026 24-42 03 56, www.penitentes.com. Berghotel mit 54 Betten in 2er-, 3er- und 4er-Zimmern mit Bad, aber ohne TV und Telefon. DZ je nach Saison ab 334 $.

Provinz Mendoza

Complejo Turístico Ayelén: RN 7 Km 165, Tel. 02 61-427 12 83, Fax 427 11 23, www.ayelent.net. Hotel und Hostería. DZ 52/194 $.

Hostel Campo Base Penitentes: am Westende des Ortes, Reservierungen in Mendoza, Peatonal Sarmiento 231, Tel. 02 61-438 11 66, www.penitentes.com.ar. Hostelling International angeschlossen, 28 Betten. Ab 42 $ p. P. inkl. HP.

 Busse: Expreso Uspallata fährt 6 x tgl. über Uspallata nach Mendoza.

Puente del Inca und Los Puquios

Reiseatlas: S. 11, A 3; **Karte:** S. 321

Nur 7 km weiter streift die Straße den Flecken **Puente del Inca** `4` in 2720 m Höhe. Die hier bei den Ruinen des 1965 durch eine Lawine zerstörten Thermalhotels stehende Inkabrücke – heute von der Unesco als Naturdenkmal geschützt – hatte der sachliche Darwin als »eine von den Ablagerungen heißen Quellwassers zementierte Kruste aus Kieselsteinschichten« beschrieben. Effektiv sorgt das mit 34 °C an der Brücke austretende Wasser, dem man früher aphrodisische, dann die Syphilis heilende, schließlich Arthritis und

---

Trekken und Bergsteigen am Aconcagua
Wer sich im **Parque Provincial Aconcagua** bewegen will, muss zuvor persönlich eine Genehmigung *(permiso)* einholen bei der Dirección de Recursos Naturales Renovables, Las Tipas, Ecke Av. Los Robles, Mendoza, Tel. 02 61-425 20 31, aconcagua@mendoza.gov.ar, Mo–Fr 8–18, Sa–So 9–13 Uhr. Der Permiso wird am Eingang des Parks kontrolliert und ist ab Parkeintritt gültig.

Kosten für Bergbesteigung: 15.11.–30.11. u. 21.2.–15.3. 100 US$, 1.12.–14.12. u. 1.2.–20.2. 200 US$, 15.12.–31.1. 300 US$. Kosten für Trekking: 3 Tage 20/20/30 US$, 7 Tage 30/40/50 US$. Die Preise werden allerdings häufig geändert. Ein Führer für Aconcagua-Expeditionen kostet 1500–2500 US$ für eine Gruppe von 3–6 Personen.

Rheumatismus lindernde Eigenschaften zuschrieb, seit Jahrtausenden für die Erhaltung des Naturwunders. Nicht nur der Inkaweg, sondern auch die Straße nach Chile lief über diesen stabilen, 47 m langen Viadukt, ehe die RN 7 ihre moderne Trassierung erhielt. Oberhalb von Puente del Inca rollt man in die moderne argentinische Zollstation ein (im Sommer 6–22.30 Uhr, im Winter 8–20 Uhr geöffnet), deren chilenisches Gegenstück man nach dem Passieren des weiter oben gelegenen Grenztunnels erreicht.

Kurz vor Puente del Inca, beim Zelt- und Maultierplatz **Los Puquios,** lädt der kleine Gedenkfriedhof für die am Aconcagua verunglückten Bergsteiger zu einem kurzen Verweilen ein. Die höchste ›Felszitadelle‹ des Kontinents zieht wie ein mächtiger Magnet Gipfelstürmer aus aller Welt an. Über 4000 Andinisten jährlich lockt das Bollwerk aus Felsen, Eis und Wolken in verwegene Höhen. Am Basislager **Plaza de Mulas** (4200 m) gleicht das Campingareal im Januar einer Beduinenstadt. Das 2 km entfernte Refugium-Hotel, das höchstgelegene (4360 m) Hotel der Welt, nimmt 120 Gäste auf.

Hotel Refugio Plaza de Mulas: am Basislager des Aconcagua, Reservierung u. a. über Turismo Aymará, 9 de Julio 1023, Mendoza, Tel./Fax 02 61-420 06 07, 420 53 04 u. 420 20 64. Cabañaartiges Sporthotel mit Mehrbettzimmern verschiedener Kategorien (A–C), die jedoch so verschieden gar nicht sind (B und C ohne Bettwäsche und Handtücher); Zimmer mit Dusche, Toilette und Heizung, anständige warme Mahlzeiten, Vermittlung von Mulis, Lastträgern und Bergführern, hilfreicher Manager (Eduardo Ibarra), geöffnet Dez.–März. Kategorie A 100 US$ p. P.

Hostería Puente del Inca: RN 7 Km 175, Puente del Inca, Tel./Fax 026 24-42 02 66, hpdelinca@yahoo.com.ar. Ordentliches Touristenhotel, Zimmer mit Bad, Bar/Restaurant, Autoeinstellplätze, ganzjährig geöffnet. DZ 92 $ p. P. inkl. HP.

Refugio La Vieja Estación: RN 7, Puente del Inca, Tel. 02 61-421 43 30. Drei 10er-Zimmer, ganzjährig geöffnet, Restaurant. 22 $ p. P.

Klassisches Ziel für Bergsteiger und Trekker: der Parque Provincial Aconcagua

Camping: Neben dem Hotel Refugio Plaza de Mulas (s. links) kann kostenlos gezeltet werden, berechnet werden nur die Service-leistungen im Hotel.

Basislager Plaza de Mulas: 2 km vom Hotel entfernt. Einfache Toiletten und Duschen, Trinkwasser, warme Mahlzeiten. Das Sanitätszelt besitzt eine Überdruckkammer und ist von 15.11.–15.3. besetzt. Auch die Expeditionsveranstalter haben hier während der Saison ihre Zelte aufgeschlagen.

Ausrüstungsverleiher: Tienda de Montaña, José Orviz, Juan B. Justo 532, Mendoza, Tel./Fax 02 61-425 12 81, www.orviz.com. Zelte, Schlafsäcke, Rucksäcke, Steigeisen usw., alles in guter Qualität.

Expeditionsveranstalter: Aconcagua Trek, Rudy Parra u. Heber Orona, Güiraldes 246, Dorrego, Mendoza, Tel./Fax 02 61-429 50 07, www.aconcaguatrek.com. Mulis und Bergführer für Gruppen und Individualreisende. bewährte Zusammenarbeit mit dem Deutschen Alpenverein (z. B. Aconcagua-Besteigung, 22 Tage, 2500 US$ p. P.).

Fernando Grajales Expeditions, José Moreno 898, 6° B, Mendoza, Tel. 001-800-516 69 62, www.grajales.net. Mulis, Bergführer, Routenberatung. Don Fernando Grajales, ein Teilnehmer der ersten argentinischen Himalaja-Expedition im Jahr 1954, gründete vor 30 Jahren dieses erste auf Aconcagua-Touren spezialisierte Unternehmen.

Aymará Adventures & Expeditions, Martín Grech, 9 de Julio 1023, Mendoza, Tel. 02 61-420 20 64, www.aymara.com.ar. Geführte Aconcagua-Besteigung auf dem ›normalen‹ Weg (19 Tage, 2150 US$ p. P. inkl. Transfer vom/zum Flughafen und Ausrüstung).

Südliche Provinz Mendoza

San Rafael

Reiseatlas: S. 11, C 4; **Karte:** S. 321

Durch einen breiten Wüstenstreifen von Mendoza getrennt liegt rund 240 km südöstlich der Provinzmetropole die mit 110 000 Einwohnern zweitgrößte Stadt der Provinz, **San Rafael** 5, ihrer baumgeschmückten Alleen

Das Dach Amerikas – der Aconcagua

Thema

›Felszitadelle‹, *akon-kahuak* in Quechua, nannten die Inka den 60 km langen und 20 km breiten Gebirgsstock, der östlich von Mendoza die 3500 km lange argentinische Andenkette krönt. Doyen unter den drei Dutzend Sechstausendern Argentiniens ist der Aconcagua, mit 6962 m zugleich die höchste Erhebung der westlichen Hemisphäre.

Dass dieses ›Dach Amerikas‹ schon in prähispanischer Zeit von den Indianern erklommen wurde, bekunden zahlreiche Funde in extremen Höhen (s. S. 314). Die Trophäe der Erstbesteigung in der Moderne errang der Schweizer Matthias Zurbriggen 1897 als Teilnehmer der britischen Fitzgerald-Expedition (die einem 5560 m hohen Nachbargipfel den Namen gab). Er ›holte sich‹ den Nordgipfel des Aconcagua; die mit diesem über den Filo de Guanaco (›Guanako-Grat‹) verbundene, rund 30 m niedrigere, aber schwierigere Südspitze wurde erst 1947 von den beiden deutschen Bergsteigern Lothar Herold und Thomas Kopp erobert.

Die Normalroute führt heute, dem alten Weg folgend, zum Nordgipfel. Diesen erreichte 1937 eine polnische Seilschaft über eine neue (mittelschwere) Spur, die einen Eisgang über den seither Glaciar de los Polacos genannten Gletscher notwendig macht. Den extrem schwierigen Aufstieg über die – hier der Sonne abgewandte – Südflanke, die ›Eigernordwand der Anden‹, schaffte 1954 zum ersten Mal der Franzose René Ferlet mit seinem Team. Auf dieser Fährte, im oberen Drittel jedoch mit einer eleganten, aber gefährlichen Variante durch den ›Messner-Kanal‹, gelangte der Südtiroler Reinhold Messner 1974 in Rekordzeit zur Spitze. 1994 kundschafteten Mendociner Bergführer eine neue Route aus, die – abgesehen von einer kräftezehrenden 150-m-Transversalen – ebenso leicht wie die Normalroute, aber noch wildro-

mantischer und an den Biwakstellen besser vor Wind geschützt sein soll.

Die Bezeichnung der Normalroute als ›leicht‹ muss relativiert werden. Gemeint ist: Sie erfordert keine Kletterei. Spätestens aber ab 5000 m wird die Luft empfindlich dünn und eisige Winde mit teils über 200 km/h martern das Gesicht. Der viel beschäftigte Arzt (ca. 800 Hilfeleistungen pro Saison) im Basislager Plaza de Mulas registriert denn auch als häufigste Leiden: MAM *(mal agudo de montaña),* die Höhenkrankheit (s. S. 94); EAP *(edema agudo de pulmón),* ein akutes Lungenödem; und schließlich, als Folge von Trockenheit, Kälte und Wind, Angina. Plötzlicher Wetterumschlag, Nebel, Kälte und Erschöpfung können Todfeinde des Bergsteigers sein: Rund 100 Aconcagua-Besteiger haben ihr Leben am Berg gelassen, die Hälfte auf dem Rückweg vom Gipfel. Die Seelen der Verschollenen aber, so will es die Sage, irren noch immer um die zwölf Spitzen des Gebirgsstocks. Gipfelstürmern mit mehr Glück hingegen gelang mitunter ein geradezu spielerischer Aufstieg. Aus Abenteuern wurden Legenden. Ein Mann spazierte zweimal mit seinem Hund zum Gipfel, beim dritten Mal kam er um. Der argentinische Mountainbiker Luis Andaur gönnte sich eine ›Auffahrt‹ auf Rädern. Doch am ausgefallensten war wohl die Idee jenes Nordamerikaners, der einen Klapptisch zum Gipfel schleppte, um sich daraufzustellen. Er wollte einmal ›der höchste Mann Amerikas‹ sein.

wegen auch gerne ›Klein-Mendoza‹ genannt. Das hier 1805 zum Schutz gegen die Indianer gebaute Fuerte San Rafael del Diamante erlösten erst 1903 die Eisenbahn und dann französische Kolonisten aus seiner Einsamkeit. Mit der ›Schulter am Rad‹ zu arbeiten, das war immer die Devise – weshalb auch drei Viertel der Weinerzeugung auf ›Minifundien‹ von weniger als 5 ha Größe erfolgt. Das als Oase in einem eigenen Gewässersystem ruhende San Rafael, Eldorado von Kanuten und Raftern, hat sich inzwischen hinter einer Reihe von Stauseen verschanzt.

Dirección de Turismo: Av. Yrigoyen, Ecke Balloffet, Tel. 026 27-42 42 17, Fax 42 12 44, www.sanrafael.gov.ar, www. sanrafael-tour.com, tgl. 8–21 Uhr.

… in San Rafael:

San Rafael: Coronel Day 30, Tel./Fax 026 27-43 01 27/28, www.hotelsanrafael. com.ar. Nahe der Plaza, modern, gemütlich, mit viel Flair, Bar/Cafetería. DZ 120/160 $.
Cerro Nevado: Av. Yrigoyen 376, Tel./Fax 026 27-42 82 09. Älteres kleines Stadthotel, sauber, die Zimmer zur Straße sind etwas laut, nettes Restaurant. DZ 65/80 $.
Hospedaje La Esperanza: Avellaneda 263, Tel./Fax 026 27-42 79 78. Nahe dem Busterminal, einfache Zimmer, familiär, lichter Patio mit Parrilla. DZ 65 $.
… außerhalb:
Finca Los Alamos: ca. 15 km östlich (vom Zentrum über die C. Bartolomé Mitre 12 km Richtung Osten bis zur ausgeschilderten Abzweigung, hier rechts abbiegen und 2 km südwärts), Tel./Fax 026 27-44 23 50, www.finca losalamos.com. Landsitz mit kolonialem Herrenhaus (1830) inmitten des Weinanbaugebietes von San Rafael; hier waren schon Literaten und Maler wie Jorge Luis Borges und Raúl Soldi zu Gast, die in Form von Bildern und Schriftstücken ihre Spuren hinterließen. DZ 200 US$ p. P. inkl. VP.
Camping Ayum Elum: RP 173 Km 27, Valle Grande (27 km südwestlich von San Rafael), Tel. 026 27-15 53 22 71. Am Ufer des Río Atuel auf 3,5 ha, gute Infrastruktur mit Laden,

Bungalows, Hostería und Ausflugsangeboten. 10 $ p. P., 10 $/Zelt, DZ 40 $ p. P. ohne Frühstück, Bungalows für 4 Pers. 215 $.
Camping Río Azul: RP 173 Km 33, Valle Grande (s. o.), Tel. 026 27-15 53 00 83. Ebenfalls am Fluss und mit ähnlichen Einrichtungen. 22 $/Zelt plus 5 $ p. P. (nur am 1. Tag).

El Restauro: Comandante Salas, Ecke Day, Tel. 026 27-44 54 82. Zentral gelegenes Restaurant der lokalen Gastronomieschule. 50 $.
La Fusta I: Av. Yrigoyen 538, Tel. 026 27-42 97 26. Forelle, Pasta und exzellente Parrilla. 40 $.
Jockey Club: Belgrano 338, Tel. 026 27-48 70 07 u. 15 67 44 93. Gepflegt, regionale und internationale Küche, Parrilla. 35 $.
La Gringa: Chile 26, Tel. 026 27-43 65 00. Beliebt wegen seiner hausgemachten Pastagerichte, auch Parrilla. 35 $.

(Pferde-)Trekking: Bruni Aventura, Aldo Aranda, Av. Ballofet 98, Tel. 026 27-42 37 90, www.bruniaventura.com.ar. Geführte Touren zum Vulkan Overo (4620 m, 3 Tage per Pferd, 750 $ p. P. bei mind. 6 Teilnehmern) oder zum Cerro Sosneado (5189 m, 4–5 Tage), auch Tagesausflug zur Laguna El Sosneado im Geländewagen (195 $).
Kanu und Rafting: Raffeish Turismo Aventura, Fabio Sat, RP 173 Km 35, Valle Grande, Tel. 026 27-43 69 96, www.raffeish.com.ar; Sportstar Turismo Aventura, RP 173 Km 35, Valle Grande, Tel. 026 27-15 58 10 68, www. sportstaraventuras.com.ar. Organisierte Wildwassertouren mit dem Schlauchboot oder Kajak auf den Ríos Atuel und Diamante.

Flüge: Aerolíneas Argentinas fliegt vom Flughafen San Rafael, RP 143 (6 km westlich der Stadt), tgl. nach Buenos Aires.
Busse: Mit den Unternehmen Tac, Andesmar, La Unión, Cata Mendoza und Chevallier mehrmals tgl. nach Mendoza, San Juan und Buenos Aires, mit Uspallata 1 x tgl. nach Las Leñas. Alle Bushaltestellen liegen zentral in der Coronel Suárez, zwischen Godoy Cruz und Avellaneda, Tel. 02 27-42 21 21 int. 216.

Provinz Mendoza

Las Leñas und Valle Hermoso

Reiseatlas: S. 15, A 1; **Karte:** S. 321

Ca. 200 km westlich von San Rafael zweigt die gut ausgebaute Asphaltstraße RP 222 in die einzige Gebirgstasche ab, die in dieser Einöde einen beschaulichen Besuch erlaubt. Eine almenreiche Landschaft von schweizerischem Zuschnitt empfängt den Besucher, der gut 30 km nach der Abzweigung von der RN 40 zunächst die Thermalbäder von **Los Molles** erreicht. Das schwefelhaltige Wasser, das die Becken speist, soll besonders bei Rheuma und Gelenkleiden Linderung verschaffen.

Ein wahrhaftiges tektonisches Wunder tut sich 6 km weiter auf: Links der Straße scheinen zwei immense kesselförmige Erdlöcher, 130 m tief und 400 m im Durchmesser – die weltgrößten dieser Art, wie man sagt –, den Himmel verschlingen zu wollen. Diese wassergefüllten Riesenzisternen, deren geländerlose Wände (Vorsicht!) senkrecht abfallen, sind nicht vulkanischen Ursprungs, sondern das Ergebnis einer rätselhaften Absackung des Bodens. Nach der Legende füllten die Tränen der Eingeborenen, die hier ihre Toten beweinten, die titanischen Naturzisternen. Ihr Name, **Pozo de las Ánimas** (›Brunnen der Seelen‹) hält ihren Nimbus wach.

Wo die Asphaltstraße endet, springt einem geradezu die an französische Skiresorts erinnernde Retortenstadt **Las Leñas** 7 ins Gesicht. Dieser auf 2250 m gelegene, modernste Hort des Wintersports in Südamerika verfügt über 60 km Pisten und elf Lifte, die Skifahrer bis auf 3430 m befördern.

Von Las Leñas führt ein Fahrweg, mit zunehmender Höhe immer steiler und steiniger werdend, Bachbetten durchlaufend und Felsnasen umrundend, in das zauberhafte Hochtal **Valle Hermoso** hinein, das an der chilenischen Grenze 2850 m Sohlenhöhe erreicht – eine Trekkingroute par excellence. Wie weit man sich (je nach Jahreszeit) mit dem Auto wagen darf? Ausprobieren!

Touristeninformation: Las Leñas, Tel. 026 27-47 16 59, www.laslenas.com.

… in Los Molles:
Los Molles Hotel: RP 222 Km 30, Tel. 026 27-49 97 12, www.losmolleshotel.com.

Gut erschlossen, aber nicht überfüllt: die argentinischen Skigebiete wie Las Leñas

ar. Hotelkasten am Berghang, Einrichtungen für Skifahrer, im Sommer Reitausflüge, Restaurant (30 $). DZ 140–200 $.

Hotel Termas Lahuen-co: RP 222 Km 30, Tel. 026 27-49 97 00, Fax 42 71 71, htlahuen co@yahoo.com.ar. Hotel mit Thermalbad und Restaurant, Pub gegenüber. DZ ab 180 $ inkl. VP und Eintritt Thermalbad.

... in Las Leñas:

Hotel Piscis: RP 222 s/n, Tel. 026 27-47 13 18 u. 47 11 00, 011-52 38 21 00, www.piscis hotel.com.ar. 5-Sterne-Resort mit Casino, Pool, Sauna, 3 Restaurants, 2 Bars etc., Skipisten direkt am Hotel. 3 Tage/2 Nächte inkl. HP und Liftkarte ab 1540 $ p. P., 6 Tage/ 5 Nächte ab 1890 $.

Hotel Aries: Tel. 026 27-47 20 00 u. 011-48 19 60 60. Großes Hotel am Fuß der Pisten Urano und Selene mit Pool, 2 Restaurants, Wein-Bar, Fitnesszentrum. 3 Tage/2 Nächte inkl. Liftkarte ab 1166 $ p. P., 6 Tage/5 Nächte ab 1329 $, 8 Tage/7 Nächte ab 1851 $.

Busse: Tgl. Verbindungen nach San Rafael und Mendoza.

Malargüe

Reiseatlas: S. 15, B 1; **Karte:** S. 321

30 km südlich der Abzweigung nach Las Leñas stößt man auf **Malargüe** [8], ein Straßendorf, das seinen Mapuche-Namen ›Felsenhecke‹ so monumentalen Gebilden verdankt wie den 27 km entfernten, sich im Río Malargüe betrachtenden Castillos del Pincheira (gutes Fotografierlicht bei Sonnenuntergang). Ansonsten macht Malargüe das Beste aus der regionalen Trockenvegetation: 60 000 junge Asado-Ziegen *(chivitos)* werden jährlich von hier aus an die eisernen Grillkreuze geliefert.

Dirección de Turismo: RN 40 Norte s/n, Ecke Pasaje La Orteguina, Tel. 026 27-47 16 59, www.malargue.gov.ar, tgl. 7.30– 22 Uhr.

Hotel Río Grande: RN 40 Norte, Tel. 026 27-47 15 89. An der Nordeinfahrt, mit Restaurant. DZ 160 $.

Hostel Campo Base Malargüe: Telles Meneses 897, Tel. 026 27-47 15 34. 700 m vom Busterminal. Ab 18 $ p. P.

 La Posta: Av. Roca 374, Tel. 026 27-47 13 06. Parrilla. 35 $.

El Nido del Jabalí: RN 40 Norte, neben dem Hotel Río Grande, Tel. 026 27-47 15 89. Parrilla, Zicklein. 55 $.

Busse: Verbindungen nach Mendoza, San Rafael, Buenos Aires, Córdoba und Neuquén. Busterminal: Esquivel Aldao, Ecke Fray Luis Beltrán, Tel. 026 27-47 12 86.

Cueva de las Brujas und Reserva Provincial El Payén

Reiseatlas: S. 15, A/B 2; **Karte:** S. 321

Bei **Bardas Blancas,** 65 km südlich von Malargüe, führt eine kurze Stichstraße zu der in einer Bergfalte des Cerro Moncol auf fast 2000 m versteckten **Cueva de las Brujas** [9] (›Hexenhöhle‹). Ein kleiner Teil der 5 km langen stalagmiten- und stalaktitengespickten Grottengänge, deren Auswaschung vor 150 Mio. Jahren begann, kann besichtigt werden.

Immer weiter nach Süden trägt die RN 40 den Reisenden durch eine von Vulkankegeln übersäte, von Erosionsspalten zerrissene Hochebene, in die den Bruchlinien folgende Wasserläufe zickzackförmige *cañadones* geschnitten haben. Ockerfarbener Sandstein, hellgrauer Kalksteintuff und violett schimmernde Porphyrfelsen werden von der Sonne ausgeglüht. Richtungsschilder, die auf so weltferne Ziele wie Algarrobo del Águila (›Johannisbrotbaum des Adlers‹) verweisen, charakterisieren die Verlorenheit dieser im Osten von der Spitzhaube des erloschenen Vulkans Payún (3680 m) beherrschten Mondlandschaft. Rund 450 000 ha davon wurden in der **Reserva Provincial El Payén** etwa 90 km südöstlich von Marlargüe unter Naturschutz gestellt.

Wenige Kilometer weiter südlich passiert die RN 40 die ›Grenze‹ zur Nachbarprovinz Neuquén und erreicht damit die wohl legendärste Region Argentiniens: Patagonien (s. S. 302).

Provinz San Juan

Die 1944 durch ein Erdbeben fast völlig zerstörte Provinzhauptstadt hat wenig zu bieten, dafür umso mehr die restliche Provinz, die mit faszinierenden Naturlandschaften aufwartet: das Valle de Calingasta mit zwei berühmten Sternwarten, das fast 1 Mio. ha große Biosphärenreservat San Guillermo und das Mondtal Ischigualasto, das in eine Jahrmillionen zurückliegende Dinosaurierwelt versetzt.

San Juan

Reiseatlas: S. 11, B 1; **Karte:** S. 339

Als Avantgardist der Zivilisation durfte sich 1562 der spanische Hidalgo Juan Jufré, Gründer von San Juan de la Frontera, deshalb fühlen, weil er mit dem benachbarten Zeltlager der hier sesshaften Huarpe-Indianer das pflegte, was man heute, in vergrößertem Maßstab, eine ›Städtepartnerschaft‹ nennen würde. So gut war das Verhältnis zu den Eingeborenen, dass der stellvertretende Expeditionschef den Kaziken um die Hand seiner Tochter bat, sie – in getauftem Zustand – ehelichte und ihr den schönen Namen Teresa de Asencio verlieh. Wie in so vielen Gemarkungen der Neuen Welt waren es nicht die Konquistadoren, die Terror verbreiteten, sondern die nachfolgenden Wellen autorisierter Landräuber. Die Indianer wurden von der Scholle vertrieben, in Fesseln abgeführt, und manch einem schlug man wegen angeblicher ›Befehlsverweigerung‹ die Hand ab. Das hat der 1626 den Cuyo bereisende Bischof Francisco de Salcedo nicht nur bezeugt, sondern auch am spanischen Hof angeprangert. Vier Jahre später, die Calchaquí-Indianer erhoben sich gerade gegen ihre Unterdrücker, schlossen sich die Huarpe dem Aufstand an.

Streift man heute durch die Straßen der 120 000-Einwohner-Stadt **San Juan** 1 , so wird man in den Gesichtern der Menschen noch indianische, aber auch deutlich arabi-

sche Züge erkennen. San Juan war (neben La Rioja) Schwerpunkt der libanesisch-syrischen Einwanderung. Vielleicht liegt es am orientalischen Einfluss, dass man in den adretten Verandacafés der Plaza 25 de Mayo, dem Ortsmittelpunkt, den ›Nachmittagskaffee‹ oder den ›Fünfuhrtee‹ abends zwischen 8 und 9 Uhr zu sich nimmt.

Sehenswertes

Palmen und Platanen, Denkmäler und ein anmutiger italienischer Brunnen schmücken die **Plaza 25 de Mayo,** an deren Westseite sich die aus so heterogenen Baustoffen wie Backsteinen, Felsquadern, Zement und Bambusrohr gefügte **Kathedrale** (1979) erhebt, deren abgesetzter Campanile die Eigenwilligkeit noch betont. Mit seinem gewaltigen Doppelkreuzportal und dem figurenreichen Bronzetor gleicht dieses nüchterne Gotteshaus eher einem Mahnmal als einer Kirche.

Tragische Erinnerungen begleiteten die Stadt allerdings Zeit ihres Lebens. Im Jahr 1820 wurde sie zum Schauplatz der Bürgerkriegswirren, die den legendären Caudillo Juan Facundo Quiroga, der seine Feinde mit dem Kuhhorn erdolchte, zum Herrscher über ganz Nordwestargentinien aufsteigen sahen. Überschwemmungen und Epidemien suchten den Ort heim, doch die schlimmste Katastrophe brach über das damals noch aus Adobehäusern bestehende San Juan herein, als 1944 in einer Januarnacht die Messgeräte mit 7,8 Grad auf der (bis 12 Grad gehenden) Mercalliskala (8,5 Grad auf der Richterskala) Argentiniens stärkstes je registriertes Erdbeben anzeigten. 80 % der Häuser stürzten ein, 10 000 Menschen kamen um. Der erdbebensicher wiedererbauten Stadt konnte dann 1952 ein erneutes Beben von 7 Grad nurmehr wenig anhaben. Das letzte Erdbeben von 7,4 Grad im Jahr 1977 ließ die Provinzhauptstadt wiederum praktisch unversehrt, kostete aber im benachbarten Caucete 64 Menschen das Leben.

Als einziges noch zu besichtigendes Kolonialgebäude überstand Domingo Faustino Sarmientos Geburtshaus, die **Casa de Sarmiento,** mit seinen federnden Pappelholzbalken alle Beben. Sarmiento (1811–88) ist der illusterste Sohn der Stadt. Unter dem Eindruck von Quirogas wilden Horden ging er nach Chile, schrieb dort sein berühmtes Werk »Zivilisation und Barbarei: das Leben von Juan Facundo Quiroga« und stieg später zum argentinischen Staatspräsidenten auf. Er revolutionierte das Erziehungswesen, führte das Bürgerliche Gesetzbuch ein, schuf Militärakademien und förderte den Eisenbahn- und Straßenbau. Schulen und Straßen in ganz Argentinien tragen bis heute Sarmientos Namen (Sarmiento 21 Sur, gegenüber der

Touristeninformation, Tel. 02 64-422 46 03, www.casanatalsarmiento.gov.ar, Mo/Sa 9–13.30, Di–Fr u. So 9–13.30, 15–19 Uhr, 1 $).

Im alten Hauptbahnhof zeigt das **Museo de Ciencias Naturales** anschaulich die Dinosaurier, die einst in der heutigen Reserva Provincial Ischigualasto lebten (s. S. 338ff., Av. España, Ecke Maipú, Tel. 02 64-421 67 74, tgl. 9.30–11.30, 2 $).

i **Subsecretaría de Turismo:** Sarmiento 24 Sur, Tel. 02 64-421 00 04 u. 422 24 31, Fax 422 57 78, www.turismo.sanjuan. gov.ar, Mo–Fr 7.30–20.30, Sa/So 9–20 Uhr. **Ente Autárquico Parque Natural Ischigualasto:** 25 de Mayo, Ecke Las Heras, Tel. 02 64-422 73 72, www.ischigualasto.org. Infos über die Reserva Provincial Ischigualasto (s. S. 338ff.).

... in San Juan:
Alkázar Hotel: Laprida 82, Tel. 02 64-421 49 65, www.alkazarhotel.com.ar. Zentral, Restaurant, Pool, Sauna, drahtloser Internetanschluss, Garage. DZ 225 $.
Gran Hotel Provincial: Plaza 25 de Mayo, Tel./Fax 02 64-422 75 01-05, www.granho telprovincial.com. Unter den führenden Hotels dasjenige mit dem besten Preis-Leis-

Mit den Autoren unterwegs

Museum in La Laja
Nur rund 25 km nördlich von San Juan zeigt das **Museo Arqueológico Mariano Gambier** eine 1964 gefundene Inkamumie und bis zu 8000 Jahre alte Zeugnisse der lokalen Indianerkulturen (s. S. 333).

Eine Frau für alle Fälle
Sie schützt die Fernfahrer, hilft beim Hypotheken-Abtragen und stiftet Ehen – die Volksheilige **Difunta Correa** bietet Rundumversorgung und an ihrem skurrilen Wallfahrtsort bei San Juan stapeln sich Opfergaben aller Art, von Brautkleidern bis zu Boxhandschuhen (s. S. 333ff.).

Dem Himmel ganz nah
Wolkenfreier Himmel und kaum Niederschläge erlauben in den 2500 m hoch gelegenen **Observatorios El Leoncito und Cesco** an bis zu 270 Tagen im Jahr wissenschaftlich verwertbare Beobachtungen des Südhimmels. Auch Besucher dürfen einen Blick durch die Fernrohre werfen (s. S. 336).

San Juans Wilder Westen
Völlig isoliert im Nordwesten der Provinz liegt die **Reserva Biosfera de San Guillermo,** in der Tausende von Vikunjas und Guanakos leben. Auch Pumas lassen sich hier sehen – kein Wunder bei so reicher Beute (s. S. 338).

tungs-Verhältnis, große Terrasse mit Pool, drahtloser Internetanschluss, Restaurant, Garage. DZ 180 $.

Hotel Viñas del Sol: RN 20, Ecke General Roca, Tel. 02 64-425 39 21, www.viniasdel sol.com.ar. Modernes Hotel auf halbem Weg zum Flughafen, Restaurant, Pool, drahtloser Internetanschluss. DZ 157 $.

Selby: Av. Rioja 183 Sur, Ecke Peatonal Rivadavia, Tel. 02 64-422 47 77 u. 422 47 66, www.hotelselby.com.ar. Gepflegtes Hotel im ersten erdbebensicheren Gebäude von San Juan, Garage, zentral gelegen. DZ 90 $.

América: 9 de Julio 1052 Este, Tel. 02 64-421 45 14, www.hotelamericasanjuan.com.ar. Ordentliches, einfaches Hotel der Mittelklasse, beliebt bei ausländischen Besuchern, Garage. DZ 94/120 $.

… außerhalb:

Camping Municipal de Rivadavia: RP 12, Quebrada de Zonda, 18 km westlich an der Straße nach Calingasta (Buslinie 23), Tel. 02 64-433 23 74 u. 433 17 56. Ordentliche Infrastruktur, Schatten, Pool und Bergpanorama. 2,50 $ p. P., 2,50 $/Zelt.

Las Leñas: Av. Libertador San Martín 1670 Oeste, Tel. 02 64-423 50 40. Parrilla mit gutem Fleisch, auch vegetarische Gerichte. 60 $.

Las Lajas: im Gran Hotel Provincial (s. S. 331). Gepflegte internationale Küche. 35 $.

Club Sirio Libanés: Entre Ríos 33 Sur, Tel. 02 64-422 38 41. Internationale und Nahost-Küche im sehenswerten Clubhaus der syrisch-libanesischen Gemeinde. 35 $.

Club Español: Rivadavia 32 Este, Tel. 02 64-422 33 89. Beliebtes Lokal mit guter, auch regionaler Küche. 30 $.

Soichú: Av. José Ignacio de la Roza 223 Oeste, Tel. 02 64-422 19 39. Ausgezeichnetes vegetarisches Restaurant, vor allem mittags gut besucht. 20 $.

Antigua Bodega: Salta 782 Norte, Tel. 02 64-421 43 27, Di–Sa 9–13, 16–20, So 10–13 Uhr. Altehrwürdige Wein- und Sektkellerei von 1929, Weinproben und -verkauf, Museum.

Flüge: Vom Flughafen Las Chacritas, 12 km südöstlich, Tel. 02 64-425 41 33, tgl. Verbindungen nach Buenos Aires, Mendoza und Córdoba.

Busse: Vom Busbahnhof, Estados Unidos 492 Sur, 10 Blocks östlich der Plaza 25 de Mayo, Tel. 02 64-422 16 04, starten rund 30 regionale und überregionale Busunternehmen in alle Ecken des Landes. El Triunfo, Tel. 02 64-422 49 25, fährt tgl. um 18 Uhr nach Barreal (Ankunft 23.30 Uhr), desgleichen die Minibusse von José Luis, Tel. 02 64-434 23 17, und Silvio, Tel. 02 64-425 23 70.

Zehntausende Opfergaben – von Mini-Kapellen über Autokennzeichen bis zu Modellhäusern in Miniaturform zieren den Wallfahrtsort der Difunta Correa

Die nähere Umgebung von San Juan

La Laja

Reiseatlas: S. 11, B 1; **Karte:** S. 339

Ca. 25 km nördlich von San Juan lockt in **La Laja** **2** das unbedingt sehenswerte **Museo Arqueológico Mariano Gambier** zu einem Besuch. Die umfangreiche und gut gegliederte Sammlung von Exponaten umfasst die Zeitspanne von 6500 v. Chr. bis 1500 n. Chr. Zu sehen ist auch die 1964 am Cerro El Toro gefundene Inkamumie eines 24-jährigen, ri-

tuell getöteten Jünglings (RN 40, zwischen Calle 5 u. Calle Progreso, Tel. 02 64-424 14 24, tgl. im Sommer 9.30–14, im Winter 9.30–17 Uhr, Anfang 2008 soll das Museum auf den lokalen Messeplatz verlegt werden). Unmittelbar an das Museum schließen sich die Schwefelbäder von La Laja an, deren Wasser bei Rheuma und Gelenkleiden helfen soll.

Difunta Correa

Reiseatlas: S. 11, C 1/2; **Karte:** S. 339

Eine der eigenartigsten volkstümlichen Kultstätten Argentiniens, das Devotionalienkabi-

Der skurrilste Wallfahrtsort der Welt

Thema

Sonntag für Sonntag sieht man in Vallecito bei San Juan einen Priester ein ungewöhnliches Ritual vollziehen: Er segnet die Motoren von etwa 200 Automobilen, die mit hochgeklappten Hauben ebenso erwartungsvoll dastehen wie ihre Besitzer.

Der Kult um den Viertakter ist im fast eisenbahnlosen Argentinien beinahe eine Naturerscheinung. Von Ushuaia bis zur bolivianischen Grenze sind die Fernstraßen mit improvisierten Altären bestückt, um die sich so eigenartige Weihegeschenke scharen wie Autoreifen, Nummernschilder und Auspufftöpfe. Haupttempel dieser als Difunta Correa bezeichneten Deponien von Altmaterial und dargebrachten Wünschen allerdings ist das heute zur Wallfahrtsstätte angewachsene Gebäudekonglomerat bei San Juan.

Das älteste der hier angenagelten Kennzeichen stammt aus dem Jahr 1929. Doch geht der Wunderglaube der unentwegt Kerzen anzündenden Besucher – allein an jedem Wochenende um die 2000 – weit über den Bannkreis des Autos hinaus. »Bitte heile mich von dem Virus, der mir die Haare ausfallen lässt!« steht auf einer Tafel, »Gib, dass wir die Hypothek abtragen können!« auf einer anderen. Erhörte Hausbesitzer bezeugen ihre Dankbarkeit in Form von hinterlassenen Holzmodellen. Fast eine Million Devotionalien – vom Brautkleid bis zum Grammofon, von Sportpokalen bis zu Spielzeugautos – haben sich hier im Laufe der Jahrzehnte angesammelt. Die geopferten Medaillen und Ringe, zur besseren Weiterverwendung eingeschmolzen, ergaben bislang rund 80 kg Gold. Vom Erlös wurde unter anderem ein Touristenhotel gebaut. Ein inzwischen als Stiftung amtierendes Aufsichtsorgan beschäftigt 50 Personen, um das unheilige Heiligtum in Ordnung zu halten.

Wer aber ist die Wundergestalt, die solche Glaubenskraft erzeugt? La difunta Correa (›Die verstorbene Correa‹) – die 1841 verschiedene Deolinda Correa – war die Frau eines Gauchos, die sich in hochschwangerem Zustand in der Wüste von San Juan auf die Suche nach ihrem in den Zivilkriegen verschollenen Mann begab. Sie gebar unterwegs, starb verdurstend, doch das Kind überlebte an ihrer Milch spendenden Brust. Diese vom Volk zur Heiligenlegende erhobene Geschichte rührt das Herz der Argentinier mehr als Nacherzählungen vom Leben der Apostel.

Verständlicherweise tut sich die katholische Kirche reichlich schwer mit der zum Gnadenbild erhobenen Gauchofrau. Gegenüber dem Ort des Geschehens, wo Spontangläubige auf Knien die 70 Treppenstufen zum Wunderhügel hochrutschen (dort soll die Tote mit dem Säugling gefunden worden sein), hat man eine kleine Kirche erbaut, um dem Ort wenigstens einen Hauch von religiöser Authentizität zu verleihen – pragmatischer Synkretismus, könnte man sagen. Denn im Register der Heiligen wird Deolinda Correa nicht geführt.

Ein kleiner Sprachteufel will es, dass das spanische *correa* auch ›Keilriemen‹ und *difunta correa* so viel wie ›kaputter Keilriemen‹ bedeutet. Dieses Wortspiel konnte nicht ohne Folgen bleiben, wie man an den vielen der Heilsbringerin gespendeten Keilriemen erkennt. Womit wir wieder beim Autokult angelangt wären.

nett der **Difunta Correa** `3`, findet sich gut 60 km östlich von San Juan an der RN 141. Tausende von Opfergaben türmen sich an diesem Wallfahrtsort, der ganz sicher auch bei ›Ungläubigen‹ einen tiefen Eindruck hinterlässt (siehe links, www.visitedifuntacorrea.com.ar).

Folgt man der RN 141 weiter nach Osten, so gelangt man nach etwa 600 km nach Córdoba (s. S. 192ff.). Alternativ kann man bei Marayes auf die RP 510 nach Norden abbiegen und über die Zitrusoase San Agustín del Valle Fértil das ›Weltwunder‹ von Ischigualasto, das Mondtal, ansteuern (s. S. 338ff.).

Hotel Difunta Correa: RN 141 Km 64, auf einem Hügel bei den Kapellen der Volksheiligen, Tel. 02 64-496 10 18. DZ 84 $.

Fiesta del Camionero (Anfang Nov.): Lkw-Fahrer aus ganz Argentinien bilden ab Caucete bei San Juan einen Konvoi zum Wallfahrtsort, abends wird bei Asado und Bier ausgelassen gefeiert.

Busse: 2–3 x tgl. Verbindungen mit dem Busunternehmen El Vallecito von San Juan zur Difunta Correa.

Valle de Calingasta

Reiseatlas: S. 11, A/B 1/2; **Karte:** S. 339
Westlich von San Juan erstreckt sich das zauberhafte **Valle de Calingasta.** Eine erste eindrucksvolle Demonstration ihres Farben- und Formenspiels gibt die Landschaft beiderseits der engen, von lamellenförmigen Wänden eingefassten Schluchtroute entlang dem Río San Juan (Einbahnverkehr: morgens von Osten nach Westen, nachmittags in umgekehrter Richtung).

Calingasta und Barreal

Nach 130 kurvenreichen Kilometern ist **Calingasta** `4` erreicht. Die Umgebung des Ortes mit ihren fruchtbaren Apfelhainen ist, die Halden verraten es, zugleich Abbaugebiet für Aluminiumsulfat. Denn die Provinz San Juan ist reich an Mineralschätzen, vom Feldspat bis zum Antimon, und die topografischen Gegebenheiten erlauben hier den Tagebau.

Von den Zinnen vielfarbiger Sandsteinfelsen – **El Alcázar,** ein naturgeschaffenes maurisches Schloss – begleitet, nimmt einen rund 40 km später wie ein duftendes Kissen die liebliche Oase **Barreal** `5` auf, in der nicht nur Wein und Früchte, sondern auch Minze und Anis gedeihen. Von diesem Örtchen aus lassen sich abenteuerliche Andenüberquerungen organisieren, die der Fährte San Martíns über den Paso de los Patos folgen (s. u.).

Kurz hinter Barrreal teilt sich die Straße. Die rechte Piste führt ins 60 km entfernte Las Hornillas, ein beliebter Ausgangspunkt für Trekking-, Mountainbike- und Reittouren, die linke Spur (RN 149, ehemals RP 412) Richtung Uspallata in der Provinz Mendoza (ca. 90 km, s. S. 319ff.) sowie zum Parque Nacional El Leoncito (s. S. 336f.).

Touristeninformation: Presidente Roca s/n, Ecke Las Heras, Barreal, Tel. 026 48-44 10 66 (nur Mo–Fr 9–14 Uhr), tgl. 9–20 Uhr.

... in Calingasta:
Hotel de Campo Calingasta: RP 406 s/n, Alto Calingasta (2,5 km südöstlich), Tel. 026 48-42 12 20. Landhotel mit schöner Sicht auf die Berglandschaft, Restaurant, Pool, Bungalows. DZ 70 $, Zeltplatz 5 $ p. P.

... in Barreal:
Cabañas Doña Pipa: Mariano Moreno s/n, Tel./Fax 026 48-44 10 04, www.cdllpbarreal.com.ar. Moderne Bungalows und Zimmer für 1–4 Personen, Pool, Restaurant, ganzjährig geöffnet. DZ 70 $, Bungalow (max. 5 Pers.) 150 $.

La Querencia: Florida s/n, bei der südlichen Ortseinfahrt, Tel. 02 64-15 436 46 99 und 15 504 69 58, www.laquerenciaposada.com.ar. Landhaus mit 6 aussichtsreichen Zimmern und Pool; Wind-Cart-Segeln, Reitausflüge, Trekking. DZ 240 $ (ab 2-tägigem Aufenthalt 200 $/Tag).

Posada San Eduardo: San Martín, Ecke Los Enamorados, Tel. 026 48-44 10 46. Unter-

Richtig Reisen-Tipp: Wind-Cart-Segeln in den Anden

El Conchabado (›der Angestellte‹) heißt der Wind, der in den Frühlings- und Sommermonaten mit größter Zuverlässigkeit in der Kordillere bläst und Anhänger des *carrovelismo* (›Wind-Cart-Segeln‹) mit ebensolcher Regelmäßigkeit in einen Geschwindigkeitsrausch versetzt – die 7 m² großen Segel können die Kraft der natürlichen Windstärke nahezu vervierfachen. Einer der Hotspots für diese Sportart ist der **Barreal del Leoncito** (auch Barreal Blanco) im gleichnamigen Nationalpark. Die Tonerden-Oberfläche dieses ausgetrockneten Sees wird Jahr für Jahr von den spärlichen Regenfällen und dem Wind neu geglättet und lässt eine 15 km lange und 5 km breite natürliche Piste entstehen, auf der zwischen 1975 und 1996 sogar internationale Rennen ausgetragen wurden. Noch immer treffen sich hier die Profis Mitte November zu einem Wettbewerb, doch auch neugierige Novizen werden inzwischen auf eine der rasanten Fahrten entlang dem Andenkamm mitgenommen. Keine Angst, zwar geht es mit bis zu 90 km/h über den See, aber am Steuer sitzen die Experten Rogelio Toro und Jaime ›Gringo‹ de Lara, der auf dieser Piste vor 30 Jahren mit 137 km/h den Weltrekord im Wind-Cart-Segeln brach. Kontakt: Rogelio Toro, Tel. 02 64-15 671 71 96, Jaime De Lara, Tel. 02 64-423 19 74. Halber Tag 150 $ p. P.

kunft in 20 ha großer Parkanlage mit Pool. DZ 130/170 $.
Camping Municipal: Belgrano s/n, Tel. 026 48-44 12 41. Gute Infrastruktur, auch Bungalows, Pool. Zelten 3,50 $ p. P., Bungalows (max. 6 Pers.) 80 $.

Touren: Ramón Ossa, Mariano Moreno s/n, Barreal, Tel. 02 64-15 404 09 13/14, www.fortunaviajes.com.ar. Ein- und mehrtägige Trekking-, Reit-, Kletter- und Geländewagentouren in die Kordilleren, bei denen man Petroglyphen und Fossilien sowie die 6000er der Anden aus unmittelbarer Nähe zu sehen bekommt (Reitour zur chilenischen Grenze, 6 Tage, 1900 US$).
Aymará Adventures & Expeditions, 9 de Julio 1023, Mendoza, Tel. 02 61-420 20 64, www.aymara.com.ar. Per Pferd auf den Spuren des Befreiungsheeres unter General San Martín – von Las Hornillas über den Paso de los Patos bis zum chilenischen Ort El Fraile (10 Tage, 1500 US$ p. P., mind. 6 Teilnehmer).

Busse: 2 x tgl. Verbindungen zwischen Barreal, Calingasta und San Juan mit El Triunfo (3,5 Std.). Auf Wunsch und bei genügender Nachfrage verkehren auch Kleinbusse, Tel. 02 64-434 23 17.

Parque Nacional El Leoncito

Nach ungefähr 30 km auf der RN 149 bieten östlich der Straße die 72 000 ha des **Parque Nacional El Leoncito** 6 Gelegenheit, Fauna und Flora der Puna-Hochebene kennenzulernen. Oft stehen größere Suri- (amerikanischer Straußvogel) und Guanako-Herden vor den beiden hier errichteten **Sternwarten,** die bei Weitem die größte Attraktion des Nationalparks darstellen. In dem extrem trockenen Gebiet fallen – oder verdampfen – nur ca. 90 mm Regen im Jahr, weswegen astronomische Beobachtungen hier besonders ergiebig sind. Ein Besichtigung der Observatorien ist möglich, ganz Ambitionierte können – nach Voranmeldung – im Observatorio El Leoncito sogar übernachten und den Himmel durch ein 2215-cm-Teleskop betrachten (Nationalpark: Tel. 026 48-44 12 40, www.parquesnacionales.gov.ar; Complejo Astronómico El Leoncito: Tel. 02 64-421 36 53, www.casleo.gov.ar; Estación Astronómica Carlos U. Cesco: Tel. 026 48-44 10 87; Besuch der Sternwarten tgl.10–12, 15–18 Uhr, 2 $).

Gegenüber vom Nationalpark liegt der vom Wind tischeben gehobelte **Barreal del Leoncito** (›Trockenschlammufer des kleinen Pumas‹) – wahrscheinlich der einst exotischste Austragungsort von Weltmeisterschaften

Oase in der Wüste – der Stausee des Río Jáchal bei Rodeo

im Wind-Cart-Segeln (s. auch links). Denn hier ist im Westen die Welt kartografisch zu Ende: Unbestiegene Gipfel warten auf ihre Eroberer, Höhenzüge auf ihre Vermessung, geologische Formationen auf ihre Altersbestimmung: eine 20 000 km² große, weglose Bergregion, deren wildeste Zone, das vergletscherte Ramada-Massiv, erst 1992 von einer argentinischen Expedition ausgekundschaftet wurde.

Nordwestliche Provinz San Juan

Reiseatlas: S. 11, B1; S. 5, A/B, 3/4;
Karte: S. 339
Einen Ausflug in Argentiniens ›Wilden Westen‹ verspricht die Fahrt von San Juan entlang dem Andenkamm in die Reserva de Biosfera San Guillermo, wobei zwei Routen ans Ziel führen: die etwas längere und abenteuerlichere RP 436 (später RN 149) über Iglesia und Pismanta sowie die RN 40 über San José de Jáchal. Die Wege trennen sich etwa 50 km nördlich von San Juan in Talacasto (s. S. 338).

San José de Jáchal

Auf direktem Weg führt die RN 40 von San Juan gen Norden und erreicht nach 155 km die von Wein- und Olivenkulturen umgebene Oase **San José de Jáchal** **7**. Die kleine Kirche an der Plaza birgt als kuriose Kostbarkeit einen aus Cuzco stammenden ›Schwarzen Christus‹ aus Leder, der sich gliederpuppenartig bewegen lässt. Der Ort dient vornehmlich als Zwischenstation auf dem Weg zu den Anziehungspunkten der Provinzen La Rioja und Catamarca weiter im Norden (s. S. 342ff.). Über die in San José de Jáchal abzweigende RN 150 gelangt man durch die überaus reizvolle Schlucht des Río Jáchal nach Rodeo und zum Biosphärenreservat San Guillermo (s. S. 338).

Plaza Hotel: San Juan 580, Tel. 02 67-42 02 56. Bescheidenes Hotel mit angenehmen Räumen. DZ 60 $.

Busse: Tac, Ute und Transportes Fernández verbinden insgesamt 9 x tgl. mit San Juan, Transportes Fernández fährt 3 x wöchentl. nach Villa Unión in der nördlichen Nachbarprovinz La Rioja.

Von Talacasto nach Pismanta

In **Talacasto** (Thermalquellen ohne Infrastruktur) zweigt die RP 436 von der RN 40 ab und windet sich durch die Sierra del Tigre über den Portezuelo del Colorado und das Dorf Iglesia nach **Pismanta** 8, wo ein schönes Thermalhotel zum Verweilen einlädt (ca. 180 km ab San Juan). Nur 2 km von Pismanta entfernt lockt die mit ponchoartigen Teppichen dekorierte Adobekirche von **Achango** zu einem Besuch. Wer einen Blick in das wahrscheinlich vom Anfang des 17. Jh. stammende Kirchlein werfen will, kann bei Abel im Nachbarhaus nach dem Schlüssel fragen.

Von Pismanta aus klettert die RN 150 zum 4779 m hohen **Paso del Agua Negra** 9 hinauf (95 km), um auf chilenischer Seite ins Elqui-Tal und nach La Serena abzusteigen. Die Passstraße, deren große Attraktion die imposanten Büßer-Schneeformationen sind, ist nur im Januar und Februar (mitunter bis Mitte März) geöffnet. Der argentinische Grenzposten befindet sich 54 km vor der chilenischen Grenze. In die andere Richtung führt die RN 150 von Pismanta nach Rodeo (Abzweigung zur Reserva de Biosfera San Guillermo) und weiter nach San José de Jáchal.

… in Pismanta:
Hotel Termas Pismanta: RN 150, Tel. 026 47-49 70 91/92, www.pismantaspa.com.ar. Gepflegtes kleines Kurhotel im Landhausstil mit 34 Zimmern, Thermalschwimmbad im Freien und Einzelbädern im Haus (Heilanzeige: Arthritis, Rheuma, Gicht). DZ 160 $, 210 $ inkl. HP, 260 $ inkl. VP.

Busse: Verbindungen ab Pismanta mit Valle del Sol, Vallecito und 20 de Junio nach San Juan.

Reserva de Biosfera San Guillermo

Von **Rodeo** aus weist ein über **Angualasto** – mit einigen indianischen Ruinen und dem kleinem Museo Arqueológico Luis Benedettin – führender Fahrweg in eine der wildesten Gegenden Argentiniens: die menschenleere, 980 000 ha große **Reserva de Biosfera San Guillermo** 10, deren Zentrum vor zehn Jahren zum Nationalpark erklärt wurde, während die umgebende Region als provinzielles Naturreservat erhalten bleibt. Hier sollen in der Inkazeit 2 Mio. Vikunjas gelebt haben, die Mitte des 20. Jh. von den Jägern aber fast ausgerottet wurden. Nach der letzten Erhebung und strikten Schutzmaßnahmen gibt es in dieser zwischen 2100 m und 5800 m Höhe liegenden Übergangszone zur Puna jetzt wieder 7000 Vikunjas und 6500 Guanakos – und auch Pumas, die weniger scheu als andernorts sind und sich relativ leicht beobachten lassen. Das Schutzgebiet kann nur per Pferd, zu Fuß oder mit einem Allradfahrzeug erkundet werden; dazu benötigt man eine Genehmigung, die beim Parkwächter im Ort Rodeo erhältlich ist (Calle Federico Cantoni s/n, Tel./Fax 026 47-49 32 14, www.parquesnacionales.gov.ar).

10 ▼ Reserva Provincial Ischigualasto

Reiseatlas: S. 5, C 4; **Karte:** s. rechts
Etwa 320 km sind es von San Juan über **San Agustín del Valle Fértil** in die **Reserva Provincial Ischigualasto.** Argentiniens **Valle de la Luna** – wie die Gegend auch treffend genannt wird – ist nicht das einzige ›Mondtal‹ in der Welt, wohl aber deren größte Schatzkammer, wenn es um die Rekonstruktion der Erdgeschichte im Trias (Beginn des Mesozoikums) geht. Diese 230 bis 185 Mio. Jahre zurückliegende Periode war insofern ›revolutionär‹, als in ihr die bis dahin nur von Pflanzen und Insekten bewohnte Erde sich mit Reptilien zu bevölkern begann. Ein gewaltiger Prozess von Hebungen und Verwerfungen förderte in dieser Senkungszone Gesteinsverbände zutage, die die intakten Schichtfolgen der Sedimentablagerungen und ihrer fossilen Einlagerungen von rund 40 Mio. Jahren wiedergeben. An einigen natürlichen Bauformen hat der Wind gearbeitet und – stets sucht der Mensch nach gefälligen Interpretationen – so erstaunliche Gebilde wie die ›Sphinx‹, den ›Wurm‹, das ›Unterseeboot‹

Provinzen San Juan und La Rioja

CHILE

CATAMARCA

ARGENTINIEN

↑ Copiapó

19 Paso de San Francisco

Santa María

Cerro Ojos del Salado 6893 m

Palo Blanco

60

Río Chaschuil

18 Fiambalá

Belén

Cerro Bonete 5943 m

San Pedro

Salar de Pipanaco

Río Bonete

40

Tinogasta

Sierra del Toro Negro

Sierra de Famatina

11

Paso de Pircas Negras

Laguna Brava **15**

San Fernando del Valle de Catamarca

Paso del Inca

Alto Jagüé

San José de Vinchina **14**

Aimogasta

39

Sierra de Velasco

Villa Castelli

17 Famatina

Chumbicha

Reserva de Biosfera San Guillermo 10

Villa Unión **13**

16 Chilecito

Nonogasta

Guandacol

8

40

12

Sanagasta

La Rioja 11

74

LA RIOJA

Parque Nacional Talampaya **11**

M o g o t e s   C o l o r a d o s

Angualasto

Huaco

10 Reserva Provincial Ischigualasto

Patquía

La Serena

150

Rodeo

Chamical 38

Pismanta

9 Paso del Agua Negra

8

7 San José de Jáchal

Los Baldecitos

Iglesia

Sierra del Valle Fértil

San Agustín del Valle Fértil

SAN JUAN

149

40

510

436

Talacasto

4 Calingasta

12

2 La Laja

Chepes

149

San Juan

3

Marayes

Barreal

5

1

141

Difunta Correa

Pampa de las Salinas

Parque Nacional El Leoncito 6

↓ Uspallata

40

0   50   100 km

oder eine ›Verlassene Kirche‹ herausmodelliert. Eine der schönsten Skulpturen war lange Zeit ›Aladins Wunderlampe‹, aber die hat der Wind inzwischen selbst wieder ausgeblasen. Wer sich im Auto auf die Reise durch das weitläufige Gebiet begibt, wird sich

auf der 38 km langen Strecke mitunter vorkommen wie in einer geologischen Geisterbahn. Die Paläontologen aber schauen nicht auf das steinerne Figurenkabinett, sondern zu Boden: Hier liegen die Schlüssel zu Geheimnissen vergraben, deren vielleicht faszi-

Provinz San Juan

nierendster die Entwicklung der ersten Säugetiere aus Reptilien ist.

Im Triassischen Becken von Ischigualasto, wie die wissenschaftliche Bezeichnung für das Mondtal lautet, wurde erst in jüngster Zeit ein *Coraptor* ausgegraben, der mit einem Alter von 228 Mio. Jahren für viele Fachleute als das älteste bisher gefundene größere Lebewesen der Erde gilt. 1946 war man bereits auf einen *Cynodontis* (›Hundezahn‹) gesto-

ßen, das Reptil, in dem der Ursprung der *Mammalia* zu suchen ist. Pflanzenfresser, von denen es in der Ischigualasto-Senke gewimmelt haben muss, waren die *Rincosaurier* – noch halb Reptil und doch schon halb Säugetier. Immer wenn man in diesem ältesten Laboratorium der Welt auf ein neues Skelett stößt, hält die Wissenschaft den Atem an.

Dass dieser Tier- und Pflanzenfriedhof so ergiebig ist, verdankt er seinem Zustand vor

Im schönsten Licht zeigt sich das Valle de la Luna am späten Nachmittag

Reserva Provincial Ischigualasto

über 200 Mio. Jahren. Damals hatten sich weder die Anden noch die ostwärts gelegene Sierra de Famatina erhoben und in einer von pazifischen Regenwinden getränkten tropischen Sumpflandschaft wucherten mächtige Baumfarne und Araukarien.

Die erdgeschichtlich jüngste der im Mondtal zutage getretenen Krustenformationen – im Norden des Beckens in Form gewaltiger rot leuchtender Steilwände zu sehen – heißt

Los Colorados und setzt sich 30 km weiter nördlich, bereits in der Provinz La Rioja gelegen, als Cañón Talampaya im gleichnamigen Nationalpark fort, den man von Los Baldecitos (17 km ab Mondtal) aus nach 75 km Richtung La Unión erreicht (s. S. 344ff.).

Um das 25 km lange, 10 km breite Becken des Mondtals wirklich auszukundschaften, benötigte man Tage und Wochen, doch die wichtigsten Punkte lassen sich auf einer etwa vierstündigen Rundtour kennenlernen (bestes Fotografierlicht am späten Nachmittag). Selbstfahrer dürfen sich in dem Gelände nur mit Allradfahrzeugen bewegen, am Parkeingang steigt stets ein *guardaparques* zu. Organisierte Besichtigungstouren werden in San Agustín del Valle Fértil, in den Provinzhauptstädten San Juan und La Rioja oder direkt beim Kontrolltor angeboten. Im Januar und Februar füllt sich das Flussbett im Park gelegentlich mit Regenwasser; dann muss man ein bis zwei Tage warten, bis der Pegel wieder gesunken ist (Infos in San Juan im Ente Autárquico Parque Natural Ischigualasto, s. S. 331, oder direkt im Park, Tel. 026 46-49 11 00, 1. Okt.–31. März (außer 24./25. Dez., 31. Dez., 1. Jan.) tgl. 8–17 Uhr, 1. April–30. Sept. 9–16 Uhr, Parkeintritt mit Führung 35 $, Biketour 15 $).

Im Park selbst gibt es keine Unterkunftsmöglichkeiten. Als Basis empfiehlt sich das rund 80 km südlich an der RP 510 gelegene San Agustín del Valle Fértil:

Hostería del Valle Fértil: Rivadavia s/n, ca. 500 m westlich der Plaza, Tel. 026 46-42 00 15. DZ 150 $.

Camping Valle Fértil: Rivadavia s/n, bei der Hostería, Tel. 026 46-42 00 15. Mit Pool und guter Infrastruktur. 10 $/Zelt.

Camping Municipal: Rivadavia s/n, 700 m westlich der Plaza, Tel. 026 46-42 01 04 (Touristinfo). Ebenfalls gute Infrastruktur.

Busse: 2–3 x tgl. mit El Vallecito von San Juan nach San Agustín del Valle Fértil. Die Reserva Provincial Ischigualasto ist nur per Mietwagen, Taxi (ab San Agustín) oder mit einer organisierten Tour zu erreichen.

Grandiose Naturschauplätze wie die Cuesta de Miranda und die Talampaya-Schlucht wechseln sich in La Rioja mit fruchtbaren Hochtälern ab, in denen Trauben, Oliven und Nüsse gedeihen. Den kleinen, meist weit auseinanderliegenden Dörfern mangelt es oft an touristischer Infrastruktur und auch die lokalen Busverbindungen lassen zu wünschen übrig, aber die Gastfreundschaft der Menschen hilft viele Schwierigkeiten zu überbrücken.

La Rioja

Reiseatlas: S. 6, D 3; **Karte:** S. 339
Durch mehrere Kordillerenbänder von den Anden getrennt, versteckt sich **La Rioja** **11**, die ländliche Hauptstadt der gleichnamigen Provinz, am Ostrand der schon zum Geosystem der pampinen Sierren (s. S. 182ff.) gehörenden Sierra Velasco. Als sehr heiß und ofentrocken war die Gegend bereits bekannt, als man den jährlichen Niederschlag noch nicht mit weniger als 200 mm maß. Nur privilegierte Flüsschen führen ganzjährig Wasser. »Und sie verließen La Rioja, weil es von Tag zu Tag weniger zu trinken gab«, schrieb der Lokaldichter Daniel Moyano (›El Rescate‹) Mitte des 20. Jh. Im Jahr 1995 verdursteten 120 000 Rinder, Schafe und Ziegen – die Hälfte des Viehbestandes der Provinz: zu viel selbst für die Kunsthandwerker, die hier traditionell aus Kuhhörnern Trinkbecher, Pfeifen und Besteckgriffe schnitzen.

Ganz La Rioja ist ein Archipel von keineswegs unbedeutenden Oasen: Die Dattelpalmenpflanzung Guayapa (bei Patquía) ist die größte Südamerikas, in Aimogasta sattgrünen Olivenhainen steht – unter Denkmalschutz – der ›Vater aller Olivenbäume‹, gepflanzt von den ersten spanischen Siedlern. Die allererste riojanische Oase indessen steckte Ramírez de Velasco 1591 in Form der Plaza (›La Vieja‹) ab, die bis heute der von

Orangen- und Eukalyptusbäumen beschattete Mittelpunkt des angenehmen 80 000-Einwohner-Städtchens La Rioja ist.

Das inzwischen Plaza 25 de Mayo getaufte Geviert erzählt die Chronik von ›Todos los Santos de la Nueva Rioja‹ bis in die Gegenwart. Hier wurde 1637 der Kopf des Kaziken Chalimin, Widerstandsheld der Calchaquí-Indianer, auf den Schandpfahl gespießt. Hier fanden Prozessionen, Hinrichtungen, Militärparaden und Stierkämpfe statt, hier wurde Markt gehalten und hierhin flüchtete sich die Bevölkerung beim Erdbeben von 1894, dem als einzige Kolonialbauten das Dominikaner- und das Franziskanerkloster trotzten.

Sehenswertes

Beherrschende Gebäude an der **Plaza 25 de Mayo** sind heute die in freier byzantinischer Manier gehaltene **Kathedrale** und der neokoloniale **Regierungspalast.** Nur einmal im Jahr gerät der von Landluft durchwehte und von einer langen Siesta gesegnete Ort in Wallung: beim Tinkunako (›Begegnung‹) in der Neujahrsnacht, wenn sich der *niño alcalde* – das als Ehrenbürgermeister amtierende Jesuskind – des Franziskanerklosters und der heilige Nikolaus (die Statue wird in der Kathedrale aufbewahrt) unter dem Gesang alter Indianerweisen an der Plaza treffen.

La Riojas wenige Sehenswürdigkeiten hat der Besucher rasch gesehen. Das nahe der

Plaza gelegene **Convento de Santo Domingo** (von 1623, später glücklos modernisiert) hat nur noch seine sehr schöne, von den Diaguita geschnitzte Algarrobo-Tür vorzuweisen (Lamadrid, Ecke Pelagio Luna). Das ebenfalls mehr einer Felsenkirche ähnelnde **Convento de San Francisco** birgt die Zelle des Heiligen (1592) und einen von ihm gepflanzten Orangenbaum (25 de Mayo, Ecke Obispo Bazán y Bustos).

Sehenswert ist das umfangreiche **Museo Arqueológico Inca Huasi** mit seinen über 7000 Exponaten und (in einem getrennten Raum) den religiösen Bildwerken der Kolonialzeit (Juan Bautista Alberdi 650, Tel. 038 22-42 73 10, Di–Sa 9–12 Uhr).

i **Dirección General de Turismo:** Av. Perón 401, Ecke Urquiza, Tel. 038 22-42 88 39, Fax 42 66 48. Infos zur Stadt.
Agencia Provincial de Turismo: Pelagio Luna 345, Tel. 038 22-42 63 84, Fax 42 63 45, www.larioja.gov.ar/turismo/, tgl. 8–21 Uhr. Infos zur Provinz La Rioja.

King's Hotel: Av. Facundo Quiroga 1070, Ecke Copiapó, Tel. 038 22-42 21 22, Fax 42 27 54. Gepflegtes kleines Hotel der oberen Kategorie, klimatisierte Zimmer, Pool, Garage. DZ 190 $.
Hotel Savoy: San Nicolás de Bari, Ecke Av. Roque A. Luna, Tel. 038 22-42 68 94. www. hotelsavoylarioja.com.ar. DZ 120 $.
Pensión 9 de Julio: Copiapó 197, Tel. 038 22-42 69 55. Saubere Zimmer um einen zentralen Patio. 60 $ ohne Frühstück.
Residencial Anita: Coronel Lagos 476, Tel. 038 22-42 70 08 u. 42 48 36. Einfach und preiswert. 50 $ ohne Frühstück.
Camping: ca. 1 km hinter Las Padercitas in Richtung Sanagasta (ordentliche Infrastruktur mit Pool, Baumschatten); ca. 8 km weiter am Dique Los Sauces (gleiche Ausstattung, aber landschaftlich schöner).

La Vieja Casona: Rivadavia 457, Tel. 038 22-42 59 96. Breite Speisenpalette, auch Parrilla, z. B. gutes Zicklein vom Grill. 40 $.

Mit den Autoren unterwegs

Abenteuerliche Gebirgsstraße
Über 800 Kurven und an bis zu 500 m abfallenden Steilwänden entlang führt die **Cuesta de Miranda** durch die Sierra de Sanogasta zwischen den Ortschaften Nonogasta und Villa Unión (s. S. 344).

Samay Huasi
Diese Sommerresidenz bei **Chilecito,** die der Gründer der Universität La Plata vor rund 100 Jahren der Hochschule vermachte, birgt heute ein interessantes archäologisches Museum sowie eine gemütliche Herberge (s. S. 350).

El Corral: Av. Facundo Quiroga, Ecke Av. Rivadavia, Tel. 038 22-15 68 61 55. Locro, Grillfleisch, hausgemachte Pasta. 25 $.
L'Stanza: Dorrego 164, Tel. 038 22-43 08 09, www.lstanzzaresto.com.ar. Italienische Küche. 25 $.

Flüge: Aerolíneas Argentinas verbindet La Rioja via Catamarca mit Buenos Aires (Mo–Sa 1 x tgl.). Aeropuerto Capitán Almonacid, 7 km östlich an der RP 5, Tel. 038 22-42 72 39.
Busse: Vom Busterminal, Ortiz de Ocampo, Ecke Frei de la Colina, 2 km südlich vom Stadtzentrum, Tel. 038 22-42 54 53 u. 42 79 91, fahren Busse der Unternehmen Andesmar, Socasa, Tac, Chevallier, El Cuyano, Autotransporte Mendoza, General Urquiza und Rápido Argentino nach Buenos Aires, Mendoza, San Juan, Córdoba, Salta sowie zu Zielorten in der Provinz La Rioja.

Von La Rioja nach Villa Unión

Reiseatlas: S. 5/6, B–D 3/4; **Karte:** S. 339
Das im Abseits aller regionalen Attraktionen liegende La Rioja ist kein idealer Ausgangspunkt für Erkundungstrips, weil man dazu

Provinz La Rioja

erst den Klotz der 150 km langen Sierra de Velasco umfahren muss. Das geschieht am besten über **Patquía** im Süden und die roten Sandsteinbastionen der **Mogotes Colorados** (17 km nordwestlich von Patquía und dann 5 km links ab). Auf der RN 74 geht es dann weiter bis **Nonogasta** 12, wo sich – in besseren Zeiten mit einer Verarbeitung von 4000 Häuten pro Tag – eine der größten, heute schwer verschuldeten Gerbereien der Welt befindet. Erst nach diesen gestreckten 180 km gewinnt die Fahrt an Schwung, wenn man die von 800 Kurven gekrümmte Straße (RN 40) über die **Cuesta de Miranda** (2020 m, Aussichtsplattform) mit ihren 500 m hohen zinnoberroten Steilwänden passiert. Das Weinörtchen **Villa Unión** 13 bildet die beste Absprungbasis für weitere Vorstöße, gen Nordwesten in die Sierra del Toro Negro und zur Laguna Brava (s. S. 346f.) oder Richtung Süden zur Talampaya-Schlucht (s. unten).

Touristeninformation: im Complejo Comercial an der Südostecke der Plaza, Villa Unión, Mo–Fr 8–13, 18–21 Uhr.

… in Villa Unión:
Hotel Pircas Negras: RN 76, Acceso Sur, Tel. 038 25-47 06 11, www.hotelpircas negras.com. Elegantes Landhotel mit Pool und Restaurant; Ausflüge nach Talampaya, Ischigualasto und zur Cuesta de Miranda. DZ ab 200 $.
Dayton: Dávila 115, Tel./Fax 038 25-47 06 40. Beliebte Touristenunterkunft, Zimmer mit Bad. DZ 70 $ ohne Frühstück.
Doña Gringa: Dávila 103, Tel. 038 25-47 02 58. Einfache, saubere Hospedaje. DZ 50 $.

… in Villa Unión:
Pizzería La Rosa: an der Nordwestecke der Plaza. 20 $.

Busse: Vom Busterminal in Villa Unión, ein paar Straßenblocks östlich der Plaza Mayor, gibt es tgl. Verbindungen nach San Juan und La Rioja, weniger regelmäßig auch nach Chilecito und San Agustín del Valle Fértil.

11 Parque Nacional Talampaya

Reiseatlas: S. 5, C 4; **Karte:** S. 339
Etwa 55 km südlich von Villa Unión bündelt das im Ganzen mehr als 30 km lange, sich abwechselnd verengende, öffnende oder verzweigende Schluchtsystem des **Parque Nacional Talampaya** seine Überraschungen zu einem farbigen Strauß von Eindrücken. Senkrechte, 130 m hohe Sandsteinwände, antiken Säulen gleichend, haben Formationen ausgebildet, die ›Kastell‹, ›Kathedrale‹ und ›Pantheon‹ genannt werden. In unerreichbaren Höhen nisten Kondore in Fels-

**Durch die Erosion geformt: die bis zu 130 m hohe
Sandsteinsäulen im Parque Nacional Talampaya**

horsten. Im ›Botanischen Garten‹, einem Wäldchen mit 40 Spezies, sind mehr als die Hälfte der Exemplare Medizinalpflanzen. Ob sie von den Diaguita-Indianern in den Reiblöchern der Steintafeln gemahlen wurden, die am Tor der Schlucht zu bestaunen sind? Oder handelt es sich bei diesen Platten nicht um Mörser, sondern um Opfertische? Ob die Eingeborenen Schlangengift zu gewinnen und nutzen wussten? Denn die Schlucht ist auch das Habitat von Klapper- und Korallenschlangen und die Spiralen der Felszeichnungen könnten stilisierte Schlangen darstellen. Lama- und Guanakoherden sind bei diesen vielgestaltigen Petroglyphen am

einfachsten zu erkennen. Doch was hat der sechszehige Fuß zu bedeuten? Fragen, die ohne Antwort wiederkehren – wie das fünffache Echo in diesem Cañadón. 230 Mio. Jahre alt soll er sein, und fast so alt sind auch die dicht beieinanderliegenden Riesenschildkröten, die man Ende 1994 hier fand, oder der zwei Jahre später entdeckte Supaysaurius, ein Vorfahre der heutigen Vögel. Auch die jüngst ausgegrabenen Fossilien von 17 Dinosauriern sind 220 Mio. Jahre alt und haben die These bestärkt, dass in Talampaya – im Gegensatz zu Ischigualasto (s. S. 338ff.) – vor allem pflanzenfressende Riesensaurier lebten.

345

Provinz La Rioja

In der Talampaya-Schlucht sollte man gewesen sein, am besten morgens, wenn die Steingestalten am eindruckvollsten zur Geltung kommen. Der Park darf nur im Rahmen einer geführten Tour besucht werden. Entsprechende Anbieter findet man z. B. in Villa Unión oder auch direkt beim Parkeingang (Infos bei den Parkwächtern in Villa Unión, San Martín s/n, Tel. 038 25-47 03 56, www.parquesnacionales.gov.ar, www.talampaya.gov.ar, 11. Sept.–30. April tgl. 8–18 Uhr, 1. Mai–10. Sept. tgl. 8.30–17.30 Uhr, 12 $).

 Die nächstgelegenen Hotels befinden sich in Villa Unión (s. S. 344).
Camping: Mit Erlaubnis der Aufseher darf in der Schlucht gezeltet werden (3 $ p. P., minimale Infrastruktur, Lokal am Parkeingang).

 Touren: Rolling Travel, Tel. 03 51-570 99 09, talampaya@rollingtravel.com. Führungen durch die Talampaya-Schlucht (2,5 Std., 38,50 $) sowie auf Anfrage weiter bis Los Cajones (insgesamt 4,5 Std., 50 $).

Busse: Die Busfirmen 20 de Mayo, Arce und Facundo fahren auf ihrer täglichen Strecke von La Rioja über Patquía und Villa Unión nach San José de Vinchina am Nationalpark vorbei und lassen Passagiere 14 km westlich vom Eingang aussteigen.

Von Villa Unión zur Laguna Brava

Reiseatlas: S. 5, B 2/3; **Karte:** S. 339
Auf der gut 70 km langen Fahrt durch die von Ginster- und Jarillastauden aromatisierte Strauchsteppe (bei Villa Castelli indianische Ruinen) von Villa Unión nach **San José de Vinchina** 14 begleitet den Reisenden im Osten die endlose Mauer der Sierra de Famatina, deren 6200 m hohe *nevados* über ihrem zarten Rosa den schmalen Schneesaum wie eine weiße Bordüre tragen. Sodann bannt die Erde wieder den Blick, denn kurz hinter Vinchina gibt links der Straße ein aus roten, weißen und blaugrauen Steinen am Boden aus-

In der Region der 6000er hat man fast immer einen der ›Riesen‹ im Blickfeld: Vom Ort Villa Unión lässt sich in der Ferne der Volcán Famatina erkennen

gelegter, zehnzackiger Stern von 30 m Durchmesser Rätsel auf. Diese **Estrella de Vinchina** (drei andere benachbarte Geoglyphen sind stark beschädigt) wird der Aguada-Kultur der Diaguita zugeschrieben. Aber wie soll man das Zeichen deuten? Man steht und staunt und schweigt.

Weiter geht die Fahrt, die mit der Passage der **Quebrada de la Troya** ihren malerischen Höhepunkt erreicht. Auf über 20 km winden sich Fluss und Straße in immer neuen Schlingen durch ein atemberaubendes Labyrinth von fast senkrecht hochgekippten, scheibenförmigen Felsen. Nur das Glucksen des Wassers zwischen den Steinen und der eigene Atem sind zu hören, denn noch haben nur wenige diese Zauberklamm entdeckt. Dann breitet sich ein vom Volcán Bonete (6850 m) bewachtes Hochplateau aus. Im Streuweiler **Alto Jagüé** endete bisher die bei einem Erdbeben abgesackte Straße, um Abenteurern – ratsamerweise in Begleitung eines *baqueano*, eines örtlichen Führers – die Erkundung der einsamen **Laguna Brava** 15 zu Pferd oder auf dem Maultier (im Dorf zu mieten) zu überlassen. 1996 allerdings wurde die Erdstraße (mit normalen Autos befahrbar) über die Salzlagune hinaus bis zum Paso de Pircas Negras (4166 m) weitergeführt, wo man sich im Bannkreis des **Ojos del Salado** (6893 m), der zweithöchsten Erhebung des Kontinents, befindet. Die Gewässer der vulkanischen Lagune können die Gipfel in höchster Stille widerspiegeln oder auch wild sich in Wirbeln winden, die die unterirdisch erwärmten Strömungen verursachen.

Die Fortsetzung der Route auf chilenischer Seite führt in den Ort Copiapó. Um die Sommerregen und die extrem harte Winterkälte zu meiden, sollte man diese Fahrt am besten in den Monaten April/Mai beziehungsweise Oktober/November unternehmen. Übernachten kann man in den vor fast 150 Jahren gebauten Hirtenhütten.

... in San José de Vinchina:
Hotel Corona del Inca: Av. Carlos Menem s/n, Tel. 038 25-15 67 59 45. Einfache, saubere Zimmer mit Bad. DZ 50 $.

Hotel Yoma: Av. Carlos Menem s/n, an der südlichen Ortseinfahrt, Tel. 038 25-49 40 82. Einfaches Patio-Hostal mit Restaurant. DZ 40 $ ohne Frühstück.
Camping Municipal: an der Ortsausfahrt Richtung Jagüé. Sehr gepflegt, gute Infrastruktur, mit Badepool im Fluss.

Im Ort findet man mehrere einfache *comedores.*

Chilecito und Umgebung

Reiseatlas: S. 5, C 3; **Karte:** S. 339
Die direktere (und im Auto mögliche) Annäherung an das Vulkanmassiv des Ojos del Salado geschieht auf einem anderen Weg, nämlich von **Chilecito** aus. Der mit nur 31 000 Einwohnern zweitgrößten Stadt der Provinz La Rioja gaben hierher emigrierte Bergleute aus dem Nachbarland den Namen. ›Klein-Chile‹ entstand als eine merkwürdige Hybride aus Weindorf und Grubenort, als Ende des 19. Jh. Engländer begannen, die etwa 40 Gold-, Silber- und Kupferminen in 4600 m Höhe auszubeuten und die Leipziger Firma Adolf Bleichert & Co. ihnen eine 34 km lange Schwebebahn zum Abtransport der Erze – Höhenunterschied: 3325 m – baute. 262 Masten, dazu Förderkörbe, Kessel, Dampfmaschinen, alles kam zerlegt per Schiff nach Buenos Aires, mit der Eisenbahn nach Chilecito und von da auf dem Maultierrücken an die Baustellen. Dieser *alambrecarril* (›Drahtseilbahn‹), bis 1928 in Betrieb, war seinerzeit ein kleines Weltwunder und gehört immer noch zur Raritätensammlung Südamerikas. Vor der Fahrt mit der Bahn muss allerdings gewarnt werden, seit 1994 bei einer Kabinenkollision zwei Touristen tödlich abstürzten. Empfehlenswerter – und weitaus ungefährlicher – ist ein Besuch im **Museo del Cablecarril** am Bahnhof, das die Geschichte der Schwebebahn nachzeichnet (tgl. 7–13, 14–20 Uhr).

Heute blickt Chilecito etwas wehmütig auf die ringsum kahlgeschlagenen Berge, deren Bewuchs in den speziell für Krüppelholz ge-

Mit einer Höhe von 6893 m der zweithöchste Vulkan der Welt:
der nach wie vor aktive Ojos del Salado

bauten Kesseln verheizt wurde. Das hier einzig verbliebene Gold fließt aus dem Fass: ein ausgereifter Torrontés-Wein mit charakteristischem Maikraut-Bouquet.

Die Vorgeschichte der Region ist im **Museo Molino de San Francisco** dokumentiert, ein Adobehaus von 1712, das als Getreidemühle bis 1930 funktionierte und heute das Regionalmuseum mit Mineralien und Keramik der regionalen Indianerkulturen beherbergt (Jamin Ocampo 55, Tel. 038 25-42 49 00, Mo–Fr 8–12, 15–19 Uhr).

Im 2 km östlich gelegenen Landgut **Samay Huasi,** das Joaquín V. González, dem Gründer der Universität La Plata gehörte, werden archäologische Exponate wie Keramik, Urnen, Tonpfeifen, Schädel und Abplattungstechniken der Kulturen von Ciénaga, Tafí, La Aguada und Santa María ausgestellt. Einen Teil der Gebäude funktionierte man zur Universitätsherberge um. Falls die Räume nicht von Studenten aus La Plata besetzt sind, dürfen auch Touristen an diesem wunderbar ruhigen Ort übernachten (Tel. 038 25-42 26 29, Museum: tgl. 8–12, 15–19 Uhr).

Dirección de Turismo: José Hernández 62, Tel. 038 25-42 57 86 u. 42 96 60 int. 665, www.larioja.gov.ar/municipios/mu-chi/Turismo2006/turismochi.htm, Mo–Fr 8–13, 16–21 Uhr.

Riviera: Castro Barros 158, Tel. 038 25-15 67 20 80. Sauberes kleines Hotel in zentraler Lage. DZ 80 $.
Chilecito ACA: Timoteo Gordillo, Ecke Ocampo, Tel. 038 25-42 22 01 u. 42 22 02, www.aca.org.ar. ACA-Hostería mit Pool und Restaurant, Autoeinstellplatz. DZ 75 $.
Wamatinag: 25 de Mayo 37, an der Plaza, Tel. 038 25-15 67 07 12. Einfache, preiswerte Zimmer mit Bad. DZ 55 $.

El Rancho de Fierrito: Pelagio Luna 647, Tel. 038 25-42 22 01, Di–So. Regionale Küche, Parrilla.
Comedor Jaime: 25 de Mayo 250. Einfache Kantine, sehr billig; getrocknete schwarze Oliven, regionaler Wein, Salat, Grillfleisch.

Busse: Die Unternehmen El Zonda und 20 de Mayo verbinden mit Villa Unión; Interrioja, Tel. 038 22-42 15 77, und La Riojana, Tel. 038 22-43 52 79, mit der Provinzhauptstadt La Rioja.

Von Chilecito zum Paso de San Francisco

Famatina und Tinogasta

Reiseatlas: S. 5, C 2/3; **Karte:** S. 339

Von Chilecito aus geht die Reise zunächst auf der RN 40, dann auf der RP 11 weiter nach **Famatina 17**. In der Pfarrkirche des kleinen Ortes findet sich eine altperuanische Christusfigur in Marionettenform, die in der Karfreitagsnacht in Bewegung gesetzt wird.

Die weiter nördlich zu durchquerende herbe Gebirgsszenerie fließt bei **Tinogasta** (ca. 145 km ab Chilecito) in das riesige Hochlandbecken des **Salar de Pipanaco** aus. Am Südsaum der Salztonebene entstand eine viele Kilometer lange Jojoba-Pflanzung, die ein begehrtes kosmetisches Öl liefert.

Fiambalá

Reiseatlas: S. 5, C 2; **Karte:** S. 339

Vom Winzerort Tinogasta aus führt die Straße (RP 60) durch ein breites, von flimmernden Geröllbetten durchzogenes Schwemmsandtal zur Oase **Fiambalá 18**. Kurz vor dem Ort steht der gedrungene Bau der makellos weißen Kolonialkirche von **San Pedro** (1770), der einige aus Cuzco stammende Gemälde beherbergt. Fiambalá mit seinen wildromantischen Naturthermalbecken ist ein stiller Hort für Weltflüchtige. Im archäologischen **Museo del Hombre** sind zwei sehr gut erhaltene, erst 1997 gefundene präinkaische Mumien zu sehen (Abaucán s/n, Tel. 038 37-49 62 50, tgl. 9–12, 15–19 Uhr).

In der Umgebung von Fiambalá, auf ca. 1500 m Höhe, stehen auch zwei der bedeutendsten Weinkeller Catamarcas dem Besucher offen: die **Bodegas Don Diego,** wo auf 80 ha Syrah-Trauben angepflanzt werden (RP 60, an der Südeinfahrt des Ortes, Tel. 011-49 54 68 35, www.fincadondiego.com.ar, tgl. 9–

Auch in Chilecito wird die ›Kaffeehauskultur‹ gepflegt

13, 15–18.30 Uhr, mit Voranmeldung), und **Cabernet de los Andes** mit ihren Weinmarken Tizac und Vicien (Finca Las Retamas, RP 45, Pampa Blanca, Tel. 038 33-15 53 22 43, www.tizac-vicien.com).

Dirección de Turismo: in der Hostería Municipal (s. u.), Tel./Fax 038 37-49 62 50, Mo–Fr 8–21, Sa/So 9–12, 18–21 Uhr.

Hostería Municipal: Almagro s/n, Tel. 038 37-49 62 91. Saubere, moderne Touristenunterkunft mit kleinem Restaurant. DZ 50 $ ohne Frühstück.
Camping: an den Thermen ca. 15 km östl. vom Ort, Tel. 038 37-49 62 50 (Touristinfo). Naturspa ohne Infrastruktur (6 $ einmalig), Cabañas (20 $ p. P.), Zelt und 2 Pers. 10 $.

Busse: Das Busunternehmen Robledo verbindet Fiambalá mit Catamarca, La Rioja, Córdoba und über La Pampa mit der patagonischen Atlantikküste bis Comodoro Rivadavia, Tel. 038 37-15 69 18 85. Empresa Gutiérrez fährt nach Cata, Córdoba und Buenos Aires.

Weiter zum Paso de San Francisco

Reiseatlas: S. 5, C 2–B 1; **Karte:** S. 339
Von Fiambalá kämpft sich die RP 60 entlang dem Río Chaschuil in die Kordillere hoch und führt durch eine Landschaft, die in ihrer Verlassenheit zugleich so trostlos und packend ist, dass man beinahe die Höhe vergisst. 4747 m sind am **Paso de San Francisco 19** an der chilenischen Grenze erreicht. Bis hierhin reicht der Asphalt, dann geht es auf einer Schotterpiste weiter – links der Cerro de San Francisco (6000 m), voraus das Schneeantlitz des **Ojos del Salado** (6893 m). Nachts glaubt man hier, die Sterne fassen zu können. Aber näher ist es immer noch nach Copiapó in Chile: 270 km. Der Pass ist vom 1. Oktober – bei früher Schneeschmelze schon im September – bis Mai geöffnet. Die Grenzabfertigung erfolgt bereits in Fiambalá bei der Gendarmerie (7–19 Uhr).

Wo *inti,* die Sonne der Inka, die Halbwüste flimmern lässt, wo unstete Flüsse in der Erde versickern, wo braune Sierren dem ewigen Blau entgegendürsten, da liegt das furchenreiche Gebirgsrelief von Catamarca. Die Wasserläufe in den Tälern ermöglichten eine Besiedlung durch die Diaguita, deren Nachfahren heute feine Poncho-Weber sind, und an den Berghängen flitzen scheue Vikunjas über die Landstraßen.

San Fernando del Valle de Catamarca

Reiseatlas: S. 6, D/E 2; **Karte:** S. 354
San Fernando del Valle de Catamarca 1, die 140 000 Einwohner zählende Provinzmetropole, könnte man auch ›Hauptstadt aller Oasen‹ nennen. Vom hausgekelterten Wein bis zum Chañar-Sirup (der Hustensaft der Ureinwohner), vom handgeknüpften Tinogasta-Teppich (10 000 Knoten pro m²) bis zum Alpaka-Poncho von Belén – hier sammeln sich alle Traditionsgüter, die seit eh und je mit dem Namen Catamarca verbunden sind. Die Stadt selbst hat man schnell erkundet.

An der schräg ansteigenden **Plaza 25 de Mayo** erhebt sich die rosa getünchte **Basílica de Nuestra Señora del Valle,** die 1852 begonnen und 1916 beendet wurde. Gestaltet – und mit ihrer über 40 m hohen Kuppel der Kirche II Gesù in Rom nachempfunden – hat sie der Italiener Luis Caravatti, von dessen Zeichenbrett auch das benachbarte **Regierungsgebäude** (1859) stammt. Den italienischen Entwürfen der Franziskanerkirchen von Salta und Tucumán entspricht die 1851 fertiggestellte **Iglesia de San Francisco** mit einem integrierten Kloster (Esquiú, Ecke Rivadavia).

Schöne Beispiele von Kolonialarchitektur sind die Gebäude des **Museo Arqueológico Adán Quiroga** mit seiner repräsentativen Schau vorspanischer Keramik und Steingeräten (Sarmiento 446, Mo–Fr 7–13, 14.30–20.30, Sa/So 8.30–12.30, 15.30–18.30 Uhr) sowie das **Historische Archiv** mit kleinem Museum und Urkunden, die bis auf das Jahr 1650 zurückgehen (Chacabuco 425, Mo–Fr 8–12, 17–20 Uhr). Einen Besuch wert ist auch der **Mercado Artesanal,** auf dem man Teppichknüpferinnen bei der Arbeit zuschauen kann (Virgen del Valle 945, Mo–Fr 7–21, Sa 8–21 und So 8–14 Uhr Ausstellung und Verkauf in der República 446).

Touristeninformation: Sarmiento 450, Tel. 038 33-45 53 85, Mo–Fr 8–13, 14–20, Sa/So 9–21 Uhr. Infos über die Stadt.
Subsecretaría de Turismo: República 446, Tel. 038 33-43 77 91 u. 43 72 29, www.turismocatamarca.gov.ar, tgl. 8–21 Uhr. Infos über die Provinz.

Amerian Catamarca Park Hotel: República 347, Tel./Fax 038 33-42 54 44, www.amerian.com. Modernes 4-Sterne-Hotel im Zentrum, Pool, Internet. DZ 315 $.
Casino Catamarca: Pasaje César Carman (fast Caseros), Ecke Esquiú, Tel./Fax 038 33-43 08 91, www.hotelguia.com/hotelcasinocatamarca. Großzügige, lichte Anlage mit Pool, Restaurant und Bar, Parkplatz. DZ 100 $.
Pucará: Caseros 501, Ecke Molina, Tel./Fax 038 33-43 06 98. Gute Mittelklasse, angenehm, modern, Snack-Bar, Parkplatz. DZ 98 $.
Hostel San Pedro: Sarmiento 341, Tel. 038 33-45 47 08, www.hostelsanpedro.com.ar.

Zentral, einfach. 25 $ p. P., DZ mit zusätzlichem Einzelbett 80 $.

Colonial: República 801, Ecke Tucumán, Tel. 038 33-42 35 02. Zentrales, gemütliches Hotel der einfachen Mittelklasse, Familienmanagement. DZ 70 $.

Camping Municipal: RP 4 Km 5 (Richtung El Rodeo, hinter der Brücke). Großes, teils schattiges Areal mit Pool und einfacher Infrastruktur, ganzjährig geöffnet. 1 $ p. P., 5 $/Zelt, 2 $/Auto.

Richmond: República 534, an der Plaza, Tel. 038 33-42 31 23. Im traditionellsten Lokal in Catamarca gibt es u. a. Lamafleisch in Maissoße, *humitas* und *tamales*. 45 $.

Salsa Criolla: República 546, an der Plaza, Tel. 038 33-43 35 84. Gute Parrilla, serviert werden Zicklein und sonntags hausgemachte Pasta. 40 $.

Picasso Resto Bar: República 590, an der Plaza, Tel. 038 33-42 04 01. Fleisch und Fisch in großzügigen Portionen. 30 $.

Candela: Av. Felipe Varela 6, im Vorort Santa Rosa de Valle Viejo (RN 38 Richtung El Portezuelo), Tel. 038 33-44 22 87, Do–Sa ab 20 Uhr, So nur mittags. Fein zusammengestellte Menüs mit traditionellen regionalen Zutaten, zu denen u. a. Oliven und Ziegenkäse gehören. 30 $.

Caetano: Av. Gobernador Galíndez 649, Tel. 038 33-42 73 17, Do–So ab 20 Uhr. Gemütliches Lokal, meist mit Livemusik; Tipp: *filet aux fines herbes* (Kräuterfilet). 25 $.

Los Troncos: Mota Botello 33, Tel. 038 33-45 49 44. Typische Parrilla, es gibt aber auch *empanadas*. 20 $.

Cuesta del Portezuelo: Sarmiento 571 u. 552. Regionale Feinkost von Grappa bis zum Zitronengelee.

Fiesta Nacional del Poncho (2. Juliwoche): Regionaler Markt der Webkünste, an dem rund 1000 Poncho-Hersteller teilnehmen (Polideportivo Capital, Av. Belgrano 900, am Eingang des Parque Adrián Quiroga).

Mit den Autoren unterwegs

Argentinische Nouvelle Cuisine

Im **Restaurant Richmond** der Provinzhauptstadt Catamarca erlebt man das Ambiente, das während der letzten 50 Jahre die wichtigsten Entscheidungen der lokalen Szene in Politik und Wirtschaft beeinflusste. Heute ist das Lokal außerdem für seine innovative Küche bekannt, die traditionellen Gerichten eine ganz neue Note verleiht (s. links).

Catamarcas 6000er

Die 6000er zu bezwingen ist keine ganz leichte Aufgabe, aber unter der Führung der Guides von **Alta Catamarca** durchaus machbar. Im Angebot sind auch Alternativen für weniger extreme Bergtouren (s. unten).

Das argentinische ›Theben‹

Die wertvollsten Zeugnisse der Diaguita-Kultur und die feinsten Ponchos im ganzen Land gibt es in **Belén**. Einige der geometrischen Motive der bis zu 10 000 Jahre alten Töpferkunst der Diaguita wurden von den Poncho-Webern wieder aufgenommen (s. S. 357f.).

Einsame Hauptstadt

Große Papierblumen auf den Friedhofsgräbern, ein kalter Wind am Nachmittag und geduldiges Warten, um eine Verbindung durchs einzige Telefon im Ort herzustellen – **Antofagasta de la Sierra**, die einsame Hauptstadt eines 28 260 km² großen Landkreises (mit 0,03 Einw./km²), übt eine ganz besondere Faszination auf Besucher aus (s. S. 362f.).

Touren: Alta Catamarca, Sarmiento 569, Tel./Fax 038 33-43 03 33, www.altacatamarca.com. Trekking- und Bergsteigertouren auf Catamarcas 6000er, archäologische Ausflüge, Öko-Tourismus.
Zoltan Czekus, San Martín 436, Tel. 038 33-43 68 65, cz.punaventura@yahoo.com.ar. Geländewagentouren in die Gegend von Antofagasta de la Sierra (s. S. 362f.) – über verborgene Minenwege zu Vulkankegeln, Petro-

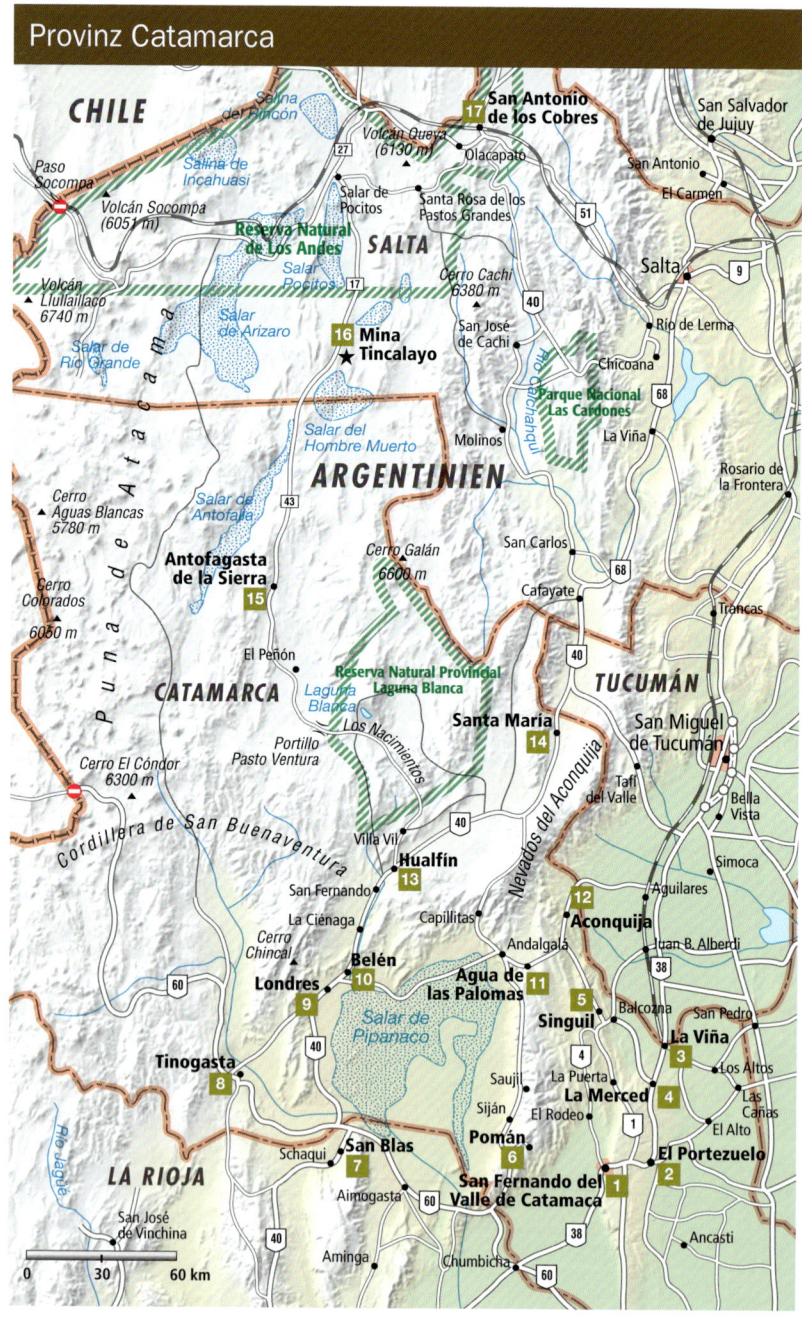

Provinz Catamarca

CHILE

SALTA

ARGENTINIEN

CATAMARCA

TUCUMÁN

LA RIOJA

San Antonio de los Cobres

San Salvador de Jujuy

Volcán Quewa (6130 m)

Olacapato

Salina del Rincón

27

Paso Socompa

Salina de Incahuasi

Volcán Socompa (6051 m)

Salar de Pocitos

Santa Rosa de los Pastos Grandes

San Antonio

El Carmen

51

Reserva Natural de Los Andes

Salar Pocitos

17

Salta

9

Volcán Llullaillaco 6740 m

Salar de Arizaro

Cerro Cachi 6380 m

40

Salar de Río Grande

Mina Tincalayo

San José de Cachi

Río de Lerma

Chicoana

16

Salar del Hombre Muerto

Parque Nacional Las Cardones

La Viña

68

Molinos

Cerro Aguas Blancas 5780 m

Salar de Antofalla

43

Cerro Galán 6600 m

San Carlos

Rosario de la Frontera

Cerro Colorados 6080 m

Antofagasta de la Sierra

Cafayate

68

Trancas

15

El Peñón

Reserva Natural Provincial Laguna Blanca

40

TUCUMÁN

Cerro El Cóndor 6300 m

Laguna Blanca

San Miguel de Tucumán

Portillo Pasto Ventura

Los Nacimientos

Santa María

14

Bella Vista

Cordillera de San Buenaventura

Villa Vil

40

Tafí del Valle

Simoca

Hualfín

13

Nevados del Aconquija

San Fernando

Capillitas

Aguilares

12

La Ciénaga

Aconquija

Cerro Chincal

Belén

Andalgalá

Juan B. Alberdi

60

Londres

10

Agua de las Palomas

38

9

11

San Pedro

Salar de Pipanaco

5

Balcozna

La Viña

Singuil

4

3

Tinogasta

40

Sauji

La Puerta

Los Altos

8

Sijan

El Rodeo

La Merced

Las Cañas

1

El Alto

Schaqui

San Blas

Pomán

El Portezuelo

7

6

2

LA RIOJA

Aimogasta

60

San Fernando del Valle de Catamarca

1

San José de Vinchina

40

Ancasti

Aminga

Chumbicha

38

0   30   60 km

60

glyphen, verlassenen Goldminen, den Salzfeldern und zur Lagune (100 US$ p. P./Tag inklusive Transfer aus Belén, Unterkunft und Mahlzeiten).

 Flüge: Mo–Sa Verbindungen mit Aerolíneas Argentinas nach Buenos Aires und La Rioja. Aeropuerto Felipe Varela, RP 33 Km 20, Tel. 038 33-45 36 86.

Busse: Tgl. nach Buenos Aires, Córdoba, Mendoza, Tucumán und Salta. Busterminal: Güemes 850, Tel. 038 33-48 61 07.

Rundfahrt nördlich der Provinzhauptstadt

Reiseatlas: S. 6, D/E 2; **Karte:** s. links
Die Umgebung von San Fernando del Valle de Catamarca (*catamarca* bedeutet auf Quechua soviel wie ›Festung‹) ist durch mehrere in Nord-Süd-Richtung laufende Kordillerenkämme (Ambato, Manchao, Ancasti und Graciana) profiliert, wobei die eingebetteten Längstäler im Osten die reichere Vegetation aufweisen. Zu den reizvollsten Strecken in diesen Gebirgen gehört die Cuesta del Portezuelo – in atemberaubenden Kehren hangelt sich die Straße vom Tal auf 1680 m empor und auf der Passhöhe geht der Wald urplötzlich in punaähnliche Steppe über.

Cuesta del Portezuelo

Ausgangspunkt für diese Fahrt, die man zu einer schönen, insgesamt etwa 190 km langen (bzw. 270 km über Balcosna, s. u.) Rundtour ausbauen kann, ist **El Portezuelo 2** ca. 17 km östlich der Provinzhauptstadt an der RN 38. Hier zweigt in nordöstlicher Richtung die RP 42 ab, auf der man nach 35 km den Gipfel der **Cuesta del Portezuelo** erreicht und eine herrliche Sicht über das in den verschiedensten Grüntönen schimmernde Catamarca-Tal genießt. Die RP 42 führt nun weiter zur stillen Hochoase **El Alto,** einem angenehmen Rastplatz, in dessen Umgebung man Höhlenmalereien der La-Aguada-Kultur bewundern kann. Rund 40 km weiter, bei **Las Cañas,** wird die RN 64 erreicht, auf der man

gen Westen durch die Tabakpflanzungen von **Los Altos** bis nach **La Viña 3** fährt.

Cuesta del Totoral

In La Viña beginnt die **Cuesta del Totoral** (RN 38), eine faszinierende Strecke, die in südlicher Richtung durch subtropischen Wald bis auf 1200 m ansteigt. Dieselben 19 km legte 1591 in wochenlanger, mühevoller Reise eine spanische Expedition zurück, die unter der Führung von Don Juan Ramiro de Velasco später die Stadt La Rioja gründete.

Auf der anderen Seite des Passes, am Fuß eines Bergwerks, liegt die Kreisstadt **La Merced 4**. Von dort aus kann man auf direktem Weg nach San Fernando del Valle de Catamarca zurückkehren (56 km) oder sich gen Norden wenden und eine weitere attraktive Bergstrecke anfahren (RP 9 und RP 18), die über **Balcozna** nach **Singuil 5** führt. Etwa 90 km sind es von hier auf der RP 1 durch das Catamarca-Tal zurück in die Provinzhauptstadt. Alternativ kann man den etwas längeren Rückweg über die parallel verlaufende RP 4 nehmen, die nach dem Staudamm Las Pirquitas von der RP 1 abzweigt und eine Reihe kleiner Landkirchen aus dem 18. und 19. Jh. passiert: **Iglesia del Señor de los Milagros** (vor San José), **Iglesia San José de Piedra Blanca** (in San José), **Iglesia San Antonio de Padua** (in San Antonio), **Iglesia Villa Dolores** (in Villa Dolores) und **Iglesia San Isidro Labrador** (in Valle Viejo).

🛏 **… in El Alto:**
Hostería Provincial de Turismo: General Roca s/n, Tel. 038 33-15 50 12 09. Zimmer, Zeltplatz und Restaurant. DZ 30 $.
… in Singuil:
Estancia El Chorro: an der südlichen Ortseinfahrt von der RP 1 auf einen Sandweg Richtung Westen abbiegen und diesem 4 km folgen, Tel. 038 33-44 11 38. 100-jähriges Haus in Panoramalage mit Säulenterrasse und großen, einfachen Zimmern (mit/ohne Bad); regionale Küche, Tagesausflüge zur Beobachtung von Kondoren, 2- bis 4-tägige Ausritte zur Pucará von Andalgalá, Trekking. 150 US$ p. P. inkl. VP und Ausflüge.

Von Catamarca nach Santa María

Reiseatlas: S. 5/6, C/D 1/2; **Karte:** S. 354

Die stärkste Konzentration von Fundorten mit Zeugnissen präkolumbischer Kulturen weist das 260 km lange Tal zwischen Tinogasta und Santa María auf, deswegen gerne auch als ›Route der Archäologen‹ bezeichnet. In diesem 1200 bis 1800 m hoch gelegenen, niederschlagsarmen Vorandengraben fällt der wenige Regen im Hochsommer – wenn die Verdunstungsintensität am größten ist. Die Trockenflüsse leben von frühjährlichen Schmelzwasserschüben, dann versiegen sie. Nur angepasste Charakterpflanzen finden noch Anschluss an das Grundwasser. Die Luftfeuchtigkeit beträgt weniger als 5 %. Dank dieser klimatischen Bedingungen konnten sich in den Schwemmsandböden *(barreales)* der Trockenflussufer Flecht- und Webstücke, Tongefäße sowie Schädel und Glieder von Leichnamen über Jahrhunderte konservieren. Die vollständigste Gefäßkollektion ist im Museum von Belén zu studieren (s. rechts).

Grapa Catamarqueña

In der lichtdurchfluteten Provinz Catamarca, deren Dörfer – Brunnenschalen gleich – entlang der Wasserläufe aufgereiht sind, spenden die Nährströme alles Leben: Mais, Bataten, Bohnen, Tomaten, Walnüsse und Johannisbrot, vor allem aber Oliven, Rosinen und Trauben, aus denen ein trockener, über Holzfeuer destillierter Weinbrand *(grapa catamarqueña)* gewonnen wird. Den aromatischsten *aguardiente* erzeugt das zwischen dem Salar de Pipanaco und Felsen eingebettete Weintal um das Dorf **Pomán** `6`. Im kleinen Nachbarort **Siján** wird aus Muskattrauben die in den Städten beliebte ›Grapa Carajo!‹ (www.grapacarajo.com.ar) destilliert. Verboten ist der Branntweingenuss nur da, wo es messerscharf zugeht: bei den in vielen Dörfern an den Wochenenden üblichen Hahnenkämpfen, einer alten Tradition in Catamarca.

Pucará de Schaqui und Tinogasta

Wer Tinogasta von La Rioja oder San Fernando del Valle de Catamarca aus ansteuert, hat auf einem kurzen Abstecher nach **San Blas** `7` bereits Gelegenheit, die wenige Kilometer südlich des Ortes (noch vor Cuipán) liegende **Pucará de Schaqui** zu besuchen. Diese über der schmalen Quebrada Gualco zwischen Säulenkakteen verborgene Inka-Befestigung muss ein altamerikanisches Freizeitcenter gewesen sein, denn zu ihren Füßen lockt ein Wasserfall mit einem herrlichen Felsenbad. Heute ist dieses Planschbecken (ab RN 40 über einen 7 km langen Fahrweg zu erreichen) fast nur noch den Einheimischen bekannt.

Bei **Tinogasta** `8` (s. auch S. 350) kann die Fundstätte von **Watungasta** im Tal des Río Abaucán dem Besucher nur die windgeschliffenen Reste von Adobegrundmauern inmitten der verkarsteten Ebene bieten. Allein die im **Museo Privado Dr. Alanis** zusammengetragenen Gefäßscherben, Flechtstücke und Maiskolben, Kürbis- und Algarrobo-Samen haben weitgehend die Rekonstruktion dieser 500 bis 1300 Jahre alten Kultur erlaubt (Copiapó 488, tgl. 7–20 Uhr).

Londres und Umgebung

Mehr zu sehen ist rund 75 km weiter nördlich von Tinogasta, wo am Fuße des **Cerro Chincal** eine von den Inka zwischen 1471 und 1535 zur Kontrolle der Region errichtete Befestigung freigelegt wurde. Die 1995 restaurierte Ruinenstätte erreicht man von Londres (s. u.) aus auf einem 5 km langen Stichweg.

Das nette **Londres** `9` (›London‹) verdankt seinen Namen früheren Bewohnern, die anlässlich der Hochzeit von Maria I. Tudor und Philipp II. von Spanien mit der Anrufung der britischen Hauptstadt den Majestäten ihre Referenz erweisen wollten. Allein in Nordwestargentinien wurden in jener Zeit nicht weniger als sieben Orte mit dem Namen Londres gegründet. Dieser Ort war der erste Catamarcas und entstand bereits 1558. Mehrfach wurde er von Indianern zerstört und präsentiert sich heute als fünfte Version des

Nahrungssuche im trockenen Catamarca ist bisweilen mühsam

Originals, ohne seinen nur zu vermutenden ursprünglichen Charme eingebüßt zu haben.

 Hostería Salicas: San Blas, Tel. 038 27-49 72 19. DZ 40 $ ohne Frühstück.

Belén und Umgebung

Nur 15 km weiter nördlich stößt man auf das Theben aller regionalen Ausgrabungsstätten: das 12 000-Seelen-Dorf **Belén** 10 (›Bethlehem‹), in dem einige Hundert Familien die Tradition der Poncho-Handweberei fortführen – allerdings auch skrupellose Vermittler hinter vorgehaltener Hand Vikunja-Gewebe anbieten (das vom Aussterben bedrohte Tier, dessen weiches Fell 100 Haare pro mm^2 aufweist, darf nicht gejagt werden). Beléns Schatzkammer ist sein **Museo Arqueológico Cóndor Huasi,** in dem rund 6000 Tongefäße aller Kulturen des argentinischen Nordwestens wie in einer Apotheke in Wandregalen aufgereiht sind – Werke, die sich mit ägyptischen oder phönizischen Vasen messen können (San Martín 333, 1. Stock, Di–Fr 8–13, 14.30–19, Sa 9.30–12.30, 15.30–18.30, So 9.30–12.30 Uhr).

Im Umland von Belén sind die namhaftesten der als Kulturen klassifizierten Diaguita-Stilepochen angesiedelt: La Aguada, Condorhuasi und La Ciénaga. Ca. 15 km nördlich des Ortes führt ein Rundweg zu den wichtigsten Fundstätten. Man hat die Indios, die dieser Hochsteppe mit ausgeklügelten Bewässerungssystemen ihre Mais-, Kartoffel-, Bohnen- und Quinoa-Erträge abrangen und gleichzeitig eine so formen- und dekorreiche Keramik schufen, *agroalfareros* – ›Töpferbauern‹ – genannt. Sie waren hervorragende Kenner der Pflanzen, wussten um deren Eigenschaften und haben allen Anzeichen nach auch halluzinogene Wirkstoffe eingenommen. Aber gehen die ausufernden anthropomorphen Formgebungen der Condorhuasi-Kultur – irreale Kreaturen zum Teil – auf Rauschzustände ihrer Schöpfer zurück? Eine Frage, die sich ernsthafte Archäologen gestellt haben.

ℹ **Touristeninformation:** Rivadavia, Ecke Lavalle (in der Municipalidad), Tel. 038 35-46 15 39, Fax 46 15 83, Mo–Fr 7.30–13.30, 14–20 Uhr.

Provinz Catamarca

 Hotel Provincial de Turismo: Gobernador Cubas, Ecke Belgrano, Tel. 038 35-46 15 01. Nüchternes und einfaches, aber ordentliches Touristenhotel, preiswert, Autoeinstellplatz. DZ 74 $.
Samay: Urquiza 349, Tel./Fax 038 35-46 13 20. Modernes, kleines Hotel mit Cafetería. DZ 50 $.
Doña Pilar: Lavalle 459, Tel. 038 35-46 12 35. Familiengeführtes sauberes Patio-Hotel mit 20 Zimmern (mit Bad), bestes Preis-Leistungs-Verhältnis. DZ 30 $.
Camping Municipal: am Ufer des Río El Tiro. Einfache Infrastruktur. 1 $ p. P., 5 $/Zelt.

 1900 Restó Bar: Belgrano 391, Tel. 038 35-46 11 00. Regionale Küche. 40 $.
El Único: General Roca 92, Tel. 038 35-46 12 67. Quincho-Parrilla, gutes Grillfleisch, *empanadas* und *locro*. 30 $.

Kulturzentrum: an der Plaza. Verkauf von regionalen Handwebereien.

Busse: Regelmäßige Verbindungen nach San Fernando del Valle de Catamarca, Salta und Santa María.

Abstecher zur Pucará de Andalgalá

Zu zwei der rätselhaftesten Inka-Ruinen (und zur Stadt Tucumán) zweigt von Belén aus Richtung Osten die RP 46 ab. Nach 85 hügeligen Kilometern durch Hunderte von Trockenflussrinnen des Salar de Pipanaco passiert die Straße das Örtchen **Andalgalá** und windet sich dann über die Cuesta de Chilca hinauf nach **Agua de las Palomas** 11 (ca. 35 km). Von hier führt ein 18 km langer Pfad in südöstlicher Richtung zur **Pucará de Andalgalá,** einer wehrhaften, offenbar nie angegriffenen und daher vielleicht von den Spaniern auch nie entdeckten Inkafestung, die durch ihr umfangreiches, mit Schießscharten versehenes Mauerwerk beeindruckt (Reitexpeditionen hierher von der Estancia El Chorro aus, s. S. 355).

Erst 1937 erhielt man Kunde von der inzwischen weitaus berühmteren **Pucará del**

Aconquija 12, die an der Ostflanke des gleichnamigen Berges liegt und von fabulierenden Einheimischen gern ›Stadt des Inka-Königs‹ genannt wird. Was bewegte die Inka dazu, an diesem rauen Ort in 4200 m Höhe eine 3500 m² große Anlage zu bauen, die keineswegs nur eine Festung war? Auch wenn man diese Ruinenstadt nicht besucht (eine beschwerliche 4- bis 5-tägige Expedition, die sich von einem der südöstlich der Nevados del Aconquija am Wege liegenden Weiler aus mit Maultieren organisieren lässt), so gewinnt man schon von der Buena-Vista-Höhe aus, ungefähr 30 km östlich von Andalgalá an der RP 46, eine Vorstellung von der grandiosen Einsamkeit dieser zimtfarbenen Hochwüstenschluchten, in deren Lüfte nur Riesenvögel zu passen scheinen. Und wirklich hat man in der Andalgalá-Region das Skelett eines nach der Radiokarbonmessung 5 bis 7 Mio. Jahre alten Raubvogels gefunden, der stehend 1,50 m gemessen haben muss und der, seines Fundortes und des furchterregenden Schnabels wegen, als *Andalgalornis ferox* ins zoologische Namensregister einging.

... in Andalgalá:
Hotel de Turismo: Av. Sarmiento 444 (Durchgangsstraße), Tel. 038 35-42 32 63. Renoviert, ansprechendes Ambiente, Pool, Restaurant. DZ ab 120 $.
Estancia Condado de Huasán: 3 km vom Ort entfernt, Reservierung über die Municipalidad de Andalgalá, Tel. 038 35-42 24 93, www.condadodehuasancuatrot.com. Sehr schönes Arkadenhaus (1774), Majolika, englische Möbel, prächtiger Blick über Olivenhaine, Kapazität für bis zu 40 Gäste. DZ 30 $.
... außerhalb:
Hostería El Refugio del Minero: Mina Santa Rita, Capillitas (von Andalgalá auf der RP 47 nach Norden, Straße ist nur mit einem Geländewagen befahrbar), Tel. 038 35-42 32 63, www.refugiodelminero.com.ar. In der Nähe einer Rhodocrosit-Mine; Touren in den Bergschacht, zu alten Goldwaschstellen, zu einem Jesuitenfriedhof etc., regionale Küche (40 $). Transfer für vier Pers. ab Andalgalá 240 $. DZ ab 150 $.

Auf tönernen Füßen – die Diaguita-Kulturen

Thema

Geografisch sind die Diaguita-Kulturen recht genau, zeitlich jedoch nur schwer gegen andere indianische Kulturen der südlichen Zentralandenregion abzugrenzen. Kerngebiet der Diaguita war das Tal des Río Belén (heute Provinz Catamarca), als Blütezeit gilt die Spanne von ca. 600 bis 1480 n. Chr., danach begann die Überformung durch die Inka.

Nach der auf Radiokarbonmessungen gestützten Periodisierung keramischer Kulturen im Fundgebiet ragt die bereits 200 Jahre vor der Zeitenwende beginnende **Tafi-Kultur** weit (bis 1000 n. Chr.) in die Diaguita-Epoche hinein, muss jedoch – mit ihren großen Steinplastiken bei einer nur wenig entwickelten Töpferei – als gesonderter Kulturkreis betrachtet werden. Der zur gleichen Zeit beginnenden **Condorhuasi-Kultur** (200 v. Chr. bis 300 n. Chr.) hat der gleichnamige Ort unweit des Río-Belén-Tals den Namen gegeben. Die sowohl grauschwarze als auch rote Condorhuasi-Keramik zeichnet sich durch große Formenvielfalt und die Kombination von anthropo- und zoomorphen Elementen aus, wobei man auch gerne den Menschen als Ganzes, sich wie ein Vierbeiner auf Händen und Füßen bewegend, in Gefäßform darstellte.

Der Erfindungsreichtum an Zwitter- und Fabelwesen setzt sich in der der Condorhuasi ähnelnden (aber weniger ausgefeilten) **Candelaria-Kultur** (600–1000 n. Chr.) fort. In Zeichnungen und Ausformungen wiederkehrende Nutztiersymbole wie Lama und Strauß werden um eine Vielzahl von Felidenmotiven bereichert.

Fast gleichzeitig mit jener von Condorhuasi hat sich die **La-Ciénaga-Kultur** entwickelt, deren polychrome Gebrauchskeramik gemeinsam mit der von **La Aguada** (ca. 500–800 n. Chr.) von einigen Archäologen auf die Stufe der altperuanischen Nazca-Kultur gestellt wird. Verwegene Sinnbilder – wie Fe-

derstabtänzer oder Pfeife rauchende Affen – tauchen in den Ritzzeichnungen der Gefäße aus der im Hualfín-Tal entdeckten Totenstadt auf und lassen die Vermutung zu, es habe auch über große Entfernungen ein Kulturaustausch bestanden. Figuren mit Trophäenkopf (an dem vom abgeschlagenen Schädel hängenden Haarschopf erkennbar), ein beliebtes Nazca-Motiv, finden sich auch bei La Ciénaga und La Aguada wieder. Der Typus schuhförmiger Gefäße als Behälter für Grabbeigaben ist sogar über ganz Altamerika verbreitet.

Ihre Zusammenfassung unter dem Begriff **Diaguita** verdanken die Kulturen der Spätzeit (Santa María, Belén und Sanagasta/Angualasto) u. a. dem Umstand, nicht das Studienobjekt punktueller Ausgrabungen, sondern das lebendige Abbild eines kulturellen Gesamtzustands im Augenblick ihrer Entdeckung – erst durch die Inka, wenig später durch die Spanier – gewesen zu sein. Überlagerungen und teilweise Zeitgleichheit erschweren eine strenge Typologie. Dennoch gilt als größter gemeinsamer Nenner für die Diaguita-Ethnien die überragende Bedeutung der Grabkeramik. Alle Funde bezeugen die Existenz eines besonderen Bestattungskults für Kinder. Sie wurden in Urnen beigesetzt, während man Erwachsene, in Tücher gewickelt und zu Bündeln geschnürt, in die Erde senkte. Das trockene Klima hat viele dieser Toten der Nachwelt als Mumien erhalten. Ihre Seelen aber leben, nach dem Glauben der Diaguita, in den Höhen der Anden fort.

Destination für Einsamkeitsliebende und Abenteurer: die Provinz Catamarca

Von Belén nach Santa María

Nördlich von Belén zwängen sich Fluss und Straße durch eine eindrucksvolle Schlucht, wobei am Rande der kurvenreichen Erdpiste nicht nur Warnschilder, sondern auch Nuestra Señora del Tránsito, die ›Madonna des Straßenverkehrs‹ in der Adobekirche von **San Fernando** (Mitte 18. Jh.), zu umsichtiger Fahrweise ermahnen. Knapp 10 km weiter zweigt der ›Camino de la Puna‹ Richtung Nordwesten nach Antofagasta de la Sierra ab (s. S. 362ff.).

Die weitläufige, von Weingärten und Obstplantagen umgebene Flussoase **Hualfín 13**

nennt eine schöne Kapelle aus dem Jahr 1770 ihr Eigen. Auch an diesem Ort sind bedeutende Funde der Condorhuasi-Kultur gemacht worden.

Nördlich von Hualfín weitet sich das Tal zu der von unzähligen Trockenbetten durchzogenen Sandsteppe Campo Arenal (der heißen Temperaturen wegen auch ›argentinische Sahara‹ genannt), bevor die Straße das 16 000-Einwohner-Dorf **Santa María 14** erreicht. Die hier ansässigen Bauern kultivieren vorwiegend Paprika (70 % der Landesproduktion) und weben Ponchos. Auch Wein (Torrontés), Tomaten, Knoblauch sowie 400 t

und anderer *pucará*-Ruinen (s. Aktivitäten), die wahre Verteidigungsschanzen gewesen sein müssen. In einigen fand man noch ›Munitionsdepots‹: mit Schleudersteinen gefüllte Gruben. Nichts fürchteten die Spanier mehr als die *galga,* den Steinhagel der Indianer.

Von Santa María aus erreicht man über eine gut ausgebaute Straße San Miguel de Tucumán, die Hauptstadt der gleichnamigen Provinz (s. S. 371ff.). Eine überaus empfehlenswerte Alternative ist die Weiterfahrt durch die Valles Calchaquíes Richtung Norden nach San Antonio de los Cobres (s. S. 375ff.) oder Salta (s. S. 382ff.).

ℹ️ Oficina de Turismo Santa María: Plaza Belgrano, Tel. 038 38-42 10 83, tgl. 8–23 Uhr.

🛏️ Eine Alternative zu den Hotels sind die Privatunterkünfte, die über die Oficina de Turismo vermittelt werden (ab 12 $ p. P.).
Hotel de Turismo: San Martín, Ecke 1 de Mayo, Tel./Fax 038 38-42 02 40. Große, moderne Anlage mit Pool, Quincho und schattigem Park, Autoeinstellplatz, Bar-Confitería, alle Zimmer mit Bad, gutes Preis-Leistungs-Verhältnis. DZ 90 $.
Plaza: an der Nordseite der Plaza, Tel. 038 38-42 03 09. Moderne, saubere Zimmer mit Bad. DZ 85 $.
Inti Huaico: Familie Maturano, Belgrano 146, Tel. 038 38-42 04 76. Sehr ordentliches Residencial mit geschlossenem Patio und 14 Zimmern mit Bad. DZ 70 $.
Camping Municipal: Sarmiento (4 Blocks östlich der Plaza). Ordentliche Infrastruktur, teils Baumschatten, ganzjährig geöffnet.

🍴 **FC Catering**: Belgrano 563. Grillfleisch und einfache Gerichte. 20 $.
Colonial del Valle: Esquiu, Ecke San Martin (an der Plaza). Speise-Cafetería, serviert werden Fleisch, Pasta und billige Tagesgerichte. 20 $.

🧢 **Touren:** Exkursionen zu fünf archäologischen Stätten mit inkaischen oder präinkaischen Ruinen, darunter das sehens-

Walnüsse jährlich kommen aus den Oasen rings um den Ort. Kein Wunder, dass schon auf den indianischen Gefäßen als Symbol des Leben spendenden Wassers die Kröte immer wiederkehrte.

Die Fundstätte Santa María hat der in die Zeit von 1000 bis 1480 datierten Diaguita-Kultur ihren Namen geliehen. Zeugnisse davon sind im kleinen **Museo Arqueológico Eric Boman** zu sehen, das u. a. eine große Sammlung von Graburnen beherbergt (Belgrano, Ecke Sarmiento, Mo–Fr 8–20.30 Uhr, Eintritt frei). In der Umgebung des Orts lohnt der Besuch des **Fuerte Quemado** (12 km)

Knapp 5 km vor **Antofagasta de la Sierra** findet man eine eigenartige Konjunktion von Landschaftsbildern. Am linken Straßenrand liegen an einem sanften Berghang Tausende von zumeist dreikantigen, schwarzen Basaltstäben und Säulen – ein seltsamer Vulkanauswurf, der bislang nicht zufriedenstellend erklärt werden konnte. Der Künstler Joseph Beuys gebrauchte 7000 solcher Steine aus einem ähnlichen Vorkommen im hessischen Habichtswald, um auf der documenta7 (1982) sein Baumprojekt zu starten. Nichts würde radikaler die Puna-Wüste verändern, als ein Baum neben jedem Stein …

Die Gegend erlebte aber bereits vor Jahrhunderten große Veränderungen: Auf der anderen Straßenseite, am oberen Ende eines etwas steileren Hangs, entdeckt man die Reste eines Indianerdorfs der Diaguita-Kultur. Rund 200 Baugrundrisse aus größeren Basaltblöcken stehen noch, sind aber aus der Ferne nicht vom Geröll zu unterscheiden. Östlich des Berghangs sieht man in einem kleinen Teich die Flamingoscharen und südöstlich einen der Hauptverantwortlichen der prähistorischen Veränderungen in der Region: den Vulkan Alumbreras. Weit über 100 Vulkane ragen aus der Hochebene empor. Der größte, der Volcán Galán, soll vor 60 Mio. Jahren durch seinen Ausbruch das Aussterben der Dinosaurier in ganz Südamerika verursacht haben. Sein Krater, mit einem Durchmesser von 40 km einer der größten der Erde, wurde erst auf Satellitenbildern entdeckt, man kann ihn aber mit dem Blick in Richtung Nordosten erahnen.

werte Fuerte Quemado, organisiert José Rubén Quiroga, der Direktor des Museo Arqueológico Eric Boman (s. S. 361).

Von Hualfín nach San Antonio de los Cobres

Reiseatlas: S. 5, C/D 1; S. 1/2, C 1–D 2; **Karte:** S. 354

Der Westen von Catamarca ist so gut wie unerschlossen. Als ›einsamste Strecke der Welt‹ haben Reisende gelegentlich den ›**Camino de la Puna**‹ bezeichnet, die rund 600 km lange Route, die das Río-Belén-Tal mit dem Minenort San Antonio de los Cobres verbindet. Einzige Zwischenstation auf diesem in jeder Beziehung trockenen Abschnitt – es gibt auch kein Benzin – ist das in der Hochwüste verlorene Dorf Antofagasta de la Sierra, dessen Einwohnerzahl mal mit 650 und mal mit 1300 angegeben wird. Man kann diese anstrengende (wegen der Höhe), aber erbauliche (wegen des Erlebniswertes) Tour in beiden Richtungen unternehmen. Ratsam jedoch ist die Anfahrt von Süden, weil sich so die Straßenverhältnisse abschnittsweise besser im Voraus erkunden lassen.

Anfahrt nach Antofagasta de la Sierra

Die Route beginnt an der RN 40, ca. 10 km südlich von Hualfín (s. S. 360). Zunächst folgt die RP 43 dem Río El Bolsón bis zum Weiler **Villa Vil,** wo man sich für lange Zeit von menschlichen Siedlungen verabschieden muss. Hat man erst die **Cuesta de Randolfo** (3500 m) überwunden, ist an den Basaltfelsen der **Esquina Negra** (›Schwarze Ecke‹) vorbei – beides kein Problem – und hat auch die (im Sommer manchmal problematischen) Geröllbahnen querlaufender Sturzbäche an den **Nacimientos** hinter sich, dann könnten die ersten wieder auftauchenden Lebewesen Flamingos sein. Eine Kolonie der seltenen *parinas* (Andenflamingos) hat im Bereich der **Laguna Blanca** ihr Habitat (Sept.–Nov. und April–Mai). Die rosa Stelzvögel beziehen ihre Farbe von winzigen, stark jodhaltigen Krebsen, die ihnen als Nahrung dienen.

Vom **Portillo Pasto Ventura** an kommen ganze Trupps der rund 10 000 hier lebenden

Vikunjas in Sicht. Doch was, außer der schmackhaften Jagdbeute, hielt indianische Stämme in dieser gigantischen Leere fest? Denn auch hier wurden Hunderte, der Aguada-Kultur zugerechnete *pircas* (Lehmmauerfundamente) gefunden. Aber Leere? Rund 4000 Indianer lebten im Tal des Salar de Antofalla, das künstlich bewässert wurde. Immense blinde Salzspiegel, pastellfarbene, mit der wandernden Sonne changierende Höhenlinien, vulkanische Silberhäupter und darüber ein elektrisches Blau – auch ohne *apunamiento* (›Höhenkrankheit‹) kann man dem Höhenrausch erliegen.

Bei **El Peñón,** einer Mini-Oase bei Kilometer 160, folgt ein Hauch von Grün. Dann, 60 km weiter, kommt der Punkt, der in einem Gebiet, das eineinhalb mal so groß ist wie die Schweiz, nur einfach La Villa (›Der Ort‹) heißt: **Antofagasta de la Sierra** . Hier, auf über 3400 m Höhe, sollte man seine Halbzeitpause einlegen.

 Touristeninformation: in der Municipalidad, Tel./Fax 038 35-47 10 01.

 Hostería Municipal: Einfache Zimmer für insgesamt 40 Gäste, Restaurant. DZ 75 $.

 El Puneño: Einfache, billige Fleischgerichte und Salate. 25 $.

 Touren: Organisierte Ausflüge in die Gegend unternimmt Zoltan Czekus (s. S. 353f.).

 Busse: Verbindung von/nach San Fernando del Valle de Catamarca mit dem Bus ›El Antofagasteño‹ (Abfahrt in der Provinzhauptstadt Mo/Mi 6.15 Uhr, in Antofagasta Mi/Fr 9 Uhr, 55 $, 18 Std.).

Weiter nach San Antonio de los Cobres

Der einsamste Teil der Strecke führt von Antofagasta in nördlicher Richtung zum **Salar del Hombre Muerto** (›Salar des toten Mannes‹). Bei Km 123 zweigt die 22 km lange Zufahrt zur Borax-Mine **Tincalayo** 16 ab, der drittgrößten der Welt. Die sich beim Eintrocknen der Salzlagune abscheidende Borverbindung ist ein begehrter Rohstoff für die Waschmittel- und Glasindustrie. Lithium, ein zweites Produkt dieser auf 1,5 km Länge und bis 80 m Tiefe ausgeschürften Salzpfanne, geht als Superleichtmetall in den Flugzeugbau. Doch hier, in 4200 m Höhe, steht den Reisenden der Sinn nach anderem. Von der **Cuesta de Napoleón** aus (Zufahrtsstraße zur Mine) erlebt man die Andenkolosse als Teilnehmer einer sphärischen Round-table-Konferenz: im Westen der Llullaillaco (6740 m) und der Socompa (6051 m), im Norden der Queva (6130 m), im Osten der Cachi (6380 m) und fast im Süden die Galán-Spitze (6600 m). In der Puna ist, sagt ein Dichterwort, »alles Altar«.

Etwa 90 km weiter hat die Erdstraße (jetzt als RP 17) den Nordzipfel des rötlich schimmernden **Salar Pocitos** erreicht. Hier gabelt sich der Weg. Eine rechts abbiegende Spur (RP 129) führt über den windverwehten Adobeweiler **Santa Rosa de los Pastos Grandes** um die Südflanke des Vulkans Queva und dann über die Abra del Gallo (4600 m) nach **San Antonio de los Cobres** 17 (etwa 115 km, s. S. 380f.). Auf die andere Fährte (RP 27) stößt man bei Salar de Pocitos, 3 km weiter westlich, nach dem Überqueren der zum Paso Socompa (anders als in einigen Karten eingezeichnet, besteht hier keine Straßenpassage nach Chile) führenden Schienenspur der Transandenbahn. Rund 40 km nördlich trifft man auf die RP 51, schwenkt auf diese nach Osten ein und erreicht über Olacapato nach 70 km das gleiche Ziel.

Wegen der tiefen Fahrspuren eine kritische Strecke kann der von schwer beladenen Lastwagen frequentierte Abschnitt zwischen der Tincalayo-Mine und Olacapato (Bahnstation) sein. Über den aktuellen Straßenzustand erhält man in Antofagasta de la Sierra konkretere Auskunft als in San Antonio de los Cobres. Immer sind hochachsige Fahrzeuge von Vorteil. Zu bedenken ist auch, dass Wind und Höhe den Benzinverbrauch erheblich ansteigen lassen können.

Von Kandelaberkakteen bewacht: die Ruinen der Indianerfestung in Quilmes

Der Nordwesten

San Salvador
de Jujuy

Cafayate
Salta

San Miguel
de Tucumán
Santiago
del Estero

Spektakuläre Landschaften und indianische Traditionen

›El NOA‹ (El Noroeste Argentino) nennen die Argentinier kurz die Nordwestecke ihres Landes und ebenso komprimiert drückt sich die Natur hier in ihren Extremen aus: Nur 20 Flugminuten trennen die 4000 m hohe Puna von der Tiefebene des Chaco, Wüste von immergrüner Vegetation, Trockenflüsse von dampfenden Nebelwäldern, *nevados* genannte schneebedeckte Vulkane und Wipfel von Orangenhainen, die Segelroute des Kondors von der Dschungelfährte des Jaguars. Die Provinzen Jujuy, Salta, Tucumán und Santiago del Estero, mit 370 000 km² etwas größer als Deutschland, vereinen stärkere Kontraste auf ihrem Raum als jede andere Region Argentiniens.

Flach wie ein Tisch präsentiert sich Santiago del Estero, dessen gleichnamige Hauptstadt aus dem ersten auf heutigem argentinischem Boden durch die Kolonisatoren gegründeten Ort hervorging. Im nordwestlich angrenzenden Tucumán, einer landwirtschaftlich bedeutenden Provinz, trifft man auf die südlichsten Ausläufer der *yungas,* der Regenwälder im Nordwesten. Unweit der regen Hauptstadt San Miguel de Tucumán beginnt die landschaftlich faszinierende Route durch die Valles Calchaquíes, wo um Cafayate der bekannte Torrontés-Weißwein gekeltert wird.

Touristischer Dreh- und Angelpunkt der Region ist die Stadt Salta, die ganz zu Recht den Beinamen La Linda (›Die Hübsche‹) trägt – besticht sie doch durch ihre Vielzahl architektonischer Relikte aus der Kolonialzeit, die Lebensfreude ihrer Einwohner und ihr breites gastronomisches Angebot. Außerdem startet von Salta aus (nach zweijähriger Pause) einer von Südamerikas berühmtesten Zügen, der Tren a las Nubes (›Zug in die Wolken‹), nach San Antonio de los Cobres in der Puna. Im Norden des NOA, in Jujuy, wartet ein weiteres Highlight, die Quebrada de Humahuaca, deren Dörfer bis heute überwiegend indianisch geprägt sind.

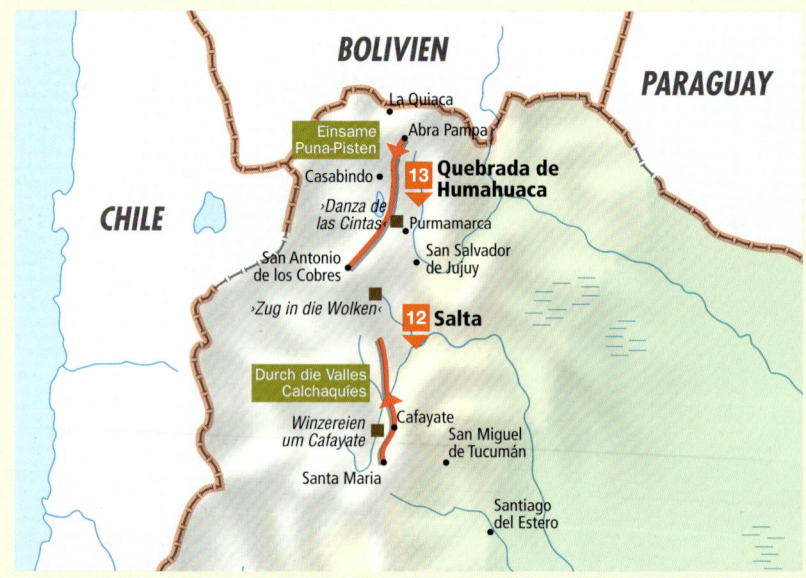

Highlights

12 **Salta:** Trotz mehrerer Erdbeben blieb in Salta ein kolonialer Stadtkern erhalten, der als der schönste in ganz Argentinien gilt (s. S. 382ff.).

13 **Quebrada de Humahuaca:** In dieser reizvollen, von der Unesco zum Welterbe erklärten Schlucht verteilen sich winzige Dörfer, deren Bewohner bis heute die uralten Traditionen und Bräuche ihrer indianischen Vorfahren, der Inka, pflegen (s. S. 404ff.).

Empfehlenswerte Routen

Durch die Valles Calchaquíes: Eine der malerischsten Strecken des Landes führt parallel zu den Kordillerenkämmen durch eine ca. 300 km lange Kette von Tälern zwischen Santa María und dem Quellgebiet des Río Calchaquí. Als Ausgangspunkte für diese Fahrt dienen San Miguel de Tucumán im Süden oder Salta im Norden (s. S. 375ff.).
Einsame Puna-Pisten: Nördlich von Humahuaca führen drei mehr oder weniger parallel verlaufende ›Straßen‹ durchs Hochland Richtung Südwesten nach San Antonio de los Cobres. Unterwegs passiert man isolierte Puna-Dörfer wie Casabindo, wo jahrhundertealte Traditionen lebendig sind (s. S. 411f.).

Reise- und Zeitplanung

Wer den Nordwesten richtig kennenlernen will, muss hierfür mindestens vier Wochen einplanen. Erübrigt das Zeitbudget nur rund eine Woche für die Region, sollte man sich auf ein oder zwei Routen beschränken und beispielsweise von San Miguel de Tucumán über die Valles Calchaquíes, San Antonio de los Cobres und Salta zur Quebrada de Humahuaca fahren. Im Rahmen eines dreitägigen Kurzausflugs empfiehlt sich ein Besuch der Stadt Salta in Kombination mit einer Fahrt durch die Calchaquí-Täler; wahlweise kann man auch ab Salta auf der gut ausgebauten RN 66 über San Salvador de Jujuy (124 km) direkt in die Humahuaca-Schlucht fahren.

Richtig Reisen-Tipps

Tour für Genießer – zu den Winzereien um Cafayate: Den für die Provinz Salta typischen Torrontés-Weißwein verköstigt man am besten direkt vom Fass auf einem der Weingüter in den Valles Calchaquíes (s. S. 377).

Höhenflug auf Rädern – der ›Zug in die Wolken‹: Eine der spektakulärsten Bahnstrecken im ganzen Andenraum führt von Salta bis zum Polvorillo-Viadukt bei San Antonio de los Cobres und überwindet dabei nicht weniger als 3200 Höhenmeter – eine Zugfahrt nur für Schwindelfreie (s. S. 388f.).

›Danza de las Cintas‹: Diesen uralten indianischen Brauch, bei dem Musiker und Tänzer durch die Straßen ziehen, kann man jedes Jahr zwischen Weihnachten und dem Dreikönigstag in Purmamarca in der Quebrada de Humahuaca erleben (s. S. 405).

oder den wenig besuchten, aber spannenden Winkel um die Orte Belén und Antofagasta de la Sierra erkunden.

Klima und Reisezeit

Die Klimaunterschiede im Nordwesten sind extrem. Im Sommer ist es sehr heiß in Santiago del Estero, warm und feucht in San Miguel de Tucumán. Schon einige Hundert Meter höher wird es an den bewaldeten Berghängen angenehm frisch. Noch weiter oben kühlt es auch bei tagsüber hohen Temperaturen ab dem späten Nachmittag sehr ab, oft verbunden mit einem starkem Wind. In den Sommermonaten kann es aufgrund heftiger Regenfälle zu Erdrutschen kommen, die die Straßen manchmal unpassierbar machen. Ins Gepäck gehören unbedingt ein guter Sonnenschutz und eine Sonnenbrille, auch wegen den stark reflektierenden Salinen.

Die Reise von Buenos Aires in den Nordwesten gleicht einem Sprung vom Wasser ins Feuer und wieder ins Grüne: erst die sattgrünen Flussniederungen und Orangenhaine am Río Paraná, dann die staubtrockene, fast menschenleere Salzwüste in Santiago del Estero und schließlich Tucumán, der ›Garten der Republik‹. Während die Stadt Santiago del Estero in ewiger Siesta zu schlummern scheint, ist San Miguel de Tucumán die lebendigste Provinzhauptstadt des Nordens.

Santiago del Estero

Reiseatlas: S. 6, F 2
Santiago del Estero, 1553 als erste Stadt Argentiniens gegründet, blickt auf eine leidvolle Geschichte zurück. 1637 versank die komplette Stadt bei einer Flutkatastrophe im Río Dulce und nach ihrer Wiedererstehung wurde sie 1817 von einem Erdbeben in Trümmer gelegt. Nur zwei Gebäude haben sich aus dem 19. Jh. in die Gegenwart gerettet: das Haus des heutigen Historischen Museums und die Kapelle des Heiligen Francisco Solano. In den kleinen Geschäftsstraßen wechseln alte Stuckfassaden mit Betonkuben und Schaufenstern ab, alles von einem basarhaften Gewimmel von Reklameschildern überwuchert, die, gleich den Bäumen im Regenwald, um eine Sichtlücke kämpfen.

Auf der zentralen **Plaza Libertad** stehen ein Reiterdenkmal, ein Musikpavillon, Bougainvilleen, gegenüber der Präfekturpalast, die Basilika und die Terrassencafés, wo man sich nach dem (sehr späten) Abendessen mitternächtlichen *sobremesas* (›Desserts‹) hingibt. Dass der sympathische Ort 230 000 Einwohner haben soll, errät man nicht. Mit dem am jenseitigen Ufer liegenden Zwillingsstädtchen La Banda (95 000 Einw.) ist Santiago durch zwei Brücken verbunden, deren ältere, eine schöne Eisenkonstruktion von 1920, eine deutsche Reparationsleistung für

ein im Ersten Weltkrieg versenktes argentinisches Handelsschiff darstellt. Aber zurück zur bodenständigen Architektur.

Die die Südwestseite der Plaza Libertad flankierende **Basilika** von 1876 nimmt den Platz der ersten (1570) in Argentinien erbauten Kathedrale ein, deren Grundzüge sie nachzeichnet. In ihrer jetzigen Form eher nüchtern korinthisch konzipiert, überrascht sie im Innern mit der in warmen Terracottafarben und Gold ausgekleideten Kuppel. Schräg gegenüber zelebriert der Arkaden- und Säulenbau der **Präfektur** von 1868 den neokolonialen Stil Paraguays.

Folgt man der die Plaza streifenden Avellaneda nach Nordosten, dann stößt man zwei Blocks weiter in der Nummer 365 auf das geschmackvoll restaurierte **Teatro 25 de Mayo,** an das sich rechts das **Museo Arqueológico Emilio y Duncan Wagner** (1907) anschließt. Die Exponate umfassen u. a. Fossilien von Mastodonten (Vorfahren der Elefanten), über 100 Urnen sowie Schmuck, Gebrauchsgegenstände und Musikinstrumente aus Ton, die den Chaco-Kulturen (v. a. Toba und Mataco) zuzurechnen sind (Avellaneda 355, Di–Fr 9–13, 15–19, Sa/So 10–12 Uhr).

Nur eineinhalb Blocks weiter steht das **Convento de San Francisco** mit seinem – in diesen geografischen Breiten – etwas deplatziert wirkenden neogotischen Kanon. Im Innern befinden sich ein kleines Museum für religiöse Kunst und die im 16. Jh. von Indianern erbaute Klause des Heiligen (Avellaneda, Ecke Roca, Mo–Fr 9–12, 15–18, Sa/So 9–12, 15–17 Uhr).

Wiederum nur wenige Schritte entfernt steht an der Ecke 25 de Mayo und Urquiza das **Convento de Santo Domingo,** in dessen Kirche eine in expressiv realistischer Manier geschnitzte lebensgroße Christusfigur Beachtung verdient. Im Bau schräg gegenüber lädt das **Museo Histórico** zu einem Besuch ein. Die um zwei schöne alte Patios gruppierten Sammlungen zeigen einen Abriss der Regionalgeschichte vom Siegel bis zur Kelter (Urquiza 354, Mo–Fr 8–13, 14–18, Sa/So 10–12 Uhr).

Noch einmal eineinhalb Straßenblocks weiter passiert man auf dem Weg zurück zur Plaza Libertad die **Casa de los Taboada,** ein altes Patrizierhaus von 1840 mit geräumigen Innenhöfen, deren erster, von dorischen Säulen umstanden, eine schöne spanische Zisterne birgt (Buenos Aires 136).

Santiagos große grüne Lunge ist der am palmengesäumten Flussufer liegende **Parque Francisco de Aguirre,** dessen 1000 Eukalyptusbäume 1903 von den Grundschülern der Stadt gepflanzt wurden.

Touristeninfo: Av. Libertad 481, 1. St., Tel. 03 85-422 98 00, www.santiagociudad.gov.arsecciudad/turismo, Mo–Fr 9.30–12 Uhr (Infos über die Stadt); Av. Libertad 417, Tel./Fax 03 85-421 42 43, www.turismosantiago.gov.ar, www.sde.gov.ar/turismo, Mo–Fr 7.30–15.30, Sa 9–12, Mai–Sept. auch So 15–18 Uhr (Infos über die Provinz).

Carlos V: Independencia 110, Tel. 03 85-424 03 03, www.carlosvhotel.com. Modernes 4-Sterne-Hotel. DZ 180 $.
Centro: 9 de Julio 131, Tel. 03 85-421 95 02, Fax 422 43 50, www.hotelcentro.com.ar. Modern, gepflegt, zentral, Cafetería, Garage, Telefonverbindung über Skype, drahtloser Internetanschluss. DZ 130 $.
Savoy: Peatonal Tucumán 39, Tel. 03 85-421 12 34, www.savoysantiago.com.ar. Sauberes kleines Stadthotel in der Fußgängerzone mit

---

Mit den Autoren unterwegs

Chivito und *chacarera*

Das Fleisch der auf Santiago del Esteros salzigem Boden heranwachsenden *chivitos* hat einen ganz besonderen Geschmack und gehört zu den Spezialitäten der Santiaguiner Küche. Typischerweise genießt man ›Zicklein‹ in einer der vielen **Peñas** zur Musik der *chacareras* (s. S. 370).

Die Macht des Zuckers

Seine größten Reichtümer, aber auch seine größte Armut hat Tucumán dem Aufstieg und Verfall der Zuckerplantagen zu verdanken. Im **Museo de la Industria Azucarera,** in der ›Zuckerstadt‹ **San Pablo** und in der Sommerfrische **Villa Nougués** trifft man auf Spuren des ›weißen Goldes‹ – vielerorts auch auf die Misere, die der Niedergang der Zuckerindustrie mit sich brachte (s. S. 372f.).

Quilmes-Ruinen

Bei **Santa María** befinden sich die Ruinen der Festung, in der im 17. Jh. 5000 Quilmes-Indianer den Spaniern 35 Jahre lang erbitterten Widerstand leisteten (s. S. 376).

Einzigartige Panoramasicht

Die **Abra del Acay,** einer der weltweit höchsten Pässe bei San Antonio de los Cobres, bietet einen fantastischen Blick auf die Berge und die Valles Calchaquíes (s. S. 380).

Cafetería; Organisation von Kajaktouren auf dem Río Dulce. DZ 80 $.
Residencial Iovino: Moreno 602, Tel. 03 85-421 33 11. In der Nähe des Busterminals. DZ 50 $ ohne Frühstück.
Camping Las Casuarinas: im Parque Aguirre. Ordentliche Infrastruktur, Baumschatten, Sandstrand am Fluss. 1 $ p. P., 3 $/Zelt, 1 $/Auto.

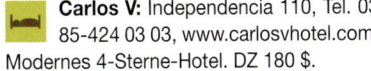

Chester: Roca, Ecke Pellegrini, Tel. 03 85-421 44 77. Gute internationale Küche. 45 $.

Provinzen Santiago del Estero und Tucumán

Einspänner zum Warentransport sind aus Tucumáns Stadtbild nicht wegzudenken

Mia Mamma: 24 de Septiembre 15, Tel. 03 85-429 97 15. Parrilla und Pasta an der Plaza. 25 $.

La Salamanca: im Mercado Armonía, Carlos Pellegrini, zwischen Absalón Rojas und Tucumán, 1. Stock. Saftige *empanadas santiagueñas*, *chivito* vom Grill oder geschmort, *tamales* und *locro*. Fr und Sa abends Live-Folkloremusik.

Folkloreinstrumente: Av. del Libertador Norte s/n, Boca del Tigre, im Norden der Stadt, Tel. 03 85-15 426 87 22, www.bombosmgonzalez.com.ar. *Bombos, sachas* und *cajas* – hier kann man die Instrumente kaufen, die den Rhythmus der *chacarera* angeben.

Casa del Folclorista: Av. Pozo de Vargas, im Parque Aguirre. Zum Essen gibt's *empanadas*, *chivito* und Rindfleisch-Asado, Fr und Sa abends sowie So mittags außerdem Livemusik.
Confitería El Trust: Plaza Libertad. Beliebtes

Café, in dem Fr u. Sa abends die Musiker ihre Gitarren auspacken.
Bar Los Cabezones: Independencia 187, Ecke 9 de Julio, Fr/Sa abends. Livemusik und regionale Küche.
Los 7 Algarrobos: Bolivia 785, Ecke Av. Aguirre, Tel. 03 85-437 13 64. Sechs Johannisbrotbäume (der siebte steht auf der Straße) umrahmen den Innenhof eines alten Hauses 25 Blocks vom Zentrum entfernt, wo Fr/Sa abends eine typische *noche santiagueña* stattfindet – auf dem Lehmboden werden die *chacareras* getanzt, die die Musiker auf der Bühne spielen, und auf den Tischen stehen Leckereien wie *empanadas, tamales* und die obligatorische Flasche Rotwein.

Fiesta Nacional de la Chacarera (1. Januarwoche): Der eigenartige Klang der auf ländliche Art gespielten Geigen steht beim Folklorefest der Santiagueños im Mittelpunkt.
Festival de la Salamanca (1. Februarwoche): Eine Woche lang Musik und Tanz in La

370

Banda, der Zwillingsstadt von Santiago (die *salamanca* ist die Teufelshöhle, in der ein ständiges Hexenfest gefeiert wird).

Flüge: 4 x wöchentlich (Mo–Do) Verbindungen mit Aerolíneas Argentinas/Austral nach Buenos Aires. Flughafen: Mal Paso, Av. Madre de las Ciudades s/n, 6 km nordwestlich, Tel. 03 85-422 23 86.

Züge: Je 2 x wöchentlich fahren Züge nach San Miguel de Tucumán und Buenos Aires.

Busse: Mehrfach täglich Verbindungen nach Tucumán, Córdoba und Buenos Aires mit Andesmar, La Veloz del Norte, Chevallier, La Nueva Estrella, La Unión, El Rápido etc. Busterminal: Pedro León Gallo 480, Tel. 03 85-421 37 46.

San Miguel de Tucumán und Umgebung

Reiseatlas: S. 6, E 1; **Karte:** S. 375

An Lebendigkeit und Esprit kann es keine Stadt des argentinischen Nordens mit **San Miguel de Tucumán** 1 aufnehmen. Dunkel ist der Ursprung des aus *tucma, sucuma* oder *yucuma* – Ort, Omen oder Orakel? – abgeleiteten Namens. Hellwach aber ist diese rund 530 000 Menschen große Metropole der zweitkleinsten (22 500 km²), doch am dichtesten bevölkerten Provinz Argentiniens. Entstanden ist die Stadt als Zweitgründung (nach der ersten von 1565) an ihrer heutigen Stelle im Jahr 1685, und zwar als wirtschaftliches Zentrum des im subtropischen Umfeld bereits im frühen 17. Jh. von den Jesuiten eingeführten Zuckerrohranbaus. Nach der Vertreibung des Ordens 1767 nahm erst 150 Jahre später der Bischof Colombres die *caña*-Produktion wieder auf. Bis heute sind die Niederungen der Region von Milliarden grüner Süßgrashalme überzogen, aus denen die mitten in den Feldern stehenden Raffinerien erst wieder wie große altertümliche Dampfmaschinen auftauchen, wenn das Heer der Landarbeiter die Zuckerrohrernte von Juli bis September mit der Machete eingebracht hat. Die Textilindustrie (Baumwolle)

zog später in die Provinz ein und italienische, arabische und jüdische Einwanderer belebten den Handel. Mit dem Verfall der internationalen Zuckerpreise begann in den 1960er-Jahren eine ernste Krise in der Provinz, die aber heute mit neuen Agrarprodukten teilweise behoben ist: Tucumán ist die bedeutendste Zitronenanbaufläche der Welt.

Als Arbeiter- und Universitätsstadt hat sich Tucumán stets einen kritisch-spontanen Geist bewahrt, der in der Zeit der Militärdiktatur (1976–83) besonders brutal unterdrückt wurde. Die kulturell sehr aktive Stadt ist auch die Heimat der Folkloresängerin Mercedes Sosa, der geliebten *negra* (›Schwarzen‹), wie das Publikum sie gerne nennt. Tucumáns Beiname ›Garten der Republik‹, einst der großen Parks wegen der Stadt verliehen, verblasst heute angesichts des Verkehrsgewimmels im Zentrum, wo jetzt die voll besetzten Cafés die zeitgemäßen Oasen sind. Dass Tucumán auch auszuruhen versteht – nirgendwo dauert die Siesta länger (und ist die Nacht kürzer) –, scheint schon der im Frontispiz der Kathedrale unter einer Zeder lagernde Moses anzudeuten.

Sehenswertes im Zentrum

Tucumáns Sehenswürdigkeiten lassen sich bei einem zweistündigen Stadtbummel um die Plaza erfassen, deren Südseite die rosarote **Kathedrale** beherrscht. Dieser erste neoklassizistische Sakralbau Nordargentiniens mit offener Säulenfassade entstand 1847–56 und birgt in seinem Innern das Symbol der Stadtgründung, ein einfaches Holzkreuz.

Fast diagonal gegenüber steht als Kontrapunkt die **Iglesia de San Francisco** aus dem Jahr 1887 mit vier reich geschmückten bogenhohen Gittertoren. Das mit byzantinischer Üppigkeit dekorierte Interieur der Franziskanerkirche hat einen von Guaraní-Indianern geschnitzten Hochaltar zum Mittelpunkt, dessen Hauptfigur Tucumáns Schutzpatron, den Erzengel Michael, darstellt (San Martín, Ecke 25 de Mayo).

An der Nordseite der Plaza reihen sich drei architektonische Kleinode aneinander: die

Provinzen Santiago del Estero und Tucumán

Schmalbauten der **Federación Económica,** des ehemaligen **Hotels Plaza** und des **Jockey Clubs,** der mit einer bemerkenswerten Innenausstattung aufwartet. Mit ihren italienischen, spanischen und neogotischen Stilelementen repräsentieren diese Gebäude den provinziellen Eklektizismus der 1920er-Jahre. Beherrscht wird die Plaza indessen vom Belle-Époque-Komplex der palmengerahmten **Casa de Gobierno** (Regierungspalast), an die sich die **Casa Padilla,** ein Patrizierhaus von 1870, anschmiegt.

Gleich um die Ecke laden die lauschigen Patios des **Museo Folklórico** zu einer Pause ein, allerdings sollte man deswegen nicht versäumen, auch einen Blick auf die interessante Sammlung autochthoner Musikinstrumente zu werfen (24 de Septiembre 565, Mo–Fr 9–13, 17.30–20.30 Uhr, 1 $).

In der alten Casa Avellaneda zeigt das **Museo Histórico Provincial** Möbel, Gemälde und Dokumente aus der Kolonialzeit (Congreso 56, Mo–Fr 9–13, 17–20.30, Sa/So 9–21 Uhr, 1 $). Den gleichen Inhalt hat die Ausstellung in der geschichtsträchtigen **Casa Histórica de la Independencia Nacional,** wo am 9. Juli 1816 der Eid auf die argentinische Unabhängigkeitserklärung geleistet wurde (Congreso 155, Mo–Fr 10–18, Sa/So 13–19 Uhr, 3 $).

Inmitten des **Parque 9 de Julio** verbirgt sich das emblematischste Zeugnis der Entstehungsgeschichte von Tucumán: die älteste noch erhaltene hölzerne Zuckerrohrmühle der Region von 1821. Sie gehört zum sehenswerten **Museo de la Industria Azucarera,** das in der spätkolonialen **Casa del Obispo Colombres** eingerichtet wurde, dem ehemaligen Wohnhaus des Gründers der lokalen Zuckerindustrie (tgl. 8–19, Sa/So 7–19 Uhr). Allgegenwärtig bei diesem Stadtrundgang sind die Orangenbäumchen, die zu Tausenden die Gehsteige säumen.

Die nähere Umgebung

Auch im Umland von Tucumán kann man auf den Spuren des Zuckers wandeln. Ca. 18 km nordöstlich der Stadt steht in Alderetes an der RP 304 der **Ingenio La Florida,** eine riesige Raffinerie, die 130 000 t Zucker pro Jahr produziert und die größte Ethanol-Anlage im Land betreibt. Zwischen Mai und September werden hier regelmäßig Führungen angeboten (Tel. 03 81-492 20 11, Mai–Sept. 8–12, 14–17 Uhr).

Vom Leben der Zuckerbarone und ihrer Arbeiter um 1900 zeugen die seit Langem stillgelegten Anlagen des **Ingenio San Pablo** ca. 8 km südwestlich von Tucumán: Ein großer Park umgibt die Villa der Direktoren auf der einen Seite des Fabrikgeländes, auf der anderen Seite drängen sich auf kleinstem Raum die 1300 Arbeiterwohnungen (Anfahrt über den westlichen Vorort Yerba Buena, dort von

der Avenida Aconcagua auf der RP 339 Richtung Süden). **Yerba Buena** ist übrigens beliebt wegen seiner Restaurants und dem regen Nachtleben, außerdem ist es hier meist ein paar Grad kälter und damit angenehmer als in Tucumán.

Folgt man in Yerba Buena der Avenida Aconcagua in westlicher Richtung, so kommt man auf eine Landstraße, die als RP 340 nördlich nach **San Javier** und als RP 338 südlich nach **Villa Nougués** führt. In diesem Ort auf luftigen 1000 m Höhe ließen die Zuckerbarone ihre Wochenendvillen bauen, um die Sommerfrische mit prachtvoller Sicht auf das Tal zu genießen.

i **Secretaría de Turismo:** 24 de Septiembre 484, an der Südseite der Plaza Independencia, Tel./Fax 03 81-422 21 99 u. 430 36 44, www.tucumanturismo.gov.ar und www.tucultura.com.ar, Mo–Fr 8–22, Sa/So 9–21 Uhr; Außenstellen im Flughafen und im Busterminal.

... in Tucumán:
Catalinas Park: Av. Soldati 380, am Parque 9 de Julio, Tel. 03 81-450 22 50, Fax 450 22 22, www.catalinaspark.com. Internationales Haus, Restaurant, Pool, Sauna, Solarium, drahtloser Internetanschluss und Hubschrauberlandeplatz. DZ 280 $.

›Teppiche‹ aus roten Paprika liegen in den Valles Calchaquíes zum Trocknen aus

Provinzen Santiago del Estero und Tucumán

Carlos V: 25 de Mayo 330, Tel./Fax 03 81-422 19 72/80, www.redcarlosv.com.ar. Gediegenes, anheimelndes Traditionshotel mit Autoeinstellplätzen und gutem Preis-Leistungs-Verhältnis. DZ 148 $.

Mediterráneo: 24 de Septiembre 364, Tel. 03 81-431 00 25, Fax 431 00 80, www.hotelmediterraneo.com.ar. Modernes, zentrales Hotel mit gutem Preis-Leistungs-Verhältnis. DZ 110 $.

Tucumán Hostel: Buenos Aires 669, Tel. 03 81-420 15 84, www.tucumanhostel.com. In einem 100-jährigen, zentralen Haus mit Gemeinschaftsküche, Bar, Internet; gehört zu Hostelling International, Organisation von Ausflügen. DZ 70 $.

Petit: Crisóstomo Álvarez 765, Tel. 03 81-431 15 66, www.redcarlosv.com.ar/petit/. Entzückendes altes Patio-Residencial mit nostalgischem Charme, preiswerte Zimmer mit/ohne Bad. DZ ab 48 $.

Camping Municipal: im Parque 9 de Julio, Tel. 03 81-422 40 73. Rudimentäre Infrastruktur, meist gut belegt, daher Reservierung empfohlen.

... in Villa Nougués:

Vila Lolette: RP 338, Tel. 03 81-430 31 97, www.vilalolette.com.ar. Unterkunft in komfortablem 100-jährigem Haus mit Pool und Restaurant. DZ 210–220 $.

... in San Javier:

Hotel Sol San Javier: RP 340 Km 23, 20 km nordwestlich, Tel. 03 81-492 90 04, www.hotelsolsanjavier.com.ar. Alte Hostería in moderner Aufmachung, auf einem Hügel mitten im Regenwald gelegen; Spa, Restaurant, Ausflüge. DZ 245 $.

... in Tucumán:

Jockey Club: San Martín 451, Nordseite der Plaza, 1. Stock, Tel. 03 81-497 50 08, tgl. mittags, Fr/Sa auch abends. Gepflegtes Traditionsrestaurant, internationale Küche mit regionalen Zutaten. 70 $.

Juana: Ramón Paz Posse s/n, Parque 9 de Julio, Tel. 03 81-422 55 08. Im Stadtpark, mit Tischen im Freien. 35 $.

El Fondo: San Martín 848, Tel. 03 81-422 21 61. Rustikale, gepflegte Parrilla, reichhaltige Salate, große Weinauswahl, sehr guter Service. 30 $.

La Leñita: 25 de Mayo 377, Tel. 03 81-422 92 41. Die populärste der führenden Parrillas, gutes Preis-Leistungs-Verhältnis. 25 $.

La 9 de Julio: 9 de Julio 345, Tel. 03 81-422 27 79. Ebenfalls regionale Küche und Folkloremusik. 15 $.

Mercado Artesanal: 24 de Septiembre 335. Mehrere einfache Lokale, die sehr billige Regionalgerichte, z. B. *empanadas* aus dem Lehmofen, *locro* und Grillfleisch servieren.

... in Yerba Buena:

La Pulpería: Camino del Perú, Ecke Av. Belgrano, Tel. 03 81-15 629 71 90. Regionale Küche, dazu Livemusik der besten lokalen Musiker. 20 $.

... in Villa Nougués:

Hostería Pepe Terán: RP 338, Tel. 03 81-431 00 48 u. 491 03 27. Herrliche Terrasse, Forellen, *humita*, *tamales* und *empanadas*. 40 $.

Museo Folklórico: 24 de Septiembre 565, Mo–Fr 9–13, 17.30–20.30 Uhr. Verkauf von Kunstgewerbe, regionalen Weinen, Trockenfrüchten, Chañar-Sirup etc.

Peña El Cardón: Las Heras 50, Tel. 03 81-430 85 06, nur abends geöffnet. Lebendiges kleines Lokal mit regionaler Küche und regelmäßigen Veranstaltungen (u. a. Musik, Dichterlesungen).

Centro Cultural Eugenio Flavio Virla: 25 de Mayo 265. Kulturzentrum der Universität Tucumán, regelmäßig Ausstellungen, Konzerte, Theater, Kino etc.

Flüge: Aerolíneas Argentinas/Austral fliegt 3–4 x tgl. von Tucumán nach Buenos Aires (2 Std.). Flughafen: Aeropuerto Benjamín Matienzo, RN 34, Cevil Pozo, ca. 12 km östlich, Tel. 03 81-426 49 06.

Züge: 2 x wöchentlich fährt ein Zug über Santiago del Estero nach Buenos Aires (ca. 25 Std., 35–100 $).

Busse: Busverbindungen nach Buenos Aires, Córdoba, Salta, Jujuy, Catamarca, Mendoza und Patagonien. Busterminal: Brígido Terán

350, ca. 800 m südöstlich der Plaza Inde-pendencia, Tel. 03 81-422 22 21.

Valles Calchaquíes

Reiseatlas: S. 6, D/E 1, S. 2, D 2–4;
Karte: siehe rechts

Eine der schönsten Routen in ganz Argenti-nien führt von der Stadt Tucumán durch eine 300 km lange Reihe von Tälern, die soge-nannten **Valles Calchaquíes,** gen Norden bis nach San Antonio de los Cobres. Die Anfahrt erfolgt über die RN 38 knapp 50 km Richtung Süden bis nach **Acheral,** wo man auf die RP 307 Richtung Tafí del Valle abbiegt. Gewis-sermaßen zum Abschied bekommt man – an der Schwelle der Vorpuna – auf exemplari-sche Weise den Vegetationstypus des tucu-manischen Regenwaldes (yungas) vorgeführt. Kurz nach der Abzweigung in Acheral ist man in der Schlucht (quebrada) des Río Los So-sas plötzlich von dampfendem Urwald um-geben, der vor Flechten, Moosen und Baum-schmarotzern nur so strotzt. Doch die ›grüne Hölle‹ ist nur von kurzer Dauer, denn schon wenige Kilometer später wechselt die im-mergrüne Vegetation zu Trockengrasfluren.

Tafí del Valle und Umgebung

Ungefähr 10 km vor der aus Hunderten von Landhäusern bestehenden Sommerfrische **Tafí del Valle** **2**, von der Nachbarsiedlung **El Mollar** (2000 m) durch den künstlichen See des Staudamms La Angostura getrennt, lohnt ein Stopp im **Parque de los Menhires.** Der ›Steingarten‹ zieht sich zwischen Kan-delaberkakteen an einem Hang in die Höhe und beherbergt 114 Granitsäulen mit Ritz-zeichnungen der Tafí-Kultur (4. Jh. v. Chr.–9. Jh. n. Chr.). Von Tafí del Valle gelangt man über eine Flussbrücke ins Dorf **La Banda,** wo das in einer Kapelle (17. Jh.) untergebrachte **Museo Jesuítico** einen Besuch wert ist.

Sobald die – inzwischen durchgehend as-phaltierte – Straße hinter Tafí die **Abra del In-fiernillo** (3042 m) erklommen hat, fällt der Blick in das gewaltige, von milchigblauem Sonnenlicht erfüllte Río-Santa-María-Tal, mit

Valles Calchaquíes

dem die Valles Calchaquíes und ihre Fluss-oasen beginnen.

... in Tafí del Valle:

Mirador del Tafí: RP 307 Km 61,2, Tel./Fax 038 67-42 12 19, www.miradordelta fi.com.ar. Ausgezeichnete Sicht, Restaurant mit regionaler Küche. DZ 170 $.

Hostería ACA: Gobernador Campero, Ecke San Martín, an der Plaza, Tel. 038 67-42 10 27, www.soldelvalle.com.ar. Mit Pool und Res-taurant. DZ 159 $.

Posada La Guadalupe: Lola Mora 650, Tel. 038 67-42 13 29, www.posadalaguadalupe. com.ar. Modern eingerichtetes Landhaus am

Berghang, gepflegtes Restaurant, Ausflüge. DZ 130 $.

Camping Municipal Los Sauzales: Av. de los Palenques (RN 38, Ecke RP 307), Tel. 038 67-442 10 84. Gute Infrastruktur. 2 $ p. P., 6 $/ Zelt.

Von Amaichá del Valle nach Quilmes

Über das in Wein- und Obstkulturen eingebettete Nest **Amaichá del Valle** mit seiner schönen Plaza gelangt man – nach einem kleinen Abstecher Richtung Süden – in das Landstädtchen **Santa María** im Nordosten der Provinz Catamarca (s. S. 360f.). Von dort geht es auf der breiten, von Trockenwald bestandenen Talsohle über die RN 40 nach Norden. Gut 30 km später taucht das erste Highlight der Strecke auf, die – nicht zweifelsfrei rekonstruierte, aber pittoreske – Ruinenstätte von **Quilmes** **3**. Man erreicht sie auch ohne den Umweg über Santa María von Amaichá aus über die asphaltierte RP 307. Den kriegerischen Stamm der Kilmes hatten die Spanier erst 1667, am Ende des 35-jährigen Calchaquí-Krieges gegen die Indianer, durch Aushungern besiegen können: Sie trieben ihre Pferde in die Maispflanzungen der Indianer hinein. Das geknechtete Volk musste zu Fuß bis zur La-Plata-Mündung laufen, wo es in seiner neuen Zwangssiedlung Quilmes (heute ein Vorort von Buenos Aires und eine bekannte Biermarke) das eigene Aussterben beschloss – eines der traurigsten Kapitel der Konquista auf argentinischem Boden.

… in Amaichá del Valle:
Colonial del Valle: Miguel Aráoz, Ecke Vélez de Cano, Tel. 03 81-15 509 84 31. Einfache, im Kolonialstil gebaute Patio-Hostería. DZ 30 $ ohne Frühstück.

… in Quilmes:
Parador Ruinas de Quilmes: neben dem Ruinenfeld, Tel. 038 92-42 10 75. Der Landschaft angepasstes rustikal-modernes Landhaushotel mit Pool, Restaurant. DZ 164 $.

Fiesta de la Pachamama (Karnevalswoche): Traditionelles Fest der ›Mutter Erde‹ in Amaichá del Valle – die alte Pachamama zieht zusammen mit der jungen Fruchtbarkeitsgöttin Ñusta und Pujllay, einem indianischen Faun, durchs Dorf.

Weiter nach Cafayate

Die Straße, stärker von Eseln und Traktoren als von Autos frequentiert, folgt dem endlosen Trockenwaldtal nach Norden und berührt den Weiler **Tolombón** (indianische Ruinenreste), dann übernehmen riesige Weingärten die Charakterisierung der sonnendurchglühten Landschaft. Wenige Kilometer später passiert man die **Bodega Etchart** (s. rechts) und dann ist auch schon **Cafayate** **4** erreicht. Der 12 000 Einwohner große Winzerort (in der Sprache der Cacano-Indios: ›Wo man die Sorgen begräbt‹) verdankt seinen weinseligen Ruf – und seinen regen Tourismus – den Jesuiten, die hier bereits im 17. Jh. die ersten Keltern von Hand drehten.

Die Route durch die Valles Calchaquíes führt von Cafayate weiter nach Norden, aber man kann auch auf einer sehr reizvollen Strecke (RN 68) die 180 km entfernte Stadt Salta (s. S. 382ff.) ansteuern. Unterwegs kommt man in den Genuss der **Quebrada del Río de las Conchas,** einer der formenreichsten Buntsandsteinschluchten Argentiniens – ›Kastell‹, ›Obelisk‹, ›Kröte‹, ›Amphitheater‹ sind nur einige der Namen, mit denen man die bizarren Felsformationen bedacht hat.

Touristeninformation: im Kiosk an der Plaza, Cafayate, Tel. 038 68-42 22 23, tgl. 9–21 Uhr.

… in Cafayate:
Patios de Cafayate: RN 40, Ecke RN 68, Tel. 038 68-42 17 47, www.luxurycollec tion.com/cafayate, www.elesteco.com.ar. Stilvolles Luxushotel im Weingut El Esteco (s. rechts), hier dreht sich alles – auch die regenerativen Therapien des Spas – um die Eigenschaften der Trauben und ihrer Produkte. DZ ab 255 US$.

ACA-Hostería: Av. Güemes, Ecke Brachieri (nördliche Ortseinfahrt), Tel./Fax 038 68-42 12 96, www.soldelvalle.com.ar. Hübsche An-

Richtig Reisen-Tipp: Tour für Genießer – zu den Winzereien um Cafayate

In Höhen zwischen 1500 und 2500 m produzieren in der Provinz Salta rund 22 Betriebe Wein. Einige davon liegen in der näheren Umgebung von Cafayate und stehen Besuchern offen. Hier kann man unter anderem den für die Region typischen Torrontés-Weißwein verkösten, der in Eichenfässern zur Reife gelangt. Die Torrontés-Traube – ursprünglich aus Spanien eingeführt, aber dort seit Langem in Vergessenheit geraten – gilt als einzige exklusiv in Argentinien angebaute Rebsorte und bringt einen trockenen, fruchtigen Weißwein mit Anklängen von Rosen, Apfelsinenschalen, Pfirsich, Kamille und Honig hervor. Die Weinlese findet zwischen Januar und April statt.

Eine der besuchenswertesten Winzereien bei Cafayate ist die **Bodega Etchart**, die älteste (1850) der Region, die heute zur französischen Gruppe Pernod Ricard gehört. In dem kleinen angeschlossenen Museum sind uralte Algarrobo-Fässer zu bestaunen, in denen bis vor wenigen Jahren der Torrontés-Weißwein heranreifte (RN 40 Km 4338, 2,5 km südlich von Cafayate, Tel. 038 68-42 13 10, www.vinosetchart.com, März–Juni und Aug.–Dez. Mo–Fr 9–12, 13–17, Sa 9–13, Jan./Feb. und Juli Mo–Sa 9–17, So 9–13 Uhr).

Weitere lohnenswerte Ziele auf der Tour sind **El Esteco** (RN 40, Kreuzung RP 68, Tel. 038 68-42 11 39, www.elesteco.com.ar, tgl. 9–16 Uhr), **El Porvenir** (Córdoba 32, Cafayate, Tel. 038 68-42 20 07, www.bodegaselporvenir.com, tgl. 10–17 Uhr) und **Yacochuya** (RP 2, 6 km westlich der Kreuzung mit der RN 40 bzw. 8 km nördlich von Cafayate, Tel. 038 68-42 12 33, www.yacochuya.com, Besuch nur mit Voranmeldung). 150 km nördlich von Cafayate, aber die Anfahrt lohnend, liegt die **Bodega Colomé** (RP 53 Km 20, 18 km südwestlich von Molinos, Tel. 038 68-49 42 00, www.bodegacolome.com, tgl. 10.30–18 Uhr).

---

lage im Kolonialstil, großer Patio, Terrasse, Autoeinstellplatz, Restaurant. DZ 99 $.
Confort: Av. Güemes 232, Tel. 038 68-42 10 91. Modernes Patio-Hotel, Zimmer mit kleinem Bad, vernünftiges Preis-Leistungs-Verhältnis. DZ 75 $.
Hospedaje Etelvina Herrero: Toscano 237, Tel. 038 68-42 12 69. Saubere Patio-Anlage, preiswerte Zimmer mit Bad. DZ 50 $ ohne Frühstück.
Hospedaje El Portal de las Viñas: Nuestra Sra. del Rosario 165, Tel. 038 68-42 10 98, www.portalvinias.com.ar. Zentral, einfach, ordentlich und preiswert. 30 $ p. P.
Camping Municipal Loro Huasi: an der südlichen Ortseinfahrt, Tel. 038 68-42 11 33. Sehr ordentliche Infrastruktur, Zeltplatz und Cabinas (keine Bettwäsche), Pool, Schatten, Bergblick, ganzjährig geöffnet. Cabinas 25 $/4 Pers., Zeltplatz 3,50 $ p. P., 2 $/Zelt.
... außerhalb:
La Casa de la Bodega: RN 68 Km 18,5, ca. 18 km östlich von Cafayate an der Straße nach Salta, Tel. 038 68-42 15 55, www.lacasadelabodega.com.ar. Boutique-Hotel mit eigener Weinproduktion, Kinder nur ab 12 Jahren. DZ 300 $.
Bodegas Etchart: RN 40 Km 4338, 2,5 km südlich von Cafayate, Tel. 038 68-42 13 10, www.vinosetchart.com. 4 Zimmer in einem der traditionellsten Weingüter der Provinz Salta. DZ 217 $.

... in Cafayate:

El Rancho: Vicario Toscano 4, am Hauptplatz, Tel. 038 68-42 12 56. Regionale Küche (*humitas, tamales*, Zicklein). 30 $.
La Carreta de Olegario: Av. Güemes Sur 20, Tel. 038 68-42 10 04 u. 42 12 08. Beliebtes Lokal mit regionaler Küche. 25 $.
Comedor Criollo: Av. Güemes 254, Tel. 038 68-42 20 93. Regionale Gerichte, z. B. *cazuela de chivito* (Eintopf mit Zicklein), sowie Pasta. 20 $.

Provinzen Santiago del Estero und Tucumán

... außerhalb:
Posta de las Cabras: RN 68 Km 88, 100 km Richtung Salta zwischen Talapampa und Alemania, Tel. 03 87-499 10 93, www.laposta delascabras.com.ar. Ziegenfarm, deren Produkte im dazugehörigen Restaurant lecker aufbereitet werden. 50 $.

Von Cafayate nach Angastaco

Von Cafayate führt die RN 40 weiter gen Norden in das Herzstück der Calchaquí-Täler. Nach dem Weindorf **Animaná** bietet sich das geruhsame **San Carlos** 5 als erste Verweilstelle an. Einige schöne alte Fassadenreihen sowie eine lichterfüllte Plaza mit einer Kirche von 1860, dem Mercado Artesanal und kleinem Keramikmuseum (Mo–Fr 8–13 Uhr) schmücken den Ort.

Erst hinter San Carlos verengt sich das Schwemmsandtal zur Schlucht. Adobehäuser mit Lehmstrohdächern und regionaltypischen Säulenterrassen, Algarrobo- und Chañarhaine, Obstdörren auf Stelzen, aus Schlamm und Steinen gefügte Aquädukte und bewässerte Mais-, Kartoffel- und Zwiebelfelder, rauchende Lehmöfen, geflochtene Korrale, Teppiche aus roten Paprika, Schwärme grüner Papageien und kalkweiße Kirchen begleiten den Weg, während sich die farbigen Schichtfelsen beider Uferseiten zu bizarren Scheibengebirgen aufrichten. Hier hat die Orogenese (vor der Entstehung der Anden) das Sedimentgestein zu erstaunlichen Gebilden zusammengefügt, gebrochen und gekippt. Ihren Höhepunkt erreicht die Verzauberung der Landschaft an der **Quebrada de la Flecha,** bevor sich die liebliche Oase **Angastaco** 6 und (8 km weiter) die alte **Estancia El Carmen** mit ihrer historischen Kapelle dem Auge darbieten.

... in Animaná:
Camping Municipal: Mit ordentlicher Infrastruktur.

... in San Carlos:
Residencial Güemes: Güemes, Ecke Nuestra Sra. de Guadalupe, Tel. 038 68-49 50 11. Saubere, bescheidene Pension, Zimmer mit Bad, Autoeinstellplatz. DZ 40 $.

... in Angastaco:
Hostería Angastaco: Av. Libertador s/n, Tel. 038 68-49 77 00. Motelartige, gut gelungene Anlage im Kolonialstil, Pool, Restaurant mit regionalen Menüs, zentral. DZ 40 $.
Los Cardones: Juan Martín s/n, Tel. 038 68-49 11 23 (Telefonkabine). Einfache Hostería, Zimmer mit Bad. DZ 14 $ p. P.

Molinos und Cachi

Der nächste Flussweiler, **Molinos** 7, besticht durch seine erhabene, 1945 restaurierte Kirche im gedrungenen Cuzco-Stil, deren Dach auf Kakteenholz ruht. Das Gottes-

Spielen nicht allein zur Unterhaltung für Touristen, sondern gerne auch zum eigenen Zeitvertreib: Musikanten in Cachi

haus wie auch die gegenüberliegende **Finca Isasmendi** (auch Hacienda San Pedro Nolasco de los Molinos oder Hacienda de Molinos genannt, s. S. 396), heute eine Hostería, sind plastische Zeugnisse der Kolonialzeit.

Über das Dörfchen **Seclantás** führt die kurvenreiche Straße weiter in den gepflegten historischen Ort **(San José de) Cachi** 8 am Fuße des schneegekrönten Nevado de Cachi (6380 m). Die mit Flusssteinen gepflasterten Gassen, niedrige Adobehäuser und eine lauschige Plaza haben aus Cachi ein viel besuchtes Touristenziel gemacht. Besonders sehenswert sind die Kirche mit ihrer dreiteili-

gen Glockenwand sowie das hervorragend gegliederte **Museo Arqueológico** mit Keramikfunden, Steinwerkzeug, Petroglyphen und Mumien vom Campo Negro bei La Poma (Mo–Fr 8–19, Sa 9–17, So 9–12 Uhr).

Im **Valle del Río Tonco** südwestlich von Cachi wurden 1968 in 3000 m Höhe 65 Mio. Jahre alte Saurierspuren entdeckt. Der Besuch der archäologischen Stätte, die im **Parque Nacional Los Cardones** liegt (s. S. 394 f.), ist inzwischen allerdings verboten, da der Zugang über eine Jakobsleiter zu gefährlich war und die der Witterung ausgesetzten Spuren streng geschützt werden müssen.

Provinzen Santiago del Estero und Tucumán

... bei Molinos:
Estancia Colomé: RP 53 Km 20, 18 km südwestlich, Tel. 038 68-49 40 44, www.bodegacolome.com. Luxuriöse Unterkunft auf einem 39 000 ha großen Weingut, das vor einigen Jahren von der Schweizer Hess Group übernommen wurde. DZ 224 US$.

... in Cachi:
El Molino de Cachi Adentro: 4 km westlich von Cachi (durchfragen), Tel./Fax 038 68-49 10 94. Sehr freundliches, familiengeführtes Kolonialresort in schöner Lage, gepflegte Regionalküche, Ausflüge möglich. Kinder nur ab 10 Jahren. DZ 380 $.

ACA-Hostería Cachi: oberhalb des Ortes, Tel. 038 68-49 11 05, www.soldelvalle.com.ar. Hübsches ACA-Motel im Kolonialstil mit Pool, Restaurant, leider etwas triste Zimmer (mit Bad). DZ 165–175 $.

Nevado de Cachi: R. de los Llanos, Tel. 038 68-49 19 12. Einfaches, sauberes Patio-Hotel. DZ 60 $ ohne Frühstück.

Hospedaje Don Arturo: Bustamante s/n, Tel. 038 68-49 10 87. Kleine, saubere Pension. DZ 50 $.

Camping: Av. del Automóvil Club, Tel. 0800-444 03 17. Gute Infrastruktur, Pool, Sporthalle. 10/15 $ pro Zelt.

Weiter nach San Antonio de los Cobres

Über **Payogasta** (›Weißes Dorf‹) gelangt man nach 55 km in das propere Bergdorf **La Poma** (3000 m), das nach der Zerstörung des alten La Poma durch ein Erdbeben (1930) 2 km weiter südlich der alten Stelle entstand. Danach verengt sich die Straße zu einem Fahrweg und das wahre Abenteuer beginnt. Immer höher schraubt sich die Piste in die Sierra de Pastos Grandes hinauf, bis bei 4972 m die **Abra del Acay** 9 erreicht wird, der höchste Straßenpass der Welt. Wie Eichhörnchen umherspringende Chinchillas begrüßen den Touristen auf dieser einsamsten aller Puna-Strecken. Welch beeindruckende Ausblicke und Bergpanoramen! Welche Höhen aus purem Licht! Endlich taucht man selig in Schleifen wieder bergab, bis die Straße 92 km hinter La Poma in **San Antonio de los**

Cobres 10 (s. auch S. 363 u. 389) eine sanfte Landung vollzieht.

Die stellenweise sehr schmale und oft von Felsgeröll übersäte ›Straße‹ hat den sanfteren Anstieg von Norden her, ist aber mit einem geländegängigen Fahrzeug auch in der beschriebenen Richtung zu schaffen – zumindest im Winter, wenn keine Niederschläge zu erwarten sind und die Fahrspur nicht durch Erdrutsche verschüttet ist. Immer zu empfehlen ist, diese Tour in Begleitung eines zweiten Fahrzeugs zu unternehmen.

Wer von San Antonio de los Cobres mit dem Auto nach Chile (San Pedro de Ata-

cama) weiterreisen möchte, erreicht nach rund 135 km entweder den (unsicheren, weil stellenweise verminten) **Huaytiquina-** oder den jetzt allgemein benutzten **Sico-Pass** (außer nach Schneefällen oder Erdrutschen ganzjährig geöffnet, im Sommer 8–20, im Winter 9–19 Uhr).

… in Payogasta:
Hostería Payogasta: Calle de los Incas s/n, Tel. 038 68-49 60 34. DZ 30 $.

… in La Poma:
Hostería La Poma: Madelmo Díaz s/n, Tel. 038 68-49 10 03. DZ 20 $.

… in San Antonio de los Cobres:
Hostería de las Nubes: an der Ortseinfahrt, Tel./Fax 03 87-490 90 59. Modernes und gepflegtes Touristenhotel, Zentralheizung, Bar und Restaurant. DZ 120 $.
La Posta de los Andes: Belgrano s/n. Einfache Zimmer ohne Bad, gegessen wird mit der Familie in der Küche, Exkursionen. DZ $ 15.

Touren: Ausflüge zu den Thermalquellen La Nueva Pompeia, der Gold- und Silbermine Concordia, zum Viadukt La Polvorilla (s. S. 389) etc. werden in San Antonio de los Cobres angeboten.

Bietet edle Weine und eine ebensolche Unterkunft: die Estancia Colomé bei Molinos

Salta und Umgebung

Die koloniale Architektur, die freundlichen Bewohner und die angenehme Atmosphäre machen Salta zur vielleicht besuchenswertesten Stadt im Nordwesten. Dank der guten Flugverbindungen nach Buenos Aires und seiner zentralen Lage eignet sich Salta außerdem hervorragend als Startpunkt für touristisch interessante Ziele in der Umgebung.

Salta

Reiseatlas: S. 2, E 3; **Cityplan:** S. 384/385

Salta, ›La Linda‹ (›Die Hübsche‹), hat ihr eitler Gründer Hernando de Lerma, Gouverneur von Tucumán, 1582 nicht mit diesem lieblichen Taufnamen in das fruchtbare Río-Arias-Tal gebettet. Stadt und Provinz lieh er seinen eigenen Namen, ehe die freigeistigen Bürger die Erinnerung an den verhassten Caudillo tilgten, indem sie die alte indianische Ortsbezeichnung wiederaufleben ließen: *sagta,* was im Aymaru-Idiom so viel bedeutet wie ›besonders hübsch‹. Das klang wie ein Versprechen und ihm nachzukommen befleißigten sich die Siedler bis in die späte Kolonialepoche.

Bis heute Herzstück der Stadt, entstand eine kolonnadengesäumte Plaza von besonderer Anmut. Über Palmen, Araukarien, Jo-

Nur eines von vielen kolonialen Prachtstücken in Salta: die Iglesia San Francisco

hannisbrotbäume und flaschenbäuchige Yuchanes hinweg blicken sich die Kathedrale – ihre erste Version entstand um 1600 – und der eigenwillig asymmetrische Cabildo (›Rathaus‹) an, der bereits zu jener Zeit an Saltas erster Geschäftsstraße lag. In der Calle Comercio (heute: Caseros), damals mit dem Cabildo als Markthalle, konzentrierte sich der Handel der ganzen späteren argentinischen Nordregion. Silber aus Oberperu, Mahagonimöbel aus Brasilien, Lederwaren aus der Pampa, Holz aus dem Chaco, Alpakawolle, Tongefäße, Früchte, Heilkräuter und wundertätige *benzoares* (im Bauch von Lamas gefundene Steine) wurden hier feilgeboten, während Wasserträger mit Ledersäcken zwischen Stadtbrunnen und Küchen hin- und hereilten. Ein heimeliges Bild muss das gewesen sein, als die Straßenbeleuchtung noch einzig aus den in Schaufenstern und Haustüren aufgestellten Kerzen bestand.

Das Erdbeben von 1692, Feuersbrünste und die zwei Jahrzehnte währenden Unabhängigkeitskämpfe – bei denen Martín Miguel de Güemes mit seinen Gauchos zum Freiheitshelden von Salta wurde – sowie letzthin der Zuwanderungsdruck haben Salta daran gehindert, so etwas wie das ›Cartagena des amerikanischen Südens‹ zu werden. Heute lebt in und um Salta das Gros der eine Million Köpfe zählenden Provinzbevölkerung. Dennoch ist der Stadtkern nicht in Hochhäusern erstickt. Ein grauer Gürtel aus Hütten und Staubstraßen, der die Peripherie bildet, hat Zehntausende von Landflüchtigen geschluckt, während die Innenstadt noch immer von ihrem andalusischen Charme zehrt. Die gesunde, trockene Luft in 1200 m Höhe, der gemächliche Trott (zu dem auch die Einhaltung der geheiligten Siesta gehört), die bunten Fassaden der Häuserzeilen, die bis spät in die Nacht lebendigen Cafés und die freundlichen Bewohner machen Salta noch immer zu einem kleinen Festplatz unter den Provinzkapitalen Argentiniens. In solch gelöstem Ambiente sollte ein Stadtbummel nicht nur urbaner Lehrpfad sein, sondern auch gelegentliche Seitenschlenker – etwa in und um die ewig quirlige Markthalle (wo man

Mit den Autoren unterwegs

Heiße Nächte
Abends pulsiert in Salta das Leben, vor allem in der **Calle Balcarce**, der ›Fun-Meile‹ der Stadt, wo allein rund 30 Lokale um Nachtschwärmer werben (s. S. 390).

Startpunkt für NOA-Reisen
In Salta beginnen viele Touristikunternehmen ihre Touren durch den Nordwesten Argentiniens. Sehr empfehlenswert ist das Angebot von **Movitrack Safaris & Turismo,** deren ›Cabrio‹-Bus ganz besondere Perspektiven ermöglicht (s. S. 391).

Präinkaische Siedlung
Erst vor 100 Jahren wurde die auf 3200 m gelegene Indianerstadt **Tastil** wiederentdeckt, die einst an einer Nebenstrecke der Inkastraße lag (s. S. 391).

Argentiniens größter Kakteenwald
Auf der Strecke von Salta nach Cachi passiert man den **Parque Nacional Los Cardones** mit dem größten Kakteenwald Argentiniens im Übergang zwischen den Nebelwäldern und der trockenen Puna (s. S. 394f.).

Natur pur
Auf den Trekkingpfaden des **Parque Nacional El Rey** kommt man in Kontakt mit der Flora und Fauna der *yungas*, der Nebelwälder, die die Feuchtigkeit vor der Puna abfangen. Über 700 Pflanzenarten, 255 Vogelarten, 50 Säugetiere sowie 32 Amphibien und Reptilien beleben das Gelände des ehemaligen Landguts aus dem 18. Jh. (s. S. 395).

auch einfach essen kann) – oder die Verkostung saftiger *empanadas* einbeziehen, für die Salta einen besonderen Ruf besitzt. Dabei fallen die Sehenswürdigkeiten dem Besucher wie von selbst vor die Füße, sie liegen (mit wenigen Ausnahmen) in Sichtweite voneinander entfernt.

Plaza 9 de Julio

Ein an der zentralen **Plaza 9 de Julio** beginnender Rundgang führt zunächst zur **Kathedrale** **1**, in deren Turm man bei (Freilicht-) Gottesdiensten die Glöckner von außen mit aller Kraft die Seile ziehen sehen kann. Der 1858 in italienischer Manier begonnene Bau legte sich in den 1930er-Jahren eine elfenbeinfarbene, hispanisierte neokoloniale Fassade zu. Im Innern erstrahlt der spätbarocke goldene Altar wie eine riesige Monstranz. Im Panteón der Kirche ruhen Martín Miguel de Güemes und andere illustre Persönlichkeiten Saltas. Der sich an die Kirche anlehnende **Erzbischöfliche Palast** huldigt der Plaza mit einem besonders schönen andalusischen Holzbalkon. An ihrer Westseite reihen sich Gebäude aneinander, deren Kanon vom Neogotisch-Italienischen bis zum Französischen (ehemaliger Regierungspalast) reicht.

Die Südseite der Plaza beherrscht der Bau des 1582 begonnenen und 1783 rekonstruierten **Cabildo** **2** (›Rathaus‹) mit seinen fast 30 Rundbögen und dem gefälligen Turm von 1870. Um seinen wohlproportionierten Patio gruppiert sich das sehenswerte **Museo Histórico,** dessen Exponate von der Kutsche bis zur ledernen Weinpresse reichen, in der die Trauben mit den Füßen gestampft wurden (Di–Fr 9.30–13.30, 15.30–20.30, Sa 9.30–13.30, 15.30-20, So 9.30–13 Uhr, 2 $).

Casas Leguizamón, Arias Rengel und de Hernández

Gleich um die Ecke, in der Fußgängerstraße Florida (zwischen Caseros und Alvarado), findet man drei schöne Zeugen spanischer Kolonialarchitektur. Leider nur von außen zu besichtigen ist die **Casa Leguizamón** **3** vom Beginn des 19. Jh. In der benachbarten, aus dem 18. Jh. stammenden **Casa Arias Rengel,** einem Patrizierbau mit einem sehenswerten Geländer aus rotem Quebrachoholz, zeigt heute das **Museo de Bellas Artes** Wanderausstellungen zeitgenössischer Malerei (Florida 20, Mo–Sa 9–13, 16–20 Uhr, 2 $).

Aus der gleichen Zeit stammt die 1995 renovierte **Casa de Hernández** **4**, die das

Sehenswürdigkeiten

1 Kathedrale
2 Cabildo
3 Casa Leguizamón
4 Casa de Hernández
5 Museo Uriburu
6 Iglesia San Francisco
7 Convento de San Bernardo
8 Güemes-Denkmal
9 Museo Antropológico Juan M. Leguizamón
10 Iglesia de Nuestra Señora de la Candelaria de La Viña
11 Mercado Central
12 Mercado Artesanal

Übernachten

1 Alejandro I
2 Casa Real
3 Hotel Salta
4 Portezuelo
5 Residencial Elena
6 Casa de la Abuela
7 Hostal Prisamata
8 Residencial Carmen R. Miralpeix
9 Camping Municipal Carlos Xamena

Essen und Trinken

10 José Balcarce
11 La Vieja Estación
12 La Posta
13 El Viejo Jack
14 La Casona del Molino
15 Cava de Piedra
16 Don José

Stadtmuseum beherbergt und anhand von Möbeln, Dokumenten etc. die Geschichte von Salta nachzeichnet (Florida, Ecke Alvarado, Mo–Fr 9–13, 16–20.30 Uhr, 1 $).

Museo Uriburu und Iglesia San Francisco

Zwei Blocks entfernt, erhält man im **Museo Uriburu** 5 einen lebendigen Eindruck von großbürgerlich-kolonialer Lebensweise. Das um 1773 erbaute Haus des Staatspräsidenten José E. Uriburu wartet mit einer gelungenen Ausstattung epochetypischer Möbel auf (Caseros 417, Di–Fr 9.30–13.30, 15.30–20.30, Sa 9.30–13.30, 16.30–20 Uhr, 1 $).

Nur ein paar Schritte entfernt stürzt die – 1998 in den Rang einer Kathedrale erhobene – **Iglesia San Francisco** 6 förmlich aus dem Himmel. Ihr fünfstöckiger, 57 m hoher Campanile (1882) ist der höchste Südamerikas. Die betonte Vertikalität dieser Franziskanerkirche wirkt der Schwere der mit Ornamenten überladenen Frontseite entgegen (Caseros, Ecke Córdoba).

Convento de San Bernardo

Ebenfalls in der Caseros, drei Querstraßen weiter östlich, bietet das aus einer Eremitenklause des 17. Jh. hervorgegangene **Convento de San Bernardo** 7 seine schlichten Mauern dar. Prunkstück des heute von Karmeliternonnen bewohnten Klosters ist die von Indianern aus Zedern- und Mahagoniholz geschnitzte Eingangstür, deren zwei Medaillons auf das Entstehungsjahr 1762 verweisen.

Museo Antropológico, Cerro San Bernardo

Vom Konvent lohnt sich ein Abstecher zum mächtigen **Güemes-Denkmal** 8 und dem **Museo Antropológico Juan M. Leguizamón** 9 mit einer nennenswerten Schau von Grabkeramik, die vorwiegend von den Ausgrabungen bei Tastil stammt (s. S. 391, Mo 9–19, Sa 9–13, 15–18 Uhr, 2 $).

Hinter dem Museum erhebt sich Saltas Hausberg, der **Cerro San Bernardo,** der einen herrlichen Blick über die Stadt offeriert. Sportlich Aktive können ihn über einen Pfad erklimmen, der hinter dem Museum beginnt, alternativ fährt ab dem Parque San Martín eine Seilbahn nach oben.

Iglesia de la Candelaria und Mercado Central

Einen zum Convento de San Bernardo völlig gegensätzlichen Kirchenbau stellt die **Iglesia de Nuestra Señora de la Candelaria de La Viña 10** (kurz La Candelaria oder auch La Viña genannt) mit ihren pastellfarbenen Fassaden und mosaikbesetzten Kuppeln dar. Unterhalb der teils stark beschädigten Deckengemälde im Innern ziehen die kunstvoll gearbeiteten Beichtstühle die Aufmerksamkeit auf sich (Alberdi, Ecke San Juan).

Einige Blocks weiter nordwestlich lohnt der lebendige **Mercado Central 11** einen Abstecher, vor allem mittags, wenn man hier sehr günstig seinen Hunger stillen kann.

Mercado Artesanal

Ganz im Westen der Avenida San Martín klingt die Stadtbesichtigung mit einem Besuch (per Bus oder Taxi) der schönen **Casa El Alto Molino** aus. In dem Gebäude war die erste Mühle von Salta, später eine Gerberei der Jesuiten untergebracht, heute ist hier der besuchenswerte **Mercado Artesanal 12** installiert. Schwerpunkt des Angebots sind Textilien aus Lama-, Alpaka- und Schafwolle aus der Puna, aus Yuchán-Holz gefertigte, mit Erdfarben bemalte Holzmasken der Matacos-Indianer, Figuren aus grünlichem Palo-Santo-Holz sowie Webarbeiten aus der Naturfaser des Chaguar-Baums. Neben einer sachkundigen Beratung gibt es hier mittags im Lehmofen gebackene *empanadas*.

Touristeninfo: San Martín, Ecke Buenos Aires, Tel./Fax 03 87-437 33 41, Mo–Fr 8–21, Sa/So 9–21 Uhr (Infos über die Stadt); Buenos Aires 93, Tel. 03 87-431 09 50, Fax 431 07 16, Mo–Fr 8–21, Sa 9–20 Uhr (Infos über die Provinz).

... in Salta:
In Salta findet man auch viele wohnliche und günstige **Privatquartiere** *(casas de familia)*, z. B. in der Mendoza 915, 917 u. 919, Tel. 03 87-421 22 33 u. 431 89 48 u. 432 08 13 (20 $ p. P.).

Alejandro I 1: Balcarce 252, Tel. 03 87-400 00 00, Fax 400 00 30, www.alejandro1hotel. com.ar. Modernstes Hotel in Salta mit Pool, Spa, Internet und Restaurant. DZ 330 $.

Casa Real 2: Mitre 669, Tel. 03 87-421 22 00, Fax 421 94 96, www.casarealsalta.com. ar. Modernes Hotel nahe dem Zentrum mit Pool, Spa und Restaurant. DZ 290 $ (Preis inkl. 2 Kinder unter 12 Jahren).

Hotel Salta 3: Buenos Aires 1, Plaza 9 de Julio, Tel./Fax 03 87-431 07 40, www.hotel salta.com. Klassisches Stadthotel im neoko-

Bitte herzhaft zugreifen: Auf dem Mercado Central bekommt man frische – und günstige – Ware, das Kilo Trauben beispielsweise schon für 0,25 Euro

lonialen Stil, die lauten Zimmer zur Straße meiden, Restaurant. Eine etwas günstigere Alternative mit einem guten Preis-Leistungs-Verhältnis ist das Hotel Regidor gegenüber (Tel. 03 87-431 13 05, DZ 110 $). DZ 220 $.

Portezuelo 4: Av. del Turista 1, Portezuelo Norte (ca. 1 km südwestlich vom Zentrum), Tel. 03 87-431 01 04, www.portezuelohotel. com. Am Berghang, Zimmer mit Blick auf die Stadt oder den Cerro San Bernardo, Pool, Restaurant. DZ 135–190 $.

Residencial Elena 5: Buenos Aires 256, Tel. 03 87-421 15 29. Gepflegtes Haus, zentral, preiswerte Zimmer mit Bad, schattiger, begrünter Innenhof. DZ 65 $ ohne Frühstück.

Casa de la Abuela 6: Mendoza 1569, Tel. 03 87-422 17 05, www.granny.com.ar. Sehr beliebte, saubere Unterkunft für Rucksacktouristen. DZ 60 $.

Hostal Prisamata 7: Mitre 833, Tel. 03 87-431 39 00, www.hostalprisamata.com.ar. Gut gelegenes Hostal mit Gemeinschaftsküche. 20 $ p. P.

Residencial Carmen R. Miralpeix 8: Pasaje Baigorria 971, Tel. 03 87-432 01 13. Patio-Haus, geräumige Zimmer ohne Bad. 15 $ p. P. ohne Frühstück.

Camping Municipal Carlos Xamena 9: Av. Líbano s/n, zwischen Chile und Monseñor Tavella, 1,5 km südlich des Zentrums, Tel. 03

Richtig Reisen-Tipp: Höhenflug auf Rädern – der ›Zug in die Wolken‹

Karte: S. 392/393

Der Traum, dort wo die Anden am höchsten sind (die Provinz Salta besitzt acht 6000er), die Zentralkordillere auf dem Schienenweg zu überwinden, um den Stillen Ozean zu erreichen, ist 100 Jahre alt. Doch es gab technische Bedenken, und mit dem Ziel, diese auszuräumen, machte sich 1921 eine verwegene Gruppe des Comité Pro Huaytiquina (benannt nach dem zu überwindenden Pass) mit drei Tin Lizzies genannten Ford T und einem Lieferwagen auf den seit Jahrhunderten von Lamatreibern vorgezeichneten ›Weg‹. In zwölf Tagen erreichten die Abenteurer San Pedro de Atacama in Chile, nach weiteren zwölf Tagen den Hafen Antofagasta. Die ›Machbarkeit‹ des Projekts war erwiesen, Staatspräsident Hipólito Yrigoyen gab das Startzeichen zum Bau des ›Transandino del Norte‹. Aber es sollte 27 mühevolle Jahre dauern, das Meisterwerk zu vollenden. Als die Gleisspitze 1948 bei Socompa die chilenische Grenze berührte, wies die Strecke 1328 Kurven, 44 Brücken und Viadukte sowie 21 Tunnel auf, 855 000 Schwellen aus Quebrachoholz waren verlegt worden. Einer der Arbeiter in der 1300 Mann starken internationalen Kolonne hieß Josip Broz, der spätere Marschall Tito.

Von Anfang an hatte der technische Ehrgeiz des verantwortlichen Ingenieurs Ricardo Fontaine Maury, eines in Philadelphia geborenen Nordamerikaners, darin bestanden, die rund 3200 m Höhenunterschied zwischen Salta und der Puna ohne Zahnradantrieb zu bewältigen. Da diese Vorgabe nur einen Anstieg von maximal 25 m pro Kilometer Strecke erlaubte, mussten andere Steighilfen gefunden werden: Zickzack-Wege und *rulos* genannte schneckenförmige Windungen. Selbst der mächtigste Viadukt dieser Andenbahn, die gigantische Eisenbrücke La Polvorilla, 63 m hoch und 224 m lang, ist gekrümmt und weist einen Anstieg auf. 1600 t wiegt alleine diese Metallkonstruktion. Über

sie fahren heute die mit den Schätzen der Puna-Salare beladenen Frachtzüge, die Borax und Lithium nach Campo Quijano hinuntertransportieren. In dieser Gartenkolonie Saltas liegt der Pionier Maury an einem Natursteindenkmal begraben.

Die touristische, von Salta bis zum rund 220 km entfernten Viaducto La Polvorilla führende Version der Transandenbahn heißt heute **Tren a las Nubes** (›Zug in die Wolken‹), fährt aber glücklicherweise fast nie wirklich in die Wolken, vielmehr in einen Himmel von lupenreinem Blau. Ab **Campo Quijano** 1 schlängelt sich der Zug am breiten Geröllbett des Río Rosario entlang, rollt über den 260 m langen Río-Toro-Viadukt und folgt zunächst der gleichen Route wie die von Salta nach San Antonio de los Cobres verlaufende RN 51 (160 km). Schon beim Passieren der geländerlosen Brücke über den Río Toro erhält man einen Vorgeschmack auf den zu erwartenden Höhenkitzel – oder die Höhenkrankheit, das *apunamiento*. Schiene und Straße verknoten und lösen sich im Wechselspiel und erklimmen in stetiger langsamer Steigung die **Quebrada del Toro**. Gehöfte wie Lehmburgen, in Ponchos gemummelte Kolla-Frauen, Korrale mit Ziegen und Schafen ziehen am Fenster vorbei. Noch ist die Landschaft grün, dann übernehmen gewaltige Kakteen die Regie, ungestüme Felsen und Wasserfälle verzaubern die breite Schlucht. Bei **El Alisal** und **Chorrillos** hat der Zug seine Zickzack-Manöver absolviert, wobei er, aus Platznot, einmal mit dem ›Schwanz‹ in einen 90 m tiefen toten Tunnel eintauchen muss. Bei **Puerta Tastil** 2 sind 2675 m erreicht. 40 km weiter flussaufwärts stellt sich eine mehrere Hundert Meter hohe Steilwand in den Weg, die wohl von der Straße, nicht aber von der Schiene überwunden werden kann. Diese entweicht in ein Seitental und schraubt sich kurz vor **Diego de Almagro** (der Ortsname ehrt den Konquistador Chiles, der auf seinem Weg von Peru als erster Spanier über die Puna kam) in zwei *rulos* (›Lockenwicklern‹) auf fast 3500 m hoch. An der **Abra Blanca** (auch Paso Muñano, 4080 m) vereinigt sich der Schienenstrang wieder mit der Straße und 28 km später wird auf 3775 m der 4300 Einwohner große Ort **San Antonio de los Cobres** 3 erreicht (s. S. 380f.). Die grauen, von Wind und Sonne gegerbten Häuserreihen der uralten Bergwerkssiedlung ducken sich zu Füßen des kastanienbraunen und deshalb Terciopelo (›Samt‹) genannten Cerro. Der Touristenzug folgt den Gleisen noch rund 20 km bis zum **Viaducto La Polvorilla** und kehrt von da aus nach Salta um, Güterzüge fahren bis zum Salar Pocitos oder zur chilenischen Grenze bei Socompa weiter. Kurz vor der Grenze erinnert die Bahnstation Alemán Muerto (4334 m) an jenen deutschen Matrosen, der in den 1920er-Jahren in Buenos Aires sein Schiff verpasste und bei dem verzweifelten Versuch, ihm, während es das Kap Hoorn umrundete, den Weg abzuschneiden und es in einem chilenischen Hafen wieder zu erreichen, in der unerbittlichen Puna umkam.

Infos: Casa de la Provincia de Salta, Roque S. Peña 933, Buenos Aires, Tel. 011-43 26 13 14, Fax 43 26 01 10, www.trenalasnubes.com.ar. Nach 2-jähriger Renovierungspause an Strecke und Waggons hat der weltbekannte Zug im Oktober 2007 wieder ›Fahrt aufgenommen‹. Zur Auswahl stehen drei verschiedene Züge: ein normaler Passagierzug sowie zwei speziell für Touristen eingerichtete Verbindungen (Standard und Luxus), die es erlauben, unterwegs auszusteigen und diverse Ausflüge zu unternehmen. Der Fahrplan wird von Saison zu Saison neu festgelegt, eine Reservierung mehrere Wochen im Voraus ist angeraten, ebenso die Mitnahme warmer Kleidung und eine Thermosflasche mit heißem Tee.

Endstation für den Touristenzug: der 63 m hohe Viaducto La Polvorilla

Salta und Umgebung

87-423 13 41. Am Ufer des Río Arenales, ordentliche Infrastruktur, schattig. 2,50 $ p. P., 3,75 $/Zelt.

... außerhalb:

Finca San Antonio: 38 km südlich von Salta bzw. 3 km südlich von El Carril an der RN 68, Tel./Fax 03 87-490 24 57 u. 431 21 07, www.finca-sanantonio.com. Schönes Herrenhaus mit Patio aus dem 18. Jh., 5 ha großer Park mit Lagune, geräumige Zimmer (max. 8 Gäste), Familienmanagement, Pool, gute regionale Küche, Ausritte, ideale Basis für Exkursionen nach Cachi (s. S. 379f.) und in die Valles Chalchaquíes. DZ 350 $ inkl. VP.

Finca Los Los: 40 km südlich (in El Carril von der RN 68 ab nach Chicoana, nach der Kirche 4 km Richtung Norden), Tel. 03 87-15 683 31 21, www.redsalta.com/aturs/loslos.htm. Idyllische Lage am Fuß der Berge, 4 Gästezimmer, Panoramaterrasse, Pool, regionale Küche, Ausritte. DZ 300 $.

Eaton Place: San Martín 2457, San Lorenzo (10 km nordwestlich), Tel. 03 87-492 13 47, www.eatonplace.com.ar. Schmuckes Backstein-Landhaus im englischen Stil inmitten eines großzügigen Parks nördlich von San Lorenzo, 8 Zimmer, Pool, Ausritte. DZ 175 $.

Estancia El Manantial del Milagro: 28 km südwestlich (RN 51 Richtung San Antonio de los Cobres, 7 km vor Campo Quijano in La Silleta rechts ab und nochmals 6 km), Tel./Fax 03 87-422 23 73, www.hotelmanantial.com.ar. Herrschaftliche Finca von 1867 in privilegierter Lage am Gebirgsrand, gediegener

Rahmen, Pool, schöne Zimmer für insgesamt 15 Gäste, regionale Küche, Ausritte, Wandern. DZ 150 US$.

Castillo de San Lorenzo: Juan Carlos Dávalos 1989, San Lorenzo (10 km nordwestlich), Tel. 03 87-492 10 52 u. 492 20 26, www.hotelelcastillo.com.ar. Renoviertes italienisches Landschloss vom Anfang des 20. Jh., malerischer Rahmen, Terrasse, Pool, Restaurant (50 $). DZ 191 $.

Selva Montana: Alfonsina Storni 2315, San Lorenzo (10 km nordwestlich), Tel. 03 87-492 11 84, Tel./Fax 492 14 33, www.hostal-selvamontana.com.ar. Traumhaft ruhige Lage, komfortabel, Blick auf den Bergwald, Pool, deutsches Familienmanagement. DZ 135–235 $.

Finca Río Blanco: 31 km südwestlich (RN 51 Richtung San Antonio de los Cobres, 1 km hinter Campo Quijano links ab, dann 0,7 km Fahrweg), Tel. 03 87-15 683 37 98. Kleine, 170-jährige Finca mit sehr einfachen Zimmern, die eher als Start und Ziel für Reittouren dienen, z. B. in 15 Tagen übers Gebirge nach Cachi, Molinos usw. DZ 70–100 $.

🍴 **José Balcarce** [10]**:** Mitre, Ecke Necochea, Tel. 03 87-421 16 28. Traditionelle Andenküche, modern interpretiert. 70 $.

La Vieja Estación [11]**:** Balcarce 885, Tel. 03 87-421 77 27, www.viejaestacion-salta.com.ar. Folklore und regionale Spezialitäten – ein beliebter Treffpunkt. 50 $.

La Posta [12]**:** España 456, Tel. 03 87-421 70 91. Zentrales, rustikales, viel besuchtes Parrilla-Lokal. 40 $.

El Viejo Jack [13]**:** Virrey Toledo 145, Tel. 03 87-422 39 11. Die authentischste Parrilla von Salta – einfach, populär, sehr gutes Preis-Leistungs-Verhältnis, Spezialität: *picana* (ein im Norden bis Bolivien beliebter Eintopf, bei dem Hühner-, Rind-, Schweine- und Lammfleisch mit Kartoffeln, Mais und anderen Gemüsesorten in einer Wein- und Biersoße gekocht werden). 40 $.

La Casona del Molino [14]**:** Luis Burela 1, Tel. 03 87-434 28 35, im Winter Di–So, sonst tgl. Traditionsrestaurant im Kolonialstil mit guter regionaler Küche und Parrilla. 25 $.

Cava de Piedra 15: Mitre 81, an der Plaza, Tel. 03 87-421 76 76. Regionale Küche. 25 $.
Don José 16: Urquiza 484, Tel. 03 87-431 44 69. Einfache, billige Tagesgerichte, *locro*. 20 $.

Mercado Artesanal: San Martín 2555, tgl. 9–21 Uhr. Regionales Kunsthandwerk, sachkundige Beratung, Busverbindung ab Zentrum mit den Linien 2, 3 und 7.
Horacio Bertero: Alvarado 296. Man kann dem Silberschmied bei der Arbeit zusehen und die Produkte natürlich auch kaufen.

Todestag von Miguel de Güemes (17. Juni): Über 1500 Gauchos defilieren am Denkmal für den Gauchoführer vorbei.
Tag des Erdbebens von 1692 (13. Sept.): Große Prozession unter Beteiligung von rund 100 000 Menschen.

Touren: Über ein Dutzend Agenturen (Adressen im Touristenbüro) organisieren **Jeeptouren** zu den Hochsalaren und in die Anden, **Rafting** auf dem Río Juramento, **Ausritte** und **Mountainbiketouren.**
Movitrack Safaris & Turismo, Heike und Frank Neumann, Buenos Aires 28, Tel. 03 87-431 67 49, Fax 431 53 01, www.movitrack.com. ar. ›Safaris‹ in einem geländegängigen, oben offenen Mercedes-Bus (Ausstattung: Bordtoilette, Kühlschrank, Kochstelle, u. a. parallel zur Bahnlinie des Tren a las Nubes nach San Antonio de los Cobres (323 $), in die Valles Calchaquíes, durch die Quebrada de Humahuaca (2 Tage, 666 $) oder über die Puna.

Flüge: 6 x tgl. mit Aerolíneas Argentinas, Andes Líneas Aéreas und LAN nach Buenos Aires (2 Std.). Die neue Fluglinie Leal plant ab 2008 Flüge von Salta nach Iguazú, Córdoba, Mendoza, Cuzco/Perú sowie nach Calama und Iquique in Chile aufzunehmen. Flughafen: RN 51 Km 5,5 (9 km vom Stadtzentrum), Tel. 03 87-424 29 04.
Züge: Von Salta fährt der Tren a las Nubes nach San Antonio de los Cobres (s. S. 388f.).
Busse: Etwa ein Dutzend Busse starten täglich nach Buenos Aires (26 Std.), weitere nach Jujuy, Tucumán, Resistencia, Mendoza, Pa-

Valles Calchaquíes
Wer etwas mehr Zeit zur Verfügung hat, sollte von Salta aus unbedingt auch eine Fahrt durch die Valles Calchaquíes unternehmen – auf der RN 68 sind es ›nur‹ knapp 200 km durch eine herrliche Landschaft nach Cafayate, dem bekannten Weinort mitten im Calchaqui-Tal (s. S. 375ff.).

tagonien (u. a. mit La Veloz del Norte, TAC, Chevallier). Busterminal: Av. Yrigoyen 339, ca. 1,5 km außerhalb, Tel. 03 87-401 11 43.
Mietwagen: Von Buenos Aires sind es rund 1600 km nach Salta. Wer nur begrenzt Zeit hat, sollte die Strecke per Flugzeug zurücklegen und sich vor Ort einen Wagen mieten, z. B. bei Avis, im Flughafen, Tel. 03 87-424 22 89; Hertz, im Flughafen, Tel. 03 87-424 01 13, oder Caseros 374, Tel. 03 87-421 67 85.

Santa Rosa de Tastil

Reiseatlas: S. 2, D 3; **Karte:** S. 392/393
Rund 100 km nordwestlich von Salta liegt auf 3200 m eine der interessantesten archäologischen Stätten Argentiniens. Bei **Santa Rosa de Tastil** 4 wurde 1903 eine präinkaische Siedlung entdeckt, in der einmal ca. 2500 Menschen gelebt hatten. Insgesamt 12 ha misst das Areal, auf dem seit 1967 Grabungen stattfinden. Zahlreiche in einem kleinen Museum ausgestellte Funde bekunden die Existenz eines Bauern- und Jägerstammes, der Mais auf Feldterrassen kultivierte, Lamas als Haustiere hielt und mit jaspis- und obsidianbewehrten Pfeilen auf Guanakojagd ging. Die aus Fellhaar gewirkten Textilien weisen eine hoch entwickelte Webtechnik und ausgefeilte geometrische, zoo- und anthropomorphe Zeichnungen auf. Das gut rekonstruierte Siedlungsrelief ist auf einem kurzen Stichweg mit dem Auto zu erreichen; der freundliche Museumsaufseher schließt das Gatter auf und zu Fuß gelangt man dann in – der Höhe wegen gemächlichen – etwa 40 Gehminuten zu dem Komplex (Eintritt frei).

In den Parque Nacional Los Cardones

Reiseatlas: S. 2, D/E 3; **Karte:** s. unten

Als Wächter gegen den Einfall der Weißen hatten sich die Indianer der Puna-Region die mächtigen Baumkakteen vorgestellt, die die Kordilleren besetzt halten. Tatsächlich berichteten, wie Pater Juan de León, die ersten Missionare Schreckliches von den »hierzulande verbreiteten Stachelbäumen, die einen wie mordgierige Indios auf Schritt und Tritt verfolgen«. Die wirkliche Verfolgung sollte indes aus den eigenen Reihen kommen, als man 1767 die Jesuiten vertrieb. Damals stieg der mit der Zwangsausweisung beauftragte Bischof Manuel Cortázar – von Peru kommend und von Indianern über die Puna geführt – westlich von Salta in eine 1600 m tiefe Schlucht ab, deren Name bis heute an diese Expedition erinnert: Cuesta del Obispo (›Bischofswand‹). Reisende, die sich heute von Salta auf den Weg in den größten zusammenhängenden Kakteenwald Argentiniens machen, das 700 km² umfassende Areal Los Cardones (›Die Baumkakteen‹), vollziehen die Schluchtdurchquerung des Bischofs in umgekehrter Richtung nach.

Von Salta ins Valle Encantado

Mit Startpunkt Salta geht es zunächst auf der RN 68 ca. 27 km Richtung Süden bis **El Carril,** wo man auf die RP 33 nach Westen abzweigt. In fast gerader Linie quert die Straße nun eine Ebene und taucht dann in die Waldschlucht des Río Malcante ein. Hier geht der Asphalt in eine größtenteils gut ausgebaute Schotterstraße über, die – dreimal das Ufer wechselnd – dem gewaltige Steinmassen zu Tale schiebenden Gewässer flussaufwärts folgt. Bei **Chorro Blanco** gibt es einen hübschen Campingplatz, doch zum wilden Zelten bietet der ganze Unterlauf des Flusses endlose Möglichkeiten. Einer der vielen die Straße querenden Bäche, El Infiernillo (›Die kleine Hölle‹), deutet schon an, was hier nach sommerlichen Regenfällen passieren kann: Unversehens verwandeln sich kleine Rinnsale in unpassierbare Sturzbäche.

Bei der **Cueva del Gigante** (›Höhle des Riesen‹) wurde die Straße streckenweise in den Fels hineingeschlagen und spätestens ab diesem Punkt eröffnet sich nach jeder Flussbiegung ein neues, Blick und Linse fesselndes Panorama. Gewaltige Schründe aus rotem und grünem Sandstein leuchten in der Sonne (bestes Fotografierlicht vormittags); anstelle des Waldes recken sich nun Säulenkakteen in einen – an klaren Wintertagen – tintenblauen Himmel. Bei Kilometer 38 gibt es einen Imbiss mit kleinen Happen, Trocken-

früchten, Nüssen und Getränken, bei Kilometer 43 eine kleine Cafetería.

Ab Kilometer 45 forciert die Straße ihren bis dahin gemächlichen Anstieg, im Tal bleiben die Maispflanzungen, an den Hängen die Kakteen zurück. Wie in einen faltenreichen Veloursmantel gehüllt wirkt nun das von grüngelben Grasfluren überzogene Gebirgsrelief. In kürzester Zeit windet sich die Straße brücken- und tunnelfrei über die **Cuesta del Obispo** 5 zum Pass **Piedra del Molino** (›Mühlstein‹) hinauf. Wie das hier ruhende

tonnenschwere Granitrad auf diese Höhe (3548 m) gelangte, weiß heute keiner mehr. Vermutet wird aber, dass der, der es hier hochschaffte, nicht wagte, es wieder bergab zu bewegen.

Kurz vor Erreichen der Passhöhe zweigt links ein 5 km langer, beschilderter und problemlos zu befahrender Stichweg ins **Valle Encantado** (›Verwunschenes Tal‹) ab. Die eigenartig geformten roten Sandsteintrümmer, die sich hier inmitten von Bergweiden auftürmen, wirken nach der erlebnisreichen Fahrt

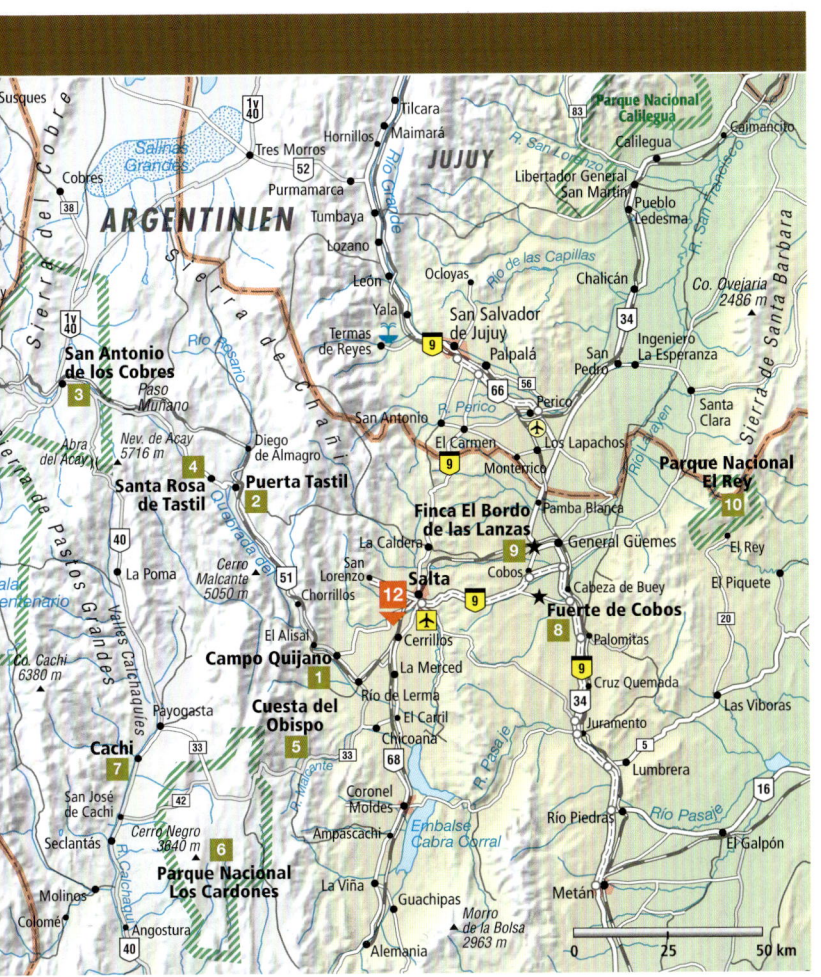

Salta und Umgebung

vergleichsweise undramatisch. Doch muss das Gelände (weiche Matten, Windschutz hinter Felsen und Abhängen, Frischwasser von den Bächen an der Hauptstraße) jeden Puna-festen Camper begeistern. In den Erosionshöhlen der Felsen nisten Bussarde und Falken. Einige Ortskundige wissen präinkaische Felszeichnungen aufzuspüren.

Parque Nacional Los Cardones

Jenseits der Passhöhe irrt die Straße durch eine vegetationslose Mondlandschaft, bevor sie sich zur **Recta de Tin-Tin,** einer 18 km langen Geraden, streckt. Hier befindet man sich bereits inmitten des Kakteen-›Waldes‹ des **Parque Nacional Los Cardones** **6**, der wie ein riesiges Nadelkissen die Landschaft überzieht. Ein Meer von Säulen bedeckt das Valle de Tin-Tin (2800 m) bis zu den Hängen des Cerro Malcante (5050 m). Diese Zone bildet einen maßgeblichen Teil des Kakteengürtels, der sich zwischen den Yungas und der Puna über die sogenannte Vorpuna (*prepuna*) erstreckt. Mit angezündeten Kandela-

bern vergleichen poetisch gestimmte Beobachter gerne die mehrarmigen Riesen, wenn diese im November ihre Blüten zeigen. Es kann 50 Jahre dauern, bis es einem Säulenkaktus gelingt, die ersten Blüten zu treiben. Die süßsauren Früchte *(pasacanas)* sind bei Tieren – und Puna-Bewohnern – geschätzt. Kakteenholz ist, neben Lehmstroh, das Baumaterial der regionalen Adobe-Architektur – weshalb in der Arbeitsunfallstatistik ›unsachgemäßes Kaktusfällen‹ immer noch als Todesursache erscheint.

Im Tin-Tin-Gebiet kommen trekkende Kakteenfreunde auf ihre Kosten. Auf dem Weg zum Cerro Tin-Tin und seinen Kalkstein-Ausblühungen *(calizas)* an den östlichen Bergflanken lassen sich vier alte Kalkbrennöfen entdecken. In Gegenrichtung, auf den Cerro Negro zu, beobachtet man mit ein wenig Glück, wie geschickt sich eine Guanakoherde durch das Stachellabyrinth bewegt. Runde Schlupflöcher in den Stämmen verraten die Nester des Kaktusspechts. Aber auch unvermutete Pflanzenarten bewohnen das Valle

Die riesigen Kandelaberkakteen *(cardones)* **gaben dem Nationalpark seinen Namen**

Tin-Tin. Links der Straße, ungefähr 35 km vor Cachi **7** (s. S. 379f.), erstreckt sich ein ganzer Churqui-Wald *(Prosopis ferox),* und wenn es im Sommer einmal regnet (jährlicher Niederschlag: 100 mm; damit aus den Samen neue Keime entstehen können, sind jedoch 250 mm nötig, die nur ca. alle 20 Jahre gemessen werden), dann breitet eine winzige endemische Amaryllis-Art *(Ippeastrum tintineasis)* innerhalb von wenigen Tagen zu Füßen der großen ›Wächter‹ einen leuchtenden gelben Teppich aus.

Koloniale Landgüter

Reiseatlas: S. 2, E 3; **Karte:** S. 392/393
Östlich von Salta stehen gleich zwei koloniale Landgüter, die – jedes auf seine Art – zu den bemerkenswerten in ganz Argentinien zählen. Auf der RN 9, ca. 35 km Richtung General Güemes, erreicht man die älteste Hacienda der Region, **Fuerte de Cobos** **8** (s. S. 396, in Cobos von der RN 9 rechts abbiegen, nach der Dorfkapelle links abzweigen und 500 m weiterfahren; Eintritt frei).

Als eine der schönsten, gepflegtesten und traditionsreichsten Estanzien von Argentinien mit original kolonialer *sala* (›Herrenhaus‹), deren Ursprünge auf das Gründungsjahr 1609 zurückgehen, gilt die **Finca El Bordo de las Lanzas** **9** gut 10 km nördlich von General Güemes (s. S. 396f.). Die 2500 ha große Latifundie, auf der man auch übernachten kann, führt beispielhaft die Symbiose von Bodennutzung, Viehzucht und Naturerhaltung vor. In ihren sieben Lagunen leben Kaimane, Flamingos, Kormorane, Tausende von Reihern und andere Vogelarten. Die Bergmassive sind bedeckt von dampfendem Dschungel (auf mittlerer Höhe Nebelwald), dessen Artenvielfalt in Argentinien nur vom Urwald in Misiones übertroffen wird.

Finca El Bordo de las Lanzas: im Valle de Siancas (10 km nördl. von General Güemes an der Río-Saladillo-Brücke von der RN 34 ab und auf einer Stichstraße 4 km nach El Bordo), Tel. 03 87-490 30 70,

Fax 431 05 25, www.turismoelbordo.com.ar. Platz für max. 12–15 Gäste, nette Betreuung durch die *estanciero*-Familie Arias, gute Küche. DZ 150 US$ p. P. inkl. VP und Ausflüge.

Parque Nacional El Rey

Reiseatlas: S. 2, E 3; **Karte:** S. 392/393
In einem Gebiet, dessen subtropische Niederungen von Plantagen (Tabak, Bananen, Kaffee, Baumwolle, Zitrusfrüchte, Zuckerrohr) überzogen sind, ragt der gebirgige **Parque Nacional El Rey** **10** wie eine überdimensionale Waldinsel hervor. Das 442 km² große Reservat, das seinen Namen einer Schenkung des spanischen Königs an seinen Erstbesitzer verdankt, präsentiert sich als gewaltiges, von unregelmäßigen Schluchten und Tälern zerrissenes Amphitheater, bewohnt von Affen, Tapiren, Pekaris, Pumas, Adlern, Charatas (einer Hühnervogelart), Kondoren und vielen anderen Spezies. Sieben Wanderwege, die teilweise auch befahrbar sind und beim Haus des Parkwächters starten, ermöglichen eine Erkundung des Parks. Am schönsten sind die Strecken zum Río Popayán (10 km durch Chaco-Wald) und zum Pozo Verde (3 km befahrbare Straße, dann 9 km Wanderweg durch den untersten Streifen des Nebelwaldes). Der Nationalpark ist das am leichtesten zugängliche Schutzgebiet unter den drei Yunga-Reservaten im Nordwesten – El Rey, Calilegua (s. S. 401f.) und Baritú (s. S. 402f.) –, wird aber dennoch nur von knapp 2000 Menschen im Jahr besucht.

Man erreicht den Park von Salta aus über General Güemes (46 km), dann auf der RN 34 nach Süden bis Lumbrera (60 km), links ab auf die RP 5 nach Paso de la Cruz (44 km) und wiederum nach links auf die geschotterte RP 20, die nach 47 km am Gebäude des Parkrangers endet (Information in Salta: España 366, 3. Stock, Tel. 03 87-431 26 83, www.parquesnacionales.gov.ar, Eintritt frei).

Camping: Zeltmöglichkeiten im Bereich der Parkverwaltung und am Río Popayán.

Wohnen im Kolonialstil

In keiner Region Argentiniens haben sich, ungeachtet aller seismischen Katastrophen, so viele Zeugnisse spanischer Kolonialarchitektur erhalten wie in der Provinz Salta. Hier lag – in der Blütezeit des sagenhaften Potosí, wo die Silberbarone die Gassen mit Barren pflasterten – das wirtschaftliche Epizentrum zur Versorgung Oberperus.

Salta hatte eine Fülle von Agrarerzeugnissen zu bieten und züchtete Tausende von Maultieren, die die Edelmetalle von den Gruben zur Pazifikküste transportierten. In den fruchtbaren Niederungen entstanden immense Haciendas, deren *salas* genannte Herrenhäuser damals eher Wachtürmen oder Brückenpfeilern glichen, weil sie den Angriffen der Indianerstämme zu trotzen hatten. So spiegelt sich darin auch in der über 400-jährigen Architekturgeschichte der Region zugleich der Wandel von wohldefinierten Nutz- und Schutzinteressen wie auch der von Zeitgeist und Geschmack wider.

Schon die Bezeichnung **Fuerte de Cobos** (›Fort von Cobos‹) für das älteste erhaltene Haziendagebäude in der Region (s. S. 395) deutet auf den Verteidigungscharakter der Anlage hin – und es ist bis heute Gauchotradition, die Hazienden des Nordwestens als *fortines* (›Schanzanlagen‹) zu bezeichnen. Der von dicken Adobemauern getragene, hohe Bau von Cobos (ein sogenanntes *alto*) signalisiert Wehrhaftigkeit, der (wohlweislich nur im Obergeschoss angebrachte) durchlaufende Balkon Wachsamkeit: Von hier aus konnte man auf weite Entfernung die Staubwolke heranreitender Angreifer ausmachen.

Mit der nach und nach abnehmenden Bedrohung durch Indianerüberfälle gaben die Hazienda-Sitze ihre zinnenhafte Steifheit auf und bequemten sich zu harmonischeren Bauproportionen. Ein gutes Beispiel für einen solchen zugleich aus ästhetischem Anspruch wie aus dem Sicherheitsbedürfnis hervorgegangenen Kompromiss bildet die **Hacienda de Molinos** in den Valles Calchaquíes (s. S. 379). Nach dem Indianerüberfall von 1735 auf Cobos, bei dem nahezu die gesamte Saatflächen vernichtet wurden, verwandelte sich die relativ friedliche Flussoase um Molinos in die Getreidekammer der Provinz. Diese Hazienda (bis heute als denkmalgeschützte Hostería erhalten) des letzten königstreuen Gouverneurs Domingo de Isasmendi verrät mit ihrer flachen, kompakten Viereckform zugleich die Suche nach Geborgenheit wie auch das Bestreben nach funktioneller Übersicht: hier die Bodega, dort die Seifensiederei, da die Mühle, drüben der Wohnbereich. Noch wer heute unter dem Moje-Baum im flusssteingepflasterten Patio sitzt und die wandernden Schatten der Algarrobo-Säulen verfolgt, wird sich kaum dem Zauber der Harmonie jener frühen Kolonialarchitektur entziehen können.

Für die Restaurierung der wunderschönen **Finca El Bordo de las Lanzas** (›Höhenrain der Lanzenbäume‹, s. S. 395) – die erste *sala* geht auf die Mutter des Freiheitshelden Güemes zurück – hat man zu ersetzende Teile wie Türen, Schwellen, Fensterfassungen und Schlösser passgenau aus kolonialzeitlichen Abbruchgebäuden übernommen und hier eingesetzt. Die wichtigsten Elemente des Hausbaus waren genormt und die Normen gingen noch auf die arabische Architektur

Häufige Indianerüberfälle erforderten wehrhafte Bauten, z. B. der Fuerte de Cobos

zurück. Spanien hatte sich bei der Entdeckung Amerikas eben erst vollständig von der fast 800 Jahre währenden arabischen Vorherrschaft befreit, die dem Land auch das gestalterische Erbe Nordafrikas hinterließ. Blendendes Weiß, grüne Laubschatten, das Echo plätschernder Patiobrunnen, Bänke, Balkone und Balustraden – mozarabische Komponenten und Stilelemente wurden originalgetreu und maßhaltig auf die Architektur der Neuen Welt übertragen. Noch die *alacenas* genannten Wandgemächer in den Schlafzimmern – Vorläufer unserer Einbauschränke – verweisen auf nordafrikanische Ursprünge.

Im Gegensatz zur noch introvertierten Geschlossenheit der Hacienda de Molinos zeigt Las Lanzas bereits die aufgelockerte Konzeption eines Landsitzes, der behagliches Wohnen, übersichtliches Hantieren und das, was wir heute ›Landschaftsbezogenheit‹ nennen, in sich vereinigt. Die urbanen Kopien

dieser Lebensweise – als bestes Beispiel bietet sich Saltas **Casa de Uriburu** an, heute ein Museum (s. S. 385) – bedienten sich, vom Lehmmauerwerk bis zu den Palo-Negro-Balken, der gleichen Bauelemente wie ihre ländlichen Vorbilder. Doch die Kandelaber und Tafelsilber vervielfältigenden venezianischen Spiegel konnten die erhabene Aussicht durch ein Hazienda-Fenster nicht ersetzen. Im ›Jesuitenbarock‹ und den himmelstürmenden Schöpfungen der Franziskaner kam dann der Wille zum Ausdruck, sich von den Zwängen städtischer Bedrängtheit zu befreien. In den Bürgerhäusern bemühte man sich, die Natur in Form von Lavendelblüten einzufangen: Mit ihnen wurden die *petacas* (›Ledertruhen‹) parfümiert, um Mäuse und Motten daran zu hindern, nicht nur das Samtfutter zu fressen, sondern auch die in der Truhe aufbewahrten Pergamente, die die Eigentumstitel der Stadtpaläste verbürgten.

Provinz Jujuy

Karte
S. 400/401

Jujuys Hauptattraktion ist die Quebrada de Humahuaca mit ihren malerischen Dörfern. Faszinierende Eindrücke gewinnt man auch auf den zahlreichen Seitenwegen, die in die Puna klettern und großartige Aussichten bieten. Sie führen bis in abgelegene Naturgebiete wie die von seltenen Flamingos bewohnte Laguna de los Pozuelos oder den Parque Nacional Baritú, der sich zwar auf Saltas Territorium befindet, aber am besten von Jujuy aus zugänglich ist.

Mit der Hauptstadt der nördlichen Nachbarprovinz Jujuy ist die Stadt Salta über zwei Wegstrecken verbunden: Die längere (130 km), aber schnellere führt über General Güemes, ist stark befahren und bietet dem Auge nur Zuckerrohr-, Tabak- und Baumwollfelder; die kürzere (90 km) ›Kurbelstrecke‹ mit ihren über 500 Kurven läuft lange am Gebirgsrand entlang (daher ihr Name: *cornisa*) und bietet im Mittelabschnitt eine herrliche Urwaldfahrt. Von dem Punkt, wo beide Stränge sich wieder vereinigen, kann man die Stadt Jujuy bereits in der Flusssenke liegen sehen.

San Salvador de Jujuy

Reiseatlas: S. 2, E 2; **Karte:** S. 400/401
Als sich der kolonialzeitlich neureiche Landadel in Argentiniens nördlichster Provinzmetropole Stadtpaläste baute, durfte sich das einst schmucke **San Salvador de Jujuy** **1** Tacita de Plata (›Silbertässchen‹) nennen. Heute wird im 13 km entfernten Hüttenwerk Zapla nur noch Eisen geschmolzen. Die 1593 im Flusswinkel von Río Grande und Xibi Xibi an einem vormaligen Inka-Sitz gegründete Stadt hat aus ihrer Glanzzeit denkbar wenige Kolonialbauten gerettet. Gleichsam als sei sie von ihrer Vergangenheit abgerückt, entwickelte sich auch – ganz untypisch für hispano-amerikanische Siedlungen – ihr ge-

schäftliches Zentrum abseits der Plaza. Und selbst hier geht es, trotz der heute 180 000 Einwohner, gelassen zu, ja noch um einen deutlichen Takt langsamer als in der Konkurrenzmetropole Salta. So scheinen denn auch die allegorischen Marmorstatuen vor dem Regierungspalast – ›Der Friede‹, ›Die Freiheit‹, ›Die Gerechtigkeit‹, ›Der Fortschritt‹ (einst von der Bildhauerin Lola Mora für das Kongressgebäude in Buenos Aires geschaffen) – ohne Dramatik den uneingelösten Versprechungen des Schicksals nachzusinnen. Hier, vor der mächtigen Fassade im französischen Stil, kann der kleine Stadtrundgang beginnen.

Unter den sich um die **Plaza Belgrano** scharenden Gebäuden ragen der Trakt des dem Regierungspalast gegenüberliegenden **Cabildo** (1864 nach einem Erdbeben neu errichtet, heute Polizeipräsidium) mit seinen massigen Kolonnaden und die sich von öden Hochbauten im Hintergrund absetzende **Kathedrale** (frühes 18. Jh.) heraus. Sie hütet in ihrem Innern Argentiniens kostbarstes Werk des Kolonialbarocks: eine reich geschnitzte polychrome Kanzel mit Schalldeckel und einer Treppenwand aus Ñandubayholz (etwa 1710), Jakobs Traum versinnbildlichend.

Die von der Plaza zur Fußgängerzone führende Calle Belgrano überrascht inmitten der Geschäftszeilen an der Ecke zur Calle Lavalle mit dem feierlichen Bau der **Iglesia de San Francisco**. Auch sie wartet mit einer herrli-

Mit den Autoren unterwegs

Tipp für Abenteurer

Im äußersten Nordosten von Argentinien, an der Grenze zu Bolivien (und nur über das Nachbarland zu erreichen), wartet die ungezähmte Natur des **Parque Nacional Baritú** auf Besucher – ausreichend Entdeckungs- und Abenteuergeist sollte man allerdings mitbringen, denn noch gibt es keine Infrastruktur und noch erschließt kein Wegenetz diesen Nationalpark (s. S. 402ff.).

Stilvoll übernachten

Am ›Berghang der sieben Farben‹, in Purmamarca, befindet sich das beste Hotel der Quebrada de Humahuaca. Die 19 Zimmer im **El Manantial del Silencio** (›Die Quelle der Stille‹) sind gemütlich eingerichtet und das dazugehörige Restaurant serviert feinste regionale Küche (s. S. 405).

Faszinierende Puna

Auch wer nicht über den Paso de Jama nach Chile reisen möchte, sollte das erste Wegstück **von Purmamarca bis Susques** befahren, um einen Eindruck von der überwältigenden Hochebene der Anden zu gewinnen (s. S. 405f.).

Uralte Indianerfestung

Wohngebäude, ein Tempel, Lamaställe und ein Friedhof mit über 100 Gräbern umfasst die fast 1000 Jahre alte **Pucará de Tilcara,** die in den 1960er-Jahren aufwendig rekonstruiert wurde (s. S. 407).

Unblutiger Stierkampf

Im abgelegenen **Casabindo** findet bei Patronatsfesten der einzige Stierkampf in Argentinien statt, bei dem allerdings kein Blut fließt. Stattdessen müssen die Toreros dem Tier ein Band mit Silbermünzen von den Hörnern ziehen (s. S. 412).

Wunder am Salzsee

An der **Laguna de los Pozuelos** ist eine ausgestorben geglaubte Flamingoart wieder ›auferstanden‹ und präsentiert sich Besuchern in riesigen Schwärmen (s. S. 412 u. 414).

---

chen Barockkanzel auf. Eine Entdeckung sind hier die innen hohlen (nur von hinten zu sehen) hölzernen Altarfiguren: Sie wurden auf dem Maultierrücken einst von Peru herantransportiert und sollten daher wenig wiegen.

Nur ein paar Schritte von der Kirche entfernt repräsentiert die **Casa de Lavalle,** in der 1841 der Unabhängigkeitskämpfer General Lavalle erschossen wurde, ursprüngliche, einfache Kolonialarchitektur. Heute hat hier das **Museo Histórico Provincial** seine Heimat (Lavalle 250, Mo–Fr 7.30–13.30, 15–20, Sa/So 9–13, 16–20 Uhr, 1 $).

Sehenswert ist auch die koloniale **Capilla de Santa Barbara** aus dem 18. Jh. mit ihren massiven Adobewänden, ein Bau von harmonischer Gedrungenheit (Lamadrid, Ecke San Martín). Ansonsten künden nur noch ein Dutzend Gipsfassaden in der Calle Alvear (Nr. 900–1100) von neokolonialer Pracht.

i Secretaría de Estado de Turismo: Canónigo Gorriti 295, Tel. 03 88-422 13 25/26 , Mo–Fr 7–22, Sa/So 8–22 Uhr.

🛏 **... im Zentrum:**
Jujuy Palace: Belgrano 1060, Tel./Fax 03 88-423 04 33. Zentral, modern, gemütlich, Fitnessraum, Sauna, Bar, Restaurant, drahtloser Internetanschluss. DZ 176 $.
Augustus: Belgrano 715, Tel. 03 88-423 02 03, Fax 423 02 09, www.hotelaugustus.com. ar. Zentral, freundlich, gehobene Mittelklasse, gutes Preis-Leistungs-Verhältnis. DZ 138 $.
Sumay: Otero 232, Tel./Fax 03 88-423 50 65. Zentral, bescheidene Mittelklasse, saubere Zimmer mit Bad. DZ 88 $.
Chung King: Alvear 627, Tel. 03 88-422 29 82. Zentrales Residencial mit einfachem, gutem Restaurant (u. a. Zicklein, *lechoncito* (Spanferkel) und Flussfische, 20 $). DZ $ 60.

Provinzen Salta und Jujuy

0   25   50 km

Santa Catalina 23   Casira
BOLIVIEN   Oratorio   Villazón
Co. Uturunco   Cieneguillas   **Tafna** 22 **La Quiaca**
6010 m   Co. La Ramada   Yoscaba   5 18   **Yavi** 20
5540 m   Timón Cruz   Punahuasi   Barrios Abra
Paicone   Lagunillas   Cerrillos   9   Cón.
Laguna de   69   Cóndor
los Pozuelos 24   Chocoite   Co. Azúl Casa
5009 m
Rinconada   Psto. del   Cangrejos
Mina   Márques
Pirquitas   70   Potrero
Laguna   **Monumento Natural**   **Abra Pampa** 15   Pueblo
de Vilama   Mina   **Lago de los Pozuelos**   69   Viejo
Pirquitas   Antiguyo 74   Tres
Co. Zapaleri   **Reserva Provincial**   **Cochinoca** 17   Cruces
5654 m   Rosario   Co. Coiagayma   40   Iturbe
Reserva Nacional   5668 m   **Casabindo**
Los Flamencos   16   **ARGENTINIEN**
Salar de   Coranzuli   Agua Caliente
Quisquiro Nev. de Poquisi   **JUJUY**   Hornaditas
Salar   5746 m   77   El Aguilar   12
de Tara   Tocol   **Humahuaca**
Palrique Grande   **Uquia** 11
Salar de   70   Riconadillas
Quisquiro   **Altoandina**   Olaroz   **Laguna de**
Grande   40   **Guayatayoc**   **Quebrada** 13
Paso de Jama   52   **de Humahuaca**   Huacalera
4200 m 8   16
Salar   **Susques**   Quebrada   **Tilcara** 10
52   de   **Mal Paso**   Maimara
CHILE   70 Olaroz   7   **Hornillos**
de la Chinchilla   40   Tres Morros   9
Paso de   38   52   **Purmamarca** 6
Huaytiquina   Cobres   Tumbaya
4279 m   Salar de   Lozano
Huaytiquina   **Cauchari**   León
37   San Antonio   Yala
51   Catua   40   de los Cobres   **Termas**
Paso de la   Sey   Paso   **de Reyes**
Laguna Sico   Olacapato   Muñano   5
23   4076 m   Grande   San Antor.
Punta   40   51
Cauchari   Olacapato   Diego
Chico   51   de Almagro   San
Salar del   Laguna Seca   Abra   Nev. de Acay   Lorenzo
Rincón   del Acay   5716 m   Santa Rosa   Chorrillos Salta.
Salar   27   Vol. Queva   de Tastil   Puerta
de Pocitos   6130 m   **SALTA**   Tastil   La Calder.
Reserva Natural   40
Salar   **de Los Andes**   Santa Rosa de los   Cerro   51
de Arizaro   Pastos Grandes   La Poma   Malcante   San
Tolar   Salar   17   5050 m   Chorrillos   Salta.
Grande   Pocitos   Salar
Laguna   Centenario
Pozuelos

Parque Nacional Calilegua

... außerhalb:

Estancia Los Lapachos: ca. 20 km südlich (15 km südlich des Flughafens von der RN 66 auf die RN 34 Richtung General Güemes abbiegen, nach 800 m wieder rechts auf die RP 43 Richtung El Carmen, nach 4 km ausgeschildert), Tel. 03 88-491 12 91, lapachos@jujuytel.com.ar. Schöne alte Zuckerrohr-Finca inmitten der *caña*-Felder, Manor-House-Stil, Parkterrasse, Pool, rustikale Zimmer für bis zu 8 Gäste, die von der Familie Leach persönlich betreut werden. 115 US$ p. P. inkl. VP.
Las Vertientes: RN 9 Km 17 (17 km nördlich, bei Lozano), Tel./Fax 03 88-498 00 30, www.lasvertientes.yala.gov.ar. Idyllische und preiswerte Unterkunft auf 1575 m. DZ 60 $.

Ohasis: Ramírez de Velazco 244, Tel. 03 88-424 10 17. Hotel-Restaurant in heller 1. Etage, internationale Küche mit syrisch-libanesischem Einfluss. 40 $.
Krysys: Balcarce 272, Tel. 03 88-423 11 26. Eine der besten Parrillas in Jujuy, es gibt aber auch internationale Gerichte. 35 $.
Sociedad Española: Belgrano, Ecke Senador Pérez, Tel. 03 88-423 50 55. Sehr preiswerte Menüs. 25 $.

Flüge: Aerolíneas Argentinas fliegt 1–3 x tgl. nach Buenos Aires.
Busse: Tgl. mehrfach Verbindungen nach Buenos Aires (1260 km, 17 Std., 180 $) und nach Salta. Busbahnhof: Av. Dorrego, Ecke Iguazú, Tel. 03 88-422 13 75.

Parque Nacional Calilegua

Reiseatlas: S. 2, E 2; **Karte:** s. links
Ca. 120 km nordöstlich von San Salvador de Jujuy liegt der 763 km^2 große **Parque Nacional Calilegua** **2**, in dessen unzugänglichen Reservas Naturales Estrictas – die den größten Teil des Gebiets ausmachen – auch noch Jaguare leben. Dieses Naturparadies, das sich in Höhen bis über 3000 m erstreckt, entstand aus der rechtzeitigen Einsicht der heute größten Zuckerraffinerie Südamerikas, Ledesma (gleichzeitig Alkoholbrennerei und

Papierfabrik), dass einzig die Bewahrung des klimaregulierenden Waldgürtels das Gedeihen der immensen *caña*-Pflanzungen in der Ebene garantiert.

Die den Nationalpark querende RP 83 ist, was den Erlebniswert ›Naturwald‹ anbetrifft, eine Traumstraße. Sie klettert von 600 m (am Parkeingang) bis zur Abra de Cañas auf rund 1700 m und endet nach 60 km in **Valle Grande**. Entlang dieser Strecke starten insgesamt acht ausgeschilderte Wanderwege. Am beliebtesten ist der Weg vom Arroyo Aguas Negras nach Negrito. Der jüngste, Nuestra Selva (›Unser Wald‹) genannt, kann in Begleitung von guaranitischen Führern begangen werden, die über ihre Kultur und Geschichte erzählen. Seit Kurzem werden auch organisierte Radtouren angeboten (Infos am Parkeingang).

Die Anreise in den Parque Nacional Calilegua führt von Salta oder Jujuy aus über die RN 34 nach Norden, bis man kurz hinter dem Ort Libertador General San Martín die Brücke über den Río San Lorenzo passiert. Dort zweigt links die 8 km lange Zufahrt (RP 83) in den Park ab.

Information: Einfahrt und Haus des Parkwächters liegen gleich jenseits des zu durchquerenden Arroyo Aguas Negras auf der RP 83 (8 km westlich von Libertador General San Martín), Tel. 038 86-42 20 46, www.parquesnacionales.gov.ar.

Anreise in den Parque Nacional Baritú
Alle Angaben (auch Karten!), nach denen der Parque Nacional Baritú von argentinischem Boden aus erreichbar ist, sind irreführend bzw. schlichtweg falsch. Der einzig mögliche Zugang in den Park führt über Bolivien. Für Autofahrer gestaltet sich die Abwicklung an der Grenze derzeit noch etwas umständlich, weil die Passkontrolle (Ausreisestempel) im Migraciones-Büro (8–19 Uhr) des Grenzortes Aguas Blancas erfolgt, die Fahrzeug-Formalitäten (Passierschein) aber am Kontrollpunkt vor der internationalen Brücke erledigt werden müssen.

Posada del Sol: Los Ceibos, Ecke Pucará, Libertador General San Martín, Tel. 038 86-42 49 00, www.posadadelsoljujuy.com.ar. DZ 170 $.
Camping: Nahe Parkeingang. Baumbestand, Panoramablick, einfache Sanitäranlagen, Erdboden, oft Stechmücken (auch im Winter!).

(Maultier-)Trekking: Von Valle Grande aus führen Wanderwege über die Sierras del Zenta in 4–5 Tagen bis Humahuaca (s. S. 409). Auf dem Rücken eines Maultiers gelangt man in ca. 4 Std. bis Santa Ana an der RP 73, von wo Kleinbusse nach Humahuaca fahren.

Busse: Tgl. um 8 Uhr fährt ein Bus von Libertador General San Martín nach Valle Grande (Rückfahrt ab 14 Uhr). Stdl. Verbindungen zwischen San Salvador de Jujuy und Libertador General San Martín mit Balut, Tel. 038 86-42 32 22. Das gleiche Unternehmen fährt von Libertador General San Martín täglich auch Salta, Aguas Blancas (an der Grenze zu Bolivien) und Buenos Aires an.

Parque Nacional Baritú

Reiseatlas: S. 2, E 1; **Karte:** S. 400/401
Übertroffen werden alle Waldschätze Argentiniens von dem so gut wie unberührten **Parque Nacional Baritú** **3**, dessen beschwerlicher Zugang (nur über Bolivien möglich, s. l.) dem grünen Juwel den Ruf eines Midas-Schatzes eingebracht hat. Wer diese wilde Region erforschen will, muss sich – gleich den Pionieren des Kontinents – entlang der Wasserläufe bewegen. Kein Pfad öffnet sich dem Besucher – denn es gibt gar keinen. Das Touristenaufkommen tendiert gegen Null. Selbst der im 30 km von der Nationalparkgrenze entfernten Dorf Los Toldos wohnende Parkranger hatte erst einmal Gelegenheit (mit dem Hubschrauber), in das Herz des 725 km² großen Dschungels vorzustoßen, wo fischende Wasserschweine – sonst nur in Sümpfen und Lagunen anzutreffen – wie Lachs fangende Bären flussaufwärts wandern.

Lamas haben viele Qualitäten: Sie sind genügsam, tragen Lasten, ihr Mist dient als Dünger oder Brennstoff und ihre Wolle wird zu Textilien verarbeitet

Zu empfehlender Startpunkt für einen Besuch im Park ist das sympathische Landstädtchen **San Ramón de la Nueva Orán** 4 rund 260 km nördlich von Salta an der RN 50. Von dort sind es noch 46 km bis zur argentinisch-bolivianischen Grenze bei Aguas Blancas. Die nun folgende Strecke läuft – mit einer Unterbrechung an der Quebrada Guandacay – durchgehend am Grenzfluss Río Bermejo entlang und gilt als eine der schönsten Panoramastraßen Boliviens. Am gegenüberliegenden Flussufer sieht man bereits den wuchernden Yunga-Wald des Nationalparks. Nach 112 asphaltierten Kilometern ist **La Mamora** erreicht, ein kleiner Ort mit einem sehr einfachen Hotel, einigen Restaurants, Läden – und Benzin vom Fass. Von hier führt eine Brücke (nur im Winter passierbar!) über den Río Bermejo nach **El Condado** zurück auf die argentinische Seite. Auf einem kurvenreichen Fahrweg geht es weiter ins 17 km entfernte Dorf **Los Toldos** auf 1550 m und dann nochmals 26 km (nur hochachsige Autos oder zu Fuß) bis zum Weiler **Lipeo**, dem

›Tor‹ zum Nationalpark. Der einzige Weg im Schutzgebiet führt von Lipeo zur **Población El Baritú** (ca. 15 km).

(Anmerkung: Die letzte Tankstelle auf argentinischem Boden befindet sich an der RN 50 bei San Ramón de la Nueva Orán und die letzte Auftankmöglichkeit vor dem Nationalpark in La Mamora. Auskünfte zur Befahrbarkeit der Straßen erteilt die Administración de Parques Nacionales in Salta, s. u.).

ℹ **… in San Ramón de la Nueva Orán:**
Municipalidad de Orán: Belgrano s/n, an der Plaza, Tel. 038 78-42 11 25 u. 42 10 50 int. 124, Mo–Fr 7–14 Uhr.
… in Los Toldos:
Hier kann man den zuständigen Parkaufseher *(guardaparques)* kontaktieren; wer vorher zu ihm Kontakt aufnehmen möchte, schreibt an: baritu@apn.gov.ar.
… in Salta:
Administración de Parques Nacionales: España 366, 3. Stock, Tel. 03 87-31 26 83, www.parquesnacionales.gov.ar.

Provinz Jujuy

... in San Ramón de la Nueva Orán:
Alto Verde: Pellegrini 671, Tel./Fax 038 78-42 12 14. Modern und komfortabel, Pool, Restaurant. DZ 126 $.
Crillón: 25 de Mayo 225, Tel./Fax 038 78-42 11 01. Einfache Zimmer mit Bad, Garage. DZ 90 $.

... in Los Toldos:
Übernachtungsmöglichkeit in der Albergue von Abel Coca an der Plaza (Bettgestelle mit Matratzen, Toiletten und Duschen, Schlafsack muss mitgebracht werden) oder unter ähnlichen Bedingungen in der Municipalidad.

... in El Condado:
Portal de Barítú: am Ufer des Río Bermejo, Tel. 03 88-42 22 69 98 u. 011-46 48 19 60, www.portaldebaritu.com.ar. Urwaldlodge mit Bungalows, Angeln, auf Wunsch Transfer ab Salta, Jujuy oder Aguas Blancas (350–400 US$), Mindestaufenthalt. DZ 130 US$ inkl. VP.

... im Nationalpark:
Unter Beachtung aller Naturschutzauflagen darf gezeltet werden. Keine Sanitäranlagen.

... in San Ramón de la Nueva Orán:
Mehrere kleine Lokale, darunter zwei empfehlenswerte Parrillas: **El Ovalao,** Pueyrredón, Ecke Laprida; **El Balcón,** Av. López y Planes, Ecke Pellegrini; beide um 20 $.

Flüge: Beim AeroClub Orán, Av. Palacios 1180, San Ramón de la Nueva Orán, Tel. 038 78-15 44 64 59, kann man Sportflugzeuge nach Los Toldos chartern (ca. 40 Min.).
Busse: Regelmäßig (z. B. ab Salta oder Buenos Aires) in den Grenzort Aguas Blancas. Mit der Fähre geht es von hier über den Río Bermejo ins bolivianische Bermejo, wo es Anschluss mit Bussen nach Tarija, La Paz usw. gibt. Wer in den Nationalpark möchte, muss nach 112 km in La Mamora aussteigen. Von San Ramón de la Nueva Orán fahren – sofern es die Witterung zulässt und kein Streik herrscht – Minibusse von Transchaco (Raúl Palacios, Pueyrredón 602, Orán, Tel. 038 78-42 34 55) bis Los Toldos. Auch die Fahrzeuge der Fundación ProYungas nehmen Reisende von Orán bis Los Toldos mit

(25 de Mayo 519, Tel. 038 78-42 38 76, www.proyungas.com.ar). Ab Los Toldos kommt man mit dem Pick-up der Ortsverwaltung (Municipalidad Los Toldos, Tel. 038 78-45 01 01) in den Park, Taxis gibt es nicht.

13 Quebrada de Humahuaca

Reiseatlas: S. 2, E 1/2; **Karte:** S. 400/401
Verbindungsschiene der Provinz und obligate Sightseeing-Strecke ist die 70 km lange, 2003 von der Unesco zum Welterbe erklärte **Quebrada de Humahuaca,** kurz La Quebrada (›Schlucht‹) genannt. Das in Nord-Süd-Richtung verlaufende, im Westen von einem bis zu 4000 m hohen Kordillerenstrang, im Osten vom Zenta-Gebirge eingefasste Tal beginnt ca. 40 km nördlich von San Salvador de Jujuy bei Volcán und endet nur wenig oberhalb von Humahuaca. Es bildet zugleich das geröllreiche Bett des Río Grande, an dem sich Argentiniens ›malerischste‹ Flussoase entlangzieht – das viel benutzte Attribut nimmt hier Gestalt an: Über die Felsen der Quebrada scheint ein Zauberer alle Farben dieser Erde ausgeschüttet zu haben. Tausende von bis zu 6 m hohen Baumkakteen *(cardones)* wachsen an den Berghängen und haben sich im Boden der ausgetrockneten Flüsse verankert. So ist es auch ein *cardón,* um den sich die Ortslegende von Humahuaca spinnt: Der rachsüchtige Vater des schönen Indiomädchens ›Taubenherz‹ ließ deren Geliebten, den Kazikensohn Rumi (›Stein‹), enthaupten und den Kopf auf einen Kaktus aufspießen. Alsbald rannen dicke Tränen aus den Augen und die Leute riefen »Humahuac, humahuac!« – ›Der Kopf weint, der Kopf weint!‹. Damit das legendäre Landschaftsbild der Quebrada erhalten bleibt, ist es heute übrigens verboten, innerhalb eines 2 km breiten Schutzstreifens links und rechts der RN 9 Kakteen zu fällen. So brüchig das lochreiche Holz aussehen mag, es ist sehr hart und widerstandsfähig; seit Jahrhunderten werden daraus Dachbalken und Türen, Beichtstühle und Truhen hergestellt.

Richtig Reisen-Tipp: ›Danza de las Cintas‹

Von Weihnachten bis zum Dreikönigstag hallen durch Purmamarca fast täglich – zumeist spätnachmittags nach der Siesta – die Trommelwirbel des *bombo,* der aus einem ausgehöhlten Ceibo-Stamm bestehenden Langtrommel des Nordwestens. Folgt man dem Klang durch die Dorfstraßen, so wird man bald auf die ›Quelle‹ stoßen: Ein Musikertrio, bei dem ein Junge den Wirbel auf seine Trommel setzt, ein zweiter auf das Leder der *caja* (kleine Ziegenfelltrommel) schlägt und ein dritter auf seinem *pinkuyo* bläst, einer aus Zuckerrohr gefertigten Blockflöte. Die sich immer wiederholende Melodie gibt den Takt an für eine Gruppe von Kindern *(kollas),* die paarweise um einen improvisierten, auf der Straße aufgebauten Altar und eine Krippe tanzt. Eine gute Stunde lang dauert das Ganze, dann bedanken sich die Anwohner mit einem Imbiss für die Vorstellung, die im typisch religiösen Synkretismus des Nordwestens die christliche Bescherung mit dem Dank an die indianische Erdmutter Pachamama für die im Frühling blühenden Bäume vereint. Jeden Tag zieht das Trio in eine andere Ecke des Dorfes, sonntags und an religiösen Feiertagen dagegen in die Kirche. Hier stehen die Musiker dann auf dem Chor über dem Kircheneingang, während die Tänzer das halbe – für diesen Anlass von den Bänken befreite – Kirchenschiff in Beschlag nehmen, um einen Fahnenbaum herumtanzen und dabei dessen bunte Bänder zusammenflechten.

Von San Salvador de Jujuy nach Purmamarca

In die Quebrada de Humahuaca münden zahlreiche Seitentäler, eines davon 10 km nördlich der Stadt Jujuy. Hier weist ein Schild zu den **Termas de Reyes** 5, Thermalquellen, deren heilende Wirkung insbesondere bei Rheuma-, Arthritis- und Nierenleiden entfalten sollen.

Wieder zurück im Tal des Río Grande, stößt man in **Tumbaya** auf die erste der schönen weißen Adobekirchen (diese von 1873), die die Dörfer der Puna-Region schmücken. Nur 17 km weiter bringt sich in einem weiteren Seitental die Santa-Rosa-Kapelle (1648–1779) von **Purmamarca** 6 vor einer Kulisse bunter Felsen zur Geltung. Wenn die erste Morgensonne (bestes Fotografierlicht) den Berg hinter dem Dorf anstrahlt, wird klar, woher er seinen Namen hat: Cerro de los Siete Colores (›Berg der sieben Farben‹).

... in der Quebrada de Reyes:
Termas de Reyes: RP 4, 19 km nordwestlich von Jujuy, Tel. 03 88-492 25 22, www. termasdereyes.com. Malerisch in der Schlucht des Río de Reyes gelegenes Hotel mit dem Flair der 1930er-Jahre; Thermalbecken und Einzelbäder. DZ 220–290 $.

... in Purmamarca:
El Manantial del Silencio: RN 52 Km 3,5, am Ortsausgang Richtung chilenische Grenze, Tel. 03 88-490 80 80, www.hotelmanantial. com.ar. Traditioneller Bau am Berghang, dessen dicke Lehmziegelmauern eine perfekte ›Klimaanlage‹ abgeben. 19 großzügige Zimmer, Pool, Restaurant. DZ 150 US$.
El Refugio de Coquena: RN 52 Km 3,4, Tel. 03 88-490 80 25, www.elrefugiodecoquena. com.ar. DZ 230 $.
Camping Don Tomás: Belgrano s/n, hinter der Kirche, Tel. 03 88-490 80 57. 5 $ p. P.

Busse: Das Unternehmen Evelia pendelt mehrfach tgl. nach San Salvador de Jujuy (1 Std. 15 Min., 6 $).

Von Purmamarca zur chilenischen Grenze

Gut 260 km sind es von Purmamarca bis ins Nachbarland Chile. Zunächst klettert die vollständig asphaltierte RN 52 über die steile, aber gut befahrbare **Cuesta de Lipán** zur **Abra de Potrerillos** auf 4170 m, wo sich die

Puna zu einer überwältigenden Hochebene öffnet, begrenzt nur von den fernen Wellen blauer Berge. Die **Laguna de Guayatayoc**, ein blendend weißer Salzsee, schmerzt das Auge, während man auf einem Damm die **Salinas Grandes** überquert. Kurz darauf zwängt sich die Straße durch die **Quebrada Mal Paso** (›Schlecht passierbare Schlucht‹), bevor man das 1100-Seelen-Dorf **Susques** **7** (3675 m) erreicht. Ein Schmuckstück schlichter Totenverehrung nach Puna-Tradition ist der kleine Friedhof, der die strohgedeckte Adobekirche aus dem 17. Jh. umgibt. Die ursprünglich bolivianische Siedlung wurde erst 1889 (nach dem ›Salpeterkrieg‹, den Chile gewann) an Argentinien abgetreten. Chile-Fahrer, die über den noch rund 120 km entfernten **Paso de Jama** **8** (›Lama-Pass‹) nach San Pedro de Atacama wollen, erledigen beim Zoll in Susques (7–21 Uhr) ihre Ausreiseformalitäten.

... in Susques:

Pastos Chicos: RN 52 Km 220 (ca. 3 km von Susques Richtung Grenze), Tel. 03 88-423 53 87, www.pastoschicos.com.ar. Schlichte Unterkunft und Restaurant mit einfacher Küche (gute *empanadas*). Von Chile-Reisenden gern zur Rastpause oder Übernachtungsgelegenheit wahrgenommen. DZ 95 $.

El Unquillar: RN 52 Km 219 (1,5 km westlich vom Ort), Tel. 038 87-49 02 01, www.elunquillar.com.ar. Unterkunft mit Restaurant. DZ 90 $, Bungalows 40 $ p. P.

La Vicuñita: Av. San Martín 121, neben dem Polizeirevier. 5 Zimmer und das beste Restaurant im Ort mit regionaler Küche (Lamafleisch, Andenkartoffeln, 30 $). DZ 50 $ ohne Frühstück.

Pórtico de los Andes: Av. Jujuy s/n, Tel. 038 87-49 02 15. Einfache Zimmmer und Essen. DZ 30 $.

Hornillos und Maimará

Als die Quebrada de Humahuaca noch der einzige Verbindungsstrang zwischen Oberperu (Bolivien) und dem Vizekönigtum La Plata war, legten die Spanier – den *tambos* der Inka vergleichbare – ›Raststätten‹ an, wo Bo-

ten und Truppen Pferde wechseln und übernachten konnten. Eine solche *posta* (von 1772) mit schöner, aber relativ neuer Kirche ist 20 km nördlich von Purmamarca in **Hornillos** **9** zu besichtigen (Mi–So 9–18 Uhr).

Mit der Paleta del Pintor (›Palette des Malers‹) versucht das nächste Oasendorf, **Maimará,** womöglich noch die Farborgie von Purmamarca zu übertreffen. Das einer riesigen aufgeschnittenen Cassata ähnelnde Schichtgestein der Felsabbrüche ist aber nicht nur eine Augenweide, sondern auch eine geologische Kuriosität: Die zwischen der untersten und der obersten Materialdecke

Purmamarca: früher Rastplatz der Inka und heute der Touristen, die von hier aus die Quebrada de Humahuaca erkunden

zusammengepressten, 230 bis 130 Mio. Jahre alten Sedimente (Sand, Ton, Mergel, Kalk) bergen im Zentrum marine Fossilien, die die Transgression des Meeres bis zu diesen Längengraden bezeugen.

Bei der *posta* in Hornillos gibt es einen wunderbar lauschigen Zeltplatz.

Tilcara

Der nächste Anziehungspunkt, **Tilcara** 10, ist berühmt durch seine in den 1960er-Jahren rekonstruierte *pucará* (›Indianerfestung‹), die aber in Wirklichkeit wohl einfach eine stra-

tegisch umsichtig angelegte Omaguaca-Siedlung war. Kurz vor der zum Ruinenfeld führenden Brücke zweigt links eine – für Schwindelfreie problemlos – befahrbare Piste ab, auf der man zur **Garganta del Diablo** (›Teufelsschlund‹) gelangt. Von der Höhe bietet sich ein herrlicher Panoramablick über die Quebrada.

Mit vier brillanten Festen im Jahr scheint das – zu seinem Vor- und Nachteil – touristisch gut erschlossene Tilcara seinem Namen (in Quechua ›Flüchtiger Stern‹) alle Ehre machen zu wollen. Einen Besuch lohnen die alte Kirche (begonnen 1795, beendet 1865) sowie das Archäologische Museum, in dem mehrere Menhire ausgestellt sind (Belgrano 445, tgl. 8–19 Uhr).

Posada con los Ángeles: Gorriti 153, Tel. 03 88-495 51 53, www.posadacon losangeles.com.ar. Traditioneller Bau mit moderner Einrichtung, Park mit Obstbäumen, Restaurant, Ausflüge. DZ 180 $.

Posada de Luz: Ambrosetti, Ecke Alverro, Tel. 03 88-495 50 17, www.posadadeluz. com.ar. Angenehmes Hotel mit Pool, Park und Restaurant. DZ 145 $.

El Antigal: Rivadavia, Tel./Fax 03 88-495 50 20. Einfache Zimmer mit Bad, sonniger Patio, Restaurant mit rustikalem Ambiente und regionaler Küche, Familienmanagement. DZ 90 $.

Camping El Jardín: Belgrano s/n (RN 9 Km 84, am Ortseingang vor der Brücke), Tel. 03 88-495 51 28. Kleiner Platz für nur 20 Zelte neben dem gleichnamigen Hotel, gute Infrastruktur, Restaurant. 6 $ p. P.

Huacalera und Uquía

Das schmucke weiße Gotteshaus von **Huacalera,** das man nach dem Passieren des Wendekreises des Steinbocks erreicht, markiert den Standort der ältesten *posta* der Kolonialzeit. Im Innern der Kirche aus dem 18. Jh. sind Gemälde aus Cuzco zu bewundern.

Rund 15 km weiter stellt sich das 1691 erbaute Kirchlein von **Uquía** 11 vor den roten Quebrada-Felsen in Positur. Sein geschnitzter Barockaltar gilt als der älteste der Region. Heiligenfiguren und Gemälde der Cuzco-Schule ergänzen das Interieur, dessen vielleicht interessantestes Detail sich darin offenbart, dass die indianischen Künstler den dargestellten Engeln Waffen der spanischen Eroberer – Arkebusen – in die Hände legten.

... in Uquía:

Hostal de Uquía: RN 9 Km 121 (am nördlichen Ortsrand ausgeschildert), Tel. 038 87-49 05 08. Adrette, gemütliche Pension mit 10 sauberen, einfachen Zimmern, guter Kü-

Tilcara – anlässlich der Karwoche festlich geschmückt

che und gut sortiertem Weinkeller (man isst
mit der Familie im Wohnzimmer). DZ 90 $.

Humahuaca und Umgebung

Die ›Hauptstadt‹ der Quebrada, das 8000
Einwohner zählende **Humahuaca** 🟨12, bietet
dem Besucher sehr unterschiedliche Eindrücke: hier laternenbewachte alte Kopfstein-
pflastergassen, dort die monotonen Häuserzeilen der Bergarbeiter, im Kern ein echtes
Traditionsmuseum und nicht weit davon der
neue Cabildo im Villenstil von Benidorm.
Dort, wo früher das kolonialzeitliche Rathaus
mit Arkaden und Eisengitterbalkonen stand,
öffnet sich heute jeden Mittag um 12 Uhr die
Fassadentür, um einen (von einem Oberam-
mergauer Figurenmechanismus angetriebe-
nen) heiligen Franziskus den Segen erteilen
zu lassen.

Einen lebendigen Überblick über weitere
regionale ›Eigenheiten‹ vermittelt die kleine
Sammlung des Schriftstellers und Kulturpfle-
gers Sixto Vázquez Zuleta im **Museo Folklórico Regional** (Buenos Aires 435, tgl. 8–18
Uhr) und ein herrlicher Blick über die niedri-
gen Dächer des Ortes bietet sich vom gigantischen **Monumento de Independencia** (Un-
abhängigkeitsdenkmal von 1950). Im viel besuchten Humahuaca sollte man am besten
dann umherwandeln, wenn keine Feste und
Wochenenden sind, zu denen Massen von
Busreisenden das Örtchen durchkämmen.

Per Auto gelangt man von Humahuaca
zum 12 km nordöstlich gelegenen archäologischen Zentrum von **Coctaca** 🟥13, wo Ruinenfelder und immense Terrassen von einem
Volk träumen, das heute keinen Namen mehr
hat. Ca. 100 000 Menschen konnten vom Ter-
rassenanbau ernährt werden.

Nur wenige Kilometer hinter Humahuaca
ist die Quebrada zu Ende. Die letzte kleine
Kirche der Schlucht zieht sich in **Hornaditas**
schon scheu von der Straße zurück, als wolle
sie dem ungeduldigen Reisenden den Aufstieg in die Puna nicht verstellen.

🟨 Auskünfte erteilen die Municipalidad,
Tel. 038 87-42 13 75, oder – viel besser – Sixto Vázquez Zuleta im Museum.

🛏 Humahuaca ist ein wenig ›tourismus-
geschädigt‹. Man kann in Uquía (s.
links) wohnlicher unterkommen.
Hostería Camino del Inca: Av. Ejército de
los Andes, an der Brücke, Tel. 038 87-42 11
36, www.noroestevirtual.com.ar. Feinstes Hotel im Ort, mit Restaurant. DZ 195 $.
Residencial Colonial: Entre Ríos 110, Tel.
038 87-42 10 07. Nahe Busterminal, saubere
Zimmer mit/ohne Bad, familiengeführt. DZ 70 $.
Albergue Juvenil: Buenos Aires 435, Tel. 038
87-42 10 64. Die Jugendherberge (auch für
Erwachsene und Familien) ist die bei Weitem
beste Wahl für bescheidene Ansprüche: tra-
ditionswahrendes Haus, besonders freundliches Familienmanagement, Küchenbenutzung oder regionale Kost, Waschautomaten.
DZ 70 $.
Posada el Sol: im Barrio Medalla Milagrosa
(vom Zentrum über die Río-Grande-Brücke,
500 m auf der RP 73 Richtung Aparzo geradeaus, dann rechts abbiegen), Tel. 038 87-
42 14 66, www.posadaelsol.com.ar. Hostelling International angeschlossen. Schlafsaal
22 $ p. P., DZ 60 $.
Camping: jenseits der Bahngleise. Rudimentäre Infrastruktur und Erdboden, aber
Schatten.

🍴 **La Cacharpaya:** Jujuy, Ecke Santiago
del Estero, Tel. 038 87-42 10 16. Gute
regionale Küche, z. B. *cazuela de cabrito*
(›Ziegeneintopf‹), Käse-*empanadas*. 22 $.
Peña Fortunato Ramos: Jujuy, Ecke San
Luis, Tel. 038 87-42 10 40. Regionale Küche
und regionale Musik. 20 $.
Humahuaca Colonial: Tucumán 22, Tel. 038
87-42 11 72. Einfache Tagesgerichte, *empanadas, tamales.* 19 $.

🛍 **Hebras Andinas:** Jujuy 393, Tel. 038
87-42 19 65, www.hebrasandinas.com.
ar. Textilien und Silberschmuck – Tradition
mit zeitgenössischem Touch.
Arte Sasakuy: Buenos Aires 276, Tel. 038
87-42 13 84. Keramik, Silber und Textilien.

 Karneval (Feb.): Eine Woche lang regiert der *diablillo,* das ›Teufelchen‹, die

Stadt, bei der *cacharpaya* wird ein Esel mit einer Stoffpuppe auf dem Rücken durch die Straßen getrieben. Höhepunkt ist der Domingo de Tentación (›Sonntag der Versuchung‹), an dem ein Erdloch mit Opfergaben für die Pachamama (Mutter Erde) gefüllt wird, um das die Komparsen zur Puna-Musik wie in Trance tanzen. Authentischer als in Humahuaca erlebt man den Karneval in den umliegenden Dörfern.

Touren: Trekking- und Maultierexpeditionen ins Zenta-Gebirge (Santa Ana, Valle Grande, Pampichuelas) bieten z. B. Hasta las Manos, Tel. 038 87-42 10 75, www. hlmexpeditions.com.ar; Ser Andino, Jujuy 21, Tel. 038 87-42 16 59, www.serandino.com.ar; Omaguaca Guiados, Carlos Salas, Tel. 038 87-42 11 80, carlosomaguaca@yahoo.com.ar.

Iruya

Nördlich von Humahuaca rücken prachtvolle Kandelaberkakteen bis an die Straße heran, doch bald geht den Riesen die Luft aus; Strauch-, dann Grassteppe überzieht die kakaofarbenen Berge bis zum Horizont. Dort im Osten, hinter dem Rücken der Sierra de Zenta (4950 m) liegt das nächste Ziel, das winzige Bergdorf Iruya – ein Standardmotiv der Tourismuswerbung.

Die 48 km lange Seitenroute (RP 13) ostwärts nach **Iruya** 14 zweigt 25 km nördlich von Humahuaca von der RN 9 ab, durchquert die Steppe, dann ein breites Flussbett und wird nach einem Aufstieg auf rund 4000 m bei der Abra del Cóndor von einer *apacheta* (Steinpyramide) begrüßt, deren unterste Lage präinkaische Indios gelegt haben mögen.

Kleine Gehöfte, noch ihre archaischen Grundformen wahrend, begleiten den Weg, der durch die rotwandige Schlucht der weißen, auf einer Felsnase sitzenden Kapelle des Ortes (2730 m) zustrebt. Seit 1573 schon besteht das mit Flusssteinen gepflasterte Dorf, dessen 1000 Einwohner man nur zwei Mal im Jahr vollzählig zu Gesicht bekommt: zum Fest der Pachamama am 1. August und zum Patronatsfest am ersten Oktoberwochenende, wenn sich eine farbenprächtige Prozession durch die Gassen schiebt, die den Synchretismus von christlicher und indianischer Religiosität voll zur Geltung bringt: In der letzten Festnacht wird die *bendición de la luminaria* (›Segnung des Lichts‹) veranstaltet, mit einem Tanz vom Guten gegen das Böse.

Ebenfalls aus vorspanischer Zeit vererbt sind die Ackerbauterrassen am Hang, die lange Zeit brach lagen, heute jedoch wieder bewirtschaftet werden. So tritt man u. a. auch den schwerwiegenden Erosions- und Überschwemmungsproblemen entgegen.

Sofern der Río Iruya keine allzu starke Strömung hat, kann man den Fluss queren und in zwei Stunden nach **San Isidro** laufen – ein stilles Weberdorf, bestehend aus einer

Und immer wieder faszinierende farbige Bergformationen, hier bei Tres Cruces

kleinen Kapelle und zwei durch den Fluss getrennten Häusergruppen, in dem man Ponchos aus Lamawolle und andere Webarbeiten kaufen kann. Eine andere Wanderung führt von Iruya auf einem anstrengenden Weg durch Schluchten zu den 9 km entfernten Indianerruinen von **Titiconte.**

Im Ort gibt es mehrere Privatunterkünfte.
Hostería Iruya: Tel. 03 87-15 407 09 09/29, www.hosteriadeiruya.com.ar, Reservierungen in Buenos Aires bei Mares Sur Hoteles, San Martín 523, 4. Stock, Oficina F, Tel. 011-43 94 96 05. Von den 15 Zimmern sind die mit freier Sicht auf das Dorf und die Berglandschaft etwas teurer. Restaurant mit regionaler Küche und Terrasse, von der aus man die Kondore fliegen sieht. DZ 187–220 $.

Abra Pampa und Puna-Routen

Reiseatlas: S. 2, D 1/2; **Karte:** S. 400/401
Zurück auf der Hauptachse RN 9, tauchen südlich von **Tres Cruces** wieder die muschelförmigen Schichtgesteine auf, die man bereits bei Maimará in der Quebrada de Humahuaca bestaunen konnte. Ungefähr 90 km nach Humahuaca hat die Straße den Ort **Abra Pampa** 15 erreicht, das ›Tor zur Puna‹. Tatsächlich schwingen sich von hier aus drei der einsamsten Wege über den Altiplano

411

Richtung Süden bis nach San Antonio de los Cobres (s. S. 380f.).

Den östlichen (ca. 200 km) Weg bildet die an den Salzlagunen Guayatayoc und Salinas Grandes entlanglaufende RN 40, die bereits südlich von Abra Pampa von der RN 9 abzweigt. Die mittlere Strecke (207 km) beginnt, wie die westliche, etwas nördlich von Abra Pampa, berührt den Weiler **Casabindo** 16, übersteigt die Cumbre de Alfar und schließt im Süden an die RN 40 an. Das winzige Casabindo rühmt sich der größten Puna-Kirche und hat sich eine – abgewandelte – spanische Tradition bewahrt: Beim Patronatsfest am 15. August findet hier ein unblutiger Stierkampf *(Toreo de la Vincha)* statt, bei dem es darum geht, ein zwischen den Hörnern gespanntes, mit Silbermünzen behängtes Band zu erhaschen. Die ›Trophäe‹ wird anschließend symbolisch der Schutzpatronin des Ortes, Nuestra Señora de la Asunción, geopfert.

Die – am weitesten ausholende – Westroute (ca. 320 km bis San Antonio de los Cobres) windet sich durch die Sierra de Quichagua, folgt im Süden den Rändern des Salare Olaroz und Cauchari und mündet 17 km vor Olacapato in die RN 51 ein. Einzig hinderlich auf dieser Strecke können gelegentlich im Mittelabschnitt Felstrümmer am Cerro Tocol (4710 m) sein. Ansonsten sind alle drei Routen im Winter mit normalen Pkws, vorzugsweise im Tandem, zu schaffen.

Wer auf einsamen Pisten die Puna durchstreifen, aber nicht nach Süden zurückkehren will, dem empfiehlt sich der reizvolle Abstecher von Abra Pampa ins 24 km entfernte **Cochinoca** 17, dessen zweitürmiges Kirchlein vom 17. Jh. (1871 umgebaut) einige Statuen der Cuzco-Schule birgt. Von hier aus kann man weiterfahren zur **Laguna de los Pozuelos** (s. S. 414), die auch von der Grenzstadt La Quiaca (s. rechts) zu erreichen ist.

… in Abra Pampa:
Cesarito: Senador Pérez, Ecke Avellaneda, Tel. 038 87-49 11 25. Einfache Zimmer mit und ohne Bad, Restaurant mit einfacher Küche, freundliches Familienmanagement, Exkursionen. DZ 40 $ ohne Frühstück.

El Norte: Sarmiento 530, Tel. 038 87-49 13 15. Einfache Unterkunft, Restaurant nur abends geöffnet. DZ 40 $ ohne Frühstück.

La Quiaca und Umgebung

La Quiaca

Reiseatlas: S. 2, D 1; **Karte:** S. 400/401
75 km nördlich von Abra Pampa liegt die Grenzstadt **La Quiaca** 18. Der 14 000-Einwohner-Ort hat seine Geschäftigkeit spätestens mit der Stilllegung der Eisenbahnstrecke nach Jujuy an das quirlige Nest Villazón auf bolivianischer Seite abgegeben. Aufgrund seiner Lage und seiner guten Infrastruktur bildet La Quiaca jedoch einen idealen Ausgangspunkt zur Erschließung der nördlichen argentinischen Puna.

Hotel de Turismo: Rep. Árabe Siria, Ecke San Martín, Tel. 038 85-42 22 43. Großzügiges und preiswertes Mittelklassehotel, das beste am Platz; Restaurant mit einfachen Gerichten. DZ 90 $.
Crystal: Sarmiento 542, Tel. 038 85-42 22 55. Einfache, saubere Zimmer. DZ 65 $.
Frontera: Rep. Árabe Siria, Ecke Belgrano, Tel. 038 85-42 22 69. Einfaches Residencial, Zimmer ohne Bad, Restaurant. DZ 30 $ ohne Frühstück.
Camping Municipal: am Ortsausgang Richtung Yavi. Rudimentäre Infrastruktur.

Manka Fiesta (3. So im Oktober): Das ›Fest der Töpfe‹ ist ein traditioneller Tauschmarkt der Puna-Region.

Busse: Mindestens 10 x tgl. nach Jujuy bzw. Salta (und weiter nach Tucumán, Córdoba, Buenos Aires). Von Villazón auf der bolivianischen Seite fahren Busse zu allen wichtigen bolivianischen Zielorten.

Über die Abra del Cóndor nach Nazareno

Reiseatlas: S. 2, D/E 1; **Karte:** S. 400/401
Die vom Fahrerlebnis und Landschaftswechsel her aufregendste Strecke führt von La

Quiaca ins 120 km entfernte **Nazareno** 19.
Um diesen von allen Puna-Dörfern am stärksten abgeriegelten Ort zu erreichen, verlässt man La Quiaca in Richtung Yavi, biegt wenige Kilometer zuvor auf die RP 67 nach Süden ab und fährt über Barrios bis zur RP 69 (nach der Provinzgrenze zu Salta RP 145), die dann Richtung Osten direkt zum Ziel führt. Ab der Abra del Cóndor (4600 m) kommt man aus dem Staunen nicht mehr heraus. In nicht enden wollenden Serpentinen windet sich der – streckenweise steinige und schmale – Fahrweg bis in den tief in einer Talsohle gelegenen Ort hinunter. Dabei bieten sich Ausblicke über das Puna-Relief – wie aus dem Flugzeug. Kein Wunder, dass in Nazareno (das nicht einmal die besten argentinischen Reiseführer erwähnen) jeder Fremde bestaunt wird, als käme er vom Mond.

 Es gibt eine Touristenherberge der Gemeinde mit ca. 20 Betten.

Wechselnde Tagesgerichte bekommt man im Restaurant der **Señora Andrea,** fast am Ende der Calle Salta, gegenüber dem Laden von Guadalupa Zubalza (hier Proviant, Auskünfte).

Yavi und Santa Victoria

Reiseatlas: S. 2, D/E 1; **Karte:** S. 400/401
Steuert man von La Quiaca aus das benachbarte (17 km) Dörfchen **Yavi** 20 an, so steigt rechter Hand aus der flachen Steppe eine teigig gewellte, vielschichtige Hügelkette auf, die die Gesteinsformationen von Maimará und Tres Cruces wiederholt: Los Siete Hermanos (›Die sieben Brüder‹).

Das 1667 gegründete Yavi (250 Einw.) diente ab 1707 als Herrensitz des Marquesado de Tojo, einer Markgrafschaft, die die gesamte argentinische und die südliche bolivianische Puna umfasste. Letzter Zeuge dieses Feudalwesens ist der einen weiten Patio umschließende Hof der **Casa del Marqués.** Das Gebäude beherbergt eine gepflegte kleine Bibliothek und ein bescheidenes Museum (Av. Marqués Campero s/n, Mo–Fr 9–12, 14–17, Sa 9–12 Uhr).

Kolonialbarocke Schätze hat die wuchtige weiße Kirche von 1690 aufzuweisen, die **Iglesia de Nuestra Señora del Rosario y San Francisco:** edle Statuen, herrliche Altarbilder und eine besonders schön geschnitzte und vergoldete Holzkanzel (neben der Casa del Marqués, Schlüsselverwahrer gegenüber der Gendarmerie).

Von Yavi aus führt ein rund 100 km langer, nur für hochachsige Autos geeigneter, pittoresker Fahrweg bis nach **Santa Victoria** 21 (1200 Einw.). Die von Weiden, Eukalyptus- und Walnussbäumen bestandene Hochoase hat sich, ihrer Abgeschiedenheit wegen, noch ein gewisses spätkoloniales Flair bewahrt.

… in Yavi:
Hostal Yavi: Güemes 222, Tel. 038 87-49 05 08, hostaldeyavi@hotmail.com. Zimmer mit Bad, einfache Mahlzeiten. DZ 70 $.
Lo de Lola: drei Straßen vom Dorfplatz. Lola, ihre Tochter und ihre Enkelin bieten einfache Betten auf Lehmboden. 8 $ p. P.
Camping Municipal: neben der Casa del Marqués. Nur einfache Infrastruktur.
… in Santa Victoria:
La Casona: Senador Pérez, Ecke San Martín.

Von La Quiaca nach Santa Catalina

Reiseatlas: S. 2, D 1; **Karte:** S. 400/401
Eine der schmucksten Puna-Kirchen, die von **Tafna** 22, 22 km westlich von La Quiaca, steht – ohne sich an einen Ort anzulehnen – wie ein weißer Solitär auf der Kahlfläche. Noch 45 km sind es von hier nach **Santa Catalina** 23, das eine ebenfalls sehr schöne Kirche mit einem dreistöckigem Turm vorzuweisen hat. Für die Fahrt dorthin sollte man dicht unter der bolivianischen Grenze eine Schleife über die Töpferdörfer **Casira** und **Piscuno** ziehen. Hier wird der Ton, wie eh und je, nicht auf der Scheibe, sondern von Hand geformt und im offenen Erdofen – umhüllt von Tonscherben und bedeckt mit Erde und Eselsmist – ›gebacken‹. (Es gibt noch über 20 000 Esel und Maultiere in der Provinz). Als Puna-Raritäten gelangen die anthrazitfarben brandgefleckten Tongefäße dann bis Buenos Aires.

Laguna de los Pozuelos und Umgebung

Reiseatlas: S. 2, D 1; **Karte:** S. 400/401

Biegt man zwischen Tafna und Casira (s. S. 413) in Cieneguillas nach Süden ab, so sieht man bald die **Laguna de los Pozuelos**  (3600 m) wie eine Fata Morgana in der Sonne schimmern. Wiege der Salzlagune ist ein ca. 380 km² großes Puna-Becken, von der Unesco zum Biosphärereservat ernannt. Im Januar und Februar wird der See von einer rosa Wolke aus Tausenden von Flamingos bedeckt. Von den drei hier vorkommenden Arten hielt man den *flamenco andino* oder *parina grande (Phoenicoparrus andinus)* lange Zeit für ausgestorben, ehe man dieses Habitat entdeckte. Den wenigen im Winter hier ausharrenden Stelzvögeln frieren nicht selten nachts die Füße am Boden fest, bis die Morgensonne sie wieder von den Eisfesseln befreit. Infos bekommt man im Haus des Parkaufsehers auf der Südseite der Lagune, kurz vor der Brücke, oder unter Tel. 038 87-49 10 84 bzw. www.parquesnacionales.gov.ar.

Der 8 km weiter in einer kleinen Schlucht nistende Ort **Rinconada** (*rincón* = ›Nische‹) hat seinen Namen verdient. Seine Lage ist absolut beeindruckend und auch seine Kirche von 1791 lohnt einen Blick; schade nur, dass die Restaurierung von 1930 ihr ein Wellblechdach beschert hat.

Eine schluchtenreiche Straße (RP 7) verbindet das Pozuelos-Lagunenbecken und seine Randsiedlungen mit Abra Pampa (s. S. 411). Esel und weidende Lamas – die Ohren oft mit roten Wollbäuschen geschmückt –, Guanakoherden und die Lehmburgen einzelner Gehöfte, in denen das mit dem Salz der Salare gewürzte Schaffleisch *(chalona),* nicht anders als Wäschestücke, an der Leine zum Trocknen in der Sonne aufgehängt ist, sind die einzigen Fixpunkte in der grandiosen Einsamkeit der Puna.

**Fabrik unter freiem Himmel:
Schutzlos den Dämpfen und der Sonne
ausgeliefert sind die Arbeiter, die an
einer der zahlreichen Salinas der Puna
für wenig Geld Salz abbauen**

Wasserschleier allerorten verzaubern die Umwelt an den Cataratas del Iguazú

Kapitel 7

Mesopotamien und die Chaco-Wälder

Formosa

Cataratas del Iguazú

Resistencia

Posadas

Corrientes

Paraná

Rosario

Buenos Aires

Auf einen Blick: Mesopotamien und die Chaco-Wälder

Zwischen Strömen und undurchdringlichen Wäldern

Das argentinische Mesopotamien war lange Zeit eine fast allseits von Wasser umgebene Halbinsel, deren einzige Landbrücke ein ungefähr 30 km langer flussfreier Abschnitt – die *frontera seca* (›trockene Grenze‹ zu Brasilien) – im Nordosten der Provinz Misiones bildete. Heute überspannt ein Straßen- und Eisenbahnviadukt den Unterlauf des Río Paraná, von Santa Fe aus bohrt sich ein Tunnel unter dem Fluss hindurch und zahlreiche Brücken verbinden das Zwischenstromland im Osten mit Uruguay, im Norden mit Paraguay und Brasilien, im Westen mit dem Gran Chaco.

Von Süden, also von Buenos Aires kommend, erlebt man einen Landschaftswandel, der sich vom Lieblichen zum Dramatischen steigert: erst die Viehzüchterprovinz Entre Ríos (›Zwischen Flüssen‹) mit ihren Estanzien; dann der Gürtel der Zitrusplantagen und der Reisfelder; das Lagunenmosaik der Esteros del Iberá in Corrientes mit seinen Wasser-schweinen, Alligatoren und Boas; der subtropische Regenwald von Misiones und die immensen Iguazú-Wasserfälle; die Palmwälder von Formosa und ihre von der Riesenseerose *Victoria regia* bewohnten Tümpel und Teiche; die Ameisenbären und Riesengürteltiere des Chaco, seine rätselhaften Meteoriten und schließlich der Impenetrable, der undurchdringliche Dornbuschwald, der seine Geheimnisse noch nicht preisgegeben hat.

Neun Nationalparks bzw. Naturreservate liegen in diesem heterogenen Gebiet, das für Touristen allerhand zu bieten hat. Man kann 30 verschiedene Sandstrände mit ungezählten Campingplätzen aufsuchen (am Río Gualeguay, am braunen Río Paraná oder am kristallklaren Río Uruguay), man kann unter Uferweiden oder vom Boot aus den bis zu 40 kg schweren *surubí* angeln, einen köstlichen Speisefisch, man kann Kajaktouren oder Ausritte unternehmen oder man kann sich einfach in der Hängematte einer Estanzia der Kontemplation hingeben.

Highlights

14 Esteros del Iberá: Kaimane und Wasserschweine bevölkern diese 13 000 km² große exotische Sumpflandschaft in der Provinz Corrientes (s. S. 439ff.).

15 Cataratas del Iguazú: Großartiges Naturschauspiel im Tropenwald – 2,7 km misst die Front, über die 275 Wasserfälle ca. 70 m in die Tiefe stürzen (s. S. 451ff.).

Empfehlenswerte Routen

Die ›Route der Estanzien‹: Besonders interessante Exemplare dieser Landgüter – heute viele davon luxuriöse Unterkünfte – liegen am Río Paraná zwischen der gleichnamigen Provinzhauptstadt und Corrientes (s. S. 429ff.).

Ruinen im Busch – die Jesuitenstationen: Auf dem nördlichsten Abschnitt der RN 12 von Posadas zu den Iguazú-Wasserfällen passiert man die Überreste mehrerer Missionsstationen aus dem 17. Jh., die zum Unesco-Welterbe gehören (s. S. 445ff.).

Reise- und Zeitplanung

Zwei Fernstraßen nehmen das Zwischenstromland in die Zange: Die östliche RN 14 folgt dem Río Uruguay, die westliche RN 12 dem Río Paraná flussaufwärts (bis Iguazú). Eine dritte Überlandstraße, die RN 11, begleitet das Westufer des Río Paraná und des Río Paraguay bis Asunción, der Hauptstadt des Nachbarlandes. Von dieser Straße aus stoßen zwei fast parallele Geraden durch die Provinzen Formosa (RN 81) und Chaco (RN 16) gen Westen vor. Eingehängt in dieses Gitter von Hauptverkehrsachsen, auf denen regelmäßig Busse verkehren, ist ein Netz von (vorwiegend) Erdstraßen, die nach Regenfällen mit äußerster Vorsicht zu genießen sind. Alle Provinzhauptstädte der Region werden von Buenos Aires aus mehrmals täglich angeflogen. Hochseeschiffe gelangen zwar von der La-Plata-Mündung bis zum Hafen von Santa Fe (teils sogar bis Asunción), aber für Personen gibt es keine regulären Schiffsverbindungen.

Richtig Reisen-Tipps

›Religion‹ zum Anfassen: In einem Land, in dem weniger als 15 % der Bevölkerung praktizierende Christen sind, hat der Volksglaube Hochkonjunktur, wie die correntinischen Orte Goya und Itatí sehr anschaulich beweisen (s. S. 430).

Windmühle ohne Antrieb: Ein Windmühlenrumpf bei Colón zeugt von den teils haarsträubenden Initiativen der Einwanderer des 19. Jh., mit denen sie die lokalen Gegebenheiten auszutricksen versuchten (s. S. 437).

›Che‹ Guevaras erste Heimat: Bei Montecarlo in der Provinz Misiones steht das Haus, in dem der ›Che‹ seine frühe Kindheit verbrachte (s. S. 449).

Die Region lässt sich in zwei Wochen gut kennenlernen, denkbar sind folgende Etappen: von Buenos Aires am Río Uruguay entlang bis Concordia mit Aufenthalt im Parque Nacional El Palmar (3–4 Tage); Abstecher zu den Esteros del Iberá (2–3 Tage); die ›Route der Estanzien‹ bis Corrientes (4 Tage); von Posadas über die Jesuitenruinen bis zu den Cataratas del Iguazú (4 Tage); Fahrt in die Chaco-Wälder (3–4 Tage).

Klima und Reisezeit

Das Klima ist feucht und warm, mit übers ganze Jahr verteilten Regenfällen. Insbesondere im Norden der Region empfiehlt sich der Frühling (Okt.–Nov.) als beste Reisezeit, dann bestehen auch die besten Gelegenheiten zur Vogelbeobachtung. Auch Herbst und Winter sind angenehm. Von Dezember bis Februar sollte Iguazú wegen der klimatischen Strapaze und wegen des massiven lokalen Ferientourismus (ebenso Ostern und Winterferien in der zweiten Julihälfte) gemieden werden.

Ganz ähnlich wie zwischen Euphrat und Tigris werden die Feuchtgebiete des La-Plata-Beckens von zwei Strömen eingeschlossen: Im Osten flankiert der Grenzfluss Uruguay das argentinische Mesopotamien, im Norden und Westen der mächtige Río Paraná. Das Paraná-Plata-System, wie es korrekt heißt, ist nach dem Amazonasbecken die größte ›Wasserwanne‹ der Erde.

Wenn die Einwohner der 12-Millionen-Stadt Buenos Aires sich täglich einen Wasserverbrauch von 700 l pro Kopf gönnen dürfen (zum Vergleich: im gewässerreichen Frankreich 250 l), dann verdanken sie das ihrer Uferlage an einem 45 km breiten Fluss. Was der Río de la Plata, der Zusammenfluss von Paraná und Uruguay, unaufhaltsam ins Meer schaufelt (50 000 m³ pro Sekunde), ist – nach den Anstrengungen des Amazonas und des Kongo – die drittgrößte durch eine Mündung transportierte Wassermenge der Welt.

2000 Quell-, Neben- und Hauptflüsse plus Seen, Lagunen, Sümpfe, Schneefelder und Gletscher speisen ein Gewässersystem, dessen Geäst einer riesigen Wasserlunge gleicht. Denn es atmet wirklich, dieses Gewebe, in das sich die Schmelzwasserbäche der Anden ebenso ergießen wie die Flüsse der bolivianischen Yungas, des Chaco von Paraguay und des brasilianischen Mato Grosso. Jahreszeiten und Klimawechsel, Regenstürze und Dürreperioden, launische Quellen und sich umbettende Flüsse heben und senken den Wasserspiegel, wobei die ufernahen Galeriewälder und die dem Fließschema angeschlossenen Seen und Sümpfe mit ihrem Netzwerk von Wurzeln wie gewaltige Schwämme wirken, die sich nach Bedarf vollsaugen oder entleeren. Das ganze System pulsiert, dehnt, spannt, lockert sich, erschlafft und produziert seine – sogar selbst verheilenden – Infarkte: Die dem Río Paraná angelagerten Iberá-Sümpfe (13 000 km² groß und nach dem brasilianischen Pantanal das bedeutendste Biotop dieser Art in der Welt), früher ein Teil des Strombettes, haben sich selbst stillgelegt.

Geschichte

Auf dem Río Paraná versuchten die spanischen *conquistadores* im heutigen Argentinien erstmals ins mythische El Dorado zu gelangen, dessen realer Hintergrund das Gold und Silber der Inka war. Als eine Expedition endlich vom neu gegründeten Asunción aus durch die bis heute fast undurchdringlichen Chaco-Wälder in die Inkagebiete vordrang, war es bereits zu spät: Pizarro hatte schon die Macht und die Schätze im Andenreich an sich gerissen. Seitdem blieben die am Paraná-Ufer gegründeten Städte Hinterland des spanischen Kolonialreiches. Erst nach der Unabhängigkeit Argentiniens gewann von allem Entre Ríos an Bedeutung, als die Viehzucht in der zweiten Hälfte des 19. Jh. ein Exporttrenner wurde. Die Provinzhauptstadt Paraná war sogar fast ein Jahrzehnt lang (1853–61) Sitz der nationalen Regierung, während der Amtszeit des lokalen *caudillo* (›Führer‹) Justo José de Urquiza. Europäische Einwanderer förderten den Fortschritt der Agrarwirtschaft. Entre Ríos und teilweise auch Corrientes stellten einen klaren politi-

Mit den Autoren unterwegs

Zurück zur Natur

Auf den **Estancias El Sauce und San José Poriahú** lässt sich die Renaturierung der Landschaft von Agrarflächen zurück zur lokalen Biodiversität verfolgen – immer gepaart mit einem nostalgischen Blick auf den seniorialen Lebensstil der *estancieros,* der auf den Anwesen bis heute nachzuempfinden ist (s. S. 430f. u. 434).

Rauschendes Fest

Ein Tiroler Jesuitenpater importierte vor 250 Jahren die Instrumente, Einwanderer brachten im 19. Jh. die Polka hinzu. Entstanden ist hieraus der *chamamé,* ein Tanz, der jährlich in der ersten Januarwoche zum Mittelpunkt der **Fiesta Nacional del Chamamé** in der Provinzhauptstadt Corrientes wird (s. S. 433).

Urquizas Paläste

Im **Palacio San José** kann man die lange Liste der bis nach Tucumán reichenden Produktionsstätten einsehen, die den Prunk dieser Residenz inmitten der halbwilden Landschaft erklären. Das Gleiche gilt für den **Palacio Santa Cándida,** der vom einstigen Staatschef Urquiza für seine Frau errichtet wurde (s. S. 436).

Parque Nacional El Palmar

In der Höhe rauschen die Yatay-Palmblätter im Wind, während in den tieferen Lagen geräuschvoll die Vizcachas an den Wurzeln nagen. Die Tierchen haben schon so manchen Camper aufgeschreckt, wenn sie nachts zwischen Kochtöpfen nach Essensresten stöbern (s. S. 438).

schen und wirtschaftlichen Kontrapunkt zur Dominanz der Porteños in Buenos Aires. Am Ende triumphierte der Zentralismus der heutigen Hauptstadt, doch die Spuren dieser Entwicklung sind bis heute in Südmesopotamien sichtbar: etwa im glanzvollen Palacio San José (s. S. 436) oder in den Ruinen des Schlachthofs in Pueblo Liebig (s. S. 436).

Anfahrt ins Zwischenstromland

Reiseatlas: S. 14, E 3/4; **Karte:** S. 422

Hat man sich erst aus dem Kern von Buenos Aires herausgeschält, dann gleitet man auf der Panamericana wie auf einer Schiene nach Norden. Schichtweise löst sich die Stadt im Umland auf. Kompakte Hochhausschluchten weichen Vorortstraßen, deren Häuser vor allem durch ein anarchistisches Gespinst von Telefondrähten und Stromkabeln zusammengehalten zu werden scheinen. Schicke Supermärkte und armselige Hüttensiedlungen flitzen vorbei, Fabriken, Stundenhotels, Grillrestaurants, Villen, Golfplätze und Pferde-

rennbahnen. Dann machen sich die Country Clubs und ihre posthumen Manifestationen – die privaten Parkfriedhöfe – breit. Den Geruch von Benzin- und Reifenlagern verweht eine erste Eukalyptusbrise. Refugien von ›Kleingärtnern‹ beleben das Grün mit Blumen und bunten Dächern. Und endlich: Wasser, Wiesen, Weiden und darauf Pferde, so schön wie von Franz Marc gemalt. Doch vor der Landlust kommt die Technik.

Bei **Zárate** [1], ca. 90 km ab Buenos Aires, kurz nach dem Atomkraftwerk Atucha, setzt die Straße zu einem 30 km langen Sprung über den Río Paraná und seine Sumpfniederungen an. In einem weiten Bogen (550 m) schwingen sich zwei Stahlbetonbrücken, die auch eine Schienenspur tragen, auf 120 m hohen Stelzen über die Flussbetten des Paraná de las Palmas (Südarm) und des Paraná Guazú (Großer Paraná, Nordarm). Dazwischen quert die Fahrbahn auf Dämmen und langen, pfeilergestützten Brücken ein Überschwemmungsgebiet, das sich nördlich des Paraná Guazú in Form der auf- und abtauchenden Binsenebenen der **Islas del Ibicuy** (gute Fischgründe) fortsetzt. Im Ganzen be-

Provinzen Entre Ríos und Corrientes

nötigt die Straße 150 km, ehe sie wieder festen Boden unter die Füße bekommt. In diesem schwammigen Gelände musste das deutsch-italienische Architektenteam, das die erstaunliche Konstruktion vor drei Jahrzehnten schuf, die Pfeiler der Stahlhängebrücken 70 m tief im Grund verankern. Wer dieses Gebiet der ›transitorischen Lagunen‹ nach einem Hochwasser besucht, erlebt die Sintflut. 200 Tage benötigte der Río Paraná 1983, um in sein normales Flussbett zurückzufinden. Flutgeschädigt waren damals nicht nur 70 000 Uferbewohner, sondern auch Myriaden von grünen Papageien, die in langen Kolonnen die Straßen säumten, sowie ganze Flotten von Nutrias, leichte Beute für Fänger und Pelzhändler.

Noch über den Trockensümpfen gabelt sich bei **Ceibas** 2 die Straße – an diesem Punkt scheiden sich die Reise-Geister: Wer etwas mehr Muße mitbringt, folgt dem Río Paraná flussaufwärts, gönnt dem gleichnamigen schmucken Hauptstädtchen der Provinz Entre Ríos und vielleicht dem vis-à-vis winkenden Santa Fe einen Blick, lässt sich dann auf der ›Route der Estanzien‹ vom Landleben umgarnen und erreicht über Corrientes der Provinzhauptstadt von Misiones, Posadas (s. S. 443ff.); wer auf dem kürzesten Weg den Iguazú-Wasserfällen zustrebt, begleitet stattdessen den Río Uruguay und erreicht auf der RN 14 und RN 105 die Stadt Posadas.

Entlang dem Río Paraná nach Posadas

Von Ceibas nach Paraná

Reiseatlas: S. 14, E 3–D 1; **Karte:** s. links
Der Ort **Gualeguay** 3 liegt an der Mündung des Río Gualeguay (›Schweinefluss‹), dessen 20 000 km^2 umfassendes Gewässersystem die besten schwarzen Böden Argentiniens speist. Entre Ríos ist der fruchtbare ›Vorgarten‹ des nimmersatten Buenos Aires. Gemüse, Obst, Milch, alles schluckt der Moloch. 140 Mio. Hühner schlachten die 2500 Geflügelhalter von Entre Ríos jährlich. Fast 5 Mio.

Rinder stehen auf den Weiden. Die 61 *frigoríficos* (›Schlachthäuser‹) der Provinz verarbeiten 450 000 Rinder pro Jahr. Die Schlachthöfe sind große Flussverschmutzer, doch offenbar profitieren die Fische davon. In den 42 000 Flusskilometern in Entre Ríos gehen jährlich 20 000 t *sábalos* (eine Alsenart) und andere Exportfische in die Netze. Hinter den bis zu 10 m hohen Steilufern, die der Fluss ausgeschürft hat, ist Entre Ríos so flach, dass Landschaftsmaler vor allem gute Porträtisten weiter Himmel sein müssen. Stolz nennt sich daher das 23 000 Einwohner große **Victoria** ›Stadt der sieben Hügel‹. Eine Brücke führt von hier hinüber ans andere Ufer des Río Paraná nach Rosario (s. S. 427ff.).

Das 80 km weiter flussaufwärts liegende **Diamante** 4 muss mit seinem Cerro de la Matanza (›Schlächterei-Hügel‹) leben: Hier wurden die letzten Chanaé-Indianer niedergemacht. Diamante liegt in einer 30 000 km^2 großen Ölsaatenzone, die sich von Gualeguay bis Paraná hinzieht. Die gelb blühenden Rapsfelder sind Manna für 300 000 Bienenvölker, die 10 000 t Honig pro Jahr spenden. An Diversifikation kann es mit Entre Ríos keine andere Provinz aufnehmen.

... in Gualeguay:
Gran Hotel Gualeguay: Monte Caseros 217, Tel./Fax 034 44-42 30 85, www.turismoentrerios.com/granhotelgualeguay/. Am Hauptplatz, mit Garage. DZ 106 $.
Hotel Ahonikenk: 1a Sección de Quintas, an der nördlichen Stadteinfahrt, Tel. 034 44-42 60 04, www.turismoentrerios.com/hotelahonikenk/. Pool, Autoabstellplatz. DZ 70 $.
Camping Río del Sol: am Río Gualeguay, Tel. 034 44-42 34 61.

... in Victoria:
El Molino Resort & Spa: RP 11 Km 112,5, an der nördlichen Stadteinfahrt, Tel. 034 36-42 12 00, Fax 42 58 36, www.complejoelmolino.com. Hotel und Restaurant (30 $) in einer Weizenmühle aus dem Jahr 1873, die einst dem lokalen Benediktinerkloster gehörte. Auch Bungalows und Campingplatz in einem 15 ha großen Park an einem Nebenfluss des Río Gualeguay. DZ 100–155 $, Bungalows (8

Gewässerlandschaft des Río Paraná bei Diamante

Pers.) 240 $, Zelten 10 $ p. P., 12 $/Zelt, 3 $/ Auto.

Plaza Hotel: Av. Congreso 455, Tel. 034 36-42 14 31, www.turismoentrerios.com/hotel plaza/. Zentral gelegenes Haus, drahtloser Internetanschluss. DZ 90 $.

... in Diamante:

El Descanso: RP 11 Km 45, vor der Stadteinfahrt aus Richtung Victoria auf der rechten Straßenseite, Tel. 03 43-498 19 07. 100-jähriges Landhaus mit 4 Zimmern; Pool, Reitgelegenheit, Birdwatching, Rundflüge, Touren zum Parque Nacional Pre-Delta sowie nach Spatzenkutter und in andere Dörfer der Wolgadeutschen. DZ 90/130 $ p. P. inkl. HP/VP.

Camping Municipal La Ensenada: Av. Costanera, am Paraná-Ufer am nördlichen Stadtrand, Tel. 03 43-498 30 03. Gute Infrastruktur auf 80 ha. 2 $ p. P., 4 $/Zelt, 2 $/Auto.

Camping Paraje Molino Doll: RP 11, 15 km südlich von Diamante an einer alten Wassermühle.

Paraná

Reiseatlas: S. 14, D 1; **Karte:** S. 422

Die Viertelmillionenstadt **Paraná** 5 , wohlweislich auf einer 50 m hohen Böschung erbaut, entwickelte sich allmählich um eine schon 1730 hier etablierte Pfarrei. Von 1853 bis 1861 war sie sogar unter dem Präsiden-

wechselvollen Geschichte von Entre Ríos gezeigt (Buenos Aires 286, Tel. 03 43-420 78 69, Di–Fr 8–12, 17–20, Sa 10–12, 18–20, So 10–12 Uhr, Eintritt frei). Das in einem feinen Patrizierhaus untergebrachte **Museo de Bellas Artes** vermittelt mit seiner Sammlung impressionistischer und zeitgenössischer argentinischer Kunst Einblick in den kulturellen Anspruch der *entrerrianos,* der stolzen Einwohner der Provinz (Buenos Aires 355, Tel. 03 43-420 78 68, Di–Fr 8–12, 17–20, Sa 10–12, 18–20, So 10–12 Uhr, Eintritt frei.

Subsecretaría de Turismo: San Martín 637 (Fußgängerzone), auch im Bus-Terminal und auf der Parallelstraße Buenos Aires 132, Tel. 03 43-423 01 83, www.turismo enparana.com, Mo–Fr 8–20 Uhr.

Maran Suites & Towers: Rivadavia, Ecke Mitre, Tel. 03 43-423 54 44, www. turismoenparana.com. Modernes 5-Sterne-Hotel am Fluss. Im Restaurant werden Flussfische und Fleisch fein zubereitet. DZ 234 $.
Paraná Hotel Plaza Jardín: 9 de Julio 60, Tel. 03 43-423 17 00, www.hotelesparana. com.ar. Entzückendes Kolonialhaus mit gedecktem Patio, gehobene Mittelklasse, zentral, Garage (10 $), gutes Preis-Leistungs-Verhältnis. DZ 100–140 $.
Residencial San Jorge: Belgrano 368, Tel. 03 43-422 16 85. Nettes älteres Gebäude mit Garten. DZ 80 $.
Residencial Don Marcos: Ramírez 2681, Tel. 03 43-434 30 17. Adrettes kleines Hotel in Randlage, nicht die lauten Zimmer zur Straße nehmen. DZ 60 $.
Camping Toma Vieja: 8 km nördlich des Zentrums am Flussufer, Tel. 03 43-420 18 21. 12 ha großes Gelände mit viel Schatten, gute Infrastruktur, Pool. 1 $ p. P., 4 $/Zelt.

Don Charras: Alvaro Uranga 1127 und San Martín, Ecke San Lorenzo, Tel. 03 43-433 17 60 u. 422 59 72, www.doncharras. com.ar. In beiden Lokalen Fisch und Fleisch vom Grill. 25 $.
Quincho del Puerto: Laurencena 350, Tel. 03 43-423 20 45. Flussfische am Hafen. 25 $.

ten Urquiza Hauptstadt der Argentinischen Konföderation, von der allerdings Buenos Aires abtrünnig blieb.

Ihre das Hochufer überziehenden Grünanlagen mit dem schönen **Parque Urquiza,** die den breiten Fluss überragenden Panoramabrüstungen, die eleganten Fassadenreihen studioartiger Häuser und auch so manches architektonische Relikt, das in der Innenstadt erhalten blieb, machen Paraná zu einer der angenehmsten Provinzmetropolen Argentiniens. Hier ist noch ein Hauch der vergangenen Glorie zu spüren.

Im **Museo Histórico Martiniano Leguizamón** werden interessante Exponate zur

Club Estudiantes Playa: Laurencena, Tel. 03 43-421 86 99. Leckere Fischgerichte direkt am Strand. 25 $.

Kunstgewerbemuseum und -markt: Urquiza 1239, Tel. 03 43-422 45 40 u. 420 88 91, Di–Fr 8–12, 17–20, Sa 10–12, 18–20, So 10–12 Uhr. Flecht- und Lederwaren, Holzfiguren, auch Literatur zur Provinz.

Casa de la Cultura: Enrique Carbó, Ecke 9 de Julio, Tel. 03 43-420 79 01, Mo–Fr 8–12.30, 17–21 Uhr. Gebrauchs- und Ziergegenstände aus Holz, Horn, Ton und Leder, auch Klöppelarbeit.

Bootstouren: Baqueanos del Río, Muelle 2, Puerto Nuevo, Tel. 03 43-422 60 42. Tagesausflüge auf dem Río Paraná mit typischen Fischerbooten (15 $). Catamarán Río Misié, Muelle 2, Tel. 03 43-422 18 39. Konventionellere Touren (15 $). Costanera 241, Buenos Aires 212, Tel. 03 43-423 43 85, www.costanera241.com.ar. Fotosafaris auf Schlauchbooten durch die Inselwelt (35 $).

Busse: Täglich Verbindungen mit allen Städten der Provinz Entre Ríos sowie nach Buenos Aires und Corrientes mit Rápido San José und Tata Rápido. Busterminal: Av. Ramírez 2250, Ecke Echagüe, Tel. 011-43 13 04 88, 03 43-421 88 36 u. 034 37-42 41 21, www.empresasanjose.com.

Santa Fe

Reiseatlas: S. 14, D 1; **Karte:** S. 422

Der 3 km lange Tunnel Hernandarias (offiziell Tunel Subfluvial Uranga-Sylvestre-Begnis genannt) verbindet Paraná mit seinem 370 000 Einwohner großen ›Zwillingsort‹ **Santa Fe de la Vera Cruz** 6, Hauptstadt der Provinz Santa Fe. Der Ort wurde bereits 1573 von dem Konquistador Juan de Garay an der Stelle gegründet, wo heute Cayastá liegt (ca. 90 km weiter nördlich). Ständige Indianerangriffe machten jedoch 87 Jahre später die Verlegung an den jetzigen, durch Lagunen und Flussschlingen geschützten Standort erforderlich. Hauptachse in Santa Fe ist die zum historischen Kern um die Plaza 25 de Mayo leitende Fußgängerzone San Martín.

Um die Plaza scharen sich das prächtige französisierte Regierungsgebäude, die **Iglesia Nuestra Señora de los Milagros,** deren Hauptaltar von den Indianern der Jesuitenstation von Loreto (s. S. 448) angefertigt wurde, und die **Kathedrale** in einer historischen Insel inmitten der ziemlich chaotisch gewachsenen Stadt.

Kreuzt man die Calle 3 de Febrero, gelangt man zu einem schönen Herrenhaus aus dem 17. Jh., in dem heute das **Museo Histórico Provincial** untergebracht ist. Gezeigt werden Zeugnisse der bewegten Provinzgeschichte, inkusive wertvoller Werke des Barroco de Indias, der religiösen Kunst, die von Indianern unter Anleitung der Jesuiten geschaffen wurde (San Martín 1490, www.santafe.gov.ar/cultura/organis/museos2.htm, Mo–Fr 9–12, 17–19, Sa/So 15–18 Uhr).

Folgt man der Calle San Martín 100 m in südlicher Richtung, so stößt man auf das **Convento de San Francisco,** dessen Hauptattraktion das hölzerne Deckengewölbe ist, das im 17. Jh. nach spanisch-arabischer Tradition ohne Nägel gebaut wurde. Im dazugehörigen **Museum** wird die Verkündigung der argentinischen Verfassung (1853) mit Wachsfiguren dargestellt (tgl. 8–12, 16–19 Uhr).

Touristeninformation: im Busterminal, Belgrano 2910, 1. Stock, Tel. 03 42-44 57 41 21/23/24, tgl. 7–13, 15–21 Uhr (Infos über die Stadt); Pellegrini 3100, Tel. 03 41-472 13 25 (Infos über die Provinz).

Corrientes: Corrientes 2520, Tel./Fax 03 42-459 21 26, www.hotelcorrientes-sf.com.ar. Modern, komfortabel, zentral, Garage, Swimmingpool. DZ 135 $.

España: 25 de Mayo 2647, Tel. 03 42-400 88 34, www.lineaverdedehoteles.com.ar. Ruhiger und charmanter als das Conquistador, das zum gleichen Komplex gehört; Garage, renommiertes Restaurant (s. r.). DZ 112 $.

Emperatriz: Irigoyen Freyre 2440, Tel. 03 42-453 00 61. Spanisch-maurisches Haus von 1920, das einst der erste Zahnarzt von Santa

Fe bewohnte; gemütlich, Familienmanagement. DZ 69 $ ohne Frühstück.

Nuevo Hotel Suipacha: Suipacha 2375, Tel. 03 42-452 11 35. Nettes Touristenhotel, einfache Mittelklasse, Sauna, Garage. DZ 55 $.

España: im gleichnamigen Hotel, Eingang in der Fußgängerzone San Martín 2644. Gute internationale Küche. 40 $.

El Quincho del Chiquito: Almirante Brown, Ecke Monseñor Príncipe, Tel. 03 42-460 26 08. Leckere Fischgerichte. 40 $.

Las Leñas: Gálvez, Ecke San Luis, Tel. 03 42-456 99 47. Rustikal-einfache Parrilla. 25 $.

Círculo Italiano: Hipólito Yrigoyen 2451, Tel. 03 42-456 35 55. Pasta & Co. 20 $.

Flüge: Santa Fes Flughafen Sauce Viejo, 17 km südlich der Stadt, bietet täglich Verbindungen nach Buenos Aires mit Aerolíneas Argentinas/Austral. Vom Flughafen in die Stadt kommt man mit der Buslinie Continental (2 $) oder mit Autos von Remises Sauce Viejo (bis 24 $).

Busse: Zahlreiche Busse tgl. nach Entre Ríos, Rosario und Buenos Aires. Busterminal: Belgrano 2910, Tel. 03 42-457 41 24.

Abstecher nach Rosario

Reiseatlas: S. 14, D 2; **Karte:** S. 422

Ebenfalls in der Provinz Santa Fe, 170 km südlich der Provinzhauptstadt, liegt **Rosario** 7, Argentiniens drittgrößte Stadt (910 000 Einw.), die in den letzten Jahren einen spektakulären Aufschwung erlebt hat und besonders mit ihrem lebendigen Nachtleben entlang der Uferzone auf sich aufmerksam macht. Aber auch in architektonischer Hinsicht hat Rosario einiges zu bieten, das zeigt schon ein Blick auf die eklektizistischen Gebäude rund um den Hauptplatz, die **Plaza 25 de Mayo:** die Kathedrale, die Hauptpost, der Palacio de los Leones (Sitz der Stadtregierung) und daneben ein Patrizierhaus mit dem **Museo Municipal de Arte Decorativo,** das eine außergewöhnliche Kunstsammlung beheimatet, u. a. Limoges-Porzellan und ein Goya-Gemälde (Santa Fe 748, Do–So 15–20 Uhr). Die Plaza öffnet sich zum Fluss über den Pasaje Juramento zum gigantischen **Monumento a la Bandera,** dessen 75 m hoher Turm eine gute Sicht über die Stadt ermöglicht.

Empfehlenswert ist ein Spaziergang entlang dem Fluss in nördlicher Richtung durch Parkanlagen und vorbei an historischen Ge-

Im Frühling fährt man in Rosario durch ›Tunnel‹ aus blühenden Jacaranda-Bäumen

bäuden, darunter die **Silos Davis,** in denen das **Museo de Arte Contemporáneo** seinen Sitz gefunden hat (Av. de la Costa, Ecke Bv. Oroño, www.macromuseo.org.ar, Do–Di 14–20 Uhr). Ein kurzer Abstecher führt zum **Geburtshaus von Ernesto ›Che‹ Guevara** (Entre Ríos, Ecke Urquiza), etwas weiter folgen der alte Hauptbahnhof **Rosario Central** (Av. Wheelwright, Ecke Av. Corrientes) und das Barrio Pichincha, das ehemalige Rotlichtviertel der Hafenstadt, in dem lange Zeit eine berüchtigte Mafia herrschte. Einige Bordelle stehen noch, wurden jedoch inzwischen in Hotels, Restaurants etc. umgewandelt.

Südlich der Plaza 25 de Mayo führt die **Avenida Córdoba** an den nobelsten Gebäuden der Stadt entlang und wird deshalb auch Paseo del Siglo (›Jahrhundert-Promenade‹) genannt. Für diesen großen Namen stehen die Handelsbörse, der Sitz der Vertretung der Provinzregierung, die Bürohäuser der Getreideexporteure wie der Palacio Minetti und der Edificio Molino Félix sowie das Art-déco-Gebäude des Architekten De Lorenzi, der einige der schönsten Häuser dieser Straße schuf.

Nach etwa 15 Straßenblocks der vornehme Boulevard Oroño südwärts zum **Parque Independencia,** in dem nicht nur das Stadion des Fußballclubs Newell's Old Boys, sondern auch eines der besten Kunstmuseen Argentiniens steht, das **Museo Municipal de Bellas Artes Juan B. Castagnino** (Av. Pellegrini, Ecke Bv. Oroño, www.museocastagnino.org.ar, Mi–Mo 14–20 Uhr, 1 $).

Ente Turístico Rosario: Av. Belgrano, Ecke Buenos Aires u. im Busterminal, Cafferata 702, Tel. 03 41-480 22 30/31, www.rosarioturismo.com.

Ros Tower: Mitre 299, Ecke Catamarca, Tel. 03 41-529 90 00, www.rostower.com.ar. Erstes und bislang einziges 5-Sterne-Hotel in Rosario, Pool, Spa, Restaurant, Sicht auf den Fluss. DZ 200 US$.
Presidente: Corrientes 919, Tel. 03 41-424 27 90, www.solans.com. Zentral, mit Pool, drahtlosem Internetanschluss und Restaurant. DZ 195 $.

Garden Hotel: Callao 45, Tel. 03 41-437 00 25, www.hotelgardensa.com. Modernes Hotel im ruhigen Barrio Pichincha, Restaurant, Pool, Spa. DZ 133 $
Avanti Hostel: Santiago 725, Tel. 03 41-425 91 66, www.avantihostel.com.ar. Zentral, Tango- und Sprachkurse. DZ 75 $, 6er-Zimmer 35 $ p. P.
Hostel de Pichincha: Av. Francia 241, Barrio Pichincha, Tel. 03 41-439 67 98, www.pichinchahostel.com.ar. Zehn Blocks vom Busterminal, Tango-Unterricht, Fahrräder, kostenloser Internetzugang. 25 $ p. P.

Club 953: San Luis 953, Tel. 03 41-449 20 63, Mo–Sa mittags, Do–Sa auch abends. Minimalistische Ausstattung im 150 Jahre alten ehemaligen Gebäude der deutschen Schule, mediterrane Küche mit lokalem Touch. 50 $.
Davis: Bv. Oroño, Ecke Av. de la Costa (am Paraná-Ufer, nahe Kunstmuseum), Tel. 03 41-435 71 42. Pizza und Fingerfood auf der Terrasse mit Blick auf den Fluss. 45 $.
Escauriza: Escauriza, Ecke Paseo Ribereño, Tel. 03 41-454 17 77. Flussfische, Terrasse mit Aussicht auf den Fluss. 40 $.
Puerto Gaboto: Av. Pellegrini 590, Tel. 03 41-447 10 24. Populäres Fischrestaurant (Tipp: *boga*). 30 $.
Verde que te quiero verde: Córdoba 1358, Palace Garden, 1. Stock, Tel. 03 41-530 44 19, Mo–Sa. Vegetarisches Lokal, ausgewählte Zutaten, Sa 10–15 Uhr Brunch. 30 $.
Club Español: Rioja 1052, Tel. 03 41-421 71 21, So abends geschlossen. Spanische Küche in einem der interessantesten Gebäude der Stadt. 28 $.

Bar El Cairo: Sarmiento, Ecke Santa Fe, Tel. 03 41-449 07 14, www.barelcairo.com. Traditionellstes Café in Rosario, Treffpunkt von Schriftstellern, Künstlern und Journalisten, Mo Jazz.

Bootstouren: Abfahrt der Boote in Av. Belgrano, Ecke La Rioja (La Fluvial); am Monumento a la Bandera (Barco Ciudad de Rosario); Av. E. Carrasco, Ecke Ricardo

Gutiérrez, kurz vor der Brücke. Ausflüge auf dem Río Paraná zu den Inseln im Alto Delta.

 Flüge: Flughafen Fisherton, Av. Jorge Newbery s/n, 10 km nordwestlich), Tel. 03 41-451 12 26.

Busse: Zahlreiche Verbindungen nach Buenos Aires, Santa Fe und in praktisch alle Provinzen Argentiniens. Busterminal: im ehemaligen Bahnhof, Caferatta 702, Tel. 03 41-437 30 30, www.terminalrosario.com.ar.

Von Paraná nach Corrientes

Reiseatlas: S. 14, D 1; S. 8, D 4–E 1;
Karte: S. 422

Die ›**Route der Estanzien**‹ zieht sich von Paraná aus über das – der Name sagt es – wahrhaft friedliche **La Paz** **8**, **Esquina** mit seinen Kolonialbauten, **Goya** **9**, **Bella Vista** und **Empedrado** **10** mit seinem hellen Sandstrand (schöne Uferzeltplätze) bis zur Provinzhauptstadt Corrientes am Ufer des Río Paraná entlang. Ortsnamen wie Hasenkamp, Spatzenkutter und Colonia Avigdor erinnern an wolgadeutsche Siedler, österreichisch-ungarische Agrargenossenschaften, schweizerische Kolonisten und die jüdischen Gauchos, die der philanthropische Eisenbahnpionier Baron Maurice Hirsch während der zweiten Hälfte des 19. Jh. ins Land holte. An den Flüssen fischen Sportangler aus aller Welt, die den wild kämpfenden *dorado* (nicht mit der spanischen *dorada,* der Goldbrasse, verwechseln!) an den Haken locken und sich mit 20 kg schweren Prachtstücken fotografieren lassen (Juli–Nov.). Gourmands essen den allerorten angebotenen *surubí,* Gourmets genießen den saftigen *pejerrey* (Ährenfisch), der auf den Speisekarten wegen seiner Größe gern zum ›Gran Paraná‹ geadelt wird.

Im Fluss findet man noch hin und wieder einen alten Anker und besinnt sich dabei auf die Zeit, als die Schiffe die *miradores* (als Ausguck dienende Türme der Estanzien) als Landmarken für die Navigation benutzten und eine am Ufer gehisste Flagge anzeigte, dass Ware abzuholen sei. Viele der Landgüter am Flussufer haben in den letzten Jahren

Toll zum Angeln und zum Campen: der Strand von Empedrado

Richtig Reisen-Tipp: ›Religion‹ zum Anfassen

Auf der RN 123, die nördlich von Goya von der RN 12 Richtung Osten abzweigt, sieht man 6 km vor Mercedes am 6. Januar Hunderte Menschen mit roten Flaggen, die bis zum 8. Januar zu einem regelrechten Menschen- und Fahnenmeer anwachsen. Es handelt sich dabei aber nicht um eine linksgerichtete Demonstration, sondern um Andächtige, die den **Gauchito Gil** anbeten, ihn um Wunderheilung bitten oder ihren Dank für bereits erfüllte Wunder bekunden. Entlang der Straße werden für 10 $ CDs verkauft, auf denen die ›wahre‹ Geschichte des Volksheiligen erzählt wird: Der Gaucho Antonio Gil soll in den Zivilkriegen des 19. Jh. in Corrientes den Militärdienst verweigert haben, weil er kein Bruderblut vergießen wollte. Eine Patrouille verhaftete ihn, aber anstatt den Deserteur abzugeben, erhängten ihn die Soldaten am 8. Januar 1868, um sich den Weg zu erleichtern. Gil soll seinem Henker gesagt haben, dass dessen Sohn todkrank sei, er aber bei Gott Fürbitte für ihn leisten würde. Und so geschah es dann auch, erzählt die Legende. Wo der Soldat ihn erst erhängte und dann reuevoll ein Kreuz errichtete, begleitet seitdem alljährlich ein improvisierter Markt die Andächtigen: Für 1 $ bekommt man eine Plastiktüte mit ›heiligem‹ Wasser, für 2 $ eine alte Cola-Flasche, in der der Gauchito vor rotem Hintergrund schwebt. Man kann auch 300 $ für ein Bild des Gauchito Gil inmitten eines Wasserfalls zahlen. Und wer nicht zum Hauptaltar gelangt, wünscht sich einfach anderswo sein Wunder: Im ganzen Land stehen am Straßenrand kleine Altäre mit roten Fahnen, der Farbe des Gauchito Gil.

Etwas katholischer geht es am 16. Juli in Itatí zu, wenn kurz nach Mitternacht die angeblich von Indianern im 17. Jh. gefundene und von Papst Leon XIII. im Jahr 1900 gesegnete **Virgen de Itatí** von ihrem Altar in der Basílica de Nuestra Señora de Itatí zum Río Paraná getragen wird, um eine Flussfahrt zu unternehmen. Rund 150 000 Menschen strömen zu dieser von Gauchos angeführten Prozession, die den kleinen Ort 64 km östlich von Corrientes eine Woche lang zum Leben erweckt. Bereits Tage zuvor beginnen die Feierlichkeiten, am Vortag treffen die Pilger aus den Nachbardörfern ein. Dieser Caravana de la Fe (›Glaubenszug‹) schließen sich all diejenigen an, die von Corrientes aus zu Fuß nach Itatí gekommen sind. Wie dem Gauchito Gil werden auch der Jungfrau von Itatí heilende und schützende Kräfte zugesprochen – viel gefragte Fähigkeiten in einer Region, in der solch unberechenbare Geister wie der Pombero und Payó zu Hause sind. Den Einheimischen scheint es dabei völlig unwichtig zu sein, welchen Ursprung die helfenden Kräfte haben: Hauptsache, es gibt eine Gelegenheit mehr, Kontakt mit dem ›Wunderbaren‹ zu wahren.

jedoch die Produktion von Milch, Fleisch oder Saatgut aufgegeben, um sich voll oder hauptsächlich dem *agroturismo* – der argentinischen Version vom ›Urlaub auf dem Bauernhof‹ – zu widmen. Mehrere Farmen dieser Region haben sich auf Jagdtouren spezialisiert, wie die **Estancia Los Laureles** südlich von La Paz (s. rechts), in deren Waldinsel *monte paraguayo* (›paraguayischer Busch‹) 2 bis 4 Mio. Wildtauben leben. Im Hinterland der Provinz Corrientes hat die Entenjagd ihr angestammtes Revier (wofür die Reisbauern dankbar sind). Andere Landgüter wie die ebenfalls südlich von La Paz gelegene **Estancia El Sauce** (s. rechts) haben sich die Erhaltung ihrer Naturwälder zur Aufgabe gemacht: Hier wird kein Baum gefällt. Von den an den Ríos Paraná und Corrientes gelegenen Estanzien aus starten Angelsportler zum Fischfang. Etwas ab vom Schuss, aber die Mühe der Anfahrt unbedingt wert, liegt eines der Highlights der Region: die Esteros del Iberá (s. S. 439ff., Anfahrt über Goya oder Paso de los Libres).

i **Subsecretaría de Turismo:** Vieytes, Ecke España (am Hafen), La Paz, Tel. 034 37-42 36 01, Fax 42 23 89, tgl. 7–20 Uhr. **Dirección Municipal de Turismo:** José Gómez 953 (am Busterminal), Goya, Tel. 037 77-43 17 62, Mo–Fr 8–24, Sa/So 9–20 Uhr.

… zwischen Paraná und La Paz:

Estancia Los Laureles: von Paraná auf der RN 12 Richtung La Paz, bei Gobernador Racedo (Estación Cerrito) links ab auf die RP 8 Richtung Hernandarias, bei Km 17,5 (Schild) links ab auf die 6 km lange Zufahrt, Tel. 011-41 31 11 00, www.salenteintourism. com, www.excitingoutdoors.com. Am Hochufer des Paraná gelegene Estanzia, ehemals der Milchproduktion gewidmet, sehr komfortabler Gästebungalow mit luxuriösen Zimmern, Räume für Seminare und Jagdgesellschaften, exzellente Küche; Jagd auf Tauben, Enten und Rebhühner, auch Sportfischen. DZ 240 $ p. P. inkl. VP.

Estancia El Desafío: ca. 8 km südl. von La Paz (kostenloser Transfer), Reservierung über Don Guillermo, Belgrano 386, 3190 La Paz, Tel./Fax 034 37-42 22 89, www.estanciaeldesafio.com.ar. 500 ha großes Anwesen am Paraná, fast ganz von Naturwald bedeckt; 4 gut eingerichtete Bungalows (max. 6 bzw. 14 Pers.) mit Küche und Flussblick; Fischfang, Jagd auf Tauben, Enten, Rebhühner, Bekassinen (Sumpfschnepfen), Hasen und besonders Büffel. DZ 220 $ p. P. inkl. VP.

Estancia El Sauce: 15 km südl. von La Paz (ausgeschildert), Tel. 034 37-42 42 90, estanciaelsauce@yahoo.com.ar. 1400 ha große Estanzia mit dem ältesten Herrenhaus (schilfstrohgedeckt, stilvoll mit vielen musealen Elementen eingerichtet) in Entre Ríos, von jungem Ehepaar ökologisch geführt, keine Jagd, aber Ausflüge in Allradfahrzeugen, Oldtimern oder Kutschen, Fotosafaris, Kanufahren und Baden an den Sandstränden des Arroyo Feliciano. DZ 50 US$ p. P. inkl. VP.

… in La Paz:

Hostería Posta del Surubí: España 181/224, Tel. 034 37-42 11 28, www.postasurubi.com. Gemütliches Hotel exklusiv für Sportfischer, das Geangelte kommt auf die Speisekarte

als Vorspeise *pescado en escabeche* (Fisch in pikant-würziger Marinade), als Hauptgang *surubí al ajillo* (mit Knoblauch und Whisky gegrillter *surubí*), an Wochenenden auch Fleisch von der Parrilla. DZ 400 $ p. P. inkl. Mahlzeiten und Bootsfahrt zum Fischen.

Milton: Italia 1029, Tel./Fax 034 37-42 22 32, www.milton-hotel.com.ar. Zentral, ordentliche Mittelklasse, Restaurant. DZ 70–85 $.

Plaza: San Martín 862, Tel. 034 37-42 22 08. Klimatisierte Zimmer. DZ 60–80 $.

… zwischen Esquina und Goya:

Posada Hambaré: 3 km nördlich von Esquina (bei Quinta Cuatro von der RN 12 Richtung Fluss abbiegen), Tel. 037 77-46 02 70, www.posadahambare.com.ar. Reetgedecktes, komfortables Landhaus auf 4 ha großem Anwesen am Fluss mit 20 Zimmern, Pool, Grillplatz; Enten- und Rebhuhnjagd, Sportfischen. DZ 120 US$ p. P. inkl. VP, 400 US$ p. P. inkl. VP, Jagd- und Angelausflügen.

Estancia La Pelada: von Esquina 26 km auf der RN 12 Richtung Norden, dann ca. 14 km auf der RP 30 Richtung Fluss, Tel. 037 77-46 00 32. Gut ausgestattetes Jagdhaus im andalusischen Stil auf dem Hochufer des Río Corrientes. 6 Doppel- bzw. Dreibettzimmer, Ausritte, Jagd auf Enten, Tauben und Rebhühner. 300 $ p. P. inkl. VP und Aktivitäten (ausgenommen Jagd und Fischen).

Estancia Buena Vista: 40 km nördlich von Esquina am Fluss, Tel. 037 77-46 01 69, www.estanciabuenavista.com.ar. Traditionelles Haus aus dem 19. Jh., deutschsprachige Besitzer, Birdwatching, Reiten, Wandern und Angeln, Mitarbeit auf der Farm möglich. DZ 85 US$ p. P. inkl. VP und Aktivitäten.

… in Goya:

Gran Hotel de Turismo: B. Mitre 880, Tel./Fax 037 77-42 29 26. Bestes Hotel am Platz, gediegen-modern, Garten mit Pool, Bar und Restaurant, Garage. DZ 96 $.

Cervantes: José Gómez 723, Tel. 037 77-43 21 22. Ordentliche Mittelklasse, modern-spanisch, Bar und Restaurant, Garage. DZ 94 $.

Cabañas Pirá Porá: Rincón de Gómez, Tel. 037 77-43 03 88. Nette Bungalows am Flussufer, Restaurant, Bootsverleih, Angeltouren. DZ 30 $ p. P.

Karneval fast wie in Rio de Janeiro hat Corrientes im Februar zu bieten

Camping Asociación Bancaria: Camino de la Costa, Paraje Remanso, 5 km nördlich, Tel. 037 77-42 26 76. Gute Infrastruktur, Pool, 80 m vom Fluss. 2 Pers. und Zelt 10 $.

... in La Paz:

Golf Club Social: San Martín 844, Tel. 034 37-42 51 09. Guter Flussfisch. 30 $.

La Vereda: Moreno, Ecke San Martín, an der Plaza, Tel. 034 37-42 99 12. Bar/Restaurant mit preiswerten Gerichten, zu empfehlen: *vizcacha en escabeche* (Vizcacha in pikant-würziger Marinade). 25 $.

... in Goya:

Club Náutico: am flussseitigen Ende der Calle Ejército Argentino 750, Tel. 037 77-43 22 42. Club-Restaurant mit sehr guten Fischspeisen. 30 $.

La Vieja Estación: Sarmiento, Ecke Bartolomé Mitre. Beliebte Parrilla. 25 $.

Angeln: Eines der beliebtesten Freizeitvergnügen am Río Paraná ist Angeln. Gleich mehrere Male im Jahr finden entsprechende **Wettbewerbe** statt: im März das Pacú-Wettangeln in Esquina, im April/Mai sowie im September das Surubí-Wettangeln in Goya. **Touren** zum Angeln bieten u. a. Víctor Flores, La Paz, Tel. 034 37-42 26 34; Fabián Fernández, La Paz, Tel. 034 37-15 45 99 95, pescaconmosca2003@yahoo.com.ar; Baldi Pesca, El Dorado s/n, Acceso Norte, Esquina, Tel. 037 77-46 19 45, Fax 46 12 94, www.baldipesca.com.ar.

Corrientes

Reiseatlas: S. 9, A 2; **Karte:** S. 422

Der Río Paraná biegt vor **Corrientes** 11 beim Zusammenfluss mit dem Río Paraguay fast im rechten Winkel nach Süden. Sieben Landspitzen in der Kurve bilden sieben verschiedene Strömungen *(corrientes)* im Fluss, weshalb die 1588 von den spanischen Konquistadoren gegründete Stadt zuerst **San Juan de Vera de las Siete Corrientes** genannt wurde. Die erste spanische Siedlung in der Region besitzt ein gut erhaltenes historisches Viertel, das einen Besuch lohnt. Selbst das Gründungskreuz existiert noch und wird heute in der **Iglesia de la Cruz de los Milagros** aufbewahrt – angeblich nachdem Indianer versucht hatten, es zu verbrennen (Belgrano 888, Plaza de la Cruz).

Über die an die Plaza de la Cruz angrenzende Calle Buenos Aires gelangt man nach vier Blocks in nördlicher Richtung zur Fußgängerzone **Junín,** um die sich das Geschäftszentrum der 330 000 Einwohner zählenden Stadt gebildet hat. Noch einmal drei Blocks weiter nördlich gruppieren sich um die **Plaza 25 de Mayo** das Regierungsgebäude, die **Iglesia de La Merced** mit Kloster, der ehemalige Gouverneurspalast sowie andere historische Bauten, die ein eindrucksvolles Gesamtbild abgeben.

Nur ein paar Schritte weiter sind es zum Flussufer und der **Avenida Costanera,** an der sich die Correntinos zum Mate am Nachmittag oder zum Abendessen treffen.

Im Februar findet in Corrientes das größte **Karnevalsfest** Argentiniens statt. Bereits einen Monat vorher legen die Correntinos bei der **Fiesta Nacional del Chamamé** ihren lokalen Volkstanz aufs Parkett. Der Tiroler Jesuitenpater Florian Paucke, erster Chronist der Region, brachte 1752 die Instrumente ins Land, die die Guaraní-Indianer als ›Wunderkinder‹ zu beherrschen lernten und aus deren Klangformen sich die Correntiner Volksmusik entwickelte. Die vom Polkarhythmus bestimmte und von ›weinenden‹ Bandoneonen oder Akkordeonen begleitete *polkita correntina* erhielt jedoch erst in den 1930er-Jahren den Namen *chamamé*.

Dirección Municipal de Turismo: Av. Costanera, Tel. 037 83-42 18 98, Mo–Fr 7–21, Sa 9–0.30, So 10–21 Uhr. Infos über die Stadt.

Dirección Provincial de Turismo: 25 de Mayo 1300, Tel. 037 83-42 72 00, Fax 42 45 65, Mo–Fr 8–12, 16–20 Uhr, www.corrientes. gov.ar/turismo. Infos über die Provinz.

Generell gilt, dass alle besseren Häuser relativ preiswert, die einfacheren Unterkünfte vergleichsweise teuer sind.

Gran Hotel Guaraní: Mendoza 970, Tel. 037 83-43 38 00, Fax 42 46 20, www.hotelguarani.com.ar. Bestes Hotel am Platz, modern-funktionell, viel Marmor und Glas, Pool, Bar und Restaurant, Garage. DZ 128 $.

Orly: San Juan 867, Tel. 037 83-42 02 80. Zentral gelegen, angenehme Zimmer, Confitería. DZ 108 $.

Gran Hotel de Turismo: Entre Ríos 650, Tel./Fax 037 83-43 31 74 u. 43 31 90. Uferlage, Landhausstil, Gartenpool, gehobene Mittelklasse, Bar und Restaurant, gutes Preis-Leistungs-Verhältnis. DZ 93 $.

Camping: In Stadtnähe entlang der RN 12 gibt es fünf Zeltplätze, teilweise direkt am Fluss; nähere Infos beim Touristenbüro (s. l.).

El Mirador: Edison, Ecke Costanera, Tel. 037 83-46 18 06. Parrilla (auch Fisch) mit Terrasse und Flussblick, gut zum Mittagessen. 35 $.

Las Brasas: San Martín, Ecke Costanera, Tel. 037 83-43 51 06. Vergleichbar mit El Mirador (s. o.). 35 $.

Cristóbal Resto Bar: Av. Costanera, Ecke Quevedo sowie Plácido Martínez 1102, Ecke San Juan, Tel. 037 83-46 93 18 u. 42 42 29. Ersteres ein Terrassenlokal (nur abends), Zweiteres ein Hafenrestaurant (Sa/So auch mittags), in beiden wird am späteren Abend Livemusik gespielt. 30 $.

Marta Bianchetti Gourmets: 9 de Julio 1198, Tel. 037 83-42 30 08. Regionale Küche, u. a. gibt es vorzügliche *chipá,* das für die Region typische Maniok-Käse-Brot. 25 $.

Fiesta Nacional del Chamamé (1. Januarwoche): Fest mit rund 400 Musikern zu Ehren des Volkstanzes *chamamé* und Auftakt zum Karneval.

Karneval (Feb.): Umzüge etc.

Flüge: Aerolíneas Argentinas fliegt tgl. nach Buenos Aires. Der Flughafen liegt 10 km nordöstlich der Stadt an der RN 12; um den Transport ins Zentrum kümmert sich die Fluggesellschaft.

Busse: El Rápido, Chevalllier, Flecha Bus, La Estrella, Singer sowie 30 weitere Busgesellschaften verbinden Corrientes mit allen wichtigen Städten des Landes und natürlich mit Buenos Aires. Busterminal: Av. Maipú 2400 (RP 3, 4 km südlich), Tel. 037 83-44 21 49. Taxis ins Zentrum kosten rund 6 $.

Weiter nach Posadas

Reiseatlas: S. 9/10, A 2–D 2; **Karte:** S. 422
Die RN 12 knickt, dem Knie des Río Paraná folgend, bei Corrientes Richtung Osten ab und erreicht nach etwa 315 km Posadas. Nacheinander berührt die Straße das Anglerparadies **Paso de la Patria,** den Wallfahrtsort **Itatí** 12 mit seiner Basilika (s. S. 430) und bei **Ituzaingó** den monumentalen **Complejo Hidroeléctrico Yacyretá.** Das hydrografische Potenzial des Paraná wollte der Mensch nicht ungenutzt lassen. 1994 nahm eine 65 km lange Staumauer (im Mittelteil über 70 m hoch) den Vater aller Flüsse in ihre Arme und drückt ihn seither durch 20 Turbinengeneratoren, die jährlich 20 000 Gigawattstunden Strom erzeugen. Am oberen Paraná ging das – zusammen mit Paraguay projektierte – Wasserkraftwerk Yacyretá in Betrieb, eines der größten der Welt. Die babylonische Anlage kostete fast 12 Mrd. Dollar. 108 000 ha Paraná-Regenwald und 300 Flussinseln ertranken in dem künstlichen See, dessen Fläche achtmal so groß ist wie die Stadt Buenos Aires. Nach dem ersten Probelauf der Turbinen trieb – infolge eines ›technischen Fehlers‹ – ein Teppich von 120 000 toten Fischen den Paraná hinab. Bis zum Jahr 2009 muss noch das Zentrum der paraguayischen Stadt Encarnación verlegt werden, da es samt Marktplatz unter Wasser liegen wird (Tel. 037 86-42

Angelwettbewerbe

Vor allem drei Veranstaltungen locken alljährlich die nationale (und teilweise sogar internationale) Anglergemeinde an den Río Paraná: Im März/April sowie ein zweites Mal im August findet in **Paso de la Patria** ein Dorado-Wettangeln statt; im Juli wird in **Ituzaingó** derjenige geehrt, der den größten *surubí* am Haken hat.

---

15 43, www.yacyreta.org.ar, Führungen tgl. 9, 11, 15.15, 16.30 Uhr)**.**

🛏 **Estancia Atalaya:** RN 12 Km 1157, 23 km vor Itá-Ibaté (ausgeschildert), Tel. 037 83-43 32 69. Ausgedehnte Rinderfarm auf 10 000 ha Grund mit reicher Fauna, naturschutzorientiert (keine Jagd), 6 schmucke Gästezimmer mit Bad, Kapazität für 20 Besucher, kleines Hausmuseum; Ausritte, Bootsausflüge, Exkursionen per Geländewagen in die Esteros del Iberá. DZ 180 $ p. P. inkl. VP und Aktivitäten.

Estancia San Juan Poriahú: von der RN 12 nach Süden auf die RN 118 abbiegen, kurz vor Loreto links ab, Tel. 011-47 91 95 11. Neun schöne Zimmer mit Bad in ländlich-stilvollem Gästebungalow, gute regionale Küche. Von den 13 000 ha dieses Naturparadieses mit 70 Lagunen sind 4000 ha streng geschützt. Die reiche, für das Iberá-Gebiet typische Wasser- und Avifauna umfasst u. a. Kaimane, Wasserschweine, Nutrias, Affen, Sumpfhirsche, die Riesenboa *curiyú* und 220 Vogelarten, die kaum menschenscheu sind, weil in Poriahú seit 150 Jahren kein Schuss gefallen ist. Aktivitäten: Naturbeobachtung und Fotosafaris. Zu empfehlen ist ein Aufenthalt von 2–3 Tagen. DZ 235 $ p. P. inkl. VP und Aktivitäten.

Entlang dem Río Uruguay nach Posadas

Gualeguaychú und Umgebung

Reiseatlas: S. 14, E 2; **Karte:** S. 422
Erste Anlaufstelle auf der von **Ceibas** dem Río Uruguay folgenden Strecke (RN 14) ist das Städtchen **Gualeguaychú** 13 mit seinen hübschen Flussstränden, darunter das 15 km entfernte Strandbad **Ñandubaysal.** Zweimal im Jahr – an Karneval im Februar und zur Fiesta del Pejerrey (›Ährenfisch-Fest‹) im Juli geht es hier hoch her.

35 km östlich vom Ort führt eine Brücke ins benachbarte Uruguay nach Fray Bentos. Schon seit 2006 wird diese Brücke andauernd von Demonstranten blockiert, die gegen den Bau einer finnischen Papierfabrik am ge-

genüberliegenden Ufer in Fray Bentos protestieren.

 Camping Ñandubaysal: 15 km östlich von Gualeguaychú, Tel. 034 46-42 32 98, www.nandubaysal.com.ar. Weitläufiger schattiger Campingplatz beim gleichnamigen Strandbad. 27 $/Zelt.

Concepción del Uruguay

Reiseatlas: S. 14, F 2; **Karte:** S. 422

Fährt man über die RN 14 weiter nach Norden, so gelangt man nach 75 km zum Flusshafen **Concepción del Uruguay 14**. Das 65 000 Einwohner große Städtchen, Dienstleistungszentrum einer mittelständischen Agrarwirtschaft, ist rührig und, mit manch stillem Patio hinter verspielten alten Hausfassaden, beschaulich zugleich.

In einem prächtigen Patrizierhaus aus der Kolonialzeit befindet sich das **Museo Histórico Delio Panizza,** das einen interessanten Blick in die lokale Geschichte ermöglicht. Unter anderem steht dort eine Kanone, die dem italienischen Freiheitskämpfer Giuseppe Garibaldi gehörte, der einige Jahre lang auch am Río de la Plata aktiv war (Supremo Entrerriano 58, Tel. 034 42-42 42 10, tgl. 9–12, 16–18 Uhr, 1 $).

Die von dem *caudillo* Urquiza (s. u.) gegründete Elite-Schule **Colegio Superior de Uruguay Justo José de Urquiza** beherbergt ein regionales Naturkundemuseum. Begründer des Museums war der sächsische Botaniker Paul Günther Lorentz, einer der ersten Moos-Forscher und Autor der ersten systematischen Florabeschreibung Argentiniens (Urquiza 25, Tel. 034 42-42 55 54, Mo–Fr 16–18, Sa/So 9–12 Uhr, Eintritt frei).

In der italienisch inspirierten, von einem säulengetragenen Frontispiz geschmückten **Kathedrale** (1859) ruht der große *caudillo* der Region, Justo José de Urquiza. Der ›General und Estanciero‹, wie er sich selbst gerne nannte, stieg vom Provinzkrämer zum Präsidenten der argentinischen Föderation auf, bevor er 1870 in seinem Palacio San José ca. 30 km westlich von Concepción del Uruguay ermordet wurde. Auf dem Höhepunkt seiner

Macht ließ sich der zum Nationalhelden avancierte Feldherr, Privatbankier und Großschlachthofbesitzer – er lieferte ›Sklavenfraß‹ (Pökelfleisch) an die Plantagen auf Cuba und in Brasilien – zwei herrliche Paläste in toskanischer Manier erbauen (s. S. 436). Dazu holte er sich den italienischen Baumeister Pietro Fossati aus Ägypten, der dann auch die Kathedrale von Concepción sowie das Hospital Italiano in Buenos Aires errichtete.

Secretaría de Turismo: Galarza, Ecke Elía, Tel. 034 42-44 08 12, www.concepcionentrerios.com.ar, www.elportalcdelu.com.ar, tgl. 8–21 Uhr.

... in Concepción del Uruguay:
Antigua Posta del Torreón: Almafuerte 799, Tel./Fax 034 42-43 26 18. Gut gelegenes Boutiquehotel, 9 Zimmer mit drahtlosem Internetzugang, Pool. DZ 150 $.

Grand Hotel: Eva Perón 114, Tel./Fax 034 42-42 55 86 u. 42 28 52, www.grandhotel-casino.com.ar. Stilvoll, im 75 Jahre alten ehemaligen Stadtpalais der Familie Texier. Mit Garage. DZ 120 $.

Nuevo Centro: Moreno 130, Tel. 034 42-42 74 29. Zentral gelegenes Residencial mit Zimmern rund um einen Patio. DZ 55 $.

La Posada: Moreno 166, Tel. 034 42-42 54 61. Ähnlich dem Residencial Nuevo Centro. DZ 45 $ ohne Frühstück.

... außerhalb:
Banco Pelay: 5 km vom Zentrum am Ufer des Río Uruguay, Tel. 034 42-42 40 03. Der schönste der insgesamt sieben Campingplätze in der näheren Umgebung, 3 km Sandstrand, komplette Infrastruktur. 2 Pers. mit Zelt 13 $.

La Delfina: Eva Perón 125, Tel. 034 42-43 32 40. Gepflegt, reiches Speisenangebot. 40 $.

Los Verdes Años: Mitre 764, Tel. 034 42-42 79 78. Beliebte Taverne mit gängigen Speisen, auch Flussfische wie *surubí, pacú* und *dorado.* 35 $.

Carlos I: Eva Perón 115, Tel. 034 42-42 67 76. In einer *casona* im gleichnamigen Hotel, einfach, gemütlich, preiswerte Tagesgerichte und Menüs. 25 $.

Café de la Plaza und **Café Rys,** beide in Galarza, Ecke Urquiza am historischen Hauptplatz der Stadt. Angenehm zum Frühstücken und Kaffeetrinken.

Busse: Vom Busterminal, Bv. Martínez 52, Tel. 034 42-42 23 52, Verbindungen in alle Landesteile mit Rápido San José, Tel. 034 42-42 50 01; Flecha Bus, Tel. 034 42-42 70 00; Singer, Tel. 034 42-42 25 06; El Tata, Tel. 034 42-42 71 17.

Die Umgebung von Concepción del Uruguay

Reiseatlas: S. 14, E/F 2; **Karte:** S. 422

Ca. 30 km westlich von Concepción del Uruguay umschließt der zweitürmige, arkadengesäumte **Palacio San José** zwei *cortiles* (›Höfe‹), um die sich 38 Räume gruppieren. Heute birgt das sehenswerte Gebäude ein historisches Museum. Wer gerne fotografiert, sollte den Palast am Vormittag aufsuchen, wenn er sich im schönsten Licht präsentiert. Im Teich des dazugehörigen Aranjuez-artigen Parks spiegeln sich venezianische Brücken. Als Urquiza hier Feste im Stile des Sonnenkönigs feierte, unterhielt er seine Gäste mit dem Allermodernsten: Dampfbootfahrten. Nach Urquizas Tod waren über 1 Mio. ha Land unter seinen 28 – von durchaus verschiedenen Müttern stammenden – Kindern zu verteilen. Man erreicht den Palacio San José per Auto (von Concepción del Uruguay auf der RN 39 Richtung Westen und nach ca. 25 km bei Km 128 rechts abbiegen und 3 km Richtung Norden) oder per Zug von Villa Elisa (s. rechts; Tel. 034 42-43 26 20, www.palaciosanjose.com.ar, Mo–Fr 8–19, Sa/So 9–18 Uhr, 3 $; Jan.–Feb. Fr 20.30–23.30 Uhr abendlicher Galabesuch, bei dem Besucher wie einst Urquizas Gäste durch den festlich beleuchteten Palast geführt werden, 7 $).

Der zweite Prachtbau des paternalistischen Herrschers entstand am Arroyo La China nahe Concepción in Form des (heute Gäste aufnehmenden) **Palacio Santa Cándida.** Dieses Landschloss, bei dessen Ge-

staltung sich die Lüsternheit eines Potentaten mit viktorianischer Gediegenheit vermählte, beherbergt sevillanische Leuchter, französische Kamine, Sarah Bernhardts Wandspiegel und ein Gemälde, dessen Motiv sich der Parfümfabrikant Atkinson zum Logo für seine Flacons erkor (Adresse s. u., tgl. 9–11.30, 15.30–18 Uhr, Besuch nur mit Voranmeldung).

Palacio Santa Cándida: 6 km abseits der RP 39 nach Concepción, Tel. 034 42-42 21 88, www.palaciosantacandida.com.ar. In großem Uferpark gelegenes Landpalais von 1847 mit Terrasse und Pool, schwelgerische Ausstattung, gute Küche, zum Ausspannen und Reiten. Anfahrt (beschildert): 200 m nach der metallenen Fußgängerbrücke von der RP 39 rechts ab, 3 km Erdweg, hinter der kleinen Flussbrücke links und nochmals 3 km. DZ 370 $ inkl. Abendessen.

Colón und Umgebung

Reiseatlas: S. 14, F 2; **Karte:** S. 422

Nur 44 km nördlich von Concepción kommt man ins nette Städtchen **Colón 15,** wo sich an den Namen der hügeligen Straßen bis heute der Einfluss der Einwanderung von Schweizern, Franzosen und Italienern aus Valais, Savoyen und Piamonte erkennen lässt.

In **Pueblo Liebig,** 12 km nordwärts, wurde 1903 der zweite Schlachthof der Welt eröffnet, der die vom Darmstädter Chemiker Justus von Liebig entwickelte Fleischextrakt-Technologie anwendete. Mit englischem Kapital betrieben, lieferte das Unternehmen während des Zweiten Weltkriegs das Fleisch von täglich 1500 Rindern an britische Truppen und Zivilbevölkerung. Dafür hinterließen die Engländer im Dorf ihre ›saubere‹ Ziegelarchitektur in Industriegebäuden und Personalwohnungen. Das zentrale Monument von Colón ist – passenderweise – eine gigantische *corned-beef*-Dose.

Die ersten Einwanderer der Region wurden 1857 in **Colonia San José** 9 km westlich von Colón ansässig. Zeugnisse davon findet man im **Museo Histórico Regional,** dessen Exponate unter Mithilfe des Smithsonian Insti-

Richtig Reisen-Tipp: Windmühle ohne Antrieb

Zwischen Colón und Colonia San José liegt 200 m linker Hand der Straße ein Bauwerk, das in dieser Gegend reichlich seltsam anmutet: der **Molino Forclaz,** eine nach holländischem Vorbild errichtete Windmühle, die vom Unternehmensgeist – und den Enttäuschungen – der Immigranten des 19. Jh. berichtet. Ihr Erbauer war der Schweizer Müller Jean Baptiste Forclaz, der seit 1859 an diesem Ort lebte und mit dem Verkauf von Mehl an die Truppen von Urquiza zu Wohlstand gekommen war. 1887 ersetzte er seine alte, durch Maultiere angetriebene Mühle durch den 12 m hohen Molino Forclaz. Der dreistö-ckige Bau wurde von einer mobilen Zinkkuppel gekrönt, die es den Flügeln ermöglichte, sich den Windverhältnissen entsprechend auszurichten. Ein Denkfehler allerdings unterlief dem Müller: Der schwerfällige Drehmechanismus erforderte starke Winde, die in dieser Region sehr selten sind. So konnte die Mühle nie wirklich in Gang gebracht werden. Eine Legende erzählt, Forclaz habe sich enttäuscht an einem der Flügel erhängt und seine Witwe deshalb zuerst das Antriebssystem abgebaut, bevor sie wieder die Maulesel einspannte (Mo–Fr 8.30–12, 16–19.30, So 9–19 Uhr, Führungen Sa/So 10–12, 14–17 Uhr, 1 $).

tute sehr anschaulich zusammengestellt wurden (Urquiza 1127, Tel. 034 47-47 00 88, www.museocoloniasanjose.com, Di–So 9.30–12.30, 17–20 im Sommer bzw. 16–19 Uhr im Winter, 2 $).

Von **Villa Elisa,** 17 km nordwestlich von Colón, fährt ein historischer Zug mit zwei Waggons durch Einwandererland und vergessene Bahnhöfe die 36 km bis zum Palacio San José (s. S. 436; im Sommer Di, Do, Sa Abfahrt 12, Rückfahrt 18 Uhr, im Winter nur Sa, Tel. 034 47-48 13 42, 30 $ hin und zurück inkl. Museumseintritt).

Oficina de Turismo: Gouchón, Ecke Costanera Gobernador Quirós (am Sporthafen), Colón, Tel. 034 47-42 12 33, www.colon.gov.ar, tgl. 7–20 Uhr.

... in Colón:
Hotel Internacional Quirinale: Gobernador Quirós, Ecke Noalles, Tel. 034 47-42 11 33, Fax 42 15 32, www.hquirinale.com.ar. Moderner Bau am Fluss mit Pool, Spa, Restaurant. DZ 284 $.
Hostería del Puerto: Alejo Peyret 158, Tel. 034 47-42 26 98, www.hosteriadecolon.com.ar. Historisches Haus mit Sicht zum Fluss und Innenhof, in dem man am Brunnen frühstücken kann. Keine Kreditkarten. DZ 110 $.

Camping Agreste: Camino Costero Sur, Tel. 034 47-42 41 08, www.colonentrerios.com.ar/campingagreste/. Dicht bewaldeter, 3 ha großer Platz am Zusammenfluss des Arroyo La Leche mit dem Uruguay. 2 Pers. mit Zelt 14 $.

... außerhalb:
Posada La Chozna: Colonia Hocker (29 km nordwestlich von Colón), Tel. 034 47-42 19 12 u. 15 62 55 30. Eines der ältesten Gebäude in dem kleinen Einwandererdorf. Frühstück nach lokaler Landsart. DZ 80 $.

... in Colón:
El Viejo Almacén: Urquiza, Ecke J. J. Paso, Tel. 034 47-42 22 16. Ein Block von der Plaza San Martín, ausgezeichneter *surubí* vom Grill. 45 $.
La Cosquilla del Angel: Peyret 189, Tel. 034 47-42 37 11. Gute Pasta in nettem Lokal am alten Hafen. 30 $.

... außerhalb:
Almacén Don Leandro: Colonia Hocker (29 km nordwestlich), Tel. 034 47-48 04 70. Parrilla, hausgemachte Pasta. Keine Kreditkarten. 35 $.

Busse: Die Buslinien Rápido San José, Tel. 034 47-42 29 96, und Flecha Bus, Tel. 034 47-42 26 89, fahren Ziele in Entre

Provinzen Entre Ríos und Corrientes

Ríos, Corrientes, Misiones sowie Buenos Aires an. Busterminal: Paysandú, Ecke Sourigues (15 Blocks nordwestlich der zentralen Plaza San Martín), Tel. 034 47-42 17 16.

Parque Nacional El Palmar

Reiseatlas: S. 14, F 1; **Karte:** S. 422

Wie der Osten Mesopotamiens – und übrigens auch ganz Uruguay – einmal aussah, bevor die Palmwälder gefällt und die restlichen Samen von Rinderhufen zertreten wurden, zeigt rund 75 km nördlich von Concepción der an den Río Uruguay angrenzende **Parque Nacional El Palmar** 🔢16. Tausende von bis zu 18 m hohen Yatay-Palmen, manche 800 Jahre alt, wiegen ihre Federhäupter im Wind. Hier kann man in Uferlage (heller Sandstrand) auf einem gepflegten Waldcampingplatz zelten, zutrauliche Vizcachas füttern oder Nutrias, Wasserschweinen und Iguanas nachpirschen. Die Zufahrt zum Park zweigt – von Süden kommend – 6 km vor Ubajay bei Km 198 von der RN 14 rechts ab (Tel. 034 47-49 30 53, Fax 49 30 49, www.parquesnacionales.gov.ar, Infozentrum tgl. 8–19 Uhr, 12 $).

Wer ausreichend Zeit zur Verfügung hat und das argentinische Mesopotamien genauer kennenlernen möchte, kann auf Höhe des Nationalparks (am einfachsten ca. 20 km südlich von Concordia über die RN 18) die Provinz Entre Ríos queren und die Route entlang dem Río Paraná fortsetzen (s. S. 429ff.).

🛏 ... in Ubajay:

La Aurora del Palmar: RN 14 Km 202, Tel. 034 47-42 15 49, www.auroradelpalmar.com.ar. Gegenüber vom Nationalpark führt die NGO Vida Silvestre ein 1300 ha großes Naturreservat, z. T. mit denselben Palmwäldern, aber auch mit anderen Biotopen und mit der Agrarproduktion gewidmeten Sektoren. Geführte Touren per Pferd, zu Fuß oder mit dem Boot, auch Birdwatching. Mit Restaurant. DZ 150–200 $ inkl. HP, Zelten 7 $ p. P., 4 $/Zelt.

... im Nationalpark:

Los Loros: Tel. 034 47-49 30 31. Zeltplatz am Flussufer. 5 $ p. P., 4 $/Zelt.

Weiter Richtung Posadas

Reiseatlas: S. 14, F 1; S. 8, F 3/4; S. 9/10, B 4–D 2; **Karte:** S. 422

Nördlich des mit einer Reihe schöner alter Gebäude aufwartenden Städtchens **Concordia** 🔢17 wird am Stauwerk Salto Grande die dritte Brückenzufahrt nach Uruguay und bei **Paso de los Libres** 🔢18 in der Provinz Corrientes der vierte Flussübergang ins Nachbarland passiert. Wesentlich spannender als die Orte entlang der Strecke präsentiert sich jedoch die Landschaft, die bis Posadas (ca. 600 km auf direktem Weg ab Concordia) vier Mal ihr Aussehen ändert.

Auf der Höhe von Monte Caseros zieht sich ein 30 km breiter Zitrusgürtel am Río Uruguay entlang. Hier wollte 1880 ein französischer Weinliebhaber auf seinem 10 ha großen Los Reben anbauen, doch ein durchreisender Brasilianer schenkte ihm zufällig einige Zitruspflänzchen – 1908 zählte man schon 100 000, heute sind es 7 Mio. Bäume. Ihr Aroma übertönen inzwischen aber die ätherischen Düfte der Eukalyptuswälder. Im Übergangsraum zum Lagunengebiet schwimmen dann immense Reisfelder vorbei, das ›weiße Gold‹ von Corrientes. Tausende von *tajamares* – ein 2000 km² großes Teichsystem – füllen sich im Winter mit Wasser. In der dritten Zone, in deren Herz die noch wenig berührten Esteros del Iberá (s. rechts) schlummern, löst sich die Erde buchstäblich in Lachen auf, und die Straßen reiten auf Dämmen über das in Regenzeiten violett schimmernde Spiegelparkett. Noch weiter nördlich trocknen die Marschen aus, machen Tabakpflanzungen und schließlich immensen Prärien und Weideflächen Platz.

🛏 ... in Concordia:

Hotel Salto Grande: Urquiza 581, Tel./Fax 03 45-421 00 34, www.hotelsaltogrande.net. Zentral, von den teureren Zimmern in den oberen Etagen gute Sicht auf den Río Uruguay. Pool, Restaurant. DZ 195–300 $.

Residencial Betania: Remedios Escalada de San Martín 1120, Ecke Pasaje Juramento, Tel. 03 45- 431 04 56. Helle Zimmer mit Sicht auf den Río Uruguay und den Hotelgarten mit Pool, ruhige Lage in einem Wohnviertel. DZ 40 $ ohne Frühstück.

... in Santo Tomé:
Hostería ACA: knapp 200 km nördlich von Paso de los Libres Richtung Posadas, Belgrano 950, Tel. 037 56-42 01 61. Einladend, Pool, Garten, gute Küche. DZ 1$.

14 Esteros del Iberá

Reiseatlas: S. 9, B/C 3/4; **Karte:** S. 422
Die ›Blaue Braut des Paraná‹, wie Correntiner Poeten das 13 000 km² große Schilfseegebiet der **Esteros del Iberá** gerne nennen, verschleiert ihre Umrisse nicht nur hinter Sumpfnebeln; die Konturen verändern sich auch mit der klimabedingten Hebung und Senkung des Wasserspiegels. Hunderte von Lagunen, nie mehr als 15 m tief, sind in das Rohrdickicht eingebettet. Die **Laguna Iberá** selbst, natürliche Eingangsschleuse zu diesem Naturreservat, liegt mit ihrem Ort **Colonia Carlos Pellegrini** 19 am Südostrand der 150 km breiten Sümpfe. Die weltferne, 683 Einwohner zählende Kleinbauernkolonie, die weder über eine Bank noch über eine Tankstelle verfügt, erreicht man von dem zentralen Landstädtchen **Mercedes** 20 aus über eine gut 120 km lange Schotterstraße (RP 40, nach Regen schwer befahrbar), deren letzter Teil über einen Damm läuft. Nach Mercedes kommt man von der östlichen RN 14 über Curuzú Cuatiá (RN 119) oder Paso de los Libres (RN 123), von der westlichen RN 12 über Goya und die RN 123.

Mit ihren Schilfbänken, Binsengebüschen und schwimmenden Grasinseln bilden die nur vom Boot aus zu erkundenden Gewässer eine ideale Heimat für wertvolle Spezies der Aquafauna. Ungezählte Sumpfhirsche, *yacarés* (Kaimane) sowie *carpinchos* (Wasserschweine) sind in diesem Dschungel von Rohrkolben und Wasserschwertlilien zu Hause und natürlich nisten Tausende von Wasservögeln im Kamelottgras und im Geäst der wie Ertrinkende ihre Arme aus dem Totoraschilf reckenden Zwergbäume. Hier sichtet man auch noch eine andere Art von Nestern: schwarze Kokons, die aussehen wie mit Brombeeren gefüllte Nylonnetze. Die ›Brombeeren‹ indessen sind zusammengekauerte Spinnen, die, nachts auf Insektenjagd, sich tagsüber kolonieweise zu Aberhunderten einweben, um sich vor den Vögeln zu schützen. Und tatsächlich greift kein gefiederter Feind diese klebrigen Gespinste an – er würde sich rettungslos darin verheddern.

Im Halblicht verschwimmen die melancholischen Sümpfe zu Aquarellen, in denen Himmel und Wasser ineinander übergehen. Das im Abendwind sich wiegende Schilf und seine Schatten zaubern eine eigene Fauna von Einhörnern und Salamandern in dieses nur von Vogelrufen aufgeschreckte Paradies, gerade so, als seien die Schemen Borges' »Handbuch der fantastischen Zoologie« entsprungen. Schon immer waren die Iberá-Niederungen der Hort von Fabelwesen und Geisterschiffen. Wasserpflanzen bilden *camalotes* genannte schwimmende Matten auf der Oberfläche, füllen sich mit angewehten Erdpartikeln auf; als Samen niedergegangene Pflanzen nisten sich ein, wachsen noch, der Wind bläst in ihr Blattwerk, die Matte reißt sich von ihrer Verankerung los – und segelt fortan als unbemanntes Gefährt durch das Lagunenlabyrinth. Die schwimmenden Inseln des Iberá und der betäubende Duft der nur zwei Nächte lang blühenden *Victoria regia,* der brunnenschalengroßen Seerose, haben nicht wenig zu den Phantasmagorien der Moorbewohner des argentinischen Nordens beigetragen.

i **Touristeninformation:** Hugo Boccalandro, Colonia Carlos Pellegrini, Tel. 037 73-15 62 88 23, iberatours@gmail.com.

... in Colonia C. Pellegrini:
Posada Aguapé: Yacaré, Ecke La Laguna, Tel. 037 73-49 94 12 u. 011-47 42 30 15. 13 Zimmer mit Sicht auf die Lagune, Swimmingpool, bestes Restaurant im Ort. DZ 710 $ inkl. VP und Ausflüge.
Hostería Ñandé Retá: Guazú-Virá, Tel. 037 73-49 94 11, www.nandereta.com. 9 Zimmer

umringt von Bäumen, Swimmingpool, organisierte Ausflüge, z. B. Nachtwanderungen und Bootsfahrten, auf denen die Alligatoren bei der Jagd beobachtet werden können, während der tausendfache Chor der Frösche erklingt. DZ 330 $ p. P. inkl. VP und Ausflüge.

Posada de la Laguna: Guazú-Virá, an der Laguna Iberá, Tel. 037 73-49 94 13, www.posadadelalaguna.com. Stilvolle Lodge mit 2 ha Garten, 6 Zimmern, Pool, Restaurant mit Vegetarierkost. Touren zu Fuß, per Boot und per Pferd, spezialisiert auf Vogelbeobachtung, u. a. Kehlband-Schleppentyrann *(Gubernetes yetapa/yetapá grande),* Rotkehl-Schleppentyrann *(Alectrurus risora/yetapá de collar),* gelbköpfiger Stärling *(Xanthopsar flavus/ tordo amarillo)* und Grünkardinal *(Gubernatrix cristata/cardenal amarillo).* DZ 100 $ p. P. inkl. VP und Ausflüge.

Irupé Lodge: direkt am Ufer der Laguna Iberá, Tel. 037 73-15 40 21 93 u. 15 41 79 97, www.irupelodge.com.ar. Rustikaler Pfahlbau mit 10 Zimmern und Spa, deutschsprachig, einziges Hotel im Ort, das Kreditkarten annimmt. Privatflugzeug von/nach Iguazú ca. 670 US$ (3 Pers.), Geländewagen von/nach Iguazú 310 US$ (4 Pers.). DZ 550 $ inkl. VP und Ausflüge.

Rancho Iberá: Caraguatá, Ecke Aguará, Tel. 037 73-15 41 20 40 u. 037 83-15 31 85 94. Paket 2 Tage 494 $ im DZ inkl. VP und Ausflüge.

Rancho Inambú Hostel: Yerutí, zwischen Pehuajó u. Aguapé, Tel. 02 21-15 542 49 62, www.ranchoinambu.com.ar. 5 Zimmer in traditionellem Bau. Julieta Balparda führt ihre Gäste über geheime Pfade durch die Lagunenlandschaft. DZ 64 $.

Camping La Balsa: am Dorfeingang links, Tel. 037 73-15 40 09 29 u. 15 62 96 56. Zeltplatz am Lagunenufer. 7 $ p. P.

... außerhalb:

Estancia Rincón del Socorro: 30 km südlich von Colonia C. Pellegrini Richtung Mercedes, 4,5 km westlich der Hauptstraße, Tel. 037 82-49 70 73 u. 011-50 32 63 26, www.rincondelsocorro.com.ar. 1999 wurde auf dieser Estanzia die Landwirtschaft eingestellt und die Wiederbelebung der natürlichen

Flora und Fauna gefördert, u. a. mit der Einführung des hier vor längerer Zeit ausgestorbenen Ameisenbärs. 6 Zimmer und 3 Bungalows auf 12 000 ha am Rand des Naturparks. Bezahlung nur per Banküberweisung im Voraus oder mit Bargeld (wie in fast allen anderen Unterkünften in Pellegrini). DZ 150 $ p. P. inkl. VP und Ausflüge.

Colonia C. Pellegrini besitzt keine Restaurants – ausgenommen in den Hotels, die aber oft nur für Hausgäste offenstehen. Dafür gibt es mehrere Familienhäuser *(comedores domiciliarios),* die für rund 15 $ ein 3-gängiges Menü bieten:

Augen auf in den Esteros del Iberá, dann entdeckt man viele Vögel und mit etwas Glück auch Sumpfhirsche, Kaimane und Wasserschweine

Carros: Curupí, Ecke Tuyuyú, Tel. 037 73-15 40 39 22. Einfach, gut und billig. Vor oder nach dem Essen kann man einen Ausflug im Pferdekarren machen.

Yacarú Porá: Caraguaté, Ecke Yaguareté, Tel. 037 73-15 41 23 65.

El Esquinazo: Guazú-Virá, Ecke Curupí, Tel. 037 73-15 62 75 48.

Bootsausflüge zur Beobachtung von *yacarés* (Alligatoren), *carpinchos* (Wasserschweinen), *ciervos de los pantanos* (Sumpfhirschen) und Vögeln werden von allen Hotels sowie von den Rangern (ehemalige Sumpffischer und -jäger mit guter ökolo-gischer Ausbildung) der ›Flora-y-Fauna‹-Station an der Brücke durchgeführt. Auf anspruchsvolle Abenteuer wie die Beobachtung der gelben Anaconda spezialisiert ist Jungle Riders, Tel. 037 73-15 41 85 77 u. 011-47 17 08 32, www.jungleriders.com.ar.

Busse: Vom Terminal Retiro in Buenos Aires täglich mit Flecha Bus nach Mercedes (Abfahrt 21.05, Ankunft 6 Uhr, 87 $). Transfer von Mercedes nach Colonia C. Pellegrini entweder im Bus (Abfahrt 12 Uhr, 3 Std., 15 $), im Kleinbus (Empresa Itatí, Tel. 037 73-42 19 32, bis 10 Pers. 300 $) oder im Geländewagen (bis 5 Pers. 170 $).

Provinz Misiones

Das Grün der Regenwälder wächst aus der roten Tonerde bis zu 40 m in den Himmel. Die Flüsse stürzen mit Getöse über noch höhere Abhänge als in Iguazú. Der Urwald musste aber einen Teil seines Gebiets an die Mate-Plantagen abgeben, die erst von Jesuiten und Indianern und später von mitteleuropäischen Einwanderern angelegt wurden. Misiones ist landschaftlich und kulturell eine farbige Provinz.

Wer vor 30 Jahren den ›argentinischen Amazonas‹ bereisen wollte, kletterte im Hafen von Buenos Aires in ein Sunderland-Flugboot, ließ sich über den lehmbraunen Río Paraná 1200 km weit in die Hitze des Nordens tragen und nach glücklicher Ankerung auf dem pfützenwarmen Strom unter dem Schutz aufgespannter Regenschirme von einer *lancha* an das Ufer bringen, wo ein stilles Posadas erst wieder nach Sonnenuntergang aus dem Tiefschlaf erwachte. Nachts startete ein Bus unbekannten Alters über eine windungsreiche rote Lehmstraße durch den Urwald und wurde, wenn er steckenblieb, von der einen Hälfte der Fahrgäste schiebend, von der anderen Hälfte an einem Tau ziehend, aus den Schlammkuhlen befreit, um des Abends am Fluss Iguazú anzukommen. Heute durcheilt

Nach Regenfällen glitschige Bahnen: die Erdstraßen im argentinischen Urwald

man das – ehemals zu Paraguay gehörende – ›Land der Roten Erde‹ auf der schnittigen RN 12 in wenigen Stunden: Gut 300 km sind es von Posadas nach Puerto Iguazú. Es sei denn, man möchte die argentinischen Tropen schon unterwegs ein wenig besser kennenlernen …

Posadas und Encarnación

Reiseatlas: S. 10, D 2; Karte: S. 444

Die heute 220 000 Einwohner große Hauptstadt der Provinz mit dem selbsterklärenden Namen ›Misiones‹ entstand, wie so viele andere Orte der Region, aus dem Keim einer Jesuitenstation (frühestes belegtes Datum: 1615). Urbane Züge nahm die Siedlung erst 250 Jahre später an, nannte sich aber immer noch Trincheras (›Schützengräben‹) de San José – eine Bezeichnung, die ebenfalls Geschichte zitiert, denn lange Zeit mussten sich die Patres und ihre indianischen Schützlinge gegen die von Brasilien einfallenden *bandeirantes* wehren, die auf Sklavenjagd für die Plantagen gingen. Mit der Benennung **Posadas** 1 adoptierte die Stadt 1879 dann den Namen des ersten *director supremo* der vereinten La-Plata-Provinzen.

Posadas trägt die entspannten Züge einer subtropischen Kleinstadt, in deren Zentrum sich der Verkehr allenfalls freitag- und samstagabends staut, wenn *toute Posadas* seine Promenade im Auto absolviert oder von einem der Trottoircafés aus die kleinen Eitelkeiten im Sitzen verfolgt. Die von Lapacho-, Peteribí-, Jakaranda-Bäumen und schlanken Pindó-Palmen bestandene und vom rosafarbenen **Regierungspalast** von 1883 (mit schönem Patio) flankierte **Plaza 9 de Julio** ist der bedächtige Mittelpunkt, an dem die palmengesäumte **Calle Bolívar** als Hauptgeschäfts- und Flanierstraße entlangläuft. Nach Osten fällt die in einer Biegung des Río Paraná liegende Stadt über eine Böschung – die Bajada Vieja (›Alter Abhang‹) – zum Fluss hin ab.

Eine moderne Straßen- und Eisenbahnbrücke verbindet Posadas mit der paraguayischen Zwillingsstadt **Encarnación,** die

Mit den Autoren unterwegs

Fantastische Welt

In die **Casa de Horacio Quiroga** sollte man sich begeben, nachdem man einige der Erzählungen des Schriftstellers gelesen hat, wie »Urwald-Geschichten« oder »Geschichten von Liebe, Irrsinn und Tod«. Die fantastischen Figuren, die Quirogas Feder entsprangen, scheinen hier noch heute zu leben (s. S. 448).

Noch mehr Wasserfälle

Keine Frage, die Cataratas del Iguazú gehören zu den Weltwundern der Natur und ins feste Programm einer Argentinienreise. Auf dem Weg dorthin sollte man jedoch keinesfalls versäumen, die **Saltos del Moconá** zu besuchen, die dem Massentourismus bislang entgangen sind (s. S. 456f.).

Abenteuergeschichten

In Puerto Rico, Montecarlo, El Dorado, Oberá und zahlreichen weiteren Ortschaften in der Provinz Misiones kann man im Gespräch mit älteren Einwohnern – oft auch auf Deutsch – die abenteuerlichen **Erlebnisse der Einwanderer** der ersten Jahrzehnte des 20. Jh. wieder aufleben lassen.

ihrerseits in Form des Straßenmarktes **Mercado Paraguayo** ihre Fühler auf das argentinische Ufer ausstreckt – was jedoch bald ein Ende haben wird, denn spätestens 2009 werden die Fluten des Staudamms von Yacyretá das Zentrum vereinnahmt haben (s. S. 434). Am kleinen Flusshafen verlädt man Yerba Mate, Holz, Tee und Kaffee. Warum Posadas sich weiter oben ansiedelte, erklärt wortlos eine Bronzeplatte, die an das Hochwasser vom 12. Juli 1983 erinnert: 7,09 m. Wenn die Regengüsse Südbrasiliens sich im Río Paraná kanalisieren, schickt der Fluss bis zu 40 000 m^3 Wasser pro Sekunde ins Tal.

An der Bajada Vieja verstecken sich noch einige alte Häuser, aber ist nicht auch das ein Bild wie aus vergangenen Zeiten: wenn eine betagte Dampflok einen mit Maniok belade-

Provinz Misiones

nen Güterzug schnaubend über die Flussbrücke zieht?

Secretaría de Turismo: Colón 1985,
Posadas, Tel./Fax 037 52-44 75 40,
www.turismo.misiones.gov.ar und www.po
sadas.gov.ar/turismo.

... in Posadas:

Julio César: Entre Ríos 1951, Tel. 037
52-42 79 30, Fax 42 05 99, www.juliocesar-
hotel.com.ar. Nüchternes 4-Sterne-Groß-
hotel mit Komfort, Pool, Confitería. DZ 150 $.
Posadas Hotel: Bolívar 1949, Tel. 037 52-44
08 88, Fax 43 02 94, www.hotelposadas.
com.ar. Das schönste Stadthotel von Posa-

das in unmittelbarer Nähe der Plaza, stilvoll-
gediegen. DZ 140 $.
City Hotel: Colón 280, Tel./Fax 037 52-43 39
01. Viel besuchtes Touristenhotel, einfache
Mittelklasse, direkt an der Plaza. DZ 88 $.
Residencial El Colonial: Barrufaldi 2419, Tel.
037 52-43 61 49. Adrettes familiengeführtes
kleines Hotel nahe dem Busbahnhof, klimatisierte Zimmer, Autoeinstellplatz. DZ 80 $.
Le Petit Hotel: Santiago del Estero 1630, Tel.
037 52-43 60 31. Sauber, familiengeführt, klimatisierte Zimmer, Autoeinstellplatz. DZ 80 $.
... außerhalb:
Hostería Suiza: Rivadavia 1551, Candelaria
(20 km in Richtung San Ignacio auf der linken
Straßenseite), Tel. 037 52-49 33 99, www.

hosteriasuiza.com.ar. Nette Zimmer und gute schweizerische Küche. Erika und Heinz Egg organisieren auch Ausflüge im Geländewagen zu typischen Ausflugszielen der Region, z. B. zu den Cataratas del Iguazú sowie in die Esteros del Iberá (Tagesausflug 380 $ für die Fahrt und ca. 80 $ p. P. für Bootsausflug und Mittagessen). DZ 52 $.

... in Posadas:
El Mensú: Coronel Reguera, Ecke Fleming (Bajada Vieja), Tel. 037 52-43 72 88. Lokal in einer der schönsten Straßen von Posadas am alten Hafen; hausgemachte Pasta, Fisch, gute Weinkarte. 45 $.
La Querencia: Bolívar 322, Tel. 037 52-43 71 17. Beliebte Parrilla an der Plaza, sehr gutes Fleisch, auch Flussfisch und Pasta. 28 $.

Touren: Carlota Stockar Turismo, Junín 2054, Tel./Fax 037 52-44 03 00. Trips zu den Saltos de Mocona (s. S. 456f.).

Flüge: Aerolíneas Argentinas hat zwei Flüge täglich nach Buenos Aires mit Zwischenlandung in Formosa oder Corrientes. Der Flughafen Libertador General San Martín liegt 9 km südwestlich der Innenstadt; eine Taxifahrt dorthin kostet etwa 15 $.
Züge: Vom Bahnhof Federico Lacroze in Buenos Aires fährt der Zug El Gran Capitán über Concordia, Paso de los Libres und Apóstoles bis Misiones (Di/Fr ab Buenos Aires 10.50 Uhr, Ankunft in Posadas Mi/Sa 12.50 Uhr, kommt aber fast immer verspätet an; Turista 48 $, 1. Klasse 65 $, Pullman 85 $, Schlafwagen 150 $). Infos: Tel. 011-45 54 80 18, www.trenesdellitoral.com.ar.
Busse: Internationale Verbindungen nach Paraguay und Brasilien mit Crucero del Norte, Tel. 037 52-45 55 53, und Reunidas, Tel. 037 52-45 47 95; nationale und regionale Ziele mit Expreso Singer, Tel. 037 52-45 58 00; Flecha Bus, Tel. 037 52-45 31 20; La Nueva Estrella, Tel. 037 52-45 54 55. Ständige lokale Busse von Posadas zu den Jesuitenruinen von Santa Ana, Loreto und San Ignacio (s. rechts) vom Busterminal an der Kreuzung Av. Santa Catalina und RN 12, Tel.

037 52-45 48 87; ein Taxi von der Innenstadt kostet rund 5 $.

Entlang dem Río Paraná nach Puerto Iguazú

Reiseatlas: S. 10, D 2–E 1; **Karte:** s. links
Von Posadas über die nächsten 350 Uferkilometer bis hoch nach Ciudad del Este (Grenzübergang Paraguay–Brasilien) ist der mächtige Río Paraná mit keiner weiteren Brücke gesegnet – was ihm zur Idylle und dem Schmuggel zum Vorteil gereicht, denn nirgendwo fällt es leichter als hier, die *ladrillos* (›Backsteine‹) aus gepresstem Marihuana (die in Asunción 50 Dollar, hier das Vierfache kosten und zum zwanzigfachen Preis an den Endverbraucher gehen) über die fließende Grenze zu schaffen. Dem Fluss folgt die nach Norden laufende Fernstraße RN 12 in gehörigem Abstand, nur an einigen Biegungen gibt sie den Blick auf den Strom frei. In dieser Gegend verteilen sich die Ruinen mehrerer Jesuitenmissionen. Die besterhaltenen und daher auch meistbesuchten sind zwar die von San Ignacio (56 km nördlich von Posadas), diese sind aber nicht die auf geheimnisvolle Art wildromantischsten.

Santa Ana und Loreto

16 km vor San Ignacio leitet ein beschilderter Stichweg zu den zwischen wuchernden Bäumen und Kletterpflanzen eingebetteten Trümmern der Station von **Santa Ana** **2** , wo der 1767 des Landes verwiesene Orden seine Schätze vergraben haben soll. Hinter den umgestürzten Grabsteinen des aufgelassenen Friedhofs bezeugen Gruben jüngeren Datums, dass hoffnungsvolle Schatzsucher gelegentlich noch immer am Werk sind. Eindrucksvoll ist die breite Freitreppe, die einst zur Kirche hochführte. Doch mit sanfter Gewalt verschlingen die Urwaldpflanzen das Menschenwerk. Vor allem der polypenartige *ibapoí* – der ›verrückte Wildfeigenbaum‹, wie die Einheimischen sagen – umklammert und erdrückt meterdicke Mauern, so wie er andere Bäume stranguliert, in deren rissigen

Die friedliche Eroberung –
Jesuitenstationen und Mate-Anbau

Nachdem Pater Sepp aus Südtirol ›seinen‹ Guaraní-Indianern erklärt hatte, wie man den Ochsen vor dem Pflug führt, und die prächtigen Bataten, die in den Ackerfurchen gedeihen würden, mit der Hand in die Luft gemalt hatte, zog er sich zu seinen Sprachstudien zurück. Als er am Abend wieder das Feld aufsuchte, sah er, dass es bei der einen am Morgen gezogenen Furche geblieben war.

Auf dem unbestellten Acker lagerten Guaraní-Familien am Feuer und lobten ihren Einfall, der späteren Ernte von Hackfrüchten die sofortige Schlachtung des Ochsen vorgezogen zu haben. In gewisser Weise bedeutete der Geschmack, den die zwischen den Ríos Paraguay und Uruguay lebenden Waldindianer dem Rindfleisch abgewannen, einen enormen zivilisatorischen Fortschritt. Denn ursprünglich aßen sie Menschenfleisch, und zwar nicht, wie die Anthropologen es ›gewünscht‹ hätten, aus rituellen Gründen, sondern ganz einfach aus Hunger. Doch dadurch ließen sich die um jede Seele ringenden Missionare nicht erschrecken.

Zu dritt und zu viert fuhren sie in kleinen Pirogen die Urwaldflüsse ab und lockten – indem die einen ruderten, die anderen spielten – mit Schalmeientönen die braunhäutigen Menschen aus dem Dschungel. In wenigen Jahrzehnten gelang es den Patres, obwohl 35 von ihnen den ›Märtyrer‹-Tod starben, in den Urwäldern am oberen Paraná einen der platonischen Utopie nachempfundenen, in seiner Blütezeit rund 300 000 Indianer umfassenden ›Jesuitenstaat‹ zu schaffen. Dieses paternalistische Selbstverwaltungsgebilde sollte nicht nur ein Musterbetrieb der Agrarwirtschaft werden, es brachte auch erstaunliche Handwerksleistungen und Kunstwerke hervor. Unter der Anleitung der Jesuiten lernten die Schützlinge Möbel zu schreinern, Uhrwerke zu konstruieren, Glocken zu gießen, zu

töpfern und zu drucken. Ja, sie bauten, nach Pater Sepps Plänen, sogar eine Orgel. An Zauberei soll ihre Fähigkeit gegrenzt haben, die verschiedensten Instrumente zu spielen.

Hatten sich die spanischen Eroberer als militante Glaubensstreiter auf amerikanischen Boden und dort in die direkte Konfrontation mit den Eingeborenen begeben, so eroberten die Jesuiten die Indianerseelen, indem sie sich mit der Geduld ihrer humanistischen Vordenker in die Vorstellungswelt der ›Wilden‹ einzufühlen versuchten. Auch Tupa, der Gott der Guaraníes, war einmal über die Erde gepilgert; beiden Glaubenslagern war der Gedanke an ein Leben nach dem Tode zu eigen; und was die Leiden auf dieser Erde angeht, so lehrt auch das Evangelium, dass die Erlösung nicht nur von Gott allein, sondern auch vom eigenen Handeln zu erwarten ist.

Man rodete den Wald, baute Ortschaften, bestellte Felder und züchtete Vieh. Nur je zwei Patres dirigierten eine solche, manchmal von 50 Kaziken befehligte und aus mehreren Tausend Guaraníes bestehende Gemeinde. Den Gemeinderat bildeten die Indianer. Sie wählten ihren Alkalden. Es gab Mütterbetreuung, ein Witwenhaus, geregelte Arbeitszeiten und einen Quotenplan zur Umverteilung der Einkünfte. Ein Staat im Staate also, im Ganzen 75 000 km² groß. War er ein kommunistisches Arkadien? Sogar der Lästerer Voltaire nannte die Jesuitenstationen einen Triumph der Menschlichkeit.

Thema

Dem schwärmerischen Trübsinn der ersten Missionare setzten die Jesuiten ein humanes, lebensnahes Tugend- und Sündensystem entgegen, weshalb sie auch den von den Guaraníes mit Vorliebe getrunkenen Mate-Tee, zunächst als Höllentrunk bezeichnet, ›entteufelten‹. Bald erkannten die Patres den ökonomischen Wert der von den Indianern aus 300 km Entfernung herangeschafften Blätter des Yerbabaums. Sie begannen die Pflanzen zu kultivieren, propagierten ihre stimulierenden, blutreinigenden Eigenschaften, tauschten Mate gegen das Silber von Potosí und exportierten 1620 bereits 50 000 Ballen des bald monopolisierten ›Jesuitentees‹.

Man kann sich vorstellen, wie die Nutznießer der kolonialen Ausbeutung jubelten, als die spanische Krone denjenigen Gehör schenkte, die dem Orden unterstellten, er strebe die ›Weltmonarchie‹ an. 1767 wurden die Jesuiten, 6000 an der Zahl, vertrieben. Die Stationen verfielen, die Indianer verloren sich in der Außenwelt. Geblieben aber ist die Sitte, Mate zu trinken. Heute gibt es in Misiones ca. 15 000 Mate-Anbauer, die von 70 Mio. Baumsträuchern jährlich 130 000 t *yerba* gewinnen. Die Bezeichnung leitet sich vom Wort *hierba* (›Kraut‹) ab, das die Spanier verwandten, bevor Saint Hilaire die Stechpalmenblätter 1822 als *Ilex paraguarinensis* klassifizierte. Das Wort *mate* übernahmen die Eroberer aus dem Quechua, wo *mati* einfach ein Trinkgefäß bezeichnet; heute werden auch die Teeblätter selbst so genannt.

Neu angepflanzter *Ilex* (man zählt 280 Spezies) wird nach fünf Jahren zum ersten Mal geerntet. Die Verarbeitung frisch geschnittener Zweige erfolgt in drei Stufen: Schnelltrocknung, Röstung, Zerkleinerung. Pro Kopf werden in Argentinien durchschnittlich 5 kg Mate pro Jahr verbraucht. *Matear,* also Mate trinken, ist gleichbedeutend mit Gastfreundschaft, Geselligkeit, Wohlbefinden. Dann gehen Trinkgefäß und *bombilla* (Saugröhrchen) im Kreis herum. Den besten Mate jedoch bringt – eine alte Gauchoweisheit – ›ein Mädchen mit abgrundtiefen Augen und einem Tango in den Hüften‹.

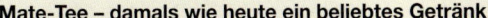

Mate-Tee – damals wie heute ein beliebtes Getränk

Stämmen er seine Samen aufgehen ließ (tgl. 7–18 Uhr, 1 $).

Im verwunschenen Wald von **Loreto** `3` einem anderen Ruinenfeld ca. 5 km vor San Ignacio, starren die rotbraunen Sandsteintrümmer wie ertrunkene Menhire aus dem grünen Moospolster: Reste von Mauern, Toren, Säulen, Taufbecken. Es ist ein eigenartiges Gefühl, sich vorzustellen, dass in diesem Dschungel die erste Druckerpresse Argentiniens stand – ein Selbstverlag im Jahre 1700! Sogar ihre eigene Tinte stellte die Mission her (tgl. 7–18 Uhr, 1 $).

Beide Ruinenfelder wurden, nachdem sie jahrhundertelang sich selbst überlassen geblieben waren, 1996 mit einer schützenden Infrastruktur versehen.

San Ignacio und Umgebung

Der Fantasie mehr zu Hilfe kommt das Restmauerwerk der sich an das heutige Örtchen **San Ignacio** `4` anlehnenden **Reducción San Ignacio Miní**. Deutlich zu erkennen ist die funktionelle Grundordnung der um eine zentrale Plaza gruppierten Bereiche: im Norden, Osten und Westen der Reihenwohnungen der Eingeborenen, im Süden Kathedrale, Klaustrum, Friedhof und Werkstätte. Der 1724 fertiggestellte Kirchenbau, dessen abgestützte Sandsteinmauern 10 m Höhe erreichen, misst in der Grundfläche 24 m x 60 m. Erst vor 100 Jahren wurden die von der Vegetation überwucherten Ruinen wiederentdeckt und freigelegt. Die Säulenordnungen, das Wechselspiel von Durchblicken und Verstellungen, die intuitiv von der Natur aufs Mauerwerk übertragenen pflanzenhaften Ornamente verweisen auf die umgebende Wildnis als Ursprung der Verkörperung von Würde, Macht und Sinnlichkeit. Für die meisten Fotomotive an den Ruinen herrscht nachmittags das beste Licht (tgl. 8–19 Uhr, bei gutem Wetter und genügend Besuchern abends Luz-y-Sonido-Aufführung, 12 $).

In derselben Wildnis, in San Ignacio, baute sich 1906 der in Uruguay geborene Schriftsteller Horacio Quiroga sein Haus. Er war einer der ersten, die auf die Jesuitenruinen aufmerksam machten. Aber sein Interesse konzentrierte sich auf die fantastischen Figuren des Urwalds, von der Anaconda bis zur Riesenschildkröte, die seine Literatur prägten – und auch sein Leben, dem er 1937 mit Zyanid ein Ende setzte. Die **Casa de Horacio Quiroga** umfasst Haus und Werkstatt des Schriftstellers und kann heute besichtigt werden (Av. Horacio Quiroga, am Westende von San Ignacio, knapp 1,5 km südwärts, ausgeschildert, tgl. 8–18 Uhr).

i **Centro de Interpretación Regional:** am Eingang zu den Ruinen von San Ignacio, Tel. 037 52-47 01 86.

… in San Ignacio:
El Descanso: Pellegrini 270, Tel. 037 52-47 02 07. Zimmer und Cabañas für bis zu 3 Pers., Zeltmöglichkeit, Grillplatz, Wasch- und Kochgelegenheit, von deutschsprachiger Familie geführt. Bungalow für 2 Pers. 40 $, Zelten 5 $ p. P.

Gegenüber den Eingängen zu den Ruinenstätten und zum Museum finden sich mehrere einfache Touristenlokale und Parrillas.

Montecarlo

Und weiter geht die Fahrt nach Norden über die in Wellen auf- und abschwingende RN 12, auf der unentwegt Holzlaster in die Sägewerke und Papierfabriken rollen. Ein vielstufiges Mosaik von Grünflächen begleitet die Straße: Pflanzwälder und Naturwaldinseln, Mate-Plantagen und Zitrushaine, Aufforstungen von Kahlschlägen, Bananenfelder, Araukarienalleen, Galeriewälder, die an den Brücken über die Paraná-Nebenflüsse ins Blickfeld rücken, und giftgrüne Hütten, vor denen Kinder und Hunde spielen. Über **Jardín América** und **Puerto Rico** erreicht man 120 km nach San Ignacio das sympathische **Montecarlo** `5`. Lohnend ist eine Fahrt zum Ufer des Río Paraná mit seinem Inselchen Caraguatay sowie zum gleichnamigen Ort mit Ernesto ›Che‹ Guevaras Geburtshaus (s. rechts). Wie auch im nördlichen Eldorado ist die noch junge Geschichte Montecarlos durch viele

Richtig Reisen-Tipp: ›Che‹ Guevaras erste Heimat

Knapp 25 km südöstlich von Montecarlo befindet sich in **Colonia Caraguatay** 6 das Haus, in dem Ernesto ›Che‹ Guevara seine frühe Kindheit verbrachte. Die Eltern waren 1927 kurz vor seiner Geburt dorthin gezogen, um ihr Glück mit dem Yerba-Mate-Anbau zu versuchen. Zur Entbindung machte sich Ernestos Mutter auf den Weg von Misiones in ein Hospital nach Buenos Aires, doch der ungeduldige ›Che‹ kam bereits unterwegs in Rosario zur Welt. Nach einigen Monaten war die Familie wieder am Urwaldrand zurück, wo der zukünftige Guerrillero seine ersten Schritte machte. Obwohl sie kurze Zeit später nach Buenos Aires zogen, hielt Ernesto lebenslang eine Bindung zu seiner ersten Heimat. Man erzählt, er sei 1961, bereits Industrieminister in Kuba, heimlich nach Caraguatay zurückgekehrt, um das von seinem Vater gebaute Haus wiederzusehen. Seine Guerrillero-Aktivitäten führten ihn mehrfach in ähnliche Urwaldlandschaften, zuletzt in Bolivien, wo er den Tod fand. Die Kubaner nannten ihn ›Che‹ (wie sich die Argentinier häufig ansprechen), vermutlich ohne zu wissen, dass dieses Wort für die im heutigen Misiones ansässigen Guaraní-Indianer ›Mensch‹ bedeutet.

Das Haus in Caraguatay wurde inzwischen restauriert und in ein **Museum** umgewandelt, um das sich auf 23 ha die **Reserva Natural-Cultural Parque El Che** ausbreitet. In der 200 m² großen Wohnung, von der man eine tolle Sicht auf den Río Paraná genießt, wird der Lebenslauf des Che dargestellt; für tiefere Recherchen dienen eine Bibliothek und ein Auditorium. Ein großes Bild zeigt den Guerrilla-Ideologen mit einem Mate-Trinkgefäß in der Hand – was könnte ein besserer Beweis für Misiones als seine Herkunft sein. Unbedingt sollte man auch die 300 m durch den Park zum Río Salamanca spazieren, die Trinkwasserquelle und der Badeort der Familie, an dem man den geheimnisvollen Geräuschen des Urwalds lauschen kann (www.solardelche.com).

deutsche Siedler geprägt, die unter der Führung des Neuwieder Ingenieurs Carlos Culmey und einiger Jesuitenpater nach dem Ersten Weltkrieg vier Städte in Misiones und ein Dutzend in Südbrasilien gründeten. Zur inzwischen international bekannten ›Stadt der Orchideen‹ wurde der Ort, nachdem der Züchter Willy Baden in den 1980er-Jahren aus seinem Hobby einen Beruf machte: Heute gibt es in Montecarlo ein Dutzend Orchideenzuchten, z. B. **Orquilandia** an der Ecke Avenida Libertador und Rivadavia (weitere in den Hotels zu erfragen).

Helvecia: El Libertador 2882, Tel./Fax 037 51-48 00 28. Adrette, zentrale Hostería im Chalet-Stil mit klimatisierten Zimmern, Pool und großem Park. DZ 75 $.
Ideal: Poll s/n, Tel. 037 51-48 00 76. Sauberes kleines Hotel, sehr preiswert, geführt von deutschsprachiger Familie. DZ 54 $.
Camping: auf dem Gelände des Club de Pesca (›Angelverein‹) am flussseitigen Ende der Ortsdurchfahrt. Hochuferwiese neben Wald, Flussblick, ordentliche Infrastruktur, Restaurant.

Las Palmeras: RN 12, am Rondell an der Ortseinfahrt. Einfache Parrilla, preiswerte, dennoch gute Gerichte aus regionalen Erzeugnissen wie *mandioka* (Maniok), zum Nachtisch *quinoto* (Kumquat)*, mamón* (Papaya) und andere landestypische Spezialitäten.

Fiesta Nacional de la Orquídea (Okt.): Hauptbestandteil des jährlichen Orchideenfestes ist eine Ausstelllung mit rund 1400 Orchideenarten.

Eldorado und Umgebung

Rund 25 km nördlich von Montecarlo erreicht man **Eldorado** 7, den größten Ort zwischen Posadas und Puerto Iguazú. Vom Flussufer

Provinz Misiones

in **Puerto Eldorado,** über dem der herrliche Parque Schwelm seine Araukarienkronen ausbreitet, kann man zur paraguayischen Seite übersetzen. Durchmisst man den Ort in östlicher Richtung, dann entführt die RP 17 (Richtung Bernardo de Irigoyen) den Besucher in eine der üppigsten Bergwaldregionen von Misiones: Vom **Cerro 60,** 55 km von Eldorado entfernt, genießt man einen fantastischen Blick über das Gewoge der grünen Hügel (s. auch S. 456).

Wer den Iguazú-Fällen zustrebt, durchquert auf der RN 12 nördlich von Puerto Esperanza die Ödflächen um den **Embalse de Urugua-í** (›Staudamm von Urugua-í‹) – gleichsam um dann das Schauspiel der schönsten Wasserfälle unseres Planeten noch euphorischer erleben zu können.

i **Touristeninformation:** 300 m südlich vom Rondell an der Ortseinfahrt von Eldorado, Mo–Fr 7–12.30 Uhr, nachmittags wechselnde Zeiten.

🛏 ... in Eldorado:
Estancia Las Mercedes: am östlichen Ortsende nach Süden in die Av. Cordobá und 6 km Erdstraße strikt geradeaus, dann an der Gabelung 1 km nach links, Tel. 037 51-43 15 12, Fax 43 14 48, www.estancialasmercedes. com.ar. 620 ha große Viehfarm, 1919 von neuseeländischen Einwanderern gegründet;

schöne Parkvegetation, charmantes Herrenhaus aus Holz, gemütliche Räume, 2 Doppel- und 3 Mehrbettzimmer, 4 Bäder, anglo-argentinisches Familienmanagement; Ausritte, Exkursionen im Allradfahrzeug in die östlichen Waldgebiete, Kanadiertouren. DZ 180 $ p. P. inkl. VP und Aktivitäten.
ACA-Hotel Eldorado: Esperanza Km 9, Tel./ Fax 037 51-42 13 70, 42 18 70. Sehr schöne Hügellage, kleiner Naturpark, ruhig, Pool, Bar und Restaurant, preiswert. DZ 91 $.
Ilex: San Martín 1850, Tel. 037 51-42 23 54. Gutes Residencial nahe dem Busbahnhof, klimatisierte Zimmer, mit Autoeinstellplatz. DZ 50 $ ohne Frühstück.
Camping: Die Zeltplätze mit der schönsten Lage und der besten Infrastruktur sind **La Playita** (nahe Aero Club nordöstlich des Ortes am Piray-Miní-Ufer) und **Camping Parque Schwelm** (fast am Río Paraná auf dem Hochufer).

🍴 ... in Eldorado:
ACA-Hotel: s. o. Internationale Küche. 30 $.
Papa Rulo: RN 12, am Rondell an der Ortseinfahrt. Sehr ordentliche Parrilla. 25 $.

🧢 Rafting: Aventuras Saltos y Selvas/ Cueva Miní, Eldorado, Tel./Fax 037 51- 43 05 91, www.aventurassys.com.ar. Trips auf dem Río Piray Miní.

Der Plural ist Programm: 275 Wasserfälle bilden die Cataratas del Iguazú

Touren: Ausflüge zu den Saltos de Moconá (s. S. 456f.) mit Geländefahrzeugen oder Booten organisieren z. B. Aventuras Saltos y Selvas/Cueva Miní (s. links) und Eldotur, San Martin 1734, Tel./Fax 037 51-42 21 13, del monteedt@hotmail.com.

Busse: Die Busgesellschaften Crucero del Norte, Tel. 037 51-42 04 81 u. 42 17 55, Andesmar, Tel. 037 51-42 55 25, und Vía Bariloche, Tel. 037 51-42 21 13, verbinden Eldorado mit vielen anderen Städten. **Schiffe:** Vom Hafen in Eldorado pendelt eine Fähre über den Río Paraná nach Mayor Otaño am paraguayischen Ufer (Mo–Fr 8–12, 14–18 Uhr). Info: Subsecretaría de Puertos y Vías Navegables, Av. España 2221, Buenos Aires, Tel. 011-43 61 64 04, www.sspyvn.gov.ar, www.prefecturanaval.gov.ar/puertos/rio_parana/eldo/eldorado.htm.

15 Cataratas del Iguazú

Reiseatlas: S. 10, E 1; **Karte:** S. 444

Viel hat der Adelantado Cabeza de Vaca (›Kuhkopf‹) uns vorenthalten, indem er keine Schilderung seiner Entdeckung hinterließ. Kein anderer Konquistador war in diesem maßlosen Kontinent je auf ein solches Naturspektakel gestoßen: eine von dichtestem Urwald eingefasste Kaskadenfront, die sich – von Regenbogen beleuchtet, bunten Schmetterlingen umflattert und vom eigenen Echo betäubt – in eine 70 m tiefe Schlucht stürzt. Der aus der dürren Extremadura kommende Spanier, so denkt man, müsse vor Glück verrückt geworden sein. Doch Cabeza de Vaca hatte es 1541 eilig, nach Asunción – damals die ›Hauptstadt‹ Südamerikas – zu kommen. Er taufte die Fälle, wie so vieles andere unterwegs, auf den Namen Santa María und zog eilends weiter. Heute reisen jährlich etwa 5 Mio. Besucher an, um dieses Weltwunder zu erleben.

Vergessen darf man die längst ihres natürlichen Rahmens beraubten Niagarafälle, wenn man hierherkommt. Nur Afrikas Victoriafälle (höher, aber um einiges schmäler) halten einem Vergleich stand. Die **Cataratas del Iguazú** (sie erhielten ihren von den Guaraní-Indianern verliehenen Namen zurück, der ›Große Wasser‹ bedeutet) leiten ihren Plural aus den 275 Wasserfällen ab, die sich, den blitzenden Falten eines Vorhangs gleich, über die Sturzkante ergießen. Der 2,7 km breite Basaltriegel, der den Fluss hier halbmondförmig in den Abgrund schickt, lässt im Mittel 1700 m^3 Wasser pro Sekunde über seine gezackten Ränder rollen. In den Felsnischen hat sich sogar eine Iguazú-endemische Flora und Fauna entwickelt. Die polsterförmigen Podoste-Monaceen haben gelernt, ihren Lebenszyklus von der Keimung bis zur Frucht-

Verhaltensregeln im Naturpark
- Nicht die possierlichen coatis (Nasenbären) füttern. Diese sind bereits so konditioniert, dass sie auf das Rascheln einer Kekstüte reagieren. Solche Kost ist für die Tiere jedoch schädlich und verkürzt ihre Lebensdauer.
- Nicht mit dem Hubschrauber über die Fälle fliegen (nur von brasilianischer Seite aus möglich), denn die Luftdruckwellen der Rotorblätter zerstören z. B. die Hüllen empfindlicher Vogeleier.
- Keinen Schmetterling (oder andere Insekten) fangen, der sich auf den Arm des Besuchers setzt, um etwas Salz vom Schweiß aufzunehmen.
- Keine Souvenirs kaufen, zu deren Herstellung Tiere getötet wurden.
- Sich beim Betreten unübersichtlichen Geländes vor Schlangen in Acht nehmen: kniehohe Stiefel tragen und sich mit einem Stock bemerkbar machen. Keine Schlange greift mutwillig an, sondern nur, wenn sie sich selbst in Gefahr glaubt. Das schönste Reptil von Misiones ist zugleich die gefährlichste Giftschlange: die zitronengelbe, mit einem blattförmigen grünen Rückenmuster geschmückte yarará cusú.

reife im Sprühnebel zu bewältigen. Und ihre geflügelten Nachbarn, die akrobatischen vencejos – hier keine Mauersegler, sondern Turmspringer – stürzen sich beim Insektenfang mit solchem Geschick durch die verwehte Gischt und die Hohlräume zwischen den Wassersäulen, dass ein vorübersegelnder Tukan mit seinem gelben Schnabel wie der dazugehörige Clown in einer Zirkusnummer wirkt.

Der Río Iguazú entspringt 500 km weiter östlich in der brasilianischen Serra do Mar in 1300 m Höhe. Auf seinem kapriziösen Weg zum Paraná (nur 90 m ü. d. M.) bildet er abwechselnd Stromschnellen, hüpft über Felskanten oder ruht sich, fast stehenden Wassers, in canchas (›Becken‹) aus; mal fließt er mit 500 m, mal mit 1000 m Breite dahin, bis er kurz vor den Fällen in einer flachen, U-förmigen Biegung die Inseln bildet, die den

Strom auffächern und ihn in getrennten Kaskaden über die Steilkante laufen lassen. Fast jeder dieser gelblichweißen ›Bärte‹ hat seinen speziellen Namen, doch keiner ist so groß und schaurig-schön wie der **Salto Unión** (durch seine Mitte läuft die Grenzlinie zu Brasilien), der durch die **Garganta del Diablo** (›Teufelsschlund‹) gurgelt.

Auf der Talsohle wird der wiedervereinigte Fluss durch einen 80 m schmalen cañadón gedrückt, bevor er sich einige Kilometer weiter im Paraná auflöst. In diesem Mündungsbereich wurden für den Río Iguazú bei Hochwasser schon Durchflussmengen von rund 29 000 m^3 pro Sekunde gemessen. Dann ist natürlich am Teufelsschlund erst recht die Hölle los. Die Flutwelle von 1983 riss einen großen Teil jenes Steges mit sich, der auf dem oberen Plateau von Puerto Canoas aus zur Garganta del Diablo führte.

Erkundung der Wasserfälle

Ein neues Brückensystem erlaubt den Besuch durchgehend zu Fuß. Die Tour zur **Garganta del Diablo** empfiehlt sich vorzugsweise am frühen Nachmittag, wenn der Wind die Besucher mit weniger Gischt eindeckt und der Sonneneinfall für Fotografen am günstigsten ist.

Ausgangspunkt für die Erschließung der Fälle in ihrer Gesamtheit ist der **Centro de Informes** am Parkeingang. Von hier aus führt der 1100 m lange **Circuito Superior** (›Oberer Weg‹) bis zum **Salto Mbiguá** (Blick auf die Isla San Martín und die gleichnamige Kaskade). Dieser Höhenpfad sowie der Uferweg auf brasilianischer Seite (bestes Licht ebenfalls am frühen Nachmittag), beide von vielen Aussichtsplattformen bekrönt, bieten den größten Motivreichtum über die Gesamtlänge der Wasserfälle.

Ein anderer, treppenbewehrter Panoramaweg, der 1200 m lange **Circuito Inferior** (›Unterer Weg‹), folgt dem Verlauf der Fälle ab dem Informationszentrum auf niedrigerer Ebene. Das von diesem Pfad aus mögliche Übersetzen zur **Isla San Martín** (mit anstrengendem, aber lohnendem Aufstieg, wenn man will) ist kostenlos.

Ein **Öko-Zug** verbindet ebenfalls kostenlos die verschiedenen Ausgangspunkte der Wanderungen. Es ist daher keineswegs erforderlich, bei einer Agentur eine Exkursion zu den Wasserfällen als ›Ausflugspaket‹ zu buchen.

Ein ganz anderes Erlebnis bietet die Annäherung an die Fälle im **Schlauchboot** (Buchung im Centro de Informes). Zunächst fährt man im Minibus 8 km durch den Wald zur Anlegestelle Macuco und von dort ca. 8 km im Boot bis zum Fuß der Wasserfälle. Den Rückweg legt man gewöhnlich zu Fuß über den Circuito Inferior zurück.

Parque Nacional Iguazú

Die Iguazú-Fälle sind die große, schimmernde Perle des **Parque Nacional Iguazú,** der sie umschließt und mit seinem angrenzenden Reservat einen artenreichen Dschungel von 67 000 ha behütet (dazu kommen auf brasilianischer Seite noch einmal 180 000 ha). In dieser Regenwaldenklave leben 2000 Pflanzenspezies, 400 Vogelarten, 100 verschiedene Säugetiere und so selten gewordene Tiere wie der Jaguar oder die metallisch-blau irisierenden Schmetterlinge der Gattung *Morpho* mit 15 cm Flügelspannweite. Ameisen (es gibt hier rund 250 Arten) werden bis zu 4 cm groß.

Auch der Regenwald bildet, vom durchwurzelten Boden bis zu den 30 m hohen Timbós, die das Kronendach durchstoßen, alle seine Vegetationsformen aus: ein unentwirrbares Geflecht von Farnen, Lianen, Flechten, Moosen, Luftwurzeln, Halbschmarotzern und Faschinen des unglaublichen Riesenbambus *(tacuaruzú),* an dessen bis zu 25 m hohen Rohren hochzulaufen (an den Schöpfen gedeihen ihre Früchte) die Bambusratte *(Rata tacuarera)* besondere Kletterfüße entwickelt hat. Allerdings wird der Besucher von den

Farbenprächtige Beigabe zu den Wasserfällen: Tausende von Schmetterlingen

Fischer auf dem dunstverhangenen Río Paraná: Mit etwas Glück fangen sie *dorada*, *surubí* und *pejerrey*

meisten Tieren – scheu, selten oder nachtaktiv – allenfalls die Spuren zu sehen bekommen (Anfahrt: von Puerto Iguazú aus 17 km über die RN 12, vom Internationalen Flughafen Puerto Iguazú aus 9 km über RN 101, 1.4.–31.8. tgl. 8–18, sonst 8–19 Uhr, 30 $, am 2. Tag 15 $).

Rund um Puerto Iguazú

Reiseatlas: S. 10, E 1; **Karte:** S. 444
Nur 11 km von den Wasserfällen entfernt liegt die ruhige 50 000-Einwohner-Stadt **Puerto Iguazú** 8 . Mit dem betriebsameren **Foz do Iguaçu** (150 000 Einw.) auf brasilianischer Seite ist sie durch eine Grenzbrücke verbunden. Busse pendeln viertelstündlich zwischen beiden Orten hin und her, andere bringen den Besucher von Foz aus (oder direkt vom Rondell hinter dem Grenzübergang) zum

25 km entfernten Tropical Hotel das Cataratas, von wo aus der beschriebene Panoramaweg (s. S. 452) zum brasilianischen Teil der Fälle führt. Und da man sich hier im Dreiländereck zwischen Argentinien, Brasilien und Paraguay befindet, geleitet auch eine Brücke über den Paraná von Foz do Iguaçu zur paraguayischen **Ciudad del Este** (›Stadt des Ostens‹), die jedoch keinerlei Attraktionen besitzt und nur für Billigeinkäufe von z. B. Autoreifen oder elektronischen Geräten interessant ist.

ℹ **Dirección General de Turismo:** Victoria Aguirre 311, Puerto Iguazú, Tel./Fax 037 57-42 08 00, sowie im Kiosk vor dem Rondell zur Ortseinfahrt, Mo–Fr 8–18, Sa/So 8–12, 16–20 Uhr.
Centro de Informes: Victoria Aguirre 369, Puerto Iguazú (bei den Wasserfällen), tgl. 7–19 Uhr.

Parque Nacional Iguazú: Victoria Aguirre 66, Puerto Iguazú, Tel. 037 57-42 07 22 u. 42 32 52, Fax 42 03 82, www.parquesnacionales. gov.ar, sowie im Nationalpark, Tel. 037 57-49 14 44.

... in Puerto Iguazú:

Sheraton Internacional Iguazú: Parque Nacional Iguazú, Tel. 037 57-49 18 00, Fax 49 18 48, www.sheraton.com.ar. 5-Sterne-Hotel, die beste Unterkunft auf argentinischer Seite; sachlich-moderner Bau mit Panoramablick auf die Wasserfälle, Konferenzräumen und Restaurant. DZ ab 224 US$.
Saint George: Córdoba 148, Tel./Fax 037 57-42 06 33, www.hotelsaintgeorge.com. Tropischer Garten, Pool, gepflegt, familiäres Ambiente, nahe dem Busterminal. DZ 82 US$.
Residencial Tierra Colorada: El Urú 28, Tel. 037 57-42 06 49, Fax 42 05 72. Beliebtes Residencial, familiengeführt, nahe Busterminal. DZ 120 $.
Lilian: Fray Luis Beltrán 183, Tel. 037 57-42 09 68. Properes neueres Residencial, Zimmer mit Bad, familiengeführt, nahe Busterminal. DZ 95 $.
Los Helechos: Paulino Amarante 76, Tel. 037 57-42 03 38. Hostería der ordentlichen Mittelklasse mit Pool und schönem Frühstücksraum, deutschsprachiges Familienmanagement, nahe Busterminal. DZ 75–98 $.
Camping Viejo Americano: RN 12 Km 3, Tel. 037 57-42 01 90. 8 $ p. P., 8 $/Zelt.
Camping El Pindo: RN 12 Km 5, Tel. 037 57-42 17 95. 5 $ p. P., 5 $/Zelt.

... in Foz do Iguaçu:
Tropical Hotel das Cataratas: Tel. 00 55 45-21 02 70 00, Fax 35 22 17 17, www.tropical hotel.com.br. Das schönste und edelste Hotel der Gegend, fantastische Panoramalage an den Wasserfällen, portugiesischer Kolonialstil, anheimelnd, gepflegtes Restaurant. DZ ab 280 US$.

... in Puerto Iguazú:
La Rueda: Córdoba 28, Tel. 037 57-42 25 31, www.larueda1975.com. Gediegenes Lokal, spezialisiert auf Flussfisch und Pasta. 45 $.

Fortín Cataratas: Parque Nacional Iguazú, Tel. 037 57-49 10 40. Parrilla im Nationalpark vor dem Leuchtturm. 40 $.
Charo: Córdoba 106, Tel. 037 57-42 15 29. Gemütlich-rustikal, beliebt, Gerichte aller Art. 35 $.

Touren: Iguazú Jungle Explorer, im Hotel Sheraton, Lokal 15, Tel. 037 57-42 16 96, www.iguazujunglexplorer.com. Per Motorboot auf dem unteren Iguazú bis zur Garganta del Diablo (45 $) oder per Schlauchboot auf dem oberen Flusslauf ab der Estación Garganta (20 $).
Explorador Expediciones, im Hotel Sheraton, Lokal 16, Tel. 037 57-42 19 22, www.rainfo restevt.com.ar. Beobachtung von Flora und Fauna, insbesondere Birdwatching auf dem Sendero Yacaratía.

Busse: Alle 30 Min. Verbindungen von Puerto Iguazú (Hito 3 Fronteras) zum Centro de Informes im Nationalpark und von dort weiter nach Puerto Canoas (Abfahrt 7.30–18.30 Uhr bzw. 10 Min. später vom Busterminal, Rückfahrt ab Nationalpark 8.15–19.15 Uhr, 2,80 $).

Östliche Provinz Misiones

Von Puerto Iguazú nach San Vicente
Reiseatlas: S. 10, E/F 1/2; **Karte:** S. 444
Rot und Grün, das sind die ruhigen Farben von Misiones. Doch wunderschön gezeichnete Schmetterlinge streuen dazu Konfetti von taumelnden bunten Punkten in die Luft. Besonders die feuchten Waldgürtel sind das Habitat von Faltern, die mit dem Haarpinsel bemalt zu sein scheinen. Schon bei einer Rast im **Parque Nacional Iguazú,** den die – immer steinige und streckenweise ruppige – RP 101 nach Osten durchschneidet, oder in dem von der gleichen Straße weiter südlich berührten **Parque Provincial Urugua-í** landen die leuchtenden Insekten wie kleine farbige Papierdrachen auf Kleidung und Haut. Entlang der Strecke fädeln sich Weiler und

Kleinbauernsiedlungen auf, die vom Kürbis bis zum Tung alles kultivieren, was die rotbraune Erde hergibt. Die purgativen Eigenschaften des (aus China stammenden) Tunggewächses – zehnmal so stark wie Rizinus – hatte bereits Marco Polo kennengelernt; heute liefert die Pflanze vor allem das Isolieröl für Halbleiterchips.

Nach recht holprigen 140 Kilometern ab Puerto Iguazú ist die Straße auf 800 m geklettert und hat an der nur kurzen *frontera seca* – der trockenen, also flussfreien Grenze – zu Brasilien mit **Bernardo de Irigoyen** 9 Argentiniens östlichste Ortschaft erreicht. Wieder auf Asphalt, rollt man 66 km auf der RP 17 nach Westen bis zum **Cerro 60** bei **Pozo Azul** 10 (s. S. 450), biegt auf die RP 20 nach Süden ab und schlüpft nach 44 km unter die Schirmkronen der Araukarien vom Aufforstungszentrum **San Pedro**. Von hier an reitet die durchgehend asphaltierte Zentralstraße der Provinz (RN 14) als Corredor de las Sierras auf dem Rücken der Sierra de Misiones nach Südwesten, was dem Reisenden eine Fülle von Fernblicken beschert.

 ... in Bernardo de Irigoyen:
ACA-Motel: RN 14 Km 1435, Tel. 037 41-42 00 28. DZ 57 $.

Saltos del Moconá

Reiseatlas: S. 10, F 2; **Karte:** S. 444

Das gegenwärtig noch unverdorbenste Abenteuer erlebt, wer bei **San Vicente** 11 Richtung Südosten nach **El Soberbio** abbiegt: Nur 73 km ab dort, die RP 2 entlang, trennen Erlebnishungrige von den breitesten Wasserfällen der Erde, den **Saltos del Moconá** 12. Die RP 2 wird zurzeit ab Azara im Süden bis zu den Saltos del Moconá in eine 294 km lange Park Way umgestaltet, die den Ökotourismus entlang dem Río Uruguay fördern soll. Die letzten 50 km der Strecke führen durch überwältigend schönen missionischen Urwald, dann geht es, am Haus des *guardaparques* (Parkverwaltung, Tel. 037 52-44 75 90) vorbei, zum basaltfelsenbewehrten Ufer des Río Uruguay hinunter, der hier den Grenzfluss zu Brasilien bildet. Eine Laune der

Natur spaltete den Strom und ließ ihn in einem unteren und einem oberen Bett dahinfließen. Von der natürlichen Beschaffenheit des Ufers daran gehindert, seinen Weg auf höherer Ebene fortzusetzen, ergießt sich das Wasser – nicht quer, sondern längsdiagonal zur Fließrichtung – über eine Länge von 3 km in das untere Strombett. Das und die Tatsache, dass an diesem verwunschenen Ort (noch) nichts an ›Infrastruktur‹ entstand, macht den Reiz des nur 10 m hohen Wasserkamms aus. Um ihn mit dem Auge zu erfassen, muss man auf das brasilianische Ufer hinüber. Das geschieht im Boot ohne jede Grenzformalitäten.

... in San Vicente:
Hotel Richard Palace: Libertador 220, Tel. 037 55-46 01 92. DZ 70 $.

... in El Soberbio:
Hotel Puesta del Sol: Suipacha s/n, Tel. 037 55-49 51 61. Panoramalage, Restaurant. DZ 130 $.

Club de Caza y Pesca Moconá: 2 km vom Zentrum von El Soberbio. Zeltplatz mit ordentlicher Infrastruktur.

Camping Municipal La Plata: 5 km vom Zentrum. Ebenfalls gute Infrastruktur.

... bei den Saltos del Moconá:
Don Enrique Lodge: von El Soberbio aus auf der RP 2 bis Km 15, dann links ab und weitere 15 km, dann rechts bis zum Ufer des Arroyo Paraíso (nur mit Geländewagen befahrbar, auf Wunsch Abholung in El Soberbio), Tel. 011-47 23 70 20, www.donenriquelodge.com.ar. DZ 230 $ p. P. inkl. VP.

Refugio Moconá: 4 km von den Wasserfällen, Tel. 037 52-42 93 85, www.refugiomocona.com. Zeltplatz und Trekker-Unterkunft mit 6 Zimmern und 26 Betten. Ohne Geländewagen nur sehr schwer zugänglich – bei Trockenheit über die Erdstraße RP 21 von Norden (ab RN 14), sonst über die holprigere, steinigere, aber dafür bei Regen besser befahrbare RP 2 von El Soberbio aus; nach dem Zusammentreffen beider Pisten beim ›Kreisverkehr‹ Mesa Redonda noch ca. 16 km. Auf Wunsch Transfer von San Pedro oder San Vicente möglich. Im Gemeinschaftszimmer

15 $ p. P. inkl. Frühstück, Camping 35 $ p. P., 20 $/Zelt, Paket 3 Tage/2 Nächte inkl. VP, Transfer, Urwald- und Kajaktrips 480 $ p. P.

Touren: Tagestouren zu den Fällen starten vom Ort El Soberbio. Im **Refugio Moconá** (s. links) kann man zu einem fairen Preis erfahrene Waldläufer anheuern, die mit den Touristen auf Pirsch gehen.

Über Oberá nach Posadas

Reiseatlas: S. 10, D/E 2/3; **Karte:** S. 444

Zurück auf der RN 14, passiert der südliche Teil der Sierra-Straße die Zentralregion des Mate-Anbaus mit ihren hellgrünen geometrischen Feldern der Yerba-Pflanzungen und verknüpft die Orte Aristóbulo del Valle, Campo Grande, Oberá, Leandro N. Alem und San José miteinander. So manchen von Ochsen gezogenen Leiterwagen – den *carros polacos,* den ›polnischen Karren‹ – sieht man hier, werktags mit Feldfrüchten, sonntags mit der ganzen Familie beladen, über die roten Erdwege schaukeln. Man sieht viele Blondschöpfe zwischen den *cabecitas negras* (›Schwarzköpfchen‹): Misiones wurde vor allem von deutschen, österreichischen, polnischen, schwedischen, finnischen, schweizerischen und ukrainischen Siedlern kolonisiert, die die Erinnerung an ihre Ursprungsländer und Traditionen bis heute aufrecht erhalten. Wenn in **Oberá** 13 Anfang September die **Fiesta Nacional del Inmigrante** gefeiert wird, sind Abkömmlinge von 17 Nationen unter den Fahnen versammelt.

Ist es das viele, wie man sagt »beruhigende« Grün, das einen die Fahrt so entspannt genießen lässt? Gewiss war es auch, wie man sich bei der Ankunft in San José erstaunt erinnern wird, die totale Abwesenheit von Hochhäusern, Flachdächern und Betonklötzen über Hunderte von Kilometern. Das ändert sich wieder rund 40 km nördlich von San José in Posadas, wo sich die Runde durch den äußersten Norden des Landes schließt.

Fiesta Nacional del Inmigrante (Anfang Sept.): Buntes Programm mit kulturellen und kulinarischen Beiträgen aus 17 Nationen; weitere Infos unter www.fiestadelinmigrante.com.ar.

Kitschige Sonnenuntergänge gehören in den argentinischen Tropen zum Programm

Gran Chaco

Eine 2,5 km lange Brücke schwingt sich von Corrientes über den Río Paraná zum westlichen Ufer hinüber. Hier beginnt gleichsam eine andere Welt: der 1 Mio. km² große Gran Chaco, eine der wildesten und heißesten Regionen der Erde. Vier Länder teilen sich dieses Gebiet, doch liegen die schönsten und artenreichsten Landschaften auf argentinischem Territorium in den Provinzen Chaco und Formosa.

Resistencia

Reiseatlas: S. 8, E 1

Einfallstor zum Gran Chaco ist die von Skulpturen übersäte Provinzhauptstadt **Resistencia,** deren Name – ›Widerstand‹ – an die Episode erinnert, als sich die weiße Siedlergruppe, die 1876 die Stadt gründen sollte, in einem bewaffneten Konflikt mit dem Indianerhäuptling Leoncito behaupten musste und sich nur mit Not in der befestigten Wohnung eines Militärs verschanzen konnte. Breit angelegt, mit vielen Parks und zahlreichen Bäumen der Chaco-Flora versehen, zwischen denen über 400 Skulpturen und einige moderne Gebäude der Stadt eigenartige Züge verleihen, gilt Resistencia trotz seiner jungen Geschichte als eine der interessantesten Provinzhauptstädte des argentinischen Nordostens.

Einblick in das Leben der Ureinwohner des Chaco und in die früh verlassenen Siedlungen der Konquistadoren und Jesuiten gewähren das **Museo Regional de Antropología** (Las Heras 727, Mo–Fr 9–12, 16–20 Uhr, Eintritt frei) und das **Museo del Hombre Chaqueño** (Juan B. Justo 270, Tel. 037 22-45 30 05, Mo–Fr 8–13, 16–20 Uhr, Eintritt frei). Das **Museo Policial** informiert über die bewegten Gründerjahre in diesem Grenzgebiet (Julio A. Roca 233, Mo–Fr 8–12, 16–20 Uhr).

Im Schlangeninstitut des **Centro de Ofidiología** kann man dagegen einen Vorgeschmack auf die Fauna in der Chaco-Wildnis bekommen (Santiago del Estero, Eingang links von der Hausnummer 488, Mo–Fr ab 18 Uhr, Voranmeldung unter Tel. 037 22-42 28 67 empfohlen).

ℹ **Dirección Municipal de Turismo:** Plaza 25 de Mayo 1810, Tel. 037 22-46 83 11 u. 45 82 89, Mo–Fr 6.30–12.15, 13.30–20, Sa 7–12 Uhr. Infos über die Stadt.
Dirección Provincial de Turismo: Santa Fe 178, Tel. 037 22-42 35 47, Fax 43 88 80, www.chaco.gov.ar/turismo, Mo–Fr 6.30–20.30, Sa/So 8–13, 15.30–20.30 Uhr. Infos über die Provinz Chaco.

🛏 **Amerian Hotel Casino Gala:** Juan D. Perón 330, Tel. 037 22-45 24 00, www.hotelcasinogala.com.ar. Modernes 5-Sterne-Hotel in historischem Bau. DZ 315–380 $.
Covadonga: Güemes 200, Tel. 037 22-44 44 44, Fax 44 34 44, www.hotelcovadonga.com.ar. Mit Pool, Cafetería und Golfplatz, Garage muss extra bezahlt werden. DZ 125 $.
Colón: Santa María de Oro 143, Tel./Fax 037 22-42 28 61. Beliebtes, zentrales Touristenhotel der einfachen Mittelklasse mit gutem Preis-Leistungs-Verhältnis. DZ 71 $.
Alfil: Santa María de Oro, Ecke Moreno, Tel. 037 22-42 08 82. Einfach, proper, vernünftiges Preis-Leistungs-Verhältnis. DZ 50 $.
Camping: im Parque 2 de Febrero, Ávalos 1000, Tel. 037 22-45 83 66. Ordentliche An-

lage mit guter Infrastruktur und Schatten, Sportmöglichkeiten. 7 $/Zelt.

Kebon: Don Bosco, Ecke Güemes, Tel. 037 22-44 41 11. Beliebtes Lokal mit angenehmem Ambiente, guter Flussfisch. 35 $.
Don Abel: Perón 698, Tel. 037 22-44 92 52. Die beste Parrilla am Ort, gemütlich, an Wochenenden allerdings oft überlaufen und hektisch. 35 $.
Charly: Güemes 213, Tel. 037 22-43 93 04. *Surubí* und Pastagerichte gehören zu den Spezialitäten, gutes Weinsortiment. 30 $.

Fogón de los Arrieros: Brown 350, Tel. 037 22-42 64 18, Mo–Do 8–12, Mo–Sa ab 21 Uhr. Eine Mischung aus Club, Bar, Raritätenkabinett, Kunst, Kitsch und schwarzem Humor – Treffpunkt der ›Lokalintelligenz‹ und ›Zentrum‹ zeitgenössischer Kunst in Resistencia.
Café de la Ciudad: Pellegrini, Ecke Yrigoyen. Gemütliches, antik gestaltetes Café mit Bier-Bar und Tischen auf dem Bürgersteig.

Provinz Chaco

Der dichte Wald des Chaco hat eine Einwanderung wie in anderen Provinzen weitgehend verhindert und die indigene Bevölkerung teilweise vor der auf argentinischem Gebiet praktizierten Ausrottung geschützt. Jahrhundertelang blieb der Chaco Indianerland. Erst im letzten Viertel des 19. Jh. wurde die Beutegier nach dem ›Roten Gold‹ des Chaco, dem gerbstoffreichen rotbraunen Quebracho-Holz, so stark, dass man die indigene Bevölkerung mit Gewalt niederzwang. Zwei Infanterie- und drei Kavallerieregimenter sowie drei Kanonenboote machten 1884 den Weg frei für 900 von 10 000 Ochsen gezogene Karren, die den *quebracho colorado,* den Roten Quebracho, aus den abgeholzten Wäldern zogen. Bald wurde ein 700 km langer (privater) Schienenweg gebaut, dessen Schwellen selbstredend aus Quebracho-Bohlen bestanden – *quebracho* (abgeleitet

Mit den Autoren unterwegs

Besuch in der ›Skulpturenstadt‹
Mit seinen über 400 Skulpturen auf Straßen und öffentlichen Plätzen gleicht Resistencia einem Open-Air-Museum. Die Initiative hierzu stammt von den Künstlern und Intellektuellen, die seit Jahrzehnten im **Fogón de los Arrieros** ihren Treffpunkt haben (s. links).

Die letzten Quebracho-Wälder
Typisch für die Flora Argentiniens sind die *quebracho*-Bäume. Noch 1914 bedeckten sie eine Fläche von über 100 Mio. ha, nur knapp ein Drittel davon hat überlebt, fast ausschließlich im Chaco. Überreste dieser Wälder können z. B. im **Parque Nacional Chaco** oder in der **Reserva Natural Formosa** betrachtet werden (s. S. 462 u. 463f.).

Der Pirogen-Experte
Freddy Iznardo ist nicht nur ein Kenner der Fauna und Flora der Flusslandschaft von Formosa, sondern auch ein anerkannter Pirogen-Rudermann. Seit über zehn Jahren führt er Besucher zu verborgenen Flussinseln und in Galeriewälder, dem Lebensraum der *carayás,* lautstarker Brüllaffen (s. S. 467).

von *quebradero de hachas* – ›Äxtebrecher‹) wurde das fast unsägbare Holz seiner extremen Härte wegen genannt.

Der das hochwertige Tannin extrahierenden britischen Monopolgesellschaft La Forestal, die bis 1925 – ungeachtet der 1881 eingeführten Peso-Einheitswährung – ihr eigenes Geld prägte und druckte, gehörten Anfang des 20. Jh. 23 000 km² Chaco-Land. Als sie sich aus den entwaldeten Gebieten zurückzog, die sich später in Baumwollfelder verwandelten, hinterließ sie 50 000 Arbeitslose. Nach wie vor sind Chaco und Formosa die beiden Provinzen mit der höchsten Armutsquote im Land.

Wer heute über die Hauptverkehrsachse des Chaco, die RN 16, nach Nordwesten fährt, sieht immer noch mit schweren Stäm-

Im Wandel begriffen – das Gesetz des Dschungels

Auf unverhoffte Weise hat der Chaco zum Ursprung seines Namens – entstanden aus der Quechua-Bezeichnung *chacu* für ›Treibjagd‹ – zurückgefunden. Nacht für Nacht ziehen im Ort Taco Pozo ein Dutzend camouflierter Jäger mit Laternen, Flinten und Stöcken in den Busch, um Wildtiere zu erlegen.

Wenn die Patrouille morgens ihre Beute anschleppt, lodern in dem Dorf knapp 500 km nordwestlich von Resistencia an der RN 16 bereits die Quebracho-Holzfeuer, über deren Glut später saftige Nutria-Lenden oder Wasserschwein-Schnitzel schmoren werden. Am begehrtesten ist das Schwanzstück vom Kaiman, das die Konsistenz von Hühnerfleisch und den Geschmack von Edelfisch hat, aber auch ein in Bananenblätter gewickelter Leguan ist nicht zu verachten.

Raubbau am Wildbestand? »Wir hüten«, sagen die Dorfbewohner, »das, von dem wir leben: Kein Wilddieb kommt in unser Revier und schon gar kein Häuteaufkäufer. Hier wird nichts vermarktet.« Tatsächlich bleiben die wertvollen Echsenpanzer achtlos im Busch liegen, gejagt wird nur der tägliche Mundvorrat. Naturschutz aus Überlebensnot: Die Gemeindeverwaltung hat die Hälfte des Personals entlassen, die nächstliegende Tanninfabrik wird mit Robotern betrieben und andere Arbeit gibt es im Umkreis von 50 Leguas (alte Längeneinheit, 1 Legua = ca. 5 km) nicht. Taco Pozo ist nur eines von vielen Chaco-Dörfern, wo das Gesetz des Dschungels Selbstbehauptung heißt.

Soll man den als Maskottchen exportierten ›sprechenden‹ Chaco-Papagei unter strengen Naturschutz stellen, fragen sich umweltbewusste Systemdenker? Dann hätten auch die Profiteure kein Interesse mehr an der Erhaltung des Naturwaldes, der das Habitat des limonengrünen Vogels ist. Limitierte Quoten für den Fang freizugeben, meint die FVSA (Fundación Vida Silvestre Argentina), sei der vernünftigste Ausweg aus dem Dilemma. Mehrere Tierarten werden bereits seit Jahren – arterhaltend, wie man hofft – kommerzialisiert. 2 Mio. Iguana-Häute gehen in Argentinien jährlich in den Handel. Im West-Chaco (Chaco Salteño) stellen zwölf Verarbeiter aus Echsenleder tausendstückweise Texasstiefel her, die nach der Kleiderordnung der Nobelcowboys in Texas, Nevada und Florida aus den Originalhäuten von Pythonschlangen, Ameisenbären, Krokodilen, Leguanen oder Straußen zu bestehen haben.

Bei so zwingenden Anforderungen an den Naturhaushalt sind Länder wie die Vereinigten Staaten selbst, wie Südafrika und Australien bereits vor Jahren, auf das *ranching* von Wildtieren übergegangen, und in Argentinien schicken sich, unter dem Auspizium der Dirección Nacional de Fauna, immer mehr Estanzien an, edle Bestien für den freien Markt zu züchten; z. B. wird vom Strauß, dessen Federn man mit 400 Dollar pro Kilo handelt, vom Leder über das Fleisch bis zur Hornhaut der Augen (für Transplantationszwecke) alles verwertet, was das Tier auf den Seziertisch bringt. Argentinische Chinchilla-Farmen haben bereits dafür gesorgt, dass das von der Ausrottung bedrohte Andenchinchilla überlebt – während zugleich die Endverbraucherin ihren Pelzmantel ohne Reue tragen darf.

Thema

In einigen Regionen sind Füchse zur Plage geworden; da ist es gewiss besser, eine kontrollierte Anzahl von Rotfüchsen zum Abschuss freizugeben, als sie von Farmern, in deren Schafherden die Räuber einfallen, mit Strychnin vergiften zu lassen (woran dann auch Aas fressende Vögel – Kondore unter ihnen – zugrundegehen). Seit man weiß, dass in der freien Natur nur 10 % der Alligatoreier oder der ausgeschlüpften Jungtiere von Feinden verschont bleiben, wird es geradezu als Gebot der Arterhaltung angesehen, selektiv Echseneier einzusammeln, sie künstlich aus-zubrüten und einen angemessenen Anteil von halbjährigen Tieren wieder der Natur zurückzugeben; der andere Teil wird kommerziell verwertet. Einige Privatinitiativen dienen auch einfach der Wiederbevölkerung: In den Sumpfwäldern des nordöstlichen Chaco, wo Krokodiljäger jahrzehntelang auf die Dickhäuter schossen, hat beispielsweise die Estancia El Bagual ein 4000 ha großes Reservat eingerichtet, in dem ein Zoologe durch die Aufzucht und das Aussetzen von Jungechsen für das Wiedererstarken des freien Tierbestandes sorgt.

Zur Familie der Riesennager gehört das Wasserschwein – bei Einheimischen begehrt auf dem Grill, bei Touristen dagegen eher vor der Fotolinse

men beladene Lastwagen in die Tanninfabriken rollen. Allein der Gerbstoffgewinner Unitan in der Stadt Formosa kocht jährlich rund 100 000 t Quebrachoholz aus, allerdings jetzt aus eigenen Plantagen. Andere haushoch beladene Transporter fahren die Baumwollernten des Chaco ein. Die von der flauschigen Last weggewehten weißen Flocken säumen die Fernstraße zu beiden Seiten. Die durchgehend asphaltierte RN 16 geleitet zu den drei sehenswertesten Zielen der Chaco-Provinz: zum Parque Nacional Chaco, zum Kraterfeld der Meteoriteneinschläge Campo del Cielo und zum Impenetrable, dem ›Undurchdringlichen‹, einem Dornbuschwald, der die letzten Riesengürteltiere und Jaguare der Region vor der Ausrottung bewahrt.

Refugio Vida Silvestre El Cachapé

Reiseatlas: S. 8, E 1

Auf der RP 90, etwa 65 km nordwestlich von Resistencia bei La Eduvigis, befindet sich das 1750 ha große, private Naturreservat **El Cachapé**, das von der NGO Vida Silvestre betreut wird. Besucher können unter Führung von Experten das Reservat zu Fuß, im Geländewagen, mit dem Pferd oder in Pirogen durchkreuzen, Fauna und Flora kennenlernen und im Programm zur Vermehrung der *yacarés* (Alligatoren) mitarbeiten. Im Rahmen des Projekts werden Alligatoreier eingesammelt und anschließend künstlich ausgebrütet, was eine wesentlich höhere Überlebensquote als in der freien Natur garantiert. Ein Großteil der jungen Kaimane (bisher über 1000 Stück) darf zurück in die Freiheit, die anderen bleiben zu Zuchtzwecken im Reservat – Krokodilleder ist ein gefragtes Produkt. In den Sommernächten wird die frei lebende Yacaré-Bevölkerung gezählt (Besuch nur mit Voranmeldung unter Tel. 011-47 49 00 72, www.elcachape.com.ar, www.yacare.net/cachape.htm, www.vidasilvestre.org.ar).

Parque Nacional Chaco

Reiseatlas: S. 8, D 1

Die – bis Colonia Elisa – asphaltierte RP 9 zum **Parque Nacional Chaco** zweigt 56 km westlich von Resistencia von der RN 16 nach Norden ab und geht nach 38 km ab Capitán Solari in einen 5 km langen Fahrweg über. In dem 15 000 ha großen Naturreservat, dessen ruhende Gewässer vom an- und abschwellenden Río Negro gespeist werden, sind alle Baumspezies des typischen Chaco-Waldes vertreten: drei Quebracho-Arten, Guayacán, Urunday, Guayaibi, Palo Borracho und der rosafarbene Lapacho. Die Lichtungen halten Caranday-Palmen besetzt. Im Kronenbereich palavern Affen und grüne Papageien um die Wette. Pumas lauern Tapiren auf, Boas erwürgen Pekaris und Kaimane versuchen, am Ufer trinkende Mähnenwölfe ins Wasser zu ziehen. Aber nur selten wird der Mensch Zeuge der Dramen, die den Urwald in Atem halten.

Der Park kann auf verschiedenen *senderos* (›Pfaden‹) erkundet werden, z. B. entlang dem Río Negro bis zu den vogelreichen Lagunen Carpincho und Yacaré (3 km) oder auf dem 1,5 km langen Sendero de la Flor, der mit den verschiedenen Baumarten der Region bekannt macht. Auf einem Fahrweg kann man mit dem Auto 12 km durch Quebracho-Wälder ans Ufer der Laguna Panza de Cabra fahren, einem schönen (kostenlosen) Zeltplatz. Auch der Parkeintritt ist frei.

i **Information:** Beim Parkaufseher am Eingang, Tel. 037 25-49 91 61, chaco@apn.gov.ar, www.parquesnacionales.gov.ar.

Camping: beim Eingangskomplex. Schattig, sauber, gute Infrastruktur, Moskitonetz und Mückenschutzmittel mitbringen! Lebensmittel gibt es nur im 5 km entfernten Dorf Capitán Solari.

Öko-Touren: Eco Tur, Tel. 037 32-47 10 73, www.ecoturchaco.com; Chaco Aventuras, Tel. 037 22-42 54 93, www.north argentinaoverland.com.

Busse: Tgl. Verbindungen zwischen Resistencia und dem Dorf Capitán Solari; von da 5 km Fußmarsch oder Anheuern eines privaten ›Taxifahrers‹ im Dorf.

Presidencia Sáenz Peña und Campo del Cielo

Reiseatlas: S. 7/8, C/D 1

Folgt man der RN 16 weiter nach Westen, so erreicht man **Presidencia Sáenz Peña** mit seinen Thermen, die bei Rheuma und Arthritis eine heilende Wirkung haben sollen. 35 km hinter dem Ort zweigt von der RN 16 die durchgehend asphaltierte, aber ab Pinedo von Schlaglöchern durchsiebte RP 94 nach Süden ab. Man lässt die Ortseinfahrt von Gancedo rechts liegen und schwenkt 2 km weiter, genau gegenüber der Baumwollent-kernungsanlage, nach links (keine Beschilderung) in einen Fahrweg ein, der nach 6 km an einer linker Hand liegenden Schule vorbeiführt. Nach weiteren 6 km biegt man links in einen breiten Fahrweg ein und wendet sich nach 500 m an der Gabelung nochmals 100 m nach links: Da liegt die prachtvolle Sternschnuppe, ›El Chaco‹ genannt, auf dem **Campo del Cielo** aufgebahrt, 37 t schwer, metallisch schimmernd und – wie könnte es anders sein – von Besuchern beschriftet, die sich offenbar auch dem Kosmos namentlich verbunden fühlen.

Neben seiner Himmelsbahn musste der Meteorit noch einer weniger ›sauberen‹ irdischen Laufbahn folgen, bis er endlich wieder zu seinem angestammten Platz im Chaco zurückfand. Ein Polizist des Kontrollpostens an der Grenze zwischen den Provinzen Chaco und Santiago del Estero lüftete in einer heißen Januarnacht des Jahres 1990 die Plane eines Lastwagens, um das Transportgut zu prüfen, und wunderte sich nicht wenig, einen einzigen großen ›Felsblock‹ als Ladung zu entdecken. Sein Verdacht, dass es sich bei dem seltsamen Solitär um etwas ganz Besonderes handeln müsse, war denn auch gerechtfertigt. Wie einst internationale Kunsträuber die Schätze Ägyptens plünderten, so hatte der Nordamerikaner Robert Haag seine Fänger ausgeschickt, einen der weltgrößten Meteoriten zu stehlen. Solche Nickel-Eisen-Steine stehen bei Museen und Sammlern hoch im Kurs. Und auch der reine Materialwert ist nicht zu verachten: etwa 5000 US-Dollar pro Kilo.

Doch das in Buenos Aires zum Abtransport bereitstehende Schiff wartete vergebens. Der Riesenklunker wurde sichergestellt und zurück in den Buschwald gefahren, wo ein etwa 15 km langer Kratergürtel endet, der sich in einem elliptischen Bogen von der Provinz Santiago del Estero nach Norden zieht und bereits den Ureinwohnern Rätsel aufgab. Sie nannten die Einschlagzone, deren größtes Loch 7 m tief ist, ehrfürchtig *pingüen nonraltá,* was im Quechua so viel bedeutet wie ›Himmelsfeld‹ *(campo del cielo).* Als Zeugen einer mutmaßlich 4000 Jahre zurückliegenden kosmischen Katastrophe gingen in diesem Streubezirk über 200 schwergewichtige Aerolithen nieder, freilich keiner so hochkarätig wie ›El Chaco‹. Mr. Haag ist übrigens nicht der einzige Schwärmer im außerirdischen Kräftefeld: Ein 800 kg schwerer Meteorit, lange Zeit ausgestellt im Schulhof der Chaco-Gemeinde Las Víboras, verschwand unlängst wie ein Wandelstern – Bahn und Ziel unbekannt …

Die Kratereinschläge im Gelände auszumachen gestaltet sich nicht ganz einfach. Spurensucher sollten daher am besten einen ortskundigen Führer *(baqueano)* engagieren (Information: Municipalidad de Gancedo, Tel. 037 31-49 16 12, 037 32-15 53 17 87, 037 31-15 62 94 14).

… in Presidencia Sáenz Peña:
Gualok: San Martín 1198, Tel. 037 32-42 07 15, 42 17 23 u. 42 05 21, Fax 42 54 84. Erstes Hotel am Platz, komfortabel, großräumige Anlage, ordentliches Restaurant, Durchgang zu den Heilbädern im gleichen Gebäudekomplex. DZ 86 $.

El Impenetrable und Reserva Natural Formosa

Reiseatlas: S. 3/4, B 2–D 4

Die Pforte zum Impenetrable, dem ›Undurchdringlichen‹, bildet das von vielen deutschen Kolonisten besiedelte Dorf **Castelli,** das gut 100 km nördlich von Presidencia Sáenz Peña liegt und über die RN 95 erreichbar ist. Fährt man die stellenweise von ursprünglichem Chaco-Wald begleitete Straße weiter (im letzten Abschnitt schlaglochübersät), so gelangt man zum Río Bermejo, den hier eine breite Brücke überspannt. Die am jenseitigen Ufer nach Ibarreta an die RN 81 führende Erdstraße ist jedoch nur in trockenem Zustand passierbar.

Die verfilzte Vegetation des **Impenetrable,** dessen stachelbewehrten Charakterbaum die *espina corona* (›Dornenkrone‹) bildet, zieht sich nordwestlich von Castelli über Nueva Pompeya bis El Sauzalito hin. Die rund 300 km lange Strecke ist nur in trockenem Zustand befahrbar und führt mitten durch das indianische Siedlungsgebiet der Wichi. Wie sehr sich der Chaco-Dschungel dem menschlichen Zugang entgegenstellt, beweist die – relative – Unmöglichkeit der Landvermessung. Der angestammten Bevölkerung wurden 320 000 ha Grund und Boden zugesprochen, doch das Recht ist nicht verbrieft: Die Wichi können nicht das Geld aufbringen, das die schwierige Markierung des Terrains kosten würde.

Von **El Sauzalito** aus lässt sich der Río Bermejo (oder Río Teuco) überqueren (Bootsverkehr für Passagiere, keine Autofähre). Auf der anderen Uferseite winkt die 10 000 ha große **Reserva Natural Formosa** mit typischer Chaco-Vegetation, reicher Avifauna und Tieren, die so selten geworden sind wie der in ungeschützten Regionen sinnlos abgeknallte Ameisenbär.

Wer die endlose RN 16 bis zur Provinz Salta durchfährt, hört die am Wege liegenden Orte Geschichten erzählen: Pampa del Infierno (›Höllenpampa‹), Río Muerto (›Toter Fluss‹), Monte Quemado (›Verbrannter Wald‹). Allmählich, ganz allmählich geht die Üppigkeit der Landschaft in Dürre über. Die Sümpfe scheinen zu verdunsten, über den Horizont wandern Salzsteppen heran. Staub oder Schlamm – der Chaco, Argentiniens Outback, kennt nur Extreme.

In El Sauzalito gibt es einfache Privatunterkünfte, in Castelli zwei Hotels: **Hotel Amudoch:** Belgrano, Ecke Remedios de Escalada, Tel. 037 32-47 10 80. DZ 40 $ ohne Frühstück.

Hotel Guch: Av. General Güemes 534, Tel. 037 32-47 12 17. DZ 40 $ ohne Frühstück.

Provinz Formosa

Die von Millionen von Palmwedeln beflaggte Provinz Formosa, im Süden vom Río Bermejo, im Norden vom Río Pilcomayo begrenzt, bildet den nördlichsten Teil des argentinischen Gran Chaco. Als die ersten spanischen Expeditionen – immer auf der Suche nach Gold – im 16. Jh. vom Río Paraguay aus durch die Pilcomayo-Mündung flussaufwärts vorstießen, verloren sie sich im Geäst der mäandernden, sich hebenden und senkenden Gewässer. Bibern gleich, bauten die Abenteurer unter titanischen Anstrengungen unterhalb des jeweiligen Ankerplatzes Dämme, um ihr letztes Schiff im Stauwasser schwimmend zu halten. Tatsächlich gibt es heute zwei Ríos Pilcomayo: Der in den bolivianischen Anden in fast 5000 m Höhe entspringende Arm schleppt Baumstämme, Steine und Sand ins Tiefland, verstopft sich am Ende selbst den Weg und verkürzt, in Lagunen und Tümpeln verrinnend, seinen Lauf jährlich um etwa 10 km; durch ein zweites Bett fließt der andere, rund 240 km westlich von Clorinda entspringende Pilcomayo, an dessen letzter enger Biegung, der *vuelta formosa,* die Stadt Formosa (daher der Name) als 200 000 Einwohner große Provinzmetropole liegt.

Formosa

Reiseatlas: S. 4, F 4

Schon wer auf der RN 11 von Resistencia aus der Stadt zueilt (ca. 170 km), bekommt die subtropische Lagunenlandschaft mit ihren lichten Palmsavannen, von ›Wasserkohl‹ und *irupé (Victoria regia)* überzogenen Teichen, den flussbegleitenden Galeriewäldern und offenen Viehweiden exemplarisch vorgeführt. Der feuchte Atem dieser Sumpfebene liegt auch über der nur von wenigen Hochbauten unterbrochenen, baumreichen Flächenstadt **Formosa,** die sich in der Januarhitze unter Bananenblättern und Ventilatorflügeln duckt.

Ein Großteil der Guaraní-Indianer lebt heute in Reservaten

Formosa bietet eine recht gute Infrastruktur, aber keine nennenswerten Sehenswürdigkeiten. Einen Blick lohnt allenfalls das original erhaltene Kolonialhaus des ersten Provinzgouverneurs Ignacio Fotheringham, in dem das **Museo Histórico Regional Juan Pablo Duffard** archäologische Funde sowie Memorabilia aus der Regionalgeschichte zeigt (Av. 25 de Mayo, Ecke Belgrano, Mo–Fr 8.30–12.30, 17–20, Sa 9–12 Uhr). In der **Casa de la Artesanía** kann man Kunsthandwerkern der Wichi-, Pilagá- und Toba-Ethnien über die Schulter sehen und die Produkte auch gleich kaufen (25 de Mayo, Ecke San Martín, Mo–Sa 8–12.30, 16.30–20 Uhr).

Dirección Provincial de Turismo: Uriburu, Ecke Fontana, Tel. 037 17-42 04 42 u. 42 51 92, www.formosa.gov.ar/turismo/, Mo–Fr 7.30–13, 16–20 Uhr.

Internacional de Turismo: San Martín 759, Tel./Fax 037 17-43 73 33 u. 43 11 22. Modern, etwas nüchtern. DZ 140 $.

Plaza: Uriburu 920, Tel./Fax 037 17-42 67 67 u. 42 95 27. Beliebtes, modern-familiäres Touristenhotel auf dem Hauptplatz; Pool, Bar und Restaurant, Garage, recht gutes Preis-Leistungs-Verhältnis. DZ 80 $.
Colón: Belgrano 1068, Tel./Fax 037 17-42 65 47 u. 42 07 19. Beliebtes kleines Hotel, propere Mittelklasse. DZ 80 $.
City: Brandsen 37, Tel. 037 17-43 59 01. Älteres, einfaches Residencial, Zimmer mit und ohne Bad. DZ 30 $ ohne Frühstück.

El Tano Marino: 25 de Mayo 55, Tel. 037 17-43 09 70. Ansprechende Trattoría, gute Pasta und andere Gerichte. 40 $.
Raíces: 25 de Mayo 65, Tel. 037 17-42 70 58. Ordentliche regionale und internationale Küche, *surubí* und Pasta. 35 $.
Estancia Chica: Hipólito Marcial Rojas 544. Gemütlicher Quincho ca. 1,5 km vom Zentrum, beste Parrilla am Ort. 30 $.
El Taita: Gonzalez Lelong 415. Einfache, billige Trottoirparrilla mit ordentlichem Fleisch. 25 $.

Indianer im Chaco   Thema

Vor mindestens 5000 Jahren müssen die ersten Fischer den bis zu 100 kg schweren Manguruyú, eine Welsart, aus den Gewässern Mesopotamiens gezogen haben – so alt sind die frühesten menschlichen Zeugnisse, die dem feuchten Klima in dieser Region getrotzt und die Zeiten überdauert haben.

Zu den Funden gehören Steinanker, Keulen und Schaber, mit denen sich die Kom-Indianer zum Zeichen der Trauer die Stirnpartie der Kopfhaare abrasierten. Das brachte ihnen die von den Spaniern eingeführte Stammesbezeichnung *toba* ein, was in ihrer Sprache ›Stirnglatze‹ bedeutet. Fast alle Chaco-Indianer erhielten Benennungen, die ihnen ihre Feinde gaben. Die abschätzige Bezeichnung *matacos* (im Spanischen ohne spezifische Bedeutung, aber phonetisch herabwürdigend) wurde erst in den letzten Jahren wieder durch den eigenen Namen *wichi* ersetzt. Nicht anders erging es den Chiriguano, die sich selbst einst stolz *jaguareté-avá* (›Jaguarmenschen‹) nannten, bis die Inka, ihre Widersacher, sie in *chiri guano* (Quechua: ›kalter Mist‹) umtauften.

Heute leben noch ca. 21 000 Chiriguano im westlichen Chaco, eine etwa gleich große Zahl von Wichi im Zentral-Chaco und dazwischen rund 1400 Angehörige der Arawak-Chané-Gruppe. Die Toba-Indianer sind auf Orte im östlichen Chaco verteilt; in Misiones leben noch 3000 Guaraní in der Übergangszone zwischen Wildvegetation und Pflanzungen.

Noch immer kämpfen Reste der Urbevölkerung um wenigstens ein Stückchen des Landes, das ihnen einst – ohne Eigentumstitel – gehörte. Neben der Subsistenzwirtschaft leben die Indianer heute vorwiegend vom Kunsthandwerk, das dem regionalen Souvenirhandel stellenweise traditionswahrende Züge verleiht. Originell sind z. B. die von den Wichi gefertigten Tiermasken. Der Aneignungszauber hat seine Wurzeln in der engen Verbindung mit einer mystifizierten Natur, belebt von gottähnlichen, zoomorphen Halbwesen: *piranú,* der pferdeköpfige Fisch, der die Boote angreift; der Bösewicht *eyara,* der, als Flamingo getarnt, junge Mädchen becirct; die Sumpfschlange *mboi yaguá,* die ihren Hundekopf aus dem Wasser reckt.

Mythen und Fabeln sind in diesem Gewässerlabyrinth bis in die Gegenwart zu Hause. Der Schriftsteller Horacio Quiroga (s. S. 448), als ›südamerikanischer Kipling‹ jahrelanger Dschungelgänger in Misiones, schickte seine ›Anaconda‹ durch den Río Paranahyba und der immer auf exotische Handlungsorte versessene Graham Greene siedelte seinen ›Honorarkonsul‹ in Corrientes an. Doch die Wirklichkeit wartet manchmal mit Geschichten auf, wie man sie kaum zu erfinden wagt: Etwa 6000 Wichi und Pilagá waren 1947 zur Zuckerernte nach Salta gezogen. Als sie nur ein Drittel des Tageslohns empfingen, kehrten sie hungernd in ihre Heimat zurück. Rund 1000 Pilagá baten die Behörden um Nahrungsmittel – an denen 50 Indianer vergiftet starben. Um der Qual ein rasches Ende zu bereiten, wurden weitere 500 erschossen, 200 verschwanden bei den Verfolgungsaktionen zur Zeugenelimierung. Die Überlebenden konnten in den Wäldern untertauchen. Erst vor Kurzem strengten sie einen Prozess gegen den Staat an, der 2005 mit der Ausgrabung des ersten Massengrabs begann. Es war das letzte Indianer-Massaker in Argentinien.

Angeln: Anmietung von privaten Booten direkt am Hafen.

Bootstouren: Aventura Formosa, Tel. 037 17-15 55 60 17, fiznardo@hotmail.com. Fahrten in der Piroge unter Führung des Experten Freddy Iznardo auf dem Riacho Montelindo, durch das Bañado La Estrella oder den Río Paraguay stromabwärts (4 Tage mit drei Übernachtungen im Zelt, 460 $ p. P.)

 Flüge: Aerolíneas Argentinas fliegt tgl. den Flughafen El Pucú an, RN 11, ca. 6 km südwestlich von Formosa, Tel. 037 17-42 63 49.

Busse: La Internacional, La Nueva Estrella, La Unión und Aguila Dorada Bis sind einige der Busgesellschaften, die Formosas Busterminal, Av. Gutnisky 2655, Tel. 037 17-45 17 66 u. 45 07 77, ansteuern. Verbindungen bestehen in alle Landesteile.

Fähren: Alle 15 Min. pendelt eine Personenfähre zum Freihafen Villa Alberdi auf der paraguayischen Uferseite.

Parque Nacional Río Pilcomayo
Reiseatlas: S. 4, F 3

Die von Formosa nach Nordwesten ausholende, rund 700 km lange Gerade der RN 81 (bis Las Lomitas asphaltiert) durchmisst alle von der Sumpfvegetation über die Graspräarien bis zur Steppe abmagernden Klimazonen des Chaco. Sie stößt in der Provinz Salta auf die RN 34, die über Tartagal bei Profesor S. Mazza die bolivianische Grenze erreicht, im Süden in die Provinzmetropolen San Salvador de Jujuy und Salta führt.

Folgt man von Formosa aus der RN 11 weiter nordwärts, erreicht man nach 106 km **Clorinda.** Eine Brücke verbindet die Stadt mit Asunción, der Hauptstadt von Paraguay.

Das natürliche Kleinod der Provinz Formosa bildet der 48 000 ha große **Parque Nacional Río Pilcomayo,** dessen beide Zufahrten von Clorinda aus über die asphaltierte RN 86 Richtung Westen erreichbar sind: Die erste Zufahrt (ca. 53 km) zweigt bei Naick Neck rechts ab und führt nach ca. 5 km zum Parkplatz am Ufer der Laguna Blanca; die zweite, nur in trockenem Zustand passierbare

Zufahrt (ca. 65 km) beginnt beim Ort Laguna Blanca und führt zum 8 km entfernten Parkplatz Estero Poí.

Die Bezeichnung ›Kleinod‹ erhält einen unfreiwillig ironischen Beigeschmack, wenn man weiß, dass dieses durch die gierige Hand des Menschen – »aus verschiedenen Gründen«, wie es offiziell heißt – immer mehr zurückgestutzte Reservat ursprünglich mehr als fünfmal so groß war wie heute. Ein Stegsystem führt über die von Alligatoren und Wasservögeln bewohnte Laguna Blanca, zwei Lehrpfade geleiten durch den Überschwemmungswald. Zwischen den Caranday-Palmen und im Dickicht von Wollbaum *(palo borracho)* und Hartholzgewächsen (Urunday, Guyacán und Algarrobo) leben Pekaris (Wildschweine), Ameisenbären, Mähnenwölfe, auch noch Jaguare, drei Arten von Affen und eine reiche Vogelwelt (Eintritt frei).

 Information: Av. Pueyrredón, Ecke RN 86, an der Ortseinfahrt von Laguna Blanca, Tel. 037 18-47 00 45, www.parques nacionales.gov.ar, riopilcomayo@apn.gov.ar, Mo–Fr 7–14 Uhr.

... in Ingeniero Juárez:
ACA-Hostería: ca. 450 km westlich von Formosa an der RN 81, Tel. 037 11-42 00 60. 4 Zimmer. 54 $ ohne Frühstück.
... im Parque Nacional Río Pilcomayo:
Camping: Am Estero Poí und an der Mündung des Estero Arasá in die Laguna Blanca gibt es jeweils einen einfachen, kostenlosen Zeltplatz. Die Mitnahme von Moskitonetzen und Mückenschutzmittel wird empfohlen. In puncto Temperatur und Moskitos gelten die Monate April bis November als die besten Reisemonate für einen Besuch im Park.

 Busse: Die zwischen Clorinda und dem Ort Laguna Blanca verkehrenden Busse setzen Passagiere auf Wunsch an den Zufahrtswegen zum Nationalpark ab. In Laguna Blanca kann man auf der Calle San Martín ein Taxi nehmen (etwa 30 $), falls man die letzten Kilometer nicht zu Fuß zurücklegen möchte.

Register

Der Haupteintrag ist **fett** hervorgehoben.

Register

Der Haupteintrag ist **fett** hervorgehoben.

Register

Der Haupteintrag ist **fett** hervorgehoben.

Hinweis: Autoren und Verlag haben alle Informationen mit größtmöglicher Sorgfalt geprüft. Gleichwohl sind Fehler nicht vollständig auszuschließen. Alle Angaben erfolgen ohne Gewähr. Bitte schreiben Sie uns! Über Ihre Rückmeldung zum Buch und über Verbesserungsvorschläge freuen sich Autoren und Verlag:
DuMont Reiseverlag, Postfach 3151, 73751 Ostfildern, E-Mail: info@dumontreise.de

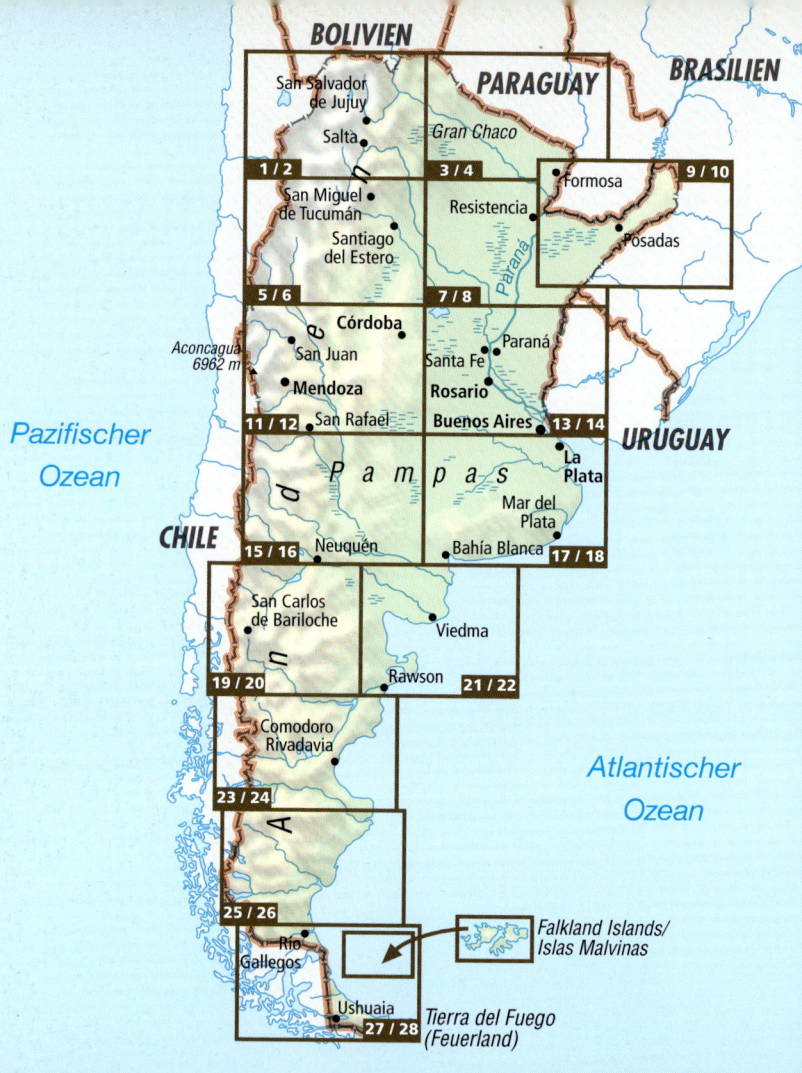

Legende

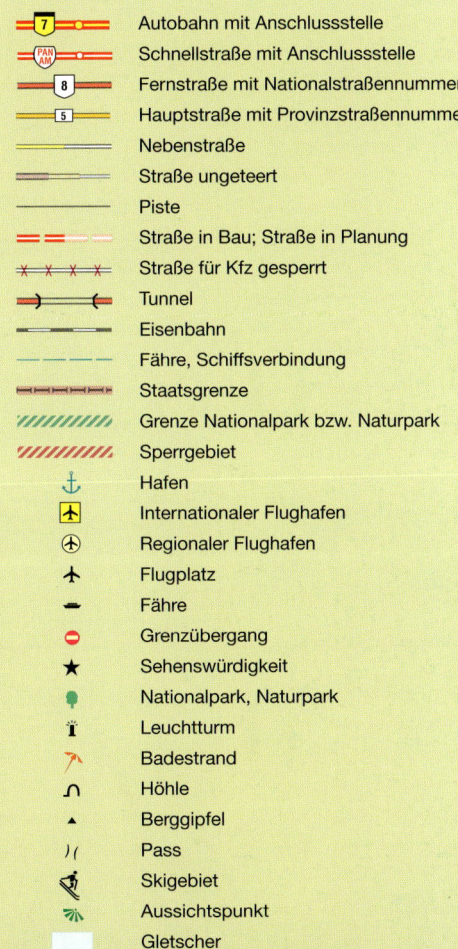

	Autobahn mit Anschlussstelle
	Schnellstraße mit Anschlussstelle
	Fernstraße mit Nationalstraßennummer
	Hauptstraße mit Provinzstraßennummer
	Nebenstraße
	Straße ungeteert
	Piste
	Straße in Bau; Straße in Planung
	Straße für Kfz gesperrt
	Tunnel
	Eisenbahn
	Fähre, Schiffsverbindung
	Staatsgrenze
	Grenze Nationalpark bzw. Naturpark
	Sperrgebiet
	Hafen
	Internationaler Flughafen
	Regionaler Flughafen
	Flugplatz
	Fähre
	Grenzübergang
	Sehenswürdigkeit
	Nationalpark, Naturpark
	Leuchtturm
	Badestrand
	Höhle
	Berggipfel
	Pass
	Skigebiet
	Aussichtspunkt
	Gletscher

Reiseatlas Argentinien

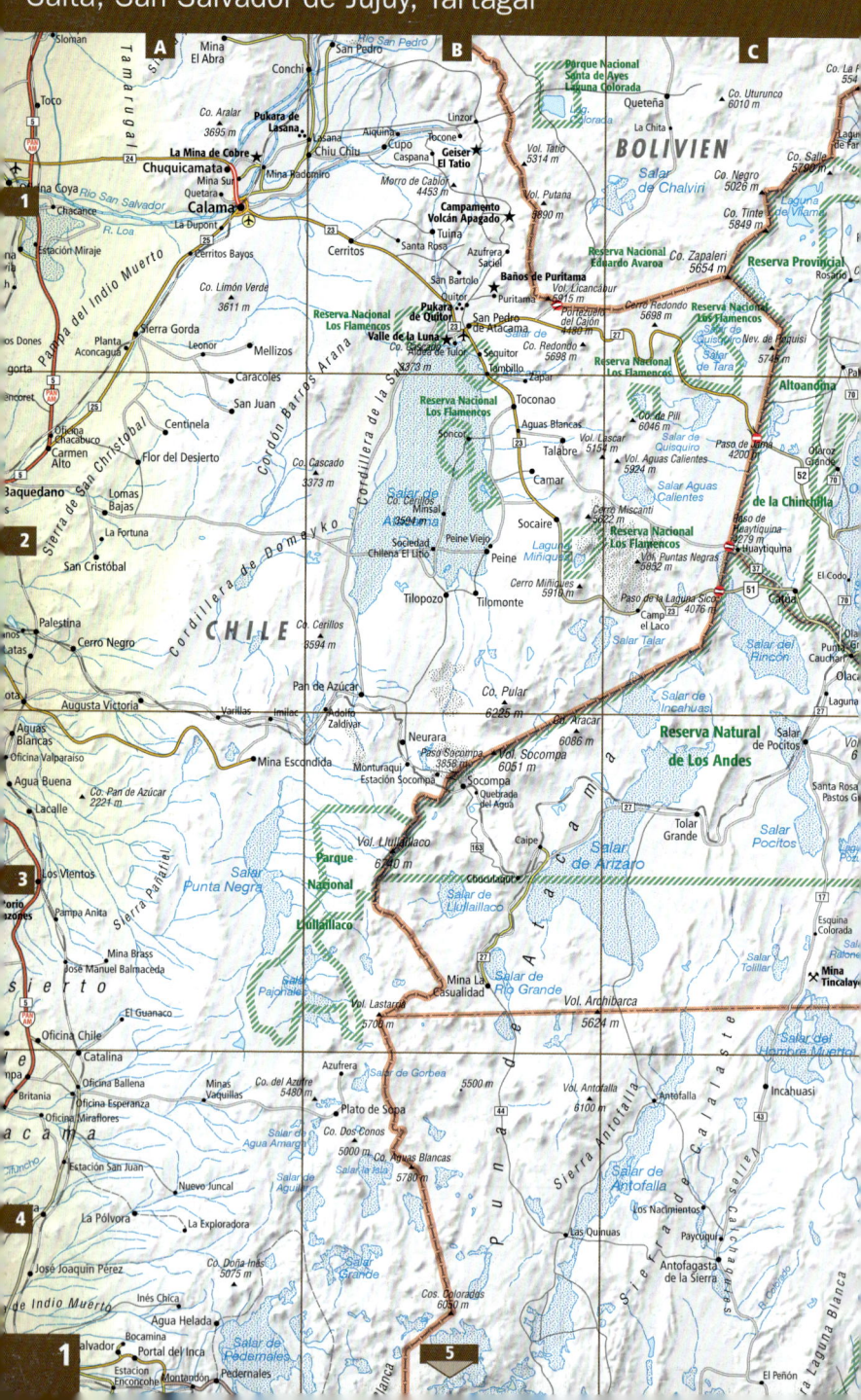

A **B** **C**

CHILE
CATAMARCA
SAN JUAN
LA RIO

El Salvador
Portal del Inca
Estacion Enconcada
Montandón
Pedernales
Diego de Almagro
Llanta
Finca de Chañaral
Mina La Guanaca
Potrerillos
La Ola
Juncalito
Cumbre del Laudo 6400 m
El Peñón
Pasto Ventura
Sierra Laguna
Portillo Pasto
Vegas de Chañaral Alto
Inca del Oro
Azufrera Codocedo
Complejo Fronterizo San Francisco
Laguna Wheelwright
Co. Ermitaño
Co. El Cóndor 6300 m
Cordillera de San Buenaventura
Chimbero
Mina la Coipa
Portezuelo Piedra Pomez 4552 m
Laguna Verde
Paso de San Francisco 4748 m
Las Grutas
Carrera Pinto
Salada de Maricunga
Cerro Tres Cruces 6356 m
Ojos del Salado 6893 m
Salar de San Francisco
Las Peladas
Punta de Agua
El Durazno
San Fernan
Mina La Baritina
La Puerta
Puquois
La Cebolla
El Volcán
Mina Marte
Parque Nacional Tres Cruces
Tamberia
Las Lozas
Palo Blanco
Tatón
Asampay
Los Azules
Co. Copiapó 6052 m
Laguna del Negra Francisco
Salina de la Laguna Verde
Cortaderas
Co. Palca 5262 m
La Soledad
Medanitos
Sauijl
Termas de Fiambalá
Cóndor Huasi
La Toma
Cerro Chincal
Los Marayes
Angostura
Pastos Largos
Guanchín
San Pedro
Fiambalá
Ruinas Shincal
Londres
La Guardia
Mta. Pissis 6882 m
Chaschúil
Rumi Rayán
Totoralillo
Pabellón
Co. Veladero 6159 m
Ciénaga Grande
El Puesto
Termas de la Aguadita
Santa Rosa
Tinogasta
Copacabana
Cerro Negro
Isla de Borda
San Antonio
Centre Metalúrgico Incaico
Las Juntas
Co. Bonete 5943 m
Río Colorado
Salado
San Blas
Los Roques
Hermoso
Pastos Largos
Ref. Barrancas Blancas
Ref. Mulas Muerta
El Potrerillo
La Cuadra
Santa Cruz
Iglesia Colorada
Río Potro
Paso de Pircas Negras 4160 m
Laguna Brava
Campanas
Chañarmayo
Pituil
El Carrizo
Co. Fardango 5581 m
Co. Azul
Reserva Biológica Laguna Brava
El Durazno
Angulos
Co. Tronquito 5740 m
Co. Los Mogotes 5380 m
Reserva Provincial San Guillermo
Alto Jagüé
El Horno
San José de Vinchina
Adjaya
Carrizal
Famatina
Laguna Grande
Paso del Inca
Reserva
Rivadavia
Villa Castelli
Santa Florentina
Chilecito
Anguinán
Conay
Chollay
Co. del Toro 6380 m
Parque Nacional San Guillermo
Cerro El Chipo 4270 m
Villa Unión
Los Palacina
Sañogasta
Nonogasta
La Puerta
El Nevado
Biosfera
Las Juntas
Puerto Alegre
Vichigasta
Sáncarrón
Reserva Provincial San Guillermo
Estancia Santa Elena
Santa Clara
Pagancillo
Catinzaco
LA RIO
Mina El Indio
Guandacol
Puerta de Talampaya
Llanos de Guanta
Baños del Toro
La Chigua
Malimán de Abajo
Huerta de Guachi
Parque Nacional Talampaya
Amaná
Guanta
Balala
Co. Las Tórtolas 6382 m
Colangüil
Angualasto
Reserva Provincial Ischigualasto
Los Colorados
Juntas del Toro
Nueva Elqui
Tudcum
Rodeo
Villa Mercedes
Huaco
Valle de la Luna
Baldecitos
Paganzo
Cochiguas
El Colorado
Sol Naciente
El Pidón
Paso del Agua Negra 4765 m
Pismanta
Las Flores
San José de Jáchal
San Roque
Bajo de los Toros
Horcón
Alcohuas
Iglesia
Niquivil
Punta de Agua
Cord. Los Olivaros 6250 m
Tucunuco
Mogna
San Agustín del Valle Férti

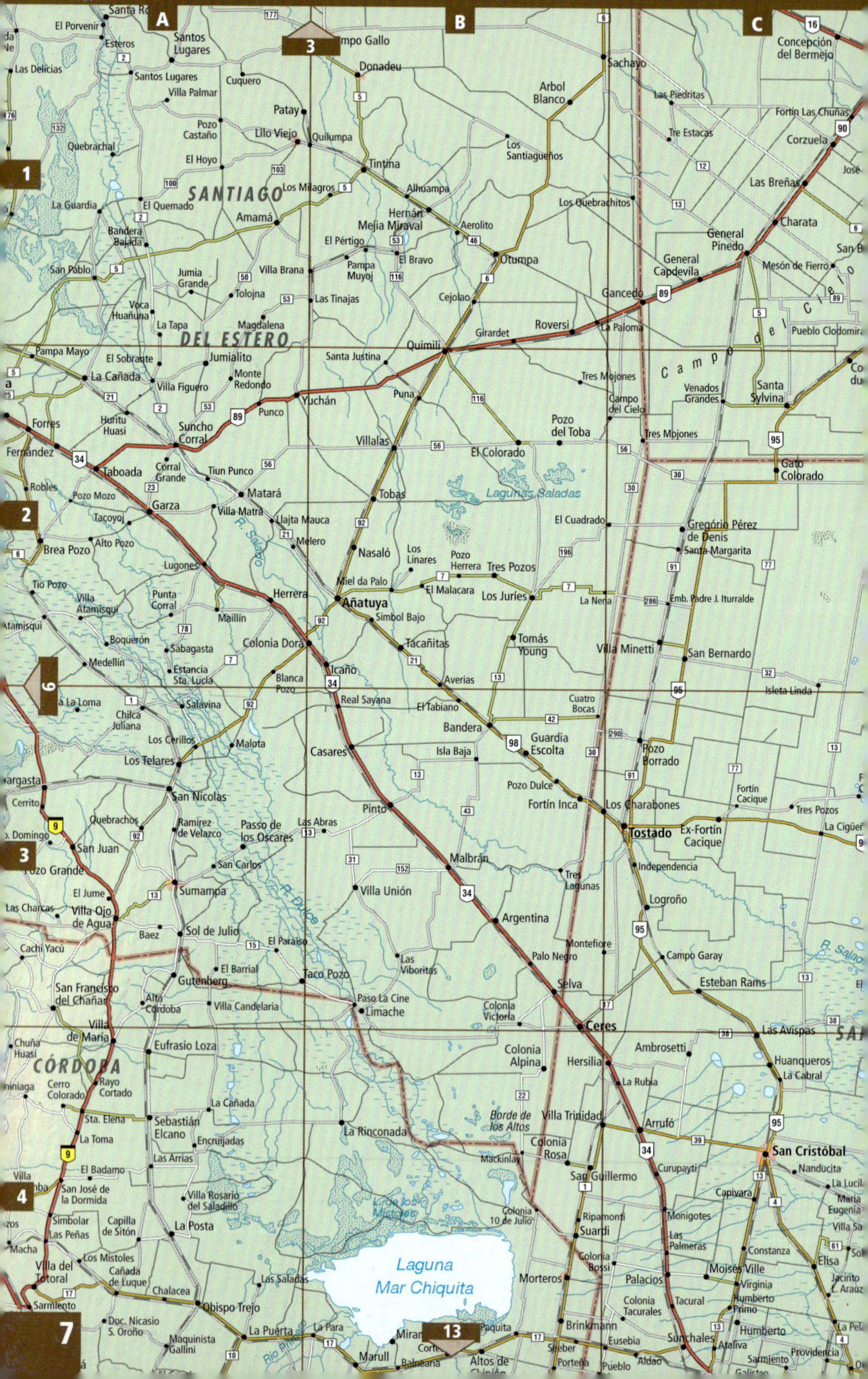

SANTIAGO DEL ESTERO

CÓRDOBA

Laguna Mar Chiquita

Lagunas Saladas

1 cm = 27 km
1 : 2.700.000
0
50 km
100 km
D
E
F
4
1
2
3
4
6
8
14
Presidencia Roque Sáenz Peña
Quitilipi
Machagai
Reducción de Indios
La Cuchilla
Presidencia de La Plaza
Colonia La Tambora
Las Garcitas
Ciervo
Colonias Unidas
Paso del Oso
Parque Nacional Chaco
Capitán Solari
Colonia Elisa
La Escondida
La Verde
Lapachito
Makalle
Laguna Blanca
Villa Berthet
CHACO
Puerto Tirol
General Obligado
Haumonia
Horquilla
Cote Lai
Enrique Urien
El Tupi
Colonia Baranda
Charadai
Las Avispas
La Sabana
La Vicuña
Los Amores
Villa Guillermina
El Rabón
Florencia
Basail
Cañada Ombú
Los Tábanos
Golondrina
Villa Ana
Tacuarandí
Intiyaco
Tartagal
Colmena
Arroyo Ceibal
El Arbolito
Las Garcitas
Igr. Chanourdie
Lanteri
Las Garzas
L. La Loca
Garabato
Fortín Olmos
La Zulema
El Arazá
Avellaneda
Reconquista
Puerto Reconquista
Berna
La Sarnosa
Toba
Ogilvie
Malabrigo
Caraguatay
El Toba
Vera
Gallareta
Margarita
Romang
Calchaquí
Alejandra
Kilómetro 197
Vera y Pintado
La Criolla
La Penca
San Martín Norte
Colonia Silva
La Brava
San Javier
Cacique Ariacaiquín
Ramayón
Colonia Macías
San Justo
Vera Mujica
Paikín
Naré
Saladero M. Cabal
El Laurel
Villa Escolar
Pampa Almirón
Vélez
L. V. Mansilla
La Eduvigis
Selvas del Río de Oro
Refugio Vida Silvestre El Cachapé
Puerto Bermejo
General Vedia
R. Bermejo
La Leonesa
Puerto Las Palmas
Humaitá
Paso de Patria
Margarita Belén
Benítez
RESISTENCIA
Barranqueras
CORRIENTES
Paso de la Patria
Paso Pezoa
San Cosme
Ramada Paso
Itatí
San Luis del Palmar
El Sombrero
R. Paraná
Empedrado
San Lorenzo
Puerto Piracuacito
Las Toscas
San Antonio de Obligado
Saladas
Colonia 3 de Abril
Angua
Villa Ocampo
Puerto Ocampo
Bella Vista
San Roque
Desmochado
9 de Julio
Pedro R. Fernández
Gobernador Juan E. Martínez
Chavarría
Sta. Lucía
Yataity Calle
Puerto Batel
Goya
Paso López
Perugorría
Aguay
Paraje San Isidro
Po. Santillán
Arroyo Seco
Pago Redondo
Malvinas
Río Corrientes
Esquina
Cazadores Correntinos
Sauce
Pueblo Libertador
Guayquiraró
R. Guayquiraro
La Esmeralde
Las Mulitas
San José de Feliciano
Palo a Pique
Montiel
San Víctor
Estacas
ENTRE RÍOS
San Gustavo
La Paz
Piloto Ávila
Banderitas
Arroyo Feliciano
Sta. Elena
Paso Medina
Yeso
Conscripto Bernardi
La Calandria
Villa Federal
Miñones
Río Paraná
San Juan Neembucú
Tacuaras
Pilar
Estancia Santa Elisa
Isla Umbú
Desmochado
Villalbín
Laureles
Cerrito
Herlitzka
Cerrudo Cué
Béron de Astrada
Lomas de Vallejos
Paso Florentín
Nuestra Señora Rosario de Caá-
Caapiita
Tacuaral
Ramones
Puisoye
Manantiales
Palmar Grande
Mburucuyá
Punta Grande
San Miguel
Colonia Madariaga
Santa Rosa
Concepción
CORRIENTES
Felipe Yofré
Mercedes
Mariano Loza
R. Yaguarí
Baibiene
Curuzú Cuatiá
Bonpland
Acuña
Pago Largo
Emilio R. Coni
Libertad
Pedro Díaz Colodrero
Garal
San Jaime
Monte Caseros
Bella Unión
Labougle
Juan Pujol
Sáenz Valiente
R. Mocoretá
Tomás Gomensoro
La Hierra
Los Conquistadores
Mocoretá
Colonia Freitas
Chajarí
Villa del Rosario
Baltasar Brum
Belén
San Ramón
Mandisoví
Embalse Salto Grande
Colonia Argentina
Barr
Es
San Salva
95
90
9
16
11
12
5
13
118
4
3
30
31
32
27
123
83
40
36
38
1
72
39
61
24
23
119
126
14
127
2
48

Iguazú, Posadas, Oberá

D   E   F

Coronel Oviedo
Caaguazú
Dr. Juan L. Mallorquín
Hernandarias
Sta. Terezinha de Itaipu
S. Miguel do Iguaçu
Matelândia
Medianeira
Serranópolis do Iguaçu
PARANÁ
Juvinópolis
Salto

Ciudad del Este
FOZ DO IGUAÇU
Parque Nacional do Iguaçu
Cap. Leónidas Marques

barrica
Parque Nacional Ybytyruzú
General E. Garay
San Augustín
Santa Rita
Puerto Iguazú
Parque Nacional Iguazú
Cataratas del Iguaçu
Andresito
Capanema
Planalto
Pérola d'Oeste
Sta. Isabel d'Oeste
Nova Prata do Iguaçu
Realeza
Salto do Lo

Abaí
San Juan Nepomuceno
Tavai
Libertad
Embalse Urugua-í
Wanda
Deseado
Parque Provincial Urugua-í
San Antônio
Santo Antônio do Sudoeste
Ampère
Salto do Lo

Caazapá
PARAGUAY
Parque Nacional Caaguazú
Ñacunday
Puerto Esperanza
Bernardo de Irigoyen
Manfrinópoli
Flor da Serra do

Pelanca
Puerto Mayor Otaño
María Magdalena
Cerro 60
Pozo Azul
Dionísio Cerqueira
Palma S

Yuty
Parque Nacional San Rafael
Puerto Piray
Eldorado
Montecarlo
Tobuna
Cruce Caballero
São José do Cedro
Anchieta

José Leandro Oviedo
San Pedro del Paraná
Puerto San Rafael
Edelira
Colonia Caraguatay
Colonia
MISIONES
San Pedro
S. Miguel d'Oeste
Marav

rtigas
Colonia Pirapó
Garuhapé
El Alcázar
San Miguel
Cunha Porá

La Paz
Hohenau
Trinidad
Puerto Rico
Capioví
Dos de Mayo
Iporá do Oeste
Caibí

Coronel Bogado
Corpus
Santo Pipó
Jardín América
Puerto Mineral
San Vincente
Gran Salto de Moconá
Reserva de Biósfera Yabotí Reserva Esmeralda
Itapiranga
Mondaí
Vicente Dutra

Carmen del Paraná
Gobernador Roca
San Ignacio
Aristóbulo del Valle
El Soberbio

ENCARNACIÓN
Loreto
Santa Ana
Campo Grande
Tenente Portela
Palmitinho
Frederico Westphalen

POSADAS
Candelaria
Campo Viera
25 de Mayo
Dairto Filho

Leandro N. Além
Oberá
Santa Rita
Aba Posse
Três Passos
Sebert

Cerro Azul
Porto Mauá
Horizontina
Campo Novo
Redentora
Libera Salzar

San Carlos
San José
Apóstoles
Itacaruaré
Panambí
Tuparendí
Sto. Augusto
Lajeado do Bugre
Consta

Curuzú
San Javier
Santo Cristo
3 de Maio
Palmeira das Missões

Gobernador Igr. alentin Virasoro
Azara
Concepción de la Sierra
Porto Xavier
Santa Rosa
Chiapesta
Ramada
Chapada

Garruchos
São Paulo das Missões
São Nicolau
Giruá
Catuípe
Ajuricaba
Condor

Caza Pava
Cerro Largo
Carbaté
Sto. Ângelo
Panambí
Salda Mari

Santo Tomé
S. Luís Gonzaga
Ijuí
Bozzano
Sta. Bárbara do Sul
Colorad

São Jose
Sto. Antônio das Missões
Timbaúva
BRASILIEN
Pejuçara

San Borja
Boa Vista do Cadeado
Cruz Alta
Sta. Clara do Ingaí
Fortaleza dos Valos
Boa Vista do Incra

Itacurubi
Bossoroca
Jóia
RIO GRANDE DO SUL

assambará
Encruzilhada
Unistalda
Tupanciretã
Salto do Jacuí

Itao
Santiago
Flórida
Jari
Quevedos
Julio de Castilhos
Estrela Velha
Arroio do Tigre
Nova Palma

Manuel Viana
São Francisco de Assis
Jaguari
Toropi
Val de Serra
Ivorá
Faxinal do Sotur

Passo Novo
Jacaquá
São Vicente do Sul
Loreto
Mata
São Pedro do Sul
S. Martinho da Serra
Itaara
Silveira

Alegrete

10

Mendoza, San Juan, San Rafael, San Luis, Córdoba

Córdoba, Santa Fe, Rosario, Concordia, Buenos Aires

14

A **B** **C**

11

1

2

3

4

15

19

SAN RAFAEL

Rengo
Requinoa
Rosario
Popeta
El Rincón
Puente Negro
La Rufina
Termas del Flaco
Upeo
Potrero Grande
Quebrada Honda
merillo
Las Garzas
La Mina
Retén Laguna del Maule
Co. El Buitre
2955 m

Termas de Cauquenes
Termas del Sosneado
Co. Sosneado
Vol. Tinguiririca
4300 m
Portillo de las Damas
3050 m
Co. Paraguay
4539 m
Mina
Termas Valle Hermoso
Las Leñas
Los Molles
222
El Planchón
2850 m
Vol. Peteroa
4090 m
Termas de Azufre
Portillo de las Peñas
Vol. Descabezado
3830 m
Co. de la Ventana
2784 m
Las Loicas
Termas Cajón Grande
Paso Maule
2553 m
Lag. del Maule

Reserva Nacional Río de los Cipreses
Termas El Sosneado
Los Arroyos
El Sosneado
Coihueco Norte
La Valenciana
Castillos de Pincheira
Malargüe
Cueva del Tigre
Puerto Carapacho
Cueva de las Brujas
Portillo del Viento
Agua Botada
Bardas Blancas
Claro Blanco
Chalahuén
Malal del Medio
Volcán Pihuel
2130 m
El Manzano
Coihueco
La Pasarela
Cohue-Co
El Alambrado
Lonco Vaca
Los Cerrillos
Calmuco
Butacó
El Zampal
Los Relinchos

Pampa del Diamante
Emb. Agua del Toro
Emb. Los Reyunos
Villa 25 de Mayo
Cuadro Benegas
Rincón del Atuel
El Nihuil
Emb. del Nihuil
R. Diamante
R. Atuel
Co. Peceño
1752 m
Los Toldos
Punta del Agua
Co. Toscosa
942 m
Co. Nevado
3810 m

SAN RAFAEL
Las Plazedes
Resolana
Monte Comán
Rodolfo Iselin
Gaspar Campos
Salto de las Rosas
Las Malvinas
Valle Grande
Negro Quemado
Villa Atuel
Real del Padre
Bowen
Colonia Alvear
General Alvear
Soitué
Jaime Prats
Carmensa
La Escl
Cañada

MENDOZA
Loma Rayo
Puerto Gentile
Mina Ethel
La Salinilla
Agua Escondida
Loma del Jaguel Moro
1095 m
La Humada

Reserva Provincial El Payén
Altaplanicie del Payún Matru
Volcán Payún Matru
3680 m
La Cortadera
Agua del Toro

Volcán Payun
Liso

CHILE

Cordillera del Viento
Vol. Domuyo
4709 m
Pichi Neuquén
Aluminé
Villa Aguas Calientes
Manzano Amargo
Varvarco
Co. Palao
3583 m
Ranquil del Sur
Villa del Curi Leuvú
Las Ovejas
Tricao Malal
Los Barros
Chara Ruca
Vol. Tromen
4114 m
Huinganco
El Alamito
Andacollo
Los Miches
La Primavera
La Salada
Monchal
Chos-Malal
Co. Bonete
2698 m
Paso Pichachén
2062 m
Taquimilán
El Cholar
Taquimilán Arriba
Curacó
El Hueco
Naunauco
Huitrin
Norquín
Copahue
Reserva Nacional Copahue
Caviahue
Colipilli
Coihueco
Chorriaca
Huncal
Quintuco
Loncopué
Huarenchenque
El Agrio
Bajada del Agrio
Paso de los Indios
Las Lajas
Pino Hachado
Paso Pino Hachado
1864 m
Llucura
Mariano Moreno
Covunco Centro
Portada

Ranquil del Norte
Barrancas
Huara Co
Buta-Có
Agua Caliente
Buta Ranquil
Matal Ranquil
Auquinco
El Tril
Ramblón Colorado
Puerto Hernández
Rincón de los Sauces
Pata Mora
Co. Corrales
2065 m
Ñire-Có
Cortaderas
Sierra de Auca Mahuida
Sa. Auca Mahuida
2253 m
Auca Mahuida
Punta de Agua
Labra
Los Barreales
Cuenca del Añelo
Aguada Pichana
Añelo
Mari Menuco
El Cruce
Villa del Agrio
Codihué
Contraalmirante Cordero
Centenario

NEUQUÉN
Crucero Catriel
Catriel Oeste
Catriel
Gobernador Ayala
Peñas Blancas
Colonia Chica
Piedras Blancas
Complejo Cerros Colorados
Barda del Medio
Vista Alegre
Cinco Saltos
Cipolletti
San Patricio del Chañar
Lago Pellegrini
Salar Ranquilcó

Reserva Nacional Alto Bío Bío
Pino Hachado

BUENOS AIRES

A B C

13

1

2

16

3

4

17

21

Bouchard · Italó · Oriagoity · Emilio V. Bunge · Eldira · Piedritas · Ameghino · Coronel Granada · General Pinto · Dussaud · Lincoln · Coplecette · Quirino Costa · Iraia · Grenefal O'Brian · Warnes

Bernardo Larroudé · Mariano Sarah Miro · Intendente Alvar · Banderaló · Moores · Drabble · Porvenir · Arenaza · Bayacua · Colingeo · San Emilio

General Villegas · Ceballos · Villa Sauze · Condarco · Tres Algarrobos · Hereford · Necol · Roberts · Fortín Vigilancia · El Triunfo · J. Neild · Chancay · Bragado · Carlos María Naon · Olascoaga

Vértiz · Speluzzi · Trebolares · González Moreno · Pradera · Drysdale · Carlos Tejedor · Timote · Carlos Salas · Ing. Beaugey · Quiroga · El Téjar · La Niña · Fauzón · 9 de Julio · Patricios · Comodoro Py

General Pico · Dorila · Agustoni · Sunblad · Rivadavia (América) · Francisco de Vitoña · Cararú · Abel · Ancón · Mauricio Hirsch · Pedro Gamen · Guanaco · Gdor. Arias · 12 de Octubre · Morea · Dudignac · Mosconi

Metileo · Trill · Mira Pampa · Roosevelt · Berdin · Juan José Paso · Francisco Madero · Algón · Nueva Plata · Pehuajó · Santos Tomás · Cadret · Centenario · Santos Unzué

Alfredo Peña · Lértora · Trenque Lauquen · Primera Junta · Girondo · Bellocq · Hortensia · Ordoqui · Villa Sanz · Del Valle · Hale

Quemú Quemú · La Zanja · Laguna las Tunas Grandes · Duhau · Magdala · María Lucila · Herrera Vegas · Mariano Unzué

Huelen · Colonia Barón · Marí Lauquen · Corazzi · La Carreta · Asturias · Mones Cazón · Henderson · San Carlos de Bolívar · San Bernardo

Miguel Cané · Relmo · Pellegrini · Bocayuva · 30 de Agosto · Salazar · Coraceros · Juan F. Ibarra · Vallimanca · Espigas

Colonia Carlota · Lonquimay · La Gloria · Uriburu · Catrilo · De Bary · Pehuelches · La Porteña · Tres Lomas · Coronel Marcelino Freyre · Enrique Lavalle · Urdampilleta · Paula · Blancagrande

Ivanowsky · Quenumá · Trongé · Andant · Pirovano · Recalde · Olavarri

Cereales · Francisco Muraure · Graciarena · Garré · Casey · Luro · La Larga · Mapis · Iturregui

Riglos · Maza · Salliqueló · Vittorino de la Plaza · Ingeniero Thopson · Casbas · Bonifacio (Laguna Alsina) · La Copeta · Arboledas · Pourtalé

Tomás M. Anchorena · Thames · Leubucó · Saturno · San Termin · Álamos del Monte · Cochico · La Nevada · Louge · Quilcó · Muñoz · Santa Luisa

Yutuyacó · Fatralo · Guaminí · Ombú · Huanguelén · General Lamadrid · Rocha · Dura

Arano · L. Epecuén · Lago Epecuén · Zentena · Pasman · Lastra · Santa Elena

Macachín · Rivera · Carhué · Esteban A. Gascón · Espartillar · Coronel Suárez · Libano · Voluntad · Laprida

Alpachiri · J. Campos · Villa Castelar · San Miguel Arcángel · Puán · Pigüé · Cura Malal · Santa Trinidad · San José · Bathurst · D'Orbigny · Las Hermanas · Paragüil · Juan E. Barra

Remé-Có · Colonia Sta. Teresa · Estancia El Lucero · Altavista · Goyena · Colonia No. 3 · Arroyo Corto · Pontaut Krabbé

Guatrache · Avestruz · Tres Cuervos · Darregueira · Viboras · Saavedra · Dufaur · Quiñihual · Raulet · Reserva · Coronel Pringles · Pedro P. Lasalle · De la

Bernasconi · Abramo · General San Martín · Bordenave · 17 de Agosto · Colonia San Martín · Pillahuincó · La Sortija · Molina

Jacinto Arauz · Estela · Pelicurá · Felipe Solá · López Lecube · Tornquist · Sierra de la Ventana · Saldungaray · El Pensamiento · La Monstazas · Indio Rico

Villa Iris · Rivadeo · San Germán · Chasicó · Tres Picos · Estomba · El Divisorio · Micaela Cascallares · Irene

Saline Colorada Gde. · Bartaondo · Napostá · García del Río · La Viticola · Cabildo · El Zorro · Aparicio · Oriente

Nueva Roma · Villa Bordeau · Corti · Paso Mayor · Coronel Falcón · Coronel Dorrego · Faro · Gil · Zubiaurre

Montes de Oca · Médanos · Ingeniero White · BAHÍA BLANCA · Bajo Hondo · San Román · Balneario Marisol

Adela · Algarroba · Ombucta · Bahía Blanca · Punta Alta · Puerto Belgrano · La Soberana · Pehuen Có · Monte Hermoso · Balneario Sauce Grande · Punta Asunción

Teniente Origone · I. Bermejo · I. Trinidad

15

A   B   C

Río Bío Bío

Pino Hachado
Llucurac   Paso Pino Hachado 1864 m

22

Mariano Moreno

Ramón Castro

752 m

NEUQUÉN

22

Sierra Nevada

Quinquén

Reserva Nacional China Muerta

Covunco Centro

Cutral-Có   Plaza Huincul

Challaco

Sénillosa

Portada Covunco

Primeros Pinos

Villa Pehuenia

Paso Icalma 1298 m

Reserva Nacional Villarrica

Moquehue

Zapala

22

Puerto El Sauce

Arroyito Challaco

Villa El Chocón

Termas de Huife

Parque Nacional Laguna Blanca

Laguna Blanca

El Mangrullo

Rentería

Ponte Picún Leufú

Las Cortaderas

34

17

Embalse Ezequiel Ramos Mexía

Alumine

Espinazo del Zorro

46

Paso Aguerre

20

Picún Leufú

74

Cerro Policía

Rucachoroy

Rahué

Quillén

NEUQUÉN

El Cuy

Parque Nacional Lanín

Piloil

Las Coloradas

La Negra

Ojo de Agua

Bajada Colorada

Nahuapa Huén

74

Aguada Guzmán

Paso Mamuil Malal 1207 m

40

47

Volcán Tromen Lanín 4709 m

Malleo

Catán Lil

Lonco Vaca

San Antonio del Cuy

8

El Salitral

Termas de Epulafquén

Junín de los Andes

La Rinconada

Piedra de Águila

Pampa Chica

Chasicó

6

La Esperan

Baños de Epulafquén

Tropezón

Collón Curá

Villa Rincón Chico

237

67

Palenque Niyeu

67

Quilquihué

Sañico

Cerrito Piñón

San Martín de los Andes

234

40

Mencué

Pilahué

Colan Conhué

Playa Maqui

Cerro Chapelco

Embalse Piedra del Águila

Lago Meliquina

Villa Meliquina

Lago Hermoso

234

Alicurá

Corral de Piedra

Laguna Blanca

Meseta de Colitoro

Cerro Abanico

Aguada de Guerra

Caleufú

63

Lago Traful

El Portezuelo

Colonia Puerto Flores

Coquelén

Villa Traful

65

Correntoso

40

Cerro Alto

46

Paso de Córdoba

Confluencia

San Pedro

Cañadón Chileno

Bajo de Cari Laufquen

Maquinchao

Parque Nacional Nahuel Huapi

231

Paso Coihue

Nahuel Huapi Los Juncos

67

Comallo

Ingeniero Jacobacci

23

Nacional Rosales

Llao Llao

Col. Suiza

23

Pilcaniyeu Viejo

Cabo Onelli

L. Nahuel Huapi

77

San Carlos de Bariloche

Pilcaniyeu

23

Peulla

Mte. Tronador 3554 m

Cerro Catedral

Pampa Linda

Termas de Río Blanco

Puerto Los Reyes

81

Villa Mascardi

Co. Anécon Grande 2010 m

Las Bayas

Quetrequilé

El Área

Mina Pico Quemado

Ojos de Agua

6

72

Ruca Luán

Los Alerces

83

Lago Steffen

Río Villegas

16 40

Río Chico

Manuel Choique

Sierra Añueque

Quetrequile

El Barranco

Río Foyel

Co. Carreras 2350 m

6

Punta Maldonado

258

Los Repollos

Norquinco

Estancia Calcatapul

Lago Epuyén

El Bolsón

Río Chico

Fitamiche

Sierra Ne

H_

Segunda Corral

El Hoyo

El Maitén

Cushamen

Tres Cerros 1090 m

El Molle

Gastre

Parque Nacional Lago Puelo

Epuyén

40

Cerro Mojón 1701 m

Salar de Molle

13

4

Leleque

35

Sierra Huanacache

El Mallín

13

Colelache

Sacanana

Co. Dos Picos 2515 m

15

Cholila

La Confluencia

Piedra Parada

12

Paso del Sapo

Sierra Jalal...

Lagunita Salada

Parque Nacional Los Alerces

71

12

Gualjaina

33

Valle Gen

Villa Futalaufquen

Esquel

40

258

23

Arroyo Pescado

Salinas

Cerro Boquete

19

4

3

2

1

Ilen

6

D

Alejandro Ingeniero
Mainque Stefenelli L.A. Huergo   Chichinales   Chelforó

General Cervantes
Roca   General Villa
Enrique Godoy Regina

E

Chimpay

General
Belisle   Darwin

Río Negro   Lomo   Luis
Beltrán

Estancia
La Aurora   Choele Choel
Lamarque

Pomona

F

El Molino   22

251

Planicie
des los Vientos

Cina Cina

Colonia Josefa

Co. Colorado
515 m

Co. La Guerra
388 m

Curacó

Santa Rosa

Negro   Ea. Don Emilio

Salinas
de Trapalcó   Bajo
de
Santa   Río Negro   250

El Solito   2

Greneral
Conesa

RÍO NEGRO

Sierra
Blanca

Ministro
Ramos Moxia   Falkner   Nahuel
Niyeu   23

Sierra
Colorada   Talcahuala

23

Estancia
Sierra

Chanquin

Pajalta

Treneta

Comicó

Valcheta

Aguada
Cecilio   Bayo de
Valcheta   Percy
H. Scott   247

Mancha
Blanca

San Antonio
Oeste

Cinco
Chañares

Punta
Villarino
Las Grutas

Puerto San
Antonio Este

Gran Bayo
de Gualicho

Salaína del
Gualicho

RÍO NEGRO   2

251

Teniente Gene
Tr

Cnel.
Fco. Sosa

San
Lorenzo

General
Lorenzo
Vintter   Nuev

1

3

Sierra Pailemán

Meseta   de

Establ.
Tutu Curá   8

Prahuaniyeu

Pto. Amestoy

rra Chauchaḩneu

Somuncurá

El Tembrao   Sierra

Arroyo
Los Berros   58

Arroyo de la Ventana

Sierra Grande   58

Arroyo de la
Ventana

Mina Gonzalito

Sierra
Grande

Las Palmas

Estancia La Porfia

Herrada

Punta Sierra
Punta Pozos
Playas Doradas

Punta Colorado

Punta Pórfido

61

5

Golf

San Ma

21

3

s Menucos

8

Estancia
La Dolores

8

Sierra Apas

Cona Niyeu

5

Arroyo
Verde

8

Estancia
Los Alamitos

Estancia

Bajo del
Gualicho   El Empalme

60

Puerto
Lobos

Puerto
Lobos

Pu
Bue
Af

Pur
Quiroga   Go
San

Reserva Natural
Isla de los Pájaros

Estan
Xriarte

Istmo Carlos An

Pampa de Talagapa

japa

CHUBUT

Sierra Rosada

97

11

Tres Banderas

El Chacay
Este

11

Bajada
Moreno

Mallín
Grande

Estancia
Los Nogales

Bajada
Del Diablo

Bajo del
Gualicho

Estancia Las
Margaritas

Sierra Chata

Estancia
El Milagro

El Desempeño

4

Telsen

Bajo de la
Tierra

Chasicó

Sierra de la Chacays

Colorada

Estancia
La Favorita   Estancia
La Anita

Estancia
Los Médanos   46

A. Perdido

24

Estancia Las
Dos Puntas

Sierra Colorada

Estancia
Sta. Marta

CHUBUT

Bajo del
Gualicho

Reserva Faunística
Golfo Nuevo

Sierra Chata

Estancia
La Promesa

Dolavon

Boca de la
Zanja

28 de Julio

8

Puerto Madryn

Punta
Ameghino

Reserva Natural
Punta Loma

Golfo
Nuevo

1

6

Trelew   25   Gaiman

40

Rawson

3

Bahía Engaño

Playa Unión
Punta Castro

Re
Pu

4

20

A   **B**   **C**

1
2
3
4

22 Chelforó
hiodes
22
Río Negro   Chimpay
Loma Negra
General Belisle
Darwin
Benjamín Zorilla
El Molino
22
251
Colonia Julia y Echaren
Río Colorado

Bajo del Pozo de Esquisa
Luis Beltrán
Choele Choel
22
250
Lamarque
Pomona
Planicie des los Vientos
251

Santa Rosa
Colonia Josefa
Cina Cina
Salitral Grande

Bajo de Santa Rosa
as Menucos
4
Ea. Don Emilio
Río Negro
250
El Solito
2
Crnel. Fco. Sosa
General Conesa
San Lorenzo
Boca de la Travesía
Estancia La Linconia

Estancia La Aurora
Estancia Sérra

Gran Bayo de Gualicho
RÍO NEGRO
Salaina del Gualicho
L. Tres Picos
251
Teniente General Trias
Guardía Mitre
Sauce Blanco
250
Cubanea

Falkner
23
Nahúel Niyeu
Musters
Valcheta
4
Bayo de Valcheta
Mancha Blanca
Percy H. Scott
23
San Antonio Oeste
Cineo Chañares
Punta Villarino
Las Grutas
Puerto San Antonio Este
Nuevo León
General Lorenzo Vintter
Vicealmirante Eduardo O'Connor
2
Zanjón de Oyuela   San
23
52

Estancia Sérra
Chanquin
Aguada Cecilio
Pajalta
3
Punta Mejillón
Punta Mejillón
Bahía Creek
1
La Ensena

Treneta
58
Sierra Pailemán

20

ta de
El Tembrao
Sierra Pailemán
Estancia La Porfia
Golfo San Matías

ncurá
Arroyo Los Berros
61
Mina Gonzalito
Herrada
Punta Sierra
Punta Pozos   Playas Doradas
Punta Colorado

Arroyo de la Ventana
58
Salado
Sierra Grande
5
Sierra Grande
Las Palmas
Punta Pórfido

Arroyo Tecka
5
Arroyo Verde
Estancia Los Alamitos
Estancia
Puerto Lobos
Reserva Nacional Punta Norte
Punta Norte
Península Valdés

Cóna Niyeu
8
Bajo del Gualicho
60
El Empalme
3
Punta Quiroga
Punta Buenos Aires
Puerta Galván
3
47
Punta Bajos

Sierra Colorada
Estancia Las Dos Puntas
Estancia Sta. Marta
Golfo San José
Reserva Natural Isla de los Pájaros
Estancia Yriarte
Istmo Carlos Ameghino
Área Natural Protegida Península Valdés
Caleta Vale
Estancia Car
Estancia Valdés
47

Telsen
Bajo del Gualicho
CHUBUT
El Desempeño
2
Puerto Pirámides
Salinas Grandes
Salina Chica
Punta Hércule
2

Estancia Las Margaritas
ales
Bajo de la
Chasicó
Sierra Chata
4
Estancia El Milagro
Reserva Faunística Golfo Nuevo
Puerto Madryn
Punta Ameghino
Golfo Nuevo
Punta Delgada

Tierra
Sierra Chata
Estancia La Promesa
1
Reserva Natural Punta Loma
5
Morro Nuevo
Punta Ninfas
Punta Ninfas
5
Reserva Natural Punta León
Punta León

Colorada
Estancia La Anita
40
Dolavon
25
Gaiman
Trelew
Rawson
24
6
8

Estancia Los Médanos
28 de Julio
3
Boca de la Zanja
Playa Unión
Punta Castro
Bahía Engaño
Campamento

17
24
21

D

E

F

I. Bermejo

Sauce   *Asunción*

Bahía Falsa

I. Trinidad

Mayor Buratovich

I. Wood

Hilario Ascasubi

Península Verde

Punta Verde

la Vista

Pedro Luro

Punta Laberinto

uan A. Pradere

Fortín Mercedes

Balneario La Chiquita

1

Balneario San Antonio

Igarzábal

AIRES

I. Otero

Villalonga

Bahía Unión

Emilio Lamarca

Cantera Villalonga

Bahía

Stroeder

Arregada *I. de los Riachos*

Reserva Provincial Bahía San Blas

I. de los Césares

Bahía San Blas

José B. Casas

I. de Flamenco

del obo

Paraje La Querencia

Gama

Fortín ros Pozos

Bahía San Blás

I. del Jabalí

Cardenal Cagliero

2

Faro Segunda Barranca

Carmen de Patagones

Viedma

Punta Rasa

Balneario 7 de Marzo

El *Punta Redonda*
Cóndor

Punta Bermeja

oería

Atlantischer

Ozean

3

4

22

A   **B**   **C**

19

1

Co. Pirámide
2010 m
El Amarillo
teñas
Santa Lucía
Embalse
Amutui Quimei
Futaleufú
Reserva Nacional
Futaleufú
Co. Quélico
2376 m
Paso Futaleufú
La Cabaña
Puerto Piedra
Villa
Vanguardia
ondido
231
Trevelin
259
Lago Rosario
Lago Rosario
Co. Cuche
1988 m
Corcovado
Arroyo
Pescado
Salinas
Lago Aleusco
Colán Conhué
Cerro Boguete
1690 m
El Escorial
Colonia
Cóndor
Paso Bervin
12
40

1
Estancia
Río Frío
Tecka
Qichaura
Languiñeo
Sierra de Languiñeo
Mallín
Blanco
Pampa
de Agnia
25
Paso
de Indios
25
Las
He
Palena
Río Tigre
Paso Río Encuentro
125 m
Co. Central
2070 m
Elena
Putrachoique
Matagrande
63
El Pajarito
Parque Nacional
Lago Palena
Co. Barros Arana
2269 m
La Belena
Lago Vintter
El General
Vintter
José de
San Martín
Gobernador
Costa
Co. Negro
1651
Toro Hosco
Sierra Cañadón Grande

2
La Junta
Puerto Bonito
Reserva Nacional
Lago Rosselot
Rosselot
Estancia
Lago Verde
Río Pico
Alto
Río Pico
Estancia
Don Guillermo
40
Estancia Shaman
20
Sierra
Nevada
Sierra Nevada
Buen Pasto
Matasiete
Co. Cojudo Blan
1335 m
Sierra de
Parque Nacional
Queulat
Glaciar
Colgante
Co. Steffen
2105 m
Las Pampas
La Verde
Estancia
Río Cisnes
Río Frías
Río Frias
Nueva
Lubecka
Pampa
Apeleg
Co. Cáceres
1680 m
Aldea
Apeleg
Los
Tamariscos
Co. El Pedrero
755 m

3
Villa
Amengual
Puerto Cisnes
Co. Alto Nevado
2095 m
Reserva Nacional
Lago Las Torres
La Tapera
Cisnes Medio
La Plata
Huente-Co
Ciervo Rojo
La Katterfeld
Lago
Fontana
57
Lago
Fontana
21
Alto Río
Senguer
Paso
Moreno
43
Pampa Apeleg
56
Manihuales
Mina El Toqui
El Gato
Nirehuao
El Coyte
Estancia
Lag. del Zorro
40
Pastos
Blancos
Facundo
Sierra del San Bernardo
Sarmie
Villa Ortega
Parque Nacional
Río Simpson
Reserva
Trapananda
38
R. Chalia
22
Lago
Musters
Reserva Natural
Bosque Petrificado
(J. Ormachea)
Coihaique
Reserva Nacional
Coihaique
Coihaique Alto
Paso
Coihaique
795 m
Alto
Río Mayo
Dr. R. Rojas
Río Mayo
R. Mayo
26
Valle Hermoso
El Blanco
Monumento Natural
Dos Lagunas
Pampa de Chalía
Estancia
La Constancia
Manamagellanes
55
26
Villa Frei
Elizalde
Simpson
Lago
Blanco
Río
Guenguel
260
Co. Piedra
713 m
Los Monos
Balmaceda
Paso
Huemules
260
Lago Blanco
18

4
Vol. Hudson
2500 m
Reserva Nacional
Cerro Castillo
Co. Campana
2194 m
Villa Castillo
Estancia
Valle Huemules
El Portezuelo
Loma Kensel
Estancia
Victoria
Lona Kensel
821 m
Pampa Verdún
Estancia
El Cerrito
Ingeniero Pallavicini
45
El Pluma
40
43
Pampa de
Co. Sin Nombre
2250 m
Puerto
(Ingeniero) Ibáñez
Levicán
Ingeniero
Pallavicini
R. Fénix Grande
Puerto Murta
Puerto
Cristal
Puerto
Avellanos
Bahía
Jara
Lago
Buenos Aires
Perito
Moreno
R. Pinturas
39
Valle d
Puerto
Sánchez
Chile Chico
Paso
Jeinemeni
231 m
Los Antiguos
Estancia
La Ascensión
SA
Puerto
Río Tranquilo
Puerto Fachinal
Mallín Grande
Reserva Nacional
Laguna General Carrera
3078 m
Waldes
Puerto Guadal
El Maitén
Reserva Nacional
Lago Jeinemeni
Co. Jeinimeni
2226 m
Estancia
El Álamo
Meseta del
Lago Buenos Aires
Lago
del
Sello
Estancia
Telken
40
Estancia
La María
Estancia
Laguna Grande
Meseta

23
General Carrera
Puerto
Bertrand
La Colonia
Valle Chacabuco
Co. Zeballos
2743 m
Río Ecker
Paso Rodolfo Roballos
733 m
Estancia
Casa de Piedra
Cueva de
las Manos
Estancia
Los Mellizos
El Pedrer
Cochrane
Puerto
Herradura
Reserva Nacional
Lago Cochrane
Co. Belén
2300 m
L. Ghio
L. Pueyrredón
Paso
Rodolfo Roballos
25
41
Estancia
La Argentina
Bajo Caracoles
39
Co. Mojón

25

1 cm = 27 km   1 : 2.700.000
0   50 km   100 km

D   **E**   **F**

Los Médanos · · Boca de la · 28 de Julio · · Gaimán · · Playa Unión
· · Zanja · · · · · · · · · · Punta Castro
Campamento · · Lordoño · · · · Espinosa
Villegas · · · · · · · · · · · · · · Punta Delfín
Estancia [40] · · Mina Chubut · 11 · · · · · · 9 · · 3
El Caramelo · · · · · · · · · · · · · · · Viuda de Sudeira
· · · · · · Las Chapas · [25] · · R. Chubut · · · · · [1] · · · Punta Lobos
Alto de · Punta Clara
Las Plumas · Bahía Janssen
Las Plumas · · · Laguna · Dique · · · · · · · · · · 32 · · Punta Tombo
· · · · · · Grande · Florentino · 10 · · · · Dos Pozos · · Reserva · Punta Tombo
R. Chubut · · · · Ameghino · · · · · La Lonja · · · · Natural · Punta Atlas
[25] · · · · · · Embalse Florentino · · · Florentino · · [32] · · Punta Tombo
tares · · · · · · Ameghino · · · · · Ameghino · · · · · · · Bahía Vera
Los Altares · Cabo Raso
[27] · · [53] · · · · Meseta · · · Pampa del · · · · · Cabo Raso
El Sombrero · · · · · · de · · · · Andaluz · · · · · Punta Atrevida
· · · · · · [27] · · Montemayor · Uzcudún · · · [68] · · Caleta Larrea
l · · · · · · [48] · · · · · · · · · · · · · · · · Estancia · · Cabo San José
· · · Sierra Negra · · · · · · · · · · · · · · La Maciega · Puerto Santa Elena
· · · · · · · · Estancia · · · · · · · · · · · · · · Punta Roja
· · · · Lagunas · Las Susanas · · Estancia · · · · · · Bahía San Sebastián
· · · Saladas · · · · · · La Estrellita · · · Estancia · · · Bahía Camarones
Estabi. · · · · · · · · · · · El Conuto · [1] · · · · · · · · · ·
El Carlitos · · · · · · [29] · · Estancia · · · [30] · · · Caleta Sara
Sierra Cuadrada · · · · · · · · Garayalde · · · · · · Camarones
· · · · · · · [27] · · · · · · · · · · · · · · · · · Reserva Natural
Estabi. el Rincóna · · · · · · · · · · Estancia · · · · Cabo Dos Bahías
de Thomas · · · · · · · · · · · · Aguada Pérez · · · Cabo Dos Bahías
· · · · · · · · · · · · · 3 · · Malaspina · · · · · · I. Arce
Sierra Chaira · · · · · · · · · Estancia · · · [1] · · I. Leones
· · · · Pampa Pelada · · · · Santa Aná · · · · · · · · ·
· I. Cayetano · I. Rasa
· · · · · Estancia · · · · · Bahía · · I. Tova
· · · · Casablanca · · · Bustamente
· · · · · · · · · · · Bustamente
· · · · · Pico · · · · Punta Ulloa
Río Chico · Salamanca · · · Caleta Malaspina
· · · · [27] · · · · · Cabo Aristizábal
· · · · · · · · Puerto Visser
Pico Oneto · · · · · · Caleta Visser
845 m · · · · · · · Punta Matalinares
· · · · · · · · · · · Bahía
· · · · · · · · Astra · Solana
Valle · · · · · · · · · Punta Novales
Hermosa · Pampa del · · · Caleta Córdova · Golfo
Kilometro · Castillo · · · Don Bosco
62 · · · [26] · · · · · **Comodoro Rivadavia**
· · Holdich [46] · El Tordillo · · Rada Tilly
· · · · · · · · · Reserva Natural Punta Marqués
· · · · · · · · · · · San Jorge
· · · · · · · · La Lobería
Co. Tres Picos · · · · · · · · ·
741 m · · · · · · · · · · · ·
· · Gran Bajo · · · 3 · ·
· · Oriental · · · **Caleta Olivia** · Puerto Caleta Paula
enta · · · · · · · Cañadón
· · · · · · · · Seco
Heras · · · · · · · · · Bahía Lángara
iedra Clava [43] · · · 12 · · · Punta Bauzá
· · Koluel Kayke · · Pico · · · · · ·
· · · · · · Truncado · · · · · ·
ío Deseado · · · Minerales · · · Bahía Mazarredo · Bahía
· · · · · · · · · · · · · · · Sanquineto · Cabo Tres Puntos
· · 12 · · Tehuelches · · · · Estancia
· · · · · · · · Fitz Roy · · La Madrugada · Cabo Blanco
CRUZ · Estancia · Estancia · · Mazarredo · · · Cabo Blanco
· · Calchaqui · Cerro Vaca · · · El Polvorín · · 91 · Punta Guzmán
· · · · · · · · Jaramillo · · · · Estancia
· Pampa de las · · · · · · · · La Estrella
· · · · · · · · · · · [68] · · ·
Las Sierras · Tres Hermañas · · · Ramón · · Antônio · 14
· · · · · · · · · Lista · Cerro · de Biedma · ·
· · · · Estancia · · · · [281] · Blanco · · · Estancia El Pajonal
· · La Linda · · · · · · · · · · Tellier
· · · · · · [93] · · **26** · · [66] · · ·
Ea. Aguada · · · · · · · · · · · · · Puerto Deseado
del Cuero · · · Estancia · · · · · · · Punta Cavendish
· · · · · El Sacríficio · · [47] · · · · Estancia Santa Elena
· · · · · · 3 · · · · · · · · ·

Atlantischer

Ozean

20

24

1

2

3

4

Bertrand

La Colonia

Valle Chacabuco

Paso Rodolfo Roballos 733 m

Cueva de las Manos

Estancia Los Mellizos

Laguna

Mese

A **23** **B** **C**

Cochrane

Puerto Herradura

Cochrane

Reserva Nacional Lago Cochrane

Paso Rodolfo Roballos

Estancia El Ghio

Río Ghio

Estancia La Argentina

Estancia El Ped

Co. Moja 917 m

Hielo

7

Lago Pueyrredón

Bajo Caracoles

41

39

1

Co. Trueno 2164 m

Lago Pueyrredón

L. Salitroso o Sucio

Estancia El Frigorifico

Río Blanco

Río Olnie

Estancia La Eugenia

39

Hipólito Yrigoyen (Lago Posadas)

Lago Posadas

Mte. San Lorenzo 3706 m

Río Olnie / Olín

Estancia La Oriental

Pampa del Asador

Estancia La Peninsular

Parque Nacional Perito Moreno

R. Belgrano

Estancia El Delfin

Gran

Península Videau

Puerto Yungay

Campamento

37

Las Horquetas

Tamel Aike

40

Estancia Dos Mananiales

Mont

Co. Esperanza 1380 m

Villa O'Higgins

Tucu Tucu

Estancia Los Faldeos

35

L. Strobel

Estancia La Verde

Estancia La Lucha

Altiplanic

Bahia Bahamondez

Co. Hatcher 1895 m

Quiroga

40

Estancia La Sarita

Lago O'Higgins

L. Quiroga Chico

Cerro Mesa 1150 m

Estancia La Angostura

Gobernador Gregores

Est

La Co

2

Co. Melliza Sur 3090 m

Co. Paine 2390 m

Meseta de la Muerte

Estancia Las Tunas

29

40

27

La Flecha

Co. Alesna 2480 m

Candelario Mancilla

Estancia Herloa

Lago San Martin

Lago Cardiel

Lago Cardiel

Estancia La Siberia

Estancia El Medina

Los Vascos

Co. de Cascajo 555 m

Campo de Hielo Sur

Estancia Maipú

Estancia La Federica

31

Estancia La Rosinda

Estancia Los Alamos

Co. Lautaro (Pyramide) 3380 m

Brazo Chacabuco

Lago Tar

Santa Cruz

Est El

ardo

Estancia El Castillo

Meseta

Lago Tar

31

Estancia Santa Angenta

40

Mte. Fitz Roy 3405 m

del Viento

Co. Cangrejo 2028 m

Estancia La Vega

Laguna Grande

Est La

O'Higgins

Co. Perito Moreno 3393 m

Cerro Torre 3110 m

El Chalten

288

R. Shehuén o Chalia

288

Est La

Parque

Glaciar Viedma

Estancia San José

Estancia Santa Margarita

Estancia Punta del Lago

Tres Lagos

Mata Amarilla

Estancia Cañadon Grande

Est La M

Co. Campana 2570 m

23

Gran Campo

Nacional

Co. Norte 2730 m

Estancia Helsingfors

Lago Viedma

21

Punta del Lago

Lago Viedma (La Leona)

Estancia Pari Aike

Estancia La Betty

17

Est La

3

de Hielo

Co. Murallón 2981 m

Patagónico

Los Glaciares

89

Estancia La Herradura

Paso Biggieri o Leona Chica

Co. Colorado 1235 m

Estancia Cóndor Cliff

Estancia La Australagia

9

Glaciar Upsala

Estancia Cristina

Co. Bintado 2347 m

19

Estancia La Leona

Estancia Co. Fortaleza

Estancia La Fortaleza

Estancia Rincón Grande

Co. Bolados 2800 m

L. Onelli

Estancia La Argentina

Estancia La Unión

40

Charles Fuhr

Gendarme Barreto

9

Glaciar Spegazzini

Punta Bandera

11

El Calafate

Río Bote

M. Elisa Co. La Criolla 1074 m

40

Estancia Cerro Cuadrado

16

Estancia Anita

Meseta

El Cerrito

Cordon Alto

Península Wilcock

Glaciar Perito Moreno

Estancia Nibepo Aike

de las Vizcachas

Co. Pináculo 2160 m

Estancia La Verdadera Argentina

Estancia El Tero

Meseta Vizcachas

40

5

Estancia Lago del Oro

Cerro A 399

4

Co. del Paine Grande 3248 m

Estancia Las Cumbres

Estancia Las Chinas

Sierra Contreras

7

Esperanza

Estancia Camusú Aike

59

74

Chile

Parque Nacional Torres del Paine

Cerro Guido

Fuentes del Coyle

Estancia Tapi Aike

Estancia La Obligado

Estancia La Fe

Estancia Chank Aike

Gobernador Mayer

Esperanza

I. Evans

Co. Balmaceda 2035 m

Puerto Toro

Estancia Karl

Cerro Castillo

Cancha Carrera

Brazo Sur del Río Coig

Gua

25

Río Toro

Tres Pasos

Co. Pta. Gruesa 1064 m

40

J. Dufour

Mte. Phillipi

27

Monumento Nacional

Río Turbio

D   E   F

Estancia
La Linda

Antônio
de Biedma

Cerro
Blanco   281   14

24   Tellier

Estancia El Pajonal

Estancia
El Sacrificio   R. Deseado   66

Puerto Deseado
Punta Cavendish
Estancia Santa Elena

Ea. Aguada
del Cuero   93   89   3   47   85
Estancia
La Trabanca   Estancia
La Alícia   Estancia
8 de Julio   Punta Norte
Bahía Oso Marino
Punta Pozos
Bahía de los Nodales
Punta Ramos
Ens. de Ferrer
Punta Medanosa

Lago Grande o Madre e Hija   49

Monumento Natural
Bosque Petrificado
de Jaramillo   12   odón
Moyano

Estancia
El Condor   47   Estancia
La Chaira

83

Islote Puntudo

Estancia
Esther   75

Estancia
Cavadonga   Tres
Cerros   67   Estancia
Laura   Islote Cabo
Bahía Desvelos
Cabo Guardián

ncia La Mata   Estancia
La Vanguardia   Florida Negra   Bahía Laura
Punta Mercedes
Bahía
Laura   Roca Bellaco

Estancia
La María   75

Estancia
Vega Grande   Estancia
La Ventura   47
1201   83   Cabo Vigía

Estancia
La Celestina   77   Estancia
El Salado   Cañadón
11 de Setiembre   Islote Chato

Estancia
Mata Grande   Cabo Dañoso

Central

Bajo Picaso   3   Playa La Mina
Cabo Curioso

Altiplanicie Central   25   Salitral del
Cabo Curioso   Punta Desengaño

n Isidro   Bella Vista   25   Puerto San Julián
Estancia El Rincón

dón   Alto   Bahía
San Julián

Lai Aike   Estancia La María

Gran Bajo de San Julián

Estancia
La Silvita

a Chico   Estancia
La Pigmea   Cabo Faro San Francisco
de Paula

288   Estancia
La Constancia

Estancia
Las Lagunas

Río Chico

Comandante
Luis Piedra Buena   Puerto
Santa Cruz   Santa Rosa   Atlantischer

Santa Cruz   288   Punta Norte
Punta Quilla
Puerto de Punta Quilla   Ozean

stancia
Rancha   3   63   Estancia Monte León
Isla Monte Léon

stancia
a Sarita   Parque Nacional
Monte Leon

Estancia Cañadón
de las Vacas

Hotel
Le Marchand   Bahía
otel
Aike   57   Punta Norte
Puerto Coig   Grande
Punta Montes

Estancia
La Corta   58

Estancia
Coy Aike   58   Cabo Buen
Buen Tiempo   3

Estancia Cabo
Buen Tiempo   58   Punta Bustamante

Aike   74   Punta Loyola

jer Aike   53   Río
Gallegos   40

A
B
C
1
2
3
25
Meseta de las Vizcachas
Meseta Vizcachas
Co. Pináculo 2160 m
Estancia La Verdadera Argentina
Estancia Las Chinas
Sierra Contreras
Fuentes del Coyle
El Cerrito
Estancia El Tero
Estancia Tapi Aike
Río Coig Coyle
Cancha Carrera
Cerro Castillo
Pasos
Co. Pta. Gruesa 1064 m
J. Dufour
Río Turbio
28 de Noviembre
Mte. Phillipi 385 m
SANTA CRUZ
Rospentek Aike
El Turbio
Puerto Natales
Estancia Tranquilo
Puente Blanco
Estancia Sofía
Bella Vista
Estancia Morro Chico
El Zurdo
Solar
L. Balmaceda
La Junta
L. Aníbal Pinto
Río Rubens
Kerber
Santa Teresita
Morro Chico
María Sofía
Río Blanco
Cordillera Chilena
Villa Tehuelches
Puerto Hewitt
Puerto Altamirano
Estancia María
Laguna Blanca
Seno Skyring
Estancia Rocallosa
Estancia Ponsonby
Río Verde
Punta Curtze
Entre Vientos
Vaquería
I. Riesco
Estancia Invierno
Seno Otway
Mte. Ladrillero 1665 m
Reserva Forestal Isla Riesco
Río Canelos
Estancia Río Grande
Reserva Forestal Magallanes
Punta Arenas
Guairabo
Reserva Forestal Laguna Parrillar
Península Brunswick
Río Amarillo
Cta. Carrera
Fuerte Bulnes
Punta San Juan
Cabo San Isidro
Cabo Froward
Estrecho de Magallanes
Co. Moraine 1327 m
Península Córdova
I. Carlos III
Parque Nacional Fernando de Magallanes
I. Santa Inés
I. Clarence
I. Capitán Aracena
I. Guardián Brito
Bahía Stokes
I. Noir
I. Magill
Co. Pirámide 830 m
Península Brecknock
I. London
Pazifischer Ozean
I. Stewart
I. Gilbert
I. Londonderry
I. O'Brien
I. Londres
Bahía Cook
Estancia Lago del...
Esperanza
Estancia Camusú Aike
Estancia La Fé
Estancia La Obligado
Gobernador Mayer
Estancia Las Vegas
R. Coig
Brazo Sur del Río Coig
Estancia Chank Aike
Estancia Guakenken Aike
Cerro Añapi 399 m
Ea. Ototel Aike
Hotel Le Marchand
Punta Norte
Puerto Coig
Punta Montes
Estancia La Corta
Estancia Coy Aike
Cabo Buen Buen Tiempo
Estancia Cabo Buen Tiempo
Punta Bustamente
Punta Loyola
Río Gallegos
Güer Aike
Las Buitreras
Palermo Aike
R. Gallegos
Laguna Potrok Aike
Río Chico
Chorrillo de los Frailes
Pali-Aike
Monte Aymond
Laguna Azul
Estancia El Cóndor
Sección Gap
Estancia Monte Dinero
Cabo
Punta Dungeness
Gallego Chico
Ea. Brazo N.
Cueva Fell
Parque Nacional Pali-Aike
Cueva Pali Aike
Puerto Munición
Posesión
Estancia Claike
Punta Delgada
Kimiri Aike
Pta. Delgada
Dinamarqueros
Estancia San Gregorio
Bahía Santiago
Puerto Espora
de Magallanes
Bahía Lomas
Punta Catalina
Catalina
Cabo Espíritu Santo
Puerto Bertrand
Estancia Cullen
Estrecho
Terminal San Gregorio
Estancia Springhill
Cerro Sombrero
Cabeza del Mar
Gobernador Philippi
Puerto Zenteno
I. Isabel
Estancia Otway
Terminal Pt. Percy
Bahía Felipe
Terminal Clarencia
Primavera
Cullén
Batería Lynch
Yacimiento Chillán
Puerto Boñas
Monumento Natural Los Pingüinos
Cabo Negro
Bahía Gente Grande
Reserva Nacional Laguna de los Cisnes
L. Cisnes
Estancia China Creek
Porvenir
Puerto Nuevo
San Sebastián
Onaisín
Armonía
Concordia
Caleta Rosario
Cabo Boquerón
Bahía Inútil
Estancia Las Largas
Estancia San Julio
Estancia Las Flores
Camerón
Pt. Camerón
Timaukel
Sección Russfin
Co. Graves 462 m
Cabo Nariz
Puerto Yartou
Mte. Nose 822 m
Puerto Almeida
Río Grande
L. Lynch
Pampa Guanaco
Puerto San Antonio
Puerto Cóndor
Puerto Arturo
L. Blanco
I. Dawson
Estancia Vicuña
Puerto Hope
Islas Wickham
Seno del Almirantazgo
Estancia Almirantazgo
Mte. Sarmiento 2235 m
CHILE
Parque Nacional Alberto de Agostini
Mte. Darwin 2488 m
Cordillera Darwin
Glaciar Marinelli
Yendegaia
Canal Cockburn
Canal de Beagle
I. Gordon
I. Hoste
Península Cloue
Cerro Aguja 1204 m
Reserva Forestal
Bahía Grande

0   50 km   100 km

D   E   F

Carcass
Island

Keppel
Island

Pebble
Island

Westpoint
Island

Saunders Island

New
Island

Roy Cove

Hill Cove
Mount Adam
700 m.

Port
Howard

San
Carlos

Douglas

Rincón
Grande

Johnson's
Harbour

Volunteer Point

Teal Inlet

Port Louis

Chartres

Mount Usborne
705 m

Mount
Tumbledown

Port Stanley

Weddell
Island

Queen
Charlotte
Bay

Fox Bay
East

Darwin

Goose
Green

Cruseler Sound

East Falkland/
Isla Soledad

Beaver
Island

Fox Bay West

Walker
Creek

Falkland Sound

Port Stephens

North Arm

Lively
Island

West Falkland/
Isla Gran Malvina

Speedwell
Island

Bleaker
Island

Sea Lion
Island

26

2

Atlantischer

Ozean

3

ramo Chico

sula El Páramo

n Sebastián

a de Arenas

3

Estancia Violeta

Misión
Salesiana

Río Grande

Isla Grande
de Tierra del Fuego

o San Sebastián

del Sur

stancia Sara

5

ia Behety

Cabo Peñas

Estancia
José Menéndez

9

d

Estancia
Herminita

Estancia
Viamonte

Estancia Inés

Cabo Santa Inés

ARGENTINIEN

rra DEL FUEGO

3

Estancia
Río Ewan

Estancia Santa Ana

Puerto
Río Alpen

Estancia
La Criolla

Estancia
El Rolito

Estancia
San Pablo

Cabo San Pablo

Estancia
Carmen

h

18

Estancia
María Cristina

Chepelmut

Tolhuin

Estancia
María Luisa

Cabo San Vicente

Cabo San Pablo

Parque Nacional
de los Estados

Cabo San Juan

Puerto
Donato

Estancia
Policarpo

Mte. Spegazzini
591 m

Isla de los Estados

Estancia La Porfiada

L. Fagnano

Estancia Olivia

Lago
Escondido

Termas
Co. Cornú
1490 m

Península Mitre

Puerto
Río Alpen

Río Claro

Lago
Yehuin

Sierra Lucio López

Estancia
Bahía Aguirre

Bahía
Aguirre

Bahía
Valentín

Cabo San Bartolomé

Estrecho de le Maire

3

Puerto
El Remolino

Sierra Alvear

Estancia
Almanza

Estancia
Harberton

Estancia
Moat

Ea. Puerto
Rancho

Moat
Marinaprefectura

Cabo Hall

Puerto
Williams

Puerto
Eugenia

I. Navarino

L. Windhond

Puerto
Toro

I. Picton

Kemoa

I. Nueva

Bahía
Sloggett

Cabo San Pío

Drake Passage

Pasteur

I. Berrand

Bahía Nassau

I. Lennox

28

Umschlagfotos

Titelbild: Parque Nacional Los Glaciares, Monte Fitz Roy
Umschlagklappe vorn: Gaucho, Umschlagklappe hinten: Buenos Aires, Stadtviertel la Boca

Über die Autoren: Rolf Seeler tauschte schon vor Jahrzehnten seinen gut dotierten Beruf gegen ein Leben als Reisejournalist und Globetrotter mit Wohnsitz in Argentinien bzw. Uruguay. Bei DuMont erschien von ihm u. a. auch der Kunst-Reiseführer »Peru und Bolivien«. Juan Garff, Mitarbeiter der dpa in Buenos Aires, ist ebenfalls ein intimer Landeskenner, entdeckt immer wieder neue besondere Orte und Adressen. Für beide ist Argentinien Zuhause und Reiseziel Nummer eins zugleich. Auch Susanne Asal und Hans-Joachim Aubert haben ein Faible für das südamerikanische Land, das sie regelmäßig bereisen.

1. Auflage 2008
© DuMont Reiseverlag, Ostfildern
Alle Rechte vorbehalten
Grafisches Konzept: Groschwitz, Hamburg
Druck: Rasch, Bramsche
Buchbinderische Verarbeitung: Bramscher Buchbinder Betriebe